Karl Heinemann

Goethe

2. Band

Karl Heinemann

Goethe
2. Band

ISBN/EAN: 9783744706674

Hergestellt in Europa, USA, Kanada, Australien, Japan

Cover: Foto ©Thomas Meinert / pixelio.de

Weitere Bücher finden Sie auf **www.hansebooks.com**

Goethe

von

Karl Heinemann

Zweiter Band

Leipzig 1895
Verlag von E. A. Seemann.

Inhaltsverzeichnis des zweiten Bandes.

Zweites Buch: Auf der Höhe.

Zweiter Teil: 1789—1805.

	Seite
Goethes Schriften. Erste Gesamtausgabe 1787—1790 . .	1
Haus und Herd . . .	39
Schiller	89

Drittes Buch: Die Vollendung.

Deutschlands Notjahre	243
Neues Leben, neue Dichtung	296
Der Weise von Weimar .	331
Sonnenuntergang . .	363

Verzeichnis der Abbildungen des zweiten Bandes.

	Seite
Goethe. Skizze auf Schloß Artlitten	Titelbild
Goethebüste von Klauer	4
Anna Amalia und ihr Gefolge in der Villa d'Este	42
Christiane Vulpius, Zeichnung von Bury	46
Christiane schlafend, Zeichnung Goethes	49
Aus Anthings Stammbuch	52
Christian Gottfr. Körner (Stich nach Graff)	61
Silhouette Karl Augusts zu Pferde	63
Goethes Porträt von Lips	64
Karte zur Campagne in Frankreich	78
Römisches Denkmal in Igel	79
Mainz nach der Uebergabe. Nach dem Aquarell von Krauß gezeichnet	86
Prinz Constantin (Silhouette)	87
Abendgesellschaft bei Anna Amalia (Holzschnitt)	88
Charlotte Schiller (Holzschnitt)	96
Schiller (Stich von J. G. Müller nach dem Gemälde von A. Graff)	98
Schillers Büste von Dannecker (nach dem Stuttgarter Abguß)	110
Aus dem Xenienmanuskript: Handschrift Schillers und Goethes zu S.	121
J. F. Reichardt (Stich nach Graffs Bildnis)	127
Schillers Garten in Jena, Zeichnung Goethes	131
Fr. von Schlegel (Stich)	143
Herder im Alter (Stich nach A. Graff)	148
Fr. A. Wolf (Stich)	153
J. H. Voß (Stich)	155
Christiane Neumann, Holzschnitt n. d. Stich von Weger	168
Weimarischer Theaterzettel	185
A. W. Iffland	186
Schillers Wohnhaus in Weimar	189
P. A. Wolff	191
Das alte Theater in Weimar	192
Doppelstandbild Goethes und Schillers von Rietschel	194

	Seite
Paläophron und Neoterpe	195
Goethe, Zeichnung von Bury	198
Heinrich Meyer (Stich von H. Meyer nach Ludwig Vogel)	208
Benvenuto Cellini (Stich von R. Morghen nach Vasari)	210
Joh. Fr. Cotta (Seidlitz, Porträtwerk)	212
Denis Diderot (Stich)	215
J. J. Winckelmann (Stich)	219
A. v. Kotzebue (Stich)	230
Das Schloß in Weimar (Photogr.)	zu S. 232
Maria Paulowna	232
Letzter Brief Goethes an Herder	zu S. 233
Frau v. Staël (Stich)	234
H. Voß d. jüng. (Stich)	236
Goethes Handschreiben an Caroline v. Wolzogen	238
Johanna und Adele Schopenhauer (nach Photogr.)	248
Arthur Schopenhauer (Stich von A. Krausse)	249
Carol. Bardua (nach Photogr.)	250
Bettina von Arnim (Holzschnitt)	252
Wilhelmine Herzlieb (Holzschnitt)	254
Fr. Frommann (Zeichnung von Schmeller)	255
Zacharias Werner (Stich)	256
Karlsbad (Stich)	258
Luise Seidler (nach Photogr.)	260
Fr. J. Talma (Seidlitz, Porträtwerk)	263
Clemens Brentano (Holzschnitt)	264
Achim von Arnim (nach d. Radierung von Hans Meyer)	265
Sulpiz Boisserée (Zeichnung von Schmeller)	268
Kapelle in Karlsbad, Zeichnung Goethes	270
Chr. M. Wieland (Photogr. nach dem Graffschen Bildnis)	274
Goethe-Porträt von Kügelgen (Holzschnitt)	291
Das Willemertürmchen (nach d. Radierung von B. Bagge)	301
Marianne Willemer (Photogr.)	303
Gerbermühle bei Frankfurt a/M. (nach Holzschnitt)	304
Handschreiben an Alexander von Humboldt	zu S. 315
August von Goethe (Photogr.)	316
Ottilie von Goethe (Photogr.)	317
Goethe-Zeichnung von Jagemann	318
Caroline Jagemann (Photogr. nach einer Büste)	319
Goethe, Büste von Rauch	320
Goethe, Büste von Tieck	321
Stammbuchverse Goethes und Silhouette von Adele Schopenhauer	323
F. Mendelssohn-Bartholdy (n. d. Bilde v. C. Begas)	324
Goethe, von Kiprinski (Lithogr.)	327
Familie Levetzow (Holzschnitt)	328
Casimira Wolowska (Holzschnitt)	329

	Seite
Goethes Bildnis von Kolbe (Holzschnitt)	335
Lord Byron (Seidlitz, Porträtwerk)	338
Thomas Carlyle (Stich)	341
Grundriß des Goethehauses in Weimar	364
Gelbes Zimmer im Goethehause	365
Blaues Zimmer	366
Arbeitszimmer Goethes	367
Goethes Schlaf- und Sterbezimmer	368
C. F. Zelter (Photogr.)	370
W. von Humboldt (Seidlitz, Porträtwerk)	371
Staatsrat Friedrich Schultz	372
Grillparzer (Holzschnitt n. d. Gemälde von Daffinger)	374
Goethe in der Laube (Holzschnitt nach Schmellers Ölbild)	376
Goethe, Zeichnung von Schmeller	377
Goethe, Büste von David d'Angers	378
David d'Angers	379
Chr. Daniel Rauch, Zeichnung von Schmeller	380
Goethe von Rauch, Bronzestatue	381
Goethe (Stich nach Sebbers)	383
Goethe (Holzschnitt nach Stieler)	385
Joh. Fr. Rochlitz	386
K. L. v. Knebel, Zeichnung von Schmeller	388
Die Dornburg	389
Carl Friedrich, Großherzog, Zeichnung von Luise Seidler	391
Kanzler Fr. Th. von Müller	392
J. P. Eckermann, Zeichnung von Schmeller	393
J. N. Hummel, desgl.	394
Fr. W. Riemer, desgl.	395
Fr. Jac. Soret (Lithogr.)	396
Maximilian Wolfgang von Goethe (Schmeller)	399
Walther Wolfgang von Goethe (Schmeller)	400
Alma von Goethe (Phot. v. Held)	401
Goethe-Porträt auf Schloß Arklitten (in Oval)	403
Manuskript aus dem 2. Teil des Faust	zu S. 416
Das Haus auf dem Kickelhahn bei Ilmenau	424
Die Fürstengruft in Weimar	425

Ergänzung zum Illustrationsverzeichnis des I. Bandes.

Das Neueste von Plundersweilern	zu S. 383
Goethe in der Campagna von J. H. W. Tischbein	zu S. 426

Goethe.
Porträtskizze auf Schloß Arklitten bei Gerdauen.

Goethes Schriften. Erste Gesamtausgabe 1787—1790.

1.

„Meine erste (oder eigentlich meine zweite) Schriftstellerepoche denke ich," schreibt Goethe an Karl August am 11. August 1787 aus Rom, „mit Ostern zu schließen. Egmont ist fertig, und ich hoffe bis Neujahr den Tasso, bis Ostern Faust ausgearbeitet zu haben, welches mir nur in dieser Abgeschiedenheit möglich wird." Er deutet damit selbst den Abschnitt an, den seine Dichterthätigkeit in und durch Italien erhielt. Hier erst fand er die Muße und die Stimmung für die Pläne, die bisher vergeblich auf ihre Ausführung gewartet hatten. Hier fand sich Goethe als Dichter wieder, und was der Künstler verlor, kam dem Dichter zu gut; der Verzicht auf die Kunst, die Entlastung von der Amtsthätigkeit gab ihn seinem wahren Berufe für immer zurück. Von nun an ist die dichterische Thätigkeit auch wirklich für ihn Beruf, nicht Nebenwerk. Dieser Beruf wird nun mit dem Ernst und der Würde aufgefaßt, die er auch von den höchst Begabten verlangt. Angesichts der griechischen Kunstwerke will Goethe nichts mehr schreiben, „was nicht Menschen, die ein großes und bewegtes Leben führen und geführt haben, nicht auch lesen dürften und möchten".

Von zwei Kapitalfehlern hatte ihn, wie wir wissen, Italien befreit; Auch der Dichtung sollte die bessere Erkenntnis zu gute kommen. Zwar hatte er die Ideen der Sturm- und Drangzeit längst aufgegeben, aber die Bedeutung der Form und die Notwendigkeit der größten Sorgfalt in der Sprache und dem Aeußeren wird ihm doch erst in Italien durch die künstlerische Thätigkeit und das Studium der Antike klar. Deßhalb werden jetzt eine

Reihe Dichtungen umgearbeitet und auf eine Dichtung sogar vier Monate verwandt, deren erster Entwurf in wenigen Wochen gedichtet worden war.

Aber damit ist auch die Schilderung der Einflüsse Italiens auf den Dichter Goethe erschöpft. Auf keinen Fall kann man von einer Wiedergeburt des Dichters Goethe in Italien sprechen. Nicht nur daß kein einziges neues Thema oder ein neues Werk außer dem Fragment Nausikaa und dem nie ausgeführten Drama Iphigenie auf Delphi, Italien seinen Ursprung verdankt, auch die äußere und innere Form und die Richtung oder Tendenz der hier vollendeten oder umgearbeiteten Werke war durchaus in der Weimarer Zeit vorbereitet. Die sogenannte Wiedergeburt, unter der man die Lostrennung Goethes von Sturm und Drang zu anderen Idealen versteht, war Ende des siebenten Jahrzehnts vollendet; sie hatte schon bald nach dem Erscheinen des Werther begonnen. Die im dritten Bande der ersten Gesamtausgabe der Goethischen Werke (1787) abgedruckte Iphigenie war bereits 1779 aufgeführt worden, und das eingehende Studium der Antike geht, wie wir wissen, bis auf die Herdersche Zeit zurück. Jenes hatte schon früher das Drama Prometheus gezeitigt; aber die Auffassung der Antike in der Iphigenie, besonders des Verhältnisses des Menschen zu den Göttern, und die Auffassung des antiken Menschen überhaupt war neu. Die Gestalt des himmelstürmenden Titanen, des auf seine Schöpfungskraft pochenden Prometheus, war das Idealbild des jungen Goethe gewesen. Er, den man selbst Prometheus nannte, hatte, wie sein Vorbild, in keckem, überschäumendem Trotz die Welt nach sich umgestalten und ein neues Sittengesetz zur Geltung bringen wollen: „Tantalus, Ixion, Sisyphus waren seine Heiligen." „Ich kenne nichts Aermeres Unter der Sonne als euch Götter," ließ er damals seinen Helden ausrufen. Jetzt betete er in seinem Gedicht Ganymed: „Aufwärts an deinen Busen, Allliebender Vater!" Jetzt „küßt er den letzten Saum seines Kleides, Kindliche Schauer treu in der Brust", und Tantalus und Sisyphus erscheinen nur im Hintergrunde des Dramas als gestürzte, bemitleidenswerte Widersacher einer neuen Weltordnung. Zwischen der Zeit von Sturm und Drang und der Iphigenie liegt jene Wandlung in Goethes Anschauung, die wir in dem Frau von Stein gewidmeten Kapitel ausführlich dargestellt haben: die Wandlung vom welttrotzenden, himmelstürmenden Originalgenie zum Gesetz und Ordnung verfechtenden Staatsmann, die Wandlung von Begierde zur Entsagung, vom Sturm der Leidenschaft zur seligen Ruhe und dem Frieden mit Gott und den Menschen. Nicht das Gewaltige, Himmelstürmende, Furchtbare wird jetzt dargestellt wie im Prometheus, nicht mehr das Grenzenlose, Schreckliche, Leidenschaftliche wie im Götz, sondern das Maßvolle, Plastische, Würdevolle, das Schöne, die stille Größe, nicht mehr das Charakteristische. Das Männer verführende und verderbenbringende Kraftweib Adelheid im Götz war das Ideal der jungen Stürmer und Dränger, jetzt tritt die erhaben denkende, demutvolle und leidenschaftslose, reine und edle Seele der Iphigenie, die Segen um sich verbreitet und Verbrechen entsühnt, an ihre Stelle.

Wollen wir einer von Riemer überlieferten, etwas dunklen Aeußerung Goethes folgen, so fällt der Plan zur Iphigenie schon in das Jahr 1776; die Ausführung und Vollendung des ersten Entwurfs geschah in der Zeit vom 14. Februar bis 28. März 1779. Es ist jenes Jahr, in dem Goethe in die Führung der Staatsgeschäfte eintrat und nun endgiltig die Leitung wichtiger Zweige übernahm, dasselbe Jahr, in dem er dankbar der Wandlung gedenkend, im Monat seiner Geburt in das Tagebuch einschrieb: „Möge die Idee des Reinen, die sich bis auf den Bissen erstreckt, den ich in den Mund nehme, immer lichter in mir werden."

Diese Stimmung, die weihevolle, vornehme Ruhe, diese Auffassung der Antike war das neue im Goethischen Drama Iphigenie, wozu sich die ruhige, stilvolle Sprache gegenüber der lebendigen, zum Teil leidenschaftlichen, charakteristischen der Jugenddramen gesellt; denn der gewöhnlich beklagte Abfall vom deutsch-nationalen Stoff und die Rückkehr zum regelmäßigen Drama war schon bei Clavigo und Stella geschehen. Zwischen ihnen und Iphigenie besteht nur ein Unterschied des Grades, nicht der Art.

Als Goethes Iphigenie auf Tauris, wie er das Drama nannte, erschien, war die erste Frage die, wie sich dieses Drama zu der Iphigenie des Euripides verhielte. Schiller verglich in seiner Recension vom Jahre 1789 die beiden Dramen miteinander und fällte das Urteil: „Man kann dieses Stück nicht lesen, ohne sich von einem gewissen Geist des Altertums angeweht zu fühlen, der für eine bloße, auch die gelungenste Nachahmung viel zu wahr, viel zu lebendig ist." Andere Recensenten versicherten, daß „Goethe wahr und glücklich sei in der Darstellung der Menschen, wie sie vor dritthalbtausend Jahren Griechenland hervorbrachte", und auch Wieland nannte Iphigenie ein griechisches Drama. Aber Schiller nahm später sein Urteil zurück und bezeichnete Iphigenie als „erstaunlich modern und ungriechisch, so daß man gar nicht begreift, wie es möglich war, sie jemals einem griechischen Stück zu vergleichen."

Wir wollen hier nicht die schon hundertmal gemachte Vergleichung der Handlungen beider Dramen wiederholen; nur die hauptsächlichen Abweichungen des modernen Dichters von dem antiken wollen wir aufzeichnen, um ein Urteil in der selbst von Schiller so verschieden beantworteten Frage zu gewinnen.

In dem Scherzwort Goethes aus späterer Zeit, seine Iphigenie wäre „verteufelt human", ist das Verhältnis richtig bezeichnet. Es ist weder griechisch noch deutsch, sondern human, und zwar human in dem Sinne, wie die Humanisten zuerst das Wort gebrauchten, die das wahrhaft Menschliche, das unverdorben Natürliche, kurz, das Menschheitsideal in der Antike zu

Goethe von Klauer (1779).

finden glaubten. Man hat darauf aufmerksam gemacht, daß Lessings Nathan in demselben Jahre erschien, in dem Goethes Iphigenie zum ersten Male aufgeführt wurde, und auf das Gemeinsame beider Dramen hingewiesen. In beiden das Ideal der reinen Menschlichkeit, in beiden derselbe verzeihende Geist, die milde Auffassung menschlicher Gebrechen und Uebelstände, in beiden die kosmopolitische Tendenz und das Verlangen, wahrhafte Menschen zu sein!

Auch hierin steckt ein Stück Rousseauscher Lehre, aber wie anders aufgefaßt als in den Zeiten von Sturm und Drang. Nicht mehr umstürzen, sondern versöhnen, nicht mehr niederreißen will Goethe, sondern durch Liebe und Geduld die Unbill des Lebens lindern. Die Stürmer und Dränger wollten mit Feuer heilen, was das Schwert nicht heilte; die Dichter des Nathan und der Iphigenie versuchen die Welt nicht umzugestalten, sondern zu erziehen. „Die Erziehung des Menschengeschlechts" wurde in jener Zeit von Lessing geschrieben. Wie Lessing meinte, durch die Tugend die Menschen zur wahren Freiheit und zum Glücke führen zu können, so ließ Goethe durch eine reine, edle Jungfrau ein fluchbeladenes Geschlecht erlösen.

Dieses Humane, in edelstem Sinne des Wortes, glaubte Goethe bei den Griechen zu finden. „Die griechische Tragödie," sagte er noch in hohem Alter, „hat das Reinmenschliche in seinem ganzen Umfange zu seinem besonderen Gegenstande." Der Schüler Oesers und Winckelmanns, der eifrige Leser der griechischen Klassiker, schwelgte in der Verehrung der Antike. Griechisch war für ihn der Inbegriff alles Herrlichen, Großen, Edlen und Wahren; so wie ihm die griechischen Statuen geschildert wurden, so dachte er sich die Griechen handelnd und wirkend. Die Ideale, die er selber im Innern trug, dichtete er den Griechen an und erträumte sich eine Welt, die nie bestanden hat. Juno Ludovisi und Apoll von Belvedere wurden in Iphigenie und Orest lebendig, und nichts anderes will es sagen, wenn Goethe vor der heiligen Agathe es sich zur Pflicht macht, „seine Iphigenie kein Wort sagen zu lassen, was diese Heilige nicht aussprechen möchte".

Bei einer solchen Auffassung der Antike werden wir es verstehen, wenn der Dichter, der Griechen schildern wollte, ihnen oft gerade das nahm, worin wir spezifisch griechisches Wesen erkennen. Ein Barbar (Thoas), der auf so hoher sittlicher Stufe steht, daß er dem Worte: „Verdirb uns, wenn du darfst," sich beugt, wird wohl in der griechischen Tragödie vergebens gesucht werden. Es ist echt griechisch, wenn die Euripideische Iphigenie sich kein Gewissen daraus macht, den Barbaren zu überlisten und zu berauben, wo es das Leben des Bruders gilt. Goethe tilgte diesen Zug; seine Heldin will lieber sterben, als den edlen Mann, der „ihr zweiter Vater ward", belügen. Auch war die erste That seiner Iphigenie die Verhinderung des Fremden= mords. Die Euripideische Iphigenie denkt nicht weniger schaudernd an ihr furchtbar Amt, „Mordpriesterin" zu sein, und mitleidig nimmt sie teil an dem schrecklichen Schicksal der von ihr dem Tode geweihten Stammesgenossen, auch sie schreibt die Forderung der Menschenopfer dem Unverstand der Men= schen zu; aber sie weigert sich nicht das Opfer zu vollziehen, sie thut nichts es zu verhindern und, echt griechisch, wünscht sie sehnsüchtig, ihre Feinde Menelaos und Helena als Opfer vor sich gebracht zu sehen; nur wo es ihr Vorteil erheischt, ist sie bereit, der Göttin ein Opfer zu entziehen.

Jene Auffassung, die die griechische Sage durchzieht, von der Mißgunst, der Willkür und der Grausamkeit, dem Haß der Götter fand in Goethes Drama keine Stelle; nur dort, wo Iphigenie zur falschen und unrechten That gezwungen werden soll, umtönt sie das wilde, alte Lied der Parzen von den furchtbar strafenden, ganze Geschlechter um des Ahnherrn willen verfolgenden Göttern, denen „der Atem erstickter Titanen ein Opfergeruch ist, ein leichtes Gewölke." „Rettet mich," ruft sie schaudernd, „und rettet euer Bild in meiner Seele." Dieses Bild, das Ideal, das die hohe und reine Seele Iphigeniens sich selber geschaffen hat, ist nicht griechisch, nicht deutsch, es ist human und christlich. Der Religion der werkthätigen Liebe, derselben, die Lessing im Nathan predigt, die in dem festen Glauben an die Allgüte Gottes wurzelt, ist dieses Ideal entsprungen.

> Denn die Unsterblichen lieben der Menschen
> Weit verbreitete gute Geschlechter,
> Und sie fristen das flüchtige Leben
> Gerne dem Sterblichen, wollen ihm gerne
> Ihres eigenen, ewigen Himmels
> Mitgenießendes fröhliches Anschaun
> Eine Weile gönnen und lassen.

Nicht die Götter stürzen den Menschen in Schuld und Verderben, sondern der Mensch selbst bereitet sich Glück oder Unglück; und wie ihre Vorfahren die verdiente Strafe erlitten haben, so hofft Iphigenie durch ein reines, dem Dienst der Gottheit geweihtes Leben das fluchbeladene Haus mit dem Beistand der Götter zu entsühnen.

Dadurch, daß der Dichter das Schicksal der Menschen in ihre Brust verlegte und die eigentliche Handlung „hinter den Kulissen vorgehen ließ", schuf er eine ganz neue Art Drama. „Seele" wollte Schiller das nennen, was den eigentlichen Vorzug der Iphigenie ausmacht. Man hat dem Drama Mangel an Handlung vorgeworfen. Dahin zielt wohl auch Schillers Meinung, daß sie in das epische Feld hinüberschlage. Aber wenn man unter Handlung nicht bloß äußere Geschehnisse versteht, von seelischen Handlungen, von inneren Kämpfen, von Widerstreit zwischen menschlichem und göttlichem Recht ist Iphigenie voll. Unter der durch das Versmaß begünstigten äußeren Ruhe, die den Ausdruck des größten Schmerzes, wie bei den griechischen Statuen nur durch Verhüllen des Hauptes und den der Freude nur durch ein inneres Jauchzen des Herzens und stummen Dank gestattet, regen sich gewaltige Konflikte; hinter der an äußeren Ereignissen armen Handlung werden innere Kämpfe ausgefochten, wie sie kaum ein anderes Drama erschütternder und ergreifender aufweist.

Den Moment, da Orest sich in der Gegenwart der Schwester und des Pylades wiederfindet, hat Goethe als Achse des Dramas bezeichnet. Bei Euripides wird die Heilung und Sühne des Orest ganz äußerlich aufgefaßt; von den Erinnyen sollte Orest, so lautet der Bericht Apollos, befreit sein, sobald er das Bild Dianens von Taurien nach Athen gebracht hätte. Nicht weniger äußerlich ist der Schluß: Athene besiehlt, und der Knoten ist gelöst.

Goethe hat die Heilung Orests und Sühnung des Geschlechts sowie die Heimkehr Iphigeniens dramatisch dadurch miteinander verbunden, daß er die Erfüllung in die Hände Iphigeniens legt. Ein Wunder hat man die Heilung Orests durch die Reinheit und den Seelenadel der Schwester genannt, aber ein Wunder ist es, wie es tausende an sich schon erfahren haben; es ist der Zauber des Ewig-Weiblichen, den die Kirche in der Madonna verherrlicht, den unsere Vorfahren mit heiligem Schauer verehrten, den Dichtung und Kunst nie müde werden wird zu preisen. So gewiß Iphigenie weiß, von der Göttin zur Entsühnung ihres Hauses gerettet zu sein, so gewiß will sie diese hohe Aufgabe „mit reinem Herzen, reiner Hand" ausführen, und die Heilung Orests ist das erste, was ihr gelingen muß.

Orest hatte ein heiliges Gebot verletzt, indem er ein ebenso heiliges erfüllte. Das weltliche Gericht hatte ihn freigesprochen; nur eine konnte noch Rechenschaft von ihm fordern, Klytämnestras Tochter, Iphigenie; das sollte wohl auch Apollos Geheiß, der ihm in Taurien Befreiung von den Erinnyen versprach, besagen. Wie eine Heilige, wie eine Göttin tritt die ihm noch unbekannte Priesterin Dianens entgegen. Ihr, die ihn so liebreich tröstet, kann er den Wunsch, von Mykenens Schicksal zu erfahren, nicht versagen. Und so wird ihm noch das Schwerste auferlegt, er wird der Bote seiner eigenen Greuelthat, und ohne es zu wissen, beichtet er vor der, die ihn lossprechen oder verdammen kann:

  O laß den reinen Hauch der Liebe dir
  Die Glut des Busens leise wehend kühlen.
  Orest, mein Theurer, kannst du nicht vernehmen?
  Hat das Geleit der Schreckensgötter so
  Das Blut in deinen Adern ausgetrocknet?
  Schleicht, wie vom Haupt der gräßlichen Gorgone,
  Versteinernd dir der Zauber durch die Glieder?

> O wenn vergoss'nen Mutterblutes Stimme
> Zur Höll' hinab mit dumpfen Tönen ruft;
> Soll nicht der reinen Schwester Segenswort
> Hilfreiche Götter vom Olympus rufen?

Dies erlösende Wort vernimmt er kaum; die furchtbare Erinnerung hat die bösen Geister geweckt. Die Stimme der Mutter glaubt er zu hören:

> Wer bist du, deren Stimme mir entsetzlich
> Das Innerste in seinen Tiefen wendet?
> . . . .
> Du siehst mich mit Erbarmen an? Laß ab!
> Mit solchen Blicken suchte Klytämnestra
> Sich einen Weg nach ihres Sohnes Herzen.

Und da er endlich die Schwester erkennt, wird ihm eine andere Gewißheit:

> Weine nicht! Du hast nicht Schuld.
> Seit meinen ersten Jahren hab' ich nichts
> Geliebt, wie ich dich lieben könnte, Schwester.
> Ja, schwinge deinen Stahl, verschone nicht,
> Zerreiße diesen Busen, und eröffne
> Den Strömen, die hier sieden, einen Weg!

Ein Traum führt ihn in die Unterwelt. Die verzeihenden und liebreichen Worte Iphigeniens lassen ihm hier die Ahnen und Klytämnestra versöhnt erscheinen:

> Bist du's mein Vater?
> Und führst die Mutter vertraut mit dir?
> Darf Klytämnestra die Hand dir reichen,
> So darf Orest auch zu ihr treten
> Und darf ihr sagen: sieh deinen Sohn! —

Das Gebet der Schwester, der freundliche Zuspruch des Pylades führen ihn zu sich selbst zurück. Der Traum wird Wirklichkeit:

> Es löset sich der Fluch, mir sagt's das Herz.
> Die Eumeniden ziehn, ich höre sie,
> Zum Tartarus und schlagen hinter sich
> Die ehrnen Thore fernabdonnernd zu.

Aber noch ist die zweite Aufgabe zu erfüllen, die Heimkehr. Pylades hat einen schlauen Plan erdacht, der gelingen muß. Nur mit einer Möglichkeit hat er nicht gerechnet; die kindlich-reine Seele der Jungfrau kann im entscheidenden Augenblick nicht Verrat üben und die Unwahrheit sagen. Bei den Griechen wetteifern die beiden Männer an Edelmut; in dem modernen

Drama wird durch die Kindlichkeit, Unschuld und Wahrheitsliebe der Jungfrau alles gerettet, wo Männerklugheit alles verloren sah.

Dieser Ausgang war nur möglich in einer so hohen sittlichen Atmosphäre, bei Menschen, die so hoch und edel denken, wie alle Gestalten des Goethischen Dramas. Noch wahrscheinlicher wird der gute Ausgang durch den neuen, der griechischen Sage ganz fremden Zug, die Liebe des Thoas und seine Werbung um Iphigenie. In dieselbe Reihe der Verinnerlichungen der Motive gehört Orests schöner Entschluß, mit dem Schwert die Heiligkeit des Gastrechts zu erkämpfen. Auch die Erinnyen sind bei Goethe verinnerlicht und vergeistigt. Er hat den Gewissensqualen die dramatische Verkörperung nicht nehmen wollen, aber er deutet den wahren Charakter in den Worten des Orest beim ersten Auftreten der Furchtbaren an, wo das Geistige und Körperliche echt dichterisch verwoben wird:

„Laßt nicht den Muttermörder entfliehen!
Verfolgt den Verbrecher! Euch ist er geweiht!"
Sie horchen auf, es schaut ihr hohler Blick
Mit der Begier des Adlers um sich her.
Sie rühren sich in ihren schwarzen Höhlen,
Und aus den Winkeln schleichen ihre Gefährten,
Der Zweifel und die Reue, leis herbei.
Vor ihnen steigt ein Dampf vom Acheron:
In seinen Wolkenkreisen wälzet sich
Die ewige Betrachtung des Geschehnen
Verwirrend um des Schuld'gen Haupt umher.

So wird auch endlich der für Orest bestimmte Brief, das Erkennungsmittel in der griechischen Sage, bei Seite geschoben. Dem Unglauben des Thoas gegenüber beruft sich Iphigenie auf das „innere Jauchzen ihres Herzens", und die List des Pylades mißachtend ruft Orest aus:

Ich kann nicht leiden, daß du große Seele
Mit einem falschen Wort betrogen werdest.
Ein lügenhaft Gewebe knüpf' ein Fremder
Dem Fremden, sinnreich und der List gewohnt,
Zur Falle vor die Füße; zwischen uns
Sei Wahrheit!
     Ich bin Orest!

Recht würdig in der That, „recht wie ein großes Herz sich fassen soll", aber ganz unantik und ungriechisch.

In späterer Zeit ist Goethe die Verquickung griechischer und ungriechischer Elemente in der Iphigenie klar geworden. „Das Unzulängliche," sagte er, „ist produktiv. Ich schrieb meine Iphigenie aus einem Studium der grie-

chischen Sachen, das aber unzulänglich war. Wenn es erschöpfend gewesen
wäre, so wäre das Stück ungeschrieben geblieben." Zu diesem „Unzuläng=
lichen" kam die unrichtige Meinung, die er mit den ersten Geistern seiner
Nation teilte, daß in der antiken Welt das Ideal der Gegenwart, das Humane,
das reine Menschentum, verkörpert sei. Doch mag nun Iphigenie griechisch
oder ungriechisch, modern oder unmodern sein, die Absicht, die Goethe bei der
Schöpfung dieser erhabenen Gestalt hatte, ist erreicht. Als Verkörperung der
Humanität und reinen Menschlichkeit, der edelsten Idee des vorigen Jahr=
hunderts und der Menschheit überhaupt, steht sie vor uns, ein hehres, uner=
reichbares Ideal.

Dem deutschen Publikum, an dem der Clavigo spurlos vorübergegangen
war und das in Goethe nur den Verfasser des Götz sah, war die Iphigenie
eine Enttäuschung. Es waren nicht alle Kritiker so einsichtig wie Schiller;
„Iphigenie dient", so meinte er, „zum lebendigsten Beweise, wie groß Goethes
schöpferischer Geist auch im größten Zwange der Regel bleibe, ja wie er
diesen Zwang selbst zu einer neuen Quelle des Schönen zu verarbeiten
verstehe." Außer der Unterwerfung unter die Regel, deren Herrschaft schon
der Clavigo anerkannt hatte, brachte Goethe in der Iphigenie noch etwas
Neues, Fremdartiges, eine neue Form der Sprache. Nicht nur, daß er
sich von den Auswüchsen der wilden Jugendsprache, von denen auch der
Clavigo nicht frei ist, losjagte und zu einer ruhigen, vornehmen Sprache
überging, er wandte sich, um die dafür gebräuchlichen Ausdrücke anzu=
wenden, von der charakteristischen Sprache zur stilvollen; alle Personen
ohne Unterschied sprechen dieselbe erhabene, kunstreiche Sprache des Dichters.
Von hier bis zur dichterischen Form der gebundenen Rede der Verse war nur
noch ein kleiner Schritt. Dazu kam, daß Lessing, der durch sein Beispiel in
Minna und Emilia den schon von Joh. Heinrich Schlegel in sechs Dramen
angewandten jambischen Fünffüßler wieder aus der Mode gebracht hatte,
gerade damals, dieses Versmaß in seinem Nathan wieder aufnahm. Der
geringen Mühe, die Prosa der Iphigenie in freie Jamben umzuschreiben,
unterzog sich Goethe schon das Jahr darauf (1780). Aber damit nicht zu=
frieden und von dem unübertroffenen Wohlklang der Tragödien des Sophokles
zur Nacheiferung angereizt, brachte er durch wiederholtes Feilen den Vers
zu jenem Grade der Vollkommenheit, der dem des Tasso nahe kommt. Man
vergleiche nur die prosaischen, oft zerhackten Jamben des Nathan mit den
bald berauschenden und hinreißenden, bald Frieden und Ruhe atmenden, wie
herrliche Musik tönenden Versen Goethes, um einzusehen, daß er seinen Weg
allein, ohne innere Abhängigkeit von Lessing, gegangen ist.

Nach der schon erwähnten Umformung in freie Jamben unternahm Goethe in der Zeit vom April bis November 1781 eine zweite Prosabearbeitung, „mit der er dem Stücke mehr Harmonie im Stile zu geben versuchte". Sie ist erst 1839 gedruckt worden.

Die letzte endgiltige Bearbeitung wurde für die neue Ausgabe, von der wir jetzt sprechen, in Karlsbad 1786 begonnen. Wieland hatte zuerst versucht, „die schlotternde Prosa in einen gemessnern Schritt zu richten" und dem Verfasser dadurch die Unvollkommenheit der Sprache erst recht vor Augen geführt. Noch mehr that das die Lektüre der Elektra, die Goethe mit auf die Reise genommen hatte. Ihr gegenüber kamen ihm „die kurzen Zeilen der Iphigenie ganz höckerig, übelklingend und unlesbar vor".

So wird denn Iphigenie nach Italien mitgenommen. Am Gardasee, in Verona, Vicenza, Venedig, Bologna und Rom schreitet die neue Gestaltung vorwärts. „Der vierte Akt," so schreibt er einmal aus Venedig an Herder, „wird ganz neu. Die Stellen, die am fertigsten waren, plagen mich am meisten; ich möchte ihr zartes Haupt unter das Joch des Verses beugen, ohne ihnen das Genick zu brechen; doch ist's sonderbar, daß mit dem Silbenmaß sich auch meist ein besserer Ausdruck verbindet." Am 6. Januar kann aus Rom er die Vollendung melden; am 13. wird das Drama nach Weimar gesandt. Was Iphigenie in Italien gewonnen hat, wird jeder, der den lehr- und genußreichen Vergleich zwischen den früheren Fassungen und der letzten anstellt, leicht und freudig erkennen.

Das eifrige Studium der Sophokleischen Elektra, die ihm Vorbild für die Form seiner Iphigenie geworden war, brachte dem Dichter einen alten Plan eines Dramas ins Gedächtnis, dessen Stoff er den Fabeln des Hygin entnommen hatte und in dem Elektra die Hauptperson sein sollte. Hygin erzählt, daß Aletes der Sohn des Aegisthus auf das Gerücht hin, daß Orestes in Taurien umgekommen wäre, sich der Herrschaft bemächtigte, Elektra dagegen sich nach Delphi begab, um das Orakel über das Gerücht zu fragen. An demselben Tage kamen Orest und Iphigenie in Delphi an. Im Tempel wird nun Elektren von demselben Boten, der die Nachricht vom Tode des Orestes gebracht hatte, Iphigenie als dessen Mörderin bezeichnet. Elektra reißt ein brennendes Scheit vom Altar, um Iphigenie damit zu blenden. Durch Orestes Dazwischenkunft wird jedoch die Erkennung noch rechtzeitig herbeigeführt.

Die besonders tragische Wirkung sollte, wie oft bei Euripides z. B. in „Ion" und dem nicht erhaltenen „Kresphontes" darin bestehen, daß die eingeweihten Zuschauer in das nahe verwandtschaftliche Verhältnis der beiden

Jungfrauen die Handlung sich auf einen fast unvermeidlich erscheinenden Schwestermord zuspitzen sehen. Iphigenie sollte, wie natürlich, ihren hoheitsvollen Charakter bewahren und die Scene, „als die beiden Gestalten wechselseitig unerkannt zusammentreffen" durch den Kontrast der heiligen Ruhe Iphigeniens zu Elektrens „irdischer Leidenschaft" besonders gewinnen.

Aber „Iphigenie in Delphi" ist nicht weiter gediehen. Sie wurde bald verdrängt durch eine andere klassische Gestalt und einen anderen antiken Stoff, der in Süditalien und Sicilien in der Erinnerung des Dichters lebendig wurde. An Stelle Iphigeniens tritt Odysseus, an Stelle des Sophokles Homer. Die Vorliebe Goethes für die Homerischen Gestalten seit seiner frühen Jugend ist uns bekannt. Gerade die Jahre vor der italienischen Reise, wo er der Antike besonders nahe stand, benutzte er, um sich ganz in den geliebten Dichter einzuleben. Tönen doch auch in der Iphigenie Anklänge an die Homerische Anschauung im Stoff und in den Charakteren überall hervor. Goethe bewunderte in dem Dichter den Mann, der das erreicht hatte, wonach er selbst als höchstes Ziel strebte; er hatte den Gegensatz von Natur und Kunst fast aufgehoben, seine Gedichte scheinen Natur und sind doch die größte Kunst. So ging er denn, mit Homer im Kopf und im Herzen, nach dem Süden. Sein Tagebuch ist voll von Anspielungen und Vergleichen aus Homer und der nun mit eigenen Augen gesehenen Welt des Dichters. Noch nach zehn Jahren schreibt er in der Erinnerung an seine Odysseelektüre in Italien an Schiller: „In welchem Glanze aber dieses Gedicht vor mir erschien, als ich Gesänge desselben in Neapel und Sicilien las! Es war, als wenn man ein eingeschlagenes Bild mit Firnis überzieht, wodurch das Werk zugleich deutlich und in Harmonie erscheint. Ich gestehe, daß es mir aufhörte ein Gedicht zu sein, es schien die Natur selbst."

Ganz dasselbe will der schöne in der „italienischen Reise" stehende Brief an Herder besagen: „Was den Homer betrifft, ist mir wie eine Decke von den Augen gefallen. Die Beschreibungen, die Gleichnisse ꝛc. kommen uns poetisch vor und sind doch unsäglich natürlich, aber freilich mit einer Reinheit und Innigkeit gezeichnet, vor der man erschrickt. Selbst die sonderbarsten, erlogenen Begebenheiten haben eine Natürlichkeit, die ich nie so gefühlt habe als in der Nähe der beschriebenen Gegenstände. Laß mich meinen Gedanken kurz so ausdrücken: sie stellten die Existenz dar, wir gewöhnlich den Effekt; sie schilderten das Fürchterliche, wir schildern fürchterlich; sie das Angenehme, wir angenehm u. s. w. Daher kommt alles Uebertriebene, alles Manirierte, alle falsche Grazie, aller Schwulst. Denn wenn man den Effekt sucht und auf Effekt arbeitet, so glaubt man ihn nicht fühlbar genug machen zu können."

So hohe Begeisterung, so tiefes Nachdenken und so inniges Einleben in das Gedicht mußte bei Goethe produktiv wirken; ohne daß er es wollte, wurden die lieben und vertrauten Gestalten Homers von ihm mit Körper und Seele ausgestattet. In Giredo am 22. Oktober hören wir die Frage an Frau von Stein: „Sagt ich Dir schon, daß ich einen Plan zu einem Trauerspiel: Odysseus auf Phäa gemacht habe? Ein sonderbarer Gedanke, der vielleicht glücken könnte."

In Sicilien wurde der vorläufig fallen gelassene Plan wieder lebendig. Wie Goethe, ein zweiter dem Meer mit Mühe entronnener Odysseus, in der Villa Giulia in die Gärten des Alkinoos versetzt zu sein glaubte, so daß der Tasso ganz zurückgedrängt ward, und er hier den ersten Gedanken, ein Drama, Nausikaa zu schreiben faßte, wie er unter dem frisch gewonnenen Eindruck der Lektüre Homers in der Villa Giulia und am Fuße des Rosalienberges das dichtet, was wir von der Nausikaa noch besitzen, das haben wir in der Schil= derung seiner italienischen Reise schon berichtet.

Odysseus hat, soviel entnehmen wir den Andeutungen Goethes und dem erhaltenen Schema, auch vor der Versammlung sich nicht zu erkennen gegeben, sondern sich als Gefährte des Odysseus bezeichnet. Seine Erscheinung und sein Auftreten machen auf die Jungfrau, die sich bisher keiner Neigung be= wußt, alle Freier abgelehnt hat, einen unauslöschlichen Eindruck. Sie offen= bart sich einer älteren Freundin, die ihre Sorge, ob Odysseus nicht zu alt für sie wäre, mit den hübschen Worten beschwichtigt:

„Und immer ist der Mann ein junger Mann,
Der einem jungen Weibe wohlgefällt."

Ein Scherz des Bruders zeigt, daß ihre Leidenschaft nicht mehr unbe= merkt geblieben ist. Nun soll Odysseus scheiden. Die Worte im Schema: „Frage unverheiratet. . . . Er lobt ihr Land und schilt seins, sie giebt ihm zu verstehen, daß er bleiben könne" geben klar die weitere Entwickelung und zeigen zugleich, daß auch Odysseus nicht ohne Schuld bleiben sollte. Der Gegenliebe des Fremden, wie sie glaubt, gewiß, verrät Nausikaa unbedacht und leidenschaftlich öffentlich ihre Neigung. Nun muß Odysseus als der, der er ist, als Gemahl Penelopes sich zu erkennen geben. Gekränkt und be= leidigt und vor den Männern in ihrer Würde verletzt, zieht sich Nausikaa zurück. Während Odysseus und Alkinoos sich beraten und durch Verheiratung ihrer Kinder dem unglücklichen Geschick einen fröhlichen Ausgang geben wollen, wird die Leiche Nausikaas, die die Schmach nicht hatte überleben können, zu den Eltern gebracht.

Die beiden erhaltenen allbekannten und berühmten Scenen des ersten Aktes wecken lebhaftes Bedauern, daß jener schön erdachte Plan nicht ausgeführt worden ist. Egmont und Tasso verdrängten den neuen Plan, der noch nicht im Herzen des Dichters Platz ergriffen hatte; vielleicht war auch ein Gefühl der Bescheidenheit daran schuld, das ihn abhielt, mit Homer in Wettstreit zu treten. Den Worten an Sulpiz Boisserée vom Dezember 1817: „Es betrübt mich auf's neue, daß ich die Arbeit damals nicht verfolgt. Ich brauche Ihnen nicht zu sagen, welche rührende, herzergreifende Motive in dem Stoff liegen, die, wenn ich sie, wie ich in Iphigenie, besonders aber im Tasso that, bis in die feinsten Gefäße verfolgt hätte, gewiß wirksam geblieben wären," werden wir uns mit vollem Herzen anschließen.

2.

In dem Verzeichnis der Schriften, die in die neue Ausgabe aufgenommen werden sollten, hatte Goethe im Juni 1786 für seinen Verleger notiert: Sechster Band: Egmont unvollendet, Elpenor zwei Akte. Nach den vielen vergeblichen Versuchen, während fast zwölf Jahren Stimmung und Kraft für die Vollendung des Egmont zu finden, verzweifelte Goethe wohl vorläufig daran. Wie sollte ihm Italien für den nordischen Stoff das geben, was die Heimat versagt hatte? Aber zu unserm Erstaunen lesen wir, während ihn noch Orests Erlösung in Rom vollauf beschäftigt, im Dezember 1786: „Wie Iphigenie fort ist, geht es an Egmont." Für einige Zeit verdrängt der Tasso, dann die Reise nach Neapel und Sicilien die neu begonnene Arbeit; aber während der heißen Monate beim zweiten Aufenthalt im Rom rückt Egmont tüchtig vorwärts. Nach vielen Berichten über das Fortschreiten der Dichtung, und nachdem Freund Kayser beauftragt worden war, eine Symphonie und die Lieder zu komponieren, geht am 6. September 1787 eine Abschrift an Herder zum Druck ab.

Die große Schwierigkeit, die der Egmont offenbar dem Dichter bereitete, lag weniger an der Umarbeitung an und für sich, waren doch „im Stück ganze Scenen, an die er nicht zu rühren brauchte", als in der Notwendigkeit, eine Zeit und Stimmung zurückzurufen, die längst vergangen war. Der Autor der Iphigenie durfte der neu gewonnenen Kunstanschauung nur soweit Raum lassen, als die Forderung eines einheitlichen Stiles zuließ. Es hieß nicht bloß zwei entgegengesetzte Kunstrichtungen miteinander zu vereinigen, neu zu beleben, was längst dem Gedächtnis entschwunden war, sondern auch das Alte und Neue mit künstlerischem Geiste zu durchdringen und zu einem Ganzen zu verbinden.

Gedenken wir kurz des weiten Weges, den dieses Drama vom ersten Entwurf bis zur Vollendung hatte nehmen müssen. Seine Anfänge gehen auf die Zeit der unbedingten Shakespeareverehrung Goethes zurück. „Ich that wohl," äußerte er einmal später, „daß ich durch meinen Götz und Egmont mir Shakespeare vom Halse schaffte." Unter den dramatischen Stoffen, die der junge Dichter Shakespeare nachschaffend und nachahmend sich auserwählt hatte, war, wie wir wissen, auch ein Julius Cäsar, in dem der Titelheld, nicht Brutus, die Hauptperson sein sollte. Die damals sich bei Goethe entwickelnde deutsch=nationale Richtung und das Studium der deutschen Geschichte des 16. Jahrhunderts führte ihn bald von diesem Thema ab, aber der Gedanke, eine geschichtliche Epoche in der Darstellung der persönlichen Gegensätze zweier Machthaber, wie dort Cäsars und Sullas, zu dramatisieren, blieb, und der Dichter fand, nachdem der Götz ihn mit dem 16. Jahrhundert bekannt gemacht hatte, in der Geschichte des Abfalls der Niederlande und zwar in den Gestalten Egmonts und Albas geeigneten Stoff, ihn zu verwirklichen. Das Werk des Jesuiten Famiano Strada De bello Gallico und Meterens' niederländische Geschichte wurden seine Quellen. Zu der Zeit, da er eben Lili entsagt hatte, schrieb er, um die „fürchterliche Lücke" durch Geistreiches und Seelenvolles auszufüllen, die beiden ersten Scenen und die Hauptscene, d. h. den Dialog zwischen Egmont und Alba im vierten Akt, die Peripetie des Stückes.

Aber mit der Uebersiedelung nach Weimar geriet das Drama ins Stocken. Erst im April 1778 hören wir etwas von ihm; und auch in der Folgezeit melden das Tagebuch und die Briefe an Frau von Stein von dem Fortschreiten der Arbeit und dem Versuch, sie zu vollenden. Nachdem aber Goethe am 5. Mai 1782 den „Versuch" an die Tochter Mösers, um von ihm ein Urteil zu hören, gesandt hatte, scheint ihm das Drama ganz aus dem Sinn gekommen zu sein, bis der Plan einer Ausgabe der Schriften ihn wieder darauf zurückführt, und das Drama in Rom seine Auferstehung feiert.

„Kein Stück," lesen wir in der Italienischen Reise, „habe ich mit mehr Freiheit des Gemüts und mit mehr Gewissenhaftigkeit vollbracht als den Egmont." In sonderbarem Gegensatz dazu steht der geringe Beifall, den das Werk zuerst bei den Freunden fand, und der reichliche Tadel, der ihm auch heute nicht selten gespendet wird. Bescheiden und fast entschuldigend schreibt Goethe auf des Herzogs Ausstellungen: „Es war ein schweres Unternehmen, ich hätte nie geglaubt es zu vollenden, nun steht das Stück da, mehr wie es sein konnte, als wie es sein sollte." Weder die Verehrer des Götz, noch die der Iphigenie werden befriedigt gewesen sein.

Der vorher gekennzeichneten Schwierigkeit war der Dichter durch einen Kompromiß begegnet. Vergleichen wir die Dramen Götz und Egmont, so ergiebt sich das Bestreben des Dichters, im Egmont sich der Einheit der Handlung zu befleißigen. Hier ist ein fester, deutlicher Plan vorhanden, der den Tod des Helden zum Endziel hat. Der Widerstand eines kleinen Volkes gegen einen übermächtigen Unterdrücker ist der Hintergrund des Dramas. Der erste Akt schildert die drohende Gefahr. Der zweite den vergeblichen Versuch Oraniens, Egmont zur Flucht zu bewegen. Im dritten Akt tritt die Beschützerin Egmonts, Margarete, zurück, und Albas Regiment beginnt; mit Egmonts unklugem Erscheinen bei Alba ist sein Untergang besiegelt, er wird gefangen genommen und im letzten Akt hingerichtet. Wie der Götz, so sollte auch der Egmont ein Bild seiner Zeit geben, den Kampf „von fest gegründeten Zuständen mit einer strengen, gut berechnenden Despotie", darum waren eine Reihe Gestalten, die der Dichter der Iphigenie als episodische Figuren hätte zurückweisen müssen, notwendig; aber Goethe verband sie, indem er sie zur Charakteristik der Hauptpersonen oder zur Weiterführung des Dramas nach Lessingschem Muster in der Handlung benutzte: Margarete von Parma macht durch ihre Neigung für Egmont dessen Vertrauensseligkeit wahrscheinlicher; Klärchen beteiligt sich durch den Versuch, Egmont zu befreien, unmittelbar an der Handlung und Ferdinand vermittelt die letzte Verbindung des Verurteilten mit der Außenwelt.

Schwieriger schon war es, die Einheit des Stils zu erreichen. Die Scene zwischen Klärchen und den Bürgern ist in Weimar geschrieben. Die Volks- und Liebesscenen in Frankfurt; ebenso die Albascenen, mit Ausnahme der Unterredung zwischen Vater und Sohn und des Monologs; dagegen gehören die Scenen Egmont und der Schreiber, Klärchens und Brackenburgs Abschied in die Weimarer Zeit, während die Unterredung Egmonts und Ferdinands wieder auf eine ältere Entstehungszeit weisen. Das hauptsächliche Kriterium hierfür ist der jambische Rhythmus der Prosa. Auch hier hat Goethe zwischen der Prosa seines Götz und den Versformen seiner italienischen Iphigenie vermittelt. Er behielt die Prosa und den charakteristischen Stil, aber er vermied nicht den jambischen Rhythmus, wo er sich ungesucht einstellte und verschmähte nicht den melodischen Klang des Verses. Bei den in Weimar geschriebenen Scenen lassen sich große Stellen leicht in Jamben umschreiben. Dasselbe Ergebnis zeigt eine Untersuchung des Ortes und der Zeit im Egmont. Der Dichter giebt die Willkür des Götz auf, ohne sich ängstlich an die Einheit zu binden. Während die Handlung des Götz mehrere Jahre in Anspruch nimmt, Iphigenie dagegen in einem Tage sich abspielt, umfaßt

Egmont einige Tage; während im Götz der Ort nach Willkür innerhalb des
Aktes wechselt, geschieht das im Egmont nur im ersten und letzten Akt mehr
als zweimal.

Neben dem unberechtigten Vorwurf, daß es dem Stück an einem
einheitlichen Plan fehle, wendet sich der erste bedeutende Beurteiler des
Dramas hauptsächlich gegen den Charakter des Helden. In der Geschichte ist
Egmont, sagt Schiller, kein großer Charakter, er ist es auch in dem Trauerspiel
nicht. Der Goethische Egmont ist ganz unzulänglich für seine Aufgabe. Er
ist nicht nur kein Held, sondern ein leichtsinniger Schwächling; der Dichter dürfe
die geschichtliche Wahrheit wohl hintansetzen, aber nur um das Interesse seines
Gegenstandes zu erheben, nicht um es zu schwächen. Schiller hat Goethes
Absichten durchaus mißverstanden. „Hätte ich," sagte Goethe einmal zu Ecker=
mann, „den Egmont so machen wollen, wie ihn die Geschichte meldet, als Vater
von einem Dutzend Kinder, so würde sein leichtsinniges Handeln sehr absurd
erschienen sein. Ich mußte also einen anderen Egmont haben, wie er besser
mit seinen Handlungen und meinen dichterischen Absichten in Harmonie stände;
und dies ist, wie Klärchen sagt, mein Egmont."

Es handelt sich also darum, das unkluge Verbleiben Egmonts in Brüssel
zu motivieren. Die Gründe des geschichtlichen Egmont, der, um seiner Fa=
milie das Vermögen zu erhalten, in Brüssel blieb, wären verständlicher,
meint Schiller: „der Dichter bringt uns um das rührende Bild eines Vaters,
eines liebenden Gemahls — um uns einen Liebhaber von ganz gewöhnlichem
Schlage zu geben!" Man versteht, wenn man solche Vorwürfe liest, was
Goethe mit der Antwort auf diese Recension meint: „Den sittlichen Teil des
Stückes habe der Recensent gar gut zergliedert; was den poetischen Teil der
Besprechung anbetrifft, so möchte Recensent andern noch etwas zurückgelassen
haben."

Persönliche Tapferkeit ist der Grundzug des Goethischen Egmont, und
aus ihm ergiebt sich das allzu große Vertrauen auf sich selbst und sein un=
besonnenes, leichtsinniges Handeln. Kühn und ohne Furcht, heiter und genuß=
liebend, leichtlebend und leutselig, ist er so recht ein Mann nach dem Herzen
der Niederländer; ein recht ritterlicher Held, Sieger in mehreren Schlachten,
ein großer Feldherr, tüchtiger Soldat und unübertroffener Schütze, wird er
von den Soldaten vergöttert. Eine schöne, herrliche Gestalt, eine vornehme
Erscheinung, erregt er Aufsehen bei Männern und Frauen und gewinnt schon
durch den Zauber seines Aeußeren alle Herzen. Als Aristokrat vom Scheitel
bis zur Sohle ist er mit dem hohen Adel eng verbunden. Die Herzen der
Frauen können ihm nicht widerstehen; selbst aus den Worten der Regentin

über ihn spricht zärtliche Sorgfalt und Neigung. Dem König glaubt er treu gedient zu haben, vor Vergewaltigung schützt ihn das goldene Vließ. So braucht er niemand zu fürchten: „Er geht einen freien Schritt, als wenn die Welt ihm gehöre." Wie er selbst edlen und offenen Charakters ist, so traut er niemanden böse Absichten zu. „Er ist Karls Sohn," sagt er vom König Philipp, „und keiner Niedrigkeit fähig."

Dieser vertrauensselige Mann ist in eine Welt von Lug und Trug gestellt. Er glaubt durch offene Aussprache Alba von folgenschweren Schritten abzuhalten; aber Alba erkennt in dieser offenen Sprache nur die große Gefährlichkeit Egmonts; dieser sieht in seiner Unschuld den besten Schutz und ahnt nicht, daß seine Beliebtheit beim Volke der gefährlichste Anstoß für die Spanier ist. So rennt er blindlings in sein Verderben. Ein Vorzug des Charakters wird zum Mangel des Intellekts. In diesem Mangel besteht seine tragische Schuld. Es ist richtig, er geht nicht in den Tod für eine große Sache, wie etwa Schillers Jungfrau, wenn auch sein Tod einer großen Sache dient; er will nicht den Konflikt, wie des Sophokles Antigone, sondern er möchte ihn vermeiden. Aber wirkt sein Tod deshalb weniger tragisch? Wenn zum tragischen Untergang das injustum und praematurum notwendig ist, so war kein Tod ungerechter als Egmonts, und in keinem Helden Lebensdrang und Lebensfreude so wirkungsvoll, so stark wie in Egmont. Der Unterschied der Auffassung des Tragischen bei unsern beiden großen Dichtern spricht sich hier deutlich und klar aus. Schiller will Menschen darstellen, deren Thaten wir bewundern sollen, große Helden, gewaltige Gestalten. Goethe wendet sich nicht an unseren Verstand, er will unser Herz rühren. Goethes Helden sind nicht große Menschen, sondern schwache, wenn auch nicht unedle, Menschen mit bezaubernder Liebenswürdigkeit, deren Stärke in ihrer Schwäche liegt. Und dazu kommt ein anderer Gegensatz. Schiller entnahm seine Helden der Geschichte, Goethe seinem Herzen. Nicht weil Egmonts Thaten ihn begeisterten, sondern weil er in ihm sich selbst wiederfand, deshalb wurde Egmont der Held eines Dramas. Gleich wie Egmont, stolz und vertrauensvoll, von bezaubernder Schönheit, an Geist alle überragend, so schritt der bewunderte junge Dichter des Götz und Werther durch das Leben; durch ein schönes, edles Mädchen lernt er der Liebe Glück und Leid in vollen Zügen genießen; dann an der Seite eines jugendlichen, gleichgesinnten Fürsten, giebt er sich mit der ganzen Kraft seines Geistes und Körpers einem Leben des Genusses und tollen Rausches hin, bei dessen Anblick die Bedächtigen die Stimme warnend erheben; alles das und hundert andern schon mehrfach gekennzeichnete Aehnlichkeiten deuten darauf, daß

daß auch das Drama Egmont, wie alle andern Dichtungen, dem Leben des Dichters entnommen ist.

Und es hat auch noch einen tieferen, in Goethes philosophisch=religiöser Anschauung liegenden Grund, weshalb ihn Egmonts hartnäckiges Verbleiben in Brüssel am meisten fesselte. Goethe sah hierin eine Einwirkung des Dämonischen, jener Macht, an die er fest glaubte und die ihn sein ganzes Leben lang beschäftigt hat. Er verstand darunter „dasjenige, was durch Ver= stand und Vernunft nicht zu lösen ist". Wo plötzlich einem Menschen ein großer Gedanke aufblitzt, wenn Menschen oder Ereignisse in unsere Bahnen treten, die für uns von größter Bedeutung werden, wenn uns plötzlich eine Leiden= schaft ergreift, die uns für immer an ein anderes Wesen fesselt, da zeigt sich die Macht des Dämonischen. So sah Goethe in dem Bunde mit Schiller und besonders darin, wie er entstand und zu welcher Zeit, ebenso in seiner Liebe zu Lili, durch die auch seine Reise nach Weimar bestimmt wurde, den Einfluß des Dämonischen. Er versteht also darunter das Schicksal, aber nicht in= sofern es unser äußeres Leben bestimmt, sondern insofern es auf unsere Ent= schlüsse, unsere Seele großen Einfluß ausübt. „Nur muß der Mensch," „auch wiederum gegen das Dämonische recht zu behalten suchen. Es ist in solchen Dingen wie mit dem Spiel, was die Franzosen Codille nennen, wobei zwar die geworfenen Würfel viel entscheiden, allein wo es der Klugheit des Spielenden überlassen bleibt, nun auch die Steine im Brett geschickt zu setzen." Goethe war also trotz seines Glaubens an das Dämo= nische weit entfernt, dem Menschen das Recht und die Pflicht der Selbstbe= stimmung zu nehmen. Dieses Problem der Wechselwirkung zwischen Willens= freiheit und Schicksalsbestimmung beschäftigte ihn gerade in der letzten Frank= furter Zeit; er suchte sich seiner, wie er sagte, durch ein Bild zu entledigen, und es entstand der Egmont.

Das Dämonische kann sich nun auch nach Goethes Erklärung in allem Körperlichen manifestieren; besonders auffallend tritt es bei manchen Men= schen hervor, Napoleon, Karl August, Lord Byron zählte Goethe zu diesen: „Es sind nicht immer die vorzüglichsten Menschen, weder an Geist noch an Talenten, selten durch Herzensgüte sich empfehlend; aber eine ungeheure Kraft geht von ihnen aus und sie üben eine unglaubliche Gewalt über alle Ge= schöpfe, ja sogar über Elemente."

In Egmont ist das Dämonische die Gabe, alle Menschen anzuziehen, der Zauber seiner Persönlichkeit, dem sich das Volk, der Adel, die Frauen, von der Tochter des Volkes bis zur Regentin, und selbst der Sohn des Feindes nicht entziehen kann. Da nun aber Egmont durch eben diese Macht des Dämonischen in die Hände Albas gerät, so entsteht ein Konflikt, „in dem das Liebenswürdige (Egmont) untergeht, das Hassenswerte (Alba) triumphiert und aus dem die Aussicht auf ein drittes, das allen Menschen entsprechende (die Freiheit) hervorgeht."

Ein anderer Tadel Schillers wird weniger aus dem anders gearteten Dichtungscharakter, als aus einer Verstimmung des Kritikers zu erklären sein. Er nennt den Schluß einen Sprung in die Opernwelt, mit dem der Verfasser mutwillig die sinnliche Wahrheit zerstöre. Aber es bedarf doch nur eines Hinweises auf Shakespeare, um dem Vorwurf zu begegnen. Weshalb der Dichter diesen Schluß gewählt hat, ist nicht schwer zu erraten. Das Drama würde ohne diesen nicht abschließen, sondern abbrechen. Um dem Ganzen einen versöhnenden Ausblick zu geben, mußte die Bedeutung des Todes Egmonts für die Zukunft des Landes dargestellt werden. Der künstlerische Sinn Goethes verschmähte eine trockene Prophezeihung post eventum und versuchte lieber die Zukunft körperlich vor die Augen der Zuschauer zu bringen. Der sterbende Egmont siegt nicht nur über Alba, er wird auch der Befreier des Vaterlandes. Die Schuld seines Lebens wird durch den Heldentod geadelt.

Nicht weniger ungerecht ist der Tadel gegen die Volksscenen im Egmont. Man verlangt von den Bürgern Heldenthaten und nennt sie wegen ihrer Weigerung, Klärchen zur Befreiung Egmonts zu folgen, feige Philister; aber man vergißt ganz, daß nach dem Plane der Dichtung die Erhebung des Volkes erst mit dem Tode Egmonts, also außerhalb des Dramas, beginnen sollte, und daß einen Versuch zur Befreiung Egmonts nicht Kühnheit, sondern nur Unverstand eingeben konnte. Volksmassen zu leiten und als Ganzes darzustellen war freilich nie Goethes Sache, das wird man zugeben müssen; er entschädigt dafür durch meisterhafte Einzelporträts: der Soldat Buyck, der begeisterte Anhänger seines Herrn Egmont, ein Holländer, stolz und freigebig, pochend auf die eigene Kraft und ein Gegner der Spanier; Ruysum, ebenfalls Soldat, aber aus der alten Zeit, dem König gehorsam und unterthan, ein echter Friese, der auch nicht das geringste Recht einräumt, ohne sich durch eine Klausel vor etwaigen Folgen zu sichern; und unter den eigentlichen Bürgern der tapfere, aller Unterdrückung abholde und doch gemäßigte Soest, der die Regentin, die Vertreterin der Ordnung und Freiheit verehrt; der schwächliche friedliebende Schneidermeister Jetter, eifrig mit der Politik beschäftigt und der neuen religiösen Lehre nicht abhold, der Zimmermeister und Zunftmeister, der ebenso wie Jetter, um Sicherheit und Ruhe besorgt, stolz auf seine Zunftmeisterschaft den Vornehmen unter den Bürgern, den Verächter „des Packs" spielt, „das nichts zu verlieren hat"; der Seifensieder, der Ultramontane, der mit der Faust zuschlägt, wo die Gründe fehlen und endlich der Verführer und Wühler Vansen, ein heruntergekommener Winkeladvokat, der die Stimmung und seine überall aufgeschnappten Kenntnisse benutzt, um das Volk aufzuwühlen und im Trüben zu fischen, alles Niederländer, Kinder eines Landes, alle lebensfroh, heiter, offen, freiheitsliebend und doch ein jeder ein geschlossenes Individuum für sich; ein Ausspruch, ja ein Wort genügt dem Dichter, um den einzelnen lebenswahr und individuell darzustellen.

Und diese Meisterschaft der Zeichnung verrät sich noch in höherem Grade bei den Hauptpersonen des Dramas. Egmonts gewaltiger Antipode Alba, obgleich nur in einem Akt erscheinend, steht doch wie in Erz gegossen vor unseren Augen. Diese von Goethe und Schiller dramatisch belebte Gestalt läßt uns einen Unterschied in der dichterischen Gestaltung beider Männer erkennen. Alba im Don Carlos ist ein Verläumder, ein grausam hinterlistiger Mensch, der es nicht verschmäht, den König zu belügen und die Kassette der Eboli aufbrechen zu lassen, ein Bösewicht nach dem Muster der Shakespeareschen Dramen, wie Franz Moor oder Wurm; bei Goethe ist er der Vertreter einer anderen, der des Helden entgegengesetzten, an sich auch berechtigten Meinung und Anschauung. Alba ist durchaus nicht verächtlich oder ein schlechter Mensch, wie Egmont in gerechtem Zorn kurz vor seinem Tode glaubt, er ist eisern, ohne Mitgefühl, kalt, bis zur Rohheit in seiner Konsequenz und Pflichterfüllung, in der Unterdrückung der Empfindung bewunderungswürdig, fast übermenschlich, in jedem Wort, das er denkt und spricht, Egmonts geborener Gegner. Nicht etwa aus Grausamkeit oder Mordgier tötet er Egmont, sondern weil er seinen Tod für notwendig hält. Egmont und Alba können sich nicht verstehen. Der Vertreter des Absolutismus kalt, gemessen, ruhig, fest davon überzeugt, daß das wahre Glück eines Volkes in der Unterwerfung unter den Willen des Königs bestehe, weicht auch nicht einen Zoll von seinem Standpunkt. Der freie, offene und kühne, warm für die Rechte des Volkes eintretende Egmont erreicht nichts weiter als das Erstaunen Albas über seine Freimütigkeit: Welcher That muß man sich von einem Manne versehen, der sich solch eine Sprache erlaubt! Damit ist Egmonts Schicksal besiegelt.

Diesem eisernen Manne der Pflicht gab der Dichter, um ihn wenigstens durch ein Band mit uns zu verbinden, einen Zug der Menschlichkeit, die Liebe zu seinem Sohn Ferdinand. Es ist ein schöner und feiner Zug, daß Egmont, ohne es zu wollen, seinen Feind an der einzigen Stelle, wo er sterblich ist, verwundet; er entreißt ihm die Liebe des Sohnes, er ist das Ideal des Mannes, in dem Alba seinen Geist fortpflanzen und dem König erhalten wollte. Der sterbende Egmont triumphiert über den Sieger.

Die beiden Liebenden Ferdinand und Klärchen, meinte Goethe einmal, übernehmen die Rolle des Chors in der Antike. Auch Klärchen ist wie Ferdinand eine vom Dichter ersonnene Gestalt; aber wenn auch Ferdinand fehlen könnte, was wäre das Drama ohne Klärchen? sie ist ganz Goethes Eigentum und steht einzig da in der Litteratur aller Völker. Der Meister der Darstellung weiblicher Charakter hat hier ein Meisterstück geschaffen. Nur noch von Gretchen wird sie überstrahlt, nur noch im Faust ist die Liebe glänzender, herrlicher, berauschender geschildert. Der Dichter bedient sich nicht besonderer Mittel; es sind einfache, schlichte, naturwahre Worte, die die Liebenden wechseln, und doch rühren und erheben uns die Liebesscenen und ergreifen uns bis ins innerste Mark. Es ist das Naturwahre, das Naturgewaltige in dieser Liebe, die über die von Sitte und Gesetz gegebenen Schranken hinweg zu dem Gesetz der Natur zurückkehrt. Klärchen weist mit Entrüstung die Klage der Mutter zurück. „Egmonts Geliebte verworfen? Welche Fürstin neidete nicht das arme Klärchen um den Platz an seinem Herzen?" Was die Welt unsittlich nennt, hat Egmont, hat ihre Liebe geadelt. Klärchens Liebe ist ihr Gesetz, die Liebe ihre Religion. Der Dichter entrückt uns in eine ideale, reinere Welt, wo nicht die konventionelle Form, wo reine und wahre Liebe Mann und Weib miteinander verbinden. Wir vergessen den äußeren Makel, der auf dieser Liebe ruht. Wo die Menschen schuldig sprechen und verdammen würden, da sehen wir durch die Kunst des Dichters höchste Unschuld, Reinheit und Adel des Herzens. Deshalb war auch Goethe besonders verstimmt, als Frau von Stein an diesem Verhältnis Anstoß nahm. Seine Antwort die er von Rom aus im November 87 an sie richtete möge hier abgedruckt sein als authentische Erklärung des Dichters: „Ich sehe wohl, daß Dir eine Nüance zwischen der Dirne und der Göttin zu fehlen scheint. Da ich aber ihr Verhältnis zu Egmont so ausschließlich gehalten habe; da ich ihre Liebe mehr in den Begriff der Vollkommenheit des Geliebten, ihr Entzücken mehr in den Genuß des Unbegreiflichen, daß dieser Mann ihr gehört, als in die Sinnlichkeit setze; da ich sie als Heldin auftreten lasse; da sie im innigsten Gefühl der Ewigkeit der Liebe ihrem Geliebten nachgeht und endlich vor seiner Seele durch einen verklärenden Traum verherrlicht wird: so weiß ich nicht, wo ich die Zwischennüance hinsetzen soll." Den tiefen und veredelnden Einfluß der Liebe zeigt die weitere Entwickelung. Aus dem zarten, schüchternen Mädchen wird, als der Geliebte gefangen ist, die Heldin. Man nenne es nicht unweiblich, was Klärchen thut. Es ist besonders schön gedacht, daß das Ungeheure, der furchtbare Umsturz des Glückes sie aus ihrer Natur herausdrängt, daß das schwache

Geschöpf zur Heldin wird und, um den Geliebten zu retten, Thaten voll=
führen will, vor denen die Männer ängstlich zurückschrecken. Kann sie den
Geliebten nicht retten, so will sie mit ihm sterben. Dieser Entschluß reinigt
die Liebe von jedem Vorwurf, von allem Irdischen; das Mädchen aus dem
Volke hebt sich herauf zu Egmont, ja über ihn hinauf. Jenseits des Grabes,
wo man nicht fragt nach Mann und Weib, vereinigt sich Klärchen, die Ver=
klärte, mit ihrem Geliebten.

Wir schließen mit den Worten des Franzosen Ampère, die Goethe
selbst übersetzt hat, wohl, weil er sich hier am besten verstanden glaubte:
„Egmont scheint mir der Gipfel der theatralischen Laufbahn unsers Dichters;
es ist nicht mehr das historische Drama wie Götz, es ist nicht mehr die
antike Tragödie wie Iphigenie, es ist die wahrhaft neuere Tragödie, ein
Gemälde der Lebensscenen, das mit der Wahrheit der ersteren das Einfach=
grandiose der zweiten verbindet. In diesem Werke, geschrieben in der Kraft
der Jahre und der Fülle des Talentes, hat er vielleicht mehr als irgendwo
das Ideal des menschlichen Lebens dargestellt, wie ihm solches aufzufassen
gefallen hat. Egmont, glücklich, heiter, verliebt, ohne entschiedene Leiden=
schaft, der Süßigkeit des Daseins edel genießend, mit Lebenslust dem Tode
entgegengehend — dies ist Egmont, der Held des Dichters."

3.

Der Tasso hat, wie die Iphigenie, eine ältere und eine jüngere
Fassung, nur daß von der älteren, dem zweiaktigen Fragment, sich gar nichts
erhalten hat. Ueber die Entstehung der ersten Fassung und ihren Zusammen=
hang mit der Liebe zu Frau von Stein haben wir früher ausführlich be=
richtet. Am 30. März 1780, auf dem Wege nach Tiefurt, hatte Goethe
„eine gute Erfindung, den Tasso", dessen Leben ihm aus Manso's Biographie
und dessen Werke ihm von der Kindheit her aus des Vaters Bibliothek be=
kannt waren. Am 13. November war der erste Akt fertig. In der Mitte des
November 1781 ging der vollendete zweite Akt an Bäbe Schultheß nach Zürich.
Die Frage, die wir zuerst zu beantworten haben, ist die: Waren die beiden Akte
der ersten Fassung denen des später vollendeten Drama gleich? Der Form
nach nicht; denn das Fragment, wie wir die alte Fassung der Kürze halber
nennen wollen, war in „poetischer Prosa", ähnlich wie die erste Gestalt der
Iphigenie, geschrieben; dem Umfange nach auch nicht, zum mindesten fehlte
die erste Scene. Denn die Worte an Herder vom 2. März 1789: „Vom
Tasso, der nun seiner Verklärung sich nähert, habe ich die erste Scene im

Kreis der Freunde publicirt. Deine Frau und Knebel haben sie am meisten genossen und durchgefühlt. Ich habe diesen Prologus mit Fleiß dem Werke selbst vorausgeschickt", sind nicht anders zu verstehen, als daß jetzt erst der Prologus, die erste Scene, gedichtet worden ist. Auch ist die letzte Scene des ersten Aktes unvollständig gewesen oder später geändert worden. Denn am 6. April 1789 hören wir: „Wenn ich vor den Feiertagen die letzte Scene des ersten Aktes, wo Antonio zu den vier Personen, die wir nun kennen, hinzutritt, fertigen könnte, wäre ich sehr glücklich. Fast zweifle ich dran. Sobald sie geschrieben ist, schicke ich sie."

Trotz dieses Mangels waren die beiden Akte nicht etwa zusammenhangslose Scenen, sondern ein planvoll angelegtes Fragment, bestehend aus der Exposition und der Grundlage, auf der sich das Drama aufbauen konnte und sollte. Darauf deutet das von Goethe für den Verleger aufgestellte Inhaltsverzeichnis der Schriften für die Gesamtausgabe, wo sich die Notiz findet: Siebenter Band: Tasso, zwei Akte, und ferner das Urteil von Bäbe Schultheß vom 20. März 1788: „Der alte Tasso wird ein Edelstein, ein Schatzkästlein Deinen Freunden bleiben." Auch war der Plan und Gang der Handlung des Fragments derselbe, wie in den beiden ersten Akten unseres Tasso, denn aus unserer früheren Darstellung erhellt, daß Tassos Liebe zur Prinzessin darzustellen die Hauptabsicht auch im Fragments gewesen ist. Nicht weniger sicher scheint der Gegensatz zwischen Dichter und Staatsmann das Thema des Fragments gewesen zu sein, dieser Kampf war ja ein innerliches Erlebnis Goethes, das er im Tasso dramatisch darstellen wollte. Wenn der Dichter, wie man nachgewiesen hat, Antonio erst in der Biographie Serassis in Italien kennen gelernt hat, so beweist das nicht, daß dieser Gegenspieler zuerst überhaupt gefehlt hat, vielmehr zeigt gerade die von Goethe ganz zuletzt vorgenommene Aenderung des Namens Battista Pigna, wie der Gegner Tassos im Fragment hieß, in Antonio Montecatino, von wie geringer Bedeutung die historische Person für die Darstellung der eigenen inneren Erlebnisse des Dichters war.

So bleibt noch die Frage offen, ob der Ausgang des Kampfes ursprünglich schon so wie im Tasso selbst gedacht war, oder ob vielleicht im ersten Entwurf der Dichter über den Staatsmann triumphiert hat. Wer sich der Goethischen Anschauungen vom Jahre 1780 erinnert, wird diese zuletzt erwähnte Möglichkeit aus inneren Gründen verneinen. Zwischen 1775 und 1780 liegt die wichtigste Wandlung in Goethes Leben, die man meist fälschlich nach Italien verlegt. Durch Goethes staatsmännische Thätigkeit und die Erziehung durch Frau von Stein vollzieht sich in den ersten Weimarer Jahren

der Wandel vom Demokraten zum Aristokraten, zum pflichtgetreuen Staats=
mann und Hüter des Gesetzes. Am 6. September 1779 war Goethe Ge=
heimrat geworden und damit in die oberste leitende Behörde getreten: bald
darauf wurde er geadelt. Dieser Goethe konnte einen Tasso nicht siegen
lassen. Das hätte geheißen, seine eigene Entwickelung zurückschrauben.

Unter den Goethischen Berichten über die Entstehung des Tasso, die
vieldeutig, ja anscheinend sich widersprechend sind, sodaß man für und
gegen die Gleichheit der beiden Fassungen Belege beibringen kann, ragen
zwei Briefstellen vom Frühjahr 1788 hervor. Die eine ist aus einem Briefe
von Bäbe Schultheß vom 20. März 1788: „Wann Du von den ersten Akt(en?)
des Tasso wenig gebrauchen kannst zu dem neuen, so geschieht uns desto
besser" u. s. w., ähnlich heißt es in einem Brief Goethes an Knebel, den Kenner
des Fragments, vom 24. Mai 1788 aus Mailand: „Jetzt bin ich an einer
sonderbaren Aufgabe, am Tasso. Ich kann und darf nichts darüber sagen. Die
ersten Akte müssen ganz aufgeopfert werden." Dazu stimmt eine Aeußerung,
die wir in der Italienischen Reise finden, die Goethe aber erst bei der
Bearbeitung in den Brief eingefügt hat: „Das Vorhandene muß ich ganz
zerstören; das hat zu lange gelegen, und weder die Personen, noch der Plan,
noch der Ton haben mit meiner jetzigen Ansicht die mindeste Verwandtschaft",
und ebenso vom 2. Februar 1788: „Was da steht, ist nicht zu brauchen;
ich kann weder so endigen, noch alles wegwerfen." Daraus folgt, daß
Goethe bis zum Mai 1788 von der Notwendigkeit durchdrungen gewesen ist,
das Fragment völlig umzugestalten. Daß er das aber zuletzt doch nicht
gethan hat, beweist eine Stelle in der „italienischen Reise" vom 30. März
1787, wo er die beiden Fassungen, vergleicht. „Die zwei ersten Akte des
Tasso, ... im Plan und Gang ungefähr den gegenwärtigen gleich, aber schon
vor zehn Jahren geschrieben, hatten etwas Weichliches, Nebelhaftes, welches
sich bald verlor, als ich nach neueren Ansichten die Form vorwalten und den
Rhythmus eintreten ließ." Am 20. Januar 1787 hören wir das erste
Wort über Tasso in Italien.

Einen wichtigen Abschnitt in der Entstehung des Tasso bildete Goethes
zuerst im März 1788 bezeugte Lektüre und eingehendes Studium der im
Jahre 1785 erschienenen Biographie Tassos von Serassi, der ersten wissen=
schaftlichen Untersuchung der Tassolegenden. Wie wichtig dieses Buch für
das Drama werden sollte, zeigen die Worte an Karl August: „Meine Ab=
sicht ist, meinen Geist mit dem Charakter und dem Schicksal dieses Dichters
zu füllen." Auf einem Reiseheftchen vom Frühjahr 1788 haben sich einige
Verse aus der ersten Scene des zweiten Aktes erhalten; im übrigen findet

sich in dieser Zeit kein Zeichen einer eingehenden Beschäftigung mit dem Drama. Die dem entgegenstehende Behauptung einer Bearbeitung des Tasso in Florenz, die sich in dem Schluß der Italienischen Reise der Quartausgabe findet, entstammt wohl getrübter Erinnerung.

Am 2. März 1789 erfahren wir, daß der Prolog (die erste Scene) neu hinzugedichtet worden ist. Im April 1789 wird der Tasso der Herzogin vorgelesen: „Ich gehe desto mutiger dem Ende entgegen. Ich habe noch drei Scenen zu schreiben, die mich wie lose Nymphen zum besten haben, mich bald anlächeln und sich nahe zeigen, dann wieder spröde thun und sich entfernen." Am 10. Mai 1789 schreibt er an Karl August: „Gestern las ich Ihrer Frau Gemahlin den Tasso vor; sie schien zufrieden. Die fehlenden Scenen erzählte ich, so gut es möglich war." Um dieselbe Zeit las Herder der Herzogin Anna Amalie und ihrer Begleitung den ihm überschickten Teil des Tasso in der Villa d'Este in Tivoli „unter den großen Cypressen" vor. Ein Frühlingsaufenthalt in Belvedere förderte die Dichtung. Am letzten Tage des Juli 1789 war der Tasso endlich fertig.

Die Quelle für das Fragment war die unwissenschaftlich und ohne Kritik zusammengestellte Biographie, die Manso, ein Freund Tassos, bald nach 1600 geschrieben hatte, und die venetianische Gesamtausgabe der Werke, in deren zehntem Bande ein Brief Muratoris an Apostolo Zeno über einige Punkte im Leben des Dichters sich befand; für den neuen Tasso kam noch in Rom die oben schon genannte sehr wichtige Quelle hinzu, die Vita di Torquato Tasso von Serassi. Besonders wichtig wurde dieses Werk für Goethe durch den Bericht Serassis über die beiden Gegner Tassos in Ferrara, den Staatssekretär Giambattista Pigna († 1575) und dessen Nachfolger Antonio Montecatino, der vorher Professor der Philosophie in Ferrara war. Neid und Eifersucht gegen den berühmten Dichter waren die Ursache der Feindschaft. Die Eifersucht Pignas und Tassos um die Gunst eines Edelfräuleins schlichtete die Prinzessin Leonore selbst: Grund genug für Goethe, dem Gegner Tassos den Namen Pigna zu geben; später, in Weimar, änderte er den Namen in Antonio, weil Tasso nach Serassis Schilderung in diesem Manne die Quelle aller Verleumdungen und Verfolgungen sah. Aber die aus Manso entlehnte Legende von der Liebe Tassos zur Prinzessin Leonore und die von Serassi in das Fabelreich zurückgewiesene Kußkatastrophe behielt er bei, weil auf ihr das Drama aufgebaut war. Serassis Darstellung entnahm er jene rührende Stelle, worin Tasso der eigenen traurigen Kindheit und Jugend gedenkt, und die enthusiastische, worin er die Einwirkung des Herzogs auf die Darstellung der Kriegsthaten in seinem Epos preist; Tassos Schilderung der glänzenden Feste in

Ferrara, ferner die Schilderung des Momentes, in dem er zum ersten Mal die Prinzessin sieht, die Lobpreisung des freien Lebens im goldenen Zeitalter, und die Antwort der Prinzessin, alles das ist dem genannten Werke entnommen. Auch daß Tasso nach Rom gehen will, um sein Werk vor das Forum berufener Männer zu stellen und daß ihn die Medici an ihren Hof in Florenz zu haben wünschten, konnte Goethe nur aus Serassi wissen. Das übrige war ihm schon aus seinen vorher benutzten Quellen bekannt. Die Leiden Tassos führt Manso auf die unglückliche Neigung Tassos für die Prinzessin Leonore zurück und berichtet dabei, daß Tasso bei der Anwesenheit von drei Leonoren am Hofe unter diesem Namen den wahren Gegenstand seiner Liebe habe verbergen wollen; den Streit Tassos, die Zimmerhaft, die Flucht nach Sorrent erzählt Manso, während für die Schlußkatastrophe folgende Erzählung Muratoris die Grundlage bildete: „Eines Tages vor versammeltem Hofe habe Madama Leonora eine Frage an Tasso gerichtet, worauf dieser in der Anwandlung einer mehr als poetischen Ekstase ihr um den Hals gefallen sei und sie geküßt habe. Der Herzog habe sich bei diesem Anblick zu seinen Kavalieren gewendet und gesagt: „Seht, welch ein schreckliches Mißgeschick diesen großen Mann betroffen hat, er ist verrückt geworden!" Infolge davon sei Tasso in das Annenhospital gekommen." Ob Goethe von vornherein beabsichtigt hat, diese unbeglaubigte Erzählung für die Katastrophe seines Dramas zu verwenden, wissen wir nicht. Wie wunderbar sie mit einem damaligen Erlebnis Goethes zusammentraf, haben wir in dem Kapitel über Frau von Stein angedeutet.

Der Schluß des Tasso ist von Goethe frei erfunden worden. Der Sieg des Staatsmannes und die Niederlage Tassos war von Anfang an, wie wir gesehen haben, geplant. Das Drama war also tragisch angelegt. Tasso ist am Schluß als Mensch und als Dichter vernichtet. Ueber ein solches Erlebnis kann er nicht zur Tagesordnung übergehen oder, wie man gemeint hat, ruhig zur Vollendung seines Werkes weiter schreiten. Nicht umsonst läßt der Dichter seinen Tasso sagen:

> Verschwunden ist der Glanz, entflohn die Ruhe. —
> Ich kenne mich in der Gefahr nicht mehr,
> Und schäme mich nicht mehr es zu bekennen.
> Zerbrochen ist das Steuer, und es kracht
> Das Schiff an allen Seiten. Berstend reißt
> Der Boden unter meinen Füßen auf!
> Ich fasse dich mit beiden Armen an!
> So klammert sich der Schiffer endlich noch
> Am Felsen fest, an dem er scheitern sollte.

Wenn eine Idee diesem Drama zu Grunde liegen soll, so ist es die von der nahen Verwandtschaft von Genie und Wahnsinn, jener Idee, die Schiller in die Worte gekleidet hat: „Dieser Kelch, der uns umdüstet, Laura, ist vergiftet." Deshalb fühlte sich Goethe im innersten und am tiefsten verstanden von dem Ausspruch Ampère's, Tasso sei ein gesteigerter Werther. Den schmerzlichen Zug, der durch den Schluß oder, wie Goethe meint, durch das ganze Stück geht, hat der Dichter 40 Jahre später mit seinem Abschied von Italien in Verbindung bringen wollen. Dieser Bericht stammt, wie wir schon früher bemerkt haben, aus trüber Erinnerung; aber er darf nicht ganz bei Seite gesetzt werden. Die unabänderliche Trennung Tassos von einem geliebten und verehrten Umgangskreis, der Abschied, man kann fast sagen, vom Leben, berührte eine Seite des Empfindens Goethes bei der schmerzlichen Trennung von Rom. So sind die an den Herzog am 28. März 1788 von Rom aus gerichteten Worte zu verstehen: „Wie der Reiz, der mich zu diesem Gegenstande führte, aus dem innersten meiner Natur entstand, so schließt sich auch jetzt die Arbeit, die ich unternehme, um zu endigen, ganz sonderbar an das Ende meiner italienischen Laufbahn."

Mit der Entstehung des Tasso ist auf das engste verbunden die Frage nach der Einheit der Handlung. Denn die Meinung, daß der Tasso in zwei unvereinbare Teile auseinanderfalle, nämlich die beiden ersten und die drei letzten Akte, wäre gewiß nie aufgekommen, wenn nicht aus dem Leben Goethes die frühere Existenz des verloren gegangenen Tassofragments bekannt geworden wäre. Sie hat auch heute noch gewichtige Vertreter, die sich das Tassofragment ursprünglich mit der Intention, daß Tasso am Schluß den Sieg davontragen sollte, geschrieben denken; die von Goethe nach dieser Ansicht vorgenommene Umarbeitung der Akte sei nicht so energisch geschehen, daß nicht Widersprüche in Handlung und Charakter, Beweise mangelnder Einheit, stehen geblieben wären. Von Widersprüchen in der Handlung hat überhaupt nur einer geltend gemacht werden können. Der Vorwurf richtet sich gegen den Anfang des dritten Aktes. Der hier von Leonore angeregte Versuch, Tasso und Antonio zu verbinden

> „Und wären sie zu ihrem Vorteil klug,
> So würden sie als Freunde sich verbinden."

wird als neues Motiv und neues Thema aufgefaßt, so daß der dritte Akt eine zweite Exposition eines neuen, auf ganz anderer Grundlage sich aufbauenden Dramas wäre. Man braucht sich aber nur der Worte der Prinzessin im ersten Auftritt des zweiten Aktes:

> Ihr müßt verbunden sein! Ich schmeichle mir,
> Dies schöne Werk in Kurzem zu vollbringen

und mehrer anderer Stellen zu erinnern, um einzusehen, daß die genannte Absicht das Thema des ganzen Dramas ist. Ein anderer Vorwurf heftet sich gegen die sogenannte dramatische Antinomie, daß Tasso und Antonio bald als alte, bald als neue Bekannte gelten. Aber die ersten Worte der Prinzessin zu Beginn des zweiten Aktes nennen Antonio ganz ausdrücklich „einen alten Freund, der lang entfernt, ein fremdes Leben führte". Dem Tadel, daß Antonio in der Streitscene (II, 3) sich nicht so, wie man es von einem besonnenen, ob seiner Klugheit viel gepriesenen Berater des Fürsten erwarte, betrage, suchte der Dichter durch dessen eigene Worte zu begegnen.

> Es ist gefährlich, wenn man allzu lang
> Sich klug und mäßig zeigen muß.
> . . . .
> Ja mich verdrießt und ich bekenn' es gern,
> Daß ich mich heut so ohne Maß verlor.

Am meisten Anstoß hat der Charakter Tassos erregt. Die kleinlichen Züge, die Antonio von ihm berichtet, das ganz maßlose, an Raserei streifende Benehmen nach der Katastrophe lassen sich nicht, so sagt man, mit dem hoheitsvollen, erhabenen Bilde des großen Dichters, das die ersten Akte in uns tief einprägen, vereinigen. Aber da es Goethes Absicht war, den Segen und den Fluch des Genies in einer Gestalt dramatisch zu offenbaren, da er die göttliche und zugleich die vernichtende und zerstörende Macht der Phantasie, kurz, wenn er Genie und Wahnsinn in ihrer unheimlichen Verwandtschaft schildern wollte, da durften die Züge nicht ganz fehlen, die später das herrliche, bewunderungswürdige Bild des Dichters verzerren und zerstören: und von diesen Zügen werden die Menschenunkenntnis und Menschenscheu, der schlimme Argwohn und das überall Feindschaft witternde Mißtrauen, die Empfindlichkeit gegen Tadel und Ruhm, der Mangel an Charakterfestigkeit, die nervöse Reizbarkeit und der plötzliche Stimmungswechsel schon vorher deutlich ausgesprochen, und nur die aus der Biographie entnommenen Züge des Unmäßigen und des trotzigen Eigensinns, die aber auch uns, ebenso wie dem Herzog, nur ein Lächeln entlocken, passen nicht recht zu dem Bilde.

Diese einheitliche Handlung verteilt sich auf die fünf Akte in der Weise, daß uns eine prologartige Scene mit dem Hof mit Belriguardo und dem Verhältnis des Tasso zu seinen Beschützern bekannt macht; in der weiteren Exposition giebt uns Alphons eine Schilderung der Schwächen des Dichters und spricht seine Hoffnung auf endliches Erscheinen der großen Dichtung aus.

Tasso erscheint mit dieser Dichtung und wird von der Prinzessin bekränzt. Mit dem ersten Auftritt des vierten Aktes beginnt die Entwickelung durch das Auftreten Antonios, dessen Gegensatz zu Tasso sich sofort offenbart. Aber der lebhafte Wunsch der Prinzessin, beide zu Freunden zu machen, veranlaßt Tasso, stürmisch um Antonios Freundschaft zu werben. Die ihm kurz vorher zur Gewißheit gewordene Zuneigung der Prinzessin steigert seine Stimmung zu einem Hochgefühl, das in der Bitte um die Freundschaft Antonios edlen und beredten Ausdruck findet. Es ist hier der erste Höhepunkt des Dramas, auf den sogleich durch die Ablehnung Antonios, den Streit und die Gefangennahme Tassos die Peripetie, ein so jäher Umschwung folgt, daß Tasso Kranz und Degen von sich legt, als schiede er aus dem Leben. Durch des Herzogs Aufforderung an Antonio, mit Leonorens Vermittelung Tasso zu beruhigen und ihm dann die Freiheit wieder zu geben, wird am Schluß des zweiten Aktes die weitere Handlung eingeleitet. Leonore tritt mit ihrem eigennützigen Plan, bei dieser Gelegenheit unter dem Schein einer edlen That Tasso für sich zu gewinnen und mitzunehmen, thatkräftig ein. Sie erhält die Zustimmung der Prinzessin und führt ihre Absicht auch gegen Antonios Rat aus. Die im Beginn des vierten Aktes Tasso mitgeteilte Einwilligung der Prinzessin in seine Abreise raubt ihm den letzten Rettungsanker. Er glaubt, daß man ihn zu entfernen wünsche, und beschließt darum, dem zuvorzukommen und seine Abreise zu betreiben, um dabei zu erfahren, wie man gegen ihn gesinnt ist. Antonio, der ihm die Freiheit wiedergiebt und ihn um Verzeihung bittet, muß ihm wider Willen versprechen, ihn zu unterstützen und Urlaub beim Herzog zur Reise nach Rom auszuwirken. Im letzten Akte giebt Alphons, nachdem ein zweiter Versuch Antonios mißglückt ist, wirklich seine Einwilligung, worin Tasso das Werk seines Feindes sieht. Es bleibt nur noch eine Hoffnung, daß die Prinzessin das richtige Wort für ihn finden wird; aber Leonorens Bericht läßt ihn fast daran verzweifeln. Als nun die Prinzessin ihn ihrer unveränderten Gunst und Neigung versichert und ihn bittet, bei ihr zu bleiben, schlägt seine Stimmung aus der tiefsten Trauer in die höchste Glückseligkeit um. Er glaubt in ihren Worten die Stimme der Liebe zu hören und schließt sie verzückt in seine Arme. Es ist der zweite Höhepunkt, dem zugleich die Peripetie und die Katastrophe, die Entrüstung und das Hinwegeilen der Fürstin, der Ausruf des Herzogs: „Er kommt von Sinnen, halt ihn fest", und die schnelle Entfernung der fürstlichen Freunde auf dem Fuße folgt. Das Ungeheure, wie es Antonio nennt, ist die Verletzung der von der Sittlichkeit und dem Stande gezogenen Schranke, die Tasso für immer aus der Nähe der Prin=

zessin verbannt. Der jähe Sturz aus dem geträumten Himmel in die ewige Verbannung, die ungeheure Erregung seines Gemüts bringt den in Tasso schlummernden Wahnsinn zum Ausbruch. Für den Augenblick ist der hilfreiche Antonio eine Stütze; aber der Mensch und Dichter Tasso ist vernichtet.

Der Einheit der Handlung entspricht, wie natürlich bei einer Dichtung Goethes aus dieser Zeit, strenge Einheit des Ortes und der Zeit. Der Schauplatz ist in Belrignardo und wechselt nur zwischen Garten, Saal und Zimmer, doch nicht innerhalb des Aktes. Die Zeit verteilt sich auf einen Tag, die Akte schließen mit Ausnahme des fünften unmittelbar aneinander an.

In zwei Welten bewegte sich der Geist Goethes in Italien, in der antiken und in der Renaissance; beiden hat er ein Denkmal gesetzt in der Iphigenie und im Tasso.

> Hier zündete sich froh das schöne Licht
> Der Wissenschaft, des freien Denkens an,
> Als noch die Barbarei mit schwerer Dämmerung
> Die Welt umher verbarg. Mir klang als Kind
> Der Name Herkules von Este schon,
> Schon Hippolyt von Este voll in's Ohr.
> Hier ward Petrarch bewirtet, hier gepflegt,
> Und Ariost fand seine Muster hier.
> Italien nennt keinen großen Namen,
> Den dieses Haus nicht seinen Gast genannt.

Die Zeit des neu erwachten geistigen Lebens, der Neuschöpfung der Antike stand Goethe bei diesen Worten vor Augen, die Zeit der Huldigung der Künste und des großen Genius. Diese Welt wird regiert von einem klugen, kunstbegeisterten Papst, „dem Greis, dem würdigsten, dem eine Krone das Haupt bedeckt":

> Er ehrt die Wissenschaft, sofern sie nutzt,
> Den Staat regieren, Völker kennen lehrt;
> Er schätzt die Kunst, sofern sie ziert, sein Rom
> Verherrlicht, und Palast und Tempel
> Zu Wunderwerken dieser Erde macht.
> In seiner Nähe darf nichts müssig sein!
> Was gelten soll, muß wirken und muß dienen!

Und die Fürsten und Abligen, Männer und Frauen, sie leben in der Welt der Wissenschaft und Kunst. Schon diese Züge beweisen, daß der Dichter nicht die Welt des Tasso, die Zeit der finsteren Gegenreformation und Inquisition, der drückendsten Tyrannei schildern wollte. Hier ist der geistige

Abel den Fürsten gleich. Sein Tasso „will frei sein im Denken und im Handeln", der geschichtliche ging an der Angst vor der Inquisition zu Grunde. Und wie die Welt, so sind auch des Dichters Gestalten nicht Menschen aus dem 16. Jahrhundert. Nicht die mit grausamen und blutigen Thaten befleckten Tyrannen, nicht die gewaltthätigen Nachkommen eines Alexanders VI. treten vor uns auf, sondern Gestalten reinster und edelster Menschlichkeit, die mit dem geistigen Reichtum des Humanismus zugleich das sittliche Ideal wahrer Menschlichkeit und Gesittung, wie Goethe es sich gestaltet hatte, verkörperten. Das Antike und das Christliche vereinigen sich in dem edlen Fürstenpaare zu einer Höhe der Gesinnung, zu der Goethe sich selbst emporgehoben hatte.

Wenn nun, wie in der Iphigenie so auch im Tasso, der Grundzug aller Charaktere edel ist, so wird die Kunst des Dichters, auf dieser gemeinsamen Grundlage so viel plastisch vollendete, individuell ausgeprägte Gestalten zu schaffen um so größer sein. Zuerst der Herzog Alphons, das verkörperte Fürstenideal. Der große Zug, der durch sein Reden und Handeln geht, die wahrhaft fürstliche Gabe, die Menschen zu unterscheiden und an die Stelle zu setzen, wo sie ihm und sich nützlich sind, und das uneigennützige Mäcenatentum, die aufrichtige Bewunderung des Genies, die lautere Gerechtigkeit und Milde, diese Züge entnahm Goethe wohl aus der Nähe, aus seines fürstlichen Freundes Charakter, wie ja die Schilderung Ferraras auf Weimar hindeutet; aber vieles hat Alphons allein für sich: bei aller Milde eine vornehme Zurückhaltung, vor der selbst die Schwester sich scheut. Sie preist ihn mit den schönen Worten:

> Wer ist denn glücklich? — Meinen Bruder zwar
> Möcht' ich so nennen, denn sein großes Herz
> Trägt sein Geschick mit immer gleichem Mut;

aber sie wagt es nicht, mit ihm über Tasso zu sprechen. Diese Vornehmheit zeigt sich auch in dem zurückhaltenden Urteil über den Papst auf die begeisterten Worte Antonios, nicht minder in dem feinen Humor der an Leonore gerichteten Worten, in denen der Sprechende nie seiner hohen Stellung etwas vergiebt.

Antonio Montecatino ist keineswegs der glatte, kalte Hofmann und Feind des Dichters, als der Tassos Gegner nun einmal gilt. Sein begeistertes, herrliches Lob Ariostens spricht schon genug dagegen. Er findet den Platz, den der Staatsmann in mühsamer, von großen Erfolgen gekrönten Arbeit verdient zu haben glaubt, von „einem Müßiggänger" besetzt, Lorbeer und Frauengunst von einem Dichter ihm vorweggenommen; daher der Aerger und Zorn, der Neid. Tasso hat die richtigen Worte:

> Sei erst so groß, mir ihn (den Lorbeer) nicht zu beneiden,
> Dann darfst du mir vielleicht ihn streitig machen.

Der Neid treibt ihn zu einem unwürdigen, übereilten Auftreten; aber er sieht sein Unrecht bald ein; sobald Tasso unglücklich wird, ist er bemüht, den haltlosen, von einer Empfindung zur andern schwankenden Jüngling zu stützen und zu leiten.

> Ich werde dich in dieser Not nicht lassen,
> Und wenn es dir an Fassung ganz gebricht,
> So soll mir's an Geduld gewiß nicht fehlen.

Diese Worte und sein schönes Verhalten in der Stunde gänzlicher Haltlosigkeit versöhnen uns mit dem Antonio der Streitscene, wie sie auch Tasso versöhnen, der mit den Worten:

> O edler Mann! Du stehest fest und still;
> Ich scheine nur die sturmbewegte Welle,

die dargebotene Rechte nimmt.

Und was diese beiden Männer vereint darstellen, den Mann der Pflicht und den Mann der Empfindung, das hat der auch im Wollen unbändige Tasso in sich vereinigen wollen. Nicht das absichtsvolle Lob Ariostens, nicht die hämischen Worte Antonios haben ihn so aufgeregt;

> Es waren die Gestalten jener Welt,
> Die sich lebendig, rastlos, ungeheuer,
> Um Einen großen, einzig klugen Mann
> Gemessen dreht und ihren Lauf vollendet,
> Den ihr der Halbgott vorzuschreiben wagt.
> Begierig horcht' ich auf, vernahm mit Lust
> Die sichern Worte des erfahrnen Mannes;
> Doch ach! je mehr ich horchte, mehr und mehr
> Versank ich vor mir selbst, ich fürchtete
> Wie Echo an dem Felsen zu verschwinden,
> Ein Widerhall, ein Nichts mich zu verlieren.

Dem eben erst bekränzten Dichter dünkt nun sein Dichten nichts, die That des Lebens alles. So gräbt sich jeder Eindruck tief in seine Seele ein; er wird ein Spielball der sich drängenden Empfindungen. Galt ihm sein Lied als unvollendet und unvollkommen, ein Wort des Herzogs macht es tadellos. Maßlos entzückt über die Bekränzung legt er, gelinde und gerecht bestraft, den Kranz von sich, als wäre er ein Verbrecher. Die erwiderte

Neigung zur Prinzeſſin verſetzt ihn in ekſtatiſchen Freudentaumel, und doch
genügt ein Wort der „falſchen" Leonore, um ihn an der Wahrheit ihrer
Neigung zweifeln zu laſſen. Kaum klärten ihn die freundlichen Worte der
Prinzeſſin auf, als er ihr begeiſtert und ſeiner ſelbſt nicht mächtig in die
Arme fällt, um bald darauf, von ihr zurückgeſtoßen, ſie eine Buhlerin zu
ſchmähen:

           Bald
  Verſinkt er in ſich ſelbſt, als wäre ganz
  Die Welt in ſeinem Buſen, er ſich ganz
  In ſeiner Welt genug, und alles rings
  Umher verſchwindet ihm. Er läßt es gehn,
  Läßt's fallen, ſtößt's hinweg und ruht in ſich —
  Auf einmal, wie ein unbemerkter Funke
  Die Mine zündet, ſei es Freude, Leid,
  Zorn oder Grille, heftig bricht er aus:
  Dann will er alles faſſen, alles halten.

Aber alle dieſe Züge zerſtören nicht, wie man gemeint hat, das herr=
liche, erhabene Bild des großen Dichters, nicht das des ſchönen, liebenswürdigen
Jünglings, ſie ſind die Zeichen jener Höhe und Empfindung und Phantaſie,
die unſterbliche Dichtungen erzeugt, nur daß ſie der Dichter Taſſo auf ſein Leben
und Handeln übertrug. „Der eigentliche Sinn meines Taſſo," ſagte Goethe
kurz vor deſſen Vollendung zur Freundin Herder, „iſt die Disproportion des
Talents mit dem Leben."

Und die tragiſchſte Wirkung dieſes Mißverhältniſſes zeigt ſich in Taſſos
Auffaſſung der Liebe der Prinzeſſin. Eleonore von Eſte gehört, wenn auch
nicht zu den künſtleriſch, ſo doch zu den ſittlich vollendetſten Frauengeſtalten
Goethes. Inwieweit ſie ein Abbild der Freundin, Frau von Stein, iſt,
haben wir früher gezeigt. Das vornehme, hoheitsvolle, alles Gewöhnliche
und Gemeine von ſich fernhaltende, aller Leidenſchaft bare Weſen hat ſie von
der Herzogin Luiſe. Dieſe Vornehmheit und Reinheit ihres Herzens iſt ihr
Grundcharakter. Mit Menſchenkenntnis ausgeſtattet, die ſich in ihren ge=
rechten, wenn auch milden Urteilen zeigt, vielſeitig, wie die hohen Damen
der Renaiſſance „in der Kenntnis alter Sprachen und des Beſten, was uns
die Vorwelt ließ" bewandert, verſteht ſie ſich, wie Leonore auf die Kunſt
des Unterhaltens, aber auch auf die ſchwerere Kunſt, verſtändig zuzuhören:

  Ich freue mich, wenn kluge Männer ſprechen,
  Daß ich verſtehen kann, wie ſie es meinen.
  Es ſei ein Urteil über einen Mann
  Der alten Zeit und ſeiner Thaten Wert;

> Es sei von einer Wissenschaft die Rede,
> Die, durch Erfahrung weiter ausgebreitet,
> Dem Menschen nutzt, indem sie ihn erhebt:
> Wohin sich das Gespräch der Edlen lenkt,
> Ich folge gern, denn mir wird leicht zu folgen.

Und wenn Leonore in geistreichen und klingenden Worten jeder Empfindung sofort Ausdruck verleiht —

> sie fühlt es besser, fühlt es tief und — schweigt.

„Dich blendet nicht," so ruft Leonore selbst, durchdrungen von diesem Gegensatz.

> Dich blendet nicht der Schein des Augenblicks,
> Der Witz besticht dich nicht, die Schmeichelei
> Schmiegt sich vergebens künstlich an dein Ohr.
> Fest bleibt dein Sinn und richtig dein Geschmack,
> Dein Urteil grad, stets ist dein Anteil groß
> Am Großen, das du wie dich selbst erkennst.

Dies Empfindungsleben ward schon in früher Jugend gesteigert durch schwere Krankheit und einsames Leben, die ihrer Lebensauffassung einen melancholischen Zug hinterlassen haben, und zugleich hat ihr mehr in geistigen Regionen, mehr in Gedanken und in der Dichtung, als im realen Leben wohnender Geist die Spannkraft und Energie verloren, die zum thatkräftigen Handeln notwendig ist. Selbst der von Leonoren gewollten Trennung von Tasso stimmt sie, wenn auch ungern, zu, ohne ein Wort bei Alphonso zu wagen, nur um nicht entscheiden und sich entschließen zu müssen.

In einem Alter stehend, das sie berechtigt, Tasso einen jungen Freund zu nennen, hat sie, von jeder Sinnlichkeit frei, Jahre lang auf eine gleichgestimmte Seele geharrt, um in innigster Verbindung der Seelen das langersehnte Glück zu finden. Der Augenblick, da sie Tasso kennen lernte, war entscheidend. Nach langer Krankheit, noch unterstützt von ihren Frauen, trat Leonore aus ihrem Gemach hervor:

> Da,
> Eleonore, stellte mir den Jüngling
> Die Schwester vor; er kam an ihrer Hand,
> Und, daß ich dir's gestehe, da ergriff
> Ihn mein Gemüt und wird ihn ewig halten.

Das Zusammenleben mit dem seelenverwandten Dichter, der zu ihr wie zu seinem Ideal hinaufsah und „das Geheimnis seiner Liebe dem hohen Liebe bescheiden anvertraute", das war das langersehnte und geträumte Glück, das sie in dem Augenblick, da Tasso von ihr getrennt werden soll, so herrlich schildert:

> Die Sonne hebt von meinen Augenlidern
> Nicht mehr sein schön verklärtes Traumbild auf;
> Die Hoffnung ihn zu sehen füllt nicht mehr
> Den kaum erwachten Geist mit froher Sehnsucht;
> Mein erster Blick hinab in unsre Gärten
> Sucht ihn vergebens in dem Thau der Schatten.

Es war die himmlische, die platonische Liebe, die die Prinzessin für ihn fühlt — „Amor, der mit Psyche sich vermählt":

> Ihn mußt' ich ehren, darum liebt' ich ihn;
> Ich mußt' ihn lieben, weil mit ihm mein Leben
> Zum Leben ward, wie ich es nie gekannt.

Es war der Bund zweier Seelen, die im Leben sich nicht mehr sein durften und sollten. Aber auch dieser Bund war nur ein Traum. Nicht weil er die Etikette verletzt hat, stößt die Prinzessin Tasso, der sie umarmt, von sich, sondern weil seine Sinnlichkeit diese heilige Liebe zur gemeinen macht und ihr eigenes Gefühl dadurch herabwürdigt, deshalb wendet sie sich mit Entsetzen und Grauen von dem einst geliebten Ideale.

In Leonore Sanvitale hat der beste Kenner des weiblichen Herzens sein immer von neuem bewundertes Meisterstück geschaffen. Sie ist durchaus keine böswillige Intrigantin, wie sie von oberflächlichen Beurteilern aufgefaßt wird; unedlen Charakters darf die Freundin der Prinzessin nicht sein. Sie ist die feine, zierliche, vornehme Dame der großen Welt, geistreich und witzig, schlagfertig, versteht sie das Gespräch lebendig zu führen und auch in ihren Worten die poetische Beanlagung und ihr Verständnis der Poesie erkennen zu lassen, wenn sie auch in der Vielseitigkeit der Bildung der Prinzessin nachsteht und sich ihr bescheiden unterordnet. Gerade ihr hat der Dichter die herrlichsten seiner Bilder und Gleichnisse, gerade ihr jene erhabene Schilderung des Dichters in den Mund gelegt:

> Sein Auge weilt auf dieser Erde kaum;
> Sein Ohr vernimmt den Einklang der Natur;
> Was die Geschichte reicht, das Leben giebt,
> Sein Busen nimmt es gleich und willig auf.
> Das weit Zerstreute sammelt sein Gemüt,
> Und sein Gefühl belebt das Unbelebte.
> Oft adelt er, was uns gemein erschien,
> Und das Geschätzte wird vor ihm zu nichts,

ihr jene prächtige, köstliche Schilderung des erwachenden Frühlings. Eine glückliche Frau und Mutter genießt sie heiter und lebenslustig, was die Stunde bietet. Dem Scherzen des Herzogs weiß sie hübsch zu begegnen, von

Antonio wird sie als kluge und verständige Freundin geschätzt, und in der Sorge für Tassos körperliches und geistiges Wohl zeigt sich gewiß Freundlichkeit und Güte; aber in alle diese trefflichen Eigenschaften mischt sich ein Zug, der das ganze Bild verschiebt und meisterhaft der Natur abgelauscht ist. In ihrer glänzenden Schilderung Ferraras und seiner Kunstblüte finden sich auch die Worte:

> Es ist vorteilhaft, den Genius bewirten.

Die tiefe Empfindung, die die Prinzessin für Tasso hegt, kennt sie nicht, ihr ist Tasso gleichgültig, nur als Dichter, der sie verherrlichen, ihrer Eitelkeit und Ruhmsucht dienen soll, wird er geschätzt. Ihr Selbstgespräch offenbart uns am besten die geheimsten Regungen ihres Herzens:

> Wie reizend ist's, in seinem schönen Geiste
> Sich selber zu bespiegeln! Wird ein Glück
> Nicht doppelt groß und herrlich, wenn sein Lied
> Uns wie auf Himmelswolken trägt und hebt?
> . . . .
> Wie herrlich ist's, im Glanze dieses Lebens
> Ihn an der Seite haben! so mit ihm
> Der Zukunft sich mit leichten Schritten nahn!

Aus diesem Grunde will sie ihn nach Florenz mitnehmen, und um ihren Plan durchzusetzen, scheut sie auch vor einer kleinen Unwahrheit nicht zurück, die freilich für Tassos Geschick verhängnisvoll wird.

Wenn je von dichterischen Schöpfungen, so gilt es von ihr und von den anderen Gestalten in Tasso, was Goethe den Dichter von seinem befreiten Jerusalem sagen läßt:

> Es sind nicht Schatten, die der Wahn erzeugte,
> Ich weiß es, sie sind ewig, denn sie sind.

Und welche Sprache reden diese Menschen? Der erste Teil wurde umgedichtet, in „ähnlicher Operation" wie die Iphigenie, das Neue gleich in Jamben gegossen. Und was für Jamben! Die reinste melodische Musik, die unser Herz und Ohr gefangen nimmt. Der sprödeste Stoff, die deutsche Sprache fügte sich gehorsam dem Bildner, aus dessen Mund sie klingt wie „die geliebte Sprache" Italiens. Und dazu der köstliche, edelste Inhalt. Goldene Aepfel in silbernen Schalen! Wenn je, so gilt das Wort Heines für den Tasso: „Goethes Verse umschlingen dein Herz wie eine zärtliche Geliebte; das Wort umarmt dich, während der Gedanke dich küßt". Sie sind noch feiner, wohllautender als die Verse der Iphigenie. Moritzens Sorgfalt ist ihnen zu gute gekommen; aber das ist nicht der eigentliche Vorzug. Die Worte der Priesterin sind erhabener, von religiösem Gefühle durchweht; ein Hauch des Ueberirdischen geht durch die Iphigenie. Die Sprache des Tasso ist von dieser Welt, sie ist natürlicher, menschlicher. Das ist ihr Geheimnis. Der Gipfel aller Kunst und doch natürlich, nicht eine Schönheit, die man anstaunt und deren Höhe die Vertraulichkeit entfernt, sondern reizend und anmutig, liebreich und verlockend tönt sie uns entgegen wie unsere eigene Sprache, nur idealer, vornehmer, edler und mit den schönsten Blüten des Geistes geziert. Der Dichter des Tasso kann alles, was er will: Für die vornehme Ruhe und den Seelenadel der Prinzessin, für den feinen Egoismus Leonorens, für den hohen Sinn des Herzogs und die Weltklugheit Antonios, wie für die tausend Empfindungen und Leidenschaften, die Tassos Herz und Phantasie durchstürmen, für alles hat er den besten, den treffendsten, den einzig wahren Ausdruck. Und wie des Mondes Auge mild über das Gefild, so breitet sich über alle die tiefsten und höchsten Gefühle der Leidenschaft die vornehme, Friede und Ruhe heischende Harmonie des Verses. Nicht ohne Grund spricht Goethe von der unerlaubten Sorgfalt, die er diesem Drama zugewendet hat. Es ist der Gipfelpunkt seiner Sprache und der deutschen Sprache überhaupt.

Außer den älteren Werken Goethes, ferner der neuen Bearbeitung von Werthers Leiden, den Singspielen Jery und Bätely und Scherz, List und Rache und den für musikalische Komposition in Italien umgearbeiteten Schauspielen Erwin und Elmire, Claudine von Villa Bella und dem Liederspiel Lila brachte die Gesamtausgabe und zwar im siebenten Bande, der 1790 erschien, das Fragment Faust.

Es enthielt mehr und weniger als der Urfaust. Das Fragment bricht hinter der Domscene ab und läßt außerdem aus dem Urfaust die kleine Scene „Was giebts, Mephisto, hast du Eil?" und die Scene: Nacht, offenes Feld, weg. Neu hinzugekommen sind die in Villa Borghese im März 1788 gedichtete Hexenküche, der Monolog der Scene: Wald und Höhle, und der größte Teil des darauf folgenden Gesprächs zwischen Faust und Mephisto und vor der Schülerscene der Teil des Gesprächs zwischen Faust und Mephisto, der mit dem Verse beginnt: Und was der ganzen Menschheit zugeteilt ist. Die laue Aufnahme, die das Fragment im allgemeinen fand, erklärt sich aus dem Lückenhaften und zum teil Räthselhaften der Dichtung.

I.

Haus und Herd.

„Ja mein Lieber," so schreibt Goethe an Jakobi am 21. Juli 1788, „ich bin wieder zurück und sitze in meinem Garten, hinter der Rosenwand, unter den Aschenzweigen und komme nach und nach zu mir selbst. Ich war in Italien sehr glücklich, es hat sich so mancherlei in mir entwickelt, das nur zu lange stockte, Freude und Hoffnung ist wieder ganz in mir lebendig geworden. Mein hiesiger Aufenthalt wird mir sehr nützlich sein. Denn da ich ganz mir wiedergegeben bin, so kann mein Gemüt, das die größten Gegenstände der Kunst und Natur fast zwei Jahre auf sich wirken ließ, nun wieder von innen herauswirken, sich weiter kennen lernen und ausbilden."

Mit so frohem Mute und so guter Hoffnung war Goethe nach Weimar zurückgekehrt; aber schon nach den ersten frohen Wochen, wo er fast täglich bei Hofe eingeladen, durch Erzählung und Bericht Italiens Herrlichkeiten gleichsam noch einmal durchlebte, wurde ihm der Abstand der Zeiten recht fühlbar; es ergriff ihn ein immer wachsendes Gefühl der Leere und des Mißbehagens. Zum Teil war der Gegensatz zwischen Weimar und Italien daran schuld. „Der trübe Himmel verschlingt alle Farben", und die trotz der sommerlichen Zeit sehr schlechte Witterung machte ihn ganz unglücklich; „ich befinde mich nirgends wohl," heißt es in einem Brief, „als in meinem Stübchen, da wird ein Kaminfeuer angemacht, und es mag regnen wie es will"; er schreibt sehnsuchtsvolle Briefe nach Rom, und die römischen Freunde, die es ahnen, daß sein Herz noch in Rom weilt, wetteifern in liebenswürdigen Antworten, um ihn wieder nach dem lieblichen Süden zu ziehen.

Auch verließ ihn Herder gar bald, um nach Italien zu reisen, und der musikalische Freund, den er aus Italien mitgebracht hatte, mußte der Herzogin in das gelobte Land folgen. Zu Wieland waren die Beziehungen recht äußerlich geworden, Knebel lebte in Jena, und der Herzog war bei seinem Regiment oder, wenn er in Weimar war, wegen körperlicher Leiden übel gestimmt.

Nicht die Freunde, sondern Goethe selbst hatte sich verändert. Nicht mehr als der für alles sich interessierende, an allem teilnehmende Staats- und Geschäftsmann, vielmehr als Dichter und Künstler kehrte er zurück, nicht als der sehnsüchtig nach dem gelobten Lande blickende Kunstliebhaber und Dilettant, sondern als der vom Kunstgenuß gesättigte, über seine künstlerische Begabung zur Klarheit durchgedrungene Kenner; nicht mehr war er der entsagungsvoll schmachtende Verehrer, sondern der gereifte, auf das Recht der Natur pochende Mann, nicht der gefügige Hofmann, der seine Wünsche bescheiden unterordnete und seine Talente für die Vergnügungen des Hofes verwendete sondern der an ein freies, ungebundenes Leben gewöhnte, das Recht der Selbstbestimmung sich zu wahren entschlossene Mann. So durfte er sich nicht wundern, daß man ihn nicht mehr verstand. Und dazu kam der Bruch des Freundschaftsbundes, das betrübendste und schmerzlichste Ereignis jener Zeit; es schlug eine Wunde, die erst nach vielen Jahren vernarbt ist.

In Rom unter den Freunden Goethes verbreitete sich schon das Gerücht, Goethe werde, von Sehnsucht nach Italien getrieben, mit Herder zusammen nach Rom fahren. Davon war er natürlich weit entfernt, ja er lehnte die Aufforderung der Herzogin, sie zu begleiten, ab, weil er mit Italien abgeschlossen hatte. Die Trennung von Rom hatte ihm Schmerz genug gekostet, aber Weimar, nicht Rom war der Ort seines Wirkens. Doch die Existenz, wie er sie in Italien gewonnen, als Mensch, als Dichter und Kunstkenner, die wollte er auch in Weimar fortführen. Als Mensch kam er dadurch in Widerspruch mit der allgemeinen Sitte, als Dichter, der, unbeirrt und ohne sich um den Beifall des Publikums zu kümmern, auf der in Italien befestigten Spur vorwärts schritt, löste er dadurch immer mehr die Verbindung mit seinem Volke. Der einst von der Gunst und Liebe seines Volkes getragene Verfasser des Götz hatte durch Iphigenie, Elpenor, Tasso eine unüberbrückbare Kluft zwischen sich und dem größeren Teile seines Volkes geschaffen. Diese Dichtungen setzen einen hohen Bildungsgrad voraus und behandeln Stoffe, die dem deutschen Volke fremd sind. Und obwohl Goethe das sehr wohl wußte, war er doch innerlich sehr verstimmt über den geringen Absatz seiner Gesamtausgabe. Er hatte gehofft, die Gebildeten seines Volkes für seine in Italien befestigte Kunstanschauung, durch die mit unsäglicher Mühe und seiner ganzen Kunst geschaffenen oder vollendeten Werke zu sich emporzuziehen. Aber man beachtete ihn fast nicht und jubelte einer Kunstrichtung zu, die er längst überwunden hatte. So war all sein Bemühen vergeblich und die Hoffnungen, die der Dichter aus Italien mitgebracht hatte, schienen verloren.

Hatte Goethe auf eigene künstlerische Thätigkeit verzichtet, so sollte darunter seine Beschäftigung mit der Kunst nicht leiden. Er plante nichts weniger, als Weimar zu einer bedeutenden Kunststätte Deutschlands zu erheben. Sammlungen von Gipsabgüssen der bedeutendsten Statuen, von Medaillen und geschnittenen Steinen, Kopieen der wichtigsten Gemälde sollten den Grundstock zu einem Museum bilden. Tüchtige Künstler wollte er nach Weimar ziehen und hier unter seiner Leitung und im Geiste seiner Kunstrichtung ein neues Kunstleben erwecken. Aber auch hierfür konnte vorerst wenig geschehen. Lips und Meyer kamen erst später nach Weimar und zu Ankäufen ließen die Ausgaben des Herzogs für seine militärische Stellung wenig Geld übrig.

So lebte Goethe denn wenigstens im Geiste in Rom und seinen in Italien gereisten Ideen. Neue Nahrung gab seiner Sehnsucht die Reise Herders, der mit dem Domherrn Dalberg am 10. September in Rom eintraf, und die Reise der Herzogin Anna Amalie nach Italien, die in Begleitung des Fräulein von Göchhausen, des Kammerherrn von Einsiedel und des Komponisten Kayser am 15. August 1788 begonnen wurde und sich auf zwei Jahre ausdehnte. Beide begleitet Goethe, wie natürlich ist, im Geiste mit lebhaftem Interesse. Die Freunde Goethes in Rom unterstützten die Reisenden auf seine Veranlassung mit Rat und Hilfe. Herder freilich fand aus äußeren und inneren Gründen in Italien das nicht, was er gehofft hatte und wollte sich lieber in Weimar von Goethe erzählen lassen, „was er sehend hätte sehen sollen", um so mehr weckte die Begeisterung, das vielseitige Interesse für die Kunst und die Musik, das Anna Amaliens frischer, aufgeweckter Sinn in ihren Briefen zeigte und der gerade durch diese neuen Beziehungen besonders lebhaft gewordene schriftliche Verkehr mit den alten römischen Freunden die Erinnerung an das genossene Glück. „Deine hiesigen Freunde," schreibt einmal Herder, „lieben Dich alle unbeschreiblich, und Du lebst noch bei Ihnen. Bei Bury sind nie die Thränen weit, wenn ich mit einiger Innigkeit von Dir rede." Schön bestätigt wird diese Liebe durch die Briefe der Künstler aus Rom. Angelika, Moritz, Meyer, Lips, Bury, Hirt, Verschaffelt, alle wetteifern in ihren Briefen

Schütz (?)

Herder.

Angelica
Kaufmann.

v. Göchhausen.

Anna
Amalia.

Weissenstein.

Einsiedel.

Zucht.

Verschalelt.

in Beweisen und Beteuerungen ihrer Dankbarkeit, Liebe und Sehnsucht und Goethe antwortet ihnen mit derselben Herzlichkeit. Bei den römischen Freunden finden auch seine Werke begeisterte Anerkennung und wahres Verständnis. Goethe hatte einige Scenen des Tasso nach Rom geschickt, „um sie, die für die thüringische Luft nicht gemacht waren", in Rom auf ihre Wirkung hin erproben zu lassen. Als Herder diese Scenen am 9. Mai 1789 unter den großen Cypressen in der Villa d'Este vorgelesen hatte, wußte besonders Angelika die Dichtung nicht hoch genug zu preisen.

Das alles, dem Freunde in Weimar mitgeteilt, die begeisterten Berichte Anna Amaliens, die lockenden und bittenden Rufe der Freunde beunruhigten Goethe: es gelang ihm nicht, „eine leidenschaftliche Erinnerung an jene Zeit aus dem Herzen zu tilgen". „Was mich gegenwärtig umgiebt," schreibt er einmal an Meyer, „läßt nicht sehr zur Uebung und Betrachtung der Kunst ein. Ich spinne den Faden im stillen fort, in Hoffnung, mich dereinst an demselben wieder in's glückliche Land zu finden. Im Geiste bin ich bei Ihnen, lassen Sie mich bald wieder von sich hören."

Und um des Einsamen Stimmung noch mehr zu verbittern, traf einen seiner ältesten und treuesten Freunde gerade damals ein herbes Mißgeschick. Kriegsrat Merck hatte bei seinen großen geschäftlichen Unternehmungen Unglück gehabt und stand 1788 vor dem Bankerott. In welcher Lage er, der zudem von einem körperlichen schmerzhaften Leiden geplagt war, sich befand, verrät uns ein Brief, den er in seiner Not an Goethe schrieb: „Meine Situation übertrifft an Elend alle Beschreibung. Ohne Schlaf und Mut, physisch und moralisch zu Grunde gerichtet, wandere ich ohne Ruhe noch unter den Lebenden herum, jedem zur Last — und fürchte für meinen Verstand... Ach, meine arme Frau und meine blühenden Kinder, die ich in dem Pisanischen Turm wie zum Hungersterben eingesperrt sehe. Für mich ist keine Freude mehr auf dieser Welt und Jammers ohne Ende auszutrinken ein vollgerüttelt Maß... Alles reut mich, alles ängstigt mich — aber am meisten das Wohlthun meiner Freunde und das Lächeln meiner unschuldigen Kinder." Für den Augenblick half Karl August dem Unglücklichen; aber eine Wahnidee, die sich wohl infolge seiner körperlichen Leiden und seines Unglücks ausgebildet hatte, daß die von ihm verwalteten Kassen in Unordnung seien, drückte ihm am 27. Juni 1791 die Pistole zum Selbstmord in die Hand.

Das alles traf zusammen, um jenen unerquicklichen Zustand hervorzubringen, den Goethe selbst später einmal mit folgenden Worten geschildert hat: „Aus Italien, dem formreichen, war ich in das gestaltlose Deutschland zurückgewiesen, heiteren Himmel mit einem düsteren zu vertauschen; die Freunde, statt mich zu trösten und wieder an sich zu ziehen, brachten mich zur Verzweiflung. Mein Entzücken über entfernteste, kaum bekannte Gegenstände, mein Leiden, meine Klagen über das Verlorene schien sie zu beleidigen, ich vermißte jede Teilnahme, niemand verstand meine Sprache."

Diese Lage und Stimmung, in der Goethe sogar einmal die Absicht ausgesprochen haben soll, Weimar zu verlassen, muß man berücksichtigen, um es zu verstehen, daß er sich in dieser Zeit der Einsamkeit nach römischem Vorbilde ein häusliches Glück gegen Sitte und Gesetz schuf. Der 13. Juli 1788, von dem er an seine Gewissensehe mit Christiane Vulpius datierte, war ein verhängnisvoller Tag für ihn. Er entfremdete sich durch diese Mißachtung der Sitte und der Kirche die Herzen eines großen Teiles seines Volkes. Denn nicht alle wollen oder können den Standpunkt vertreten, den seine Mutter einnahm: ihr schien er durch diese That der Leidenschaft nicht die Sitte, sondern nur die konventionelle Form verletzt zu haben; eine Heirat mit einer ungeliebten Frau, wie sie tausende aus habsüchtigen Motiven eingehen, kam ihr viel unsittlicher vor, als eine aus wahrer Liebe, wenn auch ohne die Weihe der Kirche geschlossene Verbindung.

„Man verletzt nicht die Sitte ungestraft," schrieb einst Körner seinem Freunde Schiller auf dessen Klagen über „Goethes elende häusliche Verhältnisse". Wie sehr hat sich dieses Wort, wenn auch in anderem Sinne als Körner meinte, an unserem großen Dichter bewahrheitet! Wer auch sonst von ihm nichts weiß: daß Goethe lange Zeit in wilder Ehe gelebt hat, das weiß er gewiß: und die zahllosen hämischen Neider weisen immer und immer wieder auf diesen einen, nicht wegzulöschenden Flecken seines Lebens. Da sie dem Geiste und den Talenten des Dichters nichts anhaben können, so suchen sie seinen Charakter anzutasten und geschickt beginnen sie von hier aus die Stellung Goethes zu seinem Volke zu untergraben. Die Tendenz, aus der jene Verletzung der Sitte erfolgt sein soll, wird nicht bloß in anderen Handlungen seines Lebens, sondern auch in seinen Werken nachzuweisen gesucht. So bleibt denn zwar noch ein großer Dichter übrig, aber nicht ein großer Mensch, da ihm im Leben und Dichten das gefehlt habe, ohne das wahre Größe nicht denkbar ist: der Charakter. Daß ein großer Teil unserer Gebildeten, besonders unsere Frauen so denken, ist eine Thatsache, die den Freund Goethes und der Wahrheit betrüben muß. So wird, wer es sich zur Aufgabe gemacht hat, des großen Dichters Geist und Charakter seinem Volke näher zu bringen, gerade hierbei ausführlicher verweilen müssen.

Christiane Sophie Vulpius war die Tochter des weimarischen Amtsarchivars Johann Friedrich Vulpius, der durch leichtsinnigen Lebenswandel seine Familie in Not und Elend gebracht hatte. Da die Mutter früh gestorben war, mußten die Kinder schon in jungen Jahren für ihren Unterhalt sorgen. Christiane arbeitete in der Blumenfabrik von Bertuch; Wohnung fand sie mit ihrer Schwester Ernestine bei einer Tante. Der Bruder Christian August Vulpius hatte in Jena studiert, dann eine Stelle als Privatsekretär erhalten, aus der er aber bald entlassen wurde. In seiner Not wandte er sich an den eben von Italien zurückgekehrten Minister Goethe. Zum Ueberbringer der Bittschrift wählte er seine Schwester Christiane, die damals vierundzwanzig Jahre alt war. Es war im Jahre 1788, als Goethe dem anmutigen, frischen Mädchen in seinem Parke begegnete. In der vierten Elegie hat er sie uns geschildert:

— — — Ein bräunliches Mädchen, die Haare
Fielen ihr dunkel und reich über die Stirne herab,
Kurze Locken ringelten sich ums zierliche Hälschen,
Ungeflochtenes Haar kraute vom Scheitel sich auf.

„Wer sie als junges Mädchen," sagt Riemer, „von naivem freundlichem Wesen, mit vollem, rundem Gesicht, langen Locken, kleinem Näschen, schwellenden Lippen, zierlichem Körperbau und niedlichen, tanzlustigen Füßchen gekannt hätte, würde Goethes Geschmack und Wahl nicht gemißbilligt haben."

In klassischer Form aber hat Goethe den Augenblick, da er Christiane auf immer für sich gewonnen, in später glücklicher Erinnerung dichterisch verherrlicht in dem Liede „Ich ging im Walde so für mich hin":

Ich wollt es brechen,
Da sagt es fein:
Sollt ich zum Welken
Gebrochen sein?
Ich grub's mit allen
Den Wurzeln aus,
Zum Garten trug ich's
Am hübschen Haus.
Und pflanzt es wieder
Am stillen Ort,
Nun zweigt es immer
Und blüht so fort.

Die nächsten Jahre waren für beide eine schöne Zeit der ungetrübten Liebe und des häuslichen Glückes, eine Zeit, die der Dichter in Prosa und Dichtung gepriesen und verherrlicht hat. In den Annalen von 1790 rühmt

Christiane Vulpius. Zeichnung von Bury.

er seine angenehmen häuslichgeselligen Verhältnisse; in der Campagne in Frankreich spricht er „von dem glücklichen häuslichen Verhältnis, das ihn in dieser wunderlichen Epoche lieblich zu erquicken gewußt". Die damals ihm sehr nahestehenden Herders weihte er auch in dies Liebesgeheimnis ein. „Ich sehne mich," schreibt er aus Ruhla (10. August 1789) an den alten Freund, „herzlich, mein Haus, meine Freundin und ein gewisses kleines Erotikon wieder zu finden, von dessen Existenz die Frau dir wird vertraut haben." Als er zum zweitenmal nach Italien reist, macht ihn der Abschied von Christiane und dem drei Monate alten Sohne August „ganz mürbe"; er dankt dem befreundeten Ehepaar für seine Gesinnung und Teilnahme für die Zurück= gelassenen; „ich gestehe, daß ich das Mädchen leidenschaftlich liebe; wie sehr ich an sie geknüpft bin, habe ich erst auf dieser Reise erfahren, sehnlich ver= lange ich nach Hause."

Die geistige Frucht dieses Liebesverhältnisses sind die Römischen Elegien, wo „aus der Schlackenglut eines Naturverhältnisses das poetische Gold aus= geschmelzt ist". Goethes Geist weilte noch in Rom oder schwelgte in den Erinnerungen an die seligste Zeit seines Lebens. Daher die ita= lienische Farbenpracht, der südländische Himmel und die italienische Glut der Empfindung; aber das römische Mädchen, das auf der Vigna Wein schenkt, ist niemand anderes als Christiane. Wie sich die Liebenden kennen lernten, wie sie das Geheimnis vor den Augen der Verwandten und Fremden be= wahrten, wie die Geliebte sich heimlich zu ihm schlich, und all das stille Glück heimlicher Liebe, das ist hier mit einer Pracht und Schönheit ge= schildert, dazu mit einer Naivetät und Unschuld, die uns völlig vergessen läßt, auf welch bedenkliches Gebiet der Dichter sich begeben hat.

Laß dich, Geliebte, nicht reuen, daß du mir so schnell dich ergeben.
Glaube, ich denke nicht frech, denke nicht niedrig von dir.

*   *

Welche Seligkeit ist: wir wechseln sichere Küsse,
Atem und Leben getrost saugen und flößen wir ein.

*   *

Gönnt mir, o Quiriten, das Glück und jedem gewähre
Aller Güter der Welt erstes und letztes der Gott.
Und ihr wechselt und blüht, geliebte Lieder, und wieget
Euch im leisesten Hauch lauer und liebender Luft.
Und entdeckt den Quiriten, wie jene Rohre geschwätzig,
Eines glücklichen Paars schönes Geheimnis zuletzt.

Kann es zweifelhaft sein, ob die Elegie „Der neue Pausias" auf das Blumenmädchen Christiane gedichtet worden ist, so verdankt dagegen ein großer Teil der Venetianischen Epigramme der Geliebten Goethes sicher seine Entstehung. Sie schildern, wie die Römischen Elegien, Weimarer Erlebnisse, nur daß diese Epigramme nicht in Weimar, sondern in Venedig, als der Dichter dort im April und Mai 1790 auf die Rückkehr der Herzogin Anna Amalie wartete, in glückseliger Erinnerung gedichtet worden sind.

— — — Es ist mein Körper auf Reisen,
Und es ruhet mein Geist stets der Geliebten im Schoß.

* * *

Welch ein Mädchen ich wünsche zu haben? Ihr fragt mich. Ich hab sie
Wie ich sie wünsche; das heißt, dünkt mich, mit wenigem viel.
An dem Meere ging ich und suchte mir Muscheln: in einer
Fand ich ein Perlchen; es bleibt nun mir am Herzen verwahrt.

Neben einzelnen, Christiane gewidmeten Distichen aus den Jahreszeiten gehören hierher die in den Flitterwochen von 1788 erlebten und entstandenen Gedichte: „Morgenklagen" (O, du loses, leidig liebes Mädchen), das in scherzhaft klagendem Ton das sehnsuchtsvolle vergebliche Warten des Liebenden darstellt, und „Der Besuch" (Meine Liebste wollt ich heut beschleichen), das in seiner feinen und zarten Behandlung des reizenden Vorwurfs zu dem Besten gehört, was unsere Lyrik überhaupt hervorgebracht hat.

Auf dem Saale fand ich nicht das Mädchen,
Fand das Mädchen nicht in ihrer Stube;
Endlich, da ich leis die Kammer öffne,
Find' ich sie gar zierlich eingeschlafen,
Angekleidet auf dem Sofa liegen.

* * *

Da betrachtet' ich den schönen Frieden,
Der auf ihren Augenlidern ruhte:
Auf den Lippen war die stille Treue,
Auf den Wangen Lieblichkeit zu Hause,
Und die Unschuld eines guten Herzens
Regte sich im Busen hin und wieder.
Jedes ihrer Glieder lag gefällig,
Aufgelöst vom süßen Götterbalsam.
Freudig saß ich da, und die Betrachtung
Hielte die Begierde, sie zu wecken,
Mit geheimen Banden fest und fester.

Christiane Vulpius.   49

Die jüngst veröffentlichte Zeichnung Christianens von Goethes Hand ist offenbar eine Illustration dieser Scene oder wie der Herausgeber gemeint hat: „Gedicht und Zeichnung sind wesentlich eins, der nur künstlerisch verschiedene, aber gleich wahre Ausdruck derselben herzenswarmen Empfindung."

Diese Lieder zeugen nicht nur für Goethes Liebe zu Christiane; sie beweisen zugleich, daß die viel verbreitete Meinung von ihrer rohen Gesinnung und geistigen Beschränktheit, sowie von dem rein sinnlichen Charakter des Liebesverhältnisses auf Irrtum beruht. Ist es an und für sich schon un-

Christiane, schlafend.   Zeichnung Goethes.

denkbar, daß die „ungebildete Köchin" den Dichter zu derartigen Gedichten sollte begeistert haben, so erfahren wir durch Goethes eigene Worte, daß Christiane an seinem Schaffen regen Anteil nahm. Zur Entstehungsgeschichte seiner „Metamorphose der Pflanzen", die gleich im ersten Verse sich an Christiane wendet, bemerkt der Dichter in späteren Jahren: „Höchst willkommen war das Gedicht der eigentlichen Geliebten, welche das Recht hatte, die lieblichen Bilder auf sich zu beziehen. Auch fühlte ich mich sehr glücklich, als das lebendige Gleichnis unsere schöne und vollkommene Neigung

steigerte und vollendete." Man vergleiche dazu den schönen Schluß des
Gedichtes, der Lehre und Liebe sinnreich miteinander verknüpft:

> O, gedenke demnach, wie aus dem Keim der Bekanntschaft
> Nach und nach in uns holde Gewohnheit entsproß,
> Freundschaft sich mit Macht aus unserem Innern enthüllte,
> Und wie Amor zuletzt Blüten und Früchte gezeugt.

So hatte das Liebespaar eine eigene Welt des Glückes sich geschaffen, freilich nicht nur abgeschlossen von der übrigen Welt, sondern auch im Gegensatz zu ihren Gesetzen. Ein Mädchen, arm, ohne Eltern, ohne Stütze auf der Welt, erlag hier dem Zauber eines schönen und mächtigen, ihr verehrungswürdig erscheinenden Mannes: Goethe, eben erst von Italien zurückgekehrt, wo er ein freies, ungebundenes Leben in vollen Zügen genossen hatte, von der noch in Italien angebeteten Freundin zurückgestoßen und nicht mehr verstanden, geistig und körperlich voll entfaltet, mit einem Herzen voller Liebesglück, überträgt römische Verhältnisse nach Weimar. Er handelte damit gegen die Sitte, aber für ihn galt das Verhältnis von vornherein als rechtmäßige Ehe. Man erwartete in Weimar, daß er „das seiner unwürdige Mädchen" wieder von sich weisen würde. Aber getreu seinem Wort in Tasso: „Viel lieber was ihr euch unsittlich nennt, als was ich mir unedel nennen müßte", nahm er Christiane, die Mutter seines am 25. Dezember 1789 geborenen Sohnes, dessen Pate Karl August war, nebst ihrer Tante und Schwester für immer in sein Haus. Ein Hinterhaus der Wohnung am Frauenplan diente ihnen zum Aufenthalt. Schiller verstand den Freund, als er der Gräfin Schimmelmann schrieb: „Diese seine einzige Blöße, die niemand verletzt als ihn selbst, hängt mit einem sehr edlen Teil seines Charakters zusammen." Daß Goethe nicht gleich seinem Bund die gesetzliche kirchliche Weihe gab, macht unsere Zeit ihm mit Recht zum Vorwurf; aber damals dachte man anders und milder hierüber. Man war bei der Lockerheit der Sitten und der frivolen Auffassung der Ehe besonders bei dem Adel ganz andere Dinge gewohnt, so daß man an einem derartigen Verhältnisse kaum Anstoß nahm. Es galt, sagt Varnhagen, damals eine Religion der Liebe, in der jedes echte Gefühl als ein heiliges angesehen wurde, gegen das jeder Einspruch unberechtigt war. Herder, der Generalsuperintendent von Weimar, fand nichts darin, mit dem Domherrn Dalberg und dessen Maitresse gemeinsam in einem Wagen auf Kosten Dalbergs durch Italien zu reisen; Hamann, der Magus des Nordens, das Haupt der Frommen, lebte ganz offen, ohne Anstoß zu erregen, im Konkubinat mit der Pflegerin seines Vaters, Anna Regina Schuhmacher; ganz zu schweigen von dem, was die Fürsten, wie z. B. der König von Preußen, Friedrich Wilhelm II., sich mit Genehmigung der höchsten kirchlichen Behörden erlauben durften. Frau von Branconi, die Geliebte des Herzogs von Braunschweig, erschien den Ersten jener Zeit als eine Zierde ihres Geschlechts. Der junge Schiller sieht nicht nur in Franziska von Hohenheim das Ideal aller Weiblichkeit, nein, er führt selbst die Figur der tugendhaften, bewunderungswürdigen Maitresse in die Litteratur ein, ohne irgendwo bei seinen Zeitgenossen Widerspruch zu finden.

Aber auch eine Reihe innerer Gründe lassen sich für Goethes Verhalten finden. Seine Abneigung gegen die Fesseln der Ehe ist aus seinen Verhältnissen zu Friederike und Lili bekannt genug; gewiß hätte der lyrische Dichter, der nur eigene Erlebnisse und Gefühle dichterisch darstellen konnte, schwer eine gleichberechtigte, seine Freundschaft mit anderen Frauen kontrollierende Gattin brauchen können; zur Erklärung nicht, zur Entschuldigung möge das gesagt sein. Er selbst hat es in die Worte gekleidet:

> Ich wünsche mir eine hübsche Frau,
> Die nicht alles nähme gar zu genau,
> Doch aber zugleich am besten verstände,
> Wie ich mich selbst am besten befände.

Auch hat Christiane sich mit jeder Existenz an der Seite Goethes zufrieden erklärt. Endlich war ein wichtiges Moment der damals sehr starke Widerwille Goethes gegen die äußeren Formen der christlichen Kirche. Durch die italienische Reise mit dem antiken Leben und antiker Auffassung innerlich verwachsen und angewidert durch das Zerrbild des Christentums, das er in Italien fand, trat er in jenen Jahren mit Absicht christlicher Orthodoxie und Unduldsamkeit, manchmal auch christlicher Lehre und Anschauung schroff entgegen. Freilich entstammte dieser „julianische Haß" gerade seiner geläuterten Gottes- und Weltanschauung und richtete sich gegen Aberglauben, Heuchelei und Schwärmerei, aber für die Verzögerung der kirchlichen Einsegnung seiner Ehe ist auch diese Stimmung von Bedeutung gewesen. Für ihn handelt es sich dabei immer um etwas Aeußerliches: „Ich bin verheiratet, nur nicht durch Ceremonie", hat er wiederholt Fragenden geantwortet; mit den Worten: „Sie ist immer meine Frau gewesen", wies er Glückwünsche bei der Einsegnung seiner Ehe zurück. Denn unser Dichter hatte von der Ehe sehr strenge Begriffe, wie neben vielem anderen sein Roman „Die Wahlverwandtschaften" zur Genüge beweist. Daß er auch über

Aus Anthings Stammbuch mit Schattenriffen merkwürdiger Personen 1789

das „rein Aeußerliche der kirchlichen Weihe" später anders dachte, dafür hat uns der jüngere Voß in seinen Mitteilungen über Schiller und Goethe Aufschluß gegeben. Er schreibt aus Jena im Februar 1804 an Boie: „Es traf sich, daß beide Male, als ich bei dem Leseabend zugegen war, aus meines Vaters Luise gelesen wurde. An Goethe kam die Stelle von der Trauung, die er mit dem tiefsten Gefühl las; aber seine Stimme ward kleinlaut; er weinte und gab das Buch einem anderen." Es ist das eine der Stellen, die uns zeigen, wie bitter sich an dem, der sich über das Aeußere der Ceremonie glaubte hinwegsetzen zu dürfen, die Verletzung der Sitte gerächt hat.

In Weimar nahm man das Verhältnis durchaus nicht so übel auf; nur für die adeligen Damen, welche über die ungebildete Bürgerliche die Nase rümpften, war es natürlich ein besonderer Anlaß zum Klatsch. Alle Verleumdungen, die damals gegen Christiane ausgesprochen worden sind, stammen aus dieser Quelle, insbesondere aus dem Kreise der Frau von Stein. Wenn nicht alle Anklagen gegen ein unerlaubtes Verhältnis Goethes und der Frau von Stein längst als Verleumdungen sich erwiesen hätten, durch ihr Benehmen gegen Christiane schuf jene Frau selbst gegen sich die bedenklichsten Waffen. Als Goethe sich weigerte, Christiane von sich zu stoßen, ergoß die Frau, die noch vor kurzem von Goethe wie eine Göttin verehrt und angebetet worden war, allen Haß und Groll auf das „arme Geschöpf" und seinen Liebhaber. Ein Drama, Dido genannt, schrieb sie eigens, um den ehemals Geliebten in geradezu unglaublicher Weise zu verunglimpfen. Die Briefe jener Jahre an ihre nächsten Verwandten und Freunde sind getränkt mit bitteren, höhnischen, aufhetzenden Bemerkungen über Christiane und Goethe. Wer hier nicht mit ihr war, der war wider sie.

Den Klatsch von der Untreue Christianens hat Goethe in den Römischen Elegien scharf zurückgewiesen:

... Also sprach die Geliebte und nahm den Kleinen vom Stuhle,
Drückt' ihn küssend ans Herz, Thränen entquollen dem Blick.
O wie saß ich beschämt, daß Reden feindlicher Menschen
Dieses liebliche Bild mir zu beflecken vermocht!

Und auf der schlesischen Reise schrieb er in sein Notizbuch (1790):

Alle sagen, mein Kind, daß du mich betrügest.
O, betrüge mich nur immer und immer so fort!

Christiane selbst ließ sich wohl wenig durch Feindseligkeit und Verleumdung anfechten. Bescheiden blieb sie im Hintergrunde, sah ihre Pflicht darin, die Last des großen Haushaltes zu tragen, den sich prächtig entwickelnden Sohn zu erziehen und alles fernzuhalten, was Goethe stören oder verstimmen konnte. Ihre Bescheidenheit, ihre harmlose Gutmütigkeit, treue Sorgfalt, Herzensgüte und Frohnatur eroberten ihr bald einen festen Platz im Herzen des Dichters:

> Lange sucht ich ein Weib mir, da fand ich nur Dirnen:
> Endlich erhascht ich dich mir, Dirnchen; da fand ich ein Weib.

Und ein echtes treues und liebevolles Weib war es, und eine gute und wahre Ehe, zu der nur „des Priesters Segen" fehlte.

Die in diese Zeit fallenden Dichtungen Goethes, die Römischen Elegien und die Venezianischen Epigramme, sind, wie wir gezeigt haben, auf das innigste mit der Liebe zu Christiane verbunden. Einige Worte über ihre Entstehung und ihren künstlerischen Wert seien jener Erwähnung ihrer persönlichen Beziehung hinzugefügt.

Tasso und die Römischen Elegien; die Prinzessin Leonore und die Faustina der Elegien! Welch ein Gegensatz! Dort die überirdische, platonische Liebe, der höchste Seelenadel, Resignation, Mäßigung und Entsagung, ein melancholisch trüber Ton, hohe Kultur, Sittlichkeit und Anstand, Etikette und die jede freie Regung dämpfende Hofluft, hier der überschäumende Ausdruck der Lust und Freude, die natürliche, derbe, sinnliche Liebe, volle Freiheit des Lebens und der Selbstbestimmung, ein Dasein in der Natur und ein höchstes Glück im Genusse der Liebe und der Gaben der Natur unter dem freien, ewig heiteren Himmel Italiens. Dort am Schluß schmerzliche Stimmung über die Trennung von Italien, hier ein zweites Glück, „eines Glückes Erinnerung". Führt der Tasso uns in die entschwundene Glanzzeit Italiens, so preist der Dichter der Elegien die Gegenwart und ein Glück, das er vorher nicht gekannt hatte, ein freies, von keiner Regel der äußeren Sitte oder der Etikette beengtes, ganz der Kunst und der Liebe gewidmetes Leben.

Und diese beiden so verschiedenen Dichtungen, die Gestalt einer Prinzessin und einer Faustina, sie sind fast zu gleicher Zeit geschaffen worden. Die Elegien fallen, wie die Beendigung des Tasso, in das Jahr 1789. Das Glück, das Goethe in Christianens Armen fand, zu schildern und der beseligenden Erinnerung an ein vergangenes Glück Ausdruck zu geben, dazu drängte der Dichter in ihm, der sich stets seines Herzens Leid oder Freud zu dauerndem Leben poetisch gestalten mußte. Dieser neuen Dichtung antike Form zu geben, war wohl von Anfang an seine Absicht. Die damals in Deutschland viel gelesene und viel übersetzte Poesie der griechischen und römischen Elegiker, Knebels eifrige Versuche, den Properz zu übersetzen und die

Lektüre von Tibull, Properz und Catull, legten ihm den Gedanken nahe, die Form des Distichons zu wählen, nachdem er unter unleugbarem Einfluß einer Elegie des Properz noch im Oktober 1788 das Gedicht „Der Besuch" und fast gleichzeitig „Die Morgenklage", beide für Christiane, in reimlosen Trochäen gedichtet hatte. Es entstand nun vom Herbst 1788 an eine Sammlung Distichen: Späße in antikem Stil oder Erotica genannt. Aus diesen epigrammartigen Gedichten schuf Goethe, nachdem Moritz ihm mit Rat zur Hand gegangen und er durch Knebels Uebersetzung mit den Elegien des Properz genauer vertraut geworden war, Elegien nach Art des Properz, einen Teil fügte er seiner Sammlung von Epigrammen bei.

Die römischen Elegien sind auch insofern ein Bruchstück der großen Konfession Goethes, als sie uns ein treues Abbild seiner in Italien gewonnenen Anschauung von Kunst und Leben wiederspiegeln. Wie er in dem modernen Italien die Antike suchte, so hat er in dem Schauplatz seiner Liebe Züge des antiken und modernen Rom miteinander verbunden. Er nannte sich damals mit Vorliebe einen Heiden. Es war damit weniger ein religiöser Gegensatz, als der zwischen seiner Weltanschauung und der des Christentums ausgesprochen. Der Dichter flüchtete aus der rauhen Gegenwart zu einem Ideal, das er in der Vergangenheit zu finden glaubte. Er führt uns in die Zeit, da Tugend und Schönheit dasselbe war, wo nicht ethische, sondern ästhetische Prinzipien den Menschen lenkten, wo Natur und Sitte noch keine Gegensätze, sondern gleichbedeutend waren, in jene Zeit, von der Schiller in „den Göttern Griechenlands" singt:

> Da ihr noch die schöne Welt regieret,
> An der Freude leichtem Gängelband,
> Selige Geschlechter noch geführet,
> Schöne Wesen aus dem Fabelland.
> Ach da euer Wonnedienst noch glänzte,
> Wie ganz anders, anders war es da!
> Da man deine Tempel noch bekränzte,
> Venus Amathusia!
> Finstrer Ernst und trauriges Entsagen
> War aus eurem heitern Dienst verbannt,
> Glücklich sollten alle Herzen schlagen,
> Denn euch war der Glückliche verwandt.

Diese Weltanschauung atmen Goethes Elegien. In diese erträumte ideale Welt uns zurückzuversetzen ist des naiven Dichters schönes Recht. „Die Gesetze des Anstandes," sagt Schiller, „sind der unschuldigen Natur fremd; nur die Erfahrung der Verderbnis hat ihnen den Ursprung gegeben. Sobald aber jene Erfahrung einmal gemacht worden und aus den Sitten die natürliche Unschuld verschwunden ist, so sind es heilige Gesetze, die ein sittliches Gefühl nicht verletzen darf. Sie gelten in einer künstlichen Welt mit demselben Rechte, als die Gesetze der Natur in der Unschuldwelt regieren. Aber eben das macht ja den Dichter aus, daß er alles in sich aufhebt, was an eine künstliche Welt erinnert, daß er die Natur in ihrer ursprünglichen Einfalt wieder in sich herzustellen weiß. Hat er aber dieses gethan, so ist er auch eben dadurch von allen Gesetzen losgesprochen, durch die ein verführtes Herz sich gegen sich selbst sicherstellt. Er ist rein, er ist unschuldig, und was der unschuldigen Natur erlaubt ist, ist es auch ihm; bist du, der du ihn liesest oder hörst, nicht mehr schuldlos und kannst du es nicht einmal momentweise durch seine reinigende Gegenwart werden, so ist es dein Unglück und nicht das seine; du verläßest ihn, er hat für dich nicht gesungen." So müssen die Elegien aufgefaßt und verstanden werden.

Und diese Natur ist durchweht von dem Geiste der Schönheit. Die heitere Götterwelt Homers mit ihren echt menschlichen Schwächen regiert die glückliche Welt, und auch die Götter beugen sich der übermächtigen Kraft Amors. Menschen, edel und gut und wahre Naturkinder, die voller Lebenslust und freudig die schöne Welt und alles das genießen, was die Götter ihnen gewähren, das sind die Gestalten des Dichters; und im Hintergrunde der Dichtung stehen die erhabenen Gebilde der antiken Kunst: die Kunst mit unerreichter Kraft in das Gewebe der lyrischen Dichtung eingefügt!

> Juppiter senket die göttliche Stirn, und Juno erhebt sie.
> Phöbus schreitet hervor, schüttelt das lockige Haupt:
> Trocken schauet Minerva herab, und Hermes, der Leichte,
> Wendet zur Seite den Blick, schalkisch und zärtlich zugleich.
> Aber nach Bacchus, dem Weichen, dem Träumenden, hebet Kythere
> Blicke süßer Begier, selbst in dem Marmor noch feucht.

* * *

> Welche Seligkeit ward mir Sterblichem! Träum ich? empfänget
> Dein ambrosisches Haus, Jupiter Vater, den Gast?

Nicht nur der südliche Himmel, die Kunstwerke der Antike, der Glaube an eine untergegangene schöne Weltregierung, selbst der Rhythmus muß zu dem ideal=schönen Bilde, das jeden Gedanken an gemeine Sinnlichkeit verscheucht, das seine beitragen. Das antike Versmaß giebt dem Ganzen ein

Dichtung und Wirklichkeit in den Elegien. 57

feierliches, erhabenes Gepräge, das ungemein mitwirkt, den Leser aus der ge=
wöhnlichen Wirklichkeit in die ideale Welt der Dichtung zu erheben. Die große
Kunst, die der Dichter auf die Symmetrie des Strophenbaues verwandt hat
und auf die Uebereinstimmung von Vers und Gedanken, hat nicht wenig zu
dieser Wirkung beigetragen.

Mit derselben Kunst, wie die Antike in die Liebesdichtung verwoben
wurde, ist das moderne Rom mit Goethes Weimarer Erlebnissen, Italien und
Weimar zu einem Idealbild ineinander verschlungen.

 Eine Welt zwar bist du, o Rom, doch ohne die Liebe
 Wäre die Welt nicht die Welt, wäre denn Rom auch nicht Rom.

Das ist das Thema, das sich durch alle Elegien hindurchzieht. Wie der
Dichter Kunst und Kenntnis der Welt, große Ideen, erhabene Gedanken
und tiefe Empfindungen, Witz und Scherz und die heitere Laune, alles nur
zu dem einen Zweck verwendet, um seine Liebe zu feiern und zu schildern,
darin ist er von keinem Dichter der Vergangenheit und Gegenwart erreicht
worden.

 Hohe Sonne, du weilst und du beschauest dein Rom!
 Größeres sahest du nichts und wirst nichts Größeres sehen,
  Wie es dein Priester Horaz in der Entzückung versprach.
 Aber heute verweile mir nicht, und wende die Blicke
  Von dem Siebengebirg früher und williger ab!
 Einem Dichter zu Liebe verkürze die herrlichen Stunden,
  Die mit begierigem Blick selig der Maler genießt;
 Glühend blicke noch schnell zu diesen hohen Fassaden,
  Kuppeln und Säulen zuletzt und Obelisken herauf!
 Stürze dich eilig ins Meer, um morgen früher zu sehen,
  Was Jahrhunderte schon göttliche Lust dir gewährt.

Mit Absicht hat der Dichter die Frage, ob Faustina auf eine wirkliche
Geliebte in Rom zurückgehe oder, wie wir jetzt fragen müßten, ob die ita=
lienischen und Christianen fremden Züge vom Dichter erdacht und einem
andern Modell entnommen sind, ausweichend beantwortet. Die Gattin eines
in Rom lebenden Engländers hat man Anfang des Jahrhunderts Humboldt
und Rehfus als Goethes Faustina gezeigt; eine Osteria (via di Monte
Savello, jetzt Montanara), die heute nicht mehr vorhanden ist, bezeichnet
man als den Ort, in dem die 15. Elegie sich abspielte. König Ludwig
von Bayern hat sogar diese sog. „Goethekneipe" mit einer marmornen Ge=
denktafel geschmückt.

Den Anteil Christianens verbarg Goethe, wie natürlich, vor den neugierigen Blicken der Welt. Als er dem Verleger Göschen ein Büchlein Elegien, „die ich in Rom schrieb", anbot, erhielt die im Juli 1791 zuerst abgedruckte 13. Elegie die Ueberschrift: Rom 1789, ein Anachronismus, der doch den wahren Sachverhalt andeutet.

Den nahen Zusammenhang der Elegien und Epigramme haben wir schon vorher berührt. Den Grundstock der letzteren bilden die erotischen, die aus irgend einem Grunde in die Elegien nicht aufgenommen worden waren, das gegenwärtige, dem Dichter von Christianen bereitete Liebesglück preisend; sie stehen jetzt gegen den Schluß der Epigramme, ebenso das Loblied auf den Herzog Karl August. Alle übrigen, mit Ausnahme einiger später zugefügter Epigramme, tragen mit Recht den Titel: Epigramme. Venedig 1790.

Mehr aus Liebenswürdigkeit, als daß er im Ernst an eine Verwirklichung der alten Absicht dachte, hatte Goethe, als Anna Amalie Anfang des Jahres 1790 die Heimreise antrat, an ihren Begleiter von Einsiedel geschrieben, daß er ihr vielleicht entgegenkommen werde. Hocherfreut über diese Nachricht nahm ihn die Herzogin beim Wort, und so reiste er denn mit dem Diener Paul Götze am 10. März von Weimar ab; über Saalfeld, Bamberg, Nürnberg, Augsburg, Kaufbeuren nach Innsbruck, dann auf der ihm wohlbekannten Brennerstraße nach Verona, wo er vom 25—28. März verweilte, und am 31. nachmittags auf der Barke von Padua nach Venedig. Diesmal kehrte er in einer kleinen Locanda nahe an der Rialtobrücke (zwanzig Häuser näher als der Scudo di Francia) ein. Es traf manches zusammen, um Goethes Stimmung, der nur ungern Weimar verlassen hatte, zu verschlechtern. Nicht nur daß er die Herzogin nicht in Venedig anwesend fand, er mußte auch noch bis Mitte Mai zweck- und ziellos in Venedig warten; dazu war der Aufenthalt durch schlechtes Wetter häufig wenig erfreulich. Aber diese Umstände erklären durchaus noch nicht die Klage und den Unmut, der sich durch die Briefe aus Venedig an Herder und Karl August hindurchzieht. So hören wir am 3. April: „Uebrigens muß ich im Vertrauen gestehen, daß meiner Liebe für Italien durch diese Reise ein tötlicher Stoß versetzt wird. Nicht daß mirs in irgend einem Sinne übel gegangen wäre, wie wollt es auch? Aber die erste Blüte der Neigung und Neugierde ist abgefallen," und an Herder: „Ich sollte Euch allerlei Gutes sagen und kann nur sagen, daß ich in Venedig angekommen bin. Ein wenig intoleranter gegen das Sauleben dieser Nation als das vorige Mal." Seine Abreise nennt er eine „Erlösung aus diesem Stein- und Wassernest" und erklärt neben den Ausdrücken der lebhaftesten Sehnsucht: „Ich bin ganz aus dem Kreise des italienischen Lebens gerückt."

Nur die Studien in der venetianischen Malerschule, denen ein Aufsatz: „Aeltere Gemälde. Neuere Restaurationen in Venedig, betrachtet 1790" entsprang, Forschungen in der venetianischen Geschichte und Staatswesen, wobei der einzige alte Bekannte, Angelikas Gatte, ihn unterstützte und die durch einen glücklichen Fund wieder neubelebten Naturstudien halfen ihm über die Langeweile und das Unbehagen etwas hinweg. Vergleichen wir diese Klagen mit jenen von glühender Begeisterung durchwehten Berichten über den ersten Aufenthalt, so drängt sich die Frage von selbst auf: Wie erklären sich diese Widersprüche? Einer ähnlichen düsteren und mißmutigen Stimmung Goethes waren wir schon gleich nach seiner Rückkehr aus Italien begegnet; nur das ihm durch Christiane erwachsende Liebesglück hatte ihm die Lebensfreude wiedergegeben. Nun, da er wieder von ihr getrennt war, gewinnt der Mißmut wieder die Oberhand. Dem Herderschen Ehepaar bekennt er offen, indem er um Fürsorge für die Verlassenen bittet, seine unbezwingbare Sehnsucht. „Ich gestehe gern," lesen wir in einem Briefe an Herder, „daß ich das Mädchen leidenschaftlich liebe. Wie sehr ich an sie geknüpft bin, habe ich erst auf dieser Reise gefühlt."

Diese düstere, fast menschenfeindliche Stimmung spiegelt sich nun auch in den damals entstandenen Epigrammen wieder. Was sie an Glück, an Liebesfreude, an dankbar freudiger Gesinnung enthalten, wie die auf Christianen, die Geliebte und die Gattin und Mutter seines Sohnes, oder das Preislied auf seinen August und Mäcen, ist vorher gedichtet und steht deshalb mit dem Ganzen in keinem innerlichen Zusammenhange; die Hauptmasse der Epigramme enthält heftige Angriffe auf die sozialpolitischen und religiösen Verhältnisse Italiens, auf die Kunst und die französische Revolution und auf Newton und seine Irrlehren. Der verkannte Dichter und Naturforscher rächt sich mit der Waffe schneidiger Satire. Jetzt sind ihm die erhabenen Ruinen des Altertums „ein zerstreutes Gebein, das wir ehren gläubig und froh", jetzt vermißt er in dem einst gepriesenen Lande deutsche Redlichkeit, Ordnung und Zucht und findet nur Not und Ungeziefer; jetzt fehlt der Frühlingslandschaft das grünende Laub, jetzt heißt Venedig St. Markus im Kot. Der sonst so duldsame Goethe wird intolerant gegen die Form des Christentums, die in Italien herrscht, und selbst ganz unschuldige Dinge wie die deutsche Sprache müssen den Unwillen des Erzürnten fühlen.

Das Büchlein Epigramme, das erst in Schillers Musenalmanach für 1796 erschien, war in der Hauptsache fertig, als die Herzogin Amalie endlich (am 6. Mai) mit ihrem Gefolge eintraf. Jetzt begann für den bisher Einsamen ein neues Leben. Den Tag über führte er die Herzogin durch die Straßen und Kanäle der Stadt, abends las er aus Knebels Uebersetzung des Properz vor oder die eben entstandenen Epigramme, deren handschriftliche Sammlung er mit dem Epigramm:

   Sagt, wem geb' ich dies Büchlein? Der Fürstin, die mir's gegeben,
   Die uns Italien noch jetzt in Germanien schafft —

der Herzogin widmete.

Im Gefolge der Herzogin befand sich auch Bury, der uns aus Rom bekannte stürmische jugendliche Verehrer Goethes, und Heinrich Meyer, der Mann, auf den Goethe sein zukünftiges Kunstleben in Weimar aufbaute. Der bescheidene und liebenswürdige Künstler hatte Goethe durch Herder wissen lassen, daß er nach einigen Studienjahren in Rom „irgendwo ein ruhiges Plätzchen finden möchte, wo er unter Freunden sein Talent üben und ein leibliches Leben führen möchte". Mit Freuden ging Goethe darauf ein und bot ihm die Stelle eines Professors an der Zeichenschule in Weimar an. War es doch sein eigener Wunsch seit seiner Rückkehr aus Rom, diesen Mann, mit dem ihn wahre Freundschaft und Hochachtung und die gleiche Kunstrichtung verband, an die Spitze der von ihm erhofften Künstlerrepublik in Weimar zu stellen. Eine gefährliche Krankheit Meyers hatte im Beginn des Jahres 1790 die frohe Aussicht getrübt. „Wenn er stirbt," so klagte Goethe dem Herzog, „so verliere ich einen Schatz, den wieder zu finden ich für's ganze Leben verzweifle." Wie groß war nun die Freude, den „wiederauferstandenen Schweizer" gesund in Venedig zu treffen. Hier haben wohl beide die Grundlagen für ihr späteres Zusammenwirken gelegt. Meyer reiste von Venedig früher ab nach seiner Heimat und trat seine Stellung in Weimar erst im November 1791 der Verabredung gemäß an. Anna Amalie und Goethe verließen Venedig am 22. Mai 1790. Die Heimreise ging über Mantua, Mailand, Innsbruck und Augsburg. In Nürnberg traf man (13. Juni) den alten Freund Knebel mit seiner Schwester, und am 18. Juni kehrte die Fürstin mit ihrem Gefolge in die Heimat zurück.

Schon auf dieser Rückreise und zwar in Augsburg hatte Goethe eine Einladung seines Herzogs in das schlesische Lager erhalten. Da der König von Preußen große Truppenmassen an der böhmischen Grenze zusammenzog, um die Verhandlungen mit Oesterreich durch diesen Druck schneller zu beendigen, hatte auch der Herzog, als Kommandeur der Magdeburgischen Kavallerie, ins Feld rücken müssen; er befand sich mit seinen Truppen in der Umgebung von Breslau. Einige Geschäfte, vor allem aber die Freude an dem so lange entbehrten häuslichen Glück, ließen Goethe fünf

Wochen zögern, ehe er der Einladung folgte. Am 26. Juli reiste er auf
demselben herzoglichen Chaischen, das ihn nach Venedig geführt hatte, ab.
Die Reise ging über Gera, Altenburg, Rochlitz, Waldheim, Wilsdruff zuerst
nach Dresden, wo er am 28. Juli früh eintraf und im Hotel Pologne
wohnte. Die meiste Zeit seines zweitägigen Aufenthaltes widmete er hier,

Christian Gottfried Körner.

wie natürlich, der Galerie, deren Direktor der Italiener Cajanova war.
Der reife Kenner sah sie wohl mit anderen Augen an, als einst der mehr
begeisterte als gebildete Student. Von den Besuchen, die er hier, um alte
Bekanntschaften zu erneuern, machte, interessiert uns besonders der Verkehr
mit der Familie des Freundes Schillers, Körners, dessen Gattin und
Schwägerin, die Töchter des Leipziger Kupferstechers Stock, von Leipzig her

bekannt mit Goethe waren. Ein Jahr vorher hatte er Körner persönlich in Jena kennen gelernt. Ueber den Besuch berichtet Körner in Dresden an Schiller: „Goethe war auch vor kurzem ein paar Tage hier. Graf Geßler suchte ihn auf und brachte ihn einen Abend auf unsern Weinberg. Er thaute auf und war zuletzt ganz mitteilend. Aber seine Art sich anzukündigen hat immer etwas Kaltes und Zurückscheuchendes. Ich habe eine halbe Stunde lang ein interessantes Gespräch über Kunst mit ihm gehabt."

Schon am 31. Juli abends war Goethe in Lauban, das er über Bautzen und Görlitz erreichte, am Tage darauf in Hirschberg, von wo aus er nach einem kurzen Abstecher nach Warmbrunn noch an demselben Tage Landshut erreichte. Am 2. August traf er in Zirlau bei Freiburg nach viermonatlicher Trennung den Herzog, der dort mit seinen Truppen stand, zu seiner großen Freude wohl und heiteren Sinnes. Die nächsten Tage benutzte Goethe dazu, um die Umgegend von Schweidnitz, Freiburg und Waldenburg zu durchstreifen, „so daß das Ganze," wie er schreibt, „ein sonderbar schönes, sinnliches und begreifliches Ganze macht." Diesem Ausflug verdanken wir das hübsche Epigramm:

Grün ist der Boden der Wohnung, die Sonne scheint durch die Wände,
Und das Vögelchen singt über dem leinenen Dach.
Kriegerisch reiten wir aus, besteigen Silesiens Höhen,
Schauen mit mutigem Blick vorwärts nach Böhmen hinein.
Aber es zeigt sich kein Feind — und keine Feindin! O bringe,
Wenn uns Mavors betrügt, bring' uns, Cupido, den Krieg!

Am 10. August finden wir Goethe in Breslau, wo er mit dem Herzog im Roten Hause in der Neuschenstraße (jetzt Nr. 45) bis Mitte September mit einigen Unterbrechungen Quartier nahm. Den eifrig der Mineralogie beflissenen Naturforscher trieb es zu einer Exkursion durch die Grafschaft Glatz. Aber vorläufig drängten eine Menge Festlichkeiten infolge der Anwesenheit des Königs und des Kronprinzen in der Woche vom 15. bis 20. August solche Absichten zurück. Der Direktor der schlesischen Bergwerke, von Reden, der Oberamtsrat von Schuckmann und der Popularphilosoph Garve waren die wichtigsten Bekanntschaften, die Goethe in dieser Zeit machte. Einen der schätzbarsten Menschen, die er je kennen gelernt habe, nennt Goethe den Freiherrn von Schuckmann, den späteren preußischen Minister, der bald das durch Goethes zurückhaltende Art beim ersten Verkehr gewonnene Vorurteil fahren ließ und mit ihm innig befreundet wurde. Seine hervorragende Tüchtigkeit und sein feines ästhetisches Urteil, das sich besonders in seiner feinsinnigen Anerkennung des Tasso aussprach, veranlaßte

Goethe später zu dem Versuch, ihn nach Weimar zu ziehen. „Goethes Studium," so berichtet Schuckmann in einem gleichzeitigen Briefe, „scheint jetzt neben Kant auf seinem eigenen Wege in eigener Manier der Mensch zu sein. Das sieht man auch klar in Faust und Tasso, und ich habe manche vortrefflichen Dinge von ihm gehört. . . ." Es sind das die beiden Themata, die Goethe auf der ganzen Reise beschäftigten.

Am 26. August begann er die Reise über Frankenstein, Reichenstein, Landeck nach Glatz, von wo aus er die Heuscheuer bestieg. Natürlich versäumte er nicht, die berühmten Felsen von Adersbach sich anzusehen, von wo aus er am 30. August über Landshut und Schweidnitz nach Breslau (1. September) zurückkehrte. Schon am Tage nach der Rückkehr, am 2. September, traten der Herzog, Goethe und der schon genannte Oberbergrat der Grafschaft Glatz, von Reden, eine längere Reise nach Tarnowitz und in das benachbarte Polen an. In Tarnowitz wurden die Gruben genau besichtigt und das bekannte Epigramm „Fern von gebildeten Menschen" in das Fremdenbuch eingetragen. Von hier aus besuchte man die alte Krönungsstadt Krakau, die berühmten Salzbergwerke von Wilizka und den polnischen Wallfahrtsort Czenstochau mit dem Gnadenbilde der „schwarzen Mutter Gottes", wo in diesen Tagen viele tausende von Pilgern zusammentrafen. Von Czenstochau hatte man nicht mehr weit bis zur preußischen Grenze; am 11. waren die Reisenden wieder in Breslau. Bald darauf folgte ein Ausflug

Karl August, Chef des 6. Preuß. Kürassierregiments 1787—1794.

auf die Schneekoppe. Das noch erhaltene Goethische Tagebuch der schlesischen Reise zeigt uns in den Aufzeichnungen sein großes Interesse für den Bergbau Schlesiens, das besonders das Schmerzenskind Ilmenau wach erhielt, seine mineralogischen und geologischen, botanischen und zoologischen Forschungen, die er auf keiner Reise unterließ. Es enthält auch eine Reihe Gedichte oder Entwürfe, meist Distichen in der Art der venezianischen, im Wagen während der Fahrt oder auf dem Pferde mit Bleistift geschrieben, oft kaum zu enträtseln. Die nicht ausgeführten oder nicht von Goethe zum Druck gegebenen Epigramme weisen die Tendenzen der venezianischen in fast verstärktem Maße auf, dazu gehören einige trotzige Angriffe gegen pfäffische Auffassung des Christentums und die sich selbst betrügende Schwärmerei, und einige Gedichte erotisch-scherzhaften Inhalts, die mehr für antike als für moderne Leser geeignet erscheinen.

Die Worte, mit denen Goethe Herder seine Rückkehr nach Breslau anzeigte: „Nun sind wir wieder in dem lärmenden, schmutzigen, stinkenden Breslau, aus dem ich bald erlöst zu sein wünsche", zeigen, daß ihm trotz der vielfachen Bereicherung der Aufenthalt in Schlesien nicht besonders behagte, besonders da das ganze militärische Schauspiel sich als ziemlich zwecklos erwies; Goethes Mißmut wuchs durch die Sehnsucht nach Hause, der

Goethe, Porträt von Lips 1791.

er in einer Reihe Briefe und Gedichte an Christiane Ausdruck gab. Auch findet sich in dem Tagebuch das Sprüchlein:

> Von Osten nach Westen,
> Zu Hause am besten,

zu dem ein Brief an Herder die Erläuterung in Prosa giebt: „Wenn Ihr mich lieb behaltet, wenige Gute mir geneigt bleiben, mein Mädchen treu ist, mein Kind lebt, mein großer Ofen gut heizt, so hab' ich vorerst nichts weiter zu wünschen."

Am 19. September ging endlich sein Wunsch, die Rückreise antreten zu können, in Erfüllung. Er reiste allein über Schweidnitz, Waldenburg, Landshut, Schmiedeberg nach Warmbrunn, wo er sich zwei Tage aufhielt und geologische Studien in der Umgebung machte; auf demselben Wege wie auf der Hinreise kam er am 25. September nach Dresden. Diesmal verlebte er hier acht schöne Tage, und zwar in herzlichem Verkehr mit Körner; die damals gerade erschienene Kritik der Urteilskraft bildete das Hauptthema ihrer Gespräche. „Auch verdanke ich ihm manche treffliche Winke in Betreff der bildenden Künste," schreibt Körner an Schiller; „von seinen Elegien hat er mir einige vorgesagt". Der Direktor Cajanova führte ihn wieder durch die Schätze der Galerie, der Inspektor des Naturalienkabinets, Titius, half ihm bei dem Studium der Tierskelette, das für seine Arbeit über die Bildung der Tiere von großer Wichtigkeit wurde, und der ihm seit Karlsbad befreundete Hausmarschall von Racknitz begleitete ihn bei Ausflügen in der Umgegend von Dresden. Von Dresden aus reisten der Herzog und Goethe wieder gemeinschaftlich über Freiberg nach Hause. Am 6. Oktober trafen sie, feierlich empfangen, in Weimar ein.

*   *

*

In seinem späteren Berichte über diese Reise erzählt Goethe, daß ihm mitten in den Festlichkeiten und in dem militärischen Glanze in Breslau die vergleichende Anatomie beschäftigt hätte: „weshalb ich mitten in der bewegtesten Welt als Einsiedler in mir selbst abgeschlossen lebte". Es entsprang das aber nicht einer Laune, vielmehr dem gleich nach Vollendung der Ausgabe seiner poetischen Schriften gefaßten, den Freunden Reichardt, Jacobi und Knebel feierlich mitgeteilten Entschluß, die dichterische Thätigkeit vorläufig zurücktreten zu lassen und eine neue Laufbahn zu betreten. „Mein Gemüt," heißt es in dem Briefe an Knebel vom 9. Juli 1790, „treibt mich mehr als jemals zur Naturwissenschaft, und mich wundert nur, daß in dem prosaischen Deutschland noch ein Wölkchen Poesie über meinem Scheitel schweben bleibt."

Die naturwissenschaftlichen Schriften, die in dieser Zeit entstanden, sind: die Metamorphose der Pflanzen, 1790, die Schrift über die Bildung der Tiere, — die aber damals nicht gedruckt wurden und deren Gedanken in den 1795 und 96 gedruckten Aufzeichnungen: „Erster Entwurf einer allgemeinen Einleitung in die vergleichende Anatomie und Vorträge über die drei ersten Kapitel dieses Entwurfes" zuerst bekannt wurden, ferner die in loserem Zusammenhange mit diesen Studien stehenden „Beiträge zur Optik" 1790—1792.

Die gesamte Thätigkeit des Naturforschers Goethe ist von ihm selbst am besten in die Worte zusammengefaßt worden: „Ich will die allgemeinen Gesetze, wonach die lebendigen Wesen sich organisieren, erforschen." Von Spinozas ἓν καὶ πᾶν und der Entwickelung aller Lebewesen bis zur höchsten Stufe, der des Menschen, war Goethe ausgegangen. Mit der Entdeckung des os intermaxillare war, wie wir gesehen haben, die Einheit aller tierischen Körper bewiesen. In Italien, zuerst in Padua, dann in Sicilien und Rom, kam ihm der Gedanke der Urpflanze, worunter er das verstand, was in allen Pflanzenformen als das Gleiche erscheint. In Sizilien ging ihm auch die Erkenntnis auf, daß alle Pflanzenteile identisch und in jedem einzelnen Organ die ganze Pflanze enthalten sei. Nachdem der Tasso vollendet war, begann Goethe seine botanischen Ideen aufzuschreiben; es war die Zeit der Höhe des Liebesglücks. Darum richtet sich auch das Gedicht: „Die Metamorphose der Pflanzen" gleich in den ersten Worten an Christiane, der er Inhalt und Bedeutung einer neuen Lehre, die im Widerspruch mit dem damaligen Standpunkte der Wissenschaft zuerst den Gedanken der Descendenztheorie aussprach, verständlich zu machen suchte.

Lassen wir einen Fachmann uns Goethes Gedanken, die jetzt die Grundlage der botanischen Wissenschaft sind, erläutern:

„Auf den ersten Blick scheint es, als erzeuge die Pflanze bei ihrer Entwickelung ununterbrochen neue Organe, jedes von den übrigen durchaus verschieden, erst die Keimblätter, dann das grüne Laub, dann die Blüten mit ihrem so wunderbar zusammengesetzten Bau, zuletzt die Früchte mit dem Samen. In Wirklichkeit aber ist der Bauplan der Pflanze unendlich einfach; die Pflanze entwickelt am Stengel immer ein und das nämliche Organ, das Blatt, welches sie tausendfältig wiederholt, der Anlage nach immer das Gleiche, bei der Entwickelung aber in mannigfaltiger Weise ausgestattet. Wenn bei der Keimung die Samenschale von dem schwellenden Leben im Innern gesprengt wird, stellt sich sofort ein Unterschied dar von oben und unten; die Wurzel, deren Wirkung nach der Erde hingeht, gehört der Finsternis und Feuchtigkeit an; der Stengel strebt gegen den Himmel, das Licht und die Luft empor. An jedem Knoten des Stengels ruht ein Blatt; am Grunde jedes Blattes bildet sich ein Auge oder eine Knospe: das ist die wesentliche Grundform der Pflanze, anderes vermag sie nie und nirgends zu schaffen. So lange die Pflanze im lebendigen Wachstum begriffen ist, streckt sie Knoten über Knoten und bildet ihre Laubblätter, erst dick und plump wie in den

Kotyledonen, dann aber in stufenweisem Fortschritt immer größer, vollkommener, gekerbt, eingeschnitten, oft selbst zusammengesetzt aus. Wenn die Pflanze dann in ihre zweite Lebensepoche, die Fortpflanzung, eintritt, dann entfaltet sich der Wunderbau der Blüte, scheinbar als etwas neues, ganz verschieden von dem früheren; sehen wir aber genau zu, so finden wir wieder nichts als Blätter, die statt wie sonst nach einander (succeffive) und in einiger Entfernung von einander sich bilden, in engem Verein um einen gemeinschaftlichen Mittelpunkt sich sammeln und für das ewige Werk der Fortpflanzung durch zwei Geschlechter stufenweise sich umbilden oder metamorphosieren. In sechs Schritten wechselnder Ausdehnung und Konzentration vollendet die Pflanze unaufhaltsam in regelmäßiger Metamorphose die Umwandlung der Blattgestalt, um mit unwiderstehlichem Trieb die Blume zu bilden und zu den Werken der Liebe zu rüsten; tritt sie eine oder einige Stufen zurück, so bildet sie in rückschreitender Metamorphose unkräftige, unserem Auge freilich oft wohlgefällige Gestaltungen, wie die gefüllten Rosen und andere Blumen unserer Gärten beweisen.

„Die Goethische Lehre von der Einheit aller Pflanzengestaltung ist so völlig in Fleisch und Blut der Wissenschaft übergegangen, daß wir sie bereits als selbstverständlich hinnehmen und darüber leicht vergessen, daß der Mann, der sie zuerst in die wissenschaftliche Welt einzuführen wagte, Jahre lang mit der Nichtachtung oder dem Widerspruch der Fachgelehrten zu kämpfen hatte."

Als Goethe diese Gedanken, wenn auch noch nicht entwickelt, gefaßt hatte, schrieb er voller Freude an Herder: „Dasselbe Gesetz wird sich auf alles übrige Lebendige anwenden lassen." So hell und klar sah er das vor Augen, was die moderne Naturwissenschaft gewöhnlich als ihre Errungenschaft hinstellt. Auf der zweiten Reise nach Italien im April 1790 in Venedig machte er eine Entdeckung, die ihm auch hierin die letzten Zweifel beseitigte. „Durch einen sonderbar glücklichen Zufall, daß Götze (sein Diener) zum Scherz auf dem Judenkirchhof ein Stück Tierschädel aufhebt und ein Späßchen macht, als wenn er mir einen Judenkopf präsentierte, bin ich einen großen Schritt in der Erklärung der Tierbildung vorwärtsgekommen. Der Schafschädel war zufällig so geborsten, daß in den einzelnen Teilen genau die Wirbelknochen zu erkennen waren." Nun hatte Goethe längst die Ueberzeugung, daß alle Knochen ursprünglich Wirbelknochen seien; es fehlte ihm nur noch der Beweis für das Gaumbein, die oberen Kinnladen und den Zwischenknochen. Indem er durch seine Entdeckung bewies, daß diese ebenfalls Wirbelknochen seien, brachte er den Erweis, daß auch das

Gehirn, ebenso wie das Rückenmark vom Wirbelknochen ausgehen. Es fiel damit der einzige noch nicht durch die Entwicklungstheorie erklärte Unterschied zwischen beiden, und das Rückenmark war nichts anderes, als ein noch nicht voll ent=
wickeltes Gehirn. Damit war auch die Identität aller Teile des tierischen Körpers bewiesen. Die Verschiedenheit der Erscheinungen erklärt Goethe aus dem inneren Bildungsprinzip, daß heißt, der im Innern des Lebewesens liegenden Kraft sich zu entwickeln und den äußeren Bedingungen, wie Klima, Temperatur, Lichtfülle und Luft, und der Wechselwirkung der Organismen auf einander.

Mit diesen Arbeiten hat Goethe nicht bloß eine neue Wissenschaft, die Morphologie, begründet, sondern auch Ideen ausgesprochen, die, später von Darwin durch umfangreiche Beobachtungen und Experimente unumstößlich be=
wiesen, die gesamten wissenschaftlichen Anschauungen völlig umgestaltet haben. Aber damit nicht zufrieden, wollte er auch „die Phänomene der Farben auf das einfachste Prinzipium rebuzieren", wie er am 17. Mai 1791 an den Herzog schreibt: er glaube, die Lehre Newtons als falsch erweisen zu können und an deren Stelle eine neue Theorie des Lichts, des Schattens und der Farben zu setzen. So sehr beschäftigten ihn in diesem und dem folgenden Jahre seine Beiträge zur Optik, über die er mit Gelehrten, wie Forster, Sömmering und Lichtenberg verhandelte, daß er alles andere darüber „vergaß und liegen ließ". Diese Beiträge enthielten die grundlegenden Gedanken der großen Lebensarbeit Goethes, die er später unter dem Titel „Zur Farben=
lehre" veröffentlicht hat.

Die Darlegung eines so bedeutenden Naturforschers wie Helmholtz mag uns den Wert der Goethischen Entdeckung einer Grundform aller orga=
nischen Wesen noch deutlicher vor Augen führen: „Der geistigere Teil der Arbeit der Naturforscher und ihr eigentliches Interesse beginnt erst, wenn sie versuchen, den zerstreuten Zügen von Gesetzmäßigkeit in der unzusammen=
hängenden Masse nachzuspüren und sich daraus ein übersichtliches Gesamtbild herzustellen, in welchem jedes Einzelne seine Stelle und sein Recht behält und durch den Zusammenhang mit dem Ganzen an Interesse noch gewinnt. Hier fand der ordnende und ahnende Geist unseres Dichters ein geeignetes Feld für seine Thätigkeit und zugleich war die Zeit ihm günstig. Er fand schon Material genug in der Botanik und vergleichenden Anatomie gesammelt und logisch geordnet vor, um eine umfassende Rundschau zu erlauben und auf richtige Ahnungen einer durchgehenden Gesetzmäßigkeit hinzulenken; da=
gegen irrten die Bestrebungen seiner Zeitgenossen in dieser Beziehung meist ohne Leitfäden umher, oder sie waren noch so von der Mühe des trockenen

Einregistrierens in Anspruch genommen, daß sie weitere Aussichten kaum zu denken wagten. Hier war es Goethe vorbehalten, zwei bedeutende Gedanken von ungemeiner Fruchtbarkeit in die Wissenschaft hineinzuwerfen."

So schien Goethe völlig für die Dichtkunst verloren; was half es, daß er sich in Italien als Künstler wiedergefunden hatte, wenn er nun seine Zeit und seine Kraft der Wissenschaft zuwandte. Nur von seiner Idee, „die Helden Ossians aufs lyrische Theater" zu bringen, hören wir im Dezember 1789, und von der erst kürzlich wieder aufgefundenen Uebersetzung der Chöre in Racines Athalie. Ein günstiger Zufall fügte es, daß er wenigstens mit der dramatischen Poesie in Fühlung blieb; das geschah durch die Uebernahme des Weimarischen Hoftheaters, einen Schritt, dem er ursprünglich keine großen Folgen zuschrieb, der ihn aber der Weimarer Bühne zu unsterblichem Ruhme und der deutschen dramatischen Kunst zum Heile 26 Jahre an diese Thätigkeit fesseln sollte.

2.

Die völlige Hingebung an das Studium der Natur konnte nicht ohne bedeutenden Einfluß auf den Charakter und die Gesinnung des Menschen bleiben. Vor der Welt, die ihn nicht mehr verstand, war Goethe an den Busen der Natur geflüchtet. Ihre Erhabenheit und Größe, die unwandelbare Gesetzmäßigkeit ihrer Entwicklung gab ihm die innere Beruhigung und den Frieden in allen Lebenslagen. Wer Gesetzen, nach denen seit Millionen von Jahren alle Lebewesen sich entwickelt hatten, auf der Spur war, der hatte kein Verständnis für das kleinliche Getriebe um ihn und keine Begeisterung mehr für politische Bestrebungen und Kämpfe, deren Nutzlosigkeit die Erkenntnis der stetig fortschreitenden Entwicklung bewies. Allem, was nicht die innere Bildung des Volkes oder des einzelnen betraf, stand Goethe streng objektiv und kühl bis ans Herz hinan gegenüber.

Er war leidenschaftslos geworden, er hatte seinen Halt in der Kunst und Wissenschaft gefunden und lebte einsam für sich abgeschlossen. So traf ihn die französische Revolution. Er nahm weder für die „aristokratischen, noch für die demokratischen Sünder" Partei; während gerade die Besten in Deutschland der Verkündigung der Menschenrechte entgegenjubelten. Die Franzosen kämpften hier, so schien es den meisten Deutschen, nicht nur für sich, sondern für die ganze Menschheit.

Die Revolution kam durchaus nicht plötzlich; sie hatte sich seit einem Jahrhundert vorbereitet. Rousseau und seine Anhänger, aber ebenso auch die Aufklärer hatten den Boden für sie bereitet. Die revolutionären Ideen von der Gleichberechtigung der Menschen, von der Freiheit des Individuums, von der Heiligkeit der Menschenrechte, sie durchziehen alle Schriften des Jahrhunderts von Rousseaus Contrat social bis zu Goethes Werther und Schillers Kabale und Liebe. Tyrannen, wie Karl Eugen, die ungeheure Mißwirtschaft geistlicher Fürsten hatten die Flammen weiter um sich greifen lassen. In Lessings Emilia Galotti, in Schillers Don Carlos und der Luise Millerin erhob die Stimme des geknechteten Volkes furchtbare Anklage gegen die Fürsten und die herrschenden Klassen. Aber während die Deutschen machtlos, weil zersplittert, die Faust in der Tasche ballten und in ihrem Zorn sich höchstens bis zum lauten Beifall für die revolutionären Dramen verstiegen, zeigten plötzlich die Franzosen, daß ein Volk nur so lange geknechtet ist, als es geknechtet sein will. Daher die Begeisterung in ganz Deutschland.

Die Erstürmung der Bastille (18. Juli 1789) feierte man in mancher Stadt Deutschlands nicht weniger als in Frankreich. Wie der Anbruch eines neuen Zeitalters wurde in Deutschland die Verkündigung der Menschenrechte und die Aufhebung der Feudalrechte gepriesen. In einer seiner Revolutionsoden schildert Klopstock die Angst der kleinen deutschen Tyrannen nach der Erstürmung der Bastille. Er, der deutsche Patriot, wünschte damals ein Franzose zu sein, und er hoffte die Niederlage der deutschen Waffen im Kampf gegen die französischen. Seine Ernennung zum französischen Bürger erschien ihm der Gipfel seines Lebens. Schiller, Herder, Wieland, Knebel machten ebenfalls aus ihren Sympathien, ja ihrer Begeisterung für die Revolution kein Hehl.

Goethe stand fast ganz allein; auch in der Vorahnung der Zukunft. Als die Halsbandgeschichte 1785 bekannt wurde, hatte er schon die folgenden furchtbaren Ereignisse vorhergesagt. Er erzählte selbst, daß er seinen Freunden damals wie wahnsinnig vorgekommen sei. „Durch dieses unerhört frevelhafte Beginnen sah ich die Würde der Majestät untergraben, schon im voraus vernichtet, und alle Folgeschritte von dieser Zeit an bestätigten leider allzusehr die furchtbaren Ahnungen. Ich trug sie mit mir nach Italien und brachte sie noch geschärfter wieder zurück. Glücklicherweise ward mein Tasso noch abgeschlossen; aber alsdann nahm die weltgeschichtliche Gegenwart meinen Geist völlig ein."

Wenn er auch durchaus nicht auf der Seite der Aristokraten stand und es immer betont hat, daß alle Revolutionen Schuld der Regierung seien und nie des Volkes, so war er doch andererseits überzeugt, daß die erträumte Gleichheit unmöglich und die politische Freiheit verderblich sei; er war des festen Glaubens, daß die Menschheit nicht durch Umsturz und Revolution, sondern durch ruhige und stetige Entwickelung fortschreite, und daß der wahre

Fortschritt nicht in äußerer politischer Veränderung, sondern in der Verbreitung und Vervollkommnung der inneren Bildung bestehe.

> Alle Freiheitsapostel, sie waren mir immer zuwider;
> Willkür suchte doch nur jeder am Ende für sich.
> Willst Du viele befrei'n, so wag' es, vielen zu dienen:
> Wie gefährlich das sei, willst du wissen? Versuch's!
> . . . .
> Frankreichs traurig Geschick, die Großen mögens bedenken,
> Aber bedenken fürwahr sollen es Kleine noch mehr.
> Große gingen zu Grunde: doch wer beschützte die Menge
> Gegen die Menge? Da war Menge der Menge Tyrann.

Er vermißte in der Revolution eine bedeutende Idee, um derentwillen diese Greuel täglich geschahen, er sah darin nur Erhebung der rohen Gewalt gegen die freilich schuldige, aber doch die Bildung und Kultur vertretende legitime Macht; eine Erhebung, die unnötig war, weil ihre sogenannten Großthaten und Segnungen auch ohne sie eingetreten wären, und die ein Unglück war, weil sie „die ruhige Bildung zurückdrängte". Ob diese Anschauung richtig ist, bleibe dahingestellt, jedenfalls hat sie durch Hippolyte Taine's Buch über die Entstehung des modernen Frankreich die wissenschaftliche Unterlage erhalten; für Goethe selbst hatte diese Anschauung den Vorteil, daß er nicht, wie Klopstock, Herder und Schiller, später einen Irrtum zu bekennen brauchte.

Aus diesem Standpunkte Goethes gegenüber der französischen Revolution werden sich auch die Dichtungen, in denen er sich nach seiner Art von diesem gewaltigen Ereignis zu befreien suchte, erklären lassen. Man macht es Goethe zum Vorwurf, daß er die Revolution, die doch immer ein großes geschichtliches Ereignis bleibe, in einigen und noch dazu ganz unbedeutenden Lustspielen behandelt hätte. Diese Revolutionsdramen sind freilich keineswegs erfreulich und verdienen kaum in Goethes Werken zu stehn; aber vielleicht erklärt das oben Gesagte, weshalb Goethe diese Form des Lustspiels wählte und weshalb diese Dramen nur einzelne Erscheinungen, nicht eine größere Idee darstellen.

Daß er wirklich mit ihnen höhere Absichten hatte, als die Vermehrung des Repertoires seines Theaters, erkennen wir aus einem Briefe an Reichardt: „Ich schreibe jetzt wieder ein paar Stücke, die sie nicht aufführen werden, es hat aber nichts zu sagen, ich erreiche doch meinen Zweck durch den Druck, indem ich gewiß bin, mich auf diesem Wege mit dem denkenden Teil meiner Nation zu unterhalten, der doch auch nicht klein ist."

Das Lustspiel Der Großkophta — so hieß der Vorsitzende des von Cagliostro 1782 gegründeten mystischen, ägyptischen Freimaurerbundes — geht auf das Jahr 1786 zurück. In dem Jahre vorher hatte sich in Paris die berüchtigte Halsbandgeschichte abgespielt und im April 1786 war die Verteidigungsschrift der in den Prozeß verwickelten Mademoiselle Nicole le Guay genannt d'Oliva nach Weimar gekommen, wo der Prozeß großes Aufsehen erregte. Die zufällige Aehnlichkeit des genannten Mädchens mit der Königin Marie Antoinette benutzte die Gräfin de Lamotte, um den in die Königin verliebten, ob seines sittenlosen Lebenswandels berüchtigten Kardinal und Erzbischof Louis René Prinzen von Rohan durch einen gefälschten Brief und durch ein nächtliche Zusammenkunft mit der angeblichen Königin zum Ankauf eines Halsbandes im Werte von 160 000 Livres und zur Bezahlung der ersten Rate zu bewegen. Der Erzbischof übergab auch wirklich das Halsband, das zu besitzen die Königin thatsächlich gewünscht hatte, ahnungslos der Betrügerin, die die Steine herausbrach und durch ihren Gatten in England verkaufen ließ. Als die zweite Rate nicht bezahlt wurde, mahnte der Juwelier die Königin, wodurch der ganze Handel entdeckt wurde. Bei dem darauf folgenden Prozeß, in den auch Cagliostro verwickelt worden war, wurde dieser und die d'Oliva, sowie der Erzbischof freigesprochen, die Gräfin de Lamotte zu lebenslänglicher Einsperrung und ihr Gatte zu den Galeeren verurteilt. Dieser Prozeß machte ein ungeheures Aufsehen, weniger durch den Betrug, den er offenbarte, als durch die Freisprechung Rohans, wodurch die Gerüchte von der Schuld der Königin bestätigt zu werden schienen. Dieses Beispiel der Nichtachtung der königlichen Autorität und die Aufdeckung der Unsittlichkeit des Hofes, in denen Goethe die ersten Anzeichen der Revolution sah, ferner die Person Cagliostros, der durch seine geheimen Künste und Wunder selbst die höchsten und gebildetsten Kreise bethört hatte, und endlich die vermeintliche Unschuld, die es verstanden hatte, als Verführte und als junge Mutter die Richter zu rühren, erweckte für diesen Stoff ein lebhafteres Interesse, als er es verdiente: „Ich verfolgte den Prozeß mit großer Aufmerksamkeit, bemühte mich, in Sizilien um Nachrichten von Cagliostro und seiner Familie und wandelte zuletzt nach gewohnter Weise, um alle Betrachtungen los zu werden, das ganze Ereignis unter dem Titel Der Großkophta in eine Oper, wozu der Gegenstand vielleicht besser, als zu einem Schauspiele getaugt hätte." Zuerst erwähnt wird diese Absicht Goethes in einem vom 14. August 1787 aus Rom an Kayser gerichteten Briefe, der die Komposition ausführen sollte. Dieser Brief enthält die Personen und einen Bericht über den

Inhalt, sowie die wichtigsten Szenen der zuerst „Die Mystifizierten" ge=
nannten Oper. Wie so vieles andere, was Goethe und Kayser geplant hatten,
kam auch diese Oper nicht zu stande. Der erste in Versen geschriebene
Entwurf hat sich noch erhalten. Nachdem Goethe mit Reichardt in Ver=
bindung getreten war, wird auch dieser für die Komposition der Oper, die
jetzt unter dem Namen „Der Conte" erscheint, zu gewinnen gesucht, aber es
kommt nur zur Komposition jener zwei Lieder, die Goethe später als loph=
tische Lieder unter seine Gedichte aufgenommen hat. So entschloß sich dann
Goethe 1791 zu einer neuen Bearbeitung für ein Lustspiel, die zum Teil
eine Auflösung der Verse des Operntextes genannt werden kann. Im Sep=
tember 1791 erhielt das Lustspiel den Titel Der Großkophta und wurde
am 17. Dezember 1791 in Weimar zuerst aufgeführt. Gedruckt erschien das
Lustspiel im ersten Bande der Neuen Schriften im Verlage von J. F. Unger
in Berlin 1792, zusammen mit dem Stammbaum des Joseph Balsamo ge=
nannt Cagliostro und dem Römischen Karneval. Das Drama fand wenig
Beifall und ist viel getadelt worden, nicht wenig auch vom Dichter selbst,
dessen rücksichtslose Kritik uns eines eigenen Urteiles an dieser Stelle überhebt:
„Ein furchtbarer und zugleich abgeschmackter Stoff, kühn und schonungs=
los behandelt, schreckte jedermann, kein Herz klang an; die fast gleichzeitige
Nähe des Vorbildes ließ den Eindruck noch greller empfinden; und weil ge=
heime Verbindungen sich ungünstig behandelt glaubten, fühlte sich ein großer
respektabler Teil des Publikums entfremdet, sowie das weibliche Zartgefühl
sich vor einem verwegenen Liebesabenteuer entsetzte."

Das andere Revolutionsdrama „Der Bürgergeneral" will zeigen,
„wie man im Vaterland sich spielend mit Gesinnungen unterhielt, die eben
auch ähnliche Schicksale (wie in Frankreich) vorbereiteten." Es entstand im
Frühjahr 1793. Den Anlaß gab die Figur des Schnaps in den „beiden
Billets", einem Lustspiel von A. Wall, nach dem gleichnamigen französischen
Drama von Florins, die von dem Schauspieler Beck so vortrefflich gespielt
wurde, daß Goethe „die Lust anwandelte, den Schnaps nochmals zu pro=
duzieren". Es wurde am 2. Mai 1793 zum ersten Male in Weimar nicht
ohne Beifall aufgeführt und auch wiederholt; konnte sich aber wegen seiner
geringen Bedeutung weder auf der Bühne halten, noch den Beifall der
Leser erringen. Auch hierüber ist sich Goethe durchaus klar gewesen. Da=
gegen hat das unvollendet gebliebene Lustspiel „Die Aufgeregten", ur=
sprünglich „Zeichen der Zeit" genannt und wohl auch 1793 als politisches
Drama gedichtet, einen höheren Inhalt. Nicht nur kommen hier die Ver=
treter der verschiedenen Richtungen in ernst gemeinter Rede zu Wort, Goethe

hat auch später betont, daß er in diesem Drama sein politisches Glaubens=
bekenntnis habe niederlegen wollen. „Die Gräfin," sagte er zu Eckermann, „hat
sich in Paris überzeugt, daß das Volk wohl zu drücken, aber nicht zu unter=
drücken ist, und daß die revolutionären Aufstände der untern Klassen eine
Folge der Ungerechtigkeit der Großen sind. Jede Handlung, die mir unbillig
scheint, sagt sie, will ich künftig streng vermeiden, auch werde ich über solche
Handlungen anderer in der Gesellschaft und bei Hofe meine Meinung laut
sagen. Zu keiner Ungerechtigkeit will ich mehr schweigen, und wenn ich auch
unter dem Namen einer Demokratin verschrieen werden sollte! Ich dächte,"
fuhr Goethe fort, „diese Gesinnung wäre durchaus respektabel. Sie war
damals die meinige, und ist es noch jetzt."

Auch in dem Roman „Reise der Söhne Megaprazons, der als Frag=
ment 1792 geschrieben wurde, hat Goethe, wie es scheint, die Revolution vom
Standpunkte des Satirikers behandeln wollen. Um sich, wie er in der Campagne
sagt, von dem wilden Wesen etwas zu zerstreuen, hatte er diese Beschreibung
der Reise von sieben Brüdern verschiedener Art begonnen, „jeder nach seiner
Weise dem Bunde dienend, durchaus abenteuerlich und märchenhaft, verworren,
Aussicht und Absicht verbergend, ein Gleichnis unseres eigenen Zustandes."
Der geringe Beifall, den das Fragment bei der Vorlesung des Dichters
im Jacobischen Kreise erhielt, war die Ursache, daß Goethe auf eine Fort=
setzung verzichtete.

Die französische Revolution, die den Dichter Goethe in diesen Jahren
fast völlig in Anspruch genommen hatte, sollte nun auch den Menschen in ihr
Bereich ziehen. Die französische gesetzgebende Versammlung hatte am 20. April
1792 den Krieg gegen Oesterreich beschlossen. Da Preußen mit Oesterreich
verbündet war, zog auch der Herzog in den Krieg, nachdem er Goethe das
Versprechen abgenommen hatte, ihn im Lager zu besuchen. Es wurde Goethe
besonders schwer, hierein zu willigen, weil er sich gerade in dieser Zeit, im Juni
des Jahres, mit dem Umzug in das schon früher einmal von ihm bewohnte
Haus am Frauenplan beschäftigte, das vorher umgebaut werden sollte: er
gab dem Innern die Gestalt, die es jetzt noch zeigt. Um so weniger aber
durfte er den Herzog durch Ablehnung seiner Aufforderung verstimmen, als
dieser gerade durch die Schenkung dieses von ihm für achttausend Thaler
erworbenen Hauses und die Bezahlung des Umbaues sich ihm freundlich ge=
zeigt hatte. Auch brauchte er diesmal Christiane und August nicht allein
zurückzulassen, denn Freund Meyer wohnte seit Mitte November bei ihm.
In seinen Händen wußte er Haus und Familie wohl bewahrt.

Am 8. August brach er auf, Meyer begleitete ihn bis Gotha. Vier Tage später konnte ihn Frau Rat nach 13 jähriger Trennung in Frankfurt in die Arme schließen. Wenn auch das Wiedersehen der Vaterstadt und der alten Freunde nach so langer Trennung nicht in jeder Beziehung erfreulich war und Goethe sich „auf das lebhafteste überzeugte, daß in Frankfurt kein Wohnens und Bleibens für ihn war", die Mutter fand er in ihrer Liebe und der Frische ihres Wesens unverändert, und welche Wandlung auch in ihm vorgegangen war, für das Mutterherz war er derselbe geblieben. Von Christianen zu sprechen, wird Goethe zuerst wohl peinlich gewesen sein; gewiß hat die Frage nach dem Enkel die Brücke zu diesem Gespräch gebildet. Es ist bezeichnend für den schönen Charakter Frau Ajas, daß sie, bald nach des Sohnes Ankunft, Geschenke für Christiane aussucht, die Goethe freudig sofort übersendet. Die gute Frau war gewiß nicht mit der Art der Ehe einverstanden. Aber nach der Schilderung seines Glückes und seiner Liebe, wie konnte sie einem Wesen gram sein, das ihrem Wolfgang sich und sein Leben widmete! Freilich, die Stellung einer anerkannten Schwiegertochter mußte sich Christiane erst erwerben. Allmählich wurde in den Briefen aus der Demoiselle Vulpius die Gefährtin des Sohnes, dann die liebe Freundin und endlich die vielgeliebte Tochter.

Klar und schön spricht sich die aufrichtige und innige Liebe Goethes zu Christianen in seinen Briefen an sie aus, die jetzt in der Weimarer Ausgabe der Briefe veröffentlicht werden und mit dem 9. August 1792 beginnen. Sie sind durchtränkt von Beteuerungen der Liebe, der Sehnsucht, ja der Eifersucht. Das Gefühl des Glückes, das ihm zu Hause bereitet wird und das ihm erst in der Abwesenheit so recht zum Bewußtsein kommt, bricht überall durch: „Wo das Trier in der Welt liegt," schreibt er am 25. August 1792 von dort, „kannst Du weder wissen noch Dir vorstellen, das schlimmste ist, daß es weit von Weimar liegt und daß ich weit von Dir entfernt bin.... Mein einziger Wunsch ist, Dich und den Kleinen wieder= zusehen, man weiß gar nicht, was man hat, wenn man zusammen ist. Ich vermisse Dich sehr und liebe Dich von Herzen."

Auf die Bitte, in der Campagne sich nicht unnötigen Gefahren und Krankheiten auszusetzen, antwortet er: „Behalte mich lieb, ich werde mich Deinetwillen schonen, denn Du bist mein Liebstes auf der Welt." Ja, manch= mal überkommt ihn die Sorge, er könnte der Liebe Christianens verlustig gehen: „Behalte mich ja lieb! Denn ich bin manchmal in Gedanken eifer= süchtig und stelle mir vor: daß Dir ein anderer besser gefallen könnte, weil ich viele Männer hübscher und angenehmer finde als mich selbst. Das mußt Du aber nicht sehen, sondern Du mußt mich für den besten halten, weil ich Dich ganz entsetzlich lieb habe und mir außer Dir nichts gefällt. Ich träume oft von Dir allerlei confuses Zeug, doch immer, daß wir uns lieb haben." „Ach mein Liebchen!" schreibt er aus Verdun, „es ist nichts besser als beisammen zu sein. Wir wollen es uns immer sagen, wenn wir uns wieder haben. . . . Solang ich Dein Herz nicht hatte, was half mir das übrige, jetzt da ich's habe, möcht' ich's gern behalten. Dafür bin ich Dein. . . . Du hast wohl gethan, mir nichts vom Uebel des Kleinen zu schreiben bis es vorbei war. Ich wünsche Euch beide bald wieder zu sehen und Euch an mein Herz zu drücken. . . . Wenn ich Dir etwas schrieb, was Dich betrüben konnte, so mußt Du mir verzeihen. Deine Liebe ist mir so kostbar, daß ich sehr unglücklich sein würde sie zu verlieren, Du mußt mir wohl ein bißchen Eifersucht und Sorge vergeben."

Nach achttägigem Aufenthalt begab er sich, dem Rufe des Herzogs folgend, nach Mainz und über Trier und Luxemburg in das Lager bei Prancourt auf französischem Boden; kurz vorher hatte sich die französische Festung Longwy übergeben. Mit Goethes Ankunft im Lager, am 27. August, beginnt seine Teilnahme an diesem berüchtigten Kriege, den er selbst in dem erst 1822 veröffentlichten Werke: „Aus meinem Leben. Von Goethe. Zweite Abteilung fünfter Teil: Auch ich in der Campagne" beschrieben hat. Man sollte wünschen, daß ein ruhmvollerer Krieg eine so ausgezeichnete, geradezu klassisch zu nennende Schilderung erfahren hätte. Die Goethische „Campagne in Frankreich" hat die Schmach der Deutschen verewigt.

Anfangs war man bei den Verbündeten guter Dinge. Das Vertrauen auf den „großen Feldherrn", wie auch Goethe den Herzog von Braunschweig nennt und auf die preußische Tapferkeit war allgemein. Man hielt den Feldzug für einen Spaziergang nach Paris; auch Goethe verspricht seiner Christiane kostbare Dinge aus Paris mitzubringen. In Paris selbst ging man schon mit der Absicht um, beim Anrücken der Preußen die Regierung nach dem Süden zu verlegen. Verdun ergab sich nach kurzer Beschießung, wenn auch der Selbstmord des Kommandanten und andere Beispiele „höchster patriotischer Aufopferung" nichts Gutes ahnen ließen. In dieser Stadt, die noch kurz vorher gegen die Aufhebung des Königtums gestimmt hatte und dem zur Befreiung Ludwigs des XVI. heranrückenden Heere zum Teil freundlich gesinnt war, wurde der preußische König von vierzehn liebenswürdigen und anmutigen Mädchen bewillkommt, was diese unschuldigen Kinder bald darauf, von den Deutschen im Stich gelassen, mit dem Tode büßen mußten.

Schon bei der Beschießung zeigte sich der Mangel eines einheitlichen Kommandos, neben dem Herzog befahl auch noch der König Friedrich Wilhelm II.

und nicht immer im Einverständnis mit dem Herzog, dazu trat Unordnung und zu geringe Fürsorge für die Lebensmittel überall zu Tage. Diese schaffte man nun auf eine Weise herbei, die die Bevölkerung erbittern mußte. „Die Verbündeten," so erzählt Goethe, „traten auf im Namen Ludwigs XVI.; sie requirierten nicht, aber sie borgten gewaltsam. Man hatte Bons drucken lassen, die der Kommandierende unterzeichnete, derjenige aber, der sie in Händen hatte, nach Befund beliebig ausfüllte; Ludwig XVI. sollte bezahlen. Vielleicht hat nach dem Manifest nichts so sehr das Volk gegen das Königtum aufgehetzt, als diese Behandlungsart. Ich selbst war bei einer solchen Scene gegenwärtig, deren ich mich als höchst tragisch erinnere."

Aber alles das hätte sich noch ertragen lassen, wenn nicht die Führer unbegreifliche Fehler und Unterlassungssünden begangen hätten. Entsetzliches Wetter, unaufhörliche Regengüsse, die den Marsch fast unmöglich machten, alles schien sich zu vereinigen, um die Katastrophe herbeizuführen. Zwischen Verdun und Paris war nur noch eine feste Stellung: der Gebirgszug der Argonnen und der bedeutendste Paß auf ihm der von Isletten. Unglaublicherweise wurde dieser Paß nicht besetzt, sondern man ließ es ruhig geschehen, daß der französische Feldherr Dumouriez, von Sedan heranrückend, sich in den Argonnen (Grand=Pré) festsetzte, um, wie er sagte, hier den Verbündeten ein zweites Thermopylä zu bereiten. Jetzt beschlossen die Preußen, den Engpaß von Grand=Pré zu umgehen und Dumouriez in den Rücken zu fallen, weswegen man nach Landres vorrückte, während ein vom Norden heranrückendes österreichisches Corps unter Clairfait den Paß La Croix aux Bois einnahm und auch am nächsten Tage behauptete.

Nun ereignete sich das zweite große Versehen der preußischen Leitung. Anstatt Dumouriez' Hauptmacht bei Grand=Pré energisch anzugreifen, ließ man ihm Zeit, sich ruhig zurückzuziehen. Wie jämmerliche Truppen Domouriez befehligte, merkte man, als der Herzog 1500 Husaren zur Verfolgung nachsandte. Dumouriez selbst meldet entrüstet, daß 10 000 Mann seiner Truppen vor diesen 1500 geflohen seien. Er gelangte unbehelligt die Aisne hinauf auf die Höhen von St. Menehould, „die Front gegen Frankreich gestellt". Das preußische Heer zog ihm nach über die Aisne nach Vaur les Mouron, dann nach Massiges, und um den Feind, der aber gar nicht daran dachte, nicht entfliehen zu lassen, rückte man ihm bis Somme Tourbe entgegen und nahm Stellung, Valmy und Menehould gegenüber, die Front nach Deutschland gekehrt.

Darauf begann (am 20. September) die berüchtigte Kanonade von Valmy, die völlig zwecklos war. An demselben Abend sprach Goethe die

bedeutenden Worte: „Von hier aus geht eine neue Epoche der Weltgeschichte."
Die Geschichtsschreiber haben diesen Goethischen Ausspruch adoptiert. Es
war das erstemal, daß die irregulären, ungeübten, schnell zusammengelesenen
Truppen der Republik dem feindlichen Feuer und den gefürchteten Preußen
Stand hielten. Nun war den Preußen der Nimbus genommen; die Fran-
zosen erhielten zu ihrer patriotischen Begeisterung das, was ihnen noch ge-

Karte zur Campagne in Frankreich.

fehlt hatte, das Selbstvertrauen. Es begann die neue Epoche, die für Preußen
in der Schlacht bei Jena ihren Abschluß fand.

Die darauffolgenden Verhandlungen (das preußische Hauptquartier war
in Hans) zog Dumouriez absichtlich in die Länge, um das hungernde und
frierende und durchnäßte Heer so viel als möglich aufzureiben; auch der am
24. September geschlossene Waffenstillstand nützte nur den Franzosen. Goethe
suchte die trübe Stimmung der befreundeten Offiziere durch Erzählungen aus
der Geschichte Ludwigs des Heiligen oder durch geschichtliche Erinnerungen an

die unweit des Hauptquartiers geschlagene Hunnenschlacht abzulenken. Am 29. September mußte man sich zum Rückzug entschließen: es war eine Flucht, die kaum je in der Weltgeschichte von Jammer und Elend überboten worden ist. Nur durch ein Abkommen mit dem Feinde vor dem sicheren Untergange gerettet, meist nur in der Nacht oder am frühen Morgen marschierend, gelangten die Deutschen über St. Jean, Wargemoulin über die Aisne nach Grand-Pré zurück, wo man die im Schlosse liegenden Verwundeten und Kranken der Menschlichkeit des Feindes überlassen mußte. Bei dem unablässigen Regen waren die Wege fast ungangbar. Um seinen vier Pferden die Last zu erleichtern, verließ Goethe den Wagen und schwang sich, mit „Gehlers physikalischem Lexikon" unter dem Arm auf einen Küchenwagen. „Man hatte sich," so schildert er diese Fahrt, „auf den zähen, hier und da quelligen roten Thonfeldern notgedrungen unvorsichtig eingelassen; in einer solchen Folge mußte zuletzt auch dem tüchtigen Küchengespann die Kraft ausgehen. Ich schien mir in meinem Wagen wie eine Parodie von Pharao im Roten Meere; denn auch um mich her wollten Reiter und Fußvolk in gleicher Farbe gleicher Weise versinken."

Erst am 5. Oktober kam Goethe in Sivry in ein leidliches Quartier

Römisches Denkmal in Igel bei Trier.

und hatte wenigstens Schutz vor den Unbilden des Wetters. Als man an dem linken Ufer der Maas entlang zog, kam der Herzog von Braunschweig an Goethe herangeritten und sprach die denkwürdigen Worte: „Es thut mir zwar leid, daß ich Sie in dieser unangenehmen Lage sehe; jedoch darf es mir in dem Sinne erwünscht sein, daß ich einen einsichtigen, glaubwürdigen Mann mehr weiß, der bezeugen kann, daß wir nicht vom Feinde, sondern von den Elementen überwunden worden."

Endlich in Consenvoye angelangt und der Gefahr entronnen, beschloß man, nach der Festung Verdun zurückzukehren. In diesen Tagen litt Goethe sehr, da er seinen Wagen nicht gefunden hatte und daher trotz des entsetzlichen Wetters auf dem feuchten Boden schlafen mußte: „Nun hatte ich aber schon in vorigen gleichen Fällen mir ein praktisches Hülfsmittel ersonnen, wie solche Not zu überdauern sei: ich stand nämlich so lange auf den Füßen, bis die Knie zusammenbrachen, dann setzt' ich mich auf einen Feldstuhl, wo ich hartnäckig verweilte, bis ich niederzusinken glaubte, da denn jede Stelle, wo man sich horizontal ausstrecken konnte, höchst willkommen war. Wie also Hunger das beste Gewürz bleibt, so wird Müdigkeit der herrlichste Schlaftrunk sein."

Mit einigen Kranken nach Verdun vorausgeschickt, traf er unterwegs seinen Wagen wieder, wurde aus Verdun aber gleich wieder vertrieben; da die Franzosen auf dem Fuße folgten, eilte man nach Etain und Spincourt, wo der ihn begleitende Husar nur dadurch, daß er Goethe als Schwager des Königs von Preußen bezeichnete, für ihn Quartier erhielt. Am 14. Oktober war Goethe über Longuyon und Longwy wieder auf deutschem Boden in Luxemburg angelangt. In Trier beschäftigte ihn schon wieder die Kunst und das Studium des schönsten Römermonuments in Deutschland, der zu Ehren der römischen Familie der Secundiner errichteten siebzig Fuß hohen Igeler Säule. Der bekannte Aufsatz darüber verdankt diesem Aufenthalt seine Entstehung. „Es hielt mich lange fest; ich notierte manches, ungern scheidend, da ich mich nur desto unbehaglicher in meinem erbärmlichen Zustande fühlte."

Die naturwissenschaftlichen Studien hatten auf der ganzen Reise nicht geruht. Während des Bombardements von Verdun setzte Goethe dem Prinzen von Reuß Heinrich XIV. seine Farbenlehre auseinander; vor Valmy diktierte er seinem Schreiber Betrachtungen über neue optische Versuche und in Trier war er froh, sein vielgebrauchtes physikalisches, im Küchenwagen gebliebenes Lexikon von der Küchenmagd wieder zu erhalten. In Pempelfort, Münster und Trier, kurz überall, wo er Interesse dafür erwarten konnte, setzte er seine neuen Ideen auseinander, wenn man auch meist sein „löbliches Bestreben für einen grillenhaften Irrtum erklärte".

Von Trier aus wollte er, wie er an Herder schreibt, „nach den mütter= lichen Fleischtöpfen eilen, um dort wie von einem bösen Traum zu erwachen": aber diesmal wurde der guten Mutter und ihm die Freude des Wiedersehens durch die Franzosen vereitelt. Der französische General Custine, wohl ver= traut mit dem Zustande des Heeres und der Länder am Mittelrhein, faßte den kecken Plan, mit 18000 Mann in ein Land von 8 Millionen Einwohnern einzufallen und es auszurauben. Es gelang ihm das nur zu gut. Am 30. Sep= tember war Speier in seinen Händen, am 21. Oktober Mainz, am nächsten Tage Frankfurt. So mußte denn Goethe die Reise nach Frankfurt aufgeben. In Koblenz erfuhr er, daß auch der Weg durch Hessen nicht mehr frei war; er beschloß daher, den alten Freund Jacobi in Pempelfort zu besuchen, und um dem Krieg aus dem Wege zu gehen, fuhr er weiter auf einem Kahn bis Düsseldorf. Die beiden Frauen des Jacobischen Hauses, die einst die Freundschaft Goethes mit den Brüdern angebahnt hatten, die lieben Freundinnen seiner Jugend, belebten nicht mehr den schönen Familienkreis. Tante Fahlmer war ja längst an Schlosser verheiratet, die liebenswürdige Hausfrau Betty im Jahre 1781 gestorben. Nun mußten die herangewachsenen Kinder die Mutter ersetzen. „Der Hauswirt," so schildert Goethe die Fa= milie, „immer munter und aufregend, die Schwestern wohlwollend und ein= sichtig, der Sohn ernst und hoffnungsvoll, die Tochter wohlgebildet, tüchtig, treuherzig und liebenswürdig, an die leider schon vorübergegangene Mutter und an die früheren Tage erinnernd, die man vor zwanzig Jahren in Frank= furt mit ihr zugebracht hatte. Heinse, mit zur Familie gehörig, verstand Scherze jeder Art zu erwidern; es gab Abende, wo man nicht aus dem Lachen kam."

In der langen Zeit, da man sich nicht gesehen hatte, waren Goethe und Jacobi innerlich weit auseinander gekommen. Vorahnend hatte Goethe schon in Italien gesagt: „Es wird immer weitere Entfernung und endlich, wenn's recht gut geht, leise, lose Trennung werden." Diese Worte waren bei Ge= legenheit des Erscheinens von Herders „Gott" gefallen. Die beiden Spinozisten Herder und Goethe konnten Gott nicht von der Natur trennen. Wir wissen, wie innig Goethes Naturbetrachtung mit dieser Anschauung zusammen= hing. Gott und die Natur waren ihm eins. Solche Reden erschienen in Pempelfort gotteslästerlich. Und Jacobis Glaubensphilosophie, die den Glau= ben, d. h. die Gefühlsoffenbarung, für das Element aller menschlichen Er= kenntnis hielt, die Gott und Natur für getrennt, ja für Gegensätze erklärte, mußte Goethe nicht weniger lästerlich erscheinen. Es überraschte daher Goethe wohl nicht, daß seine naturwissenschaftlichen Ideen hier keinen Anklang fanden; aber auch seine neuesten Dichtungen schien man nicht zu verstehen, und der Großkophta hatte geradezu verletzt. Als nun gar der ganz in wissenschaftlichen Dingen steckende und durch die Kriegsereignisse und die erlebten Greuelscenen um jede Stimmung für idealisierende Poesie gebrachte Dichter von seiner Iphigenie nichts mehr wissen wollte und sich in unglaublichen Paradoxen gefiel, da wußte man nichts mehr mit ihm anzufangen. Doch that das der gastlichen Freundschaft keinen Abbruch. „Das Bild," schrieb Goethe über diesen Besuch an Jacobi, „was ich von Dir und den Deinigen mitnehme, ist unauslöschlich, und die Reise unserer Freundschaft hat für mich die höchste Süßigkeit."

Aehnlich ging es ihm in Münster, wo er nach etwa vierwöchentlichem, durch einen rheumatischen Anfall ausgedehntem Aufenthalt in Pempelfort und einem Abstecher nach Duisburg, bei der frommen Fürstin Adelheid Amalie Gallizin Anfang Dezember eintraf. Goethe hatte diese bedeutende Frau, die einen Kreis geistreicher Männer um sich versammelt hielt und sich der Pflege der Religion, Kunst und der Erziehung widmete, schon im Jahre 1785, als sie mit Hemsterhuis, Sprickmann und dem Domherrn Baron von Fürstenberg in Weimar erschienen war, kennen gelernt. Eine willensstarke, excentrische Natur, war sie, auf ein reiches äußeres Leben und die Vorzüge ihres Standes verzichtend, in die Einsamkeit nach Münster gezogen, um ihrem Drang nach Kenntnis und der Erziehung ihrer Kinder zu leben. Obgleich ohne Vorurteil und eine Zeitlang religiös-freisinniger Anschauung huldigend, fand sie doch zuletzt ihrer inneren Neigung nach in der katholischen Kirche den Frieden. Jacobi hatte sie im Scherz vor Goethe und besonders vor seinem heuchlerisch frommen Auftreten gewarnt. Die feinsinnige Frau aber erkannte in Goethes zurückhaltender Art zarte Schonung und versicherte ihm, daß ihre Freundschaft für ihn auf ganz anderen Dinge beruhe als auf dem, was er vom Christentum und von der Religion halte. Eine ausgezeichnete Sammlung von geschnittenen Steinen, die die Fürstin besaß und die Goethes andauerndes Interesse erweckte, bildete ein schönes Mittel der Unterhaltung. Bei seiner Abreise gab die Fürstin ihm den kostbaren Schatz zur Aufbewahrung mit.

Vor Mitte Dezember war Goethe in Kassel, dann ging es über Eisenach nach Weimar, wo er am 16. oder 17. Dezember in der Nacht unerwartet eintraf. Christiane, August und Meyer wurden aus dem Schlaf geweckt, und nun gab es eine Familienscene, „welche wohl in irgend einem Romane die tiefste Finsternis erhellen und erheitern würde".

Während er sich dem Studium der platonischen Werke, des Symposions, des Phädrus und der Apologie bald nach der Rückkehr mit Bewunderung und Liebe hingab, erging es ihm „wie jener Hausfrau, die Katze gewesen war und ihres Mannes Tafel gegen eine Maus vertauschte"; Reinecke Fuchs kam ihm in der prosaischen hochdeutschen Uebersetzung Gottscheds in die Hände, und die humoristisch-satirische Art, mit der in diesem Hof- und Regentenspiegel das Menschengeschlecht in seiner ungeheuchelten Tierheit sich vorträgt, gab ihm den Fingerzeig, wie er die bösen Erinnerungen an die selbst durchlebten garstigen Welthändel und das drückende Gefühl politischen Ungemachs durch eine Dichtung von sich wälzen könne. Er beschloß, das köstliche, in der niederdeutschen Fassung vom Jahre 1498 erhaltene Denkmal altdeutschen Humors, das er schon 1782 in Weimar vorgelesen und wahrscheinlich schon als Knabe kennen gelernt hatte, umzuarbeiten; er wollte es in deutsche Hexameter umschreiben, durch Erweiterungen und Ausscheidungen den Inhalt aus der mittelalterlichen Sphäre herausheben, ohne ihm seinen eigenen Charakter zu rauben, das Werk dem kümmerlichen Dasein, das es damals bei einigen Kennern altertümlicher Poesie fristete, entreißen und zu einem Nationalgedicht des deutschen Volkes neu beleben. Deswegen wurden gerade Beziehungen auf die Ereignisse der Gegenwart, besonders Ausfälle gegen die Revolution und die Demokraten, eingeschoben, die satirische Polemik gegen die Pfaffen verstärkt und erweitert, die Handlung oft genauer motiviert und erläutert und, um die Täuschung zu vollenden, wurde in der Ausgabe die altdeutsche Quelle unerwähnt gelassen. Aber das wichtigste war bei diesem Wandlungsprozeß, da ja der Inhalt gegeben war, die Form. Mit dem Entschluß, das Gedicht in Hexametern zu schreiben, war es nicht gethan. Gerade damals war die Frage, wie der deutsche Hexameter beschaffen sein müsse, in vollem Fluß. Klopstock und noch vielmehr Johann Heinrich Voß waren bestrebt, den deutschen Hexameter so viel als möglich nach dem Muster des antiken zu bauen. Ohne sich darüber klar zu sein, daß im Deutschen der Wortaccent zu gelten habe, schuf Voß gegen den Geist der Sprache künstlich Spondeen und Daktylen und bestimmte willkürlich Kürze und Länge der Silben; der große Philolog Friedrich August Wolf brachte sogar das Kunststück fertig, hundert Homerverse so zu übersetzen, daß in der Uebersetzung und dem Original jeder Versfuß sich entsprach. Goethe wußte mit den Forderungen der von ihm hochgeschätzten Philologen nichts rechtes anzufangen; sie blieben ihm „sibyllinische Bücher". Später hat er einmal sehr treffend gesagt: „vor lauter Prosodie ist Voß die Poesie ganz entschwunden". Er ließ sich glücklicherweise von wirklichen Dichtern,

Herder und Wieland, „Latitudinariern in diesem Punkte", wie er sie nennt, beraten. Seinem Genius allein, d. h. dem Genius der deutschen Sprache folgend, schuf er in glücklicher Unkenntniß aller künstlichen Gesetze und ohne sich vom Metrum einengen zu lassen, den freien deutschen Hexameter so, wie er dem heiteren, spielenden Sinne der Dichtung allein entsprach. Was braucht es uns zu kümmern, daß Fr. A. Wolf auf Goethes Bitte, die schlechten Hexameter anzustreichen, erklärte, er müsse sie alle anstreichen, oder daß Vossens rhythmische Bemerkungen, mit denen er auch bei seinem Besuch im Juni 1794 nicht zurückhielt, für Goethe nicht tröstlich waren. Recht behält doch Freund Knebel mit seinen schönen Worten vom 22. Dezember 1799: „Da Du im vollkommenen Besitz bist, auch hierüber (über den Bau des Hexameters) Regel auf dem Parnaß zu geben und ich z. B. Deinen Reinecke Fuchs für das beste und der Sprache eigentümlichste Werk deutscher Prosodie halte, so wollte ich nicht, daß Du andern, die bei weitem nicht Gefühl und Geschmack genug zu dieser Sache haben, aus zu vieler Nachsicht und Gutheit zu viel einräumtest. Der lebendige Geist, mit Sinn und Geschmack verbunden, fehlt ja fast überall noch in unsern Gedichten und was soll es werden, wenn sich unsere einzigen Muster unter die Regel einseitiger oder gefühlloser Pedanten schmiegen!"

Goethe hatte eine schöne und große That vollbracht, ein Denkmal deutschen Geistes der Vergangenheit entrissen und ihm durch die Annäherung an die eigene Gegenwart und durch die neue moderne Form unsterbliches Leben eingehaucht. Schon am 1. März 1793 las er Herder und Knebel aus seiner Dichtung vor; am 2. Mai erhält Jacobi die Nachricht, daß Reinecke in zwölf Gesänge abgeteilt, fertig wäre. Aber die Durchsicht und das Feilen nahm den Dichter doch noch das ganze Jahr in Anspruch, „um dem Verse die Aisance und Zierlichkeit zu geben, die er haben muß". Ostern 1794 erschien das Gedicht „Reinecke Fuchs. In zwölf Gesängen" als zweiter Band der bei Unger erscheinenden „Neuen Schriften".

*　　*

*

In die Kriegswirren, von denen er sich durch die Dichtung des Reinecke Fuchs erholen wollte, sollte Goethe bald darauf noch einmal geschleudert werden. Custine war schon am 17. Oktober 1792 vor Mainz erschienen, wo die Klubbisten den Anschluß an Frankreich eifrig betrieben, und wenige Tage darauf kapitulierte dieses Bollwerk deutscher Macht. So mußten denn nun die Deutschen das schwierige Werk der Wiedereroberung der von den Franzosen noch bedeutend verstärkten Festung beginnen, das, wie fast alle ihre Unternehmungen, durch den Mangel eines einheitlichen Kommandos und durch die Eifersüchteleien der Preußen und Oesterreicher lange hinausgeschoben wurde und sehr langsam vor sich ging. Anfang April 1793 begann die Umschließung. Schon lange vorher hatte der Herzog seinen Freund wieder auf den Kriegs=schauplatz zu sich eingeladen, und da Goethe einer früheren Einladung am Ende des Jahres 1792 nicht gefolgt war, so mußte er jetzt, wenngleich ungern, die freundliche Aufforderung annehmen. Freudig bewegt schrieb Frau Aja, die er von seiner Ankunft benachrichtigt hatte, am 15. März: „Lieber Sohn! Es ist Raum genug in der Frau Aja ihrem Häuslein, komme Du nur — freilich mußt Du Dich mit dem zweiten Stockwerk begnügen — aber einem Manne, der eine Campagne mitgemacht und dem die Erde sein Bett und der Himmel sein Zelt war, verschlägt nun so was nichts."

Die Abreise nach Frankfurt verzögerte sich noch bis zum 12. Mai. Die Mutter konnte ihn diesmal zwölf Tage bei sich behalten; sie berichtet der Tochter, Frau Schlosser, daß Wolfgang schöner, munterer und beredter gewesen wäre als sonst und alle seine Freunde sehr erfreut hätte. Auch von Christiane bekommt Frau Rat viel zu hören, besonders „wie sie so brav sei und Goethe glücklich mache", und als gar Christiane einen Brief voller Dankbarkeit und Ergebenheit an Frau Rat richtete, da hatte sie die Freundschaft des Oberhauptes der Familie errungen. Von nun an beginnt ein eifriger Briefwechsel zwischen beiden Frauen. Am größten darüber war die Freude Goethes; denn er hatte Christiane mit jedem Jahre lieber gewonnen. So hören wir aus Frankfurt: „es wird mir gar zu lange bis ich Dich wieder habe und denke bald weg zu gehen und Dich wieder in meine Arme zu schließen."

Mit der Ankunft Goethes im Hauptquartier Marienborn am 27. Mai beginnt seine Teilnahme an der Belagerung von Mainz, die er später eben=falls in einer mehr tagebuchartigen Darstellung beschrieben hat. Die Ober=leitung hatte der General Kalkreuth, dessen Kommando aber durch den König von Preußen beschränkt wurde. Die Disziplin war nicht die beste, ja die Oppo=sition der höheren Offiziere trat ganz offen auf. Der Ueberfall Marien=borns durch die Franzosen in der Nacht vom 30. zum 31. Mai, der Versuch Laufgräben zu graben, bei dem die deutschen Vorposten auf die deutschen Kolonnen schossen, die Absendung schwimmender Batterien, die schmählich unter dem Jubel der Franzosen strandeten, endlich die Uebergabe am 23. Juli und der Abzug der Garnison und der vermeintlichen Klub=bisten, an denen die empörte Bevölkerung Rache nehmen wollte, das waren die Hauptereignisse dieser berühmten Belagerung.

Goethe vertrieb sich die Zeit mit Beobachtungen, Fahrten und Gängen, die ihn auch das Kanonenfieber wieder kosten ließen, einer „schönen Partie im Rheingau bis Bingen", dem Verkehr mit dem Herzog und anderen Generalen und Fürsten. Aus Weimar hatten sich der Maler Kraus und der Engländer Gore eingefunden. Kraus verfertigte ein Bild, „ein durchscheinendes Nachtstück, welches noch vorhanden ist und, wohl erleuchtet, mehr als irgend eine Wortbeschreibung die Vorstellung einer unselig glühenden Hauptstadt des Vaterlandes zu überliefern imstande sein möchte".

Mainz nach der Uebergabe. Aquarell von Kraus 1793.
(Goethe.)

Arbeiten an Reinecke Fuchs und naturwissenschaftliche Studien, besonders für seine Schrift „Die Lehre der farbigen Schatten" füllten die freien Stunden dieser Tage aus und verscheuchten die böse Stimmung, die der Anblick so vielen Unglücks und einer deutschen durch Deutsche bombardierten und zerstörten Stadt und der unglücklichen Bewohner hervorrief. Nach einem kleinen Abstecher nach Schwalbach und Wiesbaden war Goethe am 1. August wieder in Mainz; dann reiste er mit Gore und Kraus nach Mannheim und besuchte in Heidelberg die alte Freundin aus der Lilizeit, Fräulein Delph; hier begegnete er sich mit seinem Schwager Schlosser, dessen Tochter Julie kurz vorher gestorben war. Mit den Worten: „es wäre mir entsetzlich, meine Schwester zum zweiten Male sterben zu sehen", hatte Goethe darauf verzichtet, sie noch einmal zu sehen. Am 9. August war er wieder bei Frau Aja, die er diesmal überredete, den Besitz des alten Hauses auf dem Hirsch= graben, eine schwere Bürde für sie in den unruhigen Zeiten, aufzugeben. Zehn Tage später verließ er Frankfurt und konnte bald darauf in Weimar von der glückstrahlenden Christiane und dem vierjährigen August empfangen werden. Der Knabe, von dem der Vater dem Freunde Jacobi damals stolz schrieb: „August ist ein glückliches Wesen, ich wünsche, daß er mit seinen schönen Augen viel Schönes und Gutes in der Welt sehen möge", wurde in den folgenden Jahren ein Gegenstand ängstlicher Sorge, da die vier Kinder, die den Eltern außer ihm noch geschenkt wurden, ihnen bald wieder durch den Tod entrissen worden waren.

Das Theater, der Ilmenauer Bergbau, der Ent= schluß, den Roman Wilhelm Meisters Lehrjahre zu vollenden, eifrige Homerstudien, seine naturwissen= schaftlichen Arbeiten, bei denen ihm die Korrespondenz mit Lichtenberg und Sömmering besonders erfreulich war, die Beteiligung an der von Batsch in Jena gegründeten naturforschenden Gesellschaft, die Be= gründung einer botanischen Anstalt in Jena nahmen den Zurückgekehrten völlig in Anspruch. Der am 6. September erfolgte Tod des Prinzen Konstantin gab ihm die schöne Gelegenheit, der verehrten Mutter durch seinen Trost sich dankbar zu erzeigen.

Prinz Konstantin von Sachsen-Weimar.

In den darauf folgenden Jahren verkehrte Goethe häufig in dem anregenden Kreise der Herzogin=Mutter. Herder, Meyer und Goethe belebten diesen aus= erlesenen Kreis durch ihren Geist und ihr Wissen, die jugendliche Hofdame Henriette von Wolfskeel, von dem ihr besonders zugethanen Goethe „Kehle" oder „Kehlchen" genannt, und die Töchter des uns schon bekannten Engländers Gore verschönerten ihn durch Anmut und Liebenswürdigkeit. Krauß hat eine solche Abendgesellschaft bei Anna Amalie durch seine Kunst verewigt.

Der Austritt des Herzogs, der, wie Goethe wohl wußte, mit Leidenschaft Soldat war, aus dem preußischen Heere machte es Goethe zur Pflicht, ihm bei diesem schweren Entschluß zur Seite zu stehen. Durch die Ablehnung einer im Jahre vorher durch Vermittelung der Mutter ergangenen Aufforderung des Senats seiner Vaterstadt, die Stelle eines Ratsherrn der Stadt Frankfurt anzunehmen, konnte er einen schönen Beweis seiner Dankbarkeit für das herzog= liche Haus geben und zugleich die Versicherung seiner Treue bis in den Tod.

Abendgesellschaft bei Anna Amalia von Krauß.

1. Meyer. 2. Henriette v. Egloffstein. 3. Goethe. 4. Einsiedel. 5. Anna Amalia. 6. Elise Gore. 7. Charles Gore. 8. Emilie Gore. 9. Fräul. v. Göchhausen. 10. Herder.

Schiller.

1.

Magiſtratsrat Grüner in Eger traf einſt (im Jahre 1822) Goethe in großer Aufregung und zu Thränen gerührt bei der Lektüre des „dreißigjährigen Krieges" von Schiller. Auf die beſtürzte Frage des Freundes: „Excellenz, was iſt Ihnen geſchehen?" antwortete Goethe: „Nichts, lieber Freund, ich bedaure nur, daß ich mit einem ſolchen Mann, der ſo etwas ſchreiben konnte, einige Zeit im Mißverſtändnis leben konnte." Ein ähn= liches wehmütiges Gefühl hat jeder, der in Goethes oder Schillers Leben vorſchreitend, die Entſtehungsgeſchichte der Freundſchaft beider Männer ver= folgt oder die reichen Früchte ihres für Deutſchlands Litteratur und Kultur ſo bedeutenden Bundes mit ſteigender Bewunderung genießt und rückſchauend der ſechs leeren Jahre gedenkt, in denen beide Männer nebeneinander, doch nicht miteinander lebten. Nicht ein Zufall hat das gefügt, ſondern das äußere und innere Leben, äußere und innere Gegenſätze ſind die Urſache der Verkennung und Trennung, aber auch der endlichen, beide beglückenden Vereinigung geweſen.

In einer Stunde des Unmuts hat Schiller ſich dem Buſenfreunde Körner gegenüber zu der Aeußerung hinreißen laſſen: „Dieſer Menſch, dieſer Goethe iſt mir einmal im Wege, und er erinnert mich oft, daß das Schickſal mich hart behandelt hat. Wie leicht ward ſein Genie von ſeinem Schickſal getragen und wie muß ich bis auf dieſe Minute noch kämpfen." Dieſe bitteren Worte ſprechen deutlicher die äußeren Gegenſätze aus als lange Er= örterungen. Daß nicht Neid dieſe Worte eingab, dafür haben wir ein ſchönes

Wort Goethes: „Schiller kannte keinen Neid, er war der letzte Edelmann, möchte man sagen, unter den deutschen Schriftstellern: sans tache et sans reproche", es spricht vielmehr aus ihnen die bittere Klage über das Schicksal; der Mann, der eine Welt von Ideen in seinem Busen tragend, um das tägliche Brot und die allergemeinste Sorge, um Essen und Trinken hatte kämpfen müssen, vergleicht sich mit dem Manne, der, ein Kind des Glückes, verhätschelt und verwöhnt, nur von Herzenskämpfen zu erzählen wußte; der unbesoldete Professor mit dem ersten Manne des Staates, der nur zu wollen brauchte, um auch zu erreichen, was er wollte. Auch Schiller hatte einst ein ähnliches Glück erhofft. Derselbe Herzog, der sich Goethe zu seinem intimsten Freunde ausgewählt hatte, zeigte sich auch ihm huldreich und ließ sich von ihm in Darmstadt (Weihnachten 1784) den ersten Akt des Don Carlos vorlesen; aber er bezeugte sein Wohlwollen nur durch zustimmende freundliche Worte und die Ernennung zum Sachsen-Weimarischen Rat. Man erzählte sich wohl, daß der berühmte Theaterdichter Schiller nach Weimar gehen werde, aber es blieb bei dem leeren Titel; keine Einladung oder Aufforderung folgte. Und gerade nach Weimar war all sein Sehnen gerichtet.

Es ist auch nicht zufällig, daß Schiller sich gerade mit Goethe vergleicht. Nicht weil er sich für gleichberechtigt hielt, hat er sich doch stets in seiner rührenden Bescheidenheit Goethe untergeordnet, sondern weil dieser Name und dieser Mann von der Stunde an, da der Knabe den Götz von Berlichingen mit pochendem Herzen und seelischer Erschütterung gelesen hatte, als das leuchtende Ideal, als das wenn auch nicht erreichbare, so doch erstrebenswerte Vorbild unverrückbar vor seinen Augen stand. Klopstock hatte die Stellung des deutschen Dichters durch seine persönliche Würde und die Würde seines Epos gehoben. Goethe erreichte das in Wirklichkeit, was Klopstock gefordert hatte. Nicht nur der Dichter, auch der Mensch Goethe, der es zur höchsten Ehrenstellung, die ein Bürgerlicher erreichen konnte, gebracht hatte, war das Vorbild des jungen Mediziners, der trotz aller Verbote seines Herzogs sich als Dichter fühlte. Auf der Rückreise von der Schweiz am 14. Dezember 1779 erschien Karl August mit seinem Freunde Goethe in der Militärakademie in Stuttgart, in der ein Festaktus abgehalten wurde. Als bei der Festrede eine Stelle aus Werthers Leiden citiert wurde und aller Blicke, vom Herzog bis zum letzten Studenten, sich auf den zwischen beiden Herzögen stehenden Frankfurter Bürgerssohn richteten, da durchzuckte das Herz des Jünglings eine Ahnung von der Herrlichkeit des Ruhmes, von der Göttlichkeit des Dichterberufes, der er später den schönen Ausdruck gegeben hat:

Es soll der Sänger mit dem König gehen,
Sie beide wohnen auf der Menschheit Höhen.

Die Jugenddramen Schillers zeigen auf Schritt und Tritt den Einfluß Goethes, aber die äußeren Lebenswege beider Männer blieben getrennt. Der Staatsmann und Kunstfreund Goethe, der der Litteratur ganz entfremdet, sich dem Amt und den Vorbereitungen zur italienischen Reise, dann Italien selbst widmete, hatte kein Verlangen, sich um die Schicksale des Verfassers der ihm höchst unsympathischen Räuber zu bekümmern, und Schiller, dessen Enttäuschungen und Mißerfolge freundliche und liebevolle Menschen in Leipzig und Dresden wieder wettzumachen suchten, mußte die Sehnsucht nach Weimar vorläufig ungestillt lassen. Aber die Blicke waren nach wie vor auf den berühmten Musensitz gerichtet, und die Nähe Weimars beeinflußte den Entschluß zur Uebersiedelung nach Leipzig; als ferner die Freundin Frau von Kalb nach Weimar zog, lenkte der Ruhelose, ohne zu fragen, ob der Zeitpunkt günstig gewählt sei, im Juli 1787 seine Schritte ebenfalls dorthin, um die „Weimarer Riesen", d. h. Goethe und Herder, die ihn bisher gänzlich unbeachtet gelassen hatten, zu zwingen, ihn als Dichter anzuerkennen. Er hatte gehofft, Goethe aus Italien zurückgekehrt zu finden, aber nicht bloß darin täuschte er sich, auch den Herzog, dessen persönliche Bekanntschaft ihm nützlich sein sollte, verfehlte er, und die Herzogin, die, wie er von Frau von Kalb wußte, eine eifrige Verehrerin seiner Dramen war, war ebenfalls abwesend. Auch waren die Erfahrungen, die er hier machte, nicht erfreulich. Wieland hatte kein gutes Urteil über ihn, und Herder, dem er mit der höchsten Begeisterung entgegenkam, hatte überhaupt noch nichts von ihm gelesen. Frau von Stein, Corona Schröter, Knebel und viele andere lernt er kennen, aber wo er auch ist und worüber er auch schreibt, sein Interesse dreht sich um — Goethe. Kann er ihn selbst nicht sehen, so will er wenigstens von ihm hören. Gleich bei der ersten Unterredung mit Wieland ist Goethe ein Hauptthema. Bei Herder wird „erstaunlich viel" von Goethe gesprochen und das Ergebnis ist: „Goethe liebt er mit Leidenschaft, mit einer Art von Vergötterung; er gesteht, er habe viel auf seine Bildung gewirkt ... er wird auch von sehr vielen anderen Menschen mit einer Art von Anbetung genannt, und mehr noch als Mensch denn als Schriftsteller bewundert. Herder giebt ihm einen klaren, universalen Verstand, das wahrste und innigste Gefühl, die größte Reinheit des Herzens; alles was er ist, ist er ganz, und er kann, wie Julius Cäsar, vieles zugleich sein. Nach Herders Behauptung ist Goethe rein von allem Intriguengeist, er hat wissentlich noch niemand verfolgt, noch keines anderen Glück untergraben. Er liebt in allen Dingen Helle und Klarheit, selbst im kleinen seiner poli-

tischen Geschäfte, und mit eben diesem Eifer haßt er Mystik, Geschraubtheit,
Verworrenheit. Herder will ihn ebenso und noch mehr als Geschäftsmann
denn als Dichter bewundert wissen. Ihm ist er ein allumfassender Geist."

Weniger erfreulich erscheint ihm Goethes Freund Knebel, den er in
Goethes Gartenhause antraf. Er zählt ihn zu der Goethischen Sekte, den
blinden Verehrern und Nachahmern Goethes und macht sich zugleich mit seinem
Freunde Körner lustig über die Naturstudien Goethes, für die er damals
noch kein Verständnis hatte. Trotz dieser Abneigung feierte er mit Knebel,
Voigt und von Kalb in eben diesem Gartenhause am 28. August 1787 Goethes
Geburtstag und brachte ein Hoch beim Rheinwein auf ihn aus. Auch von den
Amtsgenossen zieht er Erkundigungen über Goethe ein. Ihr Standpunkt
spricht sich in dem Berichte aus, den Schiller an Körner sendet: „Goethes
Zurückkunft ist ungewiß, und seine ewige Trennung von Staatsgeschäften bei
vielen schon wie entschieden. Während er in Italien malt, müssen die Voigts
und Schmidts für ihn wie die Lasttiere schwitzen. Er verzehrt in Italien
für Nichtsthun eine Besoldung von achtzehnhundert Thalern, und sie müssen
für die Hälfte des Geldes doppelte Lasten tragen."

Die mit Ungeduld erwartete Rückkehr Goethes zog sich immer mehr hin.
Schiller zog unterdes (Ende Mai 1788) nach Rudolstadt, um der geliebten
Lotte näher zu sein. In ihr, der Freundin der Frau von Stein und der
Verehrerin Goethes, sah er eine neue Hoffnung zur Annäherung erblühen.
Die Nachricht, daß Goethe endlich zurückgekehrt sei, regte Schiller ungemein
auf. Am 7. Juli wandte er sich an den Erzieher des Erbprinzen, Ridel:
„Wenn Sie mir wieder schreiben, liebster Freund, so bitte ich Sie, mir von
Goethe viel zu schreiben. Sprechen Sie ihn, so sagen Sie ihm alles Schöne
von meinetwegen, was sich sagen läßt. Die Iphigenie hat mir wieder einen
recht schönen Tag gemacht; obschon ich das Vergnügen, das sie mir giebt,
mit der niederschlagenden Empfindung büßen muß, nie etwas ähnliches her=
vorbringen zu können", und wie sehr seine Gedanken sich mit Goethe be=
schäftigten, lehren uns die Worte an Körner: „Ich bin sehr neugierig auf
ihn, auf Goethe, im Grunde bin ich ihm gut und es sind wenige, deren
Geist ich so verehre". Auffallend ist hier die Wendung, daß er „auf ihn"
schreibt, ohne den Namen vorher genannt zu haben. Der Gruß, den Ridel
an Goethe ausrichtete, wurde von diesem höflich erwidert; aber die bestimmte
Hoffnung Schillers, Goethe durch Vermittelung der Frau von Stein und der
Lengefeldschen Damen zu sehen, verschob sich noch mehrere Wochen.

Am 7. September 1788 wurde endlich Schillers Sehnsucht erfüllt.
Goethe war zwei Tage früher bei Frau von Stein mit Fritz, Frau von

Schardt und Frau Herder in Kochberg eingetroffen. Man besuchte von hier aus Lengefelds in Rudolstadt; so hatten weibliche Hände, Frau von Stein und die Lengefeldschen Schwestern, alles trefflich eingefädelt. „Endlich kann ich Dir," so schreibt Schiller an Körner, „von Goethe erzählen, worauf Du, wie ich weiß, sehr begierig wartetest. Sein erster Anblick stimmte die hohe Meinung ziemlich tief herunter, die man mir von dieser anziehenden und schönen Figur beigebracht hatte. Er ist von mittlerer Größe, trägt sich steif, und geht auch so; sein Gesicht ist verschlossen, aber sein Auge sehr ausdrucksvoll, lebhaft, und man hängt mit Vergnügen an seinem Blicke. Bei vielem Ernst hat seine Miene doch viel Wohlwollendes und Gutes. Er ist brünett und schien mir älter auszusehen, als er meiner Berechnung nach wirklich sein kann. Seine Stimme ist überaus angenehm, seine Erzählung fließend, geistreich und belebt; man hört ihn mit überaus viel Vergnügen; und wenn er bei gutem Humor ist, welches diesmal so ziemlich der Fall war, spricht er gern und mit Interesse. Unsere Bekanntschaft war bald gemacht und ohne den mindesten Zwang; freilich war die Gesellschaft zu groß und alles auf seinen Umgang eifersüchtig, als daß ich viel allein mit ihm hätte sein oder etwas anderes als allgemeine Dinge mit ihm hätte sprechen können. Er spricht gern und mit leidenschaftlichen Erinnerungen von Italien; aber was er mir davon erzählt hat, gab mir die treffendste und gegenwärtigste Vorstellung von diesem Lande und diesen Menschen."

Schiller hatte den Tag vorher sein eben vollendetes Gedicht „Die Götter Griechenlands" Lotte zugesandt. Lotte wußte Goethes Aufmerksamkeit darauf zu lenken. Es gefiel ihm wohl, und er nahm es mit sich. Aber er äußerte sich zu niemand über den Eindruck, den Schiller auf ihn gemacht hatte. Schiller hatte das richtige Gefühl, daß diese erste Begegnung sie nicht näher geführt hatte; es geschah nichts von Goethes Seite, was auch nur auf Wohlwollen hätte gedeutet werden können. Vorerst schien Körner recht zu behalten: „Freundschaft erwarte ich nicht, aber gegenseitige Reibung und dadurch Interesse für einander". Wenigstens versuchte der getäuschte Schiller jetzt diesen Weg. Er hatte in Volkstädt bei Rudolstadt den Egmont gelesen und dort die bekannte Rezension geschrieben, die Goethe, wenn auch unter großer Anerkennung seiner sonstigen Dichtungen, offen angriff und „viel Lärm in Jena und Weimar machte". Es war der Versuch Schillers, Goethe zur Anerkennung seiner geistigen Bedeutung zu zwingen. Auch dieser mißlang; er erfuhr nicht einmal genaueres über Goethes Urteil. Dem Herzog gegenüber äußerte sich Goethe am 1. Oktober 1788 ziemlich ablehnend. Schiller, der nichts davon ahnte, glaubte sogar, nachdem er im

November nach Weimar zurückgekehrt war, Goethe zu einem schriftstellerischen Bunde mit ihm und Wieland vereinigen zu können.

Unterdes kam Moritz, der uns von Italien her bekannte Freund Goethes, nach Weimar. Vor einigen Jahren hatte er sich durch eine böse Kritik von Kabale und Liebe Schillers Zorn zugezogen, dann hatten die beiden Männer in persönlichem Verkehr in Leipzig sich versöhnt; jetzt wurde der Verkehr erneuert. Der Freund beider Dichter hätte Goethe über sein Vorurteil aufklären können. Aber Moritz hat das wohl gar nicht versucht, vielmehr nach Goethes eigenen Worten ihn in seiner Anschauung bestärkt, und sein allzugroßer Enthusiasmus, seine „Vergötterung Goethes" erweckte bei Schiller gerade das Gegenteil. Sie führte zu den härtesten Urteilen Schillers über Goethe wie das folgende: „Oefters um Goethe zu sein würde mich unglücklich machen.... Er besitzt das Talent, die Menschen zu fesseln und durch kleine sowohl als große Attentionen sich verbindlich zu machen; aber sich selbst weiß er immer frei zu behalten. Er macht seine Existenz wohlthätig kund, aber nur wie ein Gott, ohne sich selbst zu geben — dies scheint mir eine konsequente und planmäßige Handlungsart, die ganz auf den höchsten Genuß der Eigenliebe kalkuliert ist. Ein solches Wesen sollten die Menschen nicht um sich herum aufkommen lassen. Mir ist er dadurch verhaßt, ob ich gleich seinen Geist von ganzem Herzen liebe und groß von ihm denke.... Eine ganz sonderbare Mischung von Haß und Liebe ist es, die er mir erweckt hat, eine Empfindung, die derjenigen nicht ganz unähnlich ist, die Brutus und Cassius gegen Cäsar gehabt haben müssen; ich könnte seinen Geist umbringen und ihn wieder von Herzen lieben." Ganz ähnlich schreibt er an Karoline Wolzogen: „Goethe ist noch gegen keinen Menschen, so viel ich weiß, sehe und gehört habe, zur Ergießung gekommen — er hat sich durch seinen Geist und tausend Verbindlichkeiten Freunde, Verehrer und Vergötterung erworben, aber sich selbst hat er immer behalten, sich selbst hat er nie gegeben. Ich fürchte, er hat sich aus dem höchsten Genuß der Eigenliebe ein Ideal von Glück geschaffen, bei dem er nicht glücklich ist. Dieser Charakter gefällt mir nicht — ich würde mir ihn nicht wünschen, und in der Nähe eines solchen Menschen wäre mir nicht wohl."

Eine unmutige, beleidigte und zurückgestoßene Seele hat diese harten Worte gesprochen. Und doch in demselben Atem gesteht Schiller, daß an Goethes Urteil ihm alles liege, daß er ihn mit Lauschern umgeben wolle, um ihn auszuhorchen, und er bittet Karoline, das scharfe Urteil doch lieber bei Seite zu legen. So schwankt er zwischen Liebe und Haß, zwischen höchster Anerkennung Goethes und der Betonung eigenen Verdienstes.

Die Liebe zu Lotte hatte es ihm wünschenswert, ja notwendig erscheinen lassen, eine Staatsanstellung zu erhalten. Durch Eichhorns Weggang war eine Professur der Geschichte in Jena frei. Schiller hatte sich soeben durch seine Geschichte des Abfalls der Niederlande vorteilhaft bekannt gemacht. So war es naheliegend, daß Goethe Schiller vorschlug und man braucht dabei weder an ein besonderes Wohlwollen für Schiller, noch an die Absicht Goethes, ihn zu entfernen, denken. Auch spricht die Form, in der Goethe den Antrag im geheimen Conseil stellte, durchaus nicht für irgend ein persönliches Interesse. Von seinem pflichtschuldigen Besuch bei Goethe weiß Schiller nichts anderes zu berichten, als daß Goethe ihn mit dem Sprüchwort docendo discitur über die mangelhafte Vorbereitung auf seinen Beruf getröstet hätte. Lotte und Karoline begrüßten in der Berufung Schillers das erste Zeichen von Goethes Interesse, aber Schiller, kaum im Besitz der eben noch heiß begehrten Stellung, sah darin ein Danaergeschenk, das, ohne ihm etwas einzubringen, Mühe und Kosten verursachte und ihn seiner goldenen Freiheit beraubte.

So führten auch Goethes Bemühungen für Schillers Professur keinen Schritt weiter. Karoline hatte Goethe zu verteidigen gesucht; Schiller antwortete ihr, daß er nicht dazu da wäre, „um den verworrenen Knäuel des Goethischen Charakters aufzulösen". Sein Stolz bäumte sich auf gegen die Zurückhaltung Goethes, er erklärte, nichts weiter in der Sache thun zu wollen. „Es giebt eine Sprache," fügt er aber hinzu, „die alle Menschen verstehen, gebrauche deine Kräfte. Wenn jeder mit seiner ganzen Kraft wirkt, so kann er dem andern nicht verborgen bleiben. Dies ist mein Plan." Die Arbeit, die Schiller hier im Sinne hatte, war sein Gedicht: Die Künstler. Aber diese Stimmung hielt nicht lange vor. Die große Mühe, die ihm gerade dieses Gedicht verursachte, ließ ihn an seiner Kraft verzweifeln. Mit dem Dramatischen möchte er es noch eher auf einen Versuch ankommen lassen. „Aber mit Goethe," schreibt er bald, „messe ich mich nicht, wenn er seine ganze Kraft anwenden will; er hat weit mehr Genie als ich . . ."

Körner, an den diese Worte gerichtet sind, nimmt den Freund gegen ihn selbst in Schutz; er will Goethe nicht mehr Genie, sondern nur größere Kunstfertigkeit zusprechen. Jetzt rückt Schiller mit der Sprache heraus: „Ich will mich gern von Dir kennen lassen, wie ich bin," es folgen jene unschönen Worte: „Dieser Mensch, dieser Goethe, ist mir einmal im Wege", die wir am Anfange unseres Kapitels citiert haben.

Mit diesem schrillen Mißton schließt Goethes und Schillers erstes Zusammenleben in Weimar. Mit seiner Uebersiedlung nach Jena im Mai 1789 wird Schiller aus Goethes unmittelbarer Nähe entrückt. Bei seinen Besuchen

in Jena übergeht Goethe den neuen Professor, der doch die Liebe und Ver=
ehrung der Studenten im Sturm gewonnen hatte. Selbst das milde Zureden
eines Dalberg, der Schiller nach Verdienst zu ehren verstand, blieb fruchtlos.
Trotzdem denkt bei dem freundlichen Verkehr Goethes mit den Lengefeldschen

Charlotte Schiller.

Schwestern Schiller im Dezember daran, das Geheimnis seiner Liebe ihm,
doch wohl durch Lotte, anzuvertrauen, um durch ihn ein Gehalt zu erlangen
und dadurch seine Vereinigung mit der Geliebten zu ermöglichen; aber er
läßt den Gedanken bald fallen und wendet sich selbst an den Herzog. Am
22. Februar 1780 wurde das Paar in Wenigenjena getraut. Bald darauf
reiste Goethe auf mehrere Monate nach Venedig.

Lotte, die gute und edle, hatte ihrem Lieblingswunsch, beide Männer zu vereinigen, trotz aller Mißerfolge, nicht entsagt. Ihrem stillen, sanften Wirken konnte auch Schiller sich nicht entziehen. Sein Unmut und Groll weicht allmählich einer friedlichen Stimmung. Andererseits wirkte Körner in demselben Sinne auf Goethe bei dessen zweimaligem Aufenthalt in Dresden. Am 31. Oktober 1790 betritt Goethe zum ersten Mal das Schillersche Haus. Daß er aber nicht schon damals, sondern erst vier Jahre später Schiller die Hand zum Bunde reichte, kann in den äußeren Gründen, Schillers Krankheit, Goethes Aufenthalt in der Champagne und Oberschlesien, Schillers lange Abwesenheit von Jena, nicht genügende Erklärung finden; Goethes Verhalten läßt sich nur erklären aus den inneren Gegensätzen beider Männer als Dichter und Menschen.

Wenn die Worte, die Goethe seiner Stella in den Mund gelegt hat: „Mich dünkt immer, die Gestalt des Menschen ist der beste Text zu allem, was sich über ihn empfinden und sagen läßt", wahr sind, so muß sich der große Gegensatz zwischen den geistigen Bildern von Goethe und Schiller, die wir in uns tragen, auch in der äußeren Gestalt der beiden Männer zeigen. In Goethes sterblicher Hülle sind wir gewohnt, das Ideal=bild eines an Körper und Seele vollkommenen Menschen zu verehren. Die mächtige Jupiterstirn, die kraftvolle, gewaltige Brust, die großen feurigen, tiefliegenden Augen mit den in schönem Bogen gezeichneten Augenbrauen, die ausdrucksvolle, etwas gebogene Nase, der große aber edel geformte Mund, die harmonischen Züge und der majestätische Gang, alles trifft zusammen, um ihn als ein auf Erden wandelndes Götterbild erscheinen zu lassen, ein Meisterstück der Natur, zum Glück und zur Freude der Mit=menschen geboren.

Wie ganz anders unser edler Schiller,

> Er hatte früh das strenge Wort gelesen,
> Dem Leiden war er, war dem Tod vertraut.

Aus seinen durchgeistigten, schmalen, unregelmäßigen Zügen leuchtete nicht minder Hoheit und Größe, aber sie deuteten zugleich mit der kranken, ein=gefallenen Brust, der vornüber gebeugten Haltung, die ein langer Hals noch unvorteilhafter erscheinen ließ, auf körperliches und seelisches Leid, auf ein Leben voll Kampf und Entbehrung. Die zarte Organisation, eine überaus große Reizbarkeit, Mangel an Schlaf und infolgedessen die Notwendigkeit, die erschlaffenden Lebensgeister durch Reizmittel anzuregen, ununterbrochene, fast fieberhafte Thätigkeit und gewisse wohlbekannte Lebensgewohnheiten

Schillers erhöhten das Krankhafte des Zustandes, über den Schiller durch fast übermenschliche Willenskraft hinwegzutäuschen verstand. Als Goethe

Schiller, Gemälde von A. Graff, gestochen von J. G. Müller.

Schiller in Weimar sah, stimmte ihn dies rührende Bild des Leidenden tief traurig. Er glaubte ihn nur wenige Wochen noch am Leben zu sehen.

Schillers wunderbare Zähigkeit und die treue Pflege der unermüdlichen Lotte hat diesen teuren Schatz dem deutschen Volke noch fünfzehn Jahre erhalten. Schon diese äußeren Gegensätze beider Dichter lassen auf den Charakter ihrer Poesie schließen. Wie Goethes dichterische Thätigkeit aufgefaßt werden kann als die Verkündigung des heiteren Evangeliums der Kunst, und wie der Inhalt seiner Poesie Liebe und Lebensfreude ist, so ist der Grundzug der Wirksamkeit Schillers der Kampf und sein eigentliches Gebiet die Tragödie. Den schwermütigen Charakter verrät schon seine früheste Jugendpoesie. In der „Leichenphan= tasie", der „Elegie auf den Tod eines Jünglings", der „Schlacht", der „Kindes= mörderin" und wie sie alle heißen, diese Schreckensbilder einer überreizten jugendlichen Phantasie, überall ist der pessimistische Grundgedanke herrschend, der den Tod als Erlöser aus dem irdischen Elend auffaßt. Eine rauhe, freudlose Jugend, unerhörter Zwang und Druck trieb den Jüngling diesem unnatürlichen Pessimismus in die Arme. Goethes helle, von treuer Mutter= liebe sorgsam gehütete, von der Sonne der Lebensfreude und des Glückes durchwärmte Knabenzeit zeitigte tändelnde Liebes= oder Freundschaftslieder.

Und nicht nur die äußeren Verhältnisse, seine eigene Natur schuf dem jugendlichen Schiller Kämpfe und Leiden, von denen Goethes heitere, sorg= lose Natur nichts ahnte. Schillers Charakter war durchaus nach innen ge= wandt und grüblerisch; er war der geborene Philosoph, den die großen Fragen nach dem Wesen aller Dinge, nach Gott und der Unsterblichkeit nicht ruhen ließen. Bei seinem unabläßigen Streben nach Wahrheit und Erkenntnis und seinem speculativen Geist schwankte er zwischen Glauben und Unglauben, Atheismus und Pantheismus und durchkämpfte täglich den Riesenkampf zwischen Leidenschaft und Vernunft, bald kleinlich verzagend, bald himmelhoch jauchzend. Und was er innerlich erlebt, das wird der Inhalt seiner Werke, das wird ver= körpert in seinen Gestalten, durch alle Stadien der Empfindung, vom Menschen= haß Moors bis zu dem für die Menschheit sich opfernden Marquis Posa. Aber immer hat der Dichter das Herz voller Ideale, immer ist er erhaben und groß, hoheitsvoll, kaum die Erde berührend, immer in glühender Begeisterung, der Prophet, der Sprecher für die ganze Menschheit, in einer Sprache, deren hinreißende Kraft unwiderstehlich und unnachahmlich, deren Pathos aus der Brust voll überquellendem Idealismus wie ein reißender Strom unaufhaltsam hervorbricht. Das ist der jugendliche Schiller, der Verkünder der Freiheit und der Menschenrechte, das unsterbliche Ideal der deutschen Jugend und aller derer, die sich jung im Herzen fühlen:

  Nun glühte seine Wange rot und röter
  Von jener Jugend, die uns nie entflieget,

> Von jenem Mut, der früher oder später
> Den Widerstand der stumpfen Welt besiegt,
> Von jenem Glauben, der sich stets erhöhter
> Bald kühn hervordrängt, bald geduldig schmiegt,
> Damit das Gute wirke, wachse, fromme,
> Damit der Tag dem Edlen endlich komme.

Wo giebt es unter den vielen Werken Goethes auch nur eins, das mit der Begeisterung, dem hohen Schwung, der Leidenschaft der Schillerschen Sprache sich messen könnte. Goethe ist der Dichter des reifen Mannes. Aus seinen Werken spricht die klassische Ruhe, ein leidenschaftsloser, vornehmer Geist, eine überlegene Objektivität, in der selbst die Leidenschaft durch die schöne Form abgetönt wird. Der leidenschaftlich erregte Dichter des Don Carlos dagegen spricht in jeder Zeile seiner Jugenddramen zu seinem Publikum, der ganzen Menschheit. In Goethes Werken tritt der Mensch Goethe ganz zurück. Der Künstler verbirgt sich, um sein Werk allein durch sich selbst wirken zu lassen. Die Schönheit ist sein Ideal, und durch die Darstellung dieses, in seiner Seele wohnenden Ideals will er uns emporheben zu lichteren Höhen, ein Glück genießen lassen, das wir hier vergebens suchen, den Frieden, den die Welt nicht giebt.

Aber fassen wir den Gegensatz schärfer und tiefer, wie das Schiller unübertrefflich gethan hat in seiner Abhandlung über naive und sentimentalische Dichtung und in dem ersten großen Brief an Goethe. Aus der erstgenannten Schrift rührt der für die Litteraturgeschichte und Aesthetik grundlegend gewordene Unterschied des naiven Dichters oder Realisten und des sentimentalischen oder Idealisten. „Die Dichter," heißt es dort, „sind überall, schon ihrem Begriffe nach, die Bewahrer der Natur. Wo sie dieses nicht ganz mehr sein können und schon in sich selbst den zerstörenden Einfluß willkürlicher und künstlicher Formen erfahren oder doch mit demselben zu kämpfen gehabt haben, da werden sie als die Zeugen und als die Rächer der Natur auftreten. Sie werden also entweder Natur sein oder sie werden die verlorene suchen. Daraus entspringen zwei ganz verschiedene Dichtungsweisen, durch welche das ganze Gebiet der Poesie erschöpft und ausgemessen wird. Alle Dichter, die es wirklich sind, werden, je nachdem die Zeit beschaffen ist, in der sie blühen oder zufällige Umstände auf ihre allgemeine Bildung und auf ihre vorübergehende Gemütsstimmung Einfluß haben, entweder zu den naiven oder zu den sentimentalischen gehören."

Die Vertreter der naiven Richtung sind die Griechen, besonders Homer, der sentimentalischen die Dichter einer künstlichen Kultur, die Modernen.

„Jene rühren uns durch Natur, durch sinnliche Wahrheit, durch lebendige Gegenwart; diese uns durch Ideen." Aber wir haben auch in unserer Zeit einen Dichter, der den Griechen nahe kommt. Ihn zeichnet Schiller mit den Worten: „Ohne alle Vertraulichkeit entflieht er dem Herzen, das ihn sucht, dem Verlangen, das ihn umfassen will. Die trockene Wahrheit, womit er den Gegenstand behandelt, erscheint nicht selten als Unempfindlichkeit. Das Objekt besitzt ihn gänzlich, sein Herz liegt nicht wie ein schlechtes Metall gleich unter der Oberfläche, sondern will wie das Gold in der Tiefe gesucht sein. Wie die Gottheit hinter dem Weltgebäude, so steht er hinter seinem Werk; er ist das Werk und das Werk ist er; man muß des ersteren schon nicht wert oder nicht mächtig oder schon satt sein, um nach ihm nur zu fragen."

„Wären Sie," schreibt er in dem berühmten großen Brief vom 23. August 1794 an Goethe, „als ein Grieche, ja nur als ein Italiener geboren worden, und hätte schon von der Wiege an eine auserlesene Natur und eine idealisierende Kunst Sie umgeben, so wäre Ihr Weg unendlich verkürzt, vielleicht ganz überflüssig gemacht worden. Schon in die erste Anschauung der Dinge hätten Sie dann die Form des Notwendigen aufgenommen, und mit Ihren ersten Erfahrungen hätte sich der große Stil in Ihnen entwickelt. Nun, da Sie ein Deutscher geboren sind, da Ihr griechischer Geist in diese nordische Schöpfung geworfen wurde, so blieb Ihnen keine andere Wahl, entweder selbst zum nordischen Künstler zu werden, oder Ihrer Imagination das, was ihr die Wirklichkeit vorenthielt, durch Nachhilfe der Denkkraft zu ersetzen und so gleichsam von innen heraus und auf einem rationalen Wege ein Griechenland zu gebären."

Und in demselben Briefe stellt er, der bescheidene Mann, die ungeheuren Vorteile der Goethischen Dichtungsart der seinigen gegenüber: „Ihr beobachtender Blick, der so still und rein auf den Dingen ruht, setzt Sie nie in Gefahr, auf den Abweg zu geraten, in den sowohl die Spekulation als die willkürliche und bloß sich selbst gehorchende Einbildungskraft sich so leicht verirrt. In Ihrer richtigen Intuition liegt alles und weit vollständiger, was die Analysis mühsam sucht und nur, weil es als ein Ganzes in Ihnen liegt, ist Ihnen Ihr eigener Reichtum verborgen." Es ist dasselbe, was ein Naturforscher mit dem Worte von Goethes gegenständlichem Denken gemeint hat, daß das Denken Goethes sich nicht von den Gegenständen absondere, daß sein Denken ein Schauen und sein Anschauen ein Denken sei, daß er nicht an den Stoff einer zukünftigen Dichtung herantrat wie etwa Schiller an den Wallenstein, sondern daß er ihn erst in seinem Innern durchleben mußte, um ihn dann als sein Eigentum herauszugeben. Noch klarer deutet Schiller auf Goethe dort, wo er von dem Naiven und Sen=

timentalischen das eigentlich Poetische abzieht. „Es bleibt alsdann," schreibt er, „von dem ersteren nichts übrig, als in Rücksicht auf das theoretische ein nüchterner Beobachtungsgeist und eine feste Anhänglichkeit an das gleichförmige Zeugnis der Sinne, in Rücksicht auf das praktische eine resignierte Unterwerfung unter die Notwendigkeit (nicht aber unter die blinde Nötigung) der Natur, eine Ergebung also in das, was ist und was sein muß. Es bleibt von dem sentimentalischen Charakter nichts übrig als (im theoretischen) ein unruhiger Spekulationsgeist, der auf das Unbedingte in allen Erkenntnissen bringt, im praktischen ein moralischer Rigorism, der auf dem Unbedingten in Willenshandlungen besteht. Wer sich zu der ersten Klasse zählt kann ein Realist, und wer zur andern ein Idealist genannt werden."

Hier haben wir die Gegensätze der beiden Männer, abgesehen von ihrem dichterischen Charakter. Der Naturforscher Goethe, der Philosoph Schiller, der Naturforscher, der immer den Blick auf das Ganze gerichtet, „der von der einfachen Organisation Schritt vor Schritt emporsteigt zu der mehr verwickelten, um endlich die verwickeltste von allen, den Menschen, genetisch aus den Materialien des ganzen Naturgebäudes zu erbauen, und der die Natur studiert, um sich selber kennen zu lernen", und dagegen der Philosoph Schiller, der, immer von Ideen beherrscht, von der Idee, vom Allgemeinen zum Besonderen übergeht, der spekulativ über sein eigenes Denken und Empfinden philosophiert, dessen Verstand im unablässigen Kampfe streitet wider seine Empfindung.

Wie Goethen nach eigenem Ausspruch der Sinn für die spekulative Philosophie, so fehlt dem jugendlichen Schiller das Verständnis für Goethes Naturforschung. „Da sucht man," schreibt er bei seinem Eintritt in Weimar, „lieber Kräuter oder treibt Mineralogie, als daß man sich in leeren Demonstrationen versinge. ... Goethes Vorstellungsart ist mir zu sinnlich und betastet mir zu viel," worauf Körner warnend schreibt, „daß Schiller sich nicht allzu sehr im Intellektuellen verlieren solle". Dieser warnenden Stimme hat Schiller nicht immer gehorcht. Der philosophische Geist, wie er selber sagt, übereilt ihn oft, wo er dichten wollte, und der kalte Verstand stört seine Dichtung. Wenn Goethe fast instinktartig dichtete, mußte Schiller über alles was er that, reflektieren, immer wieder bessern und ändern. Seine Gestalten waren seiner Phantasie entnommen, und selbst die Liebesgedichte der Jugend sind für eine erdichtete Geliebte geschrieben. Die äußere Natur, seine Umgebung, hatte gar keinen Einfluß auf ihn. Nichts, wie Goethe von ihm erzählt, geniert ihn, nichts engt ihn ein, nichts zieht den Flug seiner Gedanken herab, was in ihm von großen Ansichten lebte, ging immer frei heraus, ohne Rücksicht und ohne Bedenken,

> Denn hinter ihm, in wesenlosem Scheine,
> Lag, was uns alle bändigt, das Gemeine.

Wollte Goethe die Rechte der Natur nicht verkürzt wissen, so predigte Schiller das Evangelium der Freiheit. Goethe leugnete damals die Freiheit des menschlichen Willens. Er hat seinem Standpunkt, den er Komparativ nannte, den großartigsten Ausdruck gegeben in dem schon einmal erwähnten Fragment „Natur". „Sie hat mich," so schließt dieser Aufsatz, „hereingestellt, sie wird mich auch herausfinden. Ich vertraue mich ihr. Sie mag mit mir schalten. Sie wird ihr Werk nicht hassen. Ich sprach nicht von ihr. Nein, was wahr und was falsch ist, alles hat sie gesprochen. Alles ist ihre Schuld, alles ist ihr Verdienst." Für Schiller aber ist die Freiheit des menschlichen Willens der feste Grund seiner Dichtung. Es war ja nicht immer dieselbe Freiheit, die Schiller verherrlicht, zuerst war es die physische, dann die ideelle, aber immer ist von den Räubern bis zum Tell die Befreiung des Menschen von inneren und äußeren Fesseln das Thema des Dichters.

Man glaube nicht, daß Schiller mit den oben citierten Worten, die Goethe als Griechen, als naiven Dichter preisen, sich selbst habe erniedrigen wollen. Nein, er war von der Gleichberechtigung der sentimentalischen Dichtung durchdrungen. Erzählt ja Goethe, daß Schiller, der ganz subjektiv wirkte, gerade, um sich gegen ihn zu wehren, die Abhandlung über naive und sentimentalische Dichtung ... geschrieben habe. Ein Produkt, meinte Schiller, ist immer um so ärmer an Geist, je mehr es Natur ist, und wenn die naiven Dichter auch in der Einfalt der Formen und in dem, was sinnlich darstellbar ist, die Neuen übertreffen, so überragen diese sie doch an Geist und Ideenfülle und Tiefe. Giebt es auch wohl, wie von Humboldt gesagt hat, keine einzige Zeile im Griechischen, als deren Verfasser Schiller gedacht werden könne, so strahlt dafür aus keines andern deutschen Dichters Werke eine solche Fülle von Ideen als aus den seinigen: „Dies ist, was allen seinen Schöpfungen ein ganz eigenes Gepräge von Hoheit, Würde und Freiheit giebt, ja eigentlich in ein überirdisches Gebiet herüberführt und die höchste Gattung des durch die Idee wirkenden Erhabenen aufstellt."

Worin die Uebereinstimmung der beiden Antipoden, des naiven Griechen, Goethe, und des sentimentalischen Modernen, Schiller, beruhte, das hat Schiller in einem schönen Epigramm ausgesprochen:

> Wahrheit suchen wir beide, Du außen im Leben, ich innen
> In dem Herzen, und so findet sie jeder gewiß.
> Ist das Auge gesund, so findet es außen den Schöpfer,
> Ist es das Herz, dann gewiß spiegelt es innen die Welt.

Und Goethe sagt einmal zu Eckermann: „So verschieden unsere beiderseitigen Naturen auch waren, so gingen doch unsere Richtungen auf eins, welches unser Verhältnis so innig machte, daß im Grunde keiner ohne den andern leben konnte."

Diese gemeinsame Richtung war der Glaube an die Göttlichkeit der Kunst und das gemeinsame Ziel die Erziehung der Menschheit zur höchsten Kulturstufe durch die Kunst.

Aber wir haben uns scheinbar von unserer Aufgabe weit entfernt. Was die beiden Männer so viele Jahre trennte, wollten wir zeigen, und wir enden mit dem, was sie vereinigte, denn auch der gesundene grundlegende Unterschied ist kein Gegensatz, der die Freundschaft oder gemeinsame Thätigkeit hinderte. Nicht als Realisten und Idealisten dürfen wir die Dichter gegenüberstellen, wir dürfen höchstens sagen, daß Goethe mehr zur Natur, Schiller mehr zur Geistesseite neigte.

Der Gegensatz vielmehr, der Goethes Annäherung so lange verzögerte, war nicht durch Schillers Charakter und Natur hervorgerufen worden, sondern nur durch dichterische Produkte einer früheren Entwickelungsstufe Schillers, die Goethe fälschlich von dem wahren dichterischen Charakter Schillers ableitete, ohne zu ahnen, daß inzwischen eine tiefgreifende Wendung den jungen Dichter zu seinem eigenen hohen Standpunkt hatte heranreifen lassen.

Für Goethe war und blieb Schiller der Verfasser der Räuber. „Schiller war mir verhaßt," so sagt er, „weil ein kraftvolles aber unreifes Talent gerade die ethischen und theatralischen Paradoxen, von denen ich mich zu reinigen strebte, recht im vollen, hinreißenden Strom über das Vaterland ausgegossen hatte." Der Verfasser der Iphigenie erschrak vor dem Beifall, den die neu auftauchende, wie er glaubte, längst überwundene Richtung von Sturm und Drang in Deutschland fand. Bald mußte er erleben, daß seine vom reinsten Schönheitsideal durchdrungenen, höchsten Seelenadel verkündenden Werke mißachtet und verdrängt wurden von diesen Darstellungen einer erhitzten Phantasie, diesen Schilderungen einer gemeinen Wirklichkeit des Schmutzigen, Ekelhaften, Ungeheuern. „Es war ein Zustand der Verzweiflung." Am liebsten hätte er die Betrachtung der bildenden, die Ausübung der dichtenden Kunst ganz aufgegeben. Darum vermied er Schiller, als dieser nach Weimar zog.

Schillers Wandlung aber hatte schon mit der Selbstrezension der Räuber begonnen. Im November 1784 schreibt er in der Ankündigung der Thalia von den Räubern: „Unbekannt mit Menschen und Menschenschicksal mußte mein Pinsel notwendig die mittlere Linie zwischen Engel und Teufel verfehlen, mußte ein Ungeheuer hervorbringen, das zum Glück in der Welt nicht mehr vorhanden war." Mit Kabale und Liebe hatte er die Periode der revolutionären, realistischen, das Gräßliche, Ungeheure, Entsetzliche mit Vorliebe darstellenden Dramen und einer von überreizter Phantasie geborenen Liebespoesie abgethan. Aus der pessimistischen, verzweifelnden Lebensauffassung arbeitete er sich zu einer freundlicheren, befriedigenderen empor, die zwar auch auf Entsagung hinauslief, aber zum Besten der Menschheit und zum Glück der Menschen, wie es seine philosophischen Briefe und der Marquis Posa verkünden. Julius hatte seinen Raffael gefunden. „Mit weicher Beschämung" schreibt Schiller an Körner, „die nicht niederdrückt, sondern männlich emporrafft, sah ich rückwärts in die Vergangenheit, die ich durch die unglücklichste Verschwendung mißbrauchte. Ich fühlte die kühne Anlage meiner Kräfte, das mißlungene (vielleicht große) Vorhaben der Natur mit mir. Eine Hälfte wurde durch die wahnsinnige Methode meiner Erziehung und die Mißlaune meines Schicksals, die zweite und größere aber durch mich selber zernichtet. Tief, bester Freund, habe ich das empfunden, und in der allgemeinen feurigen Gährung meiner Gefühle haben sich Kopf und Herz zu einem herkulischen Gelübde vereinigt, die Vergangenheit nachzuholen und den edlen Wettlauf zum höchsten Ziele von vorn anzufangen." Es entstand das Lied „an die Freude" und Schillers erstes Drama großen Stils „Don Carlos".

Mehrere Jahre eifrigster philosophischer, ästhetischer und geschichtlicher Studien, der Umgang mit einem so reifen, hochgebildeten und edlen Manne wie Körner führten Schiller allmählich zu demselben Ideal, das Goethe in Weimar und Italien gewonnen, dem griechischen Kunstideal. Schiller liest Aristoteles und studiert Lessing und Winckelmann; in Jena hält er ein Kolleg über antike Tragödie, den Homer liest er in der Vossischen Uebersetzung mit den Lengefeldschen Schwestern. Eifrig übersetzt er mit Hilfe der lateinischen Uebersetzung die Iphigenie des Euripides und die Phönizier und will sich dann an den „Leckerbissen" machen, den Agamemnon des Aeschylos. „Ich hoffe, ehe ein Jahr um ist," schreibt er am 12. Dezember 1788 an Körner, „sollst Du an diesem Studium der Griechen schöne Früchte bei mir sehen." Einige Monate später drückt er sich deutlicher aus: „Ich will bei mehrerer Bekanntschaft mit griechischen Stücken endlich das Wahre, Schöne und Wirkende daraus abstrahieren und mir mit Weglassung des Mangelhaften ein gewisses Ideal daraus bilden, wodurch mein jetziges korrigiert und vollends gegründet wird."

Noch in demselben Jahre, 1788, erscheint die erste Frucht der neugewonnenen Anschauungen, die erste Verherrlichung der Antike in dem Gedicht: Die Götter Griechenlands, einem Preislied der griechischen Götterwelt und ihres unvergänglichen Fortlebens in der Kunst. Wenn Schiller Stolbergs Vorwurf: „Die Vorstellungen unserer Religion von Gott müssen dem Verfasser, auch wenn er das Unglück hat, nicht daran zu glauben, ehrwürdiger sein als die Bilder frecher Mänaden und unzüchtiger Priesterinnen der Venus" mit den Worten zurückwies: „Ein Kunstwerk darf nur sich selbst, d. h. seiner eigenen Schönheitsregel Rechenschaft geben und ist keiner anderen Forderung unterworfen", so ist das ganz Goethische Anschauung, auch abgesehen davon, daß beide Männer sich in der Abneigung gegen die geltende Form des Christentums begegneten. Die 1788 im Sommer geschriebene, unvollendet gebliebene Rezension über Goethes Iphigenie mit ihren begeisterten Worten über den Monolog des Orest: „Hier hat das Genie eines Dichters, der die Vergleichung mit keinem alten Tragiker fürchten darf ... die feinste, edelste Blüte moralischer Verfeinerung mit der schönsten Blüte der Dichtkunst zu vereinigen gewußt", hätte Goethe wohl sagen können, daß er hier verstanden werde, wenn nicht die gleichzeitige scharfe und ungerechte Kritik des Egmont alles wieder verdorben hätte.

Ein Jahr später, als Goethe sich in Italien als Künstler wiedergefunden hatte, schrieb Schiller an Körner: „Ich muß ganz Künstler sein oder ich will nicht mehr sein." Die weltbürgerlich=politischen Ideen des Marquis Posa waren aufgegeben. Beide Männer stehen auf derselben, der ästhetischen Grundlage. Goethes Tasso und Schillers Künstler sind in demselben Jahre vollendet worden. Der schöne und erhabene Grundgedanke der Künstler, daß Schönheit und Harmonie das Prinzip der Kunst seien und daß die Kunst die Menschheit von der Barbarei bis zur höchsten Kultur und Vollkommenheit erzogen habe, könnte ebenso ein Goethischer Gedanke sein. Sein Tasso lehrt durch die That, was die Künstler durch das Wort:

> Der Menschheit Würde ist in Eure Hand gegeben,
> Bewahret sie!
> Sie sinkt mit Euch! Mit Euch wird sie sich heben!

Und nun erschien (1791) Schillers Recension über Bürgers Gedichte. An Bürger war der Mahnruf von der Würde der Poesie vergeblich erklungen. Es traf ihn das Strafgericht Schillers, das um so unbarmherziger war, als dieser damit seine eigene Jugendpoesie richten wollte. Wir hören zum ersten Male eine Anerkennung Schillers durch Goethe; er wünschte selbst Verfasser dieser Recension zu sein. Es ist bezeichnend, daß gerade diese Recension Goethes Stillschweigen brach. Was Schiller an Bürger vermißte, war, um es kurz zu sagen, der große Charakter, und eben diesen Charakter fand Goethe in dem Recensenten. Auch Goethe war im innersten davon durchdrungen, daß diese Art von Poesie, wie die Bürger=Wielandschen Tändeleien ver= gangenen Zeiten angehöre. In Schiller sah er nun den Mann, der Cha= rakter, Ernst und Würde besaß, gerade das, was der Grundstein der neueren, von Goethe erhofften Poesie sein sollte.

Im Jahre 1791 wurde Schiller von der Philosophie Kants ergriffen. Seine auf diesen Studien sich aufbauende Abhandlung: „Ueber Anmut und Würde" (1793) hat Goethe als einen besonderen Stein des Anstoßes und die Ursache der Verzögerung ihrer Verbindung bezeichnet. Es geht das offen= bar auf den ersten Teil der Abhandlung, in dem Schiller zwischen mensch= lichen und tierischen Wesen unterscheidet, den von Goethe geleugneten feind= lichen Gegensatz von Natur und Geist schroff hervorkehrt und gegen „die Mutter Natur insofern ungerecht wird", indem er den Naturtrieb als tierisch erklärt und ihre Schöpfungen, wie die architektonische Schönheit und das Genie als ein bloßes Naturerzeugnis geringschätzig behandelte. Verletzt und abgestoßen war Goethe wohl mehr durch eine Stelle auf das Genie, die er auf sich, gewiß irrtümlicher Weise, glaubte beziehen zu müssen, als durch den Inhalt der Schrift. „Anmut und Würde" sucht zwischen Kant und Goethe zu vermitteln. Denn gerade in dieser Abhandlung entfernt sich Schiller von den Forderungen des Philosophen der eisernen Pflicht, greift Kant sogar direkt an und nähert sich den Anschauungen Goethes, und gerade aus dem Jahre 1793 haben wir Briefe von Schiller an Körner, die sogar die Gleichheit der An= schauungen verraten. In diesen hat Schiller die uns aus der Abhandlung „Natur, Manier und Stil" bekannte Scheidung Goethes zwischen Manier und Stil zu der seinigen gemacht. Der Stil ist im Gegensatz zu der von der Eigentümlichkeit der Künstler beeinflußten Manier die „höchste Unabhängig= keit der Darstellung von allen subjektiven und allen objektiven zufälligen Be= stimmungen"; „er ist die völlige Erhebung über das Zufällige zum Allge= meinen und Notwendigen." Auch hierin sind beide Männer einig.

Soweit war Schiller Goethe entgegengekommen; es bedurfte nur noch des Goethischen Willens, sich mit der geistigen Wandlung Schillers bekannt zu machen. Den äußeren Anlaß dazu gab nach Goethes Darstellung ein zufälliges Zusammentreffen bei einer Sitzung der naturforschenden Gesell=

schaft in Jena: „... Einstmals fand ich Schillern daselbst, wir gingen zufällig Beide zugleich heraus, ein Gespräch knüpfte sich an, er schien an dem Vorgetragenen teil zu nehmen, bemerkte aber sehr verständig und einsichtig und mir sehr willkommen, wie eine so zerstückelte Art, die Natur zu behandeln, den Laien, der sich gern darauf einließe, keineswegs anmuten könne. Ich erwiderte darauf, daß sie den Eingeweihten selbst vielleicht unheimlich bleibe, und daß es doch wohl noch eine andere Weise geben könne, die Natur nicht gesondert und vereinzelt vorzunehmen, sondern sie wirkend und lebendig, aus dem Ganzen in die Teile strebend, darzustellen. Er wünschte hierüber aufgeklärt zu sein, verbarg aber seine Zweifel nicht: er konnte nicht eingestehen, daß ein solches, wie ich behauptete, schon aus der Erfahrung hervorgehe. Wir gelangten zu seinem Hause, das Gespräch lockte mich hinein; da trug ich die Metamorphose der Pflanzen lebhaft vor und ließ mit manchen charakteristischen Federstrichen eine symbolische Pflanze vor seinen Augen entstehen. Er vernahm und schaute das alles mit großer Teilnahme, mit entschiedener Fassungskraft; als ich aber geendet, schüttelte er den Kopf und sagte: „Das ist keine Erfahrung, das ist eine Idee." Ich stutzte, verdrießlich einigermaßen; denn der Punkt, der uns trennte, war dadurch aufs strengste bezeichnet. Die Behauptung aus Anmut und Würde fiel mir wieder ein, der alte Groll wollte sich regen, ich nahm mich aber zusammen und versetzte: „Das kann mir sehr lieb sein, daß ich Ideen habe, ohne es zu wissen, und sie sogar mit Augen sehe."

Die Versuche, dies Gespräch der Zeit nach zu bestimmen, sind an äußeren Widersprüchen gescheitert. An der Thatsache werden wir trotzdem nicht zweifeln. Jedenfalls hatte der berechtigte Einwurf Schillers Goethes Meinung von dem Dichter der Räuber bedeutend erhöht. Der Mann imponierte ihm. „Der erste Schritt," so fährt er in der Erzählung fort, „war gethan. Schillers Anziehungskraft war groß, er hielt alle fest, die sich ihm näherten; ich nahm teil an seinen Absichten und versprach, zu den Horen manches, was bei mir verborgen lag, herzugeben; seine Gattin, die ich von ihrer Kindheit auf zu lieben und zu schätzen gewohnt war, trug das ihrige bei zu dauerndem Verständnis, alle beiderseitigen Freunde waren froh, und so besiegelten wir durch den größten, vielleicht nie ganz zu schlichtenden Wettkampf zwischen Objekt und Subjekt einen Bund, der ununterbrochen gedauert und für uns und andere manches Gute gewirkt hat."

* *

*

2.

Vom 13. Juni 1794 ist der Brief datiert, der Schillers Aufforderung an Goethe, an seiner Zeitschrift: „Die Horen" mitzuarbeiten, enthält. Am 24. Juni schrieb Goethe die Antwort: „Ich werde mit Freuden und von ganzem Herzen von der Gesellschaft sein." Es folgte jener begeisterte, großartige Brief Schillers, der die Summe von Goethes Existenz zog und bewies, daß Goethe noch von niemanden so verstanden war, wie von Schiller. Am 1. September kann Schiller dem Freunde Körner, mit dem er kurz zuvor sich in Weißenfels getroffen hatte, schreiben: „Bei meiner Zurückkunft fand ich einen sehr herrlichen Brief von Goethe, der mir nun endlich mit Vertrauen entgegenkommt." So hatte denn Schiller endlich erreicht, wonach er seit seinem Eintritt in Weimar vergeblich gestrebt hatte.

Der Gegensatz zwischen Goethe und Schiller, den Goethe mit Objekt und Subjekt bezeichnet, tritt in der Geistergeschichte nicht zum ersten Male auf. Er ist so alt wie die Kultur selbst. Wir brauchen nur an Aristoteles und Plato, an Ariost und Tasso, an Meister Gottfried von Straßburg und Wolfram zu denken. Nur das war ein neues und ein erhebendes Schauspiel, daß diese Vertreter der Gegensätze einen Bund schlossen mit der ausgesprochenen Absicht, den Gegensatz, wenn auch nicht aufzuheben, was ja unmöglich war, aber zu mildern oder scharf zu erkennen und, wie Goethe schön sagt, durch einen Wettkampf zu besiegeln. Die Möglichkeit war dadurch gegeben, daß weder Goethe ausschließlich Realist, noch Schiller lediglich Idealist war; daß man höchstens von der größeren Annäherung des einen zur Natur, des andern zur Idee sprechen konnte und daß die Gegensätze wieder zusammentrafen in der gemeinsamen Feindschaft gegen die Ausartung des Realismus, den Naturalismus und die des Idealismus, den Spiritualismus.

Die führende Rolle in dem Aufbau einer gemeinsamen Aesthetik hatte billiger Weise Schiller. Goethes Natur widerstrebte die Theorie, seiner naiven Dichtungsart die philosophische Betrachtung, nur Schillers mit Begeisterung geschriebene tiefsinnige Erörterungen zogen ihn für eine Zeit in das Gebiet der Spekulation. Auch für die Ergebnisse ihrer gemeinsamen Besprechungen fand meistens Schiller den wissenschaftlichen Ausdruck, Goethe fühlte sehr wohl, daß ihm hierin sein großer Freund überlegen war. Und wirklich steht hier Schiller auf der Höhe seiner philosophischen und zugleich dichterischen Thätigkeit. Seine ästhetischen Abhandlungen dieser Zeit sind durch die Tiefe und Größe ihres Inhalts die Grundlage der neuen Aesthetik geworden, durch ihre klassische Form und die Anmut der Darstellung unerreichte Muster einer

Die Briefe über die ästhetische Erziehung. 111

künstlerischen Behandlung wissenschaftlicher Fragen. Der Ort, wo die gemeinsamen Erörterungen niedergelegt wurden, war die bei Cotta von 1795 an erscheinende Zeitschrift: Die Horen. Zu dem Bunde der beiden großen Männer traten ergänzend mit kunsttheoretischen Aufsätzen hinzu die Freunde Schillers, Körner und Wilhelm von Humboldt, aus dem Goethischen Kreise Heinrich Meyer.

Wilhelm von Humboldt hatte Schillers Bekanntschaft im Dezember 1789 gemacht. Die Vermittlerin war Schillers Braut, die mit Karoline von Dachröden in Erfurt, der Braut Humboldts, befreundet war. Mit Begeisterung schloß sich der um acht Jahre jüngere Edelmann an Schiller an; hauptsächlich um in seiner Nähe leben zu können, nahm er im Jahre 1794 mit seiner Familie seinen Aufenthalt in Jena. Durch Schiller mit Goethe bekannt geworden, wurde der geistreiche Kritiker und begeisterte Kenner der Antike freudigst in den Bund mit aufgenommen.

Die erste große kunsttheoretische Abhandlung, gewissermaßen das Programm des Herausgebers, waren Schillers Briefe über die ästhetische Erziehung des Menschen. Es war eine Neubearbeitung von den Briefen an seinen edlen Gönner, den Herzog von Augustenburg, die Schiller im September 1794 für die Horen begann. Vorausgegangen war schon Mitte Juli ein ausführliches Gespräch mit Goethe über Kunst und Kunsttheorie, wobei sich, wie Schiller an Freund Körner schreibt, eine unerwartete Uebereinstimmung fand, „die um so interessanter war, weil sie wirklich aus der größten Verschiedenheit der Gesichtspunkte hervorging. Ein jeder konnte dem andern etwas geben, was ihm fehlte, und etwas dafür empfangen. Seit dieser Zeit haben diese ausgestreuten Ideen bei Goethe Wurzel gefaßt, und er fühlt jetzt ein Bedürfnis, sich an mich anzuschließen, um den Weg, den er bisher allein und ohne Aufmunterung betrat, in Gemeinschaft mit mir fortzusetzen."

Worum die Unterhaltungen sich gedreht hatten, erfahren wir aus der Notiz, daß Goethe nach einigen Wochen einen Aufsatz an Schiller sandte, in dem er die Erklärung der Schönheit, „daß sie Vollkommenheit mit Freiheit sei, auf organische Naturen anwendet". Es folgte noch im September der vierzehntägige Aufenthalt Schillers bei Goethe, nach dem ersterer schreibt: „Es wird eine Zeit kosten, alle die Ideen zu entwirren, die Sie in mir aufgeregt haben; aber keine einzige, hoffe ich, soll verloren gehen," worauf Goethe antwortet: „Wir wissen nun nach unserer vierzehntägigen Konferenz, daß wir in Prinzipien einig sind und daß die Kreise unseres Empfindens, Denkens und Wirkens teils coincidieren, teils sich berühren." Man beschließt,

in der Korrespondenz vorerst das Thema, das Schiller immer wieder ange=
rührt hatte, zu erledigen, „unsere Begriffe über das Wesen des Schönen ins
Klare zu setzen." Schiller sendet am 8. Oktober den ersten philosophischen
Brief.

Aus einem Briefe an Körner vom 25. Oktober 1794 erfahren wir den
Inhalt des Schillerschen Briefes. Es handelt sich um den uns schon be=
kannten Gegensatz Schillers gegen Kant. Kant leugnete ein objektives Merk=
mal der Schönheit oder die objektive Schönheit. Schiller bejahte sie. Jetzt,
nach den Verhandlungen mit Goethe, erklärt Schiller, daß ein empirischer
Begriff von Schönheit nicht vorhanden sei: „Das Schöne ist kein Erfahrungs=
begriff, sondern ein Imperativ." „Er ist ganz gewiß objektiv, aber bloß
eine notwendige Aufgabe für die sinnlich=vernünftige Natur." Also das
Objekt fordere durch die Art, wie es zu uns spricht, uns auf, es schön zu
finden, wobei es natürlich darauf ankommt, wie wir, das Subjekt, uns dazu
stellen. Es ist diese Definition eine Verbindung des Objektiven und Sub=
jektiven.

Am 20. Oktober erhielt Goethe die ersten neun ästhetischen Briefe mit den
Worten: „So verschieden die Werkzeuge auch sind, mit denen Sie und ich
die Welt anfassen ... so glaube ich doch, daß wir auf Einen Hauptpunkt ziehen.
Sie werden in diesem Briefe Ihr Porträt finden (im neunten Briefe) ... ich
weiß, daß ich es gut gefaßt und treffend genug gezeichnet habe." Es ist die
berühmte Schilderung des Künstlers im neunten Briefe, die mit den Worten
schließt: „Er strebe, aus dem Bunde des Möglichen mit dem Notwendigen
das Ideal zu erzeugen. Dieses präge er aus in Täuschung und Wahrheit,
präge es in die Spiele seiner Einbildungskraft und in den Ernst seiner
Thaten, präge es aus in allen sinnlichen und geistigen Formen und werfe
es in die unendliche Zeit."

Die Antwort Goethes lautete: „Wie uns ein köstlicher, unserer Natur
analoger Trank willig hinunterschleicht und auf der Zunge schon durch gute
Stimmung des Nervensystems seine heilsame Wirkung zeigt, so waren mir
diese Briefe angenehm und wohlthätig, und wie sollte es anders sein, da ich
das, was ich für recht lange Zeit erkannte, was ich teils lebte, teils zu leben
wünschte, auf eine so zusammenhängende und edle Weise vorgetragen fand?
Auch Meyer hat seine große Freude daran, und sein reiner, unbestechlicher
Blick war mir eine gute Gewähr," und zwei Tage darauf: „Hierbei folgen
Ihre Briefe mit Dank zurück. Hatte ich das erste Mal sie bloß als betrach=
tender Mensch gelesen und dabei viel, ich darf fast sagen, völlige Ueberein=
stimmung mit meiner Denkensweise gefunden, so las ich sie das zweite Mal

im praktischen Sinne und beobachtete genau: ob ich etwas finde, das mich als handelnden Menschen von seinem Wege ableiten könnte; aber auch da fand ich mich nur gestärkt und gefördert, und wir wollen uns also mit freiem Zutrauen dieser Harmonie freuen."

So können wir in den Briefen über die ästhetische Erziehung des Menschen das erste Zeichen des Bundes, das von Schiller so schön ausgesprochene Bekenntnis des gemeinsamen ästhetischen Glaubens erkennen. Der Ausgangspunkt der Schillerschen ästhetischen Studien war Kants 1790 erschienene Kritik der Urteilskraft. Der große Philosoph hatte auf Schiller eine wunderbare Anziehungskraft ausgeübt. Es war Schillers fester Vorsatz, diesen erhabenen Geist für sich zu bezwingen, seine Philosophie zu durchdringen; sie zu erweitern und auf ihr seine Aesthetik aufzubauen, war ihm eine Lebensaufgabe. Auch Goethe, obgleich das Kantsche System seinem aller Philosophie abholden Wesen wenig zusagte und die Trennung des geistigen Daseins und der Außenwelt ihm gar nicht sympathisch war, hatte doch die Kritik der Urteilskraft mit großer Befriedigung gelesen: „Die großen Hauptgedanken des Werkes waren meinem bisherigen Schaffen, Thun und Denken ganz analog; das innere Leben der Kunst sowie der Natur, ihr beiderseitiges Wirken von innen heraus war im Buche deutlich ausgesprochen. Die Erzeugnisse dieser zwei unendlichen Welten sollten um ihrer selbst willen da sein, und was nebeneinander stand, wohl für einander, aber nicht absichtlich wegen einander. Mich freute, daß Dichtkunst und vergleichende Naturkunde so nah miteinander verwandt seien, indem beide sich derselben Urteilskraft unterwerfen." So kam es, daß Schiller und Goethe sich hier in Kant begegneten.

Der Schillersche Aufsatz ist in einer politisch großen und gewaltigen Zeit geschrieben, da aller Augen nach Frankreich gerichtet waren, „auf den Schauplatz, wo jetzt, wie man glaubt, das große Schicksal der Menschheit verhandelt wird", und das Denken und Begehren der Menschen sich mit der politischen Freiheit beschäftigte. Es schien ein gewagtes Unternehmen, eine Zeitschrift zu gründen, die alles ausschloß, was auf die politische Verfassung sich bezog, und dazu noch mit einer rein ästhetisch-abstrakten Abhandlung das erste Heft zu eröffnen. Aber die Briefe über die ästhetische Erziehung des Menschen wollen gar nicht unpolitisch sein. Die Gräuel der französischen Revolution hatten gezeigt, daß der Mensch noch nicht reif war sich selbst zu regieren. Weder der Staat noch die Philosophie hatte dieses Ziel erreicht. Es kann nur erreicht werden durch die ästhetische Erziehung. Man muß im Menschen unterscheiden die Person, das Bleibende, und den Zustand, das

Wechselnde. „Bei aller Beharrung der Person wechselt der Zustand, bei allem Wechsel des Zustandes beharret die Person." Die Person muß ihr eigener Grund sein, denn das Bleibende kann nicht aus der Veränderung fließen, „und so hätten wir denn fürs erste die Idee des absoluten, in sich selbst gegründeten Seins, d. i. die Freiheit. Der Zustand muß einen Grund haben; er muß, da er nicht durch die Person, also nicht absolut ist, erfolgen; und so hätten wir fürs zweite die Bedingung alles abhängigen Seins oder Werdens, die Zeit." Es entwickeln sich hieraus die beiden Gegensätze, der sinnliche Trieb (absolute Realität) und der Formtrieb (absolute Formalität); der erste will alles Innere veräußern, der andere alles Aeußere formen. „Solange der Mensch nur einen dieser Triebe kennt, kann er nie in voller Bedeutung Mensch sein, denn solange er nur empfindet, bleibt ihm seine Person oder seine absolute Existenz, und solange er nur denkt, bleibt ihm seine Existenz in der Zeit oder sein Zustand Geheimnis. Gäbe es aber Fälle, wo er diese doppelte Erfahrung zugleich machte, wo er sich zugleich seiner Freiheit bewußt würde und sein Dasein empfände, wo er sich zugleich als Materie fühlte und als Geist kennen lernte, so hätte er in diesen Fällen, und schlechterdings nur in diesen, eine vollständige Anschauung seiner Menschheit." Der Trieb, der beide miteinander vereinigt, ist der Spieltrieb. Der Gegenstand des innerlichen Triebes ist das Leben, der Gegenstand des Formtriebes die Gestalt, mithin lebende Gestalt; das ist in der weitesten Bedeutung die Schönheit. Die Schönheit ist also nicht bloß Leben, d. h. Materie, auch nicht nur Gestalt, d. h. Form oder Geist, sondern lebende Gestalt, beides vereinigt. Durch den Spieltrieb wird das Uebergewicht der beiden anderen Triebe aufgehoben, die physische und moralische Nötigung. „Den Namen Spieltrieb rechtfertigt der Sprachgebrauch vollkommen, der alles das, was weder subjektiv noch objektiv zufällig ist und doch weder äußerlich noch innerlich nötigt, mit dem Wort Spiel zu bezeichnen pflegt. .... Der Mensch spielt nur, wo er in voller Bedeutung des Wortes Mensch ist, und er ist nur da ganz Mensch, wo er spielt."

Das höchste Ideal der Schönheit liegt in dem Gleichgewicht der Realität und der Form. Dieses existiert aber nur in der Idee. Sie vereinigt in sich die schmelzende und die energische Schönheit. In der Wirklichkeit ist aber die Schönheit entweder schmelzend oder energisch. Ebenso befindet sich der Mensch in Wirklichkeit entweder im Zustande der Anspannung oder der Abspannung. Hier tritt nun die Wirkung der Schönheit ein, der schmelzenden, die den angespannten Menschen auflöst und die Harmonie herstellt, der energischen, die den abgespannten Menschen anspannt und die Energie herstellt (das nötige Maß), oder mit andern Worten: „durch die Schönheit wird der sinnliche Mensch zur Form und zum Denken geleitet; durch die Schönheit wird der geistige Mensch zur Materie zurückgeführt und der Sinnenwelt wiedergegeben." Es tritt dann der mittlere Zustand ein, in dem der Mensch weder physisch noch moralisch genötigt und doch in beiden Arten thätig ist. Das ist der ästhetische Zustand, der Zustand der Freiheit. „Wenn wir uns erinnern, daß dem Menschen durch die einseitige Nötigung der Natur beim Empfinden und durch die ausschließende Gesetzgebung der Vernunft beim Denken gerade diese Freiheit entzogen wurde, so müssen wir das Vermögen, welches ihm in der ästhetischen Stimmung zurückgegeben wird, als die höchste aller Schenkungen, als die Schenkung der Menschheit betrachten. Es ist also nicht bloß poetisch erlaubt, sondern auch philosophisch richtig, wenn man die Schönheit nun eine zweite Schöpferin nennt"....

Drei Entwicklungsstufen des Menschen unterscheidet Schiller, die physische, die ästhetische und die moralische. Die ästhetische befreit uns von der Macht der Materie, in der dritten beherrscht der Mensch die Materie. Der Schritt von der ästhetischen Stufe zur moralischen ist unendlich leichter, als von der physischen zur ästhetischen. Der Mensch kann ihn durch seine Freiheit, die ihm die Schönheit gegeben, vollbringen. Es giebt für ihn keinen anderen Weg vom physischen zum moralischen Zustande als durch den ästhetischen, er muß ihn durchlaufen, um vom Leiden zur Selbstthätigkeit, vom Empfinden zum Denken fortzuschreiten. Die Betrachtung, die der Mensch im ästhetischen Zustande zu üben beginnt, ist das erste Zeichen seiner Freiheit von der Materie. Der Mensch tritt durch die Schönheit in die Welt der Ideen, ohne die sinnliche zu verlassen. Wie den Wilden die Freude am Putz und Schmuck und das Gefallen an der eigenen oder anderer Gestalt zuerst aus dem rohen physischen Zustande erhebt, so wirkt, so befördert die Schönheit die Moralität und veredelt den Menschen. Sie macht den ästhetischen zum moralischen, oder vielmehr der ästhetische ist der moralische. Die durch die Schönheit erzogenen Menschen sind reif, sich selbst zu regieren. Der ästhetische Staat ist das Ziel, von dem die Untersuchung ausging und zu dem sie zurückführt, „der Staat, in dem alle freie Bürger sind, die mit dem edelsten gleiche Rechte haben". Das menschliche Ideal ist die schöne Sittlichkeit.

Die zweite große theoretische Kundgebung des Bundes war Schillers Abhandlung über die naive und sentimentalische Dichtung, die aus den Aufsätzen über das Naive und „die sentimentalischen Dichter" entstanden war und im Jahre 1795/96 in den Horen abgedruckt wurde. Nach der

Lektüre des Manuskripts im Oktober und November 1795 schrieb Goethe freudig erregt: „Es ist Ihnen nicht unbekannt, daß ich, aus einer allzu großen Vorliebe für die alte Dichtung, gegen die neuere oft ungerecht war. Nach Ihrer Lehre kann ich erst selbst mit mir einig werden, da ich das nicht mehr zu schelten brauche, was ein unwiderstehlicher Trieb mich doch, unter gewissen Bedingungen, hervorzubringen nötigte, und es ist eine sehr angenehme Empfindung, mit sich selbst und seinen Zeitgenossen nicht ganz unzufrieden zu sein."

Auch aus den Briefen an Meyer haben wir eine zustimmende und anerkennende Beurteilung Goethes erhalten, die mit den Worten schließt: „Da diese Lehre mit unserem Denken homogen ist, so wird mir auch auf unserem Wege damit großer Vorteil gebracht", worauf Meyer begeistert antwortet: „Es lebe Schiller, der sich mit uns zum Streit für die Sache des Guten und Schönen vereinigt hat."

Goethe war selbst, ohne es zu wissen und zu wollen, der beste Mitarbeiter und Anreger gewesen. Die Studien der Antike hatten Schiller immer mehr den großen Gegensatz der antiken oder naiven Dichtungsart zu der seinigen zum Bewußtsein gebracht. Gerade dieser Gegensatz interessierte ihn, und der Gedanke, einen „kleinen Versuch" über das Naive" zu schreiben, beschäftigte ihn schon lange. Da trat ihm in Goethe, mitten in der Gegenwart, die Verkörperung des griechischen, naiven Geistes entgegen. Wir erinnern uns, wie er Goethe in dem ersten großen Brief mit Begeisterung als den nach dem Norden verpflanzten Griechen, „den griechischen Geist in dieser nordischen Schöpfung", den vollendeten Künstler, dessen Wesen und Dichten in sich eins ist, als den unbewußt das Höchste schaffenden Genius feiert. „Ueber so manches, worüber ich mit mir selber nicht recht einig werden konnte, hat die Anschauung Ihres Geistes ein unerwartetes Licht in mir angesteckt." „Mir fehlte," heißt es dort ferner, „das Objekt, der Körper zu mehreren spekulativen Ideen, und Sie brachten mich auf die Spur davon." Wir wissen, welche Ideen das waren. Zuerst beherrscht ihn das niederdrückende Gefühl, dies Ideal nicht erreichen zu können; die Frage: „inwiefern kann ich bei dieser Entfernung von dem Geiste der griechischen Poesie noch Dichter sein, und zwar besserer Dichter, als der Grad jener Entfernung zu erlauben scheint", und zugleich das immer mehr erstarkende Gefühl des Wertes seiner wenn auch nicht naiven, so doch auch berechtigten Dichtung trieb ihn dazu, dem inneren Wesen seines und des Goethischen Schaffens nachzugehen. Das Ergebnis dieser Studien war die genannte klassische Schrift, die, wie wir schon früher dargestellt haben, auf den Gegensatz der naiven und sentimentalischen oder der Goethischen und Schillerschen Poesie hinauslief: eine Verherrlichung Goethes, zugleich aber auch eine Verteidigungsschrift der sentimentalischen, der eigenen Dichtung. Beide stellen Natur dar, nur daß der sentimentalische Dichter dieses Ziel durch das Medium der Idee erreicht. Für die Zeit der Kultur ist der Zustand der Natur unwiederbringlich verloren und ein Ideal; so ist auch diejenige Dichtung in der Zeit der Kultur berechtigt, die dieses Ideal zu verwirklichen sucht.

Aber mit einem unvereinbaren Gegensatze, mit einem Mißton sollte das schöne Werk, das aus dem Bunde Goethes und Schillers hervorgegangen war, nicht schließen. Weder der naive Dichter für sich allein, noch der sentimentalische repräsentiert die Idee der schönen Menschheit, sondern nur die Verbindung eider. Und wenn diese Idee auch nicht verwirklicht werden könne, so sollen doch Natur und Geist, Objekt und Subjekt sich nicht mehr feindlich gegenüberstehen. Als gleichberechtigt sich gegenseitig anerkennend sollen sie die Hand sich reichen zum Bunde, um dem Ideale der schönen Menschlichkeit nahe zu kommen. So ist auch dieses Werk ein Jubelruf der Freude, daß das, was die Natur für immer zu trennen schien, für immer zu vereinigen gelungen war.

Mit diesen beiden großen Abhandlungen waren Schillers ästhetische Untersuchungen, abgesehen von einigen kleineren ergänzenden Arbeiten, vorläufig abgeschlossen. Unterdes hatten die mit Schiller und Goethe in den Horen vereinigten Freunde auf anderen Gebieten der Kunst und Wissenschaft fördernd eingegriffen. Meyer hatte, um nur das Wichtigste zu nennen, schon im zweiten Heft, in den „Ideen zu einer künftigen Geschichte der Kunst" im innigen Anschluß an Winckelmann das griechische Kunstideal beleuchtet, Humboldt ganz im Goethischen Sinne Aufsätze über „die männliche und weibliche Form" eingesandt, Körner die gemeinsamen Anschauungen auf die Musik angewandt und Wilhelm Meister kritisch beleuchtet, ebenso W. von Schlegel außer dem Fragment: „Ueber Poesie, Silbenmaß und Sprache", „Etwas über Shakespeare bei Gelegenheit Wilhelm Meisters" geschrieben.

Da aber Schiller, nach langer Pause von seinem Genius gedrängt, der Theorie den Abschied zu geben und der dichterischen Thätigkeit sich zu widmen beschloß, wurde die Hauptkraft den Horen entzogen. So bedeutend war jedoch der Einfluß Schillers auf den Freund, daß dieser, bisher ein Feind der spekulativen Erörterung seiner Dichtung, jetzt die Initiative ergriff und zu gemeinsamer Untersuchung über das Thema anregte, das den großen Dramatiker und den großen Epiker in gleicher Weise interessierte, das Wesen der epischen und dramatischen Dichtung.

Schillers Studien des Sophokles und des Euripides im April 1797 und Goethes gleichzeitiges neues Eindringen in den Homer und beider Beschäftigung mit der Poetik des Aristoteles, die Schiller zum ersten Male mit großer Bewunderung las, führten wie von selbst auf dieses Thema. Der Plan Goethes, nach seinem Hermann ein zweites großes Epos, „Die Jagd", zu schreiben, Fr. Schlegels Abhandlung über die homerische Poesie vom Jahre 1796 und endlich Wilhelm von Schlegels Recension des Epos Hermann und Dorothea (1797) ließen die Fragen bei Goethe nicht zur Ruhe kommen. Voran gingen die Besprechungen zwischen Wilhelm und Serlo über dieses Thema in Wilhelm Meisters Lehrjahren, im April 1797; als Goethe Wolfs Prolegomena las und Schiller das Thema zum Wallenstein aufstellte, begann die Erörterung im Briefwechsel. „Ich habe," schreibt Goethe, „so oft in meinem Leben mich im Stoff vergriffen, daß ich endlich einmal über die Eigenschaften der Stoffe, inwiefern sie diese oder jene Behandlung fordern, ins Klare kommen möchte," und Schillers Einwände, Erläuterungen und Erweiterungen sind ihm so einleuchtend, daß er dankbar schreibt: „Ich bin ja immer gewohnt, daß Sie mir meine Träume erzählen und auslegen." Schließlich faßte Goethe die Untersuchungen zusammen in dem Aufsatz: Ueber epische und dramatische Dichtung von Goethe und Schiller, der jetzt im Briefwechsel gegen Schluß des Jahres 1797 steht.

Gleichwie Lessing seine Hauptaufgabe darin sah, verworrene und vermischte Begriffe zu trennen, so glaubt auch Goethe wahre Erkenntnis des Wesens der beiden Dichtungsarten, des Dramas und des Epos, durch die scharfe Scheidung der beiden herbeizuführen. Er ging, wie das ja immer seine Art war, von einem Gleichnis aus, das der Art, wie beide Dichtungen dem Hörer mitgeteilt werden oder wurden, entnommen war. Er vergleicht den Epiker mit dem Rhapsoden, den Dramatiker mit dem Schauspieler, jenen gedacht „mit seinem ruhig horchenden, diesen mit seinem ungeduldig schauenden und hörenden Kreise". Schiller fügte dem noch hinzu: „Die epische Handlung steht still, die dramatische bewegt sich vor dem Hörer." Aus jenem Vergleich ergeben sich die wichtigsten Unterschiede beider Dichtungen. Das Epos stellt vollkommen Vergangenes, das Drama vollkommen Gegenwärtiges dar. Das Epos schildert mehr Gesinnung und Begebenheiten, den nach außen wirkenden Menschen, das Drama Thaten und Charakter. Das Drama kennt nicht rückwärtsschreitende, höchstens retardierende Motive, die gerade beide dem Epos eigen sind. Das Seelische kann nur der Mime, nicht der Rhapsode darstellen, ebenso fehlt dem Epos der Kampf und Widerstreit der Gegensätze, der Konflikt, der die Seele des Dramas ist.

Es fließt aus eben derselben Quelle auch der wichtigste und wesentlichste Unterschied der beiden Dichtungsgattungen, der der epischen und dramatischen Einheit. Im Drama ist alles einem Zweck, dem Ziele des Dramas, so sehr unterthan, daß alle Personen, Dinge und Worte nur insofern Daseinsberechtigung haben, als sie diesem Zwecke dienen, und daß jede Scene sich aus der vorhergehenden entwickelt, um die Handlung unmittelbar oder mittelbar diesem Ziele entgegenzuführen. Ebenso verlangt die Einheit des Dramas eine strenge Motivierung, die alles Zufällige ausschließt. Das Epos hat gar kein Ziel und „die Handlung ist nur das Mittel zu einem absolut ästhetischen Zweck". Die Handlung ist vergangen, und der Rhapsode will nicht, wie der Mime, die Täuschung erwecken, als solle die Handlung sich erst durch ihn vor unseren Augen entwickeln. Er weiß schon am Anfang und in der Mitte das Ende, er kann nach Belieben, wie es seiner ästhetischen Absicht entspricht, zurückgreifen oder vorgreifen, die Handlung zusammenfassen oder auseinanderziehen, anfangen und schließen, wo er will. Das Drama hat keine Episoden, das Epos nur Episoden, und „die Selbständigkeit der einzelnen Teile ist der Hauptcharakter des epischen Gedichts", und während das über der Handlung des Dramas schwebende Schicksal den Zufall ausschließt, sind gerade Abenteuer und Wunder die Haupteffekte des Epikers.

Es war natürlich, daß Schiller wichtige, das Drama speziell betreffende Beobachtungen an diese Untersuchungen anschloß. Er berührt hier Fragen, die erst von Goethe später zu beider Zufriedenheit beantwortet worden sind, aber in einem wichtigen Punkte war man schon jetzt klar. Die Goethische Forderung: „Alles Poetische muß rhythmisch behandelt werden", die aus der innersten Ueberzeugung der notwendigen Uebereinstimmung der Form und des Inhalts entsprang, wurde auch von Schiller angenommen. Er gab seinen Plan auf, den Wallenstein in Prosa zu schreiben und überzeugte sich freudig immer mehr von der Bedeutung der Goethischen Forderung: „Seitdem kann ich selbst viele Motive, die in der prosaischen Ausführung recht gut am Platze zu stehen schienen, jetzt nicht mehr brauchen; sie waren bloß gut für den gewöhnlichen Hausverstand, dessen Organ die Prosa zu sein scheint; aber der Vers fordert schlechterdings Beziehungen auf die Einbildungskraft, und so mußte ich auch in mehreren meiner Motive poetischer werden. Man sollte wirklich alles, was sich über das Gemeine erheben muß, in Versen, wenigstens anfänglich, konzipieren, denn das Platte kommt nirgends so ins Licht, als wenn es in gebundener Schreibart ausgesprochen wird."

Das Gemeinsame der beiden Dichtungsarten faßte Goethe in den Satz zusammen: „Die Gegenstände des Epos und der Tragödie sollen rein menschlich, bedeutend und pathetisch sein," und Schiller sah das Verbindende in dem über beiden stehenden höheren Begriff der Dichtkunst, „die auch den Dramatiker nötigt, die individuell auf uns eindringende Wirklichkeit von uns entfernt zu halten und dem Gemüt eine poetische Freiheit gegen den Stoff zu verschaffen." „So wird die Tragödie immer zum Epos hinaufstreben, aber auch das Epos zu dem Drama herunterstreben, um den poetischen Gattungsbegriff — Freiheit und Sinnlichkeit — ganz zu erfüllen. . . . Daß dieses wechselseitige Hinstreben zu einander nicht in eine Vermischung und Grenzverwirrung ausarte, das ist eben die eigentliche Aufgabe der Kunst." Es war gerade dies die Aufgabe dieser Untersuchung und zugleich der dichterischen Pläne, die beide damals verwirklichen wollten. Dahin zielt auch Goethes Wort beim Beginn dieser Erörterungen: „Diese Frage ist uns beiden in theoretischer und praktischer Hinsicht jetzt die wichtigste."

Goethe las nicht nur sofort die Ilias und die Dramen des Sophokles nach diesen eben gefundenen Kriterien, er wandte sie auch auf sein Epos Hermann und Dorothea an und fand dabei, daß dieses Epos sich der Tragödie nähere, was Schiller beistimmend ausführlicher begründete; ja er ließ sogar den Plan zu dem Epos „Die Jagd" deshalb fallen, weil er zu wenig retardierende Momente enthielte, dagegen sollte ein neues Werk, „Der Tod des Achilles", ein klassisches Epos werden. Es ist, wie so vieles, Fragment geblieben, aber Schillers Wallenstein steht als leuchtendes Denkmal dieser gemeinsamen theoretischen Geistesarbeit der beiden Dichter vor aller Augen.

Bevor die Dichter mit ihren großen Werken vor das deutsche Volk traten, sollte der Boden für den köstlichen Samen, den sie ihm anvertrauen wollten, empfänglich gemacht und von dem Niedrigen und Alltäglichen gesäubert werden.

Die Litteratur, die außer des Goethe-Schillerschen Kreises für das Bildungsbedürfnis der Deutschen sorgte, war meist überaus schwach und mittelmäßig. Die Mittelmäßigkeit, „das Wort, das in keinen Hexameter ging", die Halbheit, Schalheit der Litteratur, die mit großer Eitelkeit sich dem Publikum barbot, erkennt man am besten, wenn man einen Band der zahllosen Journale, wie etwa den Genius der Zeit, die Neue allgemeine Bibliothek, das Berlinische Archiv, und ihren Geschmack mit dem Inhalt der Horen vergleicht.

Ein furchtbares Strafgericht sollte diese Verderber wahrer Poesie, diese Träger der Mittelmäßigkeit treffen, die das Halbe, Unzulängliche, Platte in den Himmel hoben, um wieder gelobt zu werden, oder, um mit Goethes

Aus den Xenien: Handschrift Schillers.

Aus den Xenien: Handschrift Goethes.

eigenen Worten zu sprechen: „Diese allgemeine Nichtigkeit, Parteisucht fürs Mittelmäßige, diese Augendienerei, diese Katzenbuckelgebärden, diese Leerheit und Lahmheit, in der nur wenige gute Produkte sich verlieren". Die zahllosen Dichterlinge mußten bei Seite geschoben werden, der Geschmack des Publikums erst wieder des Trivialen, Seichten entwöhnt und zum Verständnis des Großen und Hohen erzogen werden.

Den äußeren Anlaß loszuschlagen boten die Gegner selbst. Es geschah durch die versteckten oder offenen Angriffe gegegen die Horen. Die von Schiller offen ausgesprochene Absicht, ein Centralorgan der ersten Geister in Deutschland zu schaffen, und die Thatsache der Vereinigung dieser ersten Geister, wie Goethe, Herder, Fichte, Humboldt, Schlegel u. a. unter Schillers Führung und nicht zum wenigsten der anfänglich großartige äußere Erfolg der Horen erweckten den Neid der zum teil verdrängten Zeitschriften, die schon für ihre Existenz zu fürchten begannen. Dieser Groll machte sich in böswilligen Recensionen Luft oder in den Versuchen die Arbeiten Goethes und Schillers durch die „geheime Fehde des Verschweigens, Verruckens und Verdruckens" zu ignorieren oder zu entstellen. Denn gegen den Bund Goethes und Schillers, der vielen ein Dorn im Auge war, richtete sich der Angriff hauptsächlich. Eine gewisse äußere Berechtigung dieser Angriffe gaben die Schillerschen Aufsätze, insofern sie allzu hohe Ansprüche an den Leser stellten, wie ja auch von den römischen Elegien Goethes wohl nicht alle für eine viel verbreitete Zeitschrift geeignet waren. Als nun gar verraten wurde, daß die lobpreisenden Recensionen über die Horen in der Allgemeinen Litteraturzeitung von den Mitarbeitern der Horen ausgingen und bezahlt wurden, da hatte man Stoff genug zum Begeifern und zu Verhöhnen. Auch die baldige Abnahme der großen Begeisterung für die Horen änderte darin wenig. Jetzt machte der Angriff noch besonderes Vergnügen, und die Pfeile schienen mehr Aussicht auf sicheres Treffen zu haben.

Die Entstehung der „Xenien" geht bis auf den Oktober 1794 zurück. Nach dem ersten Besuch Schillers vom 14—27. September, wo beide Dichter im Prinzip und in dem Kreise ihres Empfindens und Denkens sich einig fanden, ist Goethe schon auf „Vehikel und Masken bedacht, wodurch und unter welchen wir dem Publico (der Horen) manches zuschieben können." Es war die Zeit, in der die erste Epistel mit ihrer launigen Verhöhnung der Lesewut für die Horen geschrieben wurde. Erst im Juni hören wir von einem Einfall, die „Jurisdiktion der Horen" zu erweitern und durch offene Briefe von Mitarbeitern an den Herausgeber den Kampf mit scharfen Waffen zu beginnen. Zuerst schreibt Goethe den Aufsatz über den Litterarischen Sansculottismus im fünften Stücke der Horen 1795, der ein Strafgericht über einen thörichten, die „Prosa und Beredsamkeit" der deutschen Schriftsteller gering schätzenden und ungerecht beurteilenden Artikel des Berlinischen Archivs halten sollte. Immer wieder spielt er in den Briefen an Schiller darauf an, „daß man vor Ende des Jahres sich über einiges erklärte und unter die Autoren und Recensenten Hoffnung und Furcht verbreitete" oder daß man alles sammle, was gegen die Horen gesagt worden und am Schluß des Jahres ein kurzes Gericht hielte: „Wenn man dergleichen Dinge in Bündlein bindet, brennen sie besser." Schon vorher hatte er das erste Epigramm geschrieben, das unter die Xenien aufgenommen worden ist. Unterdes waren die Angriffe, die Freund Humboldt alle sammelte und nach Jena sandte, immer zahlreicher geworden. „Es ist eine wahre Ecclesia militum, die Horen meine ich, außer den Völkern, die Herr Jakob in Halle kommandiert und die Herr Manso in der Bibliothek hat ausrücken lassen, und außer Wolfs schwerer Kavallerie haben wir auch nächstens vom Berliner Nicolai einen derben Angriff zu erwarten." Der Gedanke, „auf alle diese Platitüden" zu antworten, wollte Schiller zuerst nicht gefallen. Aber noch in demselben Jahre rückt Goethe am 23. Dezember 1795 mit einem bestimmten Plan vor: „Den Einfall, auf alle Zeitschriften Epigramme, jedes in einem einzigen Distichon, zu machen, wie die Xenia des Martials sind, der mir dieser Tage gekommen ist, müssen wir kultivieren und eine solche Sammlung in Ihren Musenalmanach des nächsten Jahres bringen." Mit dem Hinweis auf Martials Xenien (Gastgeschenke), dem dreizehnten Buch seiner Epigramme, war auch gleich der Titel für die Sache gefunden.. Sobald der Gedanke gefaßt war, wuchsen Objekte und Distichen mit unglaublicher Schnelle. Während Goethes Aufenthalt in Jena vom 3. bis 17. Januar 1796 wird der Plan reiflich überlegt und besprochen. Auf beiden Seiten war große Schaffenslust vorhanden. Man nimmt sich vor: Nulla dies sine epigrammate. Von dem Ergebnis der Beratungen erzählt uns ein Brief Schillers an Körner: „Das Kind, welches Goethe und ich miteinander erzeugen, wird etwas ungezogen und ein sehr wilder Bastard sein.... Das meiste ist wilde, gottlose Satire, besonders auf Schriftsteller und schriftstellerische Produkte, untermischt mit einzelnen poetischen, auch philosophischen Gedankenblitzen. ... Der Plan ist, auf 1000 Monodistichen zu steigen ... jeder wird etwas von seiner Manier aufzuopfern versuchen, um dem andern mehr anzunähern. Wir haben beschlossen, unsere Eigentumsrechte niemals auseinanderzusetzen." In den Briefen an Humboldt bezeichnet er noch bestimmter neben der „genialischen Impudenz und Satire" ein lebhaftes Streben nach einem festen Punkt als den Charakter des Ganzen. Diesem Streben trug man nun bedeutend Rechnung. Neben dem Haß sollte auch die Liebe Raum erhalten, neben dem negativ Absprechenden auch das positiv Fördernde, und bei dem fast täglichen mündlichen Verkehr im Frühjahr 1796, durch längere gegenseitige Besuche, dem sich auch ein Besuch Körners anschloß, erweiterte sich der Plan, in den Xenien ein Gesamtbild der geistigen Bestrebungen der Zeit darzustellen. Es war eine Zeit des Dichtens füreinander, des Aufgehens ineinander, um ein untrennbares einheitliches Werk zu schaffen, das niemand nach seinen Urhebern zu scheiden verstünde. Der inzwischen aufgetauchte Plan, die Xenien in Buchform als ein liber epigrammatum herauszugeben, ward bald wieder aufgegeben; die Xenien wurden nun endgiltig für den Schillerschen Musenalmanach für 1797 bestimmt. Die Blüten „der Liebe" oder „die Xenien der würdigen, ernsten und zarten Art" wuchsen so trefflich und gediehen so gut, daß man, wie Goethe schreibt, „denen Lumpenhunden, die angegriffen sind, mißgönnt, daß ihrer in so guter Gesellschaft erwähnt wird." Ende Juni sandte Schiller das Xenienmanuskript, das etwa 700 Nummern enthielt, an Goethe, der es abschreiben ließ.

Diese Kopie der ersten Form der Xenien ist im Goethearchiv erhalten und im Jahre 1893 veröffentlicht worden. Sie erfreut und ergötzt uns durch ihre große, gleichsam das All des menschlichen Lebens umfassende Mannigfaltigkeit, die meist strafende, aber auch lobende Kritik, den Wechsel von neckischer Satire oder scharfem, beißendem Witz und den Aussprüchen hoher Weisheit über Kunst, Wissenschaft, Politik und Religion. Aber Schiller war durchaus nicht damit zufrieden. Sein scharfer Verstand sagte ihm, daß die Verbindung heterogener Dinge, die Vereinigung der polemischen und der frommen Epigramme die beabsichtigte Wirkung völlig aufheben werde. Mit anderen Worten, er verlangt eine Scheidung beider Arten. Goethe, den er von der Notwendigkeit der Aenderung während dessen Besuch Mitte Juli in Jena überzeugen wollte, war betrübt, auf diese „schöne, eigene und einzige Idee" verzichten zu müssen und das Ganze nun wieder zerstückelt und verstümmelt zu sehen. Aber Schillers Ueberzeugung, daß bei der alten Anordnung noch eine große Menge von Xenien erforderlich seien, „wenn die Sammlung auch nur einigermaßen den Eindruck eines Ganzen machen wolle", blieb unerschütterlich. Er findet am 1. August endlich eine Form, die auch Goethe befriedigt. Die satirischen Epigramme, also der Grundstock des Ganzen, werden herausgenommen. Sie allein erhalten den Namen Xenien und werden an den Schluß des Almanachs, als eine in sich geschlossene Einheit, gesetzt. Die „frommen" Xenien werden unter die anderen Gedichte des Almanachs meist inhaltlich zu kleineren Einheiten verbunden oder

„in einen Strauß" zusammengeknüpft, verstreut. Im Oktober 1796 erschien der Musenalmanach für 1797, der die litterarische Welt in eine gewaltige Aufregung versetzte und unter dem Namen Xenienalmanach unsterblich geworden ist.

Der Frage der Sonderung des Eigentums, gegen die sich beide Dichter energisch ausgesprochen haben, brauchen wir hier nicht näher zu treten; gerade darin sollte sich ja ihre Einheit äußern, daß niemand sie trennen und auseinanderscheiden sollte und konnte. Das gegenseitige Versprechen der beiden Dichter, die Xenien insgesamt in beiden Gedichtsammlungen aufzunehmen, ist freilich nicht gehalten worden. Schiller wählte 82 für sich aus, Goethe nahm nur sechs in seine Gedichte auf, ein Xenion und drei Votivtafeln finden wir in beiden Werken, ein gewiß unbeabsichtigtes und darum um so wertvolleres, wohl einzig dastehendes Zeugnis gemeinsamer Thätigkeit an einem poetischen Werke. Goethe äußerte sich: „Freunde wie Schiller und ich, jahrelang verbunden, mit gleichen Interessen, in täglicher Berührung und gegenseitigem Austausch, lebten sich ineinander so sehr hinein, daß überhaupt bei einzelnen Gedanken gar nicht die Rede und Frage sein konnte, ob sie dem einen gehörten oder dem andern. Wir haben viele Distichen gemeinschaftlich gemacht, oft hatte ich den Gedanken und Schiller machte die Verse, oft war das Umgekehrte der Fall, und oft machte Schiller den einen Vers und ich den andern. Wie kann nun da von Mein und Dein die Rede sein!" Dies mag vielleicht etwas übertrieben sein, aber gewiß wird Schiller oft den besten Ausdruck für einen Goethischen Gedanken, oder eine packende Ueberschrift für ein gutes Distichon gefunden haben; oft entdeckte der eine den Feind, den der andere bestrafte, oder es reihten sich neue Gedanken des einen an ein treffendes Witzwort des andern.

Ueber die Auffassung Schillers als des Verführten hat dieser sich selbst am meisten geärgert. Gerade die schlagenden und scharfen Xenien hat Goethe ihm, die „unschuldigen und geringen" sich zugewiesen, und auch wenn dieser Ausspruch nicht überliefert wäre, so entsprach es doch dem Charakter Schillers, das Gemeine und Gewöhnliche, das Häßliche und Platte mit heiligem Zorn scharf und wuchtig zu treffen, während Goethes kühlere Art lieber mit den geschmeidigeren Waffen der Ironie und der Satire angriff.

Im Laufe der Arbeit war Objekt des Angriffs das gesamte geistige Leben der Gegenwart geworden, aber der heftigste Zorn blieb doch den Trägern und Vermittlern der Bildung, von denen er ausgegangen war, den Zeitschriften und Journalisten vorbehalten. Ihre Namen hier zu nennen verlohnt sich kaum; sie sind der Nachwelt nur erhalten, weil sie in den Xenien angegriffen wurden.

Der Angriff der Dichter richtete sich gegen das gegenseitige Loßhudeln und Tragen, das Verderben des Geschmackes durch Empfehlung schaler, geistloser Lektüre, das Hervorheben des Mittelmäßigen und Platten und das absichtliche Niederdrücken oder Verschweigen des Großen und Schönen um der eigenen ängstlich behüteten Existenz willen. Es war die kräftige, zornige Antwort auf die schmählichen Angriffe gegen die Horen. Der Hauptvertreter der schalen Kritik, der größte Philister, der, aller Poesie bar, sich doch als den ersten Richter in Deutschland aufspielte, weil er einst mit Lessing befreundet gewesen war, der uns wohlbekannte Buchhändler Nicolai, bekommt unter vielen bösen Wahrheiten das Distichon "Keine Rettung" zu hören:

> Lobt ihn, er schmiert ein Buch euch zu loben, verfolgt ihn, er schmiert eins
> Euch zu schelten, er schmiert, was ihr auch treibet, ein Buch.

"Ein schrecklicher Dorn in des Märtyrers (Lessings) Kranz", wird er, in die Unterwelt geschleppt, wo "der junge Werther den dummen Gesellen erwartet, der sich so abgeschmackt über sein Leiden gefreut". Auch der Xeniendichter steigt hinab, um Tiresias=Lessing zu fragen, wo er "den guten Geschmack fände, der nicht mehr zu sehen". Er trifft den gewaltigen Herkules Shakespeare, und nun folgt ein Gespräch zwischen beiden, eine der geistvollsten und schärfsten, beißendsten Satiren gegen die Iffland=Schroeder=Kotzebuesche Familiendramatik und die Freude des Publikums an diesem seichten, hausbackenen und bürgerlichen Drama, das weder das große, gigantische Schicksal kenne, "welches den Menschen erhebt, wenn es den Menschen zermalmt", noch "den leichten Tanz der Thalia". "Kein Anton und Orest, keine Andromache mehr" erscheint auf der Bühne,

> Nichts! Man siehet bei uns nur Förster, Kommerzienräte,
> Fähnbriche, Secretairs oder Husarenmajors.

Und ebenso wie gegen das Platte, Alltägliche der Poesie, so richten sich die Pfeile der Xeniendichter gegen die unsittlichen Nachahmer Wielands, den lüsternen Thümmel und Heinse, der die Werke der Kunst nicht schildern konnte, ohne der gemeinsten Sinnlichkeit zu huldigen (wie das Xenion klagt: "Der Dämon wechselt bei Dir mit dem Schwein ab, und das nennest Du Mensch"), oder gegen die verhüllte Sinnenlust der geistlichen Herren und Pädagogen Hermes und Manso, die "die Wollust malten, aber den Teufel dazu". Heuchler und Frömmler zu verfolgen war immer Goethes Lieblingsaufgabe. Der frühere Jugendfreund Lavater muß das bittere Wort hören:

> Schade, daß die Natur nur Einen Menschen aus dir schuf,
> Denn zum würdigen Mann war und zum Schelmen der Stoff;

die einst nicht weniger innig mit ihm verbündeten Grafen Stolberg müssen nun den Abfall zum frömmelnden Christentum und den schnöden Angriff gegen Schillers sogenannte religiöse Verirrung in den Göttern Griechenlands bitter büßen, und auch der ehemals geliebte religiöse Schwärmer Jung Stilling wird den „schlechten Gesellen" beigezählt.

Die Vertreter der platten bürgerlichen Poesie priesen die alte vergangene Zeit, einen Gottsched und Gellert, Klopstock, Gleim, Uz als die Blüte der deutschen Litteratur. Klopstock glaubte in seinem Messias die höchste Stufe der Dichtung erklommen zu haben und selbst Herder sehnte in Stunden des Unmuts die „teuren Alten" zurück.

> Alles in Deutschland hat sich in Prosa und Versen verschlimmert,
> Ach und hinter uns weit liegt schon die goldene Zeit —

so beginnt der „Chor der Invaliden", wie man diese Jeremiade hübsch bezeichnet hat. Sie klagen, daß die neuen Philosophen die Sprache, die neuen Poeten die Logik verdürben, daß aus der Aesthetik die Tugend verjagt wird, sie sehnen sich nach dem schlüpfrigen sächsischen Lustspiel, „der witzigen Einfalt und schönen Naivetät der Stubenmädchen von Leipzig", Gellerts weinerlicher Komödie, dem platten Trauerspiel Weißes und „dem Menuettschritt seines geborgten Kothurns". Der gutherzige Gleim, der alte Peleus, der immer noch seine saft- und kraftlosen Verse weiter schrieb und die neue Zeit nicht verstand, hatte wehklagend die Jeremiade angestimmt:

> Wie war's einmal so schön auf unserm Helikon,
> Als Klopstock noch Homer, Uz noch Anakreon
> Gerufen ward auf ihm, noch die Gerufnen hörten,
> Noch Faunen nicht auf ihm der Musen Tänze störten
> Mit ihrem Wolfsgeheul und Tigerungestüm.

Von den neuesten Kritikern wird Fr. Schlegel ob seiner „übertriebenen Graecomanie", wegen einer mißgünstigen Recension des Almanachs allzu hart gezüchtigt. Schlegel hat das nie vergessen. Die erste Rache war die boshafte Bemerkung, man wisse recht wohl, wer bei der Anonymität der Xeniendichter frohlocke, daß er der andere scheinen könne.

Wenn dieser Almanach, wie sein Name sagte, den Musen gewidmet war, so wollten die Xeniendichter doch auch die Gelegenheit ergreifen, um ihrem lang verhaltenen Groll über die politischen Schwärmer Luft zu machen; auch hier ist es wunderbar, wie sehr sich Schiller, der Verkünder der Frei=

heit und der Menschenrechte, der Ehrenbürger der französischen Republik, den Goethischen Anschauungen genähert hat. Ein früherer Freund Goethes, der uns durch seine Kompositionen Goethischer Lieder wohlbekannte Kapellmeister und Schriftsteller Reichardt, der Schillern von jeher unsympathisch, durch seine leiden= schaftliche Agitation für die republikanischen Ideen sich auch Goethen entfremdet hatte, sollte das Objekt dieser Angriffe sein, deren Schärfe nur noch durch

J. F. Reichardt.

ihre große Zahl übertroffen wird. Da Reichardt außerdem sich nicht abhalten ließ, in seinen beiden leichtfertig redigierten Zeitschriften „Deutschland" und „Frankreich", die seiner wilden Agitation für republikanische Ideen dienten, boshafte Kritiken über die Horen zu schreiben, so gab Goethe seine Ein= willigung dazu, über den ehemaligen Bundesgenossen ein großes Strafgericht zu verhängen, das sowohl den Politiker, den Musiker und Schriftsteller treffen und insbesondere des Menschen Heuchelei und Schmeichelei strafen sollte.

So hatten denn die beiden verbündeten Dichter, bevor sie durch ihre Werke eine neue Aera begründeten, mit der alten abgerechnet. Abgesehen von dem absichtlich übergangenen Herder und dem wegen seines Alters mild behandelten Wieland und dem freundlich begrüßten Verfasser der Luise waren nur wenige zeitgenössische Dichter aus der Schlacht unverwundet hervorgegangen. Einer aber strahlt als überlegener Geist, als der gewaltige Heros Achilles weit über seine Zeit und die Gegenwart hervor; Lessing erhält das schöne Xenion Achilleus:

> Vormals im Leben ehrten wir dich, wie einen der Götter,
> Nun du tot bist, so herrscht über die Geister dein Geist.

Ein lobpreisendes Xenion des griechischen Genius an Heinrich Meyer in Italien sollte öffentlich bekunden, daß dieser treffliche Mann als dritter in den Bund aufgenommen war; als Zeichen seiner Dankbarkeit schob Schiller ein schönes Distichon, das sein Verhältnis zu Goethe aller Welt offenbarte, in die Distichen des Almanachs ein:

> Dich erwählt ich zum Lehrer, zum Freund. Dein lebendiges Bildnis
> Lehrt mich, dein lehrendes Wort rühret lebendig mein Herz.

Die Antwort auf die Xenien war ein wahres Wutgeheul der Angegriffenen. Ein halbes Jahr lang wurde jedes andere litterarische Interesse von diesem verschlungen. Der Gegenschriften und Bücher, der Gegenartikel in Zeitschriften, der Antixenien war Legion. Goethe war zuerst nicht abgeneigt, im nächsten Almanach den Kampf fortzusetzen, doch kam er bald davon zurück. Stillschweigen war gewiß die einzige würdige Antwort auf die zum teil schamlosen Angriffe.

„Es ist lustig zu sehen," schreibt Goethe im Dezember 1796, „was diese Menschenart eigentlich geärgert hat, was sie glauben, daß einen ärgert, wie schal, leer und gemein sie eine fremde Existenz ansehen, wie sie ihre Pfeile gegen das Außenwerk der Erscheinung richten, wie wenig sie auch nur ahnen, in welcher unzugänglichen Burg der Mensch wohnt, dem es nur immer Ernst um sich und um die Sache ist. . . . Wenn ich aber aufrichtig sein soll, so ist das Betragen des Volkes ganz nach meinem Wunsche; denn es ist eine nicht genug gekannte und geübte Politik, daß jeder, der auf einigen Nachruhm Anspruch macht, seine Zeitgenossen zwingen soll, alles was sie gegen ihn in petto haben, von sich zu geben. Den Eindruck davon vertilgt er durch Gegenwart, Leben und Wirken jederzeit wieder."

War der Boden auch nicht gleich gereinigt, so war doch das Interesse überall geweckt. Leidenschaftliches Parteiergreifen sichert vor dem bösesten

Feinde, der Gleichgiltigkeit. Das erste und wichtigste war erreicht. Nie sind die neuen Werke der beiden Dichter mit mehr Verlangen von Feind und Freund erwartet worden als damals. Mitten in der Schlacht, unter den Angriffen und vernichtenden Schlägen, hatten sie jedoch des Aufbaues der zukünftigen Litteratur nicht vergessen. Es sollte das Gewitter nicht nur reinigen, es sollte auch befruchten. Mit dem Xenion Realist und Idealist, das den Inhalt der Abhandlung über naive und sentimentalische Dichtung epigrammatisch wiedergiebt:

> Beide suchen die Wahrheit. Der innen im Herzen und jener
> Außen im Leben, und so findet sie jeder gewiß,

verkündet Schiller die Einheit und das Ziel beider Dichter; mit dem Prophetenwort des Tiresias-Lessing:

> Glauben sie nicht der Natur und den alten Griechen, so holst du
> Ihnen ewig umsonst eine Aesthetik herauf,

den Weg ihrer Poesie.

Im November 1796 konnte Goethe dem Freunde von dem guten Fortschritt seines Epos melden, er schickte dem Berichte die Worte voran: „Das Angenehmste, was Sie mir aber melden können, ist Ihre Beharrlichkeit an Wallenstein und Ihr Glaube an die Möglichkeit einer Vollendung; denn nach dem tollen Wagestück mit den Xenien müssen wir uns bloß großer und würdiger Kunstwerke befleißigen und unsere proteische Natur, zu Beschämung aller Gegner, in die Gestalten des Edlen und Guten unwandeln." „Für mich insbesondere," so schloß Goethe seinen Aufsatz „Erste Bekanntschaft mit Schiller", „war dieser Bund ein neuer Frühling, in welchem alles froh nebeneinander keimte und aus aufgeschlossenem Samen und Zweigen hervorging."

Das „liebe närrische Nest", wie Goethe Jena einmal nennt, war der Ort der gemeinsamen Thätigkeit der beiden Dichter. Die zehn Jahre hindurch hielt sich Goethe fast alljährlich mehrere Monate in Jena auf, aber nicht erst Schillers Aufenthalt machte ihm Jena lieb und teuer. Es war von Anfang an sein Tusculum, wohin er vor den Störungen, die sein Amt und seine Stellung mit sich brachten, flüchtete. In der lieblichen, anmutigen Umgebung lebte er hier frei und ungezwungen sich selbst und der Natur. „Es ist recht eigen," schreibt einmal Schillers Gattin an Frau von Stein, „welchen Eindruck der Ort auf ihn macht. In Weimar ist er gleich steif und zurückgezogen; hätte ich ihn hier nicht kennen lernen, so wäre mir viel von ihm entgangen und gar nicht klar geworden," und er selbst bezeugt es, daß er hier immer ein glücklicher Mensch war. Die schöne Umgebung, die Befreiung von lästigen Fesseln, die „absolute Stille" thaten auf seinen Geist eine wunderbare Wirkung. Daß er eigentlich nur in Jena dichten und arbeiten könne, hat er der Mutter und den Freunden oft gestanden. „Was Goethe," bezeugt Schiller in einem Briefe an Körner von 1800, „binnen vier oder fünf Jahren geschrieben, ist alles in Jena entstanden." Das Haus, in dem Goethe wohnte, wenn er nicht im Schlosse weilte, war das Wirtshaus zur Tanne, an der Straße nach Camsdorf gelegen, und zwar bezog er dessen Erkerräume mit der prächtigen Aussicht. In den vierziger Jahren sah man noch an den weißen Wänden meteorologische Notizen und Verse von Goethes Hand. Von dieser Gewohnheit Goethes berichten uns auch die Worte an Schiller: „Es ist lustig, daß ich dort (in seinem Wohnzimmer im Schlosse) an einem weißen Fensterpfosten alles aufgeschrieben habe, was ich seit dem 21. November 1798 in diesem Zimmer von einiger Bedeutung arbeitete."

Das Haus, in dem der denkwürdige Besuch Goethes bei Schiller am 13. Juni 1794, der die Freundschaft einleitete, stattfand, war das heute noch vorhandene Haus am Markt (jetzt Unterer Markt Nr. 1), das Schiller 1794 bis April 1795 bewohnt hat. Wenige Schritte davon (jetzt Postgasse Nr. 4 u. 5) wohnte damals Wilhelm von Humboldt. Aber die eigentlich klassischen Stätten ihres Verkehrs waren das sogenannte Griesbachsche Haus, das Schiller bis zur Uebersiedlung nach Weimar bewohnte (jetzt Schloßgasse Nr. 17) und vor allem das Gartenhaus an der Leutra, das Schiller vom Mai 1797 an als Sommerwohnung benutzte. Hier hatte Schiller zuerst das große Mansardzimmer mit seiner schönen Aussicht nach dem Saale- und Leutrathal für seine Arbeit bestimmt. Vom Sommer 1798 wurde die um einen Stock erhöhte und wohnlich eingerichtete Gartenhütte, die nur aus zwei Zimmern bestand, dazu benutzt. Diese einfache idyllische Wohnung, am Abhange der rauschenden Leutra gelegen, hat ein viel beneidetes Geschick gehabt. Hier in dem einen Zimmer des ersten Stocks schrieb Schiller den Wallenstein und vollendete die Jungfrau von Orleans; hier oder in der Laube tauschten Schiller und Goethe ihre Gedanken und großen Pläne aus, und selbst auf der Schweizer Reise gedenkt Goethe dieses lieblichen Aufenthaltes mit den Worten: „Ich bin oft auf Ihrer stillen Höhe bei Ihnen, und wenn es recht regnet, erinnere ich mich des Rauschens der Leutra und ihrer Gossen." Die „schöne Gartenscene" hat Goethe in seinem Epilog auf Schillers Glocke unsterblich gemacht und die von uns wiedergegebene Goethische Zeichnung aus dem Jahre 1810 zeugt von der wachgebliebenen Neigung und Liebe für dieses idyllische Plätzchen. „Hier hat Schiller gewohnt," erzählte er viele Jahre später bei einem Besuche des seit 1812 zu einer Sternwarte umgewandelten

Hauses mit Eckermann. „In dieser Laube, auf diesen jetzt fast zusammengebrochenen Bänken haben wir oft an diesem alten Steintisch (der jetzt noch steht) gesessen und manches gute und große Wort miteinander gewechselt. Er war damals noch in den dreißigen, ich selber noch in den vierzigen, beide noch in vollstem Aufstreben, und es war etwas."

Das erste große Werk Goethes, das, wenn auch in der Hauptsache vor 1794 vollendet, unter Schillers Einfluß seine endgiltige Gestalt gewonnen hat, war der Roman Wilhelm Meisters Lehrjahre.

Schillers Garten in Jena. Zeichnung Goethes.

Wilhelm Meisters Anfänge lassen sich bis auf das Jahr 1777 zurück verfolgen, am 26. Juni 1796 wurde er abgeschlossen; der Roman hat also fast dreißig Jahre seines Dichters mit durchlebt. Daß das bei einem Werk Goethes etwas anderes besagen will, als bei jedem andern Dichter, brauchen wir nicht zu wiederholen. Auch bedürfen wir nicht der Erinnerung an die Goethische Bezeichnung seines Helden als seines dramatischen Ebenbildes, um zu wissen, daß Meister Goethe selbst ist. Ursprünglich hatte der Dichter auch die Absicht, Meisters Kindheit zu schildern; und daß das die eigene Kindheit gewesen wäre, verrät uns der Bericht Frau Ajas, als sie das erste Buch, das ja einiges von dem ursprünglichen Plan erhalten hat, gelesen hatte: „Den besten und schönsten Dank," schreibt sie am 19. Januar 1795, „vor Deinen Wil=

helm! Das war einmal wieder vor mich ein Gaudium! Ich fühlte mich 30 Jahre jünger — sahe Dich und die anderen Knaben 3 Treppen hoch die Präparation zum Puppenspiel machen — sahe wie die Elise Bethmann Prügel vom ältesten Mors kriegte und dergleichen mehr. Könnte ich Dir meine Empfindungen so klar darstellen — die ich empfand — Du würdest froh und fröhlich sein — Deiner Mutter so einen vergnügten Tag gemacht zu haben. —"

Der Titel des Romans war ursprünglich: Wilhelm Meisters theatralische Sendung. Er schloß, wenn eine Aeußerung von Goethes Mutter, die Tieck überliefert hat, richtig ist, mit der Heirat Wilhelms und Nataliens. Daß ursprünglich nur die theatralische Sendung dargestellt werden sollte, wird auch durch eine Bemerkung Goethes wahrscheinlich gemacht, der, auf den Tadel Schillers über die zu breite Darstellung der Schauspielerwelt, diese Breite als einen Rest früherer Behandlung bezeichnet. So hat denn Wilhelm Meister die große Wandlung in Goethes Leben mitgemacht. Wie Werther aus der wirklichen Welt in eine erträumte, ideale flieht, so sucht Wilhelm Meister die Befriedigung unbestimmter Ideale in der Bühnenwelt. Wie Werthern sein juristischer Beruf zuwider ist, so wird Meister von seiner kaufmännischen Thätigkeit angeekelt. Beide kennen nur eine des Menschen würdige Thätigkeit, die Beschäftigung mit der Kunst. Von Rousseauschen Gedanken beseelt, hassen sie die Trennung der Menschen durch die Stände und finden in dem niedrigsten Stande den reinsten Charakter der Menschheit und den edelsten. In beiden Anschauungen geht mit Goethe, wie wir dargelegt haben, in Weimar eine große Wandlung vor. Von der Verachtung der höheren Stände wird er zur Anerkennung der Vorzüge des Adels und vom Demokraten zum Aristokraten, von der Verehrung eines verschwommenen Ideals der Kunst, von dilettantischem Pfuschen in der bildenden Kunst und thatenlosem Aesthetisieren und Schwärmen zur Anerkennung der Arbeit und zu eigener in das Leben eingreifender praktischer Thätigkeit geführt. Jetzt findet Wilhelm Meister in den Kreisen Adliger sein Sehnen und sein Ideal erfüllt, jetzt muß die „theatralische Sendung" fallen, denn sie hat sich als falsche Tendenz entpuppt, als eine Verirrung der Lehrjahre, durch die hindurch der Jüngling zu dem wahren Ideal tüchtiger unablässiger realer Thätigkeit hindurchschreitet. Die theatralische Sendung ist nicht mehr Zweck der Darstellung, sondern ein Teil der Lehrjahre, des großen Romans Wilhelm Meister.

Als Goethe nach Italien ging, waren die ersten sechs Bücher, die den ersten vieren der späteren Einteilung entsprechen, vollendet. Wenn ihn auch hier andere Aufgaben erwarteten, so blieb doch auch in Italien der Gedanke an Wilhelm Meister wach. „Ich möchte ihn," schreibt er von Rom an den Herzog, dem er das Werk „so recht zu erb und eigen zu schreiben" gedachte, „endigen vor meinem Eintritt in das vierzigste Jahr." Alles was er Gutes und Schönes in sich aufnimmt, sollte in Wilhelm Meister gefaßt und geschlossen werden. Aber andere Werke und die ihm angeborne, von ihm selbst beklagte Unschlüssigkeit, verzögerten immer wieder den Abschluß. So war es wohl ein Zwang, den er an sich selbst ausüben wollte, als er im Frühjahr 1794 dem Verleger Unger den Antrag, den Roman in Verlag zu nehmen, machte. Dieser Entschluß brachte Schiller um die Hoffnung, das Werk in seinen Horen abgedruckt zu sehen. Nichtsdestoweniger widmete er ihm mit Freuden seinen Anteil und seine Mitwirkung. Bevor wir diesen Einfluß ausführlicher schildern, wird eine kurze Erinnerung an den Hauptinhalt und die leitende Idee des Romans am Platze sein.

Die Idee des Ganzen hat Goethe nach eigenem Ausspruch in dem Worte Friedrichs am Schluß des Romans angedeutet: „Du kommst mir vor," sagt er zu Wilhelm, „wie Saul, der ausging seines Vaters Eselin zu suchen und ein Königreich fand." Die Eselin ist hier, wie wir schon wissen, die theatralische Kunst, das Königreich die Kunst des Lebens. Noch klarer hat Schiller die Idee oder das Ziel des Romans wiedergegeben: Wilhelm tritt von einem leeren und unbestimmten Ideal in ein bestimmtes thätiges Leben, aber ohne die idealisierende Kraft dabei einzubüßen. Dadurch sind zwei Teile gegeben, der erste, Wilhelms theatralische Sendung, schließt mit dem fünften Buch. Im zweiten (Bd. 7 u. 8) sucht und findet Meister das wahre Ideal. Die Einheit der beiden Teile wird äußerlich hergestellt durch einen Geheimbund, der wie eine höhere Macht über dem Ganzen schwebt. Er leitet zwar nicht, aber beobachtet und warnt, als eine Verkörperung des Schicksals, das über dem Menschen waltet, ohne jedoch in seine Entschließungen einzugreifen. Die erzieherische Tendenz des Bundes tritt im zweiten Teile klar hervor und giebt diesem ganz im Gegensatze zu der sinnliches Leben sprühenden Darstellung des ersten Teils einen mehr lehrhaften, abstrakt unsinnlichen Charakter.

Der Angelpunkt des ganzen Romans ist Meisters Entschluß, sich vom Theater abzuwenden; gerade an dieser Stelle schob Goethe ein scheinbar fremdes Element ein, die „Bekenntnisse einer schönen Seele", die auf Aufzeichnungen des uns aus Goethes Jugendzeit bekannten Fräuleins von Klettenberg zurückgehen. Aber ganz abgesehen davon, daß ein Ruhepunkt an diesem Abschluß künstlerisch durchaus gerechtfertigt ist, sind die „Bekenntnisse" äußerlich und innerlich mit dem Roman innigst verbunden. Die nahen Beziehungen zu Goethes Jugendzeit mögen nebenbei erwähnt werden: der Oheim ist der

Freiherr von Loën, der Arzt derselbe Dr. Metz, der Goethe 1769 durch seine geheimnisvollen Mittel heilte, Thilo der Freiherr Karl von Moser, Narciß der spätere Bürgermeister Frankfurts von Clenschlager und der Oberhofprediger Pfarrer Fresenius, alles uns wohlbekannte Persönlichkeiten. Die äußere Verbindung liegt in den verwandtschaftlich nahen „Beziehungen der schönen Seele" mit dem Kreise der Abligen, in den wir im 7. und 8. Buch eingeführt werden, die innere in der Aehnlichkeit der Charaktere des frommen Fräuleins und Wilhelm Meisters. Beide streben nach einem überspannten Ideal, Wilhelm auf dem Gebiete der Kunst, die schöne Seele auf dem der Religion. Beide werden verzehrt von einer durch überreizte Phantasie gesteigerten Sehnsucht nach einem unklaren, verschwommenen Ziele, beide verlassen den Boden der Wirklichkeit und sind Fremdlinge in der Welt und ihrer Umgebung. So sind die „Bekenntnisse" kein Einschiebsel des Romans, sie stehen mitten im Kunstwerk und leiten an dieser wichtigen Stelle die Blicke vorwärts und rückwärts.

Der Naturtrieb, der Wilhelm Meister, zuerst ihm selbst unbewußt, leitet, ist das Streben nach möglichst harmonischer Bildung. Ringsum sieht er nur einseitige, allein von dem Streben nach Geld geleitete Menschen. Seine Ideale leben in der Dichtkunst, und so ist ihm die Schauspielkunst, die diese Gestalten verkörpert, die einzig wahre, eines freien Menschen würdige Kunst. In seiner idealen Gesinnung überträgt er das Wesen des Dichters auf seine Interpreten. Trübe Erfahrungen, die das Gegenteil beweisen, machen ihn hierin nicht irre, auch nicht die zum ersten Male an sein Ohr dringende Warnung seines geheimnisvollen Schutzgeistes. Der „Unbekannte" behält recht: „Es ist mit der Lebenskunst wie mit allem; nur die Fähigkeit dazu wird uns angeboren, sie will gelernt und sorgfältig ausgeübt sein."

So kann Wilhelm nur durch das Leben selbst bekehrt werden. Der erste große Schmerz, Mariannens Untreue, treibt ihn zu der bisher widerwillig betriebenen kaufmännischen Thätigkeit nur für kurze Zeit zurück. Kaum kommt er auf einer Geschäftsreise mit Schauspielern in Berührung, so überläßt er sich ganz der alten Neigung. Im zweiten Buch wird uns das frivole, leichtfertige Leben dieser Schauspieler geschildert, in deren genialem Anstrich und Aufputz der leicht entflammte Jüngling eine Zeit lang die Verherrlichung seines Ideals sieht. Dieselbe frivole Gesinnung zeigt die vornehme Welt, in die uns das dritte Buch führt, nur daß sich hier die innere Hohlheit hinter Zeremonien und Etikette verbirgt. Wie der Graf die Kunst nur insofern anerkennt, als sie seiner Eitelkeit schmeichelt, so sieht die männliche Jugend in den Schauspielerinnen nur das Weib. Die Verachtung, die man dem ganzen Stande offen und ohne Scheu entgegenbringt, scheinen diese niedrigen und gemeinen Seelen nicht zu fühlen. Aber damit ist in Wilhelms Augen der Wert der Schauspielkunst noch nicht gesunken. Vergeblich ist Mignons Warnung: „Lieber Vater, bleibe auch Du von den Brettern"; vergeblich läßt der Geheimbund durch Jarno seine warnende Stimme erschallen: vergeblich führt ihn dieser in die Welt Shakespeares ein, um ihn aus seinem Traumleben in die Wirklichkeit, aus der dilettantischen Theaterspielerei zur wahren Poesie zu leiten und vergeblich zeigt er ihm Mittel und Wege, zu einem thätigen Leben zurückzukehren. Die in Wilhelm erwachte schwärmende Verehrung für Shakespeare läßt in ihm vielmehr die Sehnsucht aufleben, die Gestalten des großen Dichters nachzuschaffen. Bei einem befreundeten Theaterdirektor, Serlo, hofft er sein Ziel zu erreichen. Er stellt an den Eintritt in dessen Gesellschaft die Bedingung einer Aufführung Hamlets. Aber soviel ist erreicht, daß die Schauspielkunst selbst nicht mehr sein Ideal, sondern nur ein Mittel zu einem höheren Zweck ist. „Ich habe nun einmal," schreibt er an den Freund, „gerade zu jener harmonischen Ausbildung meiner Natur, die mir meine Geburt versagt, eine unwiderstehliche Neigung. . . . Nun leugne ich Dir nicht, daß mein Trieb täglich unüberwindlicher wird, eine öffentliche Person zu sein und in einem weiteren Kreise zu gefallen und zu wirken. Dazu kommt meine Neigung zur Dichtkunst und zu allem, was mit ihr in Verbindung steht, und das Bedürfnis, meinen Geist und Geschmack auszubilden, damit ich nach und nach auch bei dem Genuß, den ich nicht entbehren kann, nur das Gute wirklich für gut und das Schöne für schön halte. Du siehst wohl, daß das alles für mich nur auf dem Theater zu finden ist und daß ich mich in diesem einzigen Elemente nach Wunsch rühren und ausbilden kann." Leise sucht Mignon seine Hand zurückzuziehen, als er den Kontrakt unterschreibt, und seine Schutzgeister lassen ihn in dem zurückgebliebenen Schleier des Geistes die Warnung zukommen: „Zum ersten und letzten Male: Flieh', Jüngling, flieh'!" Viel wichtiger als dieses erweist sich die endlich geglückte Aufführung des Hamlet. Die albernen Urteile des Publikums über sein Spiel, der Neid und die schändliche Undankbarkeit seiner Kollegen empören ihn. Die Gemeinheit ihrer Denkweise tritt bald zu Tage. Nun hilft kein Vertuschen, keine Gutherzigkeit mehr vor der immer fester werdenden Ueberzeugung, daß die Schauspielkunst, anstatt zu wahrer Bildung zu führen, den Charakter verderbe: „Wer sich ihr selbstlos hingiebt, wird auch im Leben theatralisch oder reibt sich auf wie Aurelie, wer ihr oberflächlich dient, wird unwahr, eingebildet, materiell und genußsüchtig." Es kommt ihm jetzt lächerlich vor, hier seine harmonische Ausbildung zu suchen. Die Aufführung von

Emilia Galotti macht ihn am eigenen Talente irre. Er reist ab, zwar mit dem Versprechen zurückzukehren, aber innerlich hat er mit dem Theater für immer gebrochen.

Wir sind am Schluß des fünften Buches. Der Auftrag der sterbenden Aurelie, der Schwester Serlos, führt Wilhelm zu Lothario und dadurch in den Kreis, der uns durch die „Bekenntnisse" bekannt wird. Mit der Absicht, seine moralische Entrüstung an Lothario auszulassen, war er in das Schloß gekommen; er muß bald in ihm das Muster eines wahren Edelmannes erkennen. In dieser Gesellschaft sagt er begeistert zu Therese: „O welch ein Mann ist das, Fräulein! und welche Menschen umgeben ihn! In dieser Gesellschaft hab' ich, so darf ich wohl sagen, zum ersten Mal ein Gespräch geführt: zum ersten Mal kam mir der eigenste Sinn meiner Worte aus dem Munde eines Andern reichhaltiger, voller und in einem größern Umfang wieder entgegen: was ich ahnte, ward mir klar, und was ich meinte, lernte ich anschauen." Mit Staunen sieht er hier Thätigkeit für das Wohl der Menschheit, hohe Bildung, hochherzige, wahrhaft vornehme Gesinnung, Liebe und Verständnis für Kunst und Wissenschaft, kurz alle seine Ideale und doch dabei auch Sinn für den Erwerb der Güter dieses Lebens. Hier tritt ihm die ersehnte Harmonie der Bildung entgegen, hier wird nicht das Streben nach dem Ideellen durch einseitiges Hervortreten des Materiellen vernichtet, aber auch das einseitige Schwärmen für das Ideelle durch praktische, in das Leben eingreifende Thätigkeit verhütet. Dieser Kreis verwirklichte das, was Schiller in seinen Briefen über ästhetische Erziehung als schöne Forderung aufgestellt hatte. „Er erlangt Bestimmtheit, ohne die schöne Bestimmbarkeit zu verlieren," sagt Schiller von Wilhelm Meister, mit direkter Anlehnung an die Gedanken seiner Abhandlung. Es ist zugleich der Kreis eben jener Männer, die Wilhelms Erziehung geheimnisvoll geleitet haben.

Dadurch, daß ihm ein Sohn, sein Felix, geschenkt wird, erhält Wilhelm den festen Anker, für sein künftiges, dem neugewonnenen Ideale gewidmetes Leben: „Er sah die Welt nicht mehr wie ein Zugvogel an, ein Gebäude nicht mehr für eine geschwind zusammengestellte Laube, die vertrocknet, ehe man sie verläßt. Alles, was er anzulegen gedachte, sollte dem Knaben entgegenwachsen, und alles, was er herstellte, sollte eine Dauer auf einige Geschlechter haben. In diesem Sinne waren seine Lehrjahre geendigt, und mit dem Gefühl des Vaters hatte er auch alle Tugenden eines Bürgers erworben." Die Erziehung, die in dem Gewährenlassen der Neigungen, in der Selbstentwicklung bestand und nur zur Abwendung des Uebermaßes thätig eingriff, ist in gewissem Sinne vollendet. „Jetzt steht er," sagt Schiller von ihm, „in einer schönen menschlichen Mitte da, gleichweit von der Phantasterei und der Philisterhaftigkeit." Absichtlich läßt der Dichter den alten Freund Werner erscheinen, der die Jahre hindurch sich dem Gelderwerb gewidmet hatte. „Nein! nein!" rief Werner aus, „so was ist mir noch nicht vorgekommen, und doch weiß ich wohl, daß ich mich nicht betrüge. Deine Augen sind tiefer, Deine Stirn ist breiter, Deine Nase feiner und Dein Mund liebreicher geworden. Seht nur einmal, wie er steht! wie das alles paßt und zusammenhängt! Wie doch das Faulenzen gedeiht! Ich armer Teufel dagegen (er besah sich im Spiegel), wenn ich diese Zeit her nicht recht viel Geld gewonnen hätte, so wäre doch auch gar nichts an mir."

Die Vollendung seiner Ausbildung verrät sich auch in Wilhelms äußerer Erscheinung. Es ist deshalb hübsch erdacht, daß der Graf, der Behüter der Etikette, der ihn, den Schauspieler, kaum beachtet hatte, ihn jetzt, ohne ihn wieder zu erkennen, als Mylord und gleichberechtigt begrüßt. Daß er aus diesem vornehmen Kreise sich eine Gattin wählen und sie erhalten wird, ist für alle selbstverständlich. Der von unklarer Phantastik Geheilte sieht zuerst in der einsichtsvollen, klaren und klugen, haushälterischen Natur Theresens, der geborenen Verwalterin und Landwirtin, die schon Wunder ihrer Thätigkeit aufweisen kann, in dieser tüchtigen aber prosaischen Natur die beste Frau für sich, die beste Mutter für Felix. Aber es ist ein kurzer Irrtum. Er hat ja nicht das Ideelle von sich gestoßen, sondern nur ein falsches Ideal aufgegeben. Theresen fehlten nach Jarnos treffendem Ausspruch die drei schönen Eigenschaften: Glaube, Liebe und Hoffnung. So verblaßt das Bild Theresens, als Wilhelm Natalie kennen lernt, jene Gestalt, in der der Dichter eine wunderbare Vereinigung des Ideellen und Realen dargestellt hat, der die Natur das geschenkt hat, was Wilhelm durch die Jahre der Lehre hat erwerben müssen. „Das schöne Naturverhältnis zu seinem Kinde," so urteilt Schiller über Wilhelm am Schlusse des Romans, „und die Verbindung mit Nataliens edler Weiblichkeit garantieren diesen Zustand der geistigen Gesundheit, und wir sehen ihn, wir scheiden von ihm auf einem Wege, der zu einer endlosen Vollkommenheit führt."

Wenn wir uns jetzt zu einer kurzen kritischen Beleuchtung des Romans und zur Darstellung des Schillerschen Einflusses wenden, so sind wir in der glücklichen Lage, für beides den großen Freund Goethes unsern Dolmetsch sein zu lassen. Niemand hat mehr für den Wilhelm Meister gethan, niemand besser, schöner, begeisterter und wahrer über ihn geurteilt als gerade Schiller.

„Mit wahrer Herzenslust," schreibt er am 9. Dezember 1794, „habe ich das erste Buch durchgelesen und verschlungen und ich danke demselben einen Genuß, wie ich ihn lange nicht und nie als durch Sie gehabt habe. Es könnte mich ordentlich verdrießen, wenn ich das Mißtrauen, mit dem Sie von diesem trefflichen Produkt Ihres Genies sprechen, einer andern Ursache zuschreiben müßte, als der Größe der Forderungen, die Ihr Geist jederzeit an sich selbst machen muß. Denn ich finde auch nicht etwas darin, was nicht in der schönsten Harmonie mit dem lieblichen Ganzen stünde." Mit jedem neuen Buche steigert sich die Freude und Anerkennung. „Das fünfte Buch," so hören wir im Juni des nächsten Jahres, „habe ich mit einer ordentlichen Trunkenheit und mit einer einzigen ungeteilten Empfindung durchlesen. Selbst im Meister ist nichts, was mich so Schlag auf Schlag ergriffen und in seinem Wirbel unfreiwillig mit fortgenommen hätte. Erst am Ende kam ich zu einer ruhigen Besinnung. Wenn ich bedenke, durch wie einfache Mittel Sie ein so hinreißendes Interesse zu bewirken wußten, so muß ich mich noch mehr verwundern.... Ich fühle indessen mit der Liebe, die ich für dieses Werk Ihres Geistes hege, auch alle Eifersucht wegen des Eindrucks, den es auf andere macht, und ich möchte mit dem nicht gut Freund sein, der es nicht zu schätzen wüßte." Und die bewundernde Kritik erreicht ihre Spitze nach der Lektüre des Ganzen in jenen Briefen vom Juli 1796, die das Beste sind, was überhaupt über den Roman gesagt worden ist, eine Huldigung des Genius, zugleich ein köstlicher Beweis der neidlosen, verehrungswürdigen Freundschaft: „Eine würdige und wahrhaft ästhetische Schätzung des ganzen Kunstwerks ist eine große Unternehmung. Ich werde ihr die nächsten vier Monate ganz widmen und mit Freuden. Ohnehin gehört es zu dem schönsten Glück meines Daseins, daß ich die Vollendung dieses Produkts erlebte, daß sie noch in die Periode meiner strebenden Kräfte fällt, daß ich aus dieser reinen Quelle noch schöpfen kann; und das schöne Verhältnis, das unter uns ist, macht es mir zu einer gewissen Religion, Ihre Sache hierin zu der meinigen zu machen, alles was in mir Realität ist, zu dem reinsten Spiegel des Geistes auszubilden, der in dieser Hülle lebt und so, in einem höheren Sinne des Worts, den Namen Ihres Freundes zu verdienen. ... Ich kann Ihnen nicht beschreiben, wie sehr mich die Wahrheit, das schöne Leben, die einfache Fülle dieses Werkes bewegt.... Ich verstehe Sie nun ganz, wenn Sie sagten, daß es eigentlich das Schöne, das Wahre sei, das Sie oft bis zu Thränen rühren könne. Ruhig und tief, klar und doch unbegreiflich wie die Natur, so wirkt es und so steht es da, und alles, auch das kleinste Nebenwerk, zeigt die schöne Gleichheit des Gemüts, aus welchem alles geflossen ist.... Leben Sie jetzt wohl. Wie rührt es mich, wenn ich denke, daß, was wir sonst nur in der weiten Ferne eines begünstigten Altertums suchen und kaum finden, mir in Ihnen so nahe ist."

Kein Wunder, daß Goethe so verständnis= und liebevoller Kritik freudig entgegenkam; kein Wunder, daß er den sich so uneigennützig anbietenden Mitarbeiter gern willkommen hieß. So kann denn Schiller im September 1794 an Cotta über Goethe melden: „Seine Romane will er mir band= weise mitteilen, und dann soll ich ihm allemal schreiben, was in dem künf= tigen stehen müsse und wie es sich verwickeln und entwickeln werde." Es folgen gemeinsame Erörterungen bei den gegenseitigen Besuchen und die aus= führlichen Fragen und Antworten über den gedruckten Roman und vom dritten Buche an über das Manuskript, die den Briefwechsel der ersten Jahre fast völlig beherrschen und sich besonders auf die letzten Bücher beziehen. Nicht daß Goethe alle Forderungen Schillers erfüllt hätte, Schillers Be= scheidenheit erwartete das gar nicht; aber er ist glücklich, einen so treuen Berater zur Seite zu haben und sucht den „Schillerschen Ideen Körper nach seiner Art" zu geben. Zuerst bittet Goethe den Freund, anzustreichen, was ihm bedenklich erschiene. Schiller that das, absichtlich ohne seine Bedenken anzudeuten: „Wo Sie sie nicht finden, da wird auch nichts verloren sein". Dann folgen Bemerkungen, die immer eingehender, tiefer, gehaltvoller werden, je weiter der Roman vorrückt, so daß Goethe dankbar und freudig bittet nicht abzulassen, „ihn aus seinen eigenen Grenzen herauszutreiben" und ihm endlich gesteht, „daß er ohne Schillers Einfluß das Ganze kaum, wenigstens nicht auf diese Weise zustande gebracht hätte". „Hundertmal," schreibt er nach Vollendung des Ganzen, „wenn ich mich mit Ihnen über Theorie und Beispiel unterhielt, hatte ich die Situationen im Sinne, die jetzt vor Ihnen liegen, und beurteile sie im stillen nach den Grundsätzen, über die wir uns vereinigten."

Der Gegensatz der beiden Dichter muß sich natürlich auch hier, wo der eine schaffend, der andere kritisch auftritt, offenbaren. Goethe spricht einmal von einem gewissen realistischen Tick, durch den er seine Existenz, seine Handlung, seine Schriften den Menschen aus den Augen zu rücken be= haglich findet. Es ist der im innersten Wesen liegende Zug Goethes, seine Ideen und Absichten lieber erraten zu lassen, als auszusprechen, den Leser lieber das Letzte und Entscheidende selber finden zu lassen, als sich ihm auf= zudrängen, eine Technik, die an und für sich höchst künstlerisch ist, doch auf die große Masse der Leser keine Rücksicht nimmt.

Hier greift nun Schiller ein. Fast bei allen seinen Vorschlägen und Forderungen dreht es sich um die Mahnung, stärker und deutlicher zu motivieren und das, was der Dichter beabsichtigt, auch deutlich und klar zum Ausdruck zu bringen. So erscheinen ihm im sechsten Buch in den Bekenntnissen die leitenden Ideen zu leise angedeutet; Goethe giebt das zu, erklärt aber zugleich, daß er seine Absichten hier absichtlich verbergen wollte, wenn er auch dadurch den Effekt auf das große Publikum abschwäche; zuletzt erklärt sich Schiller einverstanden. Viel wichtiger war Schillers Einwurf, daß es an genügendem Aufschluß über die geheimnisvolle Macht, jenen Geheimbund, der Meisters Erziehungsentwickelung bewacht, fehlt. Es müßte doch dem Leser sobald wie möglich klar werden, daß das Theaterwesen nur als ein von dem erziehenden Geheimbunde gewolltes und gebilligtes Mittel zu dem hohen Zwecke der harmonischen Ausbildung Wilhelms anzusehen sei. Und wirklich setzte es Schiller durch, daß das Eingreifen des Abbé in das Leben Wilhelms auf persönliche Zuneigung zurückgeführt wurde, wodurch, wie Goethe eingesteht, ein ganz eigenes Licht und geistiger Schein über das Ganze geworfen wird, daß ferner des Abbés Auftreten als Geist im Hamlet mit der Absicht, durch die Aufführung Wilhelm vom Theater abzuschrecken und ihn durch die geheimnisvolle Art um so wirksamer zu warnen, begründet wird. Auf seinen Wunsch flocht Goethe den zweiten Teil des Lehrbriefes, den er ursprünglich weggelassen hatte, im achten Buche ein, um in ihm den philosophischen Inhalt des Werkes niederzulegen. „Es kann," meinte Schiller, „bei einem Publikum, wie nun einmal das deutsche ist, zur Rechtfertigung einer Absicht und hier namentlich zur Rechtfertigung eines Titels, der vor dem Buche steht und jene Absicht deutlich ausspricht, nie zu viel geschehen." Ebendahin zielte Schillers von Goethe erfüllte Forderung, das Erscheinen des Markese, das bisher nur durch seine Kunstliebhaberei begründet war, besser durch verwandtschaftliche Beziehungen zu motivieren, nicht anders der hübsche von Goethe adoptierte Vorschlag, Wilhelm auch äußerlich durch den Zeremonienmeister des Romans den Grafen als Abligen und gleichberechtigt begrüßen zu lassen. Ihm ist auch zu verdanken, daß der wichtige Umstand, woher der Abbé seine alles entscheidende Nachricht von der Herkunft Theresens hat, nicht verschwiegen wird.

Den letzten Band, der die hauptsächlichsten Ausstellungen Schillers veranlaßte, hatte Goethe, ohne ihn nochmals Schiller vorzulegen, drucken lassen. Wie freute sich dieser, als er viele seiner Forderungen erfüllt sah. Wenn auch manches der Goethischen Natur nicht zugesagt hatte, so vermißte doch Schiller nur „seine Grille, die etwas deutlichere Pronunciation der Hauptidee", zu der sich Goethe nicht hatte entschließen können. Schiller hatte verlangt, daß „die Beziehungen aller einzelnen Glieder des Romans auf den philosophischen Begriff (der Erziehung) noch etwas klarer gemacht würden". Die Antwort Goethes überhebt uns weiterer Ausführung: „Ich werde Sie bitten, zuletzt mit einigen kecken Pinselstrichen das noch selbst hinzuzufügen, was ich, durch die sonderbarste Naturnotwendigkeit gebunden, nicht auszusprechen vermag."

Es führt uns das auf einen Mangel des Romans, der auf die Verbindung zweier fast durch Menschenalter getrennter Teile zurückgeht und an dem auch Schiller nicht ohne Schuld ist. Der erste Teil ist ein unerreichtes, prächtiges Bild, voll Leben und unvergänglicher Frische, sein Held der leidenschaftliche, sich allen Eindrücken ganz hingebende, einem dunklen Ideal nachstrebende, treuherzig liebenswürdige, vom Schicksal und den Menschen verzogene Goethe ....: der zweite Teil voller Reflexion und Ueberlegung und pädagogischer Tendenz, und Wilhelm der leidenschaftslose, sichere und vornehme, auf ruhiger Bildung beharrende, von Schillers philosophisch-ästhetischen Anschauungen beeinflußte Goethe aus dem Ende des Jahrhunderts. Ob es gelungen ist, diese beiden Gegensätze durch die Tendenz der Erziehung und durch die ironische Behandlung des ersten Teils zur harmonischen Einheit zu verbinden, das wird immer verschieden beurteilt werden. Jedenfalls ist es der erste, nicht der zweite Teil, dessen Fülle, Schönheit und Anmut noch immer einen jeden Leser bis auf unsere Tage gewonnen hat. Diese hier zu preisen kann überflüssig erscheinen, nachdem wir dem vorzüglichsten der Kritiker, Schiller, so ausführlich das Wort gegönnt haben. Schon der Versuch, die reiche Fülle der Charaktere dem Dichter nachzuzeichnen, wäre vermessen. Die Frauengestalten, die von der frivolen, sündhaften und doch durch ihre Anmut bezaubernden Philine bis zur Verkörperung edler Weiblichkeit, Natalie, alle Schattierungen des weiblichen Charakters in sich schließen, sind Meisterwerke, um die uns alle anderen Litteraturen beneiden. Charaktere wie Mignon braucht man nur zu nennen, um dem Leser diese rührende und ergreifende Gestalt in der unerbittlichen Tragik ihres Lebens und dem geheimnisvollen Zauber der Poesie, mit dem der Dichter diese seine Lieblingsgestalt umwoben hat, von neuem erstehen zu lassen. „Dies reine, poetische Wesen," schreibt der von ihr entzückte Schiller, „repräsentiert in seiner isolierten Gestalt, seiner geheimnisvollen Existenz, seiner Reinheit und Unschuld die Stufe des Alters, auf der es steht, so rein, es kann zu der reinsten Wehmut und zu einer wahr menschlichen Trauer bewegen, weil sich nichts als die Menschheit in ihm darstellt." Sie gehörte zu den Gestalten seiner Poesie, die den Dichter selbst zu Thränen rührte. Um dieses Charakters wegen, hat er einmal verraten, hat er den Roman geschrieben. Ihr legte er das Lied der Sehnsucht nach Italien, das er in den Jahren seines leidenschaftlichen, ungestillten Verlangens gedichtet hatte, in den Mund. Nur aus ihrem und ihres Vaters grausamem Geschick konnte jenes andere Lied erwachsen, das die furchtbare Macht der Himmelsmächte und die geheimnisvolle Verbindung des Schicksals mit dem Charakter des Menschen, die Tragik des Menschenlebens in wunderbar ergreifenden und wahren, an Schönheit von keiner Poesie der Erde übertroffenen Worten schildert:

> Ihr führt ins Leben uns hinein,
> Ihr laßt den Armen schuldig werden,
> Dann überlaßt ihr ihn der Pein;
> Denn alle Schuld rächt sich auf Erden.

Der große Einfluß des Romans Wilhelm Meisters Lehrjahre auf die Entwickelung des deutschen Romans läßt sich bis auf die Gegenwart nach= weisen und ist auch nachgewiesen worden. Für niemand wurde er jedoch so wichtig wie für die Dichterschule, die sich bald nach seinem Erscheinen unter den Augen Goethes und Schillers in Jena bildete, die Romantiker. Fr. Schlegel verkündete in dem Organ der Schule, dem Athenäum, 1798: „Wer Goethes Meister gehörig charakterisierte, der hätte damit wohl eigent= lich gesagt, was es jetzt an der Zeit ist in der Poesie, er dürfte sich, was poetische Kritik anbetrifft, immer zur Ruhe setzen", und er meinte damit sich selbst und seine Kritik im zweiten Hefte. Sein Bruder A. W. Schlegel ging in seinem Aufsatz in den Horen „Etwas über William Shakespeare bei Gelegenheit Wilhelm Meisters" von Goethes vielbewunderter Analyse Hamlets aus. Der Roman, schlechtweg der „Roman ohne Beiwort", wird das äſthe= tische Lehrbuch der Romantiker, um seinetwillen nennt Novalis=Hardenberg Goethe „den wahren Statthalter des poetischen Geistes auf Erden". Auch als Wiederhersteller der reinen Form des Epos, Wiedererwecker echter Lyrik, als zweiter Dante, „der Stifter und das Haupt einer abermals neuen Poesie" wird Goethe gepriesen, sein Märchen wird „als das lieblichste" er= klärt, „was je von dem Himmel der Phantasie auf die dürre Erde herab= gefallen ist", und so finden sich noch mehr überschwängliche, ja vergötternde Urteile über Goethe in den Schriften der Romantiker, aber kein Werk Goethes hat bei ihnen so Schule gemacht wie unser Roman. Franz Sternbalds Wan= derungen von Tieck, Hardenbergs Heinrich von Osterdingen, Jean Pauls Titan sind ohne Wilhelm Meister undenkbar, ja mehr oder weniger Nachahmungen von ihm.

Ein Blick auf die Entstehung und die ästhetischen Grundsätze der Schule wird uns diesen großen Einfluß erklären. Der Gegensatz der romantischen und klassischen Poesie war zuerst in den Goethe=Schillerschen ästhetischen

Untersuchungen ausgesprochen worden. Schiller ist hier der sentimentale, romantische, Goethe der naive, klassische Dichter. Persönliche Abneigung der Führer der Romantik gegen Schiller und die Annäherung Goethes an die

Fr. von Schlegel.

ideale subjektive Dichtung, in seinem Bestreben, jene Gegensätze aufzuheben, brachten es neben andern Gründen zuwege, daß die Romantiker in Goethe ihr Oberhaupt verehrten, aber sie meinten auch weniger den Goethe, der im Bunde mit Schiller die Kunst auf die ideale Höhe der Antike geführt hatte, als den thatkräftigen, genialen Jüngling, der als Führer der Stürmer und Dränger die Lehren Herders in Thaten umgesetzt hatte.

Was Herder in Straßburg gelehrt hatte, daß nicht das Wissen, sondern die Empfindung, das freie, lebendige Fühlen, die Phantasie der Quell wahrer Poesie sei, daß die Empfindung allein den Dichter mache, daß die Poesie nicht die Gabe einzelner Männer, sondern wie die Sprache Besitz des Volkes sei, daß Poesie, Kunst, Religion und Philosophie im Grunde dasselbe, verschiedene Ausstrahlungen desselben Geistes und darum individueller Besitz eines jeden Volkes wären; was er auf Grund dieser Lehre gefordert hatte, ein tieferes Erfassen der Religion, liebevolles Versenken in die geistigen Schätze der eigenen Vergangenheit, in Dichtung und Märchen des Volkes und in Kultur, Schrifttum und Kunst des Mittelalters, die wissenschaftliche Erforschung der Sprache und Litteratur aller Kulturvölker und die Uebertragung ihrer geistigen Schätze in die deutsche Sprache, eben das waren die Grundlehren und Grundforderungen der Romantik.

In allen den großartigen Schöpfungen der Romantik, die noch heute unvergänglich durch ihren Wert sind und immer sein werden: Begründung der Germanistik und des Studiums der altdeutschen Kunst, Belebung des religiösen Denkens und Empfindens, Erschließung der dichterischen Erzeugnisse des Mittelalters und der Volkspoesie unserer Vorfahren, Schöpfung einer Weltlitteratur durch unvergleichliche Uebersetzungen der großen Dichtungen aller Nationen; in allem diesem waren sie des bewundernden Beifalls und der freudigen Zustimmung Goethes gewiß. Was ihn aber mit steigendem Unwillen der sich immer mehr entfaltenden romantischen Richtung zusehen und ihn endlich mit dem Ausspruch: „Klassisch ist das Gesunde, romantisch das Kranke" ihr entgegenzutreten zwang, war der Gegensatz, in den die neue Schule zur antiken Poesie trat, war die offen verkündete Lehre von der Aufhebung der Form zu Gunsten eines regellosen Chaos, die Verachtung jedes Gesetzes zu Gunsten einer zügellosen Phantasie, die absichtliche Verdunkelung und Verhüllung der Gedanken durch eine verschwommene Mystik, mit einem Wort die Proklamierung der Phantastik an Stelle der Dichtung. Das letzte Jahr des Jahrhunderts hatte die Führer der Bewegung alle in Jena vereinigt gesehen: Fichte, das philosophische Oberhaupt, nächst Goethe am meisten gepriesen, die Gebrüder Schlegel, die Begründer und kritischen Führer, Schelling, den Begründer der Naturphilosophie, Tieck, den fruchtbarsten und thatenreichsten Verkünder der neuen Lehre, Novalis-Hardenberg, eine tief religiöse, echte Dichternatur. Wenn nun Fichte durch seine Lehre vom alleinigen Werte des Ich den Subjektivismus auf die Spitze trieb, wenn Tieck in seinen Märchendrama die Form völlig aufhob, den poetischen Stoff durch die Ironie vernichtete und Traum und Wirklichkeit durcheinander wob, wenn Novalis in seiner mystischen Anschauung den Protestantismus für die Ursache alles Unglücks erklärte und Fr. Schlegel und andere Romantiker in der katholischen Kirche und der jesuitischen Lehre ihre Ruhe und ihr Glück fanden, so läßt sich das alles auf diesen einen Punkt zurückführen, der die Poesie der Romantiker scharf von der Goethischen schied: Goethe steht in jener Zeit auch in seiner idealsten Poesie fest auf der wohlgegründeten Erde; die Romantiker erheben das Gefühl und die Empfindung zur alleinigen Herrschaft, die Poesie wird hohles Gaukelspiel, der Idealismus wird Phantastik.

Nun ist auch klar, warum die Romantiker gerade in Wilhelm Meister das höchste Ideal der Kunst sahen. Nicht bloß die Form, die hohe Kunst und Schönheit der Dichtung, auch der Inhalt entzückte und begeisterte die Romantiker nicht weniger. Ihnen schienen die ersten sechs Bücher die wahre Meinung des Dichters zu enthalten. Wie im Werther die Poesie und die bildende Kunst, so wird hier die Schauspielkunst als die eine wahrhaft gebildete, würdige Beschäftigung gepriesen. Mit dem ganzen Zauber seiner Sprache und Kunst schildert Goethe das Traumleben eines phantastischen, kunstbegeisterten Jünglings, der in der Bühnenwelt die Erfüllung seiner Sehnsucht zu finden glaubte. Dazu kam das Aufgehen des Moralischen in das Aesthetische, die unvergleichliche Charakteristik und Verherrlichung Shakespeares, die weihevolle Darstellung eines frommen Empfindungslebens in den Bekenntnissen einer schönen Seele: alles das riß die gleichgestimmten Gemüter der Romantiker zur Begeisterung fort.

Nur das eine wurde dabei übersehen, daß Goethe nicht die Wahrheit, sondern die Hohlheit dieser erträumten Ideale hatte darstellen wollen, daß mit der Abwendung Wilhelm Meisters von diesem Traumleben seine Erziehung beginnt, und damit ein neues und wahres Ideal auftritt, die praktische Thätigkeit für die Mitmenschen, und daß das nicht nur Wilhelm Meisters, sondern Goethes eigene Entwickelung war. So ist es denn auch erklärlich, daß der Roman nicht immer das ästhetische Lehrbuch der Schule blieb und daß gerade der lobpreisende Verkünder seiner Größe, Novalis, bald den Roman als „durchaus prosaisch und modern" bezeichnet. Er zieht jetzt Jakob Böhmes mystische Schriften vor. „Das Romantische," so schreibt er an Tieck 1800, „geht in Goethes Roman zu Grunde; das Wunderbare darin wird ausdrücklich als Poesie und Schwärmerei behandelt. Die ökonomische Natur ist endlich das wahre übrig bleibende." . . . „Alles Poetische," das ist seine Meinung, „muß märchenhaft sein, alles muß wunderbar und geheimnisvoll zusammenhängen; die ganze

Natur muß seltsam mit der Geisterwelt gemischt sein," und als Gegenstück zu Wilhelm Meister schreibt er den Roman Heinrich von Osterdingen: „Hier soll die Poesie durch die Poesie nicht vernichtet, sondern dargestellt, verherrlicht, verklärt werden."

Während die Vollendung des Wilhelm Meister das Band zwischen Goethe und Schiller immer fester und inniger knüpfte, war gerade dieses Werk der Anlaß, die Entfremdung eines alten Freundes, der einst als verehrter Lehrer, dann als Freund und Ratgeber und Kritiker mit wenigen Unterbrechungen in intimstem Verkehr mit Goethe gestanden hatte, zu offenbaren und die Trennung beider, die seit einigen Jahren vorbereitet war, vollständig und unüberbrückbar zu machen. Noch bei der Abfassung des Reinecke Fuchs war Herder Berater und Helfer gewesen. Die Regelung und Besserung der äußeren Verhältnisse Herders und seine Ernennung zum Vicepräsidenten, die nach der Berufung nach Göttingen eintrat, hatte sich unter Goethes thätiger Beihilfe vollzogen. Caroline war voller Glückseligkeit, und auch Herder war eine Zeitlang nicht unzufrieden. So herrschte nach Herders Rückkehr aus Italien ein ungetrübtes Einvernehmen zwischen den alten Freunden. Aber gerade diese äußeren Verhältnisse sollten die Ursache zu neuen Verstimmungen sein, die zum unheilbaren Bruche führten. Es war nicht alles klar ausgesprochen worden. Die Erhöhung der Einnahme war mit größerer, fast allzu großer Arbeitslast verbunden. An das Versprechen des Herzogs, für die zahlreichen Kinder und die akademische Ausbildung der Söhne zu sorgen, hatte Herder bei der Aufbesserung nicht wieder erinnert. Jetzt forderte gerade die Erziehung der Kinder fast unerschwingliche Opfer, und bald war Herders pekuniäre Lage schlimmer als jemals. Caroline wandte sich in ihrer Not an die Herzogin und an Goethe. Sie bittet nicht sowohl, als besteht auf ihrem Rechte. Die Vorschläge des Herzogs wiesen Herders zurück; sie wollten wohl die Kosten für die Erziehung der Kinder dem Herzog überlassen, aber in die Erziehung und Versorgung selbst sich nicht hineinreden lassen. „Erinnern Sie sich doch mitfühlend," schreibt die leidenschaftliche Frau an Goethe, „daß Sie das Instrument des Herzogs bei der Unterhandlung gewesen sind. Dulden Sie nicht, daß der Herzog sein Versprechen so schnöde brechen will. Hier ist es Ihre Pflicht, des Herzogs Ehre und Moralität zu retten. ... Ich bitte um Gottes willen, retten Sie Ihre und des Herzogs Ehre! ich habe lange geschwiegen, und ich stehe Ihnen nicht vor den unangenehmsten Auftritten. Wir brauchen Geld und müssen es vom Herzog erhalten. Er ist es uns schuldig..."

An solche Stellen muß man sich erinnern, um die scharfe Antwort Goethes vom 30. Oktober 1795 zu verstehen, die in dem Tone eines ent=

pörten Mannes geschrieben ist, der mit dem Adressaten überhaupt nichts mehr zu thun haben will. „Sie beleidigen," schreibt er unter anderm, „den Herzog, die Herzogin und benachrichtigen mich von Ihren übereilten Schritten und fordern mich unter Vorwürfen und Drohungen auf, für Sie und die Ihrigen wirksam zu sein in dem Augenblicke, da Sie mir die Gelegenheit dazu aus den Händen reißen. Wie ich hiernach Ihre heftigen, leidenschaftlichen Ausfälle, Ihren Wahn, als wenn Sie im vollkommensten Rechte stünden, Ihre Einbildung, als wenn niemand außer Ihnen Begriff von Ehre, Gefühl von Gewissen habe, ansehen muß, das können Sie sich vielleicht einen Augenblick vorstellen. Ich erlaube Ihnen, mich wie einen andern Theaterbösewicht zu hassen, nur bitte ich, mich klar zu deuten und nicht zu glauben, daß ich mich im fünften Akte bekehren werde.... Glauben Sie doch, daß man hinter allen Argumenten Ihrer Forderungen Ihr Gemüt durchsieht." Mit einer bitteren Anspielung auf die „Familiengesinnung" gegen den Herzog und mit der Versicherung, daß er es ablehne, eine Antwort auf diesen Brief zu lesen, schließt das Schreiben. So scharf, so hart und mitleidslos ist kaum ein anderer Brief Goethes geschrieben. Dem Unerträglichen mußte ein Ende gemacht werden. Jahrzehnte hindurch hatte er den Elektrasinn Carolinens, die Empfindlichkeit, die üble Laune und stete Unzufriedenheit und das immer wieder hervorblickende Mißtrauen Herders gegen den „Herrn Geheimrat" ertragen, weil er den Charakter des Mannes kannte und ihn um seiner anderen Eigenschaften willen schonen wollte. Angriffe gegen sich selber beachtete er nicht. Aber die rücksichtslosen politischen Aeußerungen Herders, die doch auch gegen den Herzog sich richteten, das unumwundene Eintreten für die republikanischen Ideen, das auch die Söhne nicht verleugneten, erschienen Goethe als eine Kränkung des Herzogs. Die Beleidigung Carolinens gegen den Herzog und ihn ließen auch bei ihm den lange angesammelten Zündstoff sich entflammen.

Vielleicht wäre der Bruch etwas weniger heftig und entschieden geschehen, wenn nicht auch der Dichter Goethe sich damals von Herder abgewandt hätte. Als Schiller 1794 die Aufforderung zur Teilnahme an den Horen erließ, sollte neben Goethe der glänzendste Name Herder sein. Die große Bereitwilligkeit Herders, der für den ersten Jahrgang fünf Beiträge lieferte, ließ diese fast als ein Werk der Weimarer Triumvirn erscheinen. Aber der Gegensatz trat bald offen zu Tage. Kant, der ehemalige Lehrer Herders, hatte in einer Recension des ersten Bandes der „Ideen" und in Repliken auf Herbers Antworten dieses Lebenswerk Herders vor dem Verstande vernichtet. Es war eine Wunde, die nie ganz geheilt worden ist. Mit der unglückseligen Leidenschaft, die des Gegners Angriffe immer für persönlich hielt, warf Herder seinen ganzen Haß auf Kant und die Kantianer. Schiller

Herder.

bekannte sich frei als einen Schüler Kants und Vertreter seiner Philosophie. Die Briefe über ästhetische Erziehung waren Herder schon wegen des „Kantischen Glaubens" zuwider. Im Beginn des Jahres 1796 „dispensiert er sich auf unbestimmte Zeit von den Horen". Aber nicht blos gegen Schiller, bald offenbarte sich der Gegensatz Herderscher Denkweise und ihre Unvereinbarkeit mit der Goethe=Schillerschen Aesthetik so stark, daß ein Zusammenwirken innerlich unmöglich wurde.

Goethe in Italien und Herder in Italien! Wenn man ihre Briefe liest, wundert man sich nicht, daß sie sich später getrennt haben, sondern daß sie überhaupt so lange innig verbunden sein konnten. Zu neuer Jugend erwacht holte sich Goethe in der Anschauung der Kunstwerke, in der Umgebung eines sinnlichen Naturvolkes das Kunstideal, die Schönheit. Der nur um vier Jahre ältere Herder, an Gesinnung und Auffassung des Lebens ein alter Mann, brachte, von dem unsittlichen Leben in Italien angewidert, auch sein Kunstprinzip mit, die „Sittlichkeit". Goethe datiert von seinem Aufenthalte in Rom eine zweite Jugend, eine neue Epoche seines Geistes; daß auch auf Herders Wirken ein neuer Glanz von Italiens Himmel fallen würde, hat Goethe vergeblich gehofft; Herder sehnt sich fort aus dem „Grab" Rom, der „Mördergrube"; die Kunst redete nicht zu ihm. Er war vor der Zeit alt und genußunfähig geworden. Mit Geflissenheit stellt er seinen „sittlichen Genius" dem Goethischen gegenüber. Was auch Goethe von nun an dichtete, es wird von dem einseitigen moralischen Standpunkt beurteilt: selbst für Tasso fehlt Herder jetzt das Verständnis, und die römischen Elegien sind ihm besonders ein Dorn im Auge. Die vorläufige Zurückstellung der römischen Elegien ist das letzte Zeichen des Einflusses Herders auf Goethe. Der alte Berater wird bald darauf beiseite gesetzt. Aus Schillers ästhetischen Schriften weht Goethen derselbe Geist entgegen wie der, dem er sich seit Italien ergeben hatte. Mit Freude und hoher Befriedigung las er in Schillers Abhandlung über die naive und sentimentalische Dichtung die Worte: „Das Produkt des Dichters ist gemein, niedrig, ohne alle Ausnahme verwerflich, sobald es kalt und sobald es leer ist, weil dieses einen Ursprung aus Absicht und aus einem gemeinen Bedürfnis und einen heillosen Anschlag auf unsere Begierden beweist. Es ist hingegen schön, edel und ohne Rücksicht auf alle Einwendungen einer frostigen Decenz beifallswürdig, sobald es naiv ist und Geist mit Herz verbindet."

Als der erste Band des Romans erschien, sah Herder, daß er den Einfluß auf Goethe verloren hatte. Damals schrieb er an die Gräfin Baudissin: „Wahrheit der Scenen ist ihm alles, ohne daß er sich eben um das Pünktchen der Wage, das aufs Gute, Edle, auf die moralische Grazie weiset, ängstlich bekümmert.... Er hat sich also auch ganz von meinem Urteil abgewandt, weil wir hierin so verschieden denken." In seiner siebenten und achten Sammlung der Humanitätsbriefe erklärt er offen der Goethe=Schillerschen

Kunstanschauung den Krieg. Goethes Meinung darüber hat sich in einem Briefe an Meyer vom 20. Juni 1796 erhalten: „Und so schnurrt auch wieder durch das Ganze die alte, halbwahre Philisterleier: daß die Künste das Sittengesetz anerkennen und sich ihm unterordnen sollen. Das erste haben sie immer gethan und müssen es thun, weil ihre Gesetze so gut als das Sittengesetz aus der Vernunft entspringen, thäten sie aber das zweite, so wären sie verloren, und es wäre besser, daß man ihnen gleich einen Mühlstein an den Hals hinge und sie ersäufte, als daß man sie nach und nach ins nützlich=platte absterben ließe."

Und dieser Gegensatz beider Männer beschränkte sich natürlich nicht nur auf diesen Punkt, auf die Frage der Forderung der Moral in der Kunst, er trat nur darin zufällig klar zu Tage. Es war noch kein Jahrzehnt vergangen, als Goethe nach der Lektüre der vom Spinozismus durchdrungenen Schrift Herders „Gott" dem Freunde geschrieben hatte: „Wir sind so nah in unseren Vorstellungsarten als es möglich ist, ohne eins zu sein und in den Hauptpunkten am nächsten." Aber Herder begnügte sich mit diesem neu= gewonnenen Standpunkte; ihm war es nicht um Erforschung zu thun, sondern um Befriedigung seines religiösen Empfindens. Bei Goethe handelt es sich um die wissenschaftliche Erforschung der Welt und des Zusammenhanges der Dinge, um objektive Wahrheit, bei Herder um das Gefühl, um die Empfin= dung, die subjektive Wahrheit. Wo Goethes Welt aufhörte, in dem wissen= schaftlichen Erkennen und Erforschen der Natur, da fing Herders eigentliche Welt an. Der Naturforscher und der Theolog stehen sich streng gegenüber. Zwischen beiden gab es auf die Dauer kein Bündnis.

So nahm denn der Bund, der einst in Straßburg so verheißungsvoll begonnen hatte, ein trauriges Ende. An seine Stelle trat nicht Feindschaft und Befehdung, sondern, was noch schlimmer ist, Kälte, Gleichgültigkeit, Nichtachtung. Aber nur um Herders willen brauchen wir traurig zu sein. Was er gesäet hatte, war herrlich aufgegangen; was er geträumt hatte, war wunderbar und köstlich erfüllt worden. Tausendfältige Frucht stand auf dem Acker, aber der Landmann hatte nicht mehr die Kraft, die Ernte einzuheimsen; er glich dem Manne, der den Baum gepflanzt, aber blind und zu alt ge= worden war, um an seiner Blüte sich zu erfreuen, seinen Schatten zu ge= nießen: ein tragisches, aber nicht unverschuldetes Schicksal.

Das zweite große Werk Goethes, das wir unter den auf dem Goethe= Schillerschen Bunde sich aufbauenden Dichtungen zu nennen haben, ist das Epos Hermann und Dorothea. Wir erinnern uns der Erörterungen über Epos und Drama und des gemeinsam aufgestellten Grundsatzes, daß alles Poetische rhythmisch behandelt werden müsse. Es war Goethe aus der Seele gesagt, was ihm Schiller schrieb: „Da Sie jetzt auf einem solchen Punkte stehen, wo Sie das Höchste von sich fordern müssen ... so ist es durchaus nötig, dafür zu sorgen, daß dasjenige, was Ihr Geist in ein Werk legen kann, immer auch die reinste Form ergreife," er antwortet ihm sofort: „Eine reine Form hilft und trägt, da eine unreine überall hindert und zerrt. Wilhelm Meister mag indessen sein, was er ist, es wird mir nicht leicht wieder begegnen, daß ich mich im Gegenstand und in der Form vergreife."

Das Epos Hermann und Dorothea war eben vollendet, als der Roman Wilhelm Meister durch den Vergleich mit ihm eine so üble Kritik seines Autors erfuhr. Wie Schiller, unter dessen Augen das Epos entstanden war, darüber dachte, hören wir aus einem begeisterten Briefe an H. Meyer: „Goethes episches Gedicht hab' ich entstehen sehen und mich ebensosehr über die Art der Entstehung als über das Werk verwundert. Während wir andern mühselig sammeln und prüfen müssen, um etwas Leidliches langsam herauszubringen, darf er nur leis an dem Baume schütteln, um sich die schönsten Früchte, reif und schwer, zufallen zu lassen. Es ist unglaublich, mit welcher Leichtigkeit er jetzt die Früchte eines wohlangewandten Lebens und einer anhaltenden Bildung an sich selber einerntet, wie bedeutend und sicher jetzt alle seine Schritte sind, wie ihn die Klarheit über sich selbst und über die Gegenstände vor jedem eiteln Streben und Herumtappen bewahrt."

„Die Natur hatte das Werk rasch geboren, die Kunst aber es sorgfältig und bedächtig ausgebildet." Schon im Jahre 1794 faßte er die Idee; er hatte die Geschichte von der vertriebenen Salzburgerin und dem Sohne eines reichen Bürgers in Altmühl zum Inhalt des neuen Epos bestimmt. Aber erst im September des Jahres 1796 wurden in Jena im ersten Stock des alten Schlosses die ersten vier Gesänge (nach der alten Einteilung) niedergeschrieben. Die erste Ausführung geschah mit unglaublicher Leichtigkeit, „so daß er", wie Schiller an Körner schrieb, „an neun Tagen hintereinander jeden Tag über 150 Hexameter schrieb". Es folgte eine lange Pause bis zum Beginn des nächsten Jahres. Ein wichtiger Brief an Meyer vom 5. Dezember 1796 verrät uns, „daß ein Gegenstand, der ursprünglich zu einem kleinen Gedicht, wie Alexis und Dora, bestimmt gewesen war, sich zu einem größeren ausgedehnt habe, das sich völlig in der epischen Form darstelle". Eine Reise (Ende Dezember 1796 bis 10. Januar 1797) nach Leipzig und Dessau wurde für das Epos besonders günstig. Hier entwarf Goethe den Plan für die beiden nächsten Gesänge und somit für den Schluß des Ganzen, da dieses ursprünglich in sechs Gesänge geteilt war. Die Ausführung geschah wiederum in Jena, wo sich der Dichter sechs Wochen, bis Ende März, aufhielt. Was ihm den Tag über die Muse geschenkt hatte, das wurde abends den Freunden im Schillerschen oder Humboldtschen Hause vorgelesen. Da Schiller gerade um diese Zeit eifrig mit seinem Wallenstein beschäftigt war, so geben uns diese Wochen das schöne Schauspiel gemeinsamer Arbeit und beiderseitiger Förderung. In dieser Zeit wurden die Ideen „über epische und dramatische Dichtung" lebendig. Wie des Freundes philosophisch=ästhe=tische Erörterungen Goethes dichterisches Schaffen unterstützten und begleiteten, so wurde auch andererseits Hermann und Dorothea „für den Wallenstein von großen Folgen". „Ich habe," schreibt Schiller an Körner, „bei dieser Ge=legenheit tiefere Blicke in die Kunst gethan, und ich muß manches in meiner ersten Ansicht des Stücks reformieren. Diese große Krise hat indes den eigentlichen Grund meines Stückes nicht erschüttert; ich muß also glauben, daß dieser echt und solid ist." Am 15. März meldet das Tagebuch: das Gedicht geendigt, aber erst Mitte Juni ging der Schluß von Jena zum Druck an den Verleger Vieweg ab.

Die große Mühe und Arbeit, die der Dichter in diesen Monaten auf das Epos verwandte, betraf hauptsächlich die Form. Humboldts Vertraut=heit mit der antiken Poesie kam ihm dabei besonders zu statten. Daß er den Hexameter für das Epos wählte, war eigentlich selbstverständlich; denn welches andere Versmaß sollte er für das Epos wählen? Nach Klopstocks und Vossens und nach seinem eigenen Vorgang war dieses undeutsche Vers=maß den Deutschen geläufiger als die altdeutsche Versform, die Nibelungenstrophe. Aber in der Behandlung des Verses konnte er der strengen Theorie, nach der Voß und Wolf ohne Rücksicht auf die Forderungen der deutschen Sprache den deutschen Vers dem antiken so ähnlich wie möglich machen wollten, nicht folgen. Goethe sowohl wie Schiller, der durch ihn zum Hexameter geführt wurde, behandelten die Form nach dem Urteil der Metriker, wie Voß, Wolf, Schlegel, sehr nach=lässig und ohne Sorgfalt; nach unserem Urteil folgte Goethe der richtigen Spur, indem er sich nicht auf die antiken Gesetze, sondern auf das eigene Ohr und das Sprachgefühl allein verließ. Nur um sein Gedicht vor dem thörichten Spott, der manche der Xenien getroffen hatte, zu sichern, über=gab er es der metrischen Fürsorge Humboldts, der die von Goethe ange=wendeten Trochäen möglichst auszumerzen suchte. Aus Respekt vor der Wissenschaft ließ sich Goethe von dem gestrengen Metriker und den Lehren der Prosodik beeinflussen, aber die wahre Schönheit seiner Hexameter, die hier auf der Höhe steht, die Harmonie von Vers und Wortaccent, die Klar=heit und Natürlichkeit der Sprache, die Ungezwungenheit des Verses, kurz die schöne Uebereinstimmung von Inhalt und Form verdankt er sich ganz allein. Das Gefühl, das ihn dabei leitete, war dasselbe, das über der ganzen Dichtung waltete. Nicht eine Nachahmung der Antike sollte das Epos sein; ein deutsches Gedicht im Geiste Homers wollte er schaffen. Wie es das geworden ist, wollen wir im folgenden zeigen.

Goethes Verehrung für Homer und seine Homerstudien haben wir von der ersten Bekanntschaft, die schon der Knabe mit der Homerischen Welt machte, bis zur freudigen Begrüßung der Voß'schen Uebersetzung, die Goethe an seinen Freitagsabenden mit vielbewunderter Kunst im Winter 1794/95 vorlas, verfolgt. Seine Uebersetzung des Pseudo-Homerischen Hymnus auf den Apollo aus dem August 1795 finden wir in seinen Werken als schönen Beweis der praktischen Verwertung fleißiger Lektüre. Daß die Goethe-Schillerschen Untersuchungen über das Wesen des Epos in Homer Anfang, Mitte und Ende fanden, ist uns auch nicht fremd geblieben. Bei so hohem Interesse war es

Fr. A. Wolf.

natürlich, daß Fr. A. Wolfs Prolegomena zu Homer, in denen dieser scharfsinnige Philologe den Beweis führen wollte, daß Ilias und Odyssee in ihrer jetzigen Gestalt nicht das Werk eines Dichters sein können, auch auf Goethe einen großen Eindruck machten. „Die gebildete Menschheit," so schildert er später diesen Eindruck, „war im tiefsten aufgeregt, und wenn sie schon die Gründe des höchst bedeutenden Gegners nicht zu entkräften vermochte, so konnte sie doch den alten Sinn und Trieb, sich hier nur eine Quelle zu denken, woher so viel Köstliches entsprungen, nicht ganz bei sich auslöschen." Aber verwunderlich ist, wie verschieden sich Goethe in verschiedenen

Zeiten zu dieser Frage gestellt hat. Es fehlt weder an begeisterter Zustimmung, noch an völliger Ablehnung. Der Grund dieses Schwankens liegt in dem Mangel an philologischen Kenntnissen, die ihm gestattet hätten, sich ein selbständiges Urteil zu bilden. Deshalb war wohl ein mehr persönliches Motiv, die durch Humboldt vermittelte Bekanntschaft Wolfs im Frühjahre 1795 die Ursache, daß er die ursprüngliche Abneigung gegen die neue Hypothese überwand und bei Uebersendung seines Wilhelm Meister dem neugewonnenen Freunde anerkennend und dankbar fast dasselbe schrieb, was er kurz vorher in seiner Elegie Hermann und Dorothea in die schönen Worte gekleidet hatte:

> Erst die Gesundheit des Mannes, der endlich vom Namen Homeros
> Kühn uns befreiend, uns auch ruft in die vollere Bahn!
> Denn wer wagte mit Göttern den Kampf? und wer mit dem einen?
> Doch Homeride zu sein, auch nur als letzter, ist schön.

Wenn er in den folgenden Versen:

> Uns begleite des Dichters Geist, der seine Luise
> Rasch dem würdigen Freund, uns zu entzücken, verband —

und in der Erklärung: „daß Vossens Luise den Hermann erzeugt habe", dem Idyll Vossens die Ehre gönnt, sein Werk aus der Taufe gehoben zu haben, so hatte er doch in Wirklichkeit ebensowenig Homer, wie Heinrich Voß nachahmen wollen. Die Absicht, ein Idyll zu schreiben, war bald aufgegeben worden, und das Epos trat an dessen Stelle. Er begnügte sich nicht mit der Darstellung eines rührenden Familienbildes, das einen engen Kreis einfacher natürlicher Menschen widerspiegelt, er wollte in diesen Menschen Typen und das allgemein Menschliche darstellen und durch einen gewaltigen Hintergrund großer Weltgeschicke das Ganze aus der niederen Sphäre der kleinbürgerlichen Welt zu höherer und allgemeiner Bedeutung herausheben. Nicht bloß die Technik des Epos, die Goethe und Schiller, wie uns schon bekannt, Homer entlehnt hatten, nicht bloß die Sparsamkeit in der Verwendung der Epitheta und das Festhalten derselben Epitheta zur bleibenden Bezeichnung der Personen, die Vermeidung des praesens historicum, die Anwendung stehender Formeln, die Schilderung der Gestalten durch ihre Handlungen und ihre Wirkung auf andere und wie sie alle heißen, die äußeren künstlerischen Mittel Homers, in deren Anwendung sich die großen Epiker aller Völker begegnen, verraten das Muster Goethes; viel wichtiger und bedeutender ist die innere Abhängigkeit. Dazu gehört vor allem die innere Form der Sprache, der einfache und natürliche, naive, jeder Sentimentalität abholde

Ausdruck der Empfindung, die selbst die Natur anders als nach dem Nutzen der ehrwürdigen Ernährerin zu betrachten verschmäht. Man vergleiche nur, um

J. H. Voß.

ein Beispiel zu erwähnen, die sentimentalisch-schwärmerischen Naturschilderungen Werthers mit ihren subjektiven geistreichen Beziehungen und die einfachen klaren, nicht das Gefühl des Beschauers über den Gegenstand, sondern allein den Gegenstand selbst schildernden Darstellungen in Hermann und Dorothea. Hier wird uns der Gegensatz klar, den Goethe zwischen Homer und der Schilderung der neueren Dichter in Neapel fühlte und in den schon früher von uns zitierten Worten Herder gegenüber aussprach. Homer stellte die Existenz dar, in Werther wird der Effekt geschildert; die Alten schilderten das Fürchterliche, die Neuern fürchterlich, sie das Angenehme, wir angenehm. Daher kommt alles Uebertriebene, alles Manierierte, alle falsche Grazie, aller Schwulst. „Nun ist mir erst," so schloß jener Brief an Herder, „die Odyssee ein lebendiges Wort." In Hermann und Dorothea ward dieses Wort zur lebendigen That.

Und wie die Natur, so sind auch die Menschen einfache wahre und darum typische Gestalten, die, unbekannt mit der Verderbnis verfeinerter Kultur, von allem Wissensqualm entladen, der ältesten und ewigen Thätigkeit der Menschen ihr Leben widmen und in ihrem Thun und Charakter, um Schillers Ausdruck zu gebrauchen, „das Nackende der Natur" offenbaren. Nicht weniger atmet die Schönheit, Klarheit und Gegenständlichkeit der Darstellung den Geist Homers.

„Die Vorteile," schreibt einmal Goethe an Schiller, „deren ich mich in meinem letzten Gedichte bedient, habe ich alle von der bildenden Kunst gelernt," und bei dem begeistert zustimmenden Urteile der nächsten Freunde sich noch nicht beruhigend, will er erst Meyers Ansicht hören, denn die höchste Instanz, vor der es gerichtet werden kann, ist die, vor welche der Menschenmaler seine Komposition bringt. Beide, Homer und Goethe, haben das Höchste und Würdigste erreicht: sie reden nicht, sie malen. Wenn der Maler und der Bildhauer die inneren, seelischen Vorgänge in dem Aeußeren der Gestalten wiedergeben, wenn der Dichter dagegen aus der Darstellung des Innern die äußere Gestalt erraten lassen will, Homer und Goethe haben die Grenzen der Malerei und Dichtkunst überbrückt. Wir lesen nicht von ihren Gestalten, wir sehen und hören sie, wir glauben nicht ein Gedicht zu hören, wir glauben Gemälde zu sehen und auch wiederum nicht Gemälde, sondern die leibhaftigen Gestalten selbst. Wir vergessen des Dichters, der sie geschaffen hat, wir vergessen, daß Worte zu uns sprechen und empfinden die Täuschung nicht, der wir erliegen. Es ist der höchste Triumph der epischen Kunst.

Aber thöricht wäre es, von einer sklavischen, überhaupt von einer wirklichen Nachahmung Homers zu sprechen. Daß Hermann und Dorothea kein griechisches Epos sein sollte, beweist schon der moderne Inhalt, der Mangel des mythologischen Hintergrundes, die geringe Breite der Darstellung, der sentimentale Zug in dem Helden, die Hinneigung zur Tragödie, wie Schiller es nannte.

Die Menschen sind zwar typisch und in vielem den Gestalten Homers ähnlich, aber es sind doch in ihrem innersten Kern moderne, aus der Gegenwart des Dichters entnommene Menschen. Daß Frau Rat sich in Hermanns Mutter freudig und jubelnd wiederfand, wissen wir aus ihren Briefen: „Ich trage es herum, schreibt sie in ihrer originellen Art, stolz und freudig bewegt, „wie die Katze ihre Jungen". Der vierte Gesang war ein Denkmal für die von der Mutter so oft geübte, zwischen Vater und Sohn vermittelnde Thätigkeit. Es war nicht Zufall, daß gerade dieser Gesang beim Vorlesen vor dem Schiller'schen Ehepaar den Dichter zu Thränen rührte. In der Elegie sagt der Dichter:

  Deutschen selber führ' ich euch zu, in die stillere Wohnung,
  Wo sich, nah der Natur, menschlich der Mensch noch erzieht,

und so ist nicht bloß die Luft, die wir atmen, die der deutschen gefühlvoll= innigen, in sich und ihrem Kreise sich beschränkenden altehrwürdigen Häus= lichkeit, und der wackere und tieffühlende, aber ungewandte und oft blöde Jüng= ling, mehr denkend als sprechend, der überstreng und doch im Grunde gutmütige, von seiner Würde überzeugte, auf das Aeußere haltende „menschliche Haus= wirt", der tolerante, milde, weitblickende und gebildete Pfarrer und Haus= freund, der unruhig geschäftige, immer dienstfertige, stets bedenkliche und etwas egoistische Kleinstädter und die Krone des Gedichtes Dorothea, es sind alles typische und doch individuelle, deutsche Gestalten aus der Zeit und Umgebung des Dichters. Den oft gehörten Tadel, daß der Charakter Hermanns nicht einheitlich sei, kann nur der aussprechen, dem die eigentliche Idee des Ganzen: „wahre Neigung vollendet sogleich zum Manne den Jüngling", nicht aufgegangen ist, und für den der Dichter vergeblich gerade in diesem durch Dorotheas Einwirkung vollzogenen Wandel die schönste Charakteristik seines Helden gelegt hat. Wenn ferner Unverstand ihm allzu große Alltäglichkeit und allzu ge= wöhnliche Beschäftigung seiner Gestalten vorgeworfen hat, so kann Goethe daraus das höchste Lob für sich entnehmen. Hier hat die Kunst die Natur erreicht; sie erscheinen als Produkte der Natur und sind doch Geschöpfe der höchsten Kunst. „Ich habe," schreibt Goethe an Meyer am 5. Dezember 1796, „das rein Menschliche der Existenz kleiner einer deutschen Stadt in dem epischen Tiegel von seinen Schlacken abzuscheiden gesucht .... Die Zeit der Handlung ist ohngefähr im vergangenen August, und ich habe die Kühnheit meines Unternehmens nicht eher wahrgenommen, als bis schon das Schwerste überstanden war." Den äußeren Anlaß zu dem Gedicht gab das Schicksal der 1731 vom Erzbischof von Salzburg vertriebenen Protestanten. Die Quelle war wahrscheinlich die Schrift: Das liebethätige Gera und die Salz=

burgischen Emigranten. Goethe ließ den religiösen Gegensatz fallen, verlegte den Ort von Gera nach dem Rhein und nahm zum Hintergrunde des Gedichtes die französische Revolution, um, wie er selbst sagt, die großen Bewegungen und Veränderungen des Welttheaters aus einem kleinen Spiegel zurückzuwerfen. Die ursprüngliche Begeisterung für die Revolution und die bald darauf folgende Enttäuschung wird mit lebendigen Farben dargestellt. Daß aber das größte Ereignis des Jahrhunderts nicht in den Mittelpunkt gestellt wurde, daß der Dichter ein unpolitisches Gedicht schuf, auch das trug dazu bei, es zu einem wahren Bilde des deutschen Charakters werden zu lassen.

>   Nicht dem Deutschen geziemt es, die fürchterliche Bewegung
>   Fortzuleiten, und auch zu wanken hierhin und dorthin.
>   Dies ist unser! so laßt uns sagen und so es behaupten!

Das Werk, das Herder einst herbeigesehnt und prophetisch vorausgesagt hatte, daß die Vermählung des griechischen und deutschen Geistes vollziehen sollte, ein deutsches Gedicht getragen von dem Geiste Homers — hier ward's Ereignis. Darum wurde auch seit Götz von Berlichingen und dem Werther kein Werk Goethes mit solcher Begeisterung begrüßt. Schien doch Goethe den Zusammenhang mit dem deutschen Volke, den er seit der Iphigenie gelöst hatte, wieder aufnehmen zu wollen. Der Dichter, der es schon aufgegeben hatte, von seinem Volke verstanden zu werden, sah sich endlich wieder getragen von dem Verständnis und der bewundernden Liebe seiner Nation.

Das Gedicht hatte sich zum nationalen Epos aus einem Idyll gestaltet, wie es Goethe kurz vorher in dem Gedichte Alexis und Dora für Schillers Musenalmanach im Mai und Juni 1796 geschaffen hatte. Schon die Namen verraten den griechischen Einfluß, der Ort ist wohl ein italienisches Seestädtchen. Zeus donnert, der Sonnengott Phöbus wird angerufen. Die Grazien und Amor bekräftigen den Liebesbund, aber außer diesen Aeußerlichkeiten könnten Alexis und Dora ebenso moderne Gestalten aus dem Leben des Dichters sein. Goethe ist hier noch mehr bildender Künstler als in Hermann und Dorothea. Es fehlt den typischen Gestalten jedes individuelle Merkmal ihrer Zeit, sie wirken mehr als Kunst=, denn als Naturprodukte auf uns. Hermann und Dorothea begeistert den Höchstgebildeten und den Ungebildeten, wenn er nicht verbildet ist. Aber zum Genusse der Idylle gehört eine höhere Bildung, ein eingehendes Studium. Schillers eindringender Lektüre entging es nicht, daß sie zu dem Schönsten gehört, was Goethe geschaffen hatte, „so voll Einfalt ist sie bei einer unergründlichen Tiefe der Empfindung". Er verstand es, sofort den springenden Punkt herauszufinden. Wie die Novelle zum Roman, so verhält sich die Elegie zum Epos. Wenn es die Aufgabe des Novellisten ist, in der Darstellung eines einzigen Erlebnisses das ganze Leben und den Charakter des Helden zu schildern, so wollte Goethe in dem „einen Moment den Gehalt eines ganzen Lebens" geben. Das „ewig! sagtest Du leise," dieses einzige Wort, meinte Schiller, an dieser Stelle, ist statt einer ganzen langen Liebesgeschichte, und nun stehen die zwei Liebenden so gegeneinander, als wenn das Verhältnis schon jahrelang existiert hätte." Es ist der Mittelpunkt der Elegie. Alles wird auf diesen einen Augenblick zusammengedrängt, um die Schnelligkeit des Entschlusses und das Liebesgeständnis auch äußerlich zu begründen. Darum die Eilfertigkeit der Schiffsleute, darum die wiederholten Rufe zum Aufbruch, darum „der suchende Knabe", der durch die Thür hereinblickt. Die Einheit von Ort und Zeit und die allmähliche Enthüllung der Vergangenheit erreichte der Dichter dadurch, daß er das Gedicht ein Selbstgespräch des scheidenden Alexis sein läßt. Dadurch allein wird es möglich, trotz Darstellung eines einzigen Augenblicks und trotz der Einheit der Zeit alle Phasen glücklicher und unglücklicher Liebe von dem Erwachen der Liebe bis zum Ausbruch maßloser Eifersucht darzustellen und so den einzelnen Fall zum typischen zu gestalten, in der Liebe dieses Paares die Liebe überhaupt darzustellen. Auch hier fehlt es nicht an einer Hinneigung zur Tragödie. Der Dichter begegnet aber der sich steigernden Leidenschaft durch einen etwas willkürlichen Schluß, eine Abschiedsverbeugung, wie er es selber nennt, „durch die alles ins Leibliche und Heitere zurückgeführt wird".

So sehr hatte sich der Dichter in die epische Welt, insbesondere die Homers eingelebt, so sehr bewegten ihn die Gespräche über Epos und Drama mit Schiller und die Urteile und Rezensionen Schlegels und Humboldts, daß er, der alles praktisch bethätigen mußte, in kurzer Zeit den Plan zu drei größeren epischen Gedichten faßte. In den Unterredungen mit Schiller war ihm ein wichtiges Gesetz des Epos zu kräftigerem Bewußtsein gekommen, die Wichtigkeit der retardierenden Momente für die Entwickelung der epischen Handlung. Er suchte es einem höheren Gesetz unterzuordnen und fand, daß im epischen Gedicht das Was von vornherein klar sein und die Kunst des Dichters darin bestehen müsse, durch das Wie des Hörers Interesse zu erregen. Schiller antwortet auf die Mitteilung dieser Entdeckung, daß dieses Gesetz doch für alle pragmatische Dichtungsart, nicht bloß für das Epos gelte; überaus sein und richtig, da wir ja dafür von den Tragödien des Euripides mit ihren Prologen bis zu Gottfried Kellers Novellen Belege genug anführen können. Schiller fand auch hier bald die richtige Formulierung: „Bei dem

Dramatiker ist die Handlung der Zweck, bei dem Epiker nur Mittel zu einem absoluten ästhetischen Zwecke." „Aus diesem Grundsatz," so folgert er weiter, „kann ich mir vollständig erklären, warum der tragische Dichter rascher und direkter fortschreiten muß, warum der epische bei einem zögernden Gange seine Rechnung besser findet." Hauptsächlich wegen dieses Mangels an retar= dierenden Momenten, ließ Goethe den Plan zu seinem großen Epos „Die Jagd" fallen. Erst viele Jahre später sollte er in der „Novelle" dichterische Gestaltung erhalten.

Nicht anders ging es mit dem zweiten Plan, der ihm im Oktober 1797 in der Schweiz aufging und der ihn auch bis weit in das nächste Jahr be= schäftigte. Am 14. Oktober 1797 schreibt er an Schiller: „Ich bin fest über= zeugt, daß die Fabel von Tell sich werde episch behandeln lassen, und es würde dabei, wenn es mir, wie ich vorhabe, gelingt, der sonderbare Fall eintreten, daß das Märchen durch die Poesie erst zu seiner vollkommenen Wahrheit gelangte." Daß es Goethe durchaus fern lag, die Befreiung der Schweiz darzustellen, verraten schon diese Worte, aber auch der spätere Sänger des Tell, den sein Freund zu dieser Dichtung anzufeuern sucht, dachte damals durchaus nicht an eine derartige Behandlung. „Bei dem Tell," schreibt er, „wird aus der bedeutenden Enge des gegebenen Stoffes alles geistreiche Leben hervorgehen. Es wird darin liegen, daß man durch die Macht des Poeten recht sehr beschränkt und in dieser Beschränkung innig und intensiv gerührt und beschäftigt wird." Zugleich bittet er in rührend bescheidenen Worten Goethe, ihn an seiner Arbeit teilnehmen lassen, da doch die Einheit und Reinheit des Hermann durch Goethes Mitteilungen „so garnicht ge= stört worden ist; ich gestehe," fährt er fort, „daß ich nichts auf der Welt weiß, wobei ich mehr gelernt hätte, als jene Kommunikationen über Hermann und Dorothea, die mich recht ins Innere der Kunst hineinführten." Zu einer Ausführung des Planes kam es nicht, aber wohl zu ausführlichen theoretischen Erörterungen über Epos und Drama, die wir schon früher in ihren Hauptpunkten skizziert haben. Hier lesen wir am 23. Dezember 1797: „Der Tod des Achilles scheint mir ein herrlicher tragischer Stoff," einige Tage später: Das Lebensende des Achill mit seiner Umgebung ließe eine epische Behandlung zu und forderte sie gewissermaßen wegen der Breite des zu bearbeitenden Stoffes, da gerade das Tragische und Sentimentale des Stoffes ihn, wie er meinte, für die Behandlung eines modernen Dichters besonders qualifiziert mache. Der Freund solle nur seine Ansicht darüber äußern; so sehr stecke er im Homer, daß er jede Stunde anfangen könne, denn über das Wie der Ausführung sei er, mit sich einig. Nach einer anderen

Mitteilung Goethes erzählte er eines Abends Schillern den ganzen Plan ausführlich. „Der Freund schalt mich aus, daß ich etwas so klar vor mir sehen könnte, ohne solches auszubilden durch Wort und Silben. So angetrieben und fleißig ermahnt, schrieb ich die zwei ersten Gesänge (den späteren ersten). Es ist wohl jenes Gespräch gemeint, von dem Schiller am 5. März 1799 schreibt: „Ich kann jenes kurze Gespräch, wo Sie mir den Inhalt dieses ersten Gesanges erzählten, noch immer nicht vergessen, so wenig als den Ausdruck von heiterem Feuer und aufblühendem Leben, der sich bei dieser Gelegenheit in Ihrem ganzen Wesen zeigte." Im März und April 1799 berichtet das Tagebuch von fleißiger Arbeit an dem Epos, am 10. März von dem Anfang der Ausführung. Am 16. März sind 180 Hexameter geschrieben und die Hoffnung ist vorhanden, daß das Gedicht vor dem Herbste fertig wird. „Wie beneide ich Sie," schreibt Schiller auf diese Nachricht, „um Ihre jetzige nächste Thätigkeit. Sie stehen auf dem reinsten und höchsten poetischen Boden, in der schönsten Welt bestimmter Gestalten, wo alles gemacht ist und alles wieder zu machen ist. Sie wohnen gleichsam im Hause der Poesie, wo Sie von Göttern bedient werden." Am 2. April erhält Schiller den ersten Gesang: „indem ich eine kleine Pause machen will, um mich der Motive, die nun zunächst zu bearbeiten sind, spezieller zu versichern." Die Pause sollte leider für das Epos verhängnisvoll werden; es ist über den ersten Gesang nicht hinausgekommen.

Der letzte Vers der Ilias lautet:

Also bestatteten jene den Leib des reisigen Hektor.

Hier setzt Goethes Achilleus ein.

Hoch zu Flammen entbrannte die mächtige Lohe noch einmal,
Strebend gegen den Himmel, und Ilios' Mauern erschienen
Rot durch die finstere Nacht; der aufgeschichteten Waldung
Ungeheures Gerüst, zusammenstürzend, erregte
Mächtige Glut zuletzt. Da senkten sich Hektors Gebeine
Nieder, und Asche lag der edelste Troer am Boden.

Achilleus läßt einen Grabhügel für Patroklos und für sich aufrichten. Es folgt eine Götterversammlung im Olymp, in der Zeus den Fall Trojas mit dem Untergang des Achilles als vom Schicksal miteinander verknüpft hinstellt und die trauernde Mutter mit der Hoffnung, „die dem Leben vermählt bleibt", tröstet. Ares macht sich auf den Weg, um die Aethiopen und Amazonen zum Kampf anzureizen. Pallas Athene begiebt sich in der Gestalt des Antilochus zu Achilles, um ihn in dem Entschluß sein Leben ewigem Ruhm zu opfern, zu bestärken.

Die Quellen des Dichters waren außer Homer selbst Diktys von Kreta und Hyginus. Nach einer Aeußerung, die Riemer aufbewahrt hat, und nach dem in Weimar aufgefundenen, wenn auch nicht veröffentlichten Schema der ganzen, in acht Gesänge geteilten Dichtung ist der weitere Gang wahrscheinlich folgender: „Die Liebe des Achilleus zur Polyxena, der Tochter des Priamus, bildet den Mittelpunkt der Handlung; Achill weiß, daß er sterben muß, verliebt sich aber in Polyxena und vergißt sein Schicksal darüber; der Kampf der Friedens- und Kriegspartei im trojanischen wie im griechischen Lager wird eingehend geschildert. Den Abschluß macht der Tod des Achilleus, der Streit um die Waffen desselben zwischen Ajax und Odysseus und der Wahnsinn und Tod des Ajax."

Der Grund, weshalb Goethe diese bis ins einzelne ausgedachte Dichtung, deren Schema 102 Motive enthält, trotz der anfänglichen großen Neigung fallen ließ, ist in seinem dichterischem Charakter zu suchen. So sehr war Goethes Begeisterung für Homer damals gestiegen, so sehr lebte er in den Werken des großen Dichters, daß ihm Gleiches und Aehnliches zu schaffen als der höchste Ruhm erschien. Das verrät uns eine Stelle aus dem Briefe an Schiller vom 12. Mai 1798. „Soll mir ein Gedicht gelingen, das sich an die Ilias einigermaßen anschließt, so muß ich den Alten auch darin folgen, worin sie getadelt werden, ja ich muß mir zu eigen machen, was mir selbst nicht behagt; dann nur werde ich einigermaßen sicher sein,- Sinn und Ton nicht ganz zu verfehlen. Mit den zwei wichtigen Punkten, dem Gebrauch des göttlichen Einflusses und der Gleichnisse glaube ich im Reinen zu sein. . . . Mein Plan erweitert sich von innen aus und wird, wie die Kenntnis wächst, auch antiker." Es ist zwar unglaublich, daß Goethe diesen Plan wirklich und ernstlich lange gehegt hat, und seine zustimmende Antwort auf Schillers schöne und treffende Worte: „Ich glaube Ihnen nichts Besseres wünschen zu können, als daß Sie Ihre Achilleïs bloß mit sich selbst vergleichen und beim Homer bloß Stimmung suchen, . . . denn es ist ebenso unmöglich als undankbar für den Dichter, wenn er seinen vaterländischen Boden ganz verlassen und sich seiner Zeit wirklich entgegensetzen soll", beweist das, wenn es hier überhaupt eines Beweises bedarf; aber andrerseits läßt sich nicht leugnen, daß die Begeisterung für Homer, das völlige Einleben in die antike Welt, ihn eine Zeit lang hoffen ließ, ein Homer möglichst nahekommendes und ihn nachahmendes Epos zu schreiben. Herders warnende Stimme, der einst in Straßburg Richtiges und Unübertroffenes über die

Nachahmung fremder Dichter seinen Schüler gelehrt hatte, fehlte. Schiller feuerte und trieb an trotz der oben zitierten vortrefflichen Aeußerung. „Ihr schöner Beruf," so schrieb er, „ist, ein Zeitgenosse und Bürger beider Dichter=welten zu sein, und gerade um dieses höheren Vorzugs willen werden Sie keiner ausschließend angehören." Und so entstand der erste Gesang, bis eine innere Stimme dem Dichter sagte, daß diese Art der Dichtung seinem Genius zu=wider war.

Ueber den Wert des Fragments fehlt es nicht an Urteilen größter Mißachtung, aber auch nicht an Aeußerungen begeisterter Bewunderung. Das großartige Bild, das der Anfang uns enthüllt, die lebendige Götterversammlung mit der schönen Charakteristik und plastischen Darstellung der einzelnen Gott=heiten, die Worte, mit denen Athene ihren dem Tode geweihten Liebling tröstet:

Köstliches hast Du erwählt. Wer jung die Erde verlassen,
Wandelt auch ewig jung im Reiche Persephoneias,
Ewig erscheint er jung den Künftigen, ewig ersehnet.
. . . . Völlig vollendet
Liegt der ruhende Greis, der Sterblichen herrliches Muster.
Aber der Jüngling fallend erregt unendliche Sehnsucht
Aller Künftigen auf, und Jedem stirbt er aufs neue,
Der die rühmliche That mit rühmlichen Thaten gekrönt wünscht —

werden jedem Leser und Hörer unvergeßlich bleiben.

Goethes dankbare an Schiller gerichtete Worte: „Sie haben mich wieder zum Dichter gemacht, der ich ganz zu sein aufgehört hatte", finden in dem Jahr 1797 ihre glänzendste Bestätigung. Nur mit den Jahren der Sturm= und Drangzeit, wo sich ein Quell gedrängter Lieder ununterbrochen ihm gebar, läßt sich diese Zeit in Goethes Leben vergleichen. Neben dem reichen Kranz größerer Dichtungen, die wir unter Schillers Antrieb und begeistertem Beirat haben entstehen sehen, wird im Wetteifer mit ihm eine andere Dichtungsart lebendig, die seit der frühen Jugend zurückgehalten, nun neue Blüten entfaltet.

Das Jahr 1797 nennt Schiller „unser Balladenjahr". Die Absicht beider Dichter, ihre Einheit und Stärke, nachdem sie mehr nach der an=greifenden und negativen Seite hin im Xenienalmanach bewiesen worden war, in demselben Almanach durch große und bleibende Dichtungen frucht=bar und schöpferisch werden zu lassen, war der äußere, die Gespräche über das Epos, die nun mehr das episch=lyrische als das episch=dramatische Gebiet berührten, und das Bestreben, der neugewonnenen Kenntnis auch prak=tischen Wert zu geben, der innere Anlaß zu den Balladendichtungen. Die

Idee, sich in Balladen wetteifernd zu versuchen, ging wahrscheinlich von Goethe aus, aber auch hier war Schiller der Drängende, Anregende und Anfeuernde, dessen Antrieb Goethe vermocht hat, eine Reihe Balladen, die er bereits seit vielen Jahren im Kopfe hatte, nun auch wirklich auszuführen. Ballade und Romanze wurzeln auf dem Boden der Volkspoesie und gehören einer Mischgattung der episch-lyrischen Dichtung an; sie sind ursprünglich dasselbe, eine Dichtung, die ein bedeutendes Ereignis der Vergangenheit als gegenwärtig geschehend darstellt. Ihre Verschiedenheit erklärt sich allein aus dem verschiedenen Charakter der Völker, die diese Dichtungsart pflegten. Die Romanze hat, dem Charakter des Südens und seiner Bewohner entsprechend, als Merkmal die plastische, farbenreiche, glänzende Darstellung, den breiten, rein epischen Gang, die ausführliche klare, aber auch bilderreiche objektive Schilderung. Ganz im Gegensatz dazu ist der subjektive Charakter so recht das Kennzeichen der nordisch-germanischen Herkunft der Ballade. Kurz, sprunghaften Ganges, mehr andeutend als erzählend, schildert sie nicht sowohl, als daß sie dramatisiert, aus dem Innern motiviert, und weniger das Ereignis als die Stimmung und Empfindung der handelnden Personen darstellt. Ihr Charakter ist nicht episch, sondern lyrisch-musikalisch. Die dunkle Welt nordischen Geistes und der Elfen oder Nixen war ihr ursprüngliches Gebiet. Hier tritt der bedeckte Himmel des Nordens und die düstere Phantasie des rauhen, in sich gekehrten Nordländers hervor, während die Romanze den ewig klaren Tag, die heitere Sonne und die Farbenpracht des Südens verkündet. Fassen wir so den Unterschied zwischen Ballade und Romanze, so ist der geborene Lyriker Goethe der Balladendichter, Schiller der Dichter der Romanze. Bei Goethe der kurze knappe Inhalt auf dem Boden des Volksglaubens, bei Schiller die ausführliche und breite Darstellung, bei diesem Darstellung der Ereignisse und einer Idee, bei Goethe Malen der Stimmung, Ausdruck der Empfindung, dort prächtige, glänzende Sprache, Fülle und Pracht, bei Goethe einfache natürliche Sprache, dramatisch und musikalisch belebt. Beide wohl bewußt ihrer dichterischen Eigenart betreten wetteifernd das lyrisch-epische Gebiet, und fast zu derselben Zeit (im Frühling und Sommer 1797), da Goethe den Zauberlehrling, den Schatzgräber, die Braut von Korinth, den Gott und die Bajadere schuf, entstehen die Schillerschen Balladen der Taucher, der Handschuh, der Ring des Polykrates, die Kraniche des Ibykus und der Ritter Toggenburg, und während Goethe auf der Schweizerreise die Lieder von der schönen Müllerin dichtete, fand Schiller den Stoff zum Gang nach dem Eisenhammer. Mitte Juni 1798 entstand Goethes Blümlein Wunderschön, im August desselben Jahres der Kampf mit dem Drachen und die Bürgschaft. Im Scherz an diese Gleichzeitigkeit der dichterischen Arbeit anknüpfend, schreibt Goethe am 10. Juni 1797, als er den Gott und die Bajadere beendete: „Lassen Sie Ihren Taucher je eher je lieber ersaufen. Es ist nicht übel, da ich meine Paare in das Feuer und aus dem Feuer bringe, daß Ihr Held sich das entgegengesetzte Element aussucht." Es ist ein schönes Schauspiel, wie jeder der beiden Dichter ohne eine Spur des Neides dem andern den höchsten Preis zuerkennen will. Goethe weiß die Fülle und Pracht der Schillerschen Balladen nicht genug zu bewundern und nimmt sie selbst gegen den Vorwurf des Ueberwiegens der Idee mit Eifer in Schutz, Schiller will bescheiden zurücktretend dem Freunde die Krone überlassen. Beide Dichter helfen sich mit Rat und That zustimmend oder kritisierend, wie z. B. der Ibykus zu Anfang auf Goethes Vorschlag eine größere Breite und Ausführlichkeit erhält. Goethe liest seine und Schillers Balladen den Freunden vor und freut sich über die große Wirkung, die er erzielt. Meyers, „der reinen und treu fortschreitenden Natur", bewundernde Zustimmung wird dem Freunde sofort übermittelt und bei dem mißgünstigen Urteil Herders, „des Alten auf dem Topsberge", Trost zugesprochen mit den Worten: „Ich bedaure ihn herzlich, daß er verdammt ist, durch Gott weiß welche wunderliche Gemütsart sich und andern auf eigenem Felde den Weg zu verkümmern."

Damit daß wir Goethe die Balladen, Schiller die Romanzen zuweisen, ist der Kern der Sache noch nicht getroffen, es tritt auch hier der grundlegende Unterschied der Dichtungsart beider zu Tage. Schiller geht vom Allgemeinen aus, von der Idee, er ist überhaupt der erste Balladen-Romanzendichter, der dem Gedicht eine Idee unterlegt; denn seine Gedichte sind alle Ideendichtungen. Das Einzelne ist um ihretwillen da, wie er das selbst in einem Brief an Körner von seinem Ibykus zugiebt. Die Personen haben sich als Individuen der Idee zu subordinieren. Die Gestalten in seinem Kampf mit dem Drachen, Gang nach dem Eisenhammer sind nichts für sich, alles durch die Idee. Goethe dagegen geht induktiv vom Besonderen aus und steigt zum Allgemeinen empor. Auch seine Balladen haben eine Idee, aber die Gestalten sind nicht um ihretwillen da, sie haben Fleisch und Blut für sich, die Idee ist nur implicite in dem Gedicht vorhanden, sie drängt sich nicht auf, das Gedicht kann ohne sie bestehen; wie ein unerwartetes Geschenk fällt sie dem Leser in den Schoß. Und man beachte, daß hier der Charakter des Balladendichters Goethe nicht mehr rein hervortritt. Schillers Beispiel und seine Kunstrichtung ist auch auf diese Dichtung Goethes nicht ohne Einfluß geblieben. Die Balladen der Goethischen Jugendzeit, der Fischer, der Erlkönig, der ungetreue Knabe, der König von Thule, gedichtet aus der Bewunderung für die altenglische Volksballade heraus, haben den kunstlosen, naturwahren, einfachen Ton der Sprache des Volkes, die knappe, oft nur andeutend sprunghafte dramatische Darstellung, atmen das tief innerliche Gefühl naiver, unverbildeter Menschen, ergreifen und wirken durch das Ereignis, das sie schildern und durch die Stimmung, die der Dichter mit unnachahmlicher Kraft über das Ganze verbreitet; für Gestalten in des Dichters Dramen gedichtet, kommen sie unmittelbar aus dem Herzen des Dichters. Ganz anders die Goethischen Balladen der Schillerschen Zeit. Nicht weniger groß sind sie in der Malerei der Stimmung, in der ergreifenden Darstellung des Ereignisses, größer noch in der Plastik der Gestalten, der Reinheit und Schönheit der Farben, aber statt der Laute der Natur hören wir die Sprache der Kunst, statt der einfachen sangbaren Form des Volksliedes das kunstvolle Metrum, aus der nordisch-germanischen Heimat führt uns der Dichter in die entlegene antik-klassische oder indische Anschauungswelt. Nicht mit innerer Notwendigkeit aus der Empfindung des Dichters erwachsen, sind diese Gedichte Produkte der Kunst, zu einem äußeren Zweck gedichtete Darstellungen fremden, überall hergeholten Stoffes, sie wollen zwar nicht in unkünstlerischer Weise eine Lehre predigen, aber sie begnügen sich nicht mehr mit der Darstellung, sie vertreten eine Idee. Nur das Blümlein Wunderschön und die Lieder von der schönen Müllerin bewahren den alten Charakter, zu dem die in der nachschillerschen Zeit gedichteten Balladen, wie Ritter Kurts Brautfahrt, das Hochzeitlied, Wirkung in die Ferne, die wandelnde Glocke, der getreue Eckart u. a. wieder völlig zurückkehren. Es ist nicht Zufall, daß unter den Goethischen Balladen der Zauberlehrling das höchste Lob Schillers erhalten hat. Er verrät am deutlichsten, was die Ursache des Wandels in Goethes Balladendichtung war: den Einfluß Schillers.

Es liegt uns natürlich ganz fern, damit einen Tadel gegen Goethes oder Schillers Balladen auszusprechen. Wir wollen nicht loben oder tadeln, sondern die Entwickelung Goethes darstellen. Schillers Balladen sind über alles Lob erhaben, sie sind der unveräußerliche Besitz jedes Gebildeten geworden, und auch Goethes Balladen aus dem Jahr 1797 sind unerreichbare Muster ihrer Gattung. Ihre Kunst und Schönheit schildern zu wollen, wäre ein unnötiges und müßiges Unterfangen. Wer sie nicht fühlt, der wird sie nie erjagen. Aber auch abgesehen von ihrem großen künstlerischen Wert, über den nur eine Stimme herrscht, sind diese Dichtungen, wie die Braut von Korinth und der Gott und die Bajadere, für die Kenntnis des Menschen Goethe von hoher Bedeutung. Die hoheitsvolle, erbarmungsvolle, milde, an Christi Lehren heranragende Moral des indischen Gottes entsproß aus des Dichter eigenem Herzen:

Es freut sich die Gottheit der reuigen Sünder,
Unsterbliche heben verlorene Kinder
Mit feurigen Armen zum Himmel empor.

Es ist dieselbe schöne und göttliche Lehre, die der Schluß des zweiten Teiles des Faust gleichsam als Goethisches Vermächtnis predigt; und was hier positiv in erhabener Weisheit gelehrt wird, derselbe Geist tritt negativ im Angriff und Widerwillen gegen die Verkümmerung der Menschenrechte und des Naturtriebes durch beschränkte und herrschsüchtige Priester der christlichen Kirche in der Ballade Die Braut von Korinth hervor. Goethes ablehnendes Verhalten nicht gegen Christi Lehre, sondern gegen die Kirche und das Dogma ist uns ja aus vielen Dingen bekannt. Daß ihm also ein Stoff willkommen sein mußte, der den Gegensatz zwischen dem griechischen und den Geist der Kirche darstellte, war recht verständlich. Hat er doch auch zwei Jahre später in der Ballade „Die erste Walpurgisnacht" den Kampf und Haß des verfolgten germanischen Heidentums gegen seine Unterdrücker mit hellen und starken Farben dargestellt. Aber es liegt noch ganz anders. Nur die falsche Annahme seiner Quelle, daß das Ereignis sich im 2. Jahrhundert nach Christi abgespielt habe, war dem Dichter gegeben. Goethe legte den Gegensatz zwischen der heiteren Sinnlichkeit des Heidentums, der humanen, echt menschlichen Auffassung menschlicher Leidenschaft und der vom Christentum gepredigten Abtötung des Fleisches, der Unterdrückung der Naturtriebe, der strengen Askese und Weltflucht erst in den Stoff, der ihn ursprünglich gar nicht enthielt. Darum verlegt er den Ort nach Korinth, wo schon früh eine Christengemeinde bestand und der darzustellende Gegensatz vorhanden sein konnte. Nicht die Quelle, erst Goethe stellt Machates und Philinnion als in der Kindheit verlobte dar, erst bei ihm wird Philinnion um ihr Recht auf die Vereinigung mit Machates durch das Gelübde der christlichen Mutter betrogen. Die ungestillte Sehnsucht der Liebe verlangenden Braut ist ganz Goethes Erfindung. So sehr lebte er in antiker Lebensanschauung, daß er eins seiner größten Kunstwerke schuf mit der ausgesprochenen Absicht, seinen Widerwillen gegen alles Naturwidrige, Unmenschliche, das die Kirche der reinen Lehre Christi hinzugefügt hat, Protest zu erheben; wie er seinem Unwillen fast noch stärker schon vorher in der Geschichte des Harfenspielers in Wilhelm Meister Ausdruck gegeben hatte. Auch hier wußte er sich mit seinem großen Freunde Schiller eins.

Und der reiche Kranz der Dichtungen des Jahres 1797 ist mit diesen Meisterwerken noch nicht erschöpft. Es ließe sich sogar streiten, ob die drei Elegien, die demselben Jahr angehören, vom künstlerischen Standpunkte aus nicht dasselbe hohe Lob verdienen, wie ihre Mitgeborenen. Der neue

Pausias und sein Blumenmädchen ist ein entzückendes Bild, das man fast ebenso der malenden wie der dichtenden Kunst zurechnen möchte: das Bild eines kranzwindenden Liebespaares, das in anmutigen Wechselreden die Geschichte seiner Liebe erzählt; die Elegie Amyntas wurde auf Goethes dritter Schweizerreise durch den Anblick eines von Epheu umwundenen, seiner besten Kraft beraubten Apfelbaumes veranlaßt. Daß die Elegie durch ihre typische Giltigkeit das Tiefste aufrege und das Höchste bedeute, hat uns schon Schiller gelehrt. Ebenfalls in der Schweiz entworfen ist die Elegie Euphrosyne, eine Totenfeier für die sehr jung verstorbene Schauspielerin Christiane Neumann geb. Becker. Die Kunde von ihrem am 22. September 1797 erfolgten Tode erreichte den Dichter Anfang Oktober und ergriff ihn so sehr, daß er beschloß, ihr ein Denkmal zu

Christiane Neumann.

stiften, würdig ihrer Kunst und seiner Zuneigung: „Liebende haben Thränen, Dichter Rhythmen zu Ehre der Toten". Diese Zuneigung, in der sich väterliches Wohlwollen und liebende Verehrung wunderbar mischten, gründete sich auf die Schönheit und Anmut und mehr noch auf die Gemütstiefe und Begabung dieser bedeutenden Künstlerin. Euphrosyne nannte Goethe sie, weil Christiane in der Zauberoper Das Petermännchen in dieser Rolle aufgetreten war. Euphrosyne erscheint, wie die Göttin der Wahrheit in der Zueignung, als himmlische Gestalt und schildert selbst in ergreifenden

Worten die Leitung und die liebevolle Freundschaft Goethes, „des Lehrers, Freundes und Vaters". In echt künstlerischer Weise wird die Trauer und der Schmerz aus der Gegenwart gerückt und gemildert durch die Schilderung der Aufführung einer Szene aus Shakespeares Johann ohne Land, wobei Goethe als Kämmerer Humbert an der Leiche des von Christiane dargestellten Knaben Artur von tiefstem Schmerz überwältigt klagte. Auch hier ist das Individuelle in das Große und Typische gerückt, und die gewaltige Natur, in der der Dichter bewundernd lebte, giebt der Schilderung den großen Hintergrund, der noch verstärkt wird durch die Plastik griechischer Göttergestalten und die antike Anschauung. Schön und kunstvoll weiß der Dichter am Schlusse uns aus der Trauer und Wehmut zu neuer Hoffnung und „einem schöneren Morgen" hinüber zu leiten.

„Kann mich künftig etwas dazu vermögen, den Faust umzuarbeiten, so ist es gewiß Ihre Teilnahme." Schon diese Worte in dem Briefe an Schiller vom 2. Dezember 1794 würden uns berechtigen, unter die Blüten des von Schiller hervorgezauberten „Dichterfrühlings" auch das gewaltigste und größte Werk Goethes, den Faust, zu rechnen. Freilich ist er erst 1808 erschienen, freilich hat Schiller außer dem Fragment vom Faust nichts gesehen; dennoch giebt uns der Briefwechsel beider Männer Beweise genug dafür an die Hand, daß wir Schiller die Vollendung des Faust zu verdanken haben.

Wenige Monate, nachdem der Freundschaftsbund geschlossen war, wagte Schiller, begeistert von dem Fragment, dem „Torso des Herkules", die Bitte um die „Bruchstücke von Faust, die noch nicht gedruckt sind". Aber Goethe fand nicht den Mut, „das Packet aufzuschnüren, das den Faust gefangen hält". Jahrelang hatte ihn, wie er später an Charlotte Schiller schrieb, „die Schwierigkeit, den alten geronnenen Stoff wieder ins Schmelzen zu bringen", von der Ausführung des alten Plans abgehalten, und auch jetzt noch bezeichnete das zaghaft gegebene Versprechen, für die Horen im November oder Dezember 1795 „etwas vom Faust" zu geben, mehr den guten Willen als wirkliche Absicht. Erst ein längerer Verkehr mit dem unablässig anspornenden und immer wieder bittenden Freunde und sein schönes Beispiel, sein uneigennütziges, tiefgehendes und tief erfassendes Interesse besiegte endlich den Widerstand. Wie uns eine ausführliche Nachricht, die Schiller Wilhelm von Humboldt im Juli 1795 über den Goethischen Faust und den Plan der Dichtung machte, beweist, weihte Goethe seinen Freund weit mehr ein, als uns der Briefwechsel verrät. Es war nicht zufällig, daß Goethe gerade im Balladenjahre und zwar am 22. Juni 1797 den Entschluß, den Faust in Angriff zu nehmen, faßte, was er dem freudig bewegten Freunde mit den Worten mitteilte: „Da es höchst nötig ist, daß ich mir, in meinem jetzigen unruhigen Zustande, etwas zu thun gebe, so habe ich mich entschlossen, an meinen Faust zu gehen und ihn, wo nicht zu vollenden, doch wenigstens um ein gutes Teil weiter zu bringen, indem ich das, was gedruckt ist, wieder auflöse und mit dem, was schon fertig oder erfunden ist, in großen Massen disponiere und so die Ausführung des Plans, der eigentlich nur eine Idee ist, näher vorbereite. Nun habe ich eben diese Idee und deren Darstellung wieder vorgenommen und bin mit mir selbst ziemlich einig." Gerade das Balladenstudium hatte ihn, wie er in demselben Brief versichert, „wieder auf diesen Dunst= und Nebelweg gebracht". Und daß er wohl wußte, sich an den rechten Helfer bei dieser mühsamen Arbeit gewendet zu haben, zeigt die Bitte, Schiller „möchte einmal die Sache durchdenken und ihm die Forderungen, die er an das Ganze machen würde, vorlegen". Schiller packte in seiner Antwort sofort den Stier bei den Hörnern. Mit genialem Blick fand er den Kernpunkt, die Lebensfrage des Faust heraus. Es ist die Doppelstellung des Mephisto, die philosophische und die poetische. Die alte Volkssage forderte einen konkreten Mephisto, ein selbständig handelndes Individuum, den Teufel, oder wie Schiller das ausdrückt, den realistischen Charakter; aber philosophisch betrachtet ist Mephisto, um wieder mit Schiller zu reden, eine „idealistische Existenz", d. h. er existiert nur als Teil Gottes in der Idee, als Vertreter eines Prinzips. Wenn Schiller hinzufügt: „Der Teufel behält durch seinen Realismus vor dem Verstande und der Faust vor dem Herzen recht", so nahm er in bewunderungswürdiger Weise die Lösung voraus, die Goethe bisher nur angedeutet hatte. Ein so tiefgehendes Verständnis mußte auf den Dichter befruchtend wirken. „Ich werde," schreibt er schon am 24. Juni, „vorerst die großen erfundenen und halb bearbeiteten Massen zu enden und mit dem, was gedruckt ist, zusammenzustellen suchen." Und nun folgt eine fruchtbare Woche. Der Faust wird bis zum 1. Juli 1797 „in Absicht auf Schema und Uebersicht vorgeschoben, wenn auch die deutliche Baukunst die Luftphantome verscheuchte", das Gedruckte wird abgeschrieben und in seine Teile zerlegt, „da denn das Neue desto besser mit dem Alten zusammenwachsen kann", aber die „nordischen Phantome" werden durch „südliche Reminiscenzen" gleich darauf wieder zurückgedrängt. Nicht bloß der mit diesen Worten gemeinte Besuch Hirts aus Rom war daran schuld. Der tiefgehende Gegensatz zwischen dem in der klassischen antiken Welt lebenden Dichter und dem Sturm= und Drangcharakter der alten Dichtung machte eine Verschmelzung, ein einheitliches Werk sehr schwierig. An anderer Stelle bezeichnet Goethe darum das Werk als einen Tragelaph, eine

Verbindung nordisch-barbarischen Geistes, in dem der Urfaust geschrieben ist, und antik-klassischen Geistes, in dem der Dichter der neuen Bearbeitung lebte und webte. Erst im Februar des nächsten Jahres (1798) denkt er wieder ernsthaft an den Faust, und im April rückt das Drama täglich um ein Dutzend Verse vor, und einige in Prosa geschriebene Scenen, „deren Natürlichkeit und Stärke dem Dichter jetzt unerträglich erschien", werden in Verse umgegossen. In diesen Tagen arbeitet Goethe also an der Umschmelzung der Kerkerscene.

Auf Schillers und Cottas Drängen wird der Faust im April 1800 wieder vorgenommen. In diesem Monat ist wahrscheinlich die Scene, in der Mephisto als Pudel erscheint, gedichtet. Für den Februar 1801 ist der Abschluß der Walpurgisnacht anzunehmen. Oberons und Titanias goldene Hochzeit oder der Walpurgisnachtstraum, der schon im Juni 1797 gedichtet worden war, war ursprünglich für Schillers Musenalmanach bestimmt. Goethe hatte die Scene im nächsten Jahre bedeutend vermehrt und beschloß, sie seiner geplanten Walpurgisnacht im Faust anzugliedern. Daneben tritt mit dem September 1800 die Ausführung der für den zweiten Teil bestimmten „Helena", an der Schiller sehr regen Anteil nahm. Am 6. April 1801 hofft er, „daß in der großen Lücke des Fragments nur der Disputations=actus fehlen soll", eine Scene, von der wir nur ein Schema besitzen.

Nun ruhte der Faust wieder mehrere Jahre. Erst als Cotta eine neue Ausgabe plante, beendete der Dichter im März und April 1806 das Drama. Die traurigen politischen Verhältnisse verzögerten die Ausgabe des Faust bis zum Juni 1808, aber neues schuf Goethe nicht mehr in dieser Zeit, sondern ging das Ganze nur noch einmal mit Riemer durch. Der 1808 erschienene Faust enthielt an Scenen, die weder der Urfaust noch das Fragment aufweist: das Vorspiel auf dem Theater, den Prolog im Himmel, die Verse von 606 (Darf eine solche Menschenstimme hier) bis Vers 1770 (Und was der ganzen Menschheit zugeteilt ist), die Walpurgisnacht und den Walpurgisnachtstraum.

Das Vorspiel auf dem Theater, zu dem Goethe von Kalidasas Sakuntala die Anregung erhielt, hat, wie der Name sagt, mit dem Drama selbst nichts zu thun. Goethe verband mit ihm die Absicht, die sich ihm wie natürlich aufdrängte, als Einleitung zu dem größten Werke seiner Dichtung seinen Standpunkt und seine Meinung über das Wesen der Kunst auszusprechen. Darum hat Schiller gerade am Vorspiel den größten und innersten Anteil. Was hier „der Dichter" in jenen wunderbaren, vom Hauch der reinsten und höchsten Kunst durchwehten Worten als Verkünder der übermenschlichen göttlichen Kraft der Poesie sagt, jene Verse, die wir immer wieder, wo es gilt, verirrte Kunsttheorie und unkünstlerische Tendenz zu bekämpfen, als unbesiegbare Waffe hervorholen, sie sind der schönste poetische Ausdruck der eigensten und innersten Anschauung Goethes und Schillers vom Werte und dem Wesen der Kunst. Nirgends ist in menschlicher Sprache das tiefer und großartiger ausgesprochen worden, worin beide Dichter den Kern ihrer Theorie, das eigentliche Wesen der Kunst erblickten: die Erhebung des Individuellen zum Typischen und die Idealisierung des realen Stoffes durch die Kraft und das Herz des Dichters.

Der Prolog im Himmel führt uns zugleich zu einer Kernfrage der Dichtung, dem Verhältnis Fausts zu Mephisto. Auf die anscheinend sich widersprechende Doppelstellung Mephistos hatte Schiller, wie wir wissen, den Freund hingewiesen. Sie zu erklären und den anscheinenden Widerspruch aufzuheben, das war die Absicht des Prologs im Himmel. Zwar erscheint äußerlich Mephisto auch hier einmal als der Teufel des Volksglaubens, der Vetter der „berühmten Schlange, der Widersacher Gottes und Verführer der Menschen", und andererseits als ein von Gott abhängiger, im „Gesinde Gottes" befindlicher, in Gottes Auftrag wirkender Geist. Aber in Wirklichkeit ist hier kein Widerspruch. Schon in der Kosmogonie, die sich Goethe in seiner Jugend aufgebaut hatte und die er am Ende des achten Buches von Dichtung und Wahrheit darstellt, ist Lucifer zugleich der Erhalter und Zerstörer der Welt. Beides sind nur verschiedene Worte für dieselbe Sache. Der Teufel Mephisto und der Vertreter des göttlichen Prinzips wirken zu demselben Ziel, dem Sieg Fausts in dem Kampf, den sie durch Verführung und Verlockung zum Bösen ermöglichen, nur mit dem Unterschiede, daß sich die dramatische Person, der Teufel Mephisto, dieses Zieles nicht bewußt ist. Der allwissende „Herr" kann ruhig Fausts Seele dem Mephisto überlassen. Und wiederum Mephisto ist es um die Wette gar nicht bange; Gerade auf das titanenhafte Streben, auf die Unbefriedigung in der Ueberhebung Fausts über die Menschen setzt er seine Hoffnung.

Nun kann die eigentliche Handlung beginnen. Wie Faust, angeekelt von allem Wissen, aus dem Drang nach Lebensbethätigung, nach übermenschlichem Erfassen aller Leiden und Freuden der Menschheit, nach Erkenntnis der Kräfte der Natur, um wie sie wirken und schaffen zu können, sich vergeblich der Magie ergiebt und vom Erdgeist zurückgewiesen wird, das hatte Goethe schon im Urfaust und im Fragment dargestellt. Nach dem Abgange des trockenen Schwärmers Wagner setzt die neue Dichtung ein. Von neuem und noch heftiger wird Faust nach den vergeblichen Versuchen, sich der Geisterwelt zu nähern, von dem Ekel am Leben erfaßt. Er setzt die Schale mit dem totbringenden

Safte an den Mund, um das elende Leben zu endigen, als der Klang der Osterglocken und die heilige, beseligende Erinnerung an die unschuldige Kind=
heit ihn dem Leben zurückführt:

O tönet fort, ihr süßen Himmelslieder!
Die Thräne quillt, die Erde hat mich wieder!

Mit dem Willen zum Leben ist auch der Entschluß zu einem anderen, einem neuen Leben gefaßt. Zwar steht dieses selbst noch nicht klar vor Fausts Augen, aber der Dichter deutet es in der Scene vor dem Thore, die mit Recht als das unerreichte Vorbild farbenreicher Darstellung und treffen=
der Charakteristik gepriesen wird, genugsam an. Der Gelehrte Faust, dem bisher das einsame „Museum" seine Welt gewesen, geht unter das fröhlich ausgelassene, das Erwachen des Frühlings und das Osterfest feiernde Volk und tritt der Natur als Mensch ohne die Kunst der Magie gegenüber. Aber auch sie, deren Größe er mit tiefempfundenen Worten preist, läßt ihn nur das Gefühl der eigenen Ohnmacht um so schmerzlicher empfinden:

Ach, zu des Geistes Flügeln wird so leicht
Kein körperlicher Flügel sich gesellen!

Noch einmal ruft er die Geister, ihn wegzuführen zu „neuem bunten Leben". Jetzt wird er erhört. Der Erdgeist sendet ihm Mephisto in der Gestalt des Pudels.

Es ist ein Meisterzug der Dichtung, daß kurz bevor Faust den Ver=
trag mit der Hölle schließt, noch einmal die „bessere Seele" und eine be=
friedigte, reine Stimmung in ihm erwacht. Aber nur für wenige Augen=
blicke; die Reaktion des Pudels, der sich bald als Geist und Mephisto ent=
hüllt, beweist den Zwiespalt. Auch das ist groß gedacht, daß Faust gerade jetzt in der Uebersetzung der Anfangsworte des Johannisevangeliums, „im Anfang war die That", das erlösende Wort findet, dessen Erfüllung ihn aller Magie und Teufelskünste überhöbe. Nie war Faust der Erreichung seines heißersehnten Zieles näher als in dem Augenblicke, da er sich voller Verzweiflung dem Teufel übergiebt. Der Pudel verschwindet, und an seine Stelle tritt der Teufel, Mephisto, in menschlicher Gestalt. Nur mit diesem hat es Faust und hat es der Zuschauer zu thun; nur er ist eine dramatische Person. Aber so sehr war Goethe bestrebt, das eigentliche Verhältnis Me=
phistos zu Faust zum Ausdruck kommen zu lassen, daß er die kleine In=
konsequenz nicht scheute, Mephisto, die dramatische Person, das Wesen des Prinzips Mephisto erklären zu lassen, dessen sich das Individuum Mephisto gar nicht bewußt sein darf: „Ich bin ein Teil von jener Kraft, die stets=

das Böse will und stets das Gute schafft." Absichtlich wird daher diese Definition durch die Hervorhebung des zerstörenden Elements verdunkelt, so daß Faust und der Zuschauer nur den Teufel und das Böse in Mephisto sehen können:

> So setzest du der ewig regen,
> Der heilsam schaffenden Natur,
> Die kalte Teufelsfaust entgegen,
> Die sich vergebens tückisch ballt.

Mephistos Versehen, das ihn zu Fausts Gefangenen macht, eröffnet diesem die Möglichkeit, mit der Hölle einen Pakt abzuschließen. Die Geister des Mephisto erwecken Fausts sinnliche Begier. Nach dem Erwachen aus dem schönen Traum steht ihm die ganze Oede seines bisherigen Lebens noch lebhafter vor Augen:

> Entbehren sollst du! sollst entbehren!
> Das ist der ewige Gesang,
> Der jedem an die Ohren klingt,
> Den, unser ganzes Leben lang,
> Uns heiser jede Stunde singt.
> Nur mit Entsetzen wach ich morgens auf,
> Ich möchte bittre Thränen weinen,
> Den Tag zu sehn, der mir in seinem Lauf
> Nicht Einen Wunsch erfüllen wird, nicht Einen.

Diese Stimmung braucht Mephisto, der nun als edler Junker in rotem, goldverbrämtem Kleide wieder erschienen ist, um Faust zum Bündnis zu verlocken. Jetzt flucht dieser dem Rest des „kindlichen Gefühls", das ihn einst vom Selbstmord abgehalten hatte:

> Fluch jener höchsten Liebeshuld,
> Fluch sei der Hoffnung, Fluch dem Glauben
> Und Fluch vor allem der Geduld!

Der unsichtbare Geisterchor trauert in ergreifenden Tönen um die Verfluchung der edelsten und heiligsten Güter der Menschen, aber zugleich deutet er Fausts Errettung aus diesem Irrwahn durch seine eigene Kraft und damit das Endziel der Fahrt Fausts durch das Leben und des ganzen Dramas selbst an:

> Mächtiger der Erdensöhne, prächtiger
> Baue sie wieder,
> In deinen Busen baue sie auf!
> Neuen Lebenslauf beginne
> Mit hellem Sinne,
> Und neue Lieder tönen darauf!

Der vielfach mißverstandene Vertrag zwischen Faust und Mephisto, der nun erfolgt, wird leicht verständlich, wenn man die von Goethe mit höchster Kunst vereinigte Doppelgestalt des Mephisto sich klar vor Augen hält. Zur Errettung, d. h. Seligwerdung der Menschen müssen zwei Mächte zusammenwirken. Der Mensch kann nicht durch sich allein selig werden ohne die göttliche Gnade, das ist der Inhalt des Schlusses des Faustdramas; aber andererseits kann er auch nicht durch göttliche Gnade allein selig werden, oder vielmehr diese wird ihm nicht zu teil, wenn er nicht im Kampf zwischen dem edlen und sinnlichen Teil seiner selbst den Sieg über das Böse erringt. Dieser Kampf wird möglich durch die Verlockung zur Sünde, durch die Schöpfung des Teufels. Hat der Herr die Errettung Fausts geplant, hegt er im Vertrauen auf die in ihm lebende edle Kraft die sichere Ueberzeugung von seinem endlichen Sieg, und muß auch Mephisto, das Prinzip, zu diesem Siege mitwirken, so liegt es doch im Begriffe des Kampfes schon, daß eine Niederlage Fausts nicht ausgeschlossen ist. So ist für Mephisto, den Teufel, die Möglichkeit vorhanden, durch Verlockung Fausts zu Sünde und Verbrechen dessen edle Kraft zu zerstören und ihn, um in der Sprache des Volkes zu reden, für die Hölle zu gewinnen:

> Ich will mich hier zu deinem Dienst verbinden,
> Auf deinen Wink nicht rasten und nicht ruhn;
> Wenn wir uns drüben wieder finden,
> So sollst du mir das gleiche thun.

Das ist Mephistos Absicht beim Abschluß des Vertrags. Was Faust eigentlich von ihm will, das versteht er gar nicht. Was kann ihm der arme Teufel geben! Es ist die Erfüllung jener Sehnsucht, die den Helden des Urfaust zum Erdgeist trieb: „Du hörst es ja," antwortet er dem Teufel, der die sinnlichen Freuden prahlerisch aufzählt,

> von Freud' ist nicht die Rede.
> Dem Taumel weih' ich mich, dem schmerzlichsten Genuß,
> Verliebtem Haß, erquickendem Verdruß.
> Mein Busen, der vom Wissensdrang geheilt ist,
> Soll keinen Schmerzen künftig sich verschließen,
> Und was der ganzen Menschheit zugetheilt ist,
> Will ich in meinem innern Selbst genießen,
> Mit meinem Geist das Höchst' und Tiefste greifen,
> Ihr Wohl und Weh auf meinen Busen häufen,
> Und so mein eigen Selbst zu ihrem Selbst erweitern,
> Und, wie sie selbst, am End' auch ich zerscheitern.

„Vergebens hat er alle Schätze des Menschengeists auf sich herbeigerafft".

vergebens hat er der Magie sich ergeben und die Geister zur Antwort gezwungen. Ihm ekelt vor allem Wissen, nicht weniger vor dem Verlangen, das Rätsel des Jenseits zu lösen, das dem Menschen doch immer ein Rätsel bleibt. Aber einen Weg hat er noch nicht versucht, um Befriedigung und Stillung der Sehnsucht zu erlangen. Der weltscheue Gelehrte und Denker kennt noch nicht das Leben und die dunklen, unheimlichen Mächte der Leidenschaft:

> Laß in den Tiefen der Sinnlichkeit
> Uns glühende Leidenschaften stillen!
> In undurchdrungnen Zauberhüllen
> Sei jedes Wunder gleich bereit!
> Stürzen wir uns in das Rauschen der Zeit,
> Ins Rollen der Begebenheit!
> Da mag denn Schmerz und Genuß,
> Gelingen und Verdruß,
> Mit einander wechseln, wie es kann;
> Nur rastlos bethätigt sich der Mann.

Faust ist, trotzdem er den Vertrag mit dem Teufel eingeht, auf dem rechten Wege. Es dämmert in ihm die Erkenntnis, daß nicht die weltscheue Gelehrtenarbeit, daß vielmehr das Wirken des im Leben stehenden, mit den Leidenschaften kämpfenden und siegenden Mannes die wahre, des Menschen würdige That ist. Sein Bündnis mit Mephisto soll nur Mittel zum Zweck sein. Darauf zielen die Worte:

> Werd ich zum Augenblicke sagen:
> Verweile doch, du bist so schön —
> Dann magst du mich in Ketten schlagen
> Dann will ich gern zu Grunde gehn. — —
> Wie ich beharre, bin ich Knecht,
> Ob dein, was frag' ich oder wessen.

Diese Erkenntnis, die vorläufig nur als dunkler Drang zum Leben, zum Genuß und Ertragen der Leiden und Freuden der Menschheit auftritt, gewinnt Faust erst klar am Ende seines Lebens. Das Streben danach ist der Inhalt des ersten und zweiten Teils. Mit dieser Erkenntnis schließt das Leben Fausts und die Dichtung.

> Das ist der Weisheit letzter Schluß:
> Nur der verdient sich Freiheit wie das Leben,
> Der täglich sie erobern muß.

Wenn er kurz vor seinem Tode im freudigen Gefühl einer großen That ausruft:

> Zum Augenblicke dürft ich sagen.
> Verweile doch, du bist so schön —

und Mephisto diesen Ausspruch mit den Worten begleitet:

> Den letzten, schlechten leeren Augenblick,
> Der Arme wünscht ihn festzuhalten —

so hat dem Buchstaben nach Faust, in Wirklichkeit aber Mephisto die Wette verloren; denn was Faust festhalten möchte, ist nicht eine Gabe Mephistos, der Faust bis an sein Ende nicht versteht, sondern ist der Thatkraft Fausts allein im Widerspruch mit dem Wesen und Wirken Mephistos entsprungen.

In beider, Fausts und Mephistos, Absicht liegt es, nachdem der Vertrag geschlossen ist, Faust das Leben genießen zu lassen. Faust tritt den neuen Lebensweg an aus dem dunklen Drang, Erfüllung seiner Sehnsucht zu finden, Mephisto mit der Hoffnung, in der Sinnlichkeit und im Genuß Fausts edleren Teil zu zerstören, seine ideale Kraft zu brechen. Daß er Erquickung, Stillung seines Dranges durch die Gaben Mephistos finden wird, daran denkt Mephisto ebensowenig wie Faust:

> Den schlepp' ich durch das wilde Leben,
> Durch flache Unbedeutenheit,
> Er soll mir zappeln, starren, kleben,
> Und seiner Unersättlichkeit
> Soll Speis' und Trank vor gier'gen Lippen schweben,
> Er wird Erquickung sich umsonst erflehn.

Das neue Leben beginnt mit der Verspottung und Verhöhnung der bisherigen Thätigkeit Fausts und des Betriebes der Wissenschaft überhaupt durch Mephisto in der Schülerscene. Wenn irgendwo, so ist hier der gewaltige Fortschritt des Faust von 1808 gegenüber dem Urfaust zu erkennen. Aus einem mit dem Drama kaum zusammenhängenden, anscheinend nur um einer mehr oder weniger trivialen Glossierung des akademischen Treibens geschriebenen Gespräch zwischen Mephisto und dem Studenten hat des Dichters Kunst eine vom Ganzen gar nicht mehr loszulösende gedanken- und inhaltreiche Scene geschaffen. Will Mephisto Faust zuerst auf dem Wege durchs Leben die kleine Welt zeigen, so war es das nächstliegende, ihn in die lustige Gesellschaft der Studenten in Auerbachs Keller zu bringen. Auch hier unterscheidet sich die neue Gestalt des Dramas nicht bloß durch die metrische Form, sondern auch durch einen bedeutsamen Zug vom Urfaust. Während dort Faust als Zauberer auftritt, ist er hier der passive Zuschauer. Aber für solche Freuden hat Faust kein Verständnis. Mephisto muß andere, stärkere Mittel anwenden,

um seinen Zweck zu erreichen. Auf die Erregung des gewaltigsten aller
menschlichen Triebe, die Liebe zum anderen Geschlecht, baut er seinen Plan.
Dieser Naturtrieb ist von dem weltscheuen Gelehrten und Denker Faust bis=
her gewaltsam unterdrückt worden. Mit der Aenderung der Lebensanschauung,
mit dem Entschluß, des Lebens Freuden und Leiden kennen zu lernen, tritt
er in gesteigerter Kraft hervor. Diesen inneren Vorgang, der äußerlich als
eine Verjüngung Fausts erscheint, stellt der Dichter, um ihm dramatisches
Leben zu geben, symbolisch in der 1788 in Rom gedichteten Hexenküche dar.
Nun erscheint Faust reif für Mephistos Verlockungen:

> Den edlen Müssiggang lehr' ich hernach dich schätzen,
> Und bald empfindest du mit innigem Ergetzen,
> Wie sich Cupido regt und hin und wider springt.

Freilich mit dem tierischen Trieb, der Geschlechtsliebe, ist ein Faust nicht
zu fangen. Die überwältigende, hinreißende Macht der Schönheit treibt ihn
zu Gretchen:

> Ist's möglich, ist das Weib so schön?
> Muß ich an diesem hingestreckten Leibe
> Den Inbegriff von allen Himmeln sehn?
> So etwas findet sich auf Erden?

ruft Faust beim Anblick von Gretchens Zauberbild in der Hexenküche. Der
Inhalt der ganzen Gretchentragödie ist damit angedeutet.

Wenn auch Faust zuerst ganz im Sinne Mephistos Gretchens Besitz
wie den einer Dirne fordert, so sind das doch mehr Worte des Neulings in
der Verführungskunst, der sich als Wollüstling aufspielt. In Wahrheit hat
ihn ein idealer Zug zu Gretchen getrieben und bald verbindet sich mit der
sinnlichen Glut die heilige, beseligende Liebe. Das Gemeinste und das Edelste,
das Niedrigste und das Höchste hat die Natur an den Trieb der Erhaltung
der Gattung geknüpft. Die gemeinste Sinnenlust und die erhabensten Ge=
fühle der Menschheit, die Liebe und der Sinn für die Schönheit entstammen
derselben Wurzel. Mephisto ist sich nur des einen Triebes bewußt; „ein
Tier" nennt ihn der in seinen heiligsten Gefühlen beleidigte Faust; er
glaubt durch die Erregung der Sinnlichkeit Faust ganz sicher für die Hölle zu
gewinnen, und gerade dadurch verliert er seine Seele. Der Faust, der in
Gretchens Armen den Himmel edelster und reinster Liebe genossen, der in
ihr die schönste Frucht wahrer Menschlichkeit besessen hat, er kann nicht im
Schlamme der Sinnlichkeit untergehen. Und wenn er auch am Schlusse des
ersten Teiles mehr als je dem Teufel verfallen erscheint, die Erinnerung an
Gretchen, die rührende, durch ihn in Tod und Verderben gestürzte Gestalt

wird ihn trotz Verlockung und Verführung hindurchführen zum Sieg und zur Erlösung.

Daß Gretchen Goethes vollendetste dramatische Gestalt und der Gipfel der Poesie überhaupt ist, ist eine fast trivial klingende Behauptung. Sie kritisch zu beleuchten scheint ein Verbrechen an ihr und an ihrem Dichter. Das Höchste, was der Dichter erreichen kann, ist hier erreicht worden. Sie erscheint nicht als Werk der Kunst, sie scheint Natur. Das ist das Geheimnis. Der Kreislauf vom Individuum durch den Typus zum typischen Individuum oder von der realen Natur durch die idealisierende Kunst zur idealisierten Natur, jener Kreislauf, den Goethe und Schiller als das höchste Ziel der Kunst ansahen, ist hier vollzogen. Auf ihrer höchsten Staffel ist die Kunst wieder Natur.

Gretchen handelt wie die Natur. Indem sie dem göttlichen Gebote, dem Triebe der Natur, folgt, verfällt sie in Schande und Verderben. Sie fehlt nur gegen menschliche Satzung, und ihr Schicksal ist eine ungeheure Anklage gegen die bestehenden menschlichen Verhältnisse. Ihr furchtbares Leid und ihr heldenhafter Entschluß, mit dem Tode zu büßen, was sie gesündigt,

> Von hier ins ewige Ruhebett
> Und weiter keinen Schritt —

tilgt jede Spur einer Schuld.

So verkündet denn eine himmlische Stimme: Sie ist gerettet. Faust wendet sich von ihr; er ist anscheinend dem Teufel verfallen.

Dem Titel nach abseits vom Thema und der Handlung des Faust steht die Walpurgisnacht und der Walpurgisnachtstraum, der als Intermezzo, und das heißt doch wohl Intermezzo der Walpurgisnacht, vom Dichter selbst bezeichnet worden ist. Aber auch diese Scene ist kunstreich in das Ganze eingefügt worden. Ja sie war wahrscheinlich schon in frühester Zeit geplant, da sich schon im Urfaust die Worte Fausts finden: „Du wiegst mich in abgeschmackten Freuden, verbirgst mir ihren wachsenden Jammer und läßt sie hilflos verderben." Ein Hinweis auf Walpurgis im Fragment beweist, daß die Einführung der Walpurgisnacht nicht aufgegeben war, wenn auch der „Traum" erst 1797 und die Walpurgisnacht selbst 1800 und 1801 gedichtet worden ist. Beide Scenen wurden hinter die Domscene eingeschoben. Mephisto schleppt Faust in das tolle Zauberwesen, um in dem Gemeinen und Sinnlichen die Gedanken an Gretchens Schicksal, deren Bruder er soeben ermordet und die er hilflos verlassen hat, zu ersticken. Aber auch hier erreicht die Kraft, die das Böse will und das Gute schafft, das Gegenteil ihrer Absicht. Gerade im Taumel sinnlicher Luft erwachen Fausts Gewissensbisse. Sie verkörpern sich in dem Idol Gretchen, das ihr entsetzliches Geschick furchtbar andeutet:

> Mephisto, siehst du dort
> Ein blasses schönes Kind allein und ferne stehn?
> Sie schiebt sich langsam nur vom Ort,
> Sie scheint mit geschloss'nen Füßen zu gehn.
> Ich muß bekennen, daß mir däucht,
> Daß sie dem guten Gretchen gleicht.
> . . . .
> Fürwahr, es sind die Augen einer Toten,
> Die eine liebende Hand nicht schloß.
> Das ist die Brust, die Gretchen mir geboten —

Die grausige Erscheinung bringt Faust zur Besinnung. Mit Notwendigkeit ergiebt sich aus der Walpurgisnacht Fausts Forderung der Rettung Gretchens: und damit die Scene Trüber Tag und die Kerkerscene. So schließt sich auch diese anscheinend dem Stoffe fremde Walpurgisnachtscene als ein notwendiges Glied in die vom Dichter mit höchster Kunst festgehaltene Einheit der Handlung.

Gerade in der Zeit reichster Entfaltung des Goethischen Genius, in der die Balladen und Elegien entstanden und der Faust von neuem in Angriff genommen wurde, führte Schiller den Wallenstein seiner Vollendung entgegen. Was der „unvergeßliche Spätsommer" von 1796 und das darauffolgende Jahr durch gemeinsame Gespräche theoretisch festgestellt hatte, bestand nun in der großartigen Thätigkeit beider Dichter seine Feuerprobe glänzend. So ward das ganze große Reich der Poesie von beiden Dichtern gemeinsam durchwandert, und wenn Goethe sich in der ausübenden Thätigkeit mehr dem episch-lyrischen Gebiet zuwandte und im Vergleich zu seinem großen Freunde sich damals unter dem Widerspruch Schillers die Begabung für die tragische Dichtung absprechen wollte, so war doch sein Gemüt und Geist nicht weniger an der großen Aufgabe des Freundes beteiligt, eine neue Gattung Dramen in seinem Wallenstein zu schaffen, als wäre es sein eigenes Werk. Das würden uns schon Schillers schöne Worte verraten, in denen er seinen Dank aussprach: „Es ist eine rechte Gottesgabe um einen weisen und sorgfältigen Freund, das habe ich jetzt wieder aufs neue erfahren", wenn nicht schon der Briefwechsel jener Jahre es fast auf jeder Seite bezeugte. Was Goethe oder Schiller von jetzt an schaffen, es ist gemeinsam geschaffen, weil es auf denselben Grundlagen und derselben Anschauung gewachsen ist. Nicht ihren Charakter und den Gegensatz ihrer Natur wollten beide Männer aufgeben, aber was Goethe später von Schiller sagt: „So wie er sollte man eigentlich sein. Nur wenn wir uns das Mangelhafte unserer Existenz bekennen und das auch zu sein streben, was wir nicht sind, dürfen wir hoffen, einigermaßen das zu werden, was wir eigentlich sein sollten", gilt mit demselben Rechte von ihm. Es steht einzig in der Geschichte da, dies neidlose Streben, die eigenen Fehler, die jeder an den Vorzügen des Freundes um so schmerzlicher fühlte, abzuthun und den ewigen Widerstreit von Subjekt und Objekt durch einen edlen Wetteifer zu überbrücken. „Wenn ich Ihnen," schreibt Goethe, „zum Repräsentanten mancher Objekte diente, so haben Sie mich von der allzu strengen Beobachtung der äußeren Dinge und ihrer Verhältnisse auf mich selbst zurückgeführt, Sie haben mich die Vielseitigkeit des innern Menschen mit mehr Billigkeit anzuschauen gelehrt, Sie haben mir eine zweite Jugend verschafft und mich wieder zum Dichter gemacht."

Der Realist Goethe wird immer mehr zum Idealisten und der Idealist Schiller, der sich zu der am Freunde bewunderten Objektivität zwingen wollte, wählt sich einen Stoff, der ihm innerlich wenig zusagte, macht eifrig realistische Studien zum Wallenstein, ist auf Schritt und Tritt ängstlich bemüht, die Rhetorik und Wortfülle zu vermeiden, möchte zuerst darum wohl das Drama in Prosa schreiben und ist endlich glücklich, der Dichtung Wallenstein mit einer Kühle und Objektivität gegenüberzustehen, die ihm beim Don Carlos noch unmöglich gewesen wäre! „Ich finde, daß mich die Klarheit und die Besonnenheit, welche die Frucht einer späteren Epoche ist, nichts von der Wärme einer frühern gekostet hat. Doch es schickte sich besser, daß ich das aus Ihrem Munde hörte, als daß Sie es von mir erfahren." So verstehen wir Schillers Meinung: „der Wallenstein sollte das ganze System desjenigen, was bei ihrem Commercio in seine Natur übergehen konnte, in concreto zeigen und enthalten."

Darum werden uns der Wallenstein und der Faust und die sich an ihn knüpfenden Erörterungen am besten die Theorie der beiden Dichter und ihre Auffassung vom Wesen der Poesie überhaupt und des Dramas offenbaren. Von entgegengesetzten Wegen ausgegangen, trafen sich die beiden Dichter in der Verehrung der antiken Dichtung und der idealen Auffassung der Poesie. Ihre Aesthetik knüpft an Lessing und unmittelbar an seine Auslegung des Aristoteles an. Der Idealist und Realist reichen sich die Hände, indem sie nicht Gestalten der Phantasie, aber auch nicht Individuen darstellen wollen, sondern typische Gestalten. Wenn Goethe später seinen Gegensatz zur realistischen Darstellung, der er selbst in der Jugend gehuldigt hatte, mit den Worten aussprach: „Das Kunstwerk sei wahr, aber nicht wirklich", in einem Briefe Schillers vom April 1797 finden wir denselben Gedanken: „Der realistische

Dichter bedenke nicht, daß eine poetische Darstellung mit der Wirklichkeit eben darum, weil sie absolut wahr ist, niemals koinzidieren kann." Schon in der Rezension Schillers über Bürgers Gedichte hatte Goethe mit Freude von Schillers Forderung an den Dichter gelesen, durch die Kunst des Idealisierens das Individuelle und Lokale zum Allgemeinen, das Zufällige und Wirkliche zum Notwendigen und Wahren zu erheben, oder wie es das Schillersche Gedicht, das er dem Maler Karl Graß in das Stammbuch schrieb, ausdrückt:

> O wie viel schöner, als der Schöpfer sie gegeben,
> Giebt ihm die Kunst die Welt zurück.

In den Jahren gemeinsamer Arbeit hatte diese hohe Auffassung der Poesie, der gemeinsame Gegensatz gegen den Naturalismus, der die Kunst zum Abklatsch der Wirklichkeit erniedrigen will, sich immer mehr befestigt. In dem Vorspiel zum Faust fand sie, wie wir schon angedeutet haben, den großartigsten Ausdruck:

> Wodurch bewegt er alle Herzen?
> Wodurch besiegt er jedes Element?
> Ist es der Einklang nicht, der aus dem Busen dringt
> Und in sein Herz die Welt zurückeschlingt?
> Wenn die Natur des Fadens ew'ge Länge,
> Gleichgültig drehend, auf die Spindel zwingt,
> Wenn aller Wesen unharmon'sche Menge
> Verdrießlich durch einander klingt,
> Wer teilt die fließend immer gleiche Reihe
> Belebend ab, daß sie sich rhythmisch regt?
> Wer ruft das einzelne zur allgemeinen Weihe,
> Wo es in herrlichen Akkorden schlägt?
> Wer sichert den Olymp, vereinet Götter?
> Des Menschen Kraft, im Dichter offenbart!

Gottfried Keller wußte wohl, weshalb er seinen Gegensatz zu den Naturalisten und Schmutzmalern der Gegenwart und zugleich sein dichterisches Glaubensbekenntnis in die Verse kleidete:

> Die Schönheit ist's, die Friedrich Schiller lehrt,
> . . . die das Leben tief im Kern ergreift
> Und in ein Feuer taucht, d'raus es geläutert
> Zu unbeirrter Freude Glanz hervorgeht,
> Befreit vom Zufall, einig in sich selbst —
> Und klar hinwandelnd wie des Himmels Sterne.

Zu seiner großen Freude fand Schiller seine und Goethes Theorie in der Poetik des Aristoteles bestätigt, als er eine Uebersetzung dieses Buches

Anfang Mai 1797 zur Lektüre von Goethen erhielt. Auch Goethen, der vor 30 Jahren die Poetik gelesen, ohne sie zu verstehen, war das Buch wie neu: „Ein Buch," meint er, „wird doch immer erst gefunden, wenn es verstanden wird." Und nun vertiefen sich beide in die Lektüre und freuen sich, das Buch so gerade zur rechten Stunde aufgeschlagen zu haben. Es ist, als hörten wir Lessing, wenn Schiller gegen die Franzosen und ihre Mißverständnisse eifert und den Satz verteidigt, daß die Poesie wahrer sei als die Geschichte und daß der Mythus oder die Fabel, was er schon aus Sophokles entnommen hatte, die Hauptsache und der Cardo rei der Kunst sei; der Ausspruch „Shakespeare, soviel er gegen Aristoteles sündigt, würde weit besser mit ihm ausgekommen sein, als die ganze französische Tragödie", und das bewundernde Geständnis, daß Shakespeares Richard III. der griechischen Tragödie im Tragisch=Furchtbaren ganz nahe komme, sie mußten Goethe an seine Jugend und Herders schöne Lehre von Shakespeare, den Bruder des Sophokles erinnern. Es war auch ganz im Sinne der Herderschen Lehre, wenn Goethe und Schiller in der Verehrung der Antike und Shakespeares sich einig fanden. In der Formel: Die Gegenstände müssen rein menschlich, bedeutend (typisch) und pathetisch sein, fanden die Dichter die Definition des Episch=Dramatischen überhaupt, in der Gestaltung der Handlung als einer vollkommen gegenwärtigen und rasch fort= schreitenden, sahen sie das charakteristische Merkmal des Dramas. Wenn in seinem Wallenstein die Hauptforderung der Empfindung erfüllt, die des Ver= standes befriedigt, die Schicksale aufgelöst und die Einheit der Hauptempfindung erhalten wäre, so wollte der Dichter zufrieden sein.

Wie sehr beide Dichter unter dem Einfluß der antiken Dichtung standen, zeigen uns besonders die Erörterungen über zwei in das Wesen des Dramas eingreifende Fragen; einmal handelt es sich um die Verwendung des Schick= salsbegriffes, das andere Mal um die Gestaltung der Charaktere. Bei der Lektüre des Sophokles machte Schiller die Bemerkung: „Wie trefflich ist der ganze Zustand, das Empfinden, die Existenz der Dejanira gefaßt. Wie ganz ist sie die Hausfrau des Herkules, wie individuell, wie nur für diesen einzigen Fall passend ist dies Gemälde, und doch wie tief menschlich, wie ewig wahr und allgemein." In den Volksscenen bewundert Schiller auch bei Shakespeare die Kunst, typische Gestalten zu schaffen und findet ihn hier den Griechen äußerst nahe. Goethe verweist ihn auf die bildende Kunst und das, was er in seinem uns schon bekannten Aufsatz Stil nannte. Aber trotz dieser Ver= ehrung und Bewunderung der griechischen Tragödie wies Schiller doch einen Versuch, die idealischen Masken der Griechen neu zu beleben, mit den Worten zurück: „das hieße die Kunst, die immer dynamisch und lebendig entstehen und wirken muß, eher töten als beleben." Und wie er es für richtig hielt, im Gegensatz zu der mehr epigrammatischen Kürze der Alten, die epische Breite der Neuen in seinem Wallenstein gelten zu lassen, so hielt er zwar an der typischen Gestaltung der Charaktere, als dem Haupterfordernis wahrer Kunst fest, ohne aber seinen Gestalten eine reichere individuelle Ausstattung, ein reicheres, stärker ausgeprägtes Empfindungsleben, die Fülle und Wärme, wie sie die moderne Dichtung verlangt, zu rauben.

Die Frage nach der Verwendung des Schicksals war für den Dichter des Wallenstein nicht weniger brennend. Um die tragische Wirkung zu erhöhen und „um einen mutvollen Glauben an das Glück der Unternehmung in dem Helden zu erreichen", vor allem aber aus dem inneren Grunde, weil der Glaube an die Sterne als eines der charakteristischen Zeichen der Zeit und Wallensteins nicht fehlen sollte, hatte Schiller mit Goethes Zustimmung dem astrologischen Motiv breiten Spielraum gegeben, was ihm immer und immer wieder den Vorwurf eingetragen hat, daß der Zusammenhang zwischen dem Tode Wallensteins und seinem Charakter aufgehoben sei. So kann aber nur der oberflächliche Leser urteilen. Man nehme dem Wallenstein den ganzen astrologischen Apparat und das Drama wird trotzdem vor sich gehen. Wallenstein ist und bleibt eine Charaktertragödie. Nicht das blinde, unentfliehbare Schicksal wollte Schiller von den Griechen übernehmen, aber wohl die gewaltige tragische Wirkung, die von ihm in der griechischen Tragödie ausgeht, der seinigen bewahren. Dazu soll der Sternenglauben dienen, der die Wirkung des Dämonischen, Ueberirdischen, Furchtbaren um so mehr auf uns ausübt, als der Held trotz aller Erfahrungen unerschütterlich an ihm festhält, der Dichter benutzt ihn aber nur als Wahnvorstellung, ohne der Sternenmacht selbst auf die Entwickelung der Handlung Einfluß einzuräumen. Nicht an der Macht der Sterne, sondern an seinem unglücklichen Glauben an diese Macht geht Wallenstein zu Grunde.

Schillers Wallenstein bezeichnet nicht bloß für das deutsche Drama, sondern auch für das deutsche Theater eine neue Epoche. Mit seiner Aufführung begann die gemeinsame Thätigkeit der beiden Dichter am Weimarer Theater, deren Ziel war, eine Musterbühne für Teutschland zu schaffen. Goethes Interesse für das Theater war Anfang der 80er Jahre erloschen. Die Idee der Errichtung des Hoftheaters, das am 7. Mai 1791 mit Ifflands Jägern eröffnet wurde, war nicht von ihm, sondern von Karl August ausgegangen; und nur des Herzogs dringender Wunsch hatte ihn vermocht, die Leitung zu übernehmen, bei der ihm der Landkammerrat Kirms in allen geschäftlichen Dingen zur Seite stand. Die finanzielle Seite des Unternehmens wurde durch Vorstellungen im Badeort Lauchstädt, in Erfurt, Rudolstadt, Naum=

Mit höchster Erlaubniß
wird heute, Sonnabend den 7ten May 1791.
auf dem Hof=Theater in Weimar
aufgeführet:

Die Jäger.

Ein ländliches Sittengemälde in fünf Aufzügen vom Herrn Iffland.

Personen:

Oberförster Warberger zu Weissenberg.	Hr. Malcolmi.
Oberförsterin, dessen Frau.	Mad. Amor.
Anton, ihr Sohn, Förster zu Weissenberg.	Hr. Einet.
Friedericke, Nichte und Pflegetochter des Oberförsters.	Mad. Matstedt.
Amtmann von Zeck zu Weissenberg.	Hr. Amor.
Cordelchen von Zeck, dessen Tochter.	Mlle Malcolmi.
Pastor Seebach zu Weissenberg.	Fischer.
Der Schulze zu Weissenberg.	Hr. Matstedt.
Matthes, } Jäger bey dem Oberförster.	Hr. Demmer.
Rudolph, }	Hr. Becker.
Barth, Gerichtsschreiber zu Leuthal.	Hr. Genast.
Die Wirthin zu Leuthal.	Mad. Neumann.
Bärbel, ihre Tochter.	Mlle Neumann.
Reichard, }	Hr. Becker.
Kappe, } Bauern von Leuthal.	Hr. Schütz.
Romann, }	Hr. Blos.
Jägerbursche. Bauern.	

Dem Stücke geht ein Prolog vor.

Da die Gesellschaft größtentheils neu zusammengetreten ist, so sind die Anfangerollen nicht als Debüts zu betrachten, sondern es wird jedem einzelnen Mitgliede nach und nach Gelegenheit gegeben werden, sich dem Publico zu empfehlen.

Auf dem ersten Parterre 12 Gr., auf dem zweyten 8 Gr., auf der Gallerie-Loge 4 Gr., auf der Gallerie 2 Gr.

Anfang halb 6 Uhr.

F. J. Fischer.

burg, Leipzig und Halle gesichert. Durch Verdrießlichkeiten, Kabalen, Opposition der Schauspieler wurde Goethes Abneigung noch vergrößert. 1795 bat er, wenn auch vergeblich, um die Enthebung von diesem Amte. Die Hoffnung, bei Gelegenheit der 1797 geplanten Reise nach dem Süden die Direktion loszuwerden, verwirklichte sich nicht. Goethe hatte zu seinem Vertreter und Regisseur Schiller vorgeschlagen; aber des Herzogs Menschen= kenntnis bewährte sich auch hier. Er wußte wohl, daß Schiller bei seinem geringen praktischen Sinn zu einem solchen Amte nicht geschaffen war.

August Wilhelm Iffland.

Als nun auch die Verhand= lungen mit Iffland sich zer= schlugen, wurde die Einrich= tung einer Theaterkommission, in die außer Goethe Kirms und der Kammerherr von Luck gehörten, getroffen. Auch für die Errichtung eines besseren Bühnenraumes wurde gesorgt, so daß die neue mit dem Wallenstein beginnende Epoche und die Eröffnung des neuen Theatersaales am 12. Oktober 1798 zusammenfiel. Großes und Bedeutendes war bis dahin auf der Weimarer Bühne nicht geleistet worden. Aus dem Alltäglichen ragt das Gastspiel Ifflands vom 28. März bis 21. August 1796 als wichtig und bedeutsam auch für die Folge hervor. Für Schiller war dieses Gastspiel, dem er in einer eigens für ihn von Goethe hergerichteten Loge zusah, bedeutsam, weil es ihn nach langer Zeit wieder in Berührung mit der Bühne brachte, für Goethe, weil es ihm zum ersten Male Gelegenheit gab, das Spiel eines großen Schau= spielers und Virtuosen zu beobachten; mit Ifflands Gastspiel begann zugleich die große gemeinsame Thätigkeit der beiden Dichter für die Herstellung eines würdigen Repertoires. Der berühmte Schauspieler hatte nämlich die Absicht, in Goethes Egmont aufzutreten. Es war ein schöner Beweis des Vertrauens Goethes, daß er dem Manne, der einst gerade dieses Drama so hart beur=

teilt hatte, die Bearbeitung für die Bühne überließ. Indem Schiller die mehr episodischen Gestalten, wie die Regentin und Macchiavell entfernte, mehrere Scenen zusammenzog und umstellte, die Gesamtwirkung der Volksscenen kräftiger hervorhob und das episch Berichtete in das dramatisch Geschehende verwandelte, auch stärkere Theatereffekte, wie die Unterbrechung der Oranienscene durch die Meldung von der Ankunft Albas einfügte, hat er sich unleugbar als der große Theaterdichter erwiesen, aber er fand nicht überall den Beifall des Freundes. Goethe hat sich später mehrfach über die grausame Konsequenz und die Zerstörung delikater Wirkungen, insbesondere auch der Liebesscene Egmonts und Klärchens, beklagt und mit Klärchens Worten: „Das ist mein Egmont", deutlich darauf hingewiesen, welche Bearbeitung er als die authentische angesehen wissen wollte. „Ich erschrak," schrieb er unter anderm an Friederike Unzelmann im Jahre 1800, „über die Arbeit, die man unternehmen müßte, um etwas daraus zu machen, wofür man allenfalls stehen dürfte."

Schillers Egmont verschwand auch wieder mit Jfflands Aufführung von der Weimarer Bühne, bedeutender und bleibender war der Eindruck, den der Schauspieler Iffland hinterließ. Ein Brief an Meyer vom 18. April 1796 ist der Widerhall der ungeteilten Bewunderung Goethes. „Iffland spielt schon seit drei Wochen hier, und durch ihn wird der gleichsam verlorne Begriff von dramatischer Kunst wieder lebendig, es ist das an ihm zu rühmen, was einen ächten Künstler eigentlich bezeichnet: er sondert seine Rollen so von einander ab, daß in der folgenden kein Zug von der vorhergehenden erscheint. Dieses Absondern ist der Grund von allem übrigen, eine jede Figur erhält durch diesen scharfen Umriß ihren Charakter.... Er hat eine große Gewandtheit seines Körpers und ist Herr über alle seine Organe, deren Unvollkommenheiten er zu verbergen, ja sogar zu benutzen weiß." In seiner Schrift über das Weimarer Hoftheater bezeichnet er sogar dieses Gastspiel als die Grundlage einer neuen Epoche der Weimarer Schauspielkunst.

Bis dahin hatte, wie auf allen deutschen Bühnen, so auch in Weimar, die naturalistische Richtung der Schauspielkunst geherrscht. Durch die bürgerlich-philiströsen Rollen in den damaligen Zugstücken, den Iffland=Kotzebueschen Familiendramen mit ihrem platten, der Wirklichkeit entlehnten Konversationston war die Richtung, die der Wirklichkeit möglichst nahe kommen wollte, begünstigt und maßgebend geworden. Eng damit zusammen hing das Gesetz, jeden Darsteller nur die Rollen spielen zu lassen, die sich mit seiner Individualität deckten. Der unrichtige Begriff von Natürlichkeit in der Kunst, dem Goethe schon mit der Iphigenie für immer den Abschied gegeben hatte, wurde von ihm sonderbarer Weise in der Schauspielkunst noch immer gepflegt. Daß er diesen Zwiespalt empfunden hat, zeigen die Worte in jener Schrift: „Die Erscheinung Jfflands auf unserm Theater löste das Rätsel." Nicht als wenn Jffland als Schauspieler Idealist gewesen wäre, nein er war der größte Virtuos der realistischen Richtung, aber seine große Kunst, sich in jede Rolle zu finden und seine eigene Natur zu verleugnen, führte Goethe klar vor Augen, daß in der Schauspielkunst ebenso wie in der Poesie und Malerei nicht in der Nachahmung der Wirklichkeit, sondern in der Darstellung des von dem Individuellen und Zufälligen befreiten typischen Charakters die eigentliche Kunst liege, daß der Schauspieler nur wenig seiner Aufgabe genüge, wenn er sich auf eine möglichst korrekte Wiedergabe der Worte des Dichters und einen getreuen Abklatsch der Natur beschränke; daß er vielmehr die Gestalten des Dichters mit Besiegung und Bezwingung der eigenen Individualität nach dem Willen des Dichters von neuem aus sich heraus schaffen müsse. Die Entwickelung Goethes, des Dichters, war von der naturalistischen, der Darstellung des Individuellen, zur idealistischen, der Darstellung des Typischen vorgeschritten. Folgerichtig schlossen sich jetzt seine Forderungen an die Schauspieler und ihre Kunst dem zuletzt gewonnenen idealistischen Standpunkte an. Es ist wunderbar, daß Schiller diesen von Goethe erst jetzt gewonnenen Standpunkt in der Auffassung der Schauspielkunst bereits viele Jahre vorher als den seinigen ausgesprochen hatte. In der Abhandlung Ueber Anmut und Würde finden wir unter anderem die Bemerkung: „Die Forderungen, die wir an den Schauspieler machen, sind 1) Wahrheit der Darstellung, 2) Schönheit der Darstellung. Nun behaupte ich, daß der Schauspieler, was die Wahrheit der Darstellung betrifft, alles durch Kunst und nicht durch Natur hervorbringen müsse.... Der Schauspieler soll, ist meine Meinung, zuerst dafür sorgen, daß die Menschheit in ihm selbst zur Zeitigung komme, und dann soll er hingehen und sie auf der Schaubühne repräsentieren." Dieselbe grundlegende Unterscheidung in der Nachahmung der Natur, die Goethe für die Dichtkunst und Malerei in den Stufen: einfache Nachahmung, Manier, Stil bald nach seiner Rückkehr aus Italien festgestellt hatte, machte Schiller in einem Brief an Körner vom 28. Februar 1793, indem er sie an einem Schauspiele veranschaulichte. So nahe standen sich beide Dichter auch in der Auffassung über die mimische Kunst, als sie mit der Aufführung des Wallenstein ihre große Thätigkeit für das Theater begannen, der Schillers Uebersiedelung nach Weimar (3. Dezember 1799) trefflich zu statten kam.

Nach zwei Richtungen äußerte sich diese gemeinsame Arbeit, die wir als den Gipfel des Bundes beider Dichter bezeichnen können. Einmal war es die

Schöpfung eines würdigen, auf den gewonnenen Theorien beruhenden Repertoires, und zweitens die nach denselben Grundsätzen geleitete Ausbildung der Schauspieler. Beide greifen ineinander und brachten in ihrer vereinten Wirkung die ideale Darstellung der dichterischen Meisterwerke hervor.

Schon die Aufführung des Wallenstein verlangte die Ausbildung der Schauspieler nach einer bisher ganz vernachlässigten Richtung. Daß das Drama eine rhythmische Form haben müsse, das war Goethes Meinung seit seiner Iphigenie, und die neu gewonnenen Anschauungen hatten ihn darin bestärkt. So wenig geübt aber waren die Schauspieler in der Deklamation des Verses, daß Schiller 1786 die Jamben seines Don Carlos für die Aufführung in Prosa

Schillers Wohnhaus in Weimar.

umschreiben mußte, nicht anders erging es Goethes Alexandrinern in den „Mitschuldigen". So bedurfte es vieler und eingehender Uebungen der Schauspieler, ehe der Wallenstein aufgeführt werden konnte. Die Probe gelang glänzend, und so ward denn die „Rhythmophobie" überwunden und die sehr vernachlässigte, ja von den vaterländischen Bühnen fast verbannte rhythmische Deklamation wieder in Aufnahme gebracht. Von nun an galt für die Tragödie die rhythmische Form als unerläßlich.

Gerade in diese Zeit fällt ein Brief Humboldts an Goethe aus Paris über die französische Schauspielkunst und Bühne. Goethe druckte ihn in den Propyläen ab, bezeugte später ausdrücklich, welch großen Einfluß dieser Aufsatz auf ihn und Schiller ausgeübt hätte und erklärte in dem „Vorwort zu einigen Szenen aus

Mahomet, nach Voltaire von Goethe" unter Hinweis auf den Humboldtschen Aufsatz, daß er die Bearbeitung des Mahomet unternommen habe, um die Vorzüge des französischen Theaters auf das deutsche herüberzuleiten, „um den Schauspieler zu einem wörtlichen Memorieren, zu einem gemessenen Vortrag, zu einer gehaltenen Aktion zu veranlassen". Wilhelm von Humboldt war ein viel zu umsichtiger und ästhetisch begabter Mann, um nicht das Manierierte und Erstarrte, das Konventionelle in Sprache und Geberden der französischen Schauspieler, wie es die seit Jahrhunderten feststehende Form des französischen Dramas mit sich gebracht hatte, zu erkennen und zu verurteilen. Was ihm und mit ihm Goethe und Schiller imponierte, war die Harmonie des Zusammenspiels, die Grazie der Bewegung, die Herrschaft über den Körper, mit einem Wort die Schönheit der Darstellung und ferner die unübertreffliche Kunst der Deklamation, der Wohllaut und der vornehme erhabene Ton der Sprache oder kurz ausgedrückt, die Musik der Sprache und die Plastik der Darstellung. Mit unermüdlichem Eifer unterzog sich Goethe der Aufgabe, nach diesem Muster seine Schauspieler zu erziehen, nicht bloß in mündlicher unablässiger Lehre, sondern auch durch schriftliche Fixierung von Regeln, die uns Eckermann in 91 Paragraphen überliefert hat. Unter den vielen von Goethe ausgebildeten Schauspielern hat keiner zu ihm in so nahen Beziehungen gestanden, als Pius Alexander Wolff, der Dichter der Preziosa. Zeuge dessen sind seine eigenen Worte: „Soviel ich auch im Ganzen gewirkt habe und so viele auch durch mich angeregt worden sind, so kann ich doch nur einen Menschen, der sich ganz nach meinem Sinne vom Grunde aus gebildet hat, nennen: das ist der Schauspieler Wolff." Bei der Ausbildung der Schauspieler Pius Alexander Wolff und Karl Franz Grüner im Sommer 1803 begann Goethe, wie er selbst erzählt, „mit ihnen gründliche Didaskalien, indem ich auch mir die Kunst aus ihren einfachsten Elementen entwickelte und an den Fortschritten beider Lehrlinge mich nach und nach emporstudierte, so daß ich selbst klärer über ein Geschäft ward, dem ich mich bisher instinktmäßig hingegeben hatte. Die Grammatik, die ich mir ausbildete, verfolgte ich nachher mit mehreren jungen Schauspielern."

Der Hauptinhalt dieser Grammatik und „Regeln für Schauspieler" bewegt sich um die Aussprache, Rezitation und Deklamation, Stellung und Bewegung des Körpers. Idealisierung der Sprache und Geberden könnte man die leitende Tendenz des Ganzen nennen. Es sind viele wertvolle und goldene Aussprüche in diesen Regeln, aber man wird hier und noch mehr in der praktischen Erziehung der Schauspieler durch Goethe des Eindrucks sich nicht erwehren können, daß die Form zur Hauptsache erhoben, daß mehr auf Deklamation als auf lebendige

Wiedergabe Gewicht gelegt wird und daß das Charakteristische ganz unter dem Streben nach Schönheit verloren geht. Was Goethe zuerst an Jfflands Spiel bewundert hatte, die Verleugnung der Individualität, wurde in seiner Schule bis zum höchsten Extrem getrieben. Der Schauspieler sollte den Typus, den seine Rolle verwirklichte, auch darstellen. Aber die hohe Forderung, diesen Typus darzustellen und doch von der Natur nicht abzuirren, Typus zu sein und doch Individuum zu bleiben, haben nur wenige seiner

Pius Alexander Wolff.

Schüler erfüllt. Es ist das tragische Geschick der Goethischen Lehre der Schauspielkunst geworden, daß die spätere Zeit über sie hinweggeschritten ist, weil sie auf dem Wege von der Nachahmung der Natur zum Typus mit der Aufhebung des Individuums, mit der Unnatur endigte.

Bei der wichtigsten Aufgabe der beiden Dichter, der Schöpfung eines würdigen Repertoires durch eigene Dramen oder Bearbeitung anderer, tritt Schiller, wie natürlich, als der große Dramatiker in den Vordergrund. Seine Thätigkeit von Wallenstein bis zum Demetrius hier zu preisen, dessen sind wir überhoben. Der Glanz des Weimarer Theaters, die Neuschöpfung des deutschen Dramas beruht allein auf ihm. Aber damit begnügte sich sein unablässig schaffender Geist nicht. Von ihm ging die Idee aus, wie Goethe in dem Aufsatze über das deutsche Theater erzählt, ältere deutsche und fremde Dramen für die Bühne Weimars nach den neu gewonnenen Prinzipien umzuarbeiten. So entstanden neben dem schon erwähnten Egmont die Bearbeitungen des Don Carlos und des Nathan, der Iphigenie und der Stella, ferner Uebersetzungen der Dramen, Gozzis Turandot, Picards Parasit und Der

Das alte Theater in Weimar.

Neffe als Onkel, Shakespeares Macbeth, Racines Phädra und Britannicus. Auch an der Bearbeitung des Götz wirkte er mit seinem Rate. Aber trotz dieser Beihilfe gelang es Goethe nicht und konnte auch nicht gelingen, aus diesem spröden Stoff ein regelrechtes Theaterstück zurechtzuschmieden.

Goethes Anteil läßt sich mit dieser gewaltigen Thätigkeit Schillers nicht im entferntesten vergleichen. Wir können ihr nur die Natürliche Tochter, Paläophron und Neoterpe und die Uebersetzung von Voltaires Mahomet und Tancred, die Bearbeitung des Götz und die von Romeo und Julie an die Seite stellen; aber wenn er auch sich selbst bescheidend dem großen Freunde und Dramatiker den Vorrang in der praktischen Thätigkeit ließ, so beruhte doch die Entwicklung, die das deutsche Drama und Theater in diesen Jahren nahm, auf seiner eifrigsten Mitarbeit.

Die gesamten Ideen Goethes und Schillers lassen sich, wie wir wissen, auf die eine zurückführen, möglichste Annäherung an die Antike. In den modernen Dramen fand Goethe nirgends die gleichsam durch die Ueberlieferung gegebene, die feste geschlossene Form, die straffe Einheit der Antike so erhalten, wie im klassischen französischen Drama. Man braucht nicht erst auf Karl Augusts Vorliebe für das französische Drama hinzuweisen, um Goethes Versuch, französische Dramen in eigener Uebersetzung dem deutschen Theater einzuverleiben, zu erklären. Er war innerlich auf einer Vorliebe Goethes begründet, die sich durch sein ganzes Leben mit der kurzen Unterbrechung in der Straßburger Zeit zieht. Neben der schon genannten Bearbeitung besitzen wir auch von Racines Athalie eine Uebersetzung der Chöre (1789) von Goethe, die von J. A. Schulze komponiert worden waren. Daß Schiller, wenn er auch dem französischen Klassizismus kühler gegenüberstand, doch durchaus Goethes Vorgehen billigte, beweist sein Gedicht „An Goethe, als er den Mahomet auf die Bühne brachte", das er geschrieben hat, „damit wir das Publikum mit geladener Flinte erwarten können":

> Es droht die Kunst vom Schauplatz zu verschwinden,
> Ihr wildes Reich behauptet Phantasie:
> Die Bühne will sie wie die Welt entzünden,
> Das Niedrigste und Höchste menget sie.
> Nur bei dem Franken war noch Kunst zu finden,
> Erschwang er gleich ihr hohes Urbild nie:
> Gebannt in unveränderlichen Schranken
> Hält er sie fest, und nimmer darf sie wanken.

Von der Einführung des Mahomet und des Tancred, den er selbst 1801 übersetzte, und englischer, italienischer und spanischer Theaterstücke, schritt Goethe mit der Konsequenz, die seinen Handlungen eigen war, zur Aufführung antiker Dramen, der Adelphi des Terenz (1801), des Eunuchen und der Andria, denen später die Captivi und Mostellaria des Plautus folgten. Es war charakteristisch, daß man hierbei den Versuch machte, die antiken Masken einzuführen, die dem Bestreben Goethes, die Individualität des Schauspielers aufzuheben, entgegenkamen. Das Festspiel Paläophron und Neoterpe, das schon durch seinen Namen und den Gebrauch des antiken jambischen Trimeters die Richtung, die es vertrat, verrät, hatte zuerst Veranlassung zur Einführung der antiken Masken gegeben. Wenn es auch erst am 1. Januar 1803 auf der Weimarer

Goethe und Schiller. Standbild von E. Rietschel.

Bühne erschien, so war es doch schon zur Feier der Wende des Jahrhunderts von Goethe gedichtet, der Herzogin-Mutter gewidmet und bei dieser zuerst aufgeführt worden. Das anbei abgedruckte Bild zeigt uns den Vertreter der alten Zeit Paläophron mit seinen typischen Nebengestalten Griesgram und

Paläophron und Neoterpe.

Haberecht, ebenso die Begleiter Neoterpens Naseweis und Gelbschnabel in Masken. Der Beifall, den die Masken fanden, veranlaßte die Aufführung der antiken Lustspiele. Es bezeichnet einen Schritt weiter auf der begonnenen Bahn, daß man moderne Dramen, die die antike Tragödie nachahmen und neu beleben wollten, auf die Bühne brachte. Die beiden antikisierenden Dramen, den „Ion"

August Schlegels und den „Alarcos" Friedrich Schlegels, von denen der erstere nach Euripides, der zweite „nach dem Ideale des Aeschylus" gedichtet war, brachte Goethe trotz des Abratens Schillers und des Widerspruchs des Publikums Anfang 1802 zur Aufführung. Schillern war „die Manier der Aufführung" zuwider, aber die Intention der beiden Dramen, meinte er, „wäre zu loben"; auch Goethe hatte sie wohl nicht „zur Einübung der Schauspieler" allein trotz großer Schwierigkeit auf die Bühne gebracht, sondern weil ihm der Grundgedanke des „Jon", die möglichste Annäherung an die Antike, ebenso wie Schiller sympathisch war.

Denn das Ziel beider Dichter, dem sie mit starken Schritten entgegengingen, war die Wiedergeburt der antiken Tragödie. Nichts läßt den gewaltigen Fortschritt, den sie in der Annäherung an die Antike gemacht hatten, besser erkennen, als die Stellung, die sie den älteren antikisierenden Dramen Goethes und Shakespeare gegenüber einnahmen. Diese tritt deutlich zu Tage bei der Bearbeitung der Goethischen Iphigenie, sowie der von Shakespeares Macbeth durch Schiller und der Bearbeitung von Romeo und Julia durch Goethe. Von seinem Januar 1800 gefaßten Plan, die Iphigenie selbst für die Bühne zu bearbeiten, kam Goethe bald ab; er fand sie „ganz verteufelt human", ließ die Arbeit ganz fallen und wollte, selbst als Schiller sich der Sache annahm, mit der Aufführung nichts zu thun haben. Schiller suchte zuerst die Iphigenie ihrem Urheber gegenüber zu verteidigen, aber er gewann bald denselben Eindruck von ihr wie Goethe. „Sie ist erstaunlich modern," schreibt er an Körner, „und ungriechisch, daß man nicht begreift, wie es möglich war, sie jemals einem griechischen Stücke zu vergleichen," und Körner antwortet ihm, dieses Urteil wäre ihm nach dem Gang, den Schillers poetische Ausbildung genommen hätte, sehr begreiflich. Orest war Schillern das Bedenklichste am Ganzen. „Ohne Furien kein Orest" ... hier ist eine von den Grenzen des alten und neuen Trauerspiels. Im Historisch-Mythischen sah er jetzt die Hauptsache, die Orestszenen und die sittlichen Sprüche sollten verkürzt werden. Die nicht erhaltene Schillersche Bearbeitung, die am 15. Mai 1802 aufgeführt wurde, soll das Original rücksichtslos behandelt haben. Daß die antikisierende Richtung noch viel grausamer mit Shakespeares Dramen bei der Bearbeitung verfuhr, bedarf nicht erst des Beweises. Die tiefgreifenden Aenderungen, die Schiller bei seiner (am 14. Mai 1800 aufgeführten) Bearbeitung des Macbeth vornahm, gehen fast alle auf die Absicht zurück, das Drama dem antiken anzugleichen. Dahin gehört der straffere Aufbau der Handlung und die Zusammenziehung der Szenen, die vollständige Durchführung der metrischen Form, die Entfernung mehrerer episodischer Perionen, wie der Lady Macduff, und die Verlegung grausiger Thaten hinter die Scene, das Festhalten an der einheitlichen tragischen Stimmung und deshalb die Entfernung alles Komischen und Niedrigen, vor allem aber die Wandlung der nordischen Hexen zu antiken Schicksalsgöttinnen, die das Orakel der griechischen Tragödie vertreten sollen. Ganz derselbe Geist weht in Goethes, allerdings erst in das Jahr 1811 fallenden Bearbeitung von Romeo und Julia. Wie im Macbeth die Rede des Pförtners fiel, so wurde hier die Rolle der Amme gerade um ihre charakteristischen Particen gekürzt. Die niedrig= komischen Szenen mußten der Forderung der Einheit des tragischen Stils weichen, und vieles andere, worin sich Shakespeares Genius offenbart, wie die Fee Mab und die Exposition, wurde um der Forderung der Einheit der Handlung willen gestrichen. So grausame Verstümmelung mußte der Dichter, den Goethe einst anbetend verehrt hatte, sich gefallen lassen. Ja einige Jahre später suchte Goethe sein Verfahren sogar noch zu rechtfertigen in dem Aufsatz: Shakespeare und sein Ende, dem 1826 der Aufsatz: Shakespeare als Theaterdichter folgte. Von der gewiß berechtigten Behauptung, daß Shakespeares Originale auf der heutigen Bühne nicht aufführbar seien, versteigt sich Goethe zu der Behauptung, daß Shakespeare zwar ein höchst dramatischer, aber ein höchst untheatralischer Dichter gewesen wäre. Er hatte sich also von dem Irrtum in der Auffassung Shakespeares und seiner Bühne, der für das Sturm= und Drangdrama so verhängnisvoll geworden ist, auch jetzt noch nicht losgesagt.

Worin die beiden Dichter, die so scharf über Iphigenie und Shake= speares Dramen als Theaterstücke urteilten, ihr Ideal sahen, verrät uns der Brief Schillers vom 8. Dezember 1797, in dem er von einem neuen drama= tischen Stoff, den Maltesern, berichtet: „Ich kann ihn ganz in der griechischen Form und nach des Aristoteles Schema, mit Chören und ohne die Akteein= teilung ausführen und werde es auch thun," und in demselben Jahre lesen wir am 21. Mai im Tagebuch Goethes: „Nähere Betrachtung der Flehenden und Ueberlegung eines zweiten Stückes." Es war das ein Plan, die Supplices des Aeschylus fortzusetzen, „ein ernsthaftes Singstück, die Danaiden, worin nach Art der älteren griechischen Tragödie der Chor als Hauptgegenstand erscheinen sollte." Es blieb freilich bei dem Plan, doch haben sich die Hum= boldt 1797 überlassenen Trimeter aus einem Chorgesang der Nereiden des von Goethe geplanten Dramas „Die Befreiung des Prometheus" im Goethe= archiv vorgefunden. Was hier beide Dichter vergeblich versucht hatten, einen Stoff darzustellen, in dem wie in Oedipus die antike Schicksalsidee und die tragische Analysis rein und klar zum Ausdruck kommen, verwirklichte Schiller in seinem Drama: Die Braut von Messina, die er Anfang Mai 1801 be=

gann. Auch in den beiden Dramen, die zwischen dem Wallenstein und der Braut von Messina liegen, Maria Stuart und Jungfrau von Orleans, hatte er sich dieser antiken Anschauung genähert. An dem Untergange beider Heldinnen hat nicht nur der Charakter, sondern auch das Geschick großen Anteil, und wie Maria Stuart in antiker Art nur die Katastrophe darstellt, so greifen in der Jungfrau von Orleans, wie in dem viel bewunderten Oedipus die Orakel, überirdische Mächte unmittelbar in das Geschick der Heldin ein.

Wie es Schiller verstanden hat, in der Braut von Messina den antiken Geist zu beleben und einen zweiten Oedipus zu schaffen, das wird immer wieder unsere Bewunderung erwecken. Beide Dichter waren befriedigt. „Ich kann wohl sagen," schreibt Schiller am 28. März 1803 an Körner, „daß ich in der Vorstellung der Braut von Messina zum ersten Male den Eindruck einer wahren Tragödie bekam. . . . Goethe ist es auch so ergangen; er meint, der theatralische Boden wäre durch diese Erscheinung zu etwas Höherem eingeweiht worden." Aber dennoch ist das deutsche Drama über diese Dichtung hinweggeschritten, weil sie ein bloßes Experiment war, weil sie nicht organisch entstanden war, sondern durch den Willen zweier Dichter Tote wieder lebendig zu machen suchte. Die Einführung des antiken Chores war der letzte Schritt und das Drama der Gipfel der antikisierenden Richtung, aber damit war die Richtung zur Unnatur vorgeschritten. Den Griechen war die Tragödie ohne Chor undenkbar, weil sie sich aus dem Chor entwickelt hatte, den Modernen ist der Chor unverständlich, und selbst die Verteidigung Schillers in seiner Vorrede, die er zugleich in Goethes Namen schrieb, hat das nicht ändern können. Der antike Chor war eine Einheit, äußerlich, indem er gleichsam als eine Person auftrat, innerlich als die selbstverständliche Umgebung des Helden; aber der moderne Dichter muß ihn in Individuen auflösen, weil nicht alle Personen des Chors zusammen die Verse deklamieren können, er muß ihn auch handelnd auftreten lassen, weil sonst seine Existenz ganz unbegründet ist. Und vor allem: dem modernen Zuschauer erscheint es unbegreiflich, daß selbst die innersten und heiligsten und geheimsten Gefühle fremden Zeugen preisgegeben werden. Damit, daß der Dichter seine Personen vor „der rohen Schar fremder Zeugen" sprechen und den Chor als „lästig" bezeichnen läßt, ist er selbst aus der Rolle gefallen und hat sich selbst das Gericht gesprochen.

Wenn es dem großen Dramatiker Schiller vor allem darauf ankam, die antike tragische Schicksalsidee dem modernen Drama wiederzugeben, so wurde Goethe bei der verehrenden Nachahmung der Antike besonders von der Idee geleitet, das, was ihm die Wurzel aller Poesie zu sein schien — die typische Gestaltung der Charaktere zu erreichen. Die schon zitierte

Goethe, Kreidezeichnung von Bury (1800).

Stelle aus einem Briefe Schillers über die typische Darstellung des Sophokles und die individualisierende Shakespeares mag der Ausgangspunkt wichtiger und tiefgehender Unterredungen geworden sein. Darin stimmt Schiller mit Goethe durchaus überein, daß das Symbolische das eigentliche Wesen der Kunst ausmache, insofern als das Symbolische auf ein Höheres, das Allgemein-Menschliche hindeute. Die Charaktere loszulösen von dem Stofflichen, Individuellen und Zufälligen, nicht Individuen, sondern „genera", Typen von hoher Symbolik darzustellen, das ist der leitende Gedanke der Dichtungen Goethes. Der Realist Goethe ist zum strengen Idealisten geworden. Das erste symbolische Drama Goethes ist Die natürliche Tochter. Vorher gedenken wir noch einer in den März 1798 fallenden rein symbolischen Dichtung, der Sprüche: „Weissagungen des Bakis". Sie wurden sofort Schillern übersandt, unter dessen Papieren die Handschrift bis April 1800 verborgen blieb. Noch in demselben Jahre erschienen sie in dem siebenten Bande der „Neuen Schriften". Mit Absicht ist der Name des böotischen Sängers Bakis, dessen dunkles und rätselhaftes Orakel durch die Perserkriege glänzende Bestätigung erhalten hatte, gewählt. Das Symbolische hat hier die Gestalt des Rätselhaften, Mythischen, oft scheinbar Widersinnigen angenommen. Die Klarheit der Goethischen Rede ist einem beängstigenden, unheimlichen Dunkel gewichen, in das der Dichter, sei es zum Scherz, sei es um des tiefen Sinnes willen, seine Worte gekleidet hat. Eine völlig ungezwungene Erklärung der einzelnen Sprüche ist daher trotz aller Mühe der Erläuterer nicht möglich gewesen, nur das hat man wahrscheinlich gemacht, daß der Dichter auch in diesem rätselhaften Gewande seine wesentlichsten und wichtigsten Lebensanschauungen habe aussprechen wollen. Indem er gegen das Trugbild der französischen Revolution eifert, fordert er auf, das Glück nicht in der äußeren Freiheit, sondern in der Arbeit und Berufsthätigkeit zu suchen. Des Dichters Patriotismus besteht in dem um äußere Vorteile unbekümmerten Streben nach dem höchsten Ziele der Dichtkunst, der Idee, das Göttliche in den einzelnen Erscheinungen der Welt zu finden und darzustellen:

>Ewig wird er euch sein der Eine, der sich in Viele
>Teilt und einer jedoch, ewig der Einzige bleibt.
>Findet in einem die vielen, empfindet die vielen wie einen,
>Und ihr habt den Beginn, habet das Ende der Kunst!

Schon ein Blick auf das Personenverzeichnis des Dramas Die natürliche Tochter läßt einen wesentlichen Unterschied dieses Dramas von den früheren Goethischen erkennen. Außer der Heldin werden die Personen nicht mit Namen aufgeführt, sondern treten unter der Bezeichnung König, Herzog, Graf, Weltgeistlicher und als Vertreter ihres Standes auf. Nichts deutet auf einen bestimmten Ort und eine bestimmte Zeit. Schon das Aeußere des Dramas sollte anzeigen, daß nicht Individuen, sondern Typen dargestellt würden. Und ebendahin wird uns die Erwägung führen, weshalb Goethe gerade diesen Stoff zu seinem Drama sich auserwählt hat. In der Mitte des Novembers 1799 sandte ihm Schiller die Memoiren der Prinzessin Stephanie Louise von Bourbon-Conti, es waren die 1798 in Paris erschienenen Mémoires historiques de Stephanie Louise de Bourbon-Conti, écrits par elle même. Der Inhalt der Memoiren deckt sich in der äußeren Begebenheit im Großen und Ganzen mit dem des Dramas. Der König ist Ludwig XV., der Herzog der Prinz Bourbon-Conti, die Mutter Stephaniens-Eugeniens die Herzogin von Mazarin, die illegitime Prinzessin soll durch den König vor dem Hofe anerkannt werden. Vorher wird die Hofmeisterin — Frau Delorme — von dem legitimen Halbbruder der Prinzessin bestochen, diese zu entführen. Sie wird in ein Kloster gebracht und durch einen ebenfalls bestochenen Geistlichen ihr Totenschein vom 7. Juni 1773 ausgestellt. Aus dem Kloster wieder fortgeführt, wird die Prinzessin, nachdem sie durch ein Getränk in einen bewußtlosen Zustand gebracht worden war, einem in das Komplott eingeweihten Advokaten angetraut.

Offenbar hatte Goethen in diesem Stoff nicht das Abenteuerliche und nicht die Heldin angezogen. Als Frau von Staël ihn auf seinen großen Irrtum in der Auffassung mit dem Bemerken, daß „das Original in der guten Sozietät durchaus nicht geachtet sei", aufmerksam machte, konnte er „scherzend solche Instanzen ablehnen", die Prinzessin war ihm ganz gleichgiltig. Aber er erkannte in ihrer Geschichte den langgesuchten Stoff, „das Gefäß", um ihn selber sprechen zu lassen, „worin ich alles, was ich so manches Jahr über die französische Revolution und deren Folgen geschrieben und gedacht, mit geziemendem Ernst niederzulegen hoffte", oder, um es deutlicher zu sagen, er sah in Stephanie das französische Volk zur Zeit der Ludwige vor der Revolution. Das getretene, von der Willkür der herrschenden Mächte in seinem Leben und seiner Ehre bedrohte Volk verkörperte sich ihm in Eugeniens Geschick, und darum faßte er den Entschluß, die Ursachen der Revolution und sie selber durch die Darstellung dieses typischen Schicksals zu schildern. Eigene Erlebnisse und Empfindungen traten, wie bei allen Dichtungen Goethes hinzu, um das Werk seinem Herzen näher zu führen. Der Tod einer kurz vorher geborenen Tochter lieh den Worten des Herzogs bei Eugeniens Tod gefühlvollen, ergreifenden Ausdruck, und eine gefährliche Krankheit, die ihn Anfang 1801 dem Tode ins Auge schauen ließ, legte Goethen den Gedanken an das Los seines noch immer nicht anerkannten natürlichen Sohnes August besonders nahe.

Der ursprüngliche Plan Goethes war, den ganzen Stoff in einem Drama zu bearbeiten. Im Dezember 1799 diktierte er das Schema dieses Plans. Während der Ausführung zeigte sich der Rahmen als zu klein, schon die beiden ersten Aufzüge des Schemas hatten sich zu fünf Akten ausgedehnt, deshalb faßte er den Plan zu einer Trilogie. Am 2. April 1803 wurde das fünfaktige Drama „Die natürliche Tochter" kurz nach seiner Vollendung aufgeführt. Ein Jahr später wollte er, in der Meinung, den Stoff bisher allzu breit behandelt zu haben, „den ersten Theil zu eigentlichen theatralischen Zwecken zerstören, und aus dem Ganzen der erst intendierten drei Teile ein einziges Stück machen". Aber dies sowohl wie jede Fortsetzung überhaupt unterblieb, wenn er auch noch im Jahre 1822 daran dachte, „die um Erlösung flehenden geliebten Szenen auszuarbeiten, ohne freilich den Mut zu finden, sich im einzelnen der Ausführung zu widmen." Die Mutmaßungen über den Inhalt der beabsichtigten Dramen wollen wir nicht um eine neue vermehren, jedenfalls sollte Eugenie die Retterin des Königs und des Vaterlandes werden.

Wie Eugeniens Geschick typisch war, so sollte das ganze Drama von hoher Symbolik durchdrungen werden. Aus der niederen Sphäre der Familiengeschichte wurde der Stoff in den Bereich der Weltgeschichte, in die Regionen, wo Ereignisse und Thaten das Geschick vieler Millionen bestimmen, gehoben. Die abenteuerliche Prinzeß wird der unschuldige Anlaß zum Ausbruch eines längst drohenden Vernichtungskampfes der Parteien und zugleich die Retterin des Vaterlandes. Der König des Dramas ist der Typus des unbeschränkten und doch nur scheinbar mächtigen Despoten. Die innere Schwäche des Königtums ist die Ursache des Verfalls des Reiches. In Wahrheit regiert die habgierige Adelspartei, die den Zufall zu ihrem Nutzen ausbeutet. Durch die Vertreter der einzelnen Stände wird die ungeheure Verderbnis und die entsittlichende Wirkung der hundertjährigen Despotie und Oligarchie vor Augen geführt:

> Die zum großen Leben
> Gefügten Elemente wollen sich
> Nicht wechselseitig mehr mit Liebeskraft
> Zu stets erneuter Einigkeit umfangen.
> Sie fliehen sich, und einzeln tritt nun jedes
> Kalt in sich selbst zurück.

Die Geistlichkeit, durch den Weltgeistlichen vertreten, ist ihrem hohen Beruf untreu geworden und leiht, von Genußsucht und Habsucht getrieben, schändlichen Thaten ihren Arm. Um des Vorteils und der Herrschsucht willen wird sie zur Dienerin der in Wahrheit herrschenden Adelspartei, die aus demselben Grunde unerhörten Mißbrauch mit dem Namen des Königs treibt. Der Hof, dessen Typus der Herzog und der Graf verkörpern, gefällt sich noch in den alten schmeichlerischen Formen dem Könige gegenüber, um bei der ersten Gelegenheit zu seinen Feinden überzugehen. Die niederen Hofleute, wie der Sekretär und die Hofmeisterin, begehen aus Furcht vor größeren Unthaten der herrschenden Partei verbrecherische Handlungen, und selbst der gutgesinnte Teil des hohen Beamtenstandes und der Geistlichkeit, der Gouverneur, der Gerichtsrat, die Aebtissin und der Mönch), sind bei der herrschenden Regierungsform machtlos einem Blatt Papier gegenüber, durch das offenbar ein ungeheures Unrecht geschieht. Nur im Kreise des Mittelstandes und nur zwischen den Gliedern desselben giebt es ein Recht; es hört auf, und des einzelnen Leben und Ehre ist der Willkür preisgegeben, sobald der Adel durch ihn in seiner Machtsphäre berührt wird oder sich geschädigt glaubt. Das leichtfertige Wort Ludwigs XV.: Après nous le déluge als Wahlspruch der oberen Stände, die Notwendigkeit des Zusammenbruches der alten Staatsform und die Hoffnung auf Errettung des Landes durch den dritten Stand konnte nicht wahrer und trefflicher gezeigt werden, als in dieser Exposition der Trilogie.

Es wird uns nicht wunder nehmen, daß der Dichter, der damals die Braut von Messina beendet hatte, gerade von dieser typischen Darstellung mit Bewunderung erfüllt wurde: „Die hohe Symbolik," schreibt er am 18. August 1803 an Humboldt, „mit der Goethe den Stoff behandelt hat, so daß alles Stoffartige vertilgt und alles nur Glied eines idealen Ganzen ist, diese ist wirklich bewundernswert. Es ist ganz Kunst und ergreift dabei die innerste Natur durch die Kraft der Wahrheit." Und der Philosoph Fichte wurde gerade durch diese Form und die Erfüllung der idealen Forderungen der Kunst zu dem lobpreisenden Urteil veranlaßt: „... Ich ziehe dieses Werk allen andern Goethes vor und halte es für das dermalig höchste Meisterwerk des Meisters. Klar wie das Licht, und ebenso unergründlich, in jedem seiner Teile sich zusammenziehend zur absoluten Einheit, zugleich zerfließend in die Unendlichkeit wie jenes."

Diesen und anderen bewundernden und beistimmenden Urteilen gegenüber fehlte es schon beim Erscheinen und der Aufführung des Dramas in Berlin nicht an Ablehnung, ja an schroffer, fast vernichtender Kritik, und heute können wir die Thatsache, daß das deutsche Volk diesem Drama sehr kühl gegenübersteht, wohl zu erklären versuchen, aber nicht ableugnen. Das zum geflügelten Wort gewordene Urteil Hubers „marmorglatt und marmorkalt" scheint das Geschick des Dramas besiegelt zu haben. Der Dichter selbst hat in hohem Alter den geringen Beifall auf der Bühne auf sein Bestreben, allzuviel zu motivieren, zurückführen wollen; darin lag gewiß die Schuld nicht, auch nicht in einem formellen Mangel, denn der Aufbau ist meister- und musterhaft, die Sprache erhaben und glanzvoll. Der wahre Grund liegt einmal in der fragmentarischen Gestalt, die ja nur eine Exposition, nicht eine selbständige Handlung bietet und die eigentliche Absicht des Dichters sowie die Charaktere nicht zur Entfaltung kommen läßt, und zweitens in der Thatsache, daß der Dichter bei seinem Bestreben, Typen darzustellen, der nahen Gefahr, blutleere Schemen und Marionetten anstatt Menschen zu schaffen, nicht immer ausgewichen ist. Schon der „ideale Ort und die ideale Zeit" läßt ein warmes, stärkeres Interesse nicht aufkommen. Der Vater und der König und Graf sind eben nur Vater und König und Graf und entbehren individueller, lebensvoller Züge, ebenso der Gouverneur und die Aebtissin; auch der Sekretär und der Mönch werden kaum erwärmen und interessieren, wenn sie auch einiger individueller Züge nicht entbehren. Sie haben aufgehört Individuen zu sein, ebenso wie der Chor in der Braut von Messina. Das Streben beider Dichter nach dem sogenannten antiken Ideal, dem Typus, führte zu dem andern Extrem, zu der Gestaltung konstruierter Figuren, die nicht mehr interessieren, weil das Bestreben, sie als Typus allen Menschen, der Idee des Menschen ähnlich zu gestalten, sie keinem Menschen ähnlich gestaltet hat. Der Versuch, das vielgepriesene antike Vorbild zu erreichen, führte dazu, es ganz zu verfehlen. Vom Götz bis zum Könige in der „Eugenie", von Karl Moor bis zu dem Chor der Braut von Messina, dieser Weg ist der Kreislauf der überhaupt möglichen Mischung von Individuum und Typus, beide Extreme haben das Gemeinsame, daß sie keine Menschen darstellen. Was Fichte in dem schon oben citierten Briefe an Schiller und in einem an Zelter aussprach, daß die Dichter sich nicht nach dem Publikum zu richten brauchen, sondern das Publikum zum Genusse der höchsten ästhetischen Forderungen auch wider seinen Willen erziehen müsse, traf die innerste Meinung Goethes und Schillers. Daß man aber für eine Dichtung, die auf der Bühne dargestellt werden sollte, eine Aesthetik konstruieren könne, ohne auf den Grad des Verständnisses und die Bildung des Volkes Rücksicht zu nehmen, das war ein verhängnisvoller Irrtum. Das Volk, das die hohe Symbolik nicht verstand, antwortete mit der Ablehnung. Wie ein Prophet hat Körner über „die natürliche Tochter" schon im Oktober 1803 geurteilt: „Das Drama wird von vielen gehaßt, von mehreren nicht verstanden und nur von wenigen bewundert werden."

Wir würden Goethes Natürlicher Tochter Unrecht thun, wenn wir hier die Betrachtung schließen wollten. Der Tadel, dem wir uns angeschlossen haben, trifft durchaus nicht alle Personen. Der gerechte, gefühlvolle, thätig zuverlässige Gerichtsrat erwirbt durch seine schöne Neigung für Eugenien und sein mannhaftes Eintreten für sie unser Interesse, die Hofmeisterin sollte schon durch ihr ganz eigenartiges Geschick, die liebende Vertreterin der Mutter und die Urheberin furchtbaren Unglückes zugleich zu sein, vor dem Vorwurf einer schemenhaften Gestalt gesichert sein, und den Weltgeistlichen hat der Dichter durch Schilderung individueller innerer Erlebnisse und Kämpfe uns greifbar vor Augen gestellt. In der Heldin hat der Dichter das große und hohe Ziel am schönsten erreicht, den Typus darzustellen und zugleich ein lebensvolles, lebenswahres Individuum. Die Lust am waghalsigen, kühnen Reiten und Fahren neben der kindlich, ja kindisch=mädchenhaften Freude am Putz und neben der Neugier, der aufgeschlossene, geistreiche Sinn, wie er sich schon in der Dichtung des Sonetts verrät, das kühne Aufrufen des Volkes zu ihrem Schutze, der eiserne Wille, trotz allen Ungemachs festzuhalten an dem Rechte der Geburt, das sind seine, charakteristische Züge, die uns dieses Mädchen nie vergessen lassen. Aber was ihr ganzes Wesen mehr noch als die Liebe zum Vater durchzieht, ist die Liebe zum Vaterlande. „Nächst dem Leben" erfleht sie sich „des Vaterlands geliebten Boden". Diese Liebe überwindet auch das heiße Verlangen, zurückzukehren zu den Regionen des Glanzes und der Macht, die ihr des Königs eigenes Wort geöffnet hatte. Sie willigt endlich ein, in die niederen Sphären hinabzusteigen, als ihr die Möglichkeit geboten wird, von hier aus zur Rettung des Vaterlandes zu wirken:

> Und wenn mein Vater, mein Monarch mich einst
> Verkannt, verstoßen, mich vergessen, soll
> Erstaunt ihr Blick auf der Erhaltnen ruh'n,
> Die das, was sie im Glücke zugesagt,
> Aus tiefem Elend zu erfüllen strebt.

Als ihr der drohende Untergang des Vaterlandes verraten wird, entschließt sie sich mit den Worten:

> Nun bist du, Boden meines Vaterlands,
> Mir erst ein Heiligtum, nun fühl' ich erst
> Den dringenden Beruf, mich anzuklammern.
> Ich lasse dich nicht los, und welches Band
> Mich dir erhalten kann, es ist nun heilig.
> Wo find' ich jenen gutgesinnten Mann,
> Der mir die Hand so traulich angeboten?

Die Worte:

> An ihn will ich mich schließen. Im Verborgnen
> Verwahr er mich als reinen Talisman,
> Denn wenn ein Wunder in der Welt geschieht,
> Geschieht's durch liebevolle, treue Herzen —

verraten uns, zu welcher Größe der Charakter des herrlichen Mädchens sich in der geplanten Haupthandlung entfalten sollte.

Die warnende Stimme, die dem Dichter aus der üblen Aufnahme seines Dramas entgegenscholl, verhallte ungehört. Schiller, der mehr Fühlung mit seiner Nation hatte, wandte sich nach der Braut von Messina Stoffen zu, bei denen ihm die Teilnahme des deutschen Volkes entgegenkam. Goethe, wie immer, unbekümmert um den Willen des Publikums, schritt mit eiserner Konsequenz weiter fort auf der Bahn, die ihn immer mehr seiner Nation entfremdete, vom typisch-symbolischen zum allegorischen Drama, zum Gipfel der, wie er meinte, antikisierenden Richtung. Er giebt es auf, Individuen darzustellen, Menschen, die noch irgend eine Beziehung zur Wirklichkeit haben. Losgelöst von dem Irdischen bedeuten seine Gestalten nicht mehr sich selbst, sondern Höheres, Abstraktes, Allegorisches, und das griechische Metrum und die griechische Mythenwelt zeigen, daß der Dichter, seiner Gegenwart entrückt, in der hohen Welt dichterischer Ideale weilt. Die beiden Dichter haben die Rollen getauscht. Aus dem Dichter, der einst von Schiller als der naive, die Natur selbst darstellende gepriesen worden war, ist der Superidealist geworden, der der Natur aus dem Wege geht und in der vollendeten Form und dem Gedankeninhalt das Wesen der Kunst sieht.

In das Jahr 1800 fällt die erneute Arbeit an der Helenadichtung in griechischen Trimetern, in der Helena als symbolisch-allegorische Repräsentantin der antiken Kunst sich mit Faust, dem Symbol der germanischen Kultur, verbindet und in Euphorion die Verbindung beider symbolisch verkörpert wird. Bald nach Schillers Tode begann Goethe die Dichtung Pandora, die das Verhältnis der Schönheit zur Wirklichkeit allegorisch darstellen sollte. Beide Dichtungen werden in anderem Zusammenhange ausführlicher besprochen werden.

Einige Worte über ein ebenfalls von Schiller beeinflußtes Werk Goethes, das aber außerhalb der zuletzt erörterten gemeinsamen Bestrebungen der Dichter lag, mögen diese Betrachtung schließen. Am 26. November 1804 finden wir in Goethes Tagebuch die Notiz: Le Neveu de Rameau. Es war damit die Abschrift eines in Petersburg befindlichen Werkes Diderots gemeint, auf das Schiller durch den Buchhändler Göschen aufmerksam gemacht worden war. Die Abschrift hatte Schillers Schwager Wolzogen, als er den Erbprinzen auf dessen Brautreise dorthin begleitete, durch Vermittelung des Jugendfreundes Goethes, Max Klinger, erhalten und nach Weimar mitgebracht. Die letzten Briefe des Freundes handeln von der Uebersetzung des Werkes, zu dem Goethe auf Göschens und Schillers Bitten sich bereit erklärte und von ihrer Drucklegung, die 1805 erfolgte. Durch sie ist Rameaus Neffe eine bekannte Persönlichkeit geworden. Er ist der Cyniker, der reiche Gaben des Geistes, Scharfsinn, Witz und Kunst in den Dienst des Magens stellt und mit dieser Gesinnung schamlos prahlt, aber gerade durch diese Offenheit, mit der er seine und seiner Zeitgenossen Verworfenheit darstellt, in uns ein Gefühl von Verachtung, gemischt mit dem der Bewunderung, hervorbringt. Der reizende Zauber, den eine geistreich=witzige Sprache über das Ganze verbreitet, mildert den Eindruck der Rohheit und Niedrigkeit der Gesinnung. Aber nicht nur das zog Goethe an. Der Wert dieses geistreichen Dialogs lag für ihn in der bewundernswerten Schilderung des Charakters der Zeit, jener wunderbaren Mischung tiefster Verworfenheit und höchster Pflege und Blüte der Kunst, die in Voltaire, Rousseau und Diderot gipfelt. Es reizte ihn, diese Zeit, die den meisten in der Revolutionsepoche aufgewachsenen Mitlebenden unbekannt, fast unverständlich war, durch die Uebersetzung und Erläuterung den Deutschen der Gegenwart und Zukunft zu schildern und ihren sozialen, politischen und künstlerischen Hintergrund darzustellen. Die Anmerkungen klingen aus in das begeisterte Lob Voltaires, als „des höchsten unter den Franzosen denkbaren, der Nation gemäßesten Schriftstellers". Wir wissen, wie sehr dieses Lob mit Goethes damaliger Kunstanschauung zusammenhing.

* *
*

3.

Es wird uns um so klarer werden, daß die Entwickelung der beiden Dichter den Gang nehmen mußte, den sie genommen hat, je mehr wir ihre Anschauungen und Grundsätze, die sie über die bildende Kunst in diesen Jahren gehegt und geäußert haben, einer genaueren Betrachtung unterziehen. Wenn auch Schiller sich von der praktischen Thätigkeit und auch der kunstkritischen fernhielt und schon nach seiner Naturanlage und bei seiner geringen Bilderkenntnis durchaus nicht beabsichtigen konnte oder wollte, auf diesem Gebiete mit Goethen zu wetteifern oder sich ihm beratend an die Seite zu stellen, so kann doch auch hier von Gemeinsamkeit und Zusammenwirken beider Männer gesprochen werden, insofern der Philosoph Schiller an der Theorie der Kunst lebhaften Anteil nahm und, wie sein Aufsatz „An den Herausgeber der Propyläen" beweist, freudigst bekannte, in der Darstellung des Typischen und Symbolischen und in den Forderungen mit Goethe sich eins zu wissen. Aber er begnügte sich mit dem Ergebnis, daß die für die Poesie gegebenen Kunstgesetze auch für die bildende Kunst Wert und Bedeutung hätten.

Heinrich Meyer.

Neben ihn tritt, so daß sich die Zweiheit zum „Dreiklang" erweitert, jener Mann, dem wir schon wiederholt in Goethes Leben begegnet sind, und an den sich Goethe seit den in Rom gemeinsam verlebten Tagen mit einer ihm sonst fremden Innigkeit angeschlossen hatte. Seit dem Jahre 1791 lebte Heinrich Meyer, Professor der Zeichenschule, in Weimar, in Goethes Familie als „Hausgenosse, Künstler, Kunstfreund und Mitarbeiter". An dem

Menschen behagte Goethe die liebenswürdige Bescheidenheit, Zuverlässigkeit und Treue, dem er sein Haus und seine Familie bei jeder Abwesenheit unbekümmert anvertrauen konnte, zu dem Künstler und Kunstfreund zog ihn eine fast lückenlose Kenntnis der Kunst und die genaueste Uebereinstimmung mit seiner eigenen Denkart. Seine Schriften und Briefe sind voll von lobpreisenden Schilderungen des „herrlichen Menschen" und „lieben Freundes" und des wackeren Künstlers und großen Kunstkenners. An keinen Freund hat Goethe im Mannes- und Greisenalter so sehnsüchtig verlangende Briefe geschrieben, keinem außer Schiller ein so schönes und ehrendes Geständnis gemacht: „Daß wir uns gefunden haben, ist eins von den glücklichen Ereignissen meines Lebens, ich wünsche nur, daß wir lange zusammen auf diesem Erdenrunde bleiben mögen, wie ich auch hoffe, daß Schiller ohngeachtet seiner anscheinenden Kränklichkeit mit uns ausdauern wird."

Die künstlerische Thätigkeit hatte Goethe, wie wir wissen, längst aufgegeben, um so stärker und kräftiger trat die Absicht und der feste Wille hervor, die in unablässigem Ringen gewonnene Kunstanschauung zur allgemeinen zu machen und Einfluß zu gewinnen auf die ausübenden Künstler und das kunstliebende Publikum und durch diesen Einfluß eine neue Aera der Kunst in Deutschland heraufzuführen. In Heinrich Meyer, dem Kunstkenner und Künstler, der mit Goethe einig war in der Verehrung der Antike, glaubte er nun den Bundesgenossen und Helfer, der ihm Schiller in der dichtenden Kunst war, gefunden zu haben. Auf sein Betreiben wurde Meyer 1794 vom Herzog nach Dresden gesandt, und Goethe selbst suchte ihn dort auf, um mit ihm zusammen die Dresdener Kunstschätze zu studieren. Er sorgte auch dafür, daß Meyer im Herbst 1794 auf mehrere Jahre nach Italien gehen konnte, um dort eingehende Studien nach einem von Goethe gebilligten Plane zu einer groß angelegten Geschichte der bildenden Künste zu treiben. Mit Schiller hatte ihn Goethe schon im November desselben Jahres bekannt gemacht. Dieser nahm den von Goethe vielgerühmten Mann freudig in den Bund auf und veröffentlichte mehrere Aufsätze von ihm in den Horen. Ueber seine Berichte aus Italien, die Goethe Schillern stets zusandte, schreibt er die rühmenden Worte: „Meyers Stimme aus Florenz hat mich recht erquickt und erfreut. Es ist eine Lust ihn zu hören, mit welcher zarten Empfänglichkeit er das Schöne aufnimmt, und bei einem so denkenden und analysierenden Geist, wie der seinige, ist diese Rührungsfähigkeit, diese offene Hingebung eine unendlich schätzbare Eigenschaft"; ihm widmete er das Distichon: Der griechische Genius (an Meyer in Italien).

Tausend Andern verstummt, die mit taubem Herzen ihn fragen,
Dir, dem Verwandten und Freund, redet vertraulich der Geist.

Daß Goethes langgehegter Wunsch, Meyern nach Italien zu folgen, nicht in Erfüllung ging, ist uns schon bekannt, aber um so mehr war er

Benvenuto Cellini.

darauf bedacht, daß ihre Absicht, der „Hauptplan", wie er es nennt, durch fleißigen Briefwechsel gefördert wurde. Auf eine Arbeit Goethes hatten Meyers sehr eingehende Kunststudien in Florenz sogar damals schon große Einwirkung. Zwar irrt Goethe, wenn er in den Annalen den Entschluß, „das Leben des Benvenuto Cellini, Florentinischen Goldschmieds und Bildhauers, von ihm selbst geschrieben", zu übersetzen und zu bearbeiten auf die Florentinischen Briefe des Freundes zurückführt, aber sicher hat Meyers eingehendes Studium der Kunstschätze von Florenz viel dazu beigetragen, der Uebersetzung Goethes in dem „Anhange" jenen großen geschichtlichen und kunstgeschichtlichen Hintergrund zu geben, der für seine Zeit höchst bedeutend war und Schiller zu dem Urteil veranlaßte: „Das Werk ist in der That von der höchsten Bedeutung sowohl in psychologischer Rücksicht als die Selbstbiographie eines gewaltigen Naturells und eines charaktervollen Individuums, als auch in historischer und artistischer, weil es eine Zeitperiode aufklärt, die für die neuere Kunst die wichtigste war und selbst schätzbare Winke über Kunst und Kunstgeschichte verbreitet." Die Arbeit an dem zuerst in Auszügen abgedruckten Werke beschäftigte Goethe bis 1803, in welchem Jahre es in Buchform bei Cotta erschien.

Wenn nun auch ein gemeinsames Studium der Kunstschätze Italiens durch die Zeitverhältnisse unmöglich wurde, so sorgte doch Goethe dafür, daß er mit dem erkrankten Freund, für dessen baldige Genesung er in rührender Weise besorgt war, in der Schweiz zusammentraf. „Meyer," schreibt er an Schiller aus Tübingen im September 1797, „erwartet mich mit Verlangen. Es läßt sich gar nicht berechnen, was beiden unsere Zusammenkunft sein und werden kann." Und daß er sich nicht getäuscht hat, verrät seine Mitteilung an Bäbe Schultheß vom 27. September: „Meyern habe ich gefunden wie einen Steuermann, der aus Ophyr zurückkehrt, es ist eine herrliche Empfindung mit einer so bedeutenden Natur nach einerlei Schätzen zu streben und sie nach einerlei Sinn zu bewahren und zu verarbeiten", und ein mehrere Wochen später geschriebener Brief an Böttiger über Meyers Studien „der Kunstschätze der alten und mittleren Zeit": „Sie werden erstaunen und sich erfreuen, wie eine Kunstgeschichte aus diesen Trümmern gleichsam wie ein Phönix aus einem Aschenhaufen emporsteigt."

Sobald die beiden Freunde nach Weimar zurückgekehrt waren, traten sie der Ausführung ihrer großen Absichten näher. Zwar den Plan zur Herausgabe einer großen Kunstgeschichte verschob man vorläufig und faßte den Gedanken, „fragmentarisch auf das Publikum zu wirken". Der Brief Goethes an Schiller vom 3. März 1798 enthält die erste Andeutung der Absicht Goethes und Meyers, eine Kunstzeitschrift herauszugeben. Im Mai desselben Jahres erhielt Cotta die Anfrage, ob er den Verlag eines Werkes, das, „ohne daß es eine Zeitschrift würde, doch sich einer so beliebten und der Zerstreuung des Publikums so gemäßen Art näherte," übernehmen wolle, es sollte „Betrachtungen aus Natur und Kunst" enthalten. Als Cotta seine Bereitwilligkeit erklärt hatte, erschien noch in demselben Jahre der erste Band der „Propyläen. Eine periodische Schrift, herausgegeben von Goethe", die fast ausschließlich der bildenden Kunst gewidmet war und außer kleineren Beiträgen von Schiller und Humboldt nur Goethe und Meyer als Autoren aufweist.

Die Propyläen haben das Schicksal mit den Horen gemeinsam gehabt,

Joh. Friedrich Cotta.

daß sie an der Teilnahmlosigkeit des Publikums nach kurzem Leben, die Propyläen sogar schon nach drei Jahren, zu Grunde gingen, aber sie können sich beide damit trösten, daß ihr Inhalt ewig und unvergänglich bleiben wird. Das Schwert, das die Weimarer Freunde hier geschliffen haben, wird immer wieder, nicht am wenigsten in unserer Gegenwart, hervorgeholt werden, als scharf schneidende Waffe, zum Schutz der wahren, der idealen Kunst, in den Zeiten der Herrschaft eines flachen, kunstwidrigen Naturalismus. Und das Bestreben der Herausgeber war nicht bloß darauf gerichtet, eine Theorie der Kunst zu geben, sie wollten zugleich auf das Publikum und die Künstler ihrer Zeit wirken und zu einer neuen modernen Kunst den Weg zeigen.

Die Tendenz aller Aufsätze Goethes und Meyers in den Propyläen läßt sich in zwei Lehrsätzen wiedergeben: Die wahre Kunst ist die antike, und das Geheimnis der wahren Kunst liegt in der Verbindung des Typisch-Symbolischen und des Individuell-Charakteristischen durch die idealisierende Kunst, die Schönheit. Schon in der Einleitung zu den Propyläen werden diese Grundsätze klar und deutlich ausgesprochen. „Dem Volk der Griechen," lesen wir hier „war eine Vollkommenheit natürlich, die wir wünschen und nie erreichen. Der Name Propyläen stehe zur Erinnerung, daß wir uns so wenig als möglich vom klassischen Boden entfernen," und zugleich wird als leitender Gedanke aller Aufsätze das Verhältnis von Natur und Kunst bezeichnet. „Die vornehmste Forderung," mit diesen Worten wurde die Untersuchung eingeleitet, „die an den Künstler gemacht wird, bleibt immer die, daß er sich an die Natur halten, sie studieren, sie nachbilden, etwas, das ihren Erscheinungen ähnlich ist, hervorbringen solle." So wahr es ist, daß jede Kunst, die der Naturalisten nicht weniger als die der Idealisten, die Natur nachahmen will, so wahr ist es, daß aller Unterschied der Kunstrichtungen in der verschiedenen Auffassung dieser Nachahmung begründet ist. Was die Weimarer Kunstfreunde darunter verstanden, belehren uns die auf jenen Satz folgenden Worte: „Die Natur ist von der Kunst durch eine ungeheure Kluft getrennt, welche das Genie selbst ohne äußere Hilfsmittel zu überschreiten nicht vermag. ... Indem der Künstler irgend einen Gegenstand der Natur ergreift, so gehört dieser schon nicht mehr der Natur an, ja man kann sagen, daß der Künstler ihn in diesem Augenblicke erschaffe, indem er ihm das Bedeutende, Charakteristische, Interessante abgewinnt oder vielmehr erst den höheren Wert hineinlegt."

Der erste Aufsatz, der Ueber Laokoon, der in seinem die Erklärung der Gruppe betreffenden Teile auf Goethes Frühzeit, und zwar seinen Besuch des Antikensaals in Mannheim im Jahre 1771 zurückgeht, verficht nachdrücklich die These, daß die Antike nicht Individuen, sondern Typen darstelle. Laokoon ist, meint Goethe, ein bloßer Name, er ist nicht der von der Göttin bestrafte Priester, „er ist nichts von allem, wozu ihn die Fabel macht: er ist ein Vater mit zwei Söhnen, in Gefahr zwei gefährlichen Tieren zu unterliegen..." Ein Vater schlief neben seinen beiden Söhnen; sie wurden von Schlangen

umwunden und streben nun, erwachend, sich aus dem lebendigen Netze los=
zureißen. Und wie die Gestalten der Gruppen Typen sind, so sollen sie auch
etwas Typisches darstellen, die drei Empfindungen, die der Mensch überhaupt
bei eigenem oder fremdem Leiden haben kann: Furcht, Schreck, Mitleiden.
Der Vater erregt den Schrecken, der jüngere Sohn Mitleiden, und Furcht
erregt die Kunst in uns für den älteren, indem sie für ihn noch Hoffnung
übrig läßt.

Polemisierend gegen die naturalistische Richtung und seine Anschauung
verteidigend tritt Goethe auf in seiner Uebersetzung der beiden ersten Kapitel
und den Bemerkungen zu „Diderots Versuch über die Malerei". Zuerst
waren beide Dichter von der 1794 aus Diderots Nachlaß herausgegebenen
Schrift in hohem Grade begeistert. Die glänzende Sprache und der hin=
reißende Vortrag, die Lebhaftigkeit der durch geistreiche Paradoxien gewürzten
Diktion machten auf beide tiefen Eindruck; aber der große Gegensatz, in dem
die Schrift zu Goethes Auffassung des Verhältnisses von Natur und
Kunst steht, veranlaßte Goethe zu einem Angriff im Jahre 1798. Gleich
der erste Satz: „Die Natur macht nichts Inkorrektes", muß in seinen Gegen=
sinn verwandelt werden, um Goethes Beifall zu gewinnen. Die Natur ist
nach ihm niemals korrekt, „denn sie arbeitet auf Leben und Dasein ihrer
Geschöpfe, unbekümmert ob es schön oder häßlich erscheine". Diderot will
Kunst und Natur „confundieren", Goethe will sie trennen. „Die Kunst
übernimmt nicht, mit der Natur in ihrer Breite und Tiefe zu wetteifern, sie
hält sich an die Oberfläche der natürlichen Erscheinungen, aber sie hat ihre eigne
Tiefe, ihre eigne Gewalt; sie fixirt die höchsten Momente dieser oberflächlichen
Erscheinungen, indem sie das Gesetzliche darin anerkennt, die Vollkommenheit der
zweckmäßigen Proportion, den Gipfel der Schönheit, die Würde der Bedeu=
tung, die Höhe der Leidenschaft." Der Künstler schafft eine zweite Natur,
aber eine gefühlte, eine gedachte, eine menschlich vollendete. Der Gegensatz
spitzt sich zu einem Extrem zu, das Goethe mit unheimlicher Konsequenz,
wenn er es auch selbst paradox nennt, ausspricht: „Durch die treueste Nach=
ahmung der Natur entsteht noch kein Kunstwerk, aber in einem Kunstwerk
kann fast alle Natur erloschen sein, und es kann noch immer Lob verdienen."
In dem von ihm oft angewandten Gegensatz von Manier und Stil faßt
er dann seine wahre Meinung zusammen: „Der Stil erhebt das In=
dividuum zum höchsten Punkt, den die Gattung zu erreichen fähig ist ...
Die Manier hingegen individualisiert, wenn man so sagen darf, noch das
Individuum." Mehr als die Polemik und die Hitze des Kampfes es ge=
stattete, sollte in den beiden nächsten Aufsätzen, die in der Form eines Gespräches

Ueber Wahrheit und Wahrscheinlichkeit der Kunstwerke.   215

und einer Novelle geschrieben sind, die wahre und endgültige Meinung der Kunstfreunde klar dargestellt werden. In dem Gespräch über Wahrheit und Wahrscheinlichkeit der Kunstwerke zwischen dem Anwalt des Künstlers und dem Zuschauer, dem Anhänger des Naturalismus, wird der Letztere zu der Ueber=

Denis Diderot.

zeugung gebracht, daß Naturwahrheit und Kunstwahrheit sehr verschieden seien, daß nur dem ungebildeten und rohen Zuschauer ein Kunstwerk als Naturwerk erscheine, wie den Sperlingen das berühmte Gemälde des Zeuxis. Aber der wahre Liebhaber sieht nicht nur die Wahrheit des Nachgeahmten, sondern auch die Vorzüge des Ausgewählten, das Geistreiche der Zusammenstellung, das Ueberirdische der kleinen Kunstwelt. Es ist derselbe Gedanke, den wir schon in der Theorie der Dichtkunst als Endergebnis gefunden hatten: Das Kunstwerk sei wahr, aber nicht wirklich.

Die zweite wichtige Frage, die Berechtigung des Charakteristischen und Individuellen in der Kunst, bringt die Kunstnovelle: „Der Sammler und die Seinigen" zur endgiltigen Lösung.

Im November 1798 meldet Goethe dem Freunde Schiller von seiner Ab= sicht des Entwurfs „eines Familiengemäldes der Kunstfreunde und Sammler", aber erst im Mai des nächsten Jahres war die sogenannte Novelle vollendet. Schiller war mit ihr sehr zufrieden und hoffte von ihr ein ähnliche Wirkung, wie von den Xenien. Hiermit meint Schiller den Angriff Goethes in den Xenien gegen die Einseitigkeit in der Kunst, gegen das Falsche und Unvoll= kommene und insbesondere gegen die Charakteristiker. Die Hauptpersonen der Novelle sind neben Goethe der mehr als Laie in Kunstfragen auftretende Kenner der Poesie und Philosoph Schiller und der „Charakteristiker" ge= nannte Gast. Es ist eine bestimmte Persönlichkeit damit gemeint, der Goethe schon seit dem Aufenthalt in Rom bekannte Kunsttheoretiker Hirt. Schiller hatte durch Goethes Vermittelung mehrere Beiträge von ihm in den Horen gebracht. Nachdem Hirt eine Anstellung in Berlin erhalten hatte, besuchte er Weimar im Jahre 1797. Schiller, der immer eine Vorliebe für die Cha= rakteristiker hatte, war sehr von ihm eingenommen. Goethe dagegen drückt sich vorsichtiger aus, er findet ihn noch auf demselben Standpunkte, wie bei ihrem gemeinsamen Aufenthalt in Rom. Zwei Aufsätze, die in diesem Jahre von Hirt in den Horen erschienen, „über das Kunstschöne" und „über Laokoon" und besonders der Aufsatz „Ueber die Charakteristik als Hauptgrundsatz der bilden= den Künste bei den Alten" forderten Goethes Widerspruch heftig heraus. Sein Aufsatz über Laokoon war die erste Antwort; auf den Hirtschen Grund= satz: „Es giebt nicht nur keine charakterlose Schönheit, sondern Charakteristik, individuelle Bedeutung giebt allein Kunstschönheit", die Goethes Kunsttheorie an der Wurzel faßte, sollte die Kunstnovelle die Antwort geben. Lessing, so läßt Goethe Hirt, aus dessen Aufsätzen dem „Gaste" der Novelle sogar wörtliche Entlehnungen in den Mund gelegt werden, sagen, hat uns den Satz aufge= bunden, „daß die Alten nur das Schöne gebildet", und Winckelmann hat uns mit der stillen Größe der Einfalt und Ruhe eingeschläfert. Aber die Herren verweilen nur bei Juppiter und Juno, bei den Genien und Grazien . . . . Treten Sie vor den Laokoon, und sehen Sie die Natur in voller Empörung und Verzweiflung, den letzten erstickenden Schmerz, krampfartige Spannung, wütende Zuckung, die Wirkung eines ätzenden Gifts, heftige Gährung, stocken= den Umlauf, erstickende Pressung und paralytischen Tod! . . . und wo wütet

Schrecken und Tod entsetzlicher als bei den Darstellungen der Niobe?" Dem tritt schroff gegenüber die Ansicht Goethes: „Von allem Entsetz= lichen, aufrichtig gesagt, sehe ich auch hier nicht das Mindeste. Wo wüten Schrecken und Tod? Hier sehe ich nur Figuren, mit solcher Kunst durch einander bewegt, so glücklich gegen einander gestellt oder gestreckt, daß sie, in= dem sie mich an ein trauriges Schicksal erinnern, mir zugleich die angenehmste Empfindung geben. Alles Charakteristische ist gemäßigt, alles natürlich Ge= waltsame ist aufgehoben, und so möchte ich sagen: Das Charakteristische liegt zum Grunde, auf ihm ruhen Einfalt und Würde; das höchste Ziel der Kunst ist Schönheit und ihre letzte Wirkung Gefühl der Anmut."

Der Schlußsatz deutet die Lösung an. Goethe will durchaus nicht das Charakteristische, das Individuelle aus der Kunst verbannen, er wußte sehr wohl, daß das Schöne ohne das Charakteristische leicht abstrakt, ein leerer Schall werden kann, aber ebensowenig sollte das Charakteristische ohne das Schöne, das Individuelle allein Gegenstand der Kunst sein. Die Darstellung des Typischen, das aber nicht aufgehört hat individuell zu sein, das darzu= stellen ist das Ziel der Kunst; es wird erreicht durch die Schönheit. Der einseitige rigorose Charakteristiker giebt zu, daß der Bildhauer, der den Adler des Jupiter in Erz darstellen will, sich nicht mit dem Modell eines beliebigen Individuums begnügen wird, sondern daß er die in ihm lebende Idee der Gattung, den Typus darzustellen versuchen muß; aber der Gattungsbegriff ist etwas Abstraktes, das ihn und die Beschauer kalt lassen würde, „er muß zu Individuen zurückkehren, ohne in jene Beschränktheit zurückzukehren und ohne das Bedeutende, das Geistererhebende fahren zu lassen." Hier tritt die Schönheit ein und löst das Rätsel. „Sie giebt dem Wissenschaftlichen erst Leben und Wärme, und indem sie das Bedeutende, Hohe mildert und himm= lischen Reiz darüber ergießt, bringt sie es uns wieder näher. Ein schönes Kunstwerk hat den ganzen Kreis durchlaufen; es ist nun wieder eine Art Individuum, das wir mit Neigung umfassen, das wir uns zueignen können."

Wir haben die ganze Stelle angeführt. Sie enthält die Lösung der wichtigsten kunsttheoretischen Frage in der Dichtkunst nicht weniger als in der bildenden Kunst, die Goethe und Schiller beschäftigt hat.

Wie sehr Schiller gerade diese Kunstnovelle, die er mit Goethe durch= dacht hatte, innerlich beschäftigte, läßt sich auch daraus erkennen, daß Goethe im Juni 1797 im Anschluß an die dort von ihm gegebene Scheidung und Ein= teilung der falschen und halben Künstler und Kunstliebhaber, mit Schiller gemeinsam eine Arbeit in poetischer Form über den Dilettantismus plante,

„eine gewaltige Sündflut" gleich den Xenien, ein Strafgericht über die falschen Künstler und Pfuscher. Es ist aber nur bei dem Entwurf mehrerer Schemata zu dieser Arbeit geblieben, von denen sich auch eines in Schillers Nachlaß gefunden hat.

Noch mehr als Schiller war Meyer an Goethes Aufsätzen beteiligt; nicht nur daß er in allen technischen und kunstwissenschaftlichen Fragen zu Rate gezogen wurde, auch die kunsttheoretischen grundlegenden Anschauungen, die wir oben entwickelt haben, waren von Goethe zugleich in seinem Namen ausgesprochen worden. In seinen Schriften: Ueber die Gegenstände der bildenden Kunst, Ueber Raffael, Ueber Laokoon, Ueber Lehranstalten zu Gunsten der bildenden Künste u. a., die mit und unter Goethes Beirat entstanden, weht derselbe Geist, dieselbe Verehrung für das Altertum; dieselbe Forderung finden wir hier bei der Darstellung des Allgemein-Menschlichen und Typisch-Symbolischen, wenn sich auch Meyer mehr mit praktischen Fragen über die Technik des Zeichnens, das Kolorit u. a., wie sie seine Stellung als Leiter der Zeichenschule ihm besonders nahe legten, befaßte. So war es denn natürlich, daß Meyer die praktische Seite der Bestrebungen, die Einwirkung auf die zeitgenössische Kunst sich besonders angelegen sein ließ. Vom Jahre 1799—1805 wurden in Weimar von Goethe und Meyer sieben Kunstausstellungen veranstaltet. Man schrieb Preisarbeiten aus, für die bezeichnender Weise meist Gegenstände aus Homer gewählt werden, „weil diese die Künstler nötigen, aus ihrer Zeit und Umgebung herauszugehen und auf die einfach hohen und profund naiven Motive aufzumerken, und Bedeutung und Form im höchsten Sinne zu kultivieren." Freilich ging die moderne Kunst über diese Bestrebungen hinweg, freilich waren die Propyläen schon 1800 wieder eingegangen, aber die Kunstfreunde ließen sich dadurch nicht entmutigen. Sie setzen ihre kritische Thätigkeit in der von Schütz in Jena redigierten „Allgemeinen Litteraturzeitung" und von 1803 ab in der von Goethe selbst in Jena ins Leben gerufenen Jenaischen Allgemeinen Litteraturzeitung fort, in der nun die Berichte über die Kunstausstellungen und eine große Zahl Goethischer und Meyerscher Kritiken erschienen, meistens mit W. K. F. (Weimarer Kunstfreunde) unterzeichnet.

Bald sollte auch die Gelegenheit kommen, die Gemeinsamkeit und Einheit der Anschauung in einem größeren Werke zu offenbaren, das sich nicht bloß an die kleine Schar der Abonnenten der Propyläen, sondern an alle Verehrer und Freunde Goethes wandte. „Winckelmann und sein Jahrhundert" hat man mit Recht ein „Manifest des Klassizismus" genannt. Es war natürlich, daß die Freunde diese Kundgebung mit dem Namen des Mannes verbanden, der die Antike von neuem entdeckt hatte und ohne den die Goethische

Kunstrichtung gar nicht denkbar war. Nicht als ob Goethe in allem mit Winckelmann übereinstimmte: Hatte doch Winckelmann die moderne Kunst überhaupt verworfen und sie für unfähig gehalten, die griechische Kunst

Joh. Joachim Winckelmann.

nachzuahmen; war es doch Winckelmann garnicht um praktische Verwertung seiner Einsicht in die antike Kunst, sondern nur um ihre Erkenntnis und Verherrlichung zu thun, während Goethes ganzes Streben dahin ging, die moderne Kunst durch Nachahmung der Antike zu beleben und zu erneuern. Winckelmann blieb bei der Schönheit als Kunstprinzip und verwarf das Charakteristische. Goethe ging über seine Einseitigkeit hinaus, indem er die schwierige Frage der Verbindung des Schönen und des Charakteristischen beantwortete und ihm schloß sich Meyer in seiner Geschichte der Kunst durchaus an. Aber hiervon abgesehen stehen beide Freunde durchaus auf Winckelmannschem Boden, auch in manchen seiner Einseitigkeiten, wie in der Uebertragung der Gesetze der Skulptur auf die Malerei oder auf die Kunst überhaupt, von der man auch Goethes Kunsttheorie nicht freisprechen kann. Kam nun dazu, daß Goethe Winckelmann von Jugend auf verehrt hatte und sich des großen Einflusses dieses Mannes immer bewußt geblieben war, so bedurfte es nur eines äußeren Anlasses, nicht eines inneren Grundes zu einem litterarischen Denkmal für den großen Mann. Dieser Anlaß war Goethes Kenntnisnahme von Briefen Winckelmanns an den Schatullier der Herzogin Anna Amalia, Berendis, die nach dessen Tode in den Besitz der Herzogin und dadurch an Goethe gekommen waren. Im August und September 1799 las Goethe die damals bekannten Briefe Winckelmanns und mehrere seiner Schriften, um sich zu einer Ausgabe der Briefe an Berendis vorzubereiten. Aber erst im Jahre 1804 kündigte er in der Litteraturzeitung das Erscheinen von „Ungedruckten Winckelmannischen Briefen" an. In demselben Jahre veranlaßte er F. A. Wolff zu einer Beleuchtung von Winckelmanns wissenschaftlicher Thätigkeit, und er selbst faßte den Plan zu einer eigenen Biographie, deren Abfassung sich durch seine schwere Krankheit im Frühjahr 1805 verzögerte. So erschien denn in diesem Jahre bei Cotta das Werk unter dem Titel: Winckelmann und sein Jahrhundert. In Briefen und Aufsätzen herausgegeben von Goethe. Der Hauptinhalt gliedert sich in die Ausgabe der Briefe an Berendis (von Goethe), den Entwurf einer Geschichte der Kunst im 18. Jahrhundert (von Meyer) und drei Skizzen zu einer Schilderung Winckelmanns, von Goethe nach der allgemein menschlichen, Meyer nach der künstlerischen, F. A. Wolf nach der wissenschaftlichen Seite. Es war das letzte Werk, dessen Vollendung Goethe Schiller angezeigt hat, wenige Wochen vor dessen Tode, am 20. April 1805.

Wenn er in diesem Briefe an Schiller die Hoffnung ausspricht, daß der Leser nichts von den Leiden spüren möge, unter denen er das Buch geschrieben habe, so kann man wohl sagen, daß kaum ein Buch auf der Welt weniger derartige Einflüsse verspüren läßt. Goethe hat es immer verstanden, die Form dem Inhalt anzupassen, die Sprache dem Gegenstande anzugleichen; hierin ist Winckelmann das Meisterstück. Man möchte glauben, Goethe habe der Sprache seines Werkes die edle Einfalt und

stille Größe einhauchen wollen. Soll man die Klarheit der Diktion, die
Reinheit, Schönheit und Fülle des Ausdrucks mehr bewundern, oder die
Leidenschaftslosigkeit und Reife des Stils, der trotz aller Objektivität nicht
der wohlthuenden Wärme persönlichen Anteils ermangelt, oder die wunder=
bare Steigerung der Sprache von den goldenen Weisheitsregeln und Sen=
tenzen, durch die immer wärmer werdende Charakteristik bis zu der ergrei=
fenden, an Schönheit und Herrlichkeit von Goethe nirgends sonst übertroffenen
Schilderung des „Hingangs"? Wie eine der geliebten antiken Statuen
Winckelmanns, ein Idealbild, ein Typus und doch das Individuum, über
die Wirklichkeit erhoben und doch wahr, so steht der Held überlebensgroß
vor uns; nicht allmählich vor uns entwickelt, sondern wie Athene, ein strahlen=
des, vollendetes Bild der Schönheit und Kraft aus dem Haupte Jupiters
entsprungen. Die Absicht, nur den Menschen zu schildern, nicht ein Gesamtbild
Winckelmanns zu entwerfen, gab dem Autor die Möglichkeit, auf die Entwickelung,
in deren Darstellung der Selbstbiograph Goethe sich später als Meister zeigte, zu
verzichten und von der Höhe aus, rückwärts und vorwärts schauend, das Bild
zu vollenden, die einzelnen Züge des Charakters zu vervollkommnen, die Vor=
züge preisend zu erheben und die Fehler und Gebrechen aus der Anlage des
Charakters und den Einflüssen der Zeit und der Umgebung zu erklären.
Aeußerlich haben viele Abschnitte, in die das Werk dadurch zerfiel, etwas
Zusammenhangloses, aber den inneren Zusammenhang giebt: was Winckel=
mann und Goethe miteinander verband und was darzustellen die Tendenz des
ganzen Werkes war, die Verherrlichung der Antike, hier ausgesprochen in der
Verherrlichung des antik=heidnischen Menschen, dem Goethe sich wahlverwandt
fühlte. Was in den prachtvoll schwunghaften Worten zu Anfang als das antike
Ideal gepriesen wird: „Wenn die gesunde Natur des Menschen als ein
Ganzes wirkt, wenn er sich in der Welt als in einem großen, schönen, wür=
digen und werten Ganzen fühlt, wenn das harmonische Behagen ihm ein
reines, freies Entzücken gewährt, dann würde das Weltall, wenn es sich selbst
empfinden könnte, als an sein Ziel gelangt, aufjauchzen und den Gipfel des
eigenen Werdens und Wesens bewundern. Denn wozu dient alle der Auf=
wand von Sonnen und Planeten und Monden, von Sternen und Milch=
straßen, von Kometen und Nebelflecken, von gewordenen und werdenden
Welten, wenn sich nicht zuletzt ein glücklicher Mensch unbewußt seines Da=
seins erfreut?" es wird am Schlusse als in Winckelmann, dem Menschen
der modernen Zeit, erfüllt dargestellt: „So war er denn auf der höchsten
Stufe des Glücks, das er sich nur hätte wünschen dürfen, der Welt ver=
schwunden. Ihn erwartete sein Vaterland, ihm streckten seine Freunde die

Arme entgegen; alle Aeußerungen der Liebe, deren er so sehr bedurfte, alle Zeugnisse der öffentlichen Achtung, auf die er so viel Wert legte, warteten seiner Erscheinung, um ihn zu überhäufen.... Er hat als Mann gelebt und ist als ein vollständiger Mann von hinnen gegangen. Nun genießt er im Andenken der Nachwelt den Vorteil, als ein ewig Tüchtiger und Kräftiger zu erscheinen; denn in der Gestalt, wie der Mensch die Erde verläßt, wandelt er unter den Schatten, und so bleibt uns Achill als ewig strebender Jüngling gegenwärtig." Der Schlußsatz faßt noch einmal die Idee des ganzen Werkes „Winckelmann und sein Jahrhundert" zusammen und bringt in schöner Perspektive dem tief ergriffenen Leser die Bedeutung Winckelmanns für die kommenden Jahrhunderte zu dauerndem Bewußtsein: „Daß Winckelmann früh hinwegschied, kommt auch uns zu gute. Von seinem Grabe her stärkt uns der Anhauch seiner Kraft und erregt in uns den lebhaftesten Drang, das, was er begonnen, mit Eifer und Liebe fort- und immer fortzusetzen." Die herrlichen Worte sind kurz vorher geschrieben, als Schiller von Goethes Seite gerissen wurde. Man könnte meinen, Goethe habe mit ihnen ahnungsvoll auf seinen großen Freund und dessen frühen Tod gedeutet.

4.

Doch bevor wir auf diesen größten Verlust, der Goethe je getroffen hat, eingehen, wollen wir das äußere Leben Goethes während der Zeit, da das innere von Schillers Freundschaft ausgefüllt wurde, in seinen wichtigsten Ereignissen vor uns vorübergehen lassen.

Von Reisen Goethes während der letzten Jahre des Jahrhunderts sind drei hervorzuheben, eine nach Karlsbad im Juli 1795, wo er die geistreichen Jüdinnen Marianne und Sara Meyer, die erstere unter dem Namen Frau von Eybenberg Gattin des Fürsten Reuß XIV., die andere später die Gattin des Barons von Grotthuß, kennen lernte. Die Huldigung beider nahm Goethe freundlich auf und belohnte sie durch Zusendung seiner Schriften und freundschaftlicher Briefe. Bald nach der Rückkehr kam die Nachricht, daß durch einen Stollenbruch in Ilmenau dem Bergwerksunternehmen, dem Goethe so viel Zeit und Neigung geopfert hatte, ein jähes Ende bereitet worden war. Am Ende des nächsten Jahres finden wir ihn auf der Reise nach Dessau mit dem Herzog in Leipzig, wo er die alten Freunde besuchte und an dem geräuschvollen Leben der Neujahrswoche teilnahm. Neben seinen dichterischen Arbeiten nahm ihn nach der Rückkehr wissenschaftliche Thätigkeit, der Anteil an einer wissenschaftliche Societät, der Freitagsgesellschaft und die Sorge um den

Schloßbau in Anspruch. Schon seit mehreren Jahren beschäftigte ihn der Plan einer mit Meyer gemeinsam zu unternehmenden Reise nach Italien. Wegen der politischen Verhältnisse hatte er sie immer hinausgeschoben; im Sommer 1797 entschloß er sich endlich, vorläufig nach der Schweiz zu gehen, um Meyer in Stäfa, seinem Geburtsort, zu besuchen. Ende Juli fuhr er mit Christianen und August von Weimar ab, und am 3. August früh war er in den Armen der überglücklichen Mutter, die nach dem Verkauf des alten Hauses im „goldnen Brunnen", (jetzt Roßmarkt Nr. 8) wohnte. Seit 1793 hatte die gute Mutter Jahr für Jahr vergeblich auf des Sohnes Besuch gewartet. Besonders unerfreulich war ihr die Vereitelung der Hoffnung im Jahre 1795, wo Goethe im Auftrage des Herzogs nach Frankfurt kommen wollte und schon seine Koffer an die Mutter vorausgeschickt hatte. Dennoch wurde nichts daraus, und die Mutter paßte vergeblich 14 Tage lang auf jede „die Zeit herunterkommende Postkutsche" auf. Nun war aber die Freude um so größer, da Wolfgang seine Lieben mitbrachte.

Christianens Stellung hatte sich immer mehr befestigt. Goethe sah sie als rechtmäßige Gattin an, August als rechtmäßigen Sohn. Das bewies er auch äußerlich dadurch, daß er beiden für den Fall seines Todes die vollen pekuniären Vorteile von Gattin und Sohn sicherte, am 24. Juli 1797, kurz vor der Abreise, August zum Universalerben einsetzte und der Mutter den Nießbrauch des Vermögens zusicherte. Nun sollte die Anerkennung Christianens und Augusts durch die Großmutter ihnen eine Stellung in der Familie erwerben.

Die trefflichen Eigenschaften Christianens, vor allem ihr Humor und ihr wirtschaftlicher Sinn, ihre Frau Rat so sympathische Neigung für das Theater, ihre Liebe zu Goethe und die rührende Sorgfalt für seine Gesundheit, die Liebe der Großmutter zu dem siebenjährigen, sich prächtig entwickelnden Knaben, den Frau Aja nun zum ersten Mal in ihre Arme schließen sollte, das alles, hoffte Goethe, würde Christiane ein Plätzchen in dem Herzen der Mutter erobern. Und er hatte sich nicht verrechnet. „Das Vergnügen," so beginnt der erste Brief der Mutter nach dem Besuche, „so ich in Ihrem lieben, traulichen Umgang genossen, macht mich noch immer froh. So kurz unsere Zusammenkunft war, so vergnügt und herzlich war sie doch." Die „Freundin" rückt nun zur „lieben Tochter" heran, und nur einmal noch, als das lange Schweigen Christianens und Wolfgangs die Mutter in Aufregung gebracht hatte, bekommt Christiane die Anrede „Demoiselle Vulpius" zu lesen. August, an den sich das großmütterliche Herz mit voller Liebe anschloß, wird nun, wie früher Fritz von Stein, der eigentliche „Korrespondent", der alles der Großmutter berichten muß, was er gesehen und gehört hat. Aus einem ihrer Briefe an August, in denen sie ihn zur Elternliebe und Dankbarkeit erziehen will, sei eine Stelle angeführt. „Es ist deine Pflicht," lautet ein Brief vom Juli 1798, „deinen lieben Eltern gehorsam zu sein und ihnen vor die viele Mühe, die sie sich geben, deinen Verstand zu bilden, recht viele, viele Freude zu machen.... Ich weiß aus Erfahrung, was es heißt, Freude an seinem Kinde erleben — dein lieber Vater hat mir nie, nie Kummer oder Verdruß verursacht — drum hat ihn auch der liebe Gott gesegnet, daß er über viele, viele emporgekommen ist — und hat ihm einen großen und ausgebreiteten Ruhm gemacht — und er wird von allen rechtschaffenen Leuten hochgeschätzt — da nimm ein Exempel und Muster daran — denn so einen Vater haben und nicht alles anwenden, auch brav zu werden — das läßt sich von so einem lieben Sohn nicht denken, wie mein August ist." Christiane und August blieben bis zum 7., Wolfgang selbst bis zum 25. August.

Aus der dritten italienischen wurde die dritte Schweizerreise, über die wir genau von Goethe selbst in der von Eckermann kurz nach Goethes Tode aus Tagebuchaufzeichnungen und Briefen zusammengestellten Schrift: Aus einer Reise in die Schweiz über Frankfurt, Heidelberg, Stuttgart und Tübingen im Jahre 1797 unterrichtet sind. Die Zeit in Frankfurt benutzte Goethe mit großem Eifer, um über die Entwickelung, die die Stadt seit seiner Uebersiedelung nach Weimar genommen hatte, sich genauer zu orientieren, und sein Tagebuch beweist, wie sehr er mit seiner Vaterstadt, wenn auch der Gedanke eines dauernden Aufenthaltes in ihr aufgegeben war, innerlich zusammenhing. Die Verwandten, die alten Bekannten, wie die Familie Textor, Schuler, Tante Melber und ihr Sohn, damals Arzt in Frankfurt, Stock, Bethmann, Schwarzkopf, Fleischbein, Kellner, Willmer, Frau La Roche, die in Offenbach lebte, der Jugendfreund Horn, damals Gerichtsschreiber, und Riese, Kastenschreiber, d. h. Verwalter der städtischen Armenkasse, und der Naturforscher Sömmering, mit dem Goethe wissenschaftliches Interesse verband, wurden fleißig besucht und die alte Freundschaft mit ihnen erneuert. In ausführlichen Briefen berichtet Goethe Schiller über die staatlichen Verhältnisse der Reichsstadt und die politische Not der letzten Jahre, über das Bauwesen und Theater, über die Pflege der bildenden Kunst, über den Besuch des Städelschen Kabinets, des Mailänder Dekorationsmalers Fuentes und des alten Freundes, des Malers Rothnagel. Die meiste Zeit aber widmet er der Mutter, die später sich mit Entzücken erinnert, „wie wir so hübsch beisammen waren" und „unser Wesen so miteinander hatten und wo ich mich an Deinem Umgang so herrlich geweidet und an Deinem so außerordentlichen An= und Aussehen ergötzt habe."

Am 25. August nahm Goethe Abschied von der Mutter, wenn auch nicht ohne Rührung, so doch ohne zu ahnen, daß es eine Trennung auf ewig sein sollte. In Heidelberg, dessen landschaftliche Schönheit ihn entzückte, wurde er von der alten Freundin aus der Lilizeit, Demoiselle Delph, auf seinen Wanderungen begleitet. Die Reisetage von hier über Heilbronn nach Stuttgart füllte er mit meteorologischen und mineralogischen, kulturgeschichtlichen und sozialen und landwirtschaftlichen Betrachtungen aus. In Stuttgart, wo er neun Tage, bis zum 7. September, blieb, wurden zuerst Schillers Freunde, wie Heinrich Rapp, „der gefällige Wirt und wohlunterrichtete Kunstfreund", die berühmten Bildhauer Dannecker und Scheffhauer und andere Künstler aufgesucht. Bei Dannecker sah Goethe mit Bewunderung das Original der Büste Schillers. Er schreibt von ihm an Schiller: „Das Original hat eine solche Wahrheit und Ausführlichkeit, daß es wirklich Erstaunen erregt." Bei dem Architekt Thouret, den er später für einige Zeit nach Weimar zog, holte er sich Rat für den Schloßbau in Weimar. Auch der Jugendfreund Schillers, Kapellmeister Zumsteeg, dem Goethe viele musikalische Genüsse verdankte, machte sich um Goethe verdient, indem er sein Lied „Der Mühlbach" komponierte. Kurzum beim Abschied konnte sich Goethe bei den Stuttgarter Künstlern mit den Worten bedanken: „Ich habe hier Tage verlebt, fast wie ich sie in Rom verlebte." In Tübingen war er neun Tage der Gast Cottas, den er vor zwei Jahren durch Schiller in Weimar kennen gelernt hatte. In diesen Tagen, in denen Goethe immer mehr Gefallen an der strebenden Denkart und unternehmenden Handelsweise, der Klarheit und Beharrlichkeit Cottas fand, reifte wohl Goethes Entschluß, ihn zum Verleger aller seiner Schriften zu erwählen; es knüpfte sich an diese Reise ein Freundschafts- und bald auch Geschäftsverhältnis, das für beide Männer von Segen war und nur einmal infolge allzugroßer Aengstlichkeit Goethes getrübt worden ist.

Nach eifrigem Verkehr mit Lehrern der Hochschule in Tübingen betrat Goethe am 17. September die Schweiz in Schaffhausen, wo der Rheinfall ihm die berühmt gewordene Schilderung entlockte. Zwei Tage später finden wir ihn in Zürich im „Schwert", wo Meyer am nächsten Tage ihn freudig aufsuchte. Obgleich erst spät in Zürich angelangt, lenkte Goethe doch noch denselben Tag seine Schritte zu der alten Freundin Bäbe Schultheß im „Schönen Hof". Wir erinnern uns der letzten Zusammenkunft beider 1788 in Konstanz, an die Bäbe noch in spätester Zeit mit Entzücken dachte. Ein brieflicher Verkehr war dieser persönlichen Bekanntschaft gefolgt. Bäbe, „die Immergleiche", war innerlich dieselbe geblieben, aber Goethe war ein anderer geworden. Seitdem Christiane sein Herz besaß, war bei allen anderen zarten Beziehungen

Kälte und Freundschaft an Stelle der Verehrung und Liebe getreten. Ein wenig Sinnlichkeit ist ja bei allen Beziehungen Goethes zum weiblichen Geschlecht im Spiele gewesen. Was nicht reizte, war für ihn tot. Bäbe, die unterdes über 50 Jahre alt geworden war, sollte das nicht weniger empfinden als Frau von Stein. Die brave Frau machte ihm über seine auffallende Kälte und Zurückhaltung bei dem Wiedersehen im Jahre 1797 keine Vorwürfe, sie sucht die Gründe lieber in sich selbst, in ihrer Kargheit und „Geschlossenheit". „Ich sitze da, mein Lieber, in dem Zimmerchen, da Du warest, und lese wieder einmal Deine zwei Briefe — ich kann mich nie bereden, daß Euer Geschlecht sich einen wahren Begriff von den Gefühlen eines weiblichen Herzens machen kann — und darum kannst Du Dir wohl nicht vorstellen, wie mir war beim Gedanken dieses Nahe Fernseins der paar Tage — ich kann es auch nur darum begreifen, daß Du ohne wiederzukommen, hast können fortgehen.... Was besorgtest Du? Sollte ein Verhältnis wie das unsere, das so schön, so rein ist — so viel Einziges hat, zu Grunde gehen können — ich fühl' es in mir unmöglich! Soll ich an Dir zweifeln? Nein, alles in dieser alles zu Grunde richtenden Welt — aber das nicht — laß uns lieber alles, was wir einander zu sagen haben, frei und offen sagen — die Liebe wird nicht beleidigen, die Liebe wird duldsam sein. —" Goethe antwortet in einem schönen und interessanten Briefe vom 27. September 1797, der aber doch zeigt, daß der Verfasser den wahren Grund nicht sowohl verraten, als in geistreicher Weise verbergen will. Er sendet ihr Hermann und Dorothea in der Hoffnung, daß dies Gedicht ein Mittler zwischen ihnen beiden werden sollte, „dann würde mich", wie er dazu schreibt, „seine Existenz um so mehr freuen". Am 21. September unternahmen Goethe und Meyer die Wasserfahrt nach Stäfa, wo Goethe bis zum 28. in der Krone wohnte. In Goldschrift ist jetzt hier zu lesen: „Hier wohnte Goethe im Herbst 1797." Daß diese Tafel gerade vom Schweizer Spinner-, Weber- und Zwirnerverein in Rapperswyl angebracht wurde, geschah aus Dankbarkeit dafür, daß Goethe in der berühmten Schilderung der Spinner- und Webertechnik der Wanderjahre gerade dieses Schweizer Gewerk und seine Eigenart unter Beihilfe des Freundes Meyer zum Muster genommen hat. Das große Interesse Goethes für dieses Gewerbe ist aus frühester Zeit, da er sogar selbst mit Anna Amalie der Kunst des Spinnens sich befleißigt hatte, bekannt. Es war natürlich, daß der Alpenfreund die Gelegenheit zu größeren Bergwanderungen sich nicht entgehen ließ. Meyer begleitete Goethe Ende September nach Brunnen und über den See nach Flüelen und Altorf und auf dem schon zweimal von Goethe erstiegenen Weg zum Gotthardhospiz, wo er den Pater Lorenz noch ebenso „munter und guten Muts" fand, als bei der Reise mit Karl August 1779. Noch an demselben Tage wurde die Rückreise angetreten, die ihn über Andermatt nach Flüelen und Treib führte, und über Stans nach Küßnacht, wo, wenn nicht schon früher, der Plan zu dem Epos Tell in ihm aufstieg. Am 8. Oktober war der Ausflug beendet. Der zweite Aufenthalt in Stäfa wurde wie der erste zu den gemeinsamen Studien der beiden Freunde für die von Meyer beabsichtigte Kunstgeschichte an den aus Italien von ihm mitgebrachten Kunstschätzen verwendet; unter ihnen nahm die Aquarellkopie eines antiken Gemäldes, der sog. Aldobrandinischen Hochzeit, die jetzt eine Zierde des Goethemuseums ist, die erste Stelle ein. Daß in Stäfa die Elegie Euphrosyne, der wertvollste Ertrag der Schweizer Reise, begonnen wurde, ist uns schon bekannt.

Bevor sie die Schweiz verließen, blieben die Freunde noch kurze Zeit in Zürich, wo außer Bäbe, die Goethe hier zum letzten Male sehen sollte, noch viele andere besucht wurden, nur Lavater und Kayser nicht, mit denen er ja längst innerlich gebrochen hatte. Am 26. Oktober eilte er von Zürich über Tübingen und Stuttgart nach Nürnberg (6. November), wo er im Gasthofe zum Roten Hahn mit dem alten Freunde Knebel zusammentraf. Durch seine intimen Beziehungen zu der Schauspielerin Rudorf und durch seine Unzufriedenheit mit den Weimarer Verhältnissen war dieser in eine trübe Lage gekommen und suchte bei Goethe Rat und Hilfe. Nach achttägigem Aufenthalt ging Goethe über Erlangen, Bamberg nach Jena, wo er von Freund Schiller herzlich und freudig begrüßt wurde, und dann nach Weimar.

Nach der Rückkehr aus der Schweiz nahm Goethen, außer dem Verkehr mit Schiller und Besuchen in Jena, die Sorge für das Theater und den Schloßbau und der Ankauf eines Landgutes bei Oberroßla, am rechten Ufer der Ilm, das er als Sommeraufenthalt benutzen wollte, in Anspruch. Lerses Besuch im Jahre 1798, der des preußischen Königspaares Ende Juni des nächsten Jahres und im Frühjahr vorher der Besuch der Frau La Roche, des einstigen Mamachens, der er trotz der inneren Entfremdung einen festlichen, von ihr in Briefen und in ihrem Buche „Schattenrisse abgeschiedener Stunden" geschilderten und gepriesenen Empfang bereitete, und der des alten römischen Freundes Bury unterbrachen seine umfangreiche amtliche und dichterische Thätigkeit. Aus der letzteren sind neben den schon erwähnten Gaben der Muse der „Aufzug des Friedens", die „Metamorphose der Pflanzen", das „Blümlein Wunderschön", die „Erste Walpurgisnacht" und die Vorbereitung der Herausgabe des siebenten Bandes der „Neuen Schriften" hervorzuheben. Das letzte Jahr des Jahrhunderts sah die beiden großen Freunde nun auch räumlich nahe in eifriger Thätigkeit für das Theater und die Kunst, die nur durch beider Krankheit und einen längeren Aufenthalt Goethes im Frühjahr in Leipzig, wo er über die Verwilderung des einst so gepriesenen Leipziger Theaters ganz entsetzt war, zeitweilig unterbrochen wurde. Die letzten Stunden des Jahrhunderts verlebte Goethe mit Schiller und Schelling in bedeutenden Gesprächen heiter und hoffnungsvoll.

Aber gerade der Anfang des 19. Jahrhunderts barg Unheil und Unglück in seinem Schoß. Am 2. Januar 1801 befiel Goethe ein Katarrh, aus dem sich bald Blatterrose und Halsentzündung entwickelte. Die Geschwulst zog sich über das linke Auge und nahm fast den ganzen Kopf ein, so daß man einen Gehirnschlag befürchtete; ein dazutretender Krampfhusten ließ sogar einen Erstickungstod möglich erscheinen. Erst am 13. Januar schien die Todesgefahr vorüber. Nach der Genesung berichtet er selbst der Mutter: „Zu Ende des vorigen Jahres brach das Uebel aus, und ich erinnere mich wenig von den gefährlichen neun Tagen und Nächten, von denen Sie schon Nachricht erhalten haben. Wie gut, sorgfältig und liebevoll sich meine liebe Kleine bei dieser Gelegenheit erwiesen, werden Sie sich denken, ich kann ihre unermüdete Thätigkeit nicht genug rühmen. August hat sich ebenfalls sehr brav gehalten, und beide machen mir bei meinem Wiedereintritt in das Leben viel Freude."

Außer Christianens aufopfernder Pflege trat auch sonst die Sorge um Goethes Leben vielfach rührend hervor. Meyer und Schiller, die tiefbewegt den Verlauf der Krankheit verfolgten, waren täglich bei ihm, der Herzog, Anna Amalie, Lotte Schiller, Loder, Voigt waren eifrig für ihn besorgt, Herder vergaß seinen Unmut und Zorn, und auch Frau von Steins bittere Stimmung wich der Wehmut und dem Mitleid bei dem Gedanken an den drohenden Verlust des großen Mannes. „Die Schillern und ich," schrieb sie an den Sohn Fritz, den einstigen Zögling Goethes, „haben schon viele Thränen die Tage her über ihn vergossen... gestern hat er mit großem Appetit Suppe gegessen, die ich ihm geschickt habe. Mit seinem Auge soll es auch besser gehen, nur ist er sehr traurig und soll drei Stunden geweint haben; besonders weint er, wenn er den August sieht. Der hat indessen seine Zuflucht zu mir genommen." Als ihn Ende Januar Schillers Gattin und Frau von Stein besuchten, „bat er sie aufs neue um ihre Freundschaft, als wenn er wieder in der Welt angekommen wäre". Nachdem er genesen war, brachte Goethe den Frühling (1801) auf dem Landgute Oberroßla zu, Anfang Juni reist er mit August über Göttingen nach Pyrmont. Nach einer ihn sehr angreifenden und langweiligen Kur blieb er längere Zeit in Göttingen, um an dem regen wissenschaftlichen Leben der alten Universitätsstadt teil zu nehmen und botanische, geologische und optische Studien zu treiben. Freund Meyer und Christiane kamen ihm bis Kassel entgegen, so daß hier die ganze Goethische Familie zusammen war. Die letzten Tage des August waren sie wieder in Weimar. Das Theater und besonders das Gastspiel der Unzelmann forderten Goethes Bemühungen in den nächsten Wochen. Die heitere Stimmung, die der nun völligen Genesung folgte, zeigte sich auch in dem Wunsche, aus dem einsamen Leben, dem er seit Jahren huldigte, herauszutreten. Noch im Oktober gründete er die sogenannte cour d'amour, eine Gesellschaft, die sich am Mittwoch nach dem Theater bei Goethe zusammenfand und eine Art Picknick veranstaltete, bei dem die Damen das Essen, die Herren den Wein besorgten. Zu dieser Gesellschaft gehörten sieben Paare, außer Goethe und seiner Partnerin, der Gräfin Henriette von Egloffstein, von Wolzogen und Schillers Gattin, Schiller und Frau von Wolzogen, Kammerherr von Einsiedel und Frau Hofmarschall von Egloffstein, der Gatte der letzteren und die Hofdame Fräulein von Wolfskehl, Hauptmann von Egloffstein und Amalie von Imhof, Heinrich Meyer und die uns wohlbekannte Hofdame Fräulein von Göchhausen. Dieser „Liebeshof", der seinen Namen durchaus mit Unrecht trug, widmete sich ganz allein der Geselligkeit und Poesie. Alle Streitfragen, besonders aber die Politik, waren bei der Unterhaltung ausgeschlossen. Wir verdanken dieser Gesellschaft außer dem Schillerschen Lied beim Abschied des Erbprinzen Goethes Tischlied: „Mich ergreift, ich weiß nicht wie", das „Stiftungslied" und wohl auch die „Generalbeichte", „Dauer im Wechsel", „Sehnsucht" und „Frühlingsorakel". Trotz ihrer Harmlosigkeit sollten gerade diese geselligen Zusammenkünfte einem Manne den Anlaß zu einem Ausbruch giftiger Feindseligkeit geben, der vergeblich gesucht hatte, von Goethe in seinen Kreis aufgenommen zu werden. August Kotzebue, ein geborener Weimaraner, war in Rußland zu hohen Stellungen gelangt und nach abenteuerlichem Geschick nach Weimar zurückgekehrt, um am Musenhof durch seine dichterische Begabung zu glänzen. Seine Absicht scheiterte an der Abneigung und Mißachtung Goethes, der wohl „sein vorzügliches aber schluderhaftes Talent" für das Theater verwendete, im übrigen aber den eiteln und boshaften Menschen nicht aufkommen lassen wollte. Wenn er nun auch durch sein „gefälliges, bescheiden-zudringliches Weltwesen" und seine Wohlhabenheit sich selbst einen geselligen Kreis geschaffen hatte, so blieb sein Ehrgeiz doch immer darauf gerichtet, in den Goethischen Kreis aufgenommen zu werden. Aber auch diesmal scheiterte der durch Fräulein von Göchhausen unterstützte Versuch an Goethes Ablehnung. Kotzebue sann auf Rache. Er heuchelte plötzlich große

Verehrung für Schiller und beantragte in seinem Kreise, zu dem auch einige der Goethischen Freunde gehörten, eine große Feier für Schiller für den 5. März 1802, bei der es ihm natürlich gar nicht um Schiller, sondern um eine Zurücksetzung Goethes und zuletzt um eine Entzweiung der beiden

August von Kotzebue.

großen Dichter zu thun war; es gelang ihm, die Partnerin Goethes im cour d'amour, Frau von Egloffstein, zur Darstellung der Jungfrau von Orleans zu bewegen. Goethe vergalt dem Widersacher dadurch, daß er einen Tag vor der geplanten Aufführung die Feier durch den Bürgermeister verhindern ließ. Daß das mit Schillers Einverständnis geschah, ist wohl selbstverständlich, es wird auch durch die launige Art, wie dieser das Ganze auffaßte, erwiesen. „Der 5. März ist mir glücklicher vorübergegangen als dem Cäsar der 15.... Wie aber immer der Zufall naiv ist und sein mutwilliges Spiel treibt, so hat der Herzog den Bürgermeister den Morgen nach jenen Geschichten wegen seiner großen Verdienste zum Rat erklärt — Rat Piccolomini nannten ihn die witzigen Weimarer —. Auch wird heute auf dem Theater Ueble Laune von Kotzebue vorgestellt." Kotzebue ging bald darauf nach Berlin und agitierte von dort aus mit dem Livländer Garlieb Merkel gegen Goethe. Dieser rächte sich heimlich durch einige Invektiven und scherzhafte Gedichte, wie Den neuen Alkinous, die aber erst lange nach Kotzebues Tode veröffentlicht worden sind.

Mit besonderem Eifer nahm er sich diesmal (1802) der Theateraufführungen in Lauchstädt an. Nach vielen Unterhandlungen war es endlich möglich geworden, an Stelle des unwürdigen, von den Studenten Schafhütte genannten Gebäudes, das weder Zuschauern noch Schauspielern vor dem Regen Schutz bot, ein wenn auch sehr bescheidenes, so doch würdigeres Haus zu errichten. Goethe selbst dichtete ein Vorspiel: Was wir bringen, zur Einweihung, die am 26. Juni 1802 stattfand. Außer der Goethischen Familie waren an diesem Tage Fr. A. Wolf, der Musiker Reichardt, A. W. Schlegel und Schelling um ihn versammelt. Wolf und Reichardt wurden darauf durch längeren Besuch in Halle und Giebichenstein erfreut, während Christiane und August in Lauchstädt blieben. Nach der Rückkehr ging Goethe wieder nach dem geliebten Jena, wo er sich den Naturwissenschaften, der Kunst und dem geselligen Umgang widmete. Im Herbst siedelte Johann Heinrich Voß, dessen Sohn Heinrich bald in nahe Beziehungen zu Goethe und Schiller treten sollte, nach Jena über. Einen Verlust erlitt die Hausgenossenschaft durch Meyers Verheiratung (Dezember 1802) mit einer Tochter des Kanzlers von Koppenfels in Jena, durch die aber an dem inneren Verhältnis der beiden Freunde nichts geändert wurde. Einen gewissen Ersatz dafür bot der damals dreißigjährige Philolog Friedrich Wilhelm Riemer, der bisher Erzieher in Wilhelm von Humboldts Hause und mit ihm in Italien gewesen war, im September 1803 Hauslehrer Augusts und später philologischer Berater, Sekretär, Freund Goethes und Mitredakteur der Goethischen Schriften wurde.

Unterdes waren an der Universität Jena, der Goethe ja stets seine besondere Sorgfalt zugewiesen hat, Veränderungen vor sich gegangen, die den Rückgang der berühmten Schule zur Folge haben mußten. Batsch war 1802 gestorben, Hufeland und Fichte gingen nach Berlin, Paulus und Schelling nach Würzburg, Loder nach Halle. Gelehrte, die zu ersetzen Goethes Hauptsorge war. Als nun auch die Allgemeine Litteraturzeitung von Jena nach Halle verlegt wurde, entschloß sich Goethe eine neue unter demselben Titel zu gründen, der er sich nun mit Eichstädts und Meyers Unterstützung energisch widmete.

Eine andere Aufgabe, die Goethe viele Jahre beschäftigt hat, erreichte durch die Vollendung des Weimarer Schlosses und den Einzug der hohen Herrschaften (1. August 1803) ihren Abschluß. So konnte denn, was der

Maria Paulowna.

Wunsch aller gewesen war, die Tochter des russischen Kaisers, die Braut des Erbprinzen, am 9. November 1804 in ein ihrer würdiges Haus einziehen. Mit der anmutigen und geistreichen, reich begabten, von ernstem Streben beseelten russischen Prinzessin verband Goethe bald ein ebenso festes Band, wie mit dem Erbprinzen, dessen Jugend er geleitet und dessen Studien er gefördert hatte. Maria Paulowna wurde bald der Mittelpunkt der geistigen

Das herzogliche Schloß in Weimar, erbaut 1804.

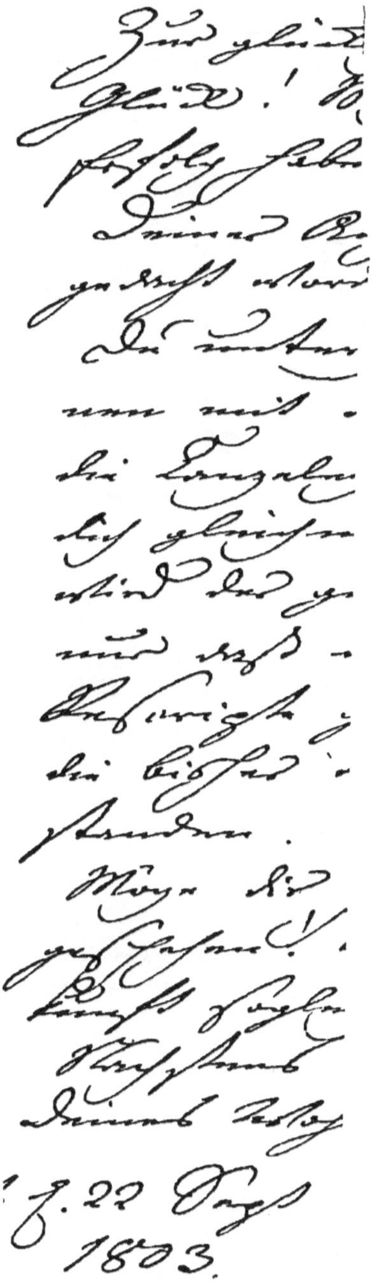

1

(Nach dem L

Letzter Brief Goethes an Herder.
(Nach dem Original im Besitze des Herrn Rudolf Brockhaus in Leipzig.)

Bestrebungen am Hofe und in Weimar. Dieses Interesse zeigte sich auch darin, daß sie selbst sich eifrig bildete. Sie hörte bei Meyer dreimal wöchentlich Vorlesungen über Kunstgeschichte und schrieb eifrig nach, bei anderen trieb sie philosophische Studien und bei Riemer griechische Litteratur. Es war ihr Herzenssache, alle wissenschaftlichen Institute in Weimar zu fördern; der Dank, den Goethe in einer Reihe Gedichte und der Widmung der Biographie Hackerts aussprach, galt weniger der Fürstin, als der thätigen Förderin der Kunst und Wissenschaft.

Von den Kindern Karl Augusts stand der Liebling des Hofes, die im Juli 1786 geborene Prinzeß Karoline Luise den Weimarer Dichtern besonders nahe. Herder war ihr ein zweiter Vater, ihre Liebe zu Schiller übertrug sie später auf dessen Gattin, und um ihrer Verehrung für Goethe deutlichen Ausdruck zu geben, schuf sie mit ihren Freundinnen einen Bund „zu Schutz und Trutz des besten Meisters". Im Jahre 1810 mit dem Erbprinzen von Mecklenburg verheiratet, starb sie schon nach sechs Jahren, ohne in ihrer neuen Heimat Ersatz für Weimar gefunden zu haben. Goethe widmete der früh Verstorbenen das schöne Gedicht Trauerloge: An dem öden Strand des Lebens.

In eben diesem Jahre (1803), das die Eltern Goethe wiederum durch den Tod einer kurz vorher geborenen Tochter tief betrübte, zwang eigene Krankheit den Dichter, sich viel vor der Außenwelt zu verschließen; eine Reise nach Lauchstädt, Halle, Giebichenstein, Merseburg und Naumburg, Aufenthalt in Jena und Oberroßla, dessen Verkauf er als ein Glück bezeichnete, die Einweihung des neuen Schlosses, Zelters, Johannes von Müllers und Frau von Staëls Besuch unterbrachen die Ruhe und Einsamkeit. Am 18. Dezember dieses Jahres (1803) starb Herder. So sehr war die Freundschaft zwischen beiden erkaltet, daß dieses Ereignis fast spurlos an Goethe vorüberging. Die Konfirmation Augusts, die Herder im eigenen Hause vornahm, nachdem er August „auf eine liberalere Weise in die christliche Versammlung eingeführt hatte", hatte sie wieder einander näher gebracht. Ein freundliches, Goethe berichtetes Urteil Herders über „Eugenie", von dem er seit langem nur Mißgünstiges zu hören gewohnt war, ließ Goethe eine Wiederannäherung hoffen, wodurch ihm das Stück doppelt lieb geworden wäre. Der Zufall wollte, daß beide in Jena im Schlosse am 16. Mai 1803 unter einem Dache wohnten und an demselben Tische aßen. Goethes Versprechen, für die Anerkennung des Herderschen Adels zu wirken, worauf sich der hierneben facsimilierte Brief Goethes bezieht, stimmte den alten Freund milde. Man kam im Laufe des Gesprächs auf die Natürliche Tochter zu sprechen: „Indem er als

Kenner entwickelte," so berichtet Goethe, „nahm er als Wohlwollender innigen Teil, und wie uns oft im Spiegel ein Gemälde reizender vorkommt als beim unmittelbaren Anschauen, so schien ich nun erst diese

Frau von Staël.

Produktion recht zu kennen und einseitig selbst zu genießen." Leider sollte Goethes Freude nicht lange dauern. Herder schloß seine Lobrede mit den cynischen Worten: „Am Ende ist mir aber doch Dein natürlicher Sohn lieber als Deine natürliche Tochter." „Ich sah ihn an," sagt Goethe am Schlusse seines Berichts, „erwiderte nichts, und die vielen Jahre unseres Zusammen= seins erschreckten mich in diesem Symbol auf das Fürchterlichste. So schieden wir, und ich habe ihn nicht wiedergesehen."

Wenige Tage nach Herders Tode finden wir bei Goethe außer Schiller und seiner Gattin eine Ausländerin zu Gaste, die als die berühmteste Frau ihrer Zeit galt, Frau von Staël. Sie war mit ihrem Begleiter Constant nach Weimar gekommen, hauptsächlich um Goethe kennen zu lernen. Es half ihm nichts, daß er vor der ihm unsympathischen Erscheinung große Arbeit in Jena vor= schützte. Die Abneigung gegen die etwas aufbringliche, geräuschvoll auftretende, unablässig von einem zum andern Thema springende geistreiche Französin wurde durch den persönlichen Verkehr nicht verringert. Später, als das Werk über Deutschland erschien, hat Goethe nicht gezögert, dem Ernst der Studien und der geistigen Bedeutung dieser Frau Gerechtigkeit widerfahren zu lassen, aber damals war das Gesuchtgeistreiche und Paradoxe, das Sprunghafte ihrer Unterhaltung Schiller nicht weniger eine Qual, die bald los zu werden beide sich sehnten.

Im Mai des Jahres 1804, das besonders durch kleine Reisen, die Bearbeitung des Götz, Arbeit an Faust, Winckelmann und Rameaus Neffen sowie durch Beiträge zur Litteraturzeitung, die Feier des Einzuges des erbprinz= lichen Paares neben der wissenschaftlichen Thätigkeit ausgefüllt wurde, drohte die Trennung der großen Freunde durch Schillers Berufung nach Berlin. Unter den Gründen, die Schiller zur Ablehnung des Antrages bestimmten, war die Freundschaft Goethes nicht der kleinste. Der Herzog bewilligte ihm Verdoppelung seines Gehaltes und versprach ihm dessen baldige Erhöhung auf 1000 Thaler. Auch Goethe erhielt in diesem Jahre durch den Herzog eine Erhöhung und zwar seines Titels, indem er zum Wirklichen Geheimen Rat mit dem Titel Excellenz ernannt wurde. Am 17. März 1804 wurde der Schillersche Tell aufgeführt, an welchem Drama, von der Fassung der Idee bis zur Aufführung, Goethe den größten Anteil genommen hatte.

Trübe und traurig begann das Jahr 1805. Mit Schiller wurde noch der Demetrius ausführlich besprochen, aber schon am Ende des Januar wurden beide Dichter krank. Bei Goethe war eine heftige Nierenkolik mit Krampfanfällen eingetreten, die fast jeden Monat wiederkehrte. Der junge Heinrich Voß, damals Professor am Weimarer Gymnasium, von beiden wie ein Sohn geliebt, war beider treuer Pfleger. „Goethe," so erzählt er, „ist ein ungestümer Patient, der die Natur zwingen will, Schiller liebreich, sanft wie immer." Gegen die Mitte des Februar erklärte der Arzt, daß Hoffnung für Goethes Leben vorhanden sei, wenn er noch drei Tage lebe. Schon in der ersten Nacht wandte sich die Krankheit zum besseren. „Um 11 Uhr," schreibt wiederum Voß, „forderte er mich zu sich, weil er

Heinrich Voß der jüngere.

mich in drei Tagen nicht gesehen hatte. Ich war sehr bewegt, als ich zu ihm trat und konnte aller Gewalt ungeachtet, die ich mir anthat, die Thränen nicht zurückhalten. Da sah er mir gar freundlich und herzlich ins Gesicht und reichte mir die Hand und sagte die Worte, die mir durch Mark und Gebein gingen: „Gutes Kind, ich bleibe bei Euch; Ihr müßt nicht mehr weinen." Da ergriff ich seine Hand und küßte sie wie instinktmäßig zu wiederholten Malen, aber ich konnte keinen Laut sagen..." Von nun an wurde es zusehends besser. Auch Schiller war soweit wieder hergestellt, daß er am 22. Februar Goethe besuchen konnte. Voß hat uns dieses Wiedersehen geschildert: „Sie umarmten sich stumm mit langem, herzlichen Kuß und knüpften dann schnell ein heiteres Gespräch an, ohne ihrer Krankheit zu erwähnen." Anfang März wiederholte sich der Anfall bei Goethe, doch sandte er getrost beim Beginn des nächsten Monats August zur Großmutter, von der er nach vierwöchent= lichem Aufenthalt heiter und voll Lobpreisung der schönen Frankfurter Tage zurückkehrte. Bei seinem Dankschreiben konnte Goethe Anfang Mai, nach= dem er einen abermaligen Anfall überstanden hatte, der Mutter Gutes von seinem Zustande melden; aber gleich darauf wurde er wieder von der Krankheit gepackt, und die bösen Nachrichten von Schillers Krankenbette ver= schlimmerten seine Stimmung. Am 29. April haben sich die beiden Freunde noch einmal gesehen. Goethe hatte Schiller besucht, ihn jedoch, da er das Theater zu besuchen im Begriff war, nicht davon abhalten wollen. An der Hausthür trennten sie sich — für immer, ohne es zu ahnen. „In der letzten Krankheit Schillers," so berichtet uns Voß, „war Goethe un= gemein niedergeschlagen. Ich habe ihn einmal in seinem Gartend weinend gefunden; aber es waren nur einzelne Thränen, die ihm in den Augen blinkten: sein Geist weinte, nicht seine Augen, und in seinen Blicken las ich, daß er etwas Großes, Ueberirdisches, Unendliches fühlte. Ich erzählte ihm vieles von Schiller, das er mit unnennbarer Fassung anhörte. „Das Schicksal ist unerbittlich und der Mensch wenig!" Das war alles, was er sagte, und wenige Augenblicke nachher sprach er von heiteren Dingen. Aber als Schiller gestorben war, war eine große Besorgnis, wie man es Goethe beibringen wollte. Niemand hatte den Mut, es ihm zu melden. Meyer war bei Goethe, als draußen die Nachricht eintraf, Schiller sei tot. Meyer wurde hinaus= gerufen, hatte nicht den Mut, zu Goethe zurückzukehren, sondern ging weg ohne Abschied zu nehmen. Die Einsamkeit, in der sich Goethe befindet, die Verwirrung, die er überall wahrnimmt, das Bestreben, ihm auszuweichen, das ihm nicht entgehen kann — alles dieses läßt ihn wenig Tröstliches er= warten. „Ich merke es," sagte er endlich, „Schiller muß sehr krank sein," und ist die übrige Zeit des Abends in sich gekehrt. Er ahnte, was geschehen war; man hörte ihn in der Nacht weinen. Am Morgen sagt er zu einer Freundin (Christiane Vulpius): „Nicht wahr, Schiller war gestern sehr krank?" Der Nachdruck, den er auf das „sehr" legt, wirkt so heftig auf jene, daß sie

Goethes Beileidsschreiben an Schillers Schwägerin Caroline von Wolzogen.

sich nicht länger halten kann. Statt ihm zu antworten, fängt sie laut an
zu schluchzen. „Er ist tot?" fragt Goethe mit Festigkeit. „Sie haben es
selbst ausgesprochen," antwortet sie. „Er ist tot!" wiederholt Goethe noch
einmal und bedeckt sich die Augen mit den Händen." —

Noch in demselben Jahre zeigte Cotta das Erscheinen von „Schillers
Theater" an, für dessen letzten Band das Demetriusfragment bestimmt war.
„Möchte der Einzige," so schließt die Anzeige, „der das Fehlende in gleichem
Geiste vollenden könnte, seinem Freunde und dem Publikum diesen großen
Dienst erweisen." Cottas Wunsch kam Goethes eigener Absicht entgegen.
„Mein erster Gedanke," erzählte er später in den Annalen, „nach Schillers
Tod war, den Demetrius zu vollenden.... Ich hatte beirätig und mitthätig
eingewirkt; das Stück war mir so lieb als ihm. Nun brannt ich vor Begierde, unsere Unterhaltung dem Tode zu Trotz fortzusetzen, seine Gedanken
und Absichten bis ins einzelne zu bewahren und ein herkömmliches Zusammen-
arbeiten bei Redaktion eigener und fremder Stücke hier zum letzten Male
auf ihrem höchsten Gipfel zu zeigen.... Es auf allen Theatern zugleich gespielt zu sehen, wäre die herrlichste Totenfeier gewesen, die er selbst sich und
den Freunden bereitet hätte." Aber es blieb bei der Absicht; jedoch thut
sich Goethe selber Unrecht, wenn er das Mißlingen auf seinen „Eigensinn,
leidenschaftlichen Sturm und Verworrenheit" schiebt. Daß es der Dichtungsart Goethes durchaus nicht entsprach, ja unmöglich war, das Werk eines
anderen Dichters fortzusetzen, daß zwischen Schillers und Goethes dramatischer
Darstellung ein unüberbrückbarer Gegensatz lag, brauchen wir unseren Lesern
nicht erst zu beweisen. „Nun fing mir," so fährt er in den Annalen fort,
„Schiller erst an zu verwesen, unleidlicher Schmerz ergriff mich, und da mich
körperliche Leiden von jeglicher Gesellschaft trennten, so war ich in traurigster
Einsamkeit befangen." Aber auch darin irrt Goethe, daß er die Fortsetzung
des Demetrius als einzigen Versuch bezeichnet, in einem großen Werke ein
Denkmal des großen Freundes und zugleich ihrer Freundschaft zu schaffen.
Wie wir aus einem Briefe an Zelter vom Anfang August 1805 wissen,
plante er neben seinem Epilog zu Schillers Glocke noch ein anderes Gedicht, „das zum 10. November 1805, zur Feier des Geburtstages unseres
Freundes könnte gegeben werden". Es war eine dramatische Dichtung
höheren und größeren Stils, „Schillers Totenfeier" bezeichnet, die neben der
Huldigung auch den realen Zweck verfolgen wollte, das deutsche Volk zur Be-
thätigung seiner Dankbarkeit an den Hinterbliebenen seines größten dramatischen Dichters aufzufordern. Aus dem im Goethearchiv aufbewahrten Entwurf und Schema hat Suphan den Versuch gemacht, den Goethischen Notizen

Leben einzuhauchen und den Gang der beabsichtigten Handlung zu entziffern: Eine „heitere Feier", die dem noch Lebenden galt, sollte das Ganze einleiten. Das deutsche Volk huldigt seinem großen Dichter:

<blockquote>
Seine durchgewachten Nächte
Haben unsern Tag erhellt —
</blockquote>

singt der Chor der Studierenden. Ein Donnerschlag mitten in der Freude zeigt das furchtbare Ereignis an. Die Trauerfeier beginnt. Die Masse teilt sich in den Chor der Jugend, der die Gattin und die Kinder begleitet, und den der Alten, an dessen Spitze Goethe mit den Worten klagt:

<blockquote>
Wer reicht mir die Hand beim Versinken ins Reale?
Wer giebt so hohe Gabe?
Wer nimmt so freundlich an, was ich zu geben habe?
</blockquote>

Das Vaterland, die Weisheit und die Poesie suchen vergeblich den Todesgott zu rühren. Die Dichtung bleibt zuletzt allein, um den Nachruhm ihres Lieblings zu verkünden. Im Trauergewand erscheint von neuem das Vaterland am „Bau des Todes", dem nun errichteten Katafalk, zur Klage um den verewigten Sohn. Der Schluß richtet die Blicke der Trauernden in das himmlische Jenseits. Die Scene verwandelt sich wieder ins Heitere, ein himmlischer Glanz erfüllt das Haus. Die feierlichste Weise ertönt, das Gloria in excelsis.

Wenn nun auch dieser Plan nicht zur Ausführung kam, so sollte doch der große Freund nicht ohne ein seiner würdiges Denkmal bleiben. Am 10. August wurde in Lauchstädt eine Schillerfeier veranstaltet und die Glocke aufgeführt; Goethe dichtete dazu seinen unsterblichen Epilog, die unvergängliche Huldigung des Schillerschen Genius und zugleich das würdigste Denkmal der Freundschaft der beiden großen Männer und Dichter:

<blockquote>
Denn er war unser! Mag das stolze Wort
Den lauten Schmerz gewaltig übertönen.
Er mochte sich bei uns im sichern Port,
Nach wildem Sturm zum Dauernden gewöhnen.
Indessen schritt sein Geist gewaltig fort
Ins Ewige des Wahren, Guten, Schönen,
Und hinter ihm in wesenlosem Scheine
Lag, was uns Alle bändigt, das Gemeine.
. . . .
Er glänzt uns vor, wie ein Komet entschwindend,
Unendlich Licht mit seinem Licht verbindend.
</blockquote>

Die Vollendung.

1.
Deutschlands Notjahre.

Napoleons Kriegsthaten erschütterten die Welt. Unter seiner gewaltigen Faust krachten die alten morschen Staatengebäude Europas zusammen, und auch im Norden Deutschlands, der bisher noch allein die Segnungen des Friedens genossen hatte, drohte die Kriegsfurie sich zu entfesseln. Aber der Dichter, der diesem gewaltigen Ereignisse bisher kalt und fremd gegenüber gestanden hatte, suchte die drohende Sorge ebenso wie den Schmerz über den Tod des großen Freundes durch dichterische Thätigkeit und wissenschaftliche Arbeiten zu beschwichtigen. Einige Zeit schien es, als wenn die leergewordene Stelle des beratenden Freundes durch den seit längerer Zeit mit Goethe befreundeten Philologen Friedrich August Wolf, der noch in dem Todesmonate Schillers mit seiner anmutigen Tochter Goethe besuchte, besetzt werden sollte. Diese zwei Wochen nahen Verkehrs wurden durch tiefe und geistreiche Gespräche über die Antike so anregend und belehrend, das persönliche Verhältnis beider Männer, das auf gegenseitiger Verehrung beruhte, wurde so herzlich, daß Goethe, sobald der ihn besuchende alte Freund Fritz Jacobi abgereist und Christiane nach Lauchstädt gereist war, Wolf einen Gegenbesuch in Halle machte. Er lernte ihn hier als akademischen Lehrer kennen und „seine aus gründlichstem Wissen mit Freiheit, Geist und Geschmack sich über die Zuhörer verbreitende Mitteilung" bewundern; nachdem er hier den Vorlesungen Gall's über seine Schädellehre, nach der Goethe zum Volks= redner geboren sein sollte, mit großem Eifer zugehört hatte, begaben sich beide Freunde mit dem damals 14jährigen August nach der Universitäts=

stadt Helmstädt, um den gelehrten Sonderling und Sammler Beireis und seine
Schätze zu besuchen, auf welcher Reise man auch bei einem wunderlichen
Landjunker, dem „tollen Hagen", in Nienburg einsprach und das Grab
Gleims in Halberstadt besuchte. Aber schon bei diesem ersten längeren Bei=
sammensein zeigten sich so viele Gegensätze zwischen beiden Männern, daß an ein
dauernd intimeres Verhältnis nicht zu denken war. Goethes universalem Geiste
gegenüber trat die Einseitigkeit Wolfs, der neben der seinigen weder eine Kunst
noch eine Wissenschaft als gleichberechtigt gelten lassen wollte, besonders hervor.
Dazu kam sein rechthaberisches, ungeselliges Wesen, seine unabläjsigen Neckereien
und stetes Widersprechen, so daß der Reisegefährte unleidlich wurde.

Anfang September finden wir Goethe wieder in Weimar eifrig mit
naturwissenschaftlichen Studien beschäftigt, die er auch sofort praktisch zu ver=
wenden suchte. Jeden Mittwoch von 10—1 Uhr hielt er vor einem vornehmen
Zirkel, dem auch die Prinzessin Karoline, die jüngste Tochter Karl Augusts, und
ihre Erzieherin, Knebels Schwester, und Frau von Stein angehörten, natur=
wissenschaftliche Vorträge. Immer näher drohten die Kriegswogen, aber so wenig
störten sie Goethe, der nur die Einquartierung und die häufigen Durchmärsche von
Truppen als lästig empfand, daß er eine neue Ausgabe seiner Werke in 12 Bänden
(1806—1808), der 1810 ein dreizehnter folgte, mit Cotta in Angriff nahm,
in Jena an der Farbenlehre und für die Litteraturzeitung ruhig fortarbeitete,
den ersten Teil des Faust abschloß, den „epischen Tell" wieder heraussuchte,
sich in die Nibelungen vertiefte, des Knaben Wunderhorn mit einer schönen
Besprechung einführte und endlich, als wäre die ruhigste Zeit und tiefster
Friede, zur Heilung einiger sich immer wieder einstellenden Beschwerden und
Leiden Anfang des Sommers 1806 nach Karlsbad ging. Während er sich
hier mineralogischen Studien und dem Zeichnen von Landschaften hingab, ver=
scheuchte ihn aus der Idylle die endlich auch hierher gelangende Nachricht der
großen Ereignisse, die das Ende des deutschen Reiches mit sich führten. In
Weimar, wo er Mitte August eintraf, wurde er wider Willen in die Wirren des
drohenden Kriegs hineingezogen. Noch kurz vor dem Zusammenbruch des Reiches
und vor der Ueberflutung durch die Franzosen wurde ihm die am 24. Juli 1806
vollzogene Ernennung zum Mitglied der Berliner Akademie der Wissenschaften,
die Hirt veranlaßt hatte, bekannt. Sein Dankschreiben an Hirt, das erst
kürzlich wieder ans Tageslicht gekommen ist, ist vom 3. November 1806
datiert. Es kennzeichnet seine Stimmung und Meinung nach den Schreckens=
tagen von Jena und Weimar: „Lassen Sie uns in diesen kritischen Momenten
treu wie immer zusammenhalten und wo möglich noch eifriger wirken. Was
echt ist, muß sich eben in einem solchen Läuterfeuer bewähren."

In der nächsten Nähe von Weimar wurde am 14. Oktober die Entscheidungsschlacht geschlagen und der Ruhm der bisher unbesiegten Armee des großen Friedrich vernichtet. Nun ergossen sich die zügellosen Scharen der Franzosen über das unglückliche Land, um für die Treue, die sein Herzog als preußischer General und deutscher Fürst der deutschen Sache gehalten hatte, furchtbare Rache zu nehmen. Die Greuel der Verwüstung und Plünderung in diesen Schreckenstagen sind oft genug geschildert worden, nicht weniger der Heldenmut der Herzogin Luise, die sich der allgemeinen Flucht nicht anschloß, durch ihr tapferes Benehmen selbst Napoleon Achtung einflößte und das Land vor völligem Untergang rettete. Auch Goethe hatte in dieser Nacht, da sich 40 000 Soldaten in Weimar Quartier erzwangen, durch die Plünderung und Verwüstung viel zu leiden. Marschall Ney, der bei ihm logieren sollte, kam erst am anderen Morgen; dafür lagerten sich sechzehn französische Kavalleristen in dem Bedientenzimmer, und während Riemer auf den Marschall wartete, drangen zwei Tirailleurs in das Haus. Sie ließen sich zuerst durch Goethes würdevolle Erscheinung imponieren, stürmten aber, durch Wein erhitzt, in das Schlafzimmer Goethes, um sich ein bequemes Lager zu erobern. Sie drangen sogar mit Waffen auf Goethe ein, und nur dem Mut Christianens hatte er die Erhaltung des Lebens zu verdanken: sie warf sich den Rasenden entgegen, rief um Hilfe und zwang sie, das Zimmer zu verlassen. Am nächsten Morgen nahm Marschall Augereau in Goethes Haus Quartier, auch Marschall Lannes, General Viktor mit ihrem Gefolge mußten untergebracht werden. Für alle diese sollte Christiane sorgen; fast hätte sie das Haus verlassen, weniger wegen der kaum zu ertragenden Mühe, als wegen der Geringschätzung und Frechheit, mit der die Offiziere die „Wirtschafterin" behandelten. Ein Posten vor dem Goethischen Hause sicherte Goethes Besitz vor weiteren Plünderungen, während andere Bürgerhäuser verwüstet und die Einwohner aller Habe beraubt und gemißhandelt wurden.

Nicht bloß Dankbarkeit gegen Christiane für diese That und die Erkenntnis der Folgen ihrer schiefen Stellung, sondern auch das Gefühl der Unsicherheit ließ in ihm gerade in diesen Tagen, wo alles sich aufzulösen begann und niemand seines Lebens sicher war, den Entschluß reifen, durch die thatsächliche Anerkennung der Ehe mit Christiane ihr und seinem Sohne August die bürgerlichen Rechte zu geben, die sie zu beanspruchen hatten, und Christiane auch für den Fall seines Todes als rechtmäßige Frau sicher zu stellen. Ihr ungewisses Schicksal hatten ihm gerade diese Tage lebhaft vor Augen geführt. „So Gott will," so gab er seinem Dank für Christianens Treue Ausdruck, „sind wir morgen Mittag Mann und Frau." „Ich will meine kleine Freundin," schrieb er am 17. Oktober an den Hofprediger Günther, die so viel an mir gethan und auch diese Stunden der Prüfung mit mir durchlebt, völlig und bürgerlich aner= kennen als die meine." Die feierliche Handlung ging am 19. Oktober, einem Sonntage, in Gegenwart Riemers und des Sohnes August, in der Sakristei der Schloßkirche vor sich. Den Glückwünschenden antwortete er: „Sie ist immer meine Frau gewesen," und auch in dem oben zitierten Brief an den Hofprediger nannte er den Entschluß einen alten Vorsatz. Er hatte nur auf einen Augenblick ge= wartet, wo er diesen Schritt möglichst unauffällig und unbemerkt thun konnte. Eins leuchtet aus allen Briefen Goethes an Christiane als das Wichtigste und Wesentlichste hervor, seine bis in das spätere Alter fortdauernde herzliche Liebe und Achtung. Diese Briefe sind durchtränkt von Beteuerungen der Liebe, der Sehnsucht, ja der Eifersucht, und überall bricht das Gefühl des Glückes durch, das ihm zu Hause bereitet wird und das ihm in der Ferne so recht zum Bewußtsein kam. Aber bei aller Liebe blieb doch der große, ungeheure Unterschied an Bildung und an äußerer Gesittung bestehen. Daß es Christianen gelang, diese Kluft zu überbrücken und von der geduldeten Hausfreundin zur gleichberechtigten Gattin heraufzurücken, das hat sie sich selbst zu verdanken. „Schwer zu bezwingen ist schon die Neigung, gesellet sich aber gar die Gewohnheit zu ihr, nimmer bezwingest du sie". . . „Das ist die wahre Liebe, die immer und immer sich gleich bleibt, wenn man ihr alles gewährt, wenn man ihr alles versagt," so hat Goethe selbst seine Ge= liebte in den Xenien gefeiert. Sie forderte nichts, sondern erklärte sich zu= frieden mit jeder Stellung neben Goethe; Fremden gegenüber war sie stets die demütige, den „Geheimrat" fast anbetende Dienerin. Immer zufrieden, heiter und vergnügt, verbreitete sie, gerade wie Frau Rat, um ihn und das ganze Haus jene wohnliche, behagliche Stimmung, die Goethe für das Leben und Schaffen verlangte. Sie verstand es, jede Sorge für die vielen For= derungen des Lebens, jede Störung, alles Verdrießliche und Unangenehme von ihm fern zu halten und die großen Anforderungen des gastfreien Haus= herrn an die Küche mit Unterstützung ihrer Tante und ihrer Schwester, die übrigens beide Christianens Trauung nicht mehr erlebten, in unermüdlicher, aber geräuschloser und kaum fühlbarer Thätigkeit zu erfüllen und so dem Ideal einer Hausfrau gleich zu kommen, das der Dichter in den Zahmen Xenien als das seinige aufgestellt hat.

So erreichte sie es, ohne den Wunsch je geäußert zu haben, daß der Dichter nach seiner Genesung zu Anfang des Jahrhunderts als Lohn für ihre aufopfernde Liebe sich öffentlich mit ihr zeigte und sie bald darauf auch in Gegenwart Fremder an seine Tafel zog. Auch die Hausgenossen und näheren

Freunde des Goethischen Hauses haben ihr alle Hochachtung und liebevolle Anhänglichkeit ihr Leben lang bewahrt: Der spätere Bremer Arzt Nikolaus Meyer lebte den Winter 1799/1800 im Goethischen Hause; die bekannt gewordenen Briefe Christianens an ihn sind ein schönes Zeugnis des herzlichen, auf gegenseitige Achtung sich gründenden Verkehrs, der strenge Moralist Voß, der Dichter der Luise, war glücklich, seinen Sohn längere Zeit Mitglied der Goethischen Häuslichkeit zu wissen, und Riemer, der langjährige Hausgenosse, ergriff gegen die immer üppiger auftretenden Verleumdungen Christianens zuerst das Wort zur Verteidigung. Sie alle, ebenso wie Goethe selbst und seine Mutter, haben in den vielgeschmähten „Lastern" Christianens, ihrer Tanzlust und Vorliebe für guten Rotwein, nur den Ausfluß einer heiteren Lebensauffassung gesehen.

Wenn wir dem Schritt Goethes, der ein Unrecht gegen seinen Sohn und gegen die Sitte wieder gut machte, unsere volle Sympathie nicht versagen werden, in den vornehmen Kreisen Weimars dachte man anders darüber. Die „Mademoiselle" Vulpius hatte man ignoriert, oder man hatte über das Verhältnis gewitzelt, daß aber Goethe seine Wirtschafterin zur Frau Geheimrätin erhob, die man als gleichberechtigt anerkennen sollte, das hat man ihm und vor allem Christianen nie verzeihen können. Selbst eine so edle Frau wie Schillers Witwe hielt es nicht unter ihrer Würde, die Verleumdungen, die Bosheit und Neid über Christiane ausstreuten, zu verbreiten. Goethe wußte sehr wohl, daß er auf Entgegenkommen bei den Weimarer Frauen nicht zu rechnen hatte. Er beschloß deshalb bei seiner Absicht, Christianen in die Gesellschaft einzuführen, sich der Hülfe einer weniger engherzigen Ausländerin zu bedienen, die gerade damals nach Weimar gezogen war. Es war die hochgebildete, vorurteilslose und gutherzige Witwe Johanna Schopenhauer, die Mutter des späteren Philosophen, die bei ihrer warmen Verehrung für den Dichter seinen Wünschen gern entgegen kam. Den Abend nach seiner Verheiratung besuchte er Johanna Schopenhauer mit Christianen. „Ich empfing sie," so erzählt diese selbst, „als ob ich nicht wüßte, wer sie vorher gewesen wäre... Ich sah deutlich, wie sehr mein Benehmen ihn freute; es waren noch einige Damen bei mir, die erst formell und steif waren und hernach meinem Beispiel folgten, sie war in der That sehr verlegen, aber ich half ihr bald durch." In meiner Lage... kann ich ihr alles gesellschaftliche Leben sehr erleichtern. Johannas Idee, durch einen „litterarischen Thee" zweimal wöchentlich bei ihr einen Mittelpunkt der geistig bedeutenden Welt zu schaffen, fand bei Goethe sofort Unterstützung. Er selbst fehlt die erste Zeit fast nie, Meyer, Fernau, Falk, Riemer, Schütze schlossen sich sofort an. „Der

Zirkel," so schildert ihn Johanna ihrem Sohne, „der sich Sonntags und Donnerstags um mich versammelt, hat wohl in Deutschland und nirgends seines

Johanna und Adele Schopenhauer.

gleichen; könnte ich Dich doch nur einmal herzaubern! Goethe fühlt sich recht wohl bei mir und kommt recht oft. Ich habe einen eigenen Tisch mit Zeichenmaterialien für ihn in eine Ecke gestellt. Diese Idee hat mir sein Freund Meyer angegeben. Wenn er dann Lust hat, so setzt er sich hin und tuscht aus dem Kopfe kleine Landschaften, leicht hingeworfen, nur skizziert, aber lebend und wahr, wie er selbst und alles, was er macht. Welch ein Wesen ist dieser Goethe! wie groß und wie gut!" Seine Freundschaft und Zuneigung, die Goethe Frau Johanna Schopenhauer sein Leben lang bewahrt hat, übertrug er auch bald auf ihre Tochter Adele, damals ein hübsches, aufgewecktes Kind von 9 Jahren. Später wurde Adele die intimste Freundin der Schwiegertochter Goethes, verkehrte viel im Goethischen Hause und blieb der Liebling des Dichters. Arthur Schopenhauer, der spätere große Philosoph, lernte Goethe bei einem Besuch der Mutter kennen. Ihre Beziehungen knüpften sich hauptsächlich an das gemeinsame Interesse für die Farbenlehre. Hier in diesem Kreise war besonders gern gesehen die junge Künstlerin Karoline Bardua, die von Goethe und seiner Familie freundlich

Arthur Schopenhauer.

aufgenommen, seit 1805 von Meyer in der Malerei unterrichtet wurde. Sie malte zwei Oelbilder Goethes und war um ihrer Talente und ihrer Liebenswürdigkeit willen ein bei ihm stets gern gesehener Gast.

Goethes Hauptsorge, nachdem die Lage wieder ruhiger geworden war, ging dahin, den Bestand der Universität Jena, der nach Aufhebung der Hallischen ebenfalls bedroht war, zu sichern. Eine ausführliche Abhandlung über die Bedeutung der Weimarischen Bildungsstätten hatte die erfreuliche Folge, daß ein kaiserlicher Schutzbrief für die Universität im November 1806 ausgestellt wurde. So konnte man einen Monat nach der schrecklichen Schlacht, obgleich manche Professoren alles Hab und Gut verloren hatten, wieder mit den Vorlesungen beginnen. Der Zufluß vieler Studierenden und das erfreulich wieder aufblühende akademische Leben veranlaßten Goethe zu dem freudigen Ausspruch: „Jena ist nun einmal nicht tot zu machen; ich habe Jena dreimal am Boden und dreimal wieder obenauf gesehen; es besitzt eine ungeheure Vegetationskraft."

Karoline Bardua.

Wie schon diese Sorge Goethes beweist, schien ihm noch nicht alles verloren, so lange die Bildung und Kultur, der selbst die siegreichen Franzosen ihre Achtung bezeugen mußten, erhalten blieb. Ihm, der die politische Selbständigkeit Deutschlands nicht für das wichtigste und für unerläßlich ansah, schien jetzt der Augenblick gekommen, um die geistige Einheit Deutschlands ein starkes und festes Band zu knüpfen und dieses heiligste Palladium Deutschlands zu sichern. Er trug sich, so wird uns aus dem Jahr 1808 berichtet, mit dem Gedanken, in dem bevorstehenden Winter einen Kongreß ausgezeichneter deutscher Männer in Weimar zu Stande zu bringen, damit sie über Gegenstände der deutschen Kultur sich gemeinschaftlich berieten. Das verstand Goethe unter deutscher Einheit; den besiegten Feind durch geistige Thaten zu übertreffen, schien ihm der wahre Patriotismus. Im Frieden zu Posen (15. Dezember 1806) wurde endlich, wenn auch unter schweren Bedingungen, Sachsen-Weimars Fortbestand und Souverainetät anerkannt. Nur schwer hatte sich Napoleon, der ergrimmt war über das treue Festhalten Karl Augusts an Preußen, dazu entschlossen. Man umgab aber den Herzog mit Spionen und legte jede seiner patriotischen Handlungen als Verrat aus. Entrüstet über diese Behandlung erklärte Goethe ihm folgen zu wollen, wie einst Lukas Kranach dem unglücklichen Johann Friedrich. „Ich will ums Brod singen", rief er in höchster Erregung! Ich will ein Bänkelsänger werden und unser Unglück in Liedern verfassen! Ich will in alle Dörfer und in alle Schulen ziehen, wo irgend der Name Goethe bekannt ist; die Schande der Deutschen will ich besingen, und die Kinder sollen mein Schandlied auswendig lernen, bis sie Männer werden, und damit meinen Herrn wieder auf den Thron herauf= und euch von dem euern heruntersingen! Ja, spottet nur des Gesetzes, ihr werdet doch zuletzt vor ihm zu Schanden werden! Komm an, Franzos! Hier oder nirgend ist der Ort mit Dir anzubinden!" Ende Januar kehrte Karl August in sein Land zurück, mit Jubel von den Seinigen begrüßt; er war eifrig bemüht, das Gerettete zu erhalten und die furchtbaren Wunden zu heilen. Man fand sich in stummer Resignation in das Unvermeidliche. Nur die Herzogin=Mutter, die 68 jährige Anna Amalia, konnte das Leid nicht verwinden. Der Untergang des Hauses Braunschweig, das Unglück und der Tod des geliebten Bruders, des Befehlshabers bei Jena, die Verwüstung des eigenen Landes und die bange Sorge um seine Existenz, der Zusammenbruch des Staates ihres großen Oheims, alles das brach ihr großes Herz. „Wer von uns," schreibt Goethe, „darf sagen: Meine Leiden waren so groß als die ihrigen? Ihr durch die Strapazen der Flucht geschwächter Körper konnte so großem seelischen Leid nicht Widerstand leisten. Sie zauderte, sich für krank zu erklären, ihre Krankheit war kein Leiden, sie schied aus der Gesellschaft der Ihrigen, wie sie gelebt hatte." Es war der 10. April 1807. Goethe schrieb „zum feierlichen Andenken der durchlauchtigsten Fürstin und Frau Anna Amalia" einen schönen empfindungsreichen Nachruf, der am nächsten Sonntage in allen Kirchen verlesen wurde. „Das ist der Vorzug edler Naturen," so schloß er, wie immer bei allem Leid tröstend und erhebend, „daß ihr Hinscheiden in höhere Regionen segnend wirkt, wie ihr Verweilen auf der Erde, daß diejenigen, zu denen wir uns als an Wohlwollende und Hilfreiche im Leben hinwendeten, nun die sehnsuchtsvollen Blicke nach sich ziehen als Vollendete, Selige." Auch gedachte er ihrer in dem „Vorspiel zur Eröffnung des Weimarischen Theaters am 19. September 1807" nach glücklicher Wiederversammlung der Herzoglichen Familie, indem er zugleich die regierende Herzogin als Retterin und die Erbprinzessin, „die lieblich Würdige", als die Hoffnung des Herzogtums feierte. Auch für die Mutter Goethes, die von der Nachricht des Todes ihrer verehrten vieljährigen Freundin tief ergriffen wurde, war der Nachruf ein „Balsam in die geschlagene Wunde". „Ich und alle, die sie kannten," schrieb die hochbetagte Frau, „segnen ihre Asche — und ihre Werke folgen ihr nach."

Der Gedanke, daß auch seine Mutter der verehrten Fürstin bald folgen könne, mußte an Goethe herantreten. So sandte er denn, da sein ungünstiger Gesundheitszustand ihn wieder nach Karlsbad führte, Christiane im März zu der beglückten Mutter, die mit besonderem Stolz die Frau Geheimrätin und Gattin ihres Sohnes empfing. Rührende Worte des Dankes erhält Christiane, „das liebe, herrliche, unverdorbene Gottesgeschöpf" von ihr: „Alle meine Sorgen haben von oben bis ganz herunter ein Ende, das alles hat die Bekanntschaft mit Ihnen bewerkstelligt. Gott erhalte und segne Ihnen vor alle Ihre Liebe und Treue."

Bettina von Arnim.

Es war eine schöne Fügung des Geschickes, daß Frau Rat in ihren letzten Lebensjahren eine Vermittlerin des Verkehrs mit dem fernen Sohne fand, ein Mädchen, das in Goethe ihren Gott und ihre ganze Welt sah, deren Herz der beste Hort war für das, was die Mutter von ihrem Wolfgang der Nachwelt überliefern wollte. Es war Bettina Brentano, die am 4. April 1785 in Frankfurt geborene Tochter der früh verstorbenen Jugendfreundin Goethes Maximiliane Brentano. Zuerst in Kloster Fritzlar erzogen, kam sie 1801 mit mehreren Geschwistern zur Großmutter Laroche nach Offenbach, wo ihr zuerst die Liebe für die Goethische Poesie und Goethe eingepflanzt wurde. Die Verehrung für ihn führte sie (1806) zu Goethes Mutter. Bald verging kein Tag, wo Bettina nicht auf ihrer „Schawell" sitzend, den Geschichten der Frau Rat von Wolfgang lauschte. Sie schrieb sich alles auf und bewahrte es treu in ihrem Herzen, gleich als ahnte sie es, daß Goethe einst dieser Quelle bedürfen würde. Man kann sich kaum größere Gegensätze denken, als die einfach-natürliche Frau Rat und die verschroben-exzentrische, krankhaft phantastische Art Bettinens. Aber Frau Rat sah hinter diesen Verschrobenheiten ein gefühlvolles Herz, eine echte Begeisterung für das Große und Schöne. Daß diese ihren Ausdruck fand in einer vergötternden Verehrung und leidenschaftlichen Liebe Goethes konnte nur ihr Herz für dieses große Kind gewinnen. Ende April 1807 erfüllte sich Bettinens heißester Wunsch. Sie war in Weimar und sah Goethe. „Ich glaube," schreibt Frau Rat, „im gegengesetzten Fall wäre sie toll geworden — denn so was ist mir noch nicht vorgekommen, sie wollte als Knabe sich verkleiden, zu Fuß nach Weimar laufen." Den ersten Brief Goethes brachte sie im Triumph zur Mutter: „Weimar ist ihr Himmel und die Engel seid Ihr!!! Bettina hat diese Liebe zu Goethe in einem Roman: „Goethes Brief=wechsel mit einem Kinde" geschildert, es ist eins der schönsten und köstlichsten Bücher, die unsere Litteratur besitzt. In Wahrheit stieß Goethe die leiden=schaftliche Verehrung dieses jungen, durch ihre Mutter und Großmutter ihm nahe stehenden Mädchens nicht zurück, sondern nahm sie dankend entgegen, weil sie die letzten Tage der Mutter verschönte. „Wie ich bei ihm war," erzählt Bettina, „war ich so dumm und fragte, ob er die Mutter lieb habe, da nahm er mich in seinen Arm und drückte mich ans Herz und sagte, berühre eine Saite, und sie klingt, und wenn sie auch in langer Zeit keinen Ton gegeben hätte." Er benutzte mit Dank ihre Aufzeichnungen für die ge=plante Aristeia der Mutter und seine Biographie, aber er suchte sich ihre exzentrische Huldigung vom Halse zu halten und brach mit der glühendsten Verehrerin seiner Poesie, als sie sich herausnahm, seine Gattin zu beleidigen. Tiefer und anhaltender prägte sich ihm das Bild eines andern jungen Mädchens, das auch für seine Dichtungen bedeutungsvoll werden sollte, gerade in dem folgenden Winter ein.

Im September 1807 war Goethe von Karlsbad zurückgekehrt. Dort hatte er seit Ende Mai an der neuen Ausgabe seiner Werke, der Pandora, den Novellen in den Wanderjahren und besonders an seinen naturwissenschaft=lichen Schriften gearbeitet. Ein höchst anregender und heiterer Verkehr mit dem witzigen Fürsten Ligne, dem frohesten Mann des Jahrhunderts, dem Herzog von Koburg und Karl August, einer Fürstin Bragation, der Fürstin Solms, dem französischen Gesandten Reinhard und dem Dresdner Hofprediger gleichen Namens und vielen anderen durch ihre Stellung oder litterarische Thätigkeit bedeutenden Männern, machte ihm diesmal den Badeaufenthalt besonders interessant. Am wichtigsten für ihn wurde seine Bekanntschaft mit Karl Friedrich von Reinhard, einem geborenen Würtemberger, der in französischen Diensten als Minister und Gesandter schon eine ehrenvolle Laufbahn hinter sich hatte. Anfang November finden wir den Dichter in Jena, und es beginnt nun jene kurze, aber durch die Sonette und die Wahlverwandtschaften verklärte Episode in Goethes Leben, in deren Mittelpunkt die anmutige und holde Gestalt Minna Herzlieb steht. Wilhelmine Herzlieb, gewöhnlich Minchen genannt, war am 22. Mai 1789 als Tochter eines Pfarrers in Züllichau geboren. Früh Waise geworden, wurde sie von dem Buchhändler Fr. Frommann in Züllichau als Pflegetochter angenommen und siedelte mit diesem, als er 1798 sein Geschäft nach Jena verlegte, dorthin über. Goethe verkehrte nicht bloß geschäftlich mit Frommann, in dessen Druckerei manches von ihm gedruckt wurde, er war dem biedern und tüchtigen Manne sowie seiner ausgezeichneten Gattin auch freundschaftlich sehr zugethan. Besonders innig wurden die Beziehungen im Schreckensjahre 1806 und im November und Dezember des darauffolgenden Jahres. Fast jeden Abend kam Goethe vom Schloß in das nahe Frommannsche Haus zu der hochbeglückten Familie, entweder allein, oder mit Knebel und dem ihm befreundeten Naturforscher Seebeck. Am 2. Dezember erschien Zacharias Werner, der Goethe vergeblich in Weimar gesucht hatte, in Jena. Dieser phantastische Dichter hatte gerade damals durch sein Werk:

Wilhelmine Herzlieb.

Martin Luther oder die Weihe der Kraft Aufsehen erregt; Goethe erkannte in ihm „eine wirklich begabte, wenn auch auf Abwege geratene Natur". Diese zu unterstützen oder auf den rechten Weg zu leiten war er gern bereit, trotz des abstoßenden Aeußeren, trotz der katholisirenden, mystisch=romantischen Tendenz Werners und der üblen Gerüchte von seinem Privatleben. Er ließ sein Drama „Wanda" aufführen und suchte Werners Talent durch wetteifernde Dichtung anzuregen. Eine Zeit lang schloß sich Werner seinem Ideal Goethe mit Begeisterung an, bis ihn der unstäte Sinn und seine Begierden wieder in die Fremde trieben, wo er seiner frömmelnden Lüsternheit besser dienen konnte, als hier. Damals brachte Werner die von den Romantikern besonders ge=

pflegte Form der Sonette mit nach Jena. Die Rezitation seiner Sonette im Frommannschen Hause machte auf alle, auch auf Goethe großen Eindruck. Ein größerer Dichter, Petrarca, von dessen Liebesgedichten gerade damals eine Ausgabe bei Frommann erschienen war, hatte ihn schon vorher mit dieser Dich-

Fr. Frommann.

tungsart vertraut gemacht. Und wie Petrarca seine Laura in aussichtsloser Liebe besang, so wählte sich auch Goethe ein weibliches Wesen, dem er in dichterisch gesteigerter Liebe seine Huldigung darbrachte. Daß der Dichter sich dazu die Tochter des Hauses auserseh, erklärt sich wohl leicht aus ihrer äußeren Erscheinung; dazu rühmen die Bekannten ihr liebenswürdiges, bescheidenes, humorvolles und herzgewinnendes Wesen. In einem Briefe an Zelter aus späterer Zeit gesteht

Goethe sogar, sie mehr geliebt zu haben als billig, und von der Tiefe seiner Empfindung belehrt uns ein Geständnis, das uns Boisserée überliefert hat. „Er sprach," erzählt dieser im Oktober 1815, von seinem Verhältnis zur Ottilie, wie er sie lieb gehabt und wie sie ihn unglücklich gemacht habe. Der schwere Konflikt, den er hier durchzukämpfen hatte, wurde die Grundlage zu seinen Wahlverwandtschaften." Daß aber die Leidenschaft Minnas nur der Poesie Goethes, nicht der Wirklichkeit angehört, darüber belehrt uns eine Briefstelle Minchens

Zacharias Werner.

an eine Freundin „über den lieben alten Herrn" aus dem Februar 1808: „Goethe war aus Weimar herüber gekommen, um hier recht ungestört seine schönen Gedanken für die Menschheit bearbeiten zu können. ... Ich kann Dir versichern, liebe beste Christiane, daß ich manchen Abend, wenn ich in meine Stube kam und alles so still um mich herum war, und ich überdachte, was für goldene Worte ich den Abend wieder aus seinem Munde gehört hatte, und dachte, was der Mensch doch aus sich machen kann, ich ganz in Thränen zerfloß, und mich nur damit beruhigen konnte, daß die Menschen

nicht alle zu einer Stufe geboren sind, sondern ein jeder da, wo ihn das
Schicksal hingeführt hat, wirken und handeln muß, wie es in seinen Kräften
ist, und damit Punktum."

Im Wetteifer mit Werner, an dem sich auch Riemer und der Heraus=
geber des Tasso, Gries, beteiligten, entstand nun die größere Anzahl der
Sonette. In dem Sonett „Wachstum" hat Goethe Minchen als Töchterchen,
Schwester und Geliebte verherrlicht und die Steigerung seiner Empfindungen für
das liebe Kind in dem Gedichte: „Die Epoche des Advents von 1807" geschildert;
es ist der Tag, an dem die holde Schönheit und Jungfräulichkeit Minchens
sein Herz gefangen nahm:

> Ich fing nicht an, ich fuhr nur fort zu lieben,
> Sie, die ich früh im Herzen schon getragen,
> Dann wieder weislich aus dem Sinn geschlagen,
> Der ich nun wieder bin ans Herz getrieben.
> . . . .
> Doch stets erscheine fort und fort die frohe,
> Süß, unter Palmenjubel, wonneschaurig,
> Der Herrin Ankunft mir, ein ew'ger Maitag.

Als Werner eine Charade auf Minchens Vatersnamen gedichtet und vor=
getragen hatte, schrieb Goethe das am Schluß der Sonette stehende Gedicht
Charade: Zwei Worte sind es, kurz, bequem zu sagen ...

> Es thut gar wohl in jung= und alten Tagen,
> Eins an dem andern redlich zu verbrennen;
> Und kann man sie vereint zusammen nennen,
> So drückt man aus ein seliges Behagen.

Am 18. Dezember kehrte Goethe nach Weimar zurück; damit endete der
Liebesroman. Aber die Gefühle, die das holde, später tief unglücklich ge=
wordene Mädchen in ihm geweckt hatte, zitterten noch nach in seinen Dich=
tungen Pandora und den Wahlverwandtschaften, an denen, wie er selbst sagt,
niemand die leidenschaftliche Wunde verkennen werde, die sich im Heilen zu
schließen scheute.

Die Liebe zu der anmutigen Jenenserin hinderte den Dichter nicht,
anderen jungen und liebenswürdigen Mädchen seine Huldigungen darzubringen.
Im Jahre 1808 war Silvie von Ziegesar die Auserkorene, und auch
ihre intime Freundin, Pauline Gotter, durfte sich der Freundschaft und
Neigung Goethes rühmen. Die freiherrliche Familie von Ziegesar, deren
Oberhaupt gothaisch=altenburgischer Minister war, lebte den Sommer meist
auf ihrem Gute Drakendorf bei Jena und war dadurch mit Goethe schon

Karlsbad (1830).

1. Der Hirschensprung.
2. Die Sprudelquelle.
3. Das Mühlbadgebäude.
4. Der Schloßbrunnen.
5. Der Stadtturm.
6. Der Tepltfluß.

bald nach seiner Ankunft in Weimar bekannt geworden. Die jüngste der Töchter, Silvie, war seit frühester Zeit Goethes Liebling. Wie Minchen Herzlieb, konnte er sie in einem Gedicht Tochter, Freundin, Liebchen nennen. Als sie ihm, eben zur anmutigen Jungfrau herangewachsen, entgegen trat, fing sich in ihm, wie er dem Herzog launig schreibt, die Studentenader wieder zu beleben, und jetzt stand „das liebe längliche Gesichtchen voller Freund= lichkeit und Anmut", in voller Jugendblüte vor ihm. Im Herbst 1801 hatte er in ihrer, Pauline Gotters und Luise Seidlers Gesellschaft schöne Abende in dem prächtigen Saalthale und auf der Ruine der Lobedaburg ver= lebt. Das Gedicht Bergschloß: „Da droben auf jenem Berge" ist ein an= mutiger Beweis dafür. Diesmal (1808) traf man sich zu längerem Zu= sammensein in Karlsbad, wohin Goethe sich mit Riemer wegen seines heftigen und schmerzhaft gichtischen Leidens schon Mitte Mai begab. Ein großer Kreis hoher oder geistig bedeutender Männer und Frauen versammelte sich auch wiederum um den Dichter: die Erbprinzessin von Hessen=Kassel, der er ein Gedicht widmete, Frau von der Recke und der Dichter Tiedge, der alte römische Freund Bury, der hier Goethes Brustbild in antiker Tunika zeichnete, der Dresdner Meister Kaaz, der ihm half „seine dilettantischen Skizzen in ansprechende Bilder zu verwandeln", die uns schon bekannte Frau von Eyben= berg, mit der Goethe sich bei häufigen Spaziergängen und gemeinsamen Mahl= zeiten über ihre italienische Reise und ihre Kunstsammlungen, über die eben begonnenen Wahlverwandschaften unterhielt und der er seine neuesten Dich= tungen, wie die pilgernde Thörin, die neue Melusine, St. Joseph der Zweite, die Sonette und Pandora vorlas, Bergrat Werner und der Sohn Herders, die zu naturwissenschaftlichen Gesprächen herangezogen wurden. Weite Spaziergänge machte er in der Umgegend von Karlsbad mit Silvie und Pauline, las ihnen Gedichte vor und hielt ihnen kleine botanische Vorträge. Der Ge= burtstag Silviens war auch ihm ein Festtag, den er durch ein großes, heiteres Gedicht feierte. Als die Familie Ziegesar Anfang Juli nach Franzensbrunn aufbrach, folgte ihr Goethe nach wenigen Tagen, um mit ihr noch 14 Tage das Karlsbader Leben fortzusetzen. Eine Locke von sich sendete er der lieben Freundin am Tage seiner Rückkehr aus Karlsbad zur Erinnerung an Stunden, die beiden teuer waren. Auch Silviens Freundin, der begabten Malerin Louise Seidler aus Jena, schenkte Goethe sein Wohlwollen. Er sorgte für ihre Ausbildung, nahm sie mehrmals für einige Zeit in sein Haus, ließ sich 1811 in Jena von ihr malen, unterstützte sie mit Rat und That und blieb ihr, die mit begeisterter Verehrung an ihm hing, sein Leben lang ein liebevoller, fürsorglicher Freund.

17*

Erst am 17. September Mittag finden wir Goethe wieder zu Hause. Wenige Stunden später traf die Nachricht von dem am 13. September (1808) erfolgten Tode seiner Mutter ein. „Nach Tisch mußte es ihm gesagt werden, er war ganz hin," schreibt Vulpius darüber an August. Die letzten Monate ihres Lebens hatte August durch langen Aufenthalt bei ihr im April auf der Reise nach der Universität Heidelberg den Zusammenhang mit ihrem geliebten Wolfgang neu belebt. Stundenlang unterhielt sie sich mit dem Enkel über seinen Vater und prägte ihm ein, „daß all sein Lernen, all sein Thun dahin gehen solle, ihn zu ergötzen". Der Glanzpunkt jener Tage war das Fest des Fürsten Primas zu Ehren der Mutter und des Enkels Goethes, bei dem Frau Rat sich mitten in der glänzenden Gesellschaft erhob und zum Dank für den Toast des Fürsten auf ihren Sohn ein Hoch auf S. Hoheit ausbrachte. Von ihrer Krankheit durfte der Enkel, der in Heidelberg bei der alten Freundin Goethes Delph und in der Familie Voß freundliche Aufnahme

Luise Seidler.

gefunden hatte, nichts erfahren. Durch Fritz Schlosser wurde er am 15. September von ihrem Tode benachrichtigt. Es ist ein schöner Beweis der innigen Beziehungen Goethes zu Silvie von Ziegesar, daß sich ihr gegenüber zuerst sein Mund über den unersetzlichen Verlust öffnete. „Als mich, liebste Silvie," schreibt er am 21. September, „der Eilbote aus Ihrem freundlichen Thale wegrief, ahnte ich nicht, was mir bevorstehe. Der Tod meiner teuern Mutter hat den Eintritt nach Weimar mir sehr getrübt. . . ." Zur Regelung des Nachlasses sandte Goethe seine Gattin Anfang Oktober in Begleitung ihrer Gesellschafterin, der anmutigen und heiteren Karoline

Ulrich, nach Frankfurt, wohin auch August von Heidelberg sich begab. Dort war alles des Lobes voll über die „glatte und noble Art", wie Christiane die Angelegenheit erledigte. „Wir haben sie alle herzlich gerne," berichtete Henriette Schlosser, „und sie fühlt dies mit Dank und Freude, erwidert es auch, und war ganz offen und mit dem vollsten Vertrauen gegen alle gesinnt. Ihr äußeres Wesen hat etwas Gemeines, ihr Inneres aber nicht. Sie betrug sich liberal und schön bei der Teilung, bei der sie sich doch gewiß verraten hätte, wenn Unreines in ihr wäre. Es freut uns alle, sie zu kennen und über sie nach Verdienst zu urteilen und sie bei andern verteidigen zu können, da ihr unerhört viel Unrecht geschieht."

Unterdessen war die Nachricht von dem beabsichtigten Fürstenkongreß in Erfurt nach Weimar gekommen. Am 25. September kam Kaiser Alexander nach Weimar; zwei Tage später trafen sich beide Kaiser in der Nähe von Erfurt, wohin Napoleon seinem Gaste entgegengeritten war; auch Goethe folgte auf eine Einladung bald seinem Herzoge nach Erfurt. Hier lernte ihn bei der Frau von der Recke der Minister Maret kennen, der Napoleon von dem großen Eindruck, den Goethe auf ihn gemacht hatte, sofort erzählte. Schon am nächsten Tage überbrachte Maret dem Weimarischen Geschäftsträger beim Kongreß, von Müller, den Wunsch Napoleons, Goethe kennen zu lernen. Die Audienz fand am 2. Oktober 1808 Vormittags 11 Uhr statt. „Ich will gern gestehen," so äußerte sich Goethe über diese Auszeichnung, „daß mir in meinem Leben nichts Höheres und Erfreulicheres begegnen konnte, als vor dem französischen Kaiser und zwar auf solche Weise zu stehen. Ohne mich auf das Detail der Unterredung einzulassen, so kann ich sagen, daß mich noch niemals ein Höherer dergestalt angenommen, indem er mit besonderem Zutrauen mich, wenn ich mich des Ausdrucks bedienen darf, gleichsam gelten ließ, und nicht undeutlich ausdrückte, daß mein Wesen ihm gemäß sei. . . . ." Die auffallende Schweigsamkeit Goethes über das Gespräch, von dem er erst 1824 einen kurzen Abriß aufgeschrieben hat, der Mangel an Berichten von Augenzeugen — denn auch die Erzählung Talleyrands, die durch mehrere offenbare Unrichtigkeiten genügend gekennzeichnet ist, kann als solche nicht gelten — ist schuld daran, daß wir den Inhalt der Gespräche nur im allgemeinen kennen. „Der Kaiser," so lesen wir in Goethes Bericht, „sitzt an einem großen runden Tische frühstückend; zu seiner Rechten steht etwas entfernt vom Tische Talleyrand, zu seiner Linken ziemlich nah Daru, mit dem er sich über die Kontributionsangelegenheiten unterhält. „Der Kaiser winkt mir, heranzukommen. Ich bleibe in schicklicher Entfernung vor ihm stehen. Nachdem er mich aufmerksam angeblickt, sagte er: Vous étes un homme. Ich verbeuge mich." Daru's nähere Erklärung über Goethes Werke schloß mit dem Hinweis auf seine Uebersetzung des Voltaire'schen Mahomet. Napoleon tadelte das Werk Voltaires und ging dann, zur großen Ueberraschung Goethes, auf den Werther ein, den er siebenmal gelesen zu haben behauptete, — der Werther befand sich auch unter den Büchern, die Napoleon nach Aegypten mitgenommen hatte. Aber noch größer wurde die Ueberraschung Goethes, als Napoleon „gleich einem kunstverständigen Kleidermacher, der an einem angeblich ohne Naht gearbeiteten Aermel so bald die sein versteckte Naht entdeckt", an dem Schluß des Werkes die Vermischung der Motive des gekränkten Ehrgeizes mit dem der leidenschaftlichen Liebe tadelte. Goethe gab, erstaunt über die treffende und scharfsinnige Bemerkung, die Berechtigung des Tadels zu, ohne daran zu denken, daß der Fehler auf Herders Anraten bei der zweiten Ausgabe des Werther bereits getilgt worden war. Der Kaiser kam sodann wieder auf das Drama zurück „und machte sehr bedeutende Bemerkungen, wie einer, der die tragische Bühne mit der größten Aufmerksamkeit, gleich einem Kriminalrichter betrachtet und dabei das Ab= weichen des französischen Theaters von Natur und Wahrheit sehr tief empfunden hatte." So kam er auch auf die Schicksalsstücke mit Mißbilligung zu sprechen: „Was," sagte er, „will man jetzt mit dem Schicksal? Die Politik ist das Schick= sal." Gewiß fielen damals die Bemerkungen, die Goethe später wiedergab: Die poetische Gerechtigkeit sei eine Absurdität. Das allein Tragische ist das Injustum und Praematurum. Napoleon sehe das ein, und daß er selbst das Fatum spiele. Dasselbe Thema berührte Napoleon bei der zweiten Unterredung mit Goethe während des Hofballes in Weimar am 6. Oktober, wo er nach langer Unterredung mit Wieland das Trauerspiel als die Lehrschule der Könige und Völker bezeichnete. Im Theater gab an diesem Tage die französische Truppe, unter deren Mitgliedern der berühmte Schauspieler François Joseph Talma, Goethes besondere Aufmerksamkeit und Bewunderung auf sich zog, „La mort de César" von Voltaire. Mit den Worten: „Das könnte die schönste Aufgabe Ihres Lebens werden. Man müßte der Welt zeigen, wie Cäsar sie beglückt haben würde ... wenn man ihm Zeit gelassen hätte, seine hochsinnigen Pläne auszuführen"... forderte Napoleon Goethe auf, ein Drama, „den Tod Cäsars" zu schreiben. Die dringende Einladung des Kaisers, nach Paris zu kommen, beschäftigte den Dichter noch lange Zeit.

Das Ergebnis der Unterredung für Goethe war, daß zu seiner Be= wunderung des großen Feldherrn und Staatsmannes auch die des scharf= sinnigen und geistreichen Kunstkenners sich gesellte. Es ist menschlich und leicht erklärlich, daß Napoleons genaue Kenntnis und Wertschätzung des

Werther den Dichter mit Stolz und Freude erfüllte. Seiner Hochachtung gab Napoleon auch äußerlich Ausdruck, indem er Goethe den Orden der Ehrenlegion verlieh.

François Joseph Talma.

Die folgenden Jahre der französischen Herrschaft in Deutschland verflossen unserm Dichter in ruhiger wissenschaftlicher und dichterischer Thätigkeit. Vor den trüben und traurigen politischen Ereignissen und Verhältnissen verschloß er sich in sein Heim oder in die erquickende Ruhe seines lieben Jena und suchte Trost in der Arbeit. Die Biographie Hackerts, die Wahl= verwandschaften, der Abschluß der Farbenlehre, das große selbstbiographische Werk sind die wichtigsten Arbeiten jener Zeit.

Clemens Brentano.

Mit seiner Idee, einer geistigen Erneuerung Deutschlands und der Ver= einigung aller Deutschen im geistigen Sinne, hing auf das Innigste Goethes gerade in diese Jahre fallendes Studium des deutschen Altertums zu= sammen. Bereits am Ende des Jahres 1808 las Goethe an jedem Mittwoch in seiner Wohnung den Damen des Hofes das Nibelungenlied vor. Trotzdem das Gedicht ihm bereits seit der Bod= merschen Ausgabe von 1757 und der Myllerschen von 1782 bekannt war, hatte er, ganz lebend in der anti= griechischen Welt, noch keine Stellung zu dem hervor= ragendsten Denkmal deut= schen Altertums genommen. Es war ein glücklicher Zu= fall, daß von der Hagens Ausgabe vom Jahre 1807 gerade in der Zeit erschien, da die Not des Vaterlandes eines jeden ehrlichen Deutschen Sinn und Auge auf das eigene Volk lenkte. Völlig fremd war ja Goethe diese Welt nicht. Herder hatte die Blicke des Jünglings zuerst auf die nordische Poesie gerichtet, aber diese geistreichen Anregungen hatten zu keinem greif= baren Ergebnis geführt. Erst die von den Romantikern begonnene wissen= schaftliche Erforschung des deutschen und nordischen Altertums erweckte Goethes

Interesse von neuem. Der Orientalist Friedrich Majer aus Schleiz las ihm die Sagen von Brunhild und Sigurd vor, und der wunderliche Fußreisende Runen=Antiquar Arendt hielt Vorträge über die Runenschrift und die nor=
dischen Altertümer. Das durch Herder erwirkte Interesse für das Volkslied, „die alten deutschen Lieder", wurde auch bei Goethe von neuem entfacht durch

Achim von Arnim.

die Sammlung der beiden Freunde Clemens Brentano und Achim von Arnim, die mit einer Widmung an Goethe unter dem Titel „Des Knaben Wunderhorn" 1805 erschien. Der alte Herdersche, leider nicht ausgeführte Plan, an dem Goethe selbst größten Anteil genommen hatte, war nun ver=
wirklicht. „Von Rechtswegen," so schrieb Goethe in seiner Rezension, „sollte dieses Büchlein in jedem Hause, wo frische Menschen wohnen, am Fenster, unterm Spiegel, oder wo sonst Gesang= und Kochbücher zu liegen pflegen, zu

finden sein, um aufgeschlagen zu werden in jedem Augenblick der Stimmung
oder Verstimmung." Die Herausgeber standen beide zu Goethe in freund=
schaftlichem, ja vertrautem Verhältnis. Clemens Brentano hat als Sohn der
Maxe, Liebling der Frau Aja, Bruder Bettinens, bei seinem mehrjährigen
Aufenthalt in Jena und Weimar in Goethe einen väterlichen Freund ver=
ehren dürfen. Arnim wurde als intimster Freund Brentanos und später
als Bräutigam und Gatte Bettinens, aber auch als Mensch und Schrift=
steller von ihm hochgeschätzt und anerkannt. Durch Vermittlung Bettinens und
ihres späteren Gatten Achim von Arnim sollte Goethe nun auch mit dem
Manne bekannt werden, in dem wir einen der Begründer der deutschen Alter=
tumskunde verehren. „Ich hatte," so beschreibt Wilhelm Grimm Goethes Ein=
druck auf sich beim ersten Besuch im Dezember 1809, „sein Bild oft gesehen
und wußte es auch auswendig, und dennoch, wie wurde ich überrascht über die
Hoheit, Vollendung, Einfachheit und Güte dieses Angesichts." Goethe sprach
mit ihm vom Nibelungenlied und der Edda, von seinem Wohlgefallen am
Simplicius Simplicissimus und an den alten Dichtungen, die er zum Teil im
Mittwochskränzchen vorlas, Tristan, König Rother, Ortnit und Theuerdank.
So eifrig hatte Goethe diese Werke studiert, daß er sie nicht nur übersetzte,
sondern sich auch über das Kulturgeschichtliche, die Personen und das Lokale
Auskunft zu verschaffen suchte und Auszüge machte. Der Mittelpunkt der
Studien blieb das Nibelungenlied. Wir besitzen einen schönen Beweis der
großen Wirkung unseres Nationalepos auf Goethe in den Stanzen des
Maskenzugs vom 30. Januar 1810, in dem die Hauptgestalten des Nibe=
lungenliedes geschildert werden:

                    Brunhild.
        Dem Pol entsprießt die herrlichste der Frauen,
        Ein Riesenkind, ein kräftig Wunderbild.
        Stark und gewandt, mit hohem Selbstvertrauen,
        Dem Feinde grimm, dem Freunde süß und mild:
        So leuchtet, nie versteckt vor unserm Schauen,
        Am Horizont der Dichtkunst, Brunehild,
        Wie ihres Nordens stete Sommersonne,
        Vom Eismeer bis zum Po, bis zur Garonne.

        Ihr schreitet kühn der gleiche Mann zur Seite,
        Der ihr bestimmt war, den sie doch verlor.
        Für seinen Freund erkämpft' er solche Beute,
        Durchsprengte kühn das Zauberflammenthor.
        Wie schön das Hochzeitlager sich auch breite,
        Die Freundschaft zieht er streng der Minne vor:

Dies Schwert, ein Werk zwergemsiger Schmiedehöhlen,
Schied Ihn und Sie! — O seltsames Vermählen!

Freilich ist dieser Maskenzug, „die romantische Poesie" genannt, der einzige Beweis einer befruchtenden Einwirkung der altdeutschen Studien auf Goethes Dichtung. Wer in der plastischen, naiven, sonnenreichen, ruhigen Welt Homers sein Ideal fand, konnte sich unmöglich mit den mystisch=nebelhaften Gestalten der nordischen Mythologie oder den düsteren, grausig=leidenschaftlichen Helden und Heldinnen des deutschen Mittelalters und seinen asketischen Idealen befreunden. Die immer mehr sich offenbarende katholisierende Richtung der Romantiker veranlaßte Goethe zu einer, wenn auch nicht feindlichen, so doch ablehnenden Haltung auch in ihren Bestrebungen für die Erforschung des deutschen Altertums.

In nahem Zusammenhange mit Goethes zeitweiliger Wendung zur altdeutschen Poesie steht die nicht weniger episodenhafte gleichzeitige Beschäftigung mit der Gotik. Wir wissen, daß für Goethe und Meyer die Gotik eine abgethane Kunst war; in der Anzeige der Propyläen (1799) wird mit Spott von der Beschäftigung der Liebhaber der altdeutschen Kunst gesprochen, „die selten ein höheres Kunstinteresse haben und die sich gegen die freie Größe vollendeter Werke wie das Buchstabieren zum Lesen, wie Stottern zum Recitieren und Deklamieren verhalten". Seinen Aufsatz: „Von deutscher Baukunst" aus der Straßburger Zeit, um dessentwillen die Romantiker Goethe als den Begründer und Erwecker ihrer Begeisterung für die altdeutsche Kunst priesen, hatte er in seine Gesamtausgaben gar nicht der Aufnahme für wert gehalten. Der Irrtum, auf dem die Verehrung der Stürmer und Dränger für das Straßburger Münster sich gründete, daß die Gotik deutschen Ursprungs sei, war längst bei Goethe besserer Einsicht gewichen. So bedurfte es denn des heiligen Eifers eines kunstbegeisterten, von Freund Reinhard warm empfohlenen Mannes und eines vierzehntägigen Kampfes, der sich weniger der Ueberredungskunst als des Appells an Goethes Kunstgefühl als Waffe bediente, um die schlummernde Neigung wieder zu erwecken. „Man sah," heißt es in dem Bericht von Sulpiz Boisserée über diese Bekehrung Goethes, „wie er in sich kämpfte und mit sich zu Gericht ging, so Großes je verkannt zu haben." Die aus Köln gebürtigen Brüder Sulpiz und Melchior Boisserée, damals in den zwanziger Jahren stehend, hatten sich, begeistert für die Baudenkmäler deutscher Vorzeit, das Studium der altdeutschen Kunst und die Sammlung altdeutscher Kunstschätze zur Lebensaufgabe gemacht. Sulpiz beabsichtigte eine Geschichte des Kölner Doms zu schreiben und hatte dazu ausgezeichnete Zeichnungen des Domgebäudes und seiner einzelnen Teile auf das genaueste anfertigen lassen, um das Interesse für das großartigste Denkmal gotischer Baukunst in Deutschland zu beleben. Diese Zeichnungen und der oben geschilderte Besuch Sulpiz Boisserées im Mai 1811, seine von edler Begeisterung getragenen erläuternden Worte, sein bescheidenes, verehrungsvolles Wesen, seine rastlose Thätigkeit brachten zugleich mit der Neigung für die Person Boisserées einen zeitweiligen Umschwung in Goethes Abneigung gegen die altdeutsche Kunst hervor. Freudig legte er diesen Umschwung in Dichtung und Wahrheit an den Tag, indem er an passender Stelle die Bemühungen der Brüder Boisserée rühmend hervorhob und sogar im Hinblick auf ihre Erfolge dem Teil, der vom Straßburger Münster und Goethes Begeisterung für ihn erzählt, das Motto gab: „Was man in der Jugend sich wünscht, hat man im Alter die Fülle". Eine treue, durch das ganze Leben Goethes ununterbrochen währende Freundschaft beider Männer knüpfte sich hieran, die selbst dadurch nicht beeinträchtigt wurde, daß Goethes Verhältnis zur Gotik bald wieder mehr platonisch wurde und daß sein Interesse für sie sich bald auf das Geschichtliche dieser Baukunst beschränkte.

Sulpiz Boisserée.

In der Zeit von 1810 bis 1813 finden wir Goethe jeden Sommer in den böhmischen Bädern; 1810 und 1812 ging er von Karlsbad zur Nachkur nach Teplitz, 1813 nur nach Teplitz. Unter den neuen Beziehungen, die er hier anknüpfte, sind zuerst zwei gekrönte Häupter zu nennen, die Kaiserin Maria Ludovica von Oesterreich und der König Ludwig von Holland. Die Gattin des Kaisers Franz, Maria Ludovica, eine Tochter des Erzherzogs Ferdinand von Este, damals 22 Jahre, „lieblich und wohlunterrichtet, durch=

aus ohne Leidenschaft, aber voll gutem Geist, jeden nach seiner Art ihr
Wohlwollen zu bezeugen und immer heiter im Geiste . . .", wie sie Goethe
selbst charakterisierte, kam Ende Juni 1810 nach Karlsbad, um dort die Kur
zu gebrauchen. In ihrer Gesellschaft waren Graf und Gräfin Althan, die
Fürsten Liechtenstein und Lichnowski und Graf Corneillan. Die Bürgerschaft
bat den seit Mitte Mai dort weilenden Dichter um ein Empfangsgedicht.
Er willfahrte dem Wunsche um so lieber, als er durch Frau von Eybenberg
schon vor zwei Jahren viel Gutes und Schönes von der Kaiserin erfahren hatte.
Unter dem Titel „Der Kaiserin Ankunft" steht das Gedicht in seinen Werken.
Noch an demselben Tage wurde der Dichter von der Kaiserin huldvoll be=
grüßt, und es knüpfte sich hieran ein ungezwungener, freundlicher Verkehr,
der Goethe reich beglückte, indem ihm, um mit ihm selbst zu reden, „mehr
Glück und Gutes widerfuhr, als er verdiene". Schon einige Tage nach der
Vorstellung entstand das Gedicht „Der Kaiserin Becher" und bald darauf
„Der Kaiserin Platz". Ihrer Bitte, bei ihrer Abreise am 22. Juni den
Karlsbadern „ein gutes Wort" an ihrer Statt zu sagen, verdankt das Gedicht
„Der Kaiserin Abschied" seine Entstehung. Eine goldene Dose mit einem
brillantnen Kranze und dem Namenszug Luise wurde dem Dichter von der
Kaiserin als Erinnerungszeichen an die Karlsbader Tage verehrt.

Viel näher und inniger gestaltete sich der Verkehr zwei Jahre später
in Teplitz. Der Dichter befand sich wieder seit dem Mai (1812) in Karls=
bad, wo er dem Empfange des Kaisers Franz und seiner Tochter, der Kaiserin
von Frankreich, zwei Gedichte widmete, als ihm Karl August Anfang Juli aus
Teplitz schrieb, die Kaiserin Maria Ludovica, die dort die Kur gebrauchte, schiene
seinen Besuch zu wünschen. Schon bei seiner ersten Begegnung mit der auch von
ihm hoch verehrten Kaiserin hatte der Herzog ihm die erfreuliche Mitteilung
gemacht: „Ich kann nicht leugnen, daß ihre ausgezeichnete Liebenswürdigkeit mich
frappiert hat. Sie sagte mir viel Schönes auf Deine Rechnung." Am 14. Juli
traf Goethe in Teplitz ein, und schon am nächsten Tage wurde er zur Kaiserin
beschieden; beinahe täglich durfte er sie in den vier Wochen des gemeinsamen
Aufenthaltes sehen und sprechen. Er hatte die Freude, sie in die Welt seiner
eigenen Schöpfungen einzuführen. Im „Gartentempel" las er ihr Pandora,
den neuen Pausias, die ersten Scenen aus der Iphigenie und die mit be=
sonderem Wohlgefallen von ihr aufgenommene Elegie Alexis und Dora vor.
Es knüpften sich daran ästhetische Unterhaltungen und der Vortrag Schiller=
scher Dichtungen. Fürst Liechtenstein schrieb von diesen Vorlesungen an seine
Mutter: „Ich habe keine Idee von dieser Lektüre gehabt, ich habe erst be=
greifen gelernt, was Poesie ist: es war wie Musik." Auch eine eigene

Schöpfung Goethes sollte der Einwirkung der hohen Frau das Dasein verdanken. In der Umgebung der Kaiserin, zu der außer Karl August die intime Freundin Goethes, die Gräfin O'Donell, Lichnowski, Graf Althan und andere gehörten, wurde die Frage aufgeworfen, welches von beiden Geschlechtern zuerst die Liebe eingestehen dürfe. Goethe beantwortete die Frage mit der Erzählung einer Geschichte, die so großen Beifall bei der Kaiserin fand, daß sie den Dichter aufforderte, daraus ein Lustspiel zu machen, „in dem das Betragen zweier durch eine Wette getrennter Liebenden" dargestellt würde. So entstand am 29. und 30. Juli das kleine Goethische Stück: Die Wette,

Kapelle in Karlsbad. Zeichnung Goethes.

bei dessen Aufführung die Kaiserin, die gern Theater spielte, mitwirkte. Wahrscheinlich fand damals auch eine Aufführung des ersten Aktes des Tasso statt, eine Huldigung für die aus dem Hause der Este stammende Kaiserin, bei der Goethe den Tasso, Karl August den Herzog und Fürst Lichnowski den Antonio gespielt haben sollen. Goethe hatte zu Ehren der Kaiserin einen Epilog gedichtet, den die Gräfin O'Donell als Eleonore sprach. Zum Dank sandte die Kaiserin dem Dichter die Prachtausgabe der Werke Abbate Bondi's. Das schöne Sonett: „Aus jenen Ländern echten Sonnenscheines" war Goethes Antwort. Am 10. August verließ Maria Ludovica Teplitz; Goethe aber hat ihr die in den unvergeßlichen Tagen gewonnene Verehrung, die sich oft in begeisterten Worten äußerte, weit über das Grab erhalten. „Der Begriff," schreibt er einmal an Graf Reinhard, „den ich mir von dieser außerordentlichen Dame in dem Zeitraume von vier Wochen vollständig bilden konnte, ist ein reicher Gewinn für das ganze Leben." Seine Absicht, ihr den dritten Teil von Dichtung und Wahrheit zu widmen, führte er, weil die Gräfin O'Donell davon abriet, nicht aus, aber im Divan brachte er ihr im Buch der Liebe eine versteckte Huldigung dar:

> Wenn vor Deines Kaisers Throne,
> Oder vor der Vielgeliebten
> Je Dein Name wird gesprochen,
> Sei es Dir zu höchstem Lohne.

Das andere gekrönte Haupt, dessen Bekanntschaft Teplitz vermittelte, war der König Ludwig von Holland, der sich unter dem Namen eines Grafen von Leu im August 1810 in Teplitz aufhielt und Goethes Wandnachbar war. Dieser treffliche und edle Mann, der ungleich geartete Bruder des Weltbeherrschers, hatte soeben durch seinen aus den edelsten Gründen entsprungenen Entschluß, der Königskrone zu entsagen, die Welt in Staunen gesetzt. Diese seine That und sein sanftmütiger, friedfertiger Charakter, seine „wahrhaft sittlich schöne Natur", sein großes Interesse für die Poesie sicherte ihm Goethes volle Sympathie, der seinen bald vertraut gewordenen Verkehr mit den Worten bezeichnete: „Man verläßt den König nie, ohne sich besser zu fühlen." Der litterarischen Thätigkeit des Königs hat Goethe immer freundliche Aufmerksamkeit zu teil werden lassen. Als er 1823 wieder mit ihm in Marienbad zusammentraf, und das alte Verhältnis erneuert wurde, als wenn man sich gestern gesehen hätte, entwarf er auf die Bitte des Grafen unter dem Titel Ouvrages poétiques de Goethe ein Verzeichnis seiner Werke von 1769 bis 1819 auf einer Tabelle mit charakteristischen Bemerkungen.

Die nahen Beziehungen zu diesen und anderen fürstlichen Personen verdankte Goethe nicht bloß der hohen Stellung, die er als Minister und als Dichter einnahm; die höfisch-glatte, sich willig unterordnende, nie den eigenen Wert stolz hervorkehrende, oft demütige Art seines Verkehrs mit den durch hohe Geburt ausgezeichneten Menschen trug das meiste zu seiner Beliebtheit in diesen Kreisen und dem Vertrauen bei, das man ihm entgegenbrachte. Gerade diese Eigenschaft Goethes sollte die Ursache einer Entfremdung zwischen ihm und dem Manne werden, der als Fürst in dem Reiche der Töne sich der geistigen Größe Goethes ebenbürtig zur Seite hätte stellen können, Ludwig van Beethoven. Wenn jemand, so war der junge Beethoven von heiliger Begeisterung für Goethes Poesie ergriffen, sein Ideal war freilich der Dichter des Goetz und des Werther. Der congeniale Komponist hatte in dieser Begeisterung Goethische Lieder in Musik gesetzt und die Musik zum Egmont dankerfüllt Goethen übersandt. Bettina, die Verehrerin beider, hatte die Kunde von seiner schwärmerischen Verehrung und den glühenden Wunsch, Goethe kennen zu lernen, dem Dichter überbracht und ihn für Beethoven freundlich gestimmt. Die Zusammenkunft aber, die in Teplitz und Karlsbad 1812 stattfand, führte zu einer dauernden Entfremdung. „Goethe," so schreibt Beethoven am 9. August 1812, „behagt die Hofluft zu sehr, mehr als es einem Dichter geziemt. Es ist nicht viel mehr über die Lächerlichkeit der Virtuosen hier zu reden, wenn Dichter, die als die ersten Lehrer der Nation angesehen sein sollten, über diesen Schimmer alles andere vergessen können," und Goethe schreibt einige Wochen später an Zelter: „Beethovens Talent hat mich in Staunen gesetzt; allein er ist leider eine ganz ungebändigte Persönlichkeit...." Mag Bettinens bekannte Erzählung von Beethovens ungezogener Opposition gegen Goethes hofmännische Haltung der kaiserlichen Familie gegenüber wahr oder erfunden sein, jedenfalls gewann Goethe gegen Beethovens rücksichtsloses Benehmen, seine „angeborene Wildheit" eine Abneigung, die er nie überwunden und der er sogar bei der Zusendung herrlicher Kompositionen und einer von der Not diktierten, in rührenden Worten ausgesprochenen Bitte Beethovens durch kalte Nichtbeachtung unverhohlen Ausdruck gegeben hat. Schon das deutet darauf hin, daß ihm nicht bloß die Person unsympathisch war; er hat auch nie Verständnis für Beethovens Größe gewinnen können oder wollen. Nicht daß es ihm an Interesse für die Musik überhaupt fehlte; vielmehr sind uns Beweise seiner von der Mutter ererbten Neigung für musikalische Genüsse und sein Interesse für die Musik wiederholt begegnet; das Kapitel in der Farbenlehre über ihr Verhältnis zur Tonlehre, der von musikalischen Fragen durchzogene Briefwechsel mit Zelter und insbesondere seine Darstellung von dem Ursprunge und dem Wesen der Molltonart zeugen von seiner tüchtigen Kenntnis der musikalischen Technik und Theorie. Für ihn war aber die Musik nur eine Dienerin der Dichtkunst. Komponisten, wie Kayser, Reichardt, Zelter, von denen jetzt niemand etwas weiß, halfen ihm bei der Ausführung seiner musikalischen Pläne, die immer mit seiner Dichtkunst in Verbindung standen. Für die Instrumentalmusik hatte er wenig Verständnis. Erst allmählich gewöhnte er sich an Mozarts Opern, und gegen Beethovens Symphonien verschloß er sich absichtlich. Und als Erklärung für die uns so befremdliche Bevorzugung Zelterscher Kompositionen seiner Lieder vor denen Beethovens und Schuberts dürfte noch ein zweites gesagt werden. Zelter, Reichardt, Kayser schmiegten sich als kleinere Geister völlig den Intentionen des Dichters an, dessen lyrische Gedichte schon an und für sich Musik sind. Beethoven und Schubert schufen als selbständige Künstler neben der Dichtung ein zweites, musikalisches Kunstwerk, das an Schönheit und Kunst der Dichtung gleichwertig war oder gar sie zurücktreten ließ, das nicht immer im Anschluß an die Dichtung, vielleicht auch im Widerspruch zu seinen Empfindungen und Absichten geschaffen war.

Wenn nun auch Karl Friedrich Zelter als musikalischer Berater Goethes nicht zum Segen gewirkt hat, so hat er sich doch als langjähriger Freund und begeisterter Verehrer um ihn große Verdienste erworben, die Goethe durch eine ununterbrochen bis zum Tode währende Neigung und Freundschaft belohnt hat. Seit Schillers Tode hatte Goethe niemandem so nahe gestanden als dem Berliner Maurermeister und Direktor der Singakademie. Ihm allein von allen Freunden des Alters hat Goethe das brüderliche Du angetragen, das er selbst Schiller und Meyer nicht gönnte. Schon das bezeichnet die Verschiedenheit der Freundschaftsverhältnisse. Das innere Band der Freundschaft Goethes mit Schiller und mit Meyer war die Kunst. Der feste Anker, auf dem das Freundschaftsverhältnis zu Zelter fußte, war, wenn auch die Musik den Anlaß gab, die persönliche Zuneigung. Nicht als wenn Zelters Charakter dem Goethischen ähnlich gewesen wäre, vielmehr hat sein Wesen Züge, die Goethe an anderen unsympathisch waren, wie seine Derbheit und polternde Rücksichtslosigkeit, auch mit der Reinheit des Charakters und dem Adel der Gesinnung Zelters konnten gewiß andere Freunde Goethes wetteifern, und der Mangel einer wissenschaftlichen Bildung hätte Goethe wohl eher abgehalten, einen vieljährigen umfangreichen, von ihm zum Druck und für die Oeffentlichkeit bestimmten Briefwechsel zu führen. Das eigentliche Bindeglied war die unbegrenzte, fast vergötternde Verehrung, die Zelter dem Meister und seinen unsterblichen Werken entgegenbrachte. Eine Stelle aus einem Briefe vom 21. Dezember 1812 mag das näher erläutern: „Mein süßer Freund und Meister, mein Geliebter, mein Bruder! Wie soll ich den nennen, dessen Namen immer auf meiner Zunge liegt; dessen Bild sich auf alles abspiegelt, was ich liebe und verehre! Wenn das Weimarische Couvert meine Treppe heranwandert, gehen meinem Hause alle Sonnen auf. Die Kinder, die es kennen, reißen sich darum, wer von ihnen es mir bringen soll, um des Vaters Angesicht im Lichte zu sehen, und ich halte es dann lange uneröffnet, besehe es, ob es auch ist, was es ist, drehe es, drücke und küsse es." Auch der größte Dichter ist ein Mensch; auch er ist trotz aller Geringschätzung des Publikums der Stimme verehrender Anerkennung zugänglich. Hier bot sich eine biedere, treue und ehrlich liebende, begeistert verehrende Brust und ein klarer, offener, an Goethe sich heranbildender Geist, dem Goethe

Chr. M. Wieland.

Die Freiheitskriege.

alles, was seinen Geist und sein Herz bewegte, anvertrauen konnte. Und es war einsam um ihn geworden. Herdern und Schillern folgte am 20. Januar 1813 Wieland. Dem „Dichter, Bruder und Freunde" setzte Goethe durch eine Wielands Bedeutung und Charakter liebevoll preisende Rede in der Freimaurerloge ein schönes Andenken. Nun sollte Zelter den Verlust ersetzen. Ein längerer Verkehr in Karlsbad und Teplitz (1810) knüpfte den Bund noch inniger. Zelter vertritt von nun an offiziell Goethe in den Berliner litterarischen Kreisen, und der Dichter dankt ihm durch freudiges Lob der Kompositionen zu seinen Gedichten. Auch war Zelters Wirken in Berlin von großem Erfolg. Bald bildete sich hier eine kleine Goethegemeinde, eine Schar Goetheenthusiasten, unter ihnen insbesondere die geistreichen Jüdinnen Dorothea Veit, Henriette Herz und Rahel Levin.

Während desselben Sommeraufenthalts in Karlsbad (1810) und auf der Rückreise in Dresden sah Goethe das Ehepaar Körner wieder. Der jugendliche Theodor Körner, der seine Eltern nach Karlsbad begleitet hatte, konnte hier dem großen Dichter seine Verehrung und Bewunderung bezeugen. Goethe brachte in den folgenden Jahren den Dichtungen Körners freundliche Anerkennung entgegen, antwortete auf die Zusendung der Dramen „Toni" und „die Sühne" in einem freundlich anerkennenden Schreiben und ließ mehrere Körnersche Dramen im Jahre 1812 in Weimar aufführen. Dem Wunsche des Vaters, Theodor eine Zeit lang unter Goethes Augen das Weimarer Theater studieren zu lassen, auf den Goethe gern und freudig einging, trat der Ausbruch der Freiheitskriege entgegen. Schon am 12. April 1813 verließ Theodor Körner Dresden, um in den heiligen Krieg zu ziehen. Am 20. April traf Goethe, flüchtend vor der Einquartierung und den Drangsalen des Krieges, auf der Durchreise nach Teplitz bei Körner in Dresden ein. Er stand der Begeisterung, die ihm hier entgegenwehte, kalt, fast teilnahmlos gegenüber. Körner hatte den einzigen teuren, vom Dichterruhm bekränzten Sohn mit heißen Segenswünschen in den heiligen Kampf entsendet. Goethe verbot seinem Sohne die Teilnahme am Kampfe trotz der Mißachtung, die dieser sich dadurch zuzog. Damals fiel das ihm später oft vorgehaltene Wort über die Erhebung gegen Napoleon: „Schüttelt nur an Euren Ketten, der Mann ist Euch zu groß."

Daß die Muse des Sechzigjährigen kein Wort für die große Sache seines Volkes hatte, das hat er später vollauf erklärt mit den Worten: „Das war nicht mein Leben und nicht meine Sache, sondern die von Theodor Körner." Das wird auch wohl kein Verständiger von ihm verlangt haben. Was man ihm aber auch heute noch vorwirft, ist der Mangel an nationalem Ehrgefühl,

18*

der sich in einer fast offen zur Schau getragenen Ablehnung, ja fast Miß=
achtung der begeisterten Erhebung Deutschlands verrät. Diese Stellung Goethes
erklärt sich einmal aus seinem Charakter und seiner Erziehung und seinem
Lebensgang, andererseits aus seiner Anschauung der damaligen Weltlage. Die
gewaltigen Thaten Napoleons, dessen Größe etwas Bezauberndes für ihn
hatte, raubten ihm den Glauben an den Sieg seiner Gegner. Er fürchtete
eine härtere Knechtung als Folge der versuchten Erhebung. Aber auch als
Frucht eines Sieges mit Hilfe Oesterreichs und Rußlands prophezeite er nicht
die Freiheit und Macht Deutschlands, sondern einen Wechsel der dominieren=
den Macht oder, um mit seinen Worten zu sprechen, die Herrschaft der Ko=
saken an Stelle der Franzosen, und daß er hierin nicht ganz unrecht gehabt,
hat die Geschichte bewiesen. Deswegen wollte er den damaligen Zustand er=
halten wissen. Er zweifelte nicht an der Zukunft des deutschen Volkes, an
einem großen, einheitlichen, mächtigen Deutschland in später Zeit, aber
das damalige deutsche Volk, „das so achtbar im einzelnen und so miserabel
im ganzen ist", hielt er für diese Stellung nicht reif. „Uns einzelnen
bleibt," so sprach er sich gegen Professor Luden aus, „nur übrig, einem jeden
nach seinen Talenten, seiner Neigung und seiner Stellung, die Bildung des
Volkes zu stärken und durch dasselbe zu verbreiten nach allen Seiten . . .
damit es wenigstens hierin vorausstehe vor den andern Völkern." Wir
erinnern uns seiner Pläne für eine geistige Wiedergeburt Deutschlands.
Im Dezember 1813 weihte er den Jenenser Professor und Arzt Kieser
in diese Pläne ein. „Er forderte mich," erzählt dieser, „zur Mitwir=
kung auf. . . . Ich fürchtete mich beinahe vor ihm; er erschien mir, wie
ich mir als Kind die goldenen Drachen der chinesischen Kaiser dachte, die nur
die Majestät tragen können. Ich sah ihn nie so furchtbar heftig, gewaltig,
grollend; sein Auge glühte, oft mangelten die Worte, und dann schwoll sein
Gesicht, und die Augen glühten, und die ganze Gestikulation mußte dann das
fehlende Wort ersetzen. Ich habe seine Worte und Pläne, aber ihn selbst
nicht verstanden. Er sprach über sein Leben, seine Thaten, seinen Wert mit
einer Offenheit und Bestimmtheit, die ich nicht begriff. Ob ihn der große
Plan, den ich Ihnen nur mündlich sagen kann, so ergriff? Dann muß ich
ihn noch mehr schätzen und sein Zutrauen gegen mich ehren." Und das
führt uns auf die seinem Charakter und seiner Erziehung entspringenden
Gründe für sein anscheinend unpatriotisches Verhalten. Er war mit seinem
Fühlen und Denken ein Kind des 18. Jahrhunderts. Dieses kannte nur
die geistige Einheit Deutschlands, die politische war ihm völlig gleichgültig.
Das politische Vaterland Goethes war Frankfurt, später Weimar, nicht Deutsch=

land. Und nun vollends der moderne Patriotismus, der bei dem Vorherrschen des Nationalitätsprinzips sich in Haß gegen andere Nationen äußert, wäre ihm und seinen Zeitgenossen als eine Schwachheit erschienen. An dem Hasse gegen die Franzosen, denen seine Bildung so viel verdankte, hat Goethe nie teilnehmen können. Er stand auf einer höheren Warte, er predigte nicht Haß und Rache, er wünschte nichts sehnlicher als den friedlichen Wettstreit beider Kulturvölker. Es war für ihn traurig, daß er die Fühlung mit seiner Zeit völlig verloren hatte, daß ihm das Verständnis der Schillerschen Worte nicht aufgegangen war: „Nichtswürdig ist die Nation, die nicht ihr alles freudig setzt an ihre Ehre", aber sein Verhalten war eines großen Dichters und Weltweisen nicht unwürdig.

*
* *

Weit verbreitet ist die Anschauung, daß Goethe nach dem Freiheitskriege sich selbst seines unpatriotischen Benehmens angeklagt und eigens 1814 das Festspiel „Des Epimenides Erwachen" geschrieben habe, um vor aller Welt demütig um Verzeihung zu bitten. Man macht dafür die Worte des Epimenides geltend:

Doch schäm' ich mich der Ruhestunden,
Mit euch zu leiden war Gewinn:
Denn für den Schmerz, den ihr empfunden,
Seid ihr auch größer als ich bin.

Schon die Erwägung, daß von Goethischen Ruhestunden nicht die Rede sein kann, daß er vom Kriege genug zu leiden gehabt und daß er immer auf der Berechtigung seines damaligen Standpunktes beharrt hat, hätte von der Beziehung jener Worte auf den Dichter abhalten sollen. Noch mehr wird uns von der Unhaltbarkeit jener Ansicht die Entstehungsgeschichte des Festspiels überzeugen. Iffland hatte im Mai 1814 den Wunsch an den ersten Dichter Deutschlands gelangen lassen, „eine Art theatralischer Einleitung zu jenen Festen zu geben, die man der Rückkehr der Monarchen und ihrem Aufenthalte in Berlin bereitete". Schon hatte Goethe aus äußeren Gründen ablehnend geantwortet, als ihm der Gedanke kam, „die bedeutenden Weltverhältnisse zusammenzustellen auf die Weise, wie er sie nachher unter dem Titel »Des Epimenides Erwachen« bearbeitet hat". „Mein stiller Wunsch war," wie er selber schreibt, „diese Arbeit nicht nur für Berlin, sondern für das ganze Vaterland, nicht nur für den Augenblick, sondern auch für die

Zukunft zu unternehmen", und er spricht Iffland seinen Dank dafür aus, „daß er ihm Gelegenheit gegeben habe, und zwar eine so würdige, der Nation auszudrücken, wie er Leid und Freude mit ihr empfunden habe und empfinde". Also als ein zur Feier des Friedens aufzuführendes Festspiel war das Stück gedacht, wenn sich auch seine Aufführung durch den Tod Ifflands und andere Ursachen bis zum 30. März 1815 verschob. Will man Goethe wirklich eine solche Geschmacklosigkeit und Unbescheidenheit zutrauen, bei einem zum Preise der errungenen Freiheit in Gegenwart der siegreichen Fürsten aufgeführten Festspiel sich selbst als Hauptperson darzustellen? Ganz im Gegenteil war er bestrebt, jede Deutung des Epimenides auf eine bestimmte Person abzulehnen, er fügte eigens einige Scenen hinzu, „damit man nicht hinter dem Epimenides den König suche", und läßt den Epimenides ausdrücklich sagen: „Und wir sind alle neu geboren, Das große Sehnen ist gestillt", woran die Worte des Chors sich anschließen: „Und Fürst und Volk und Volk und Fürst Sind alle frisch und neu". Auch hat keiner der Zeitgenossen in Epimenides des Dichters eigene Gestalt gesehen. Wie man vielmehr das Festspiel verstand, beweist die 1814 erschienene Sammlung volkstümlicher Schriften, „Das erwachte Europa", das auch einen Chor aus dem Festspiel enthielt. Und derselben Auslegung werden wir uns anzuschließen haben.

Epimenides ist das deutsche Volk oder vielmehr die alte germanische Tapferkeit und das alte deutsche Ehrgefühl, das so lange im Schlaf gelegen hatte und nun wieder herrlich erwacht war. Goethe selbst hat deutlich seine Absicht in einem Briefe an Knebel ausgesprochen: „Das Stück sollte den Deutschen symbolisch vorführen, daß sie viele Jahre hindurch das Unerträgliche geduldet, sich sodann aber auf eine herrliche Weise von diesem Leiden befreit, und jedermann wird hinzufügen, daß neue Thatkraft nötig ist, um das Errungene zu erhalten."

Mit dem Einschlafen des Epimenides, der germanischen Tapferkeit, beginnt die Unterdrückung und die Knechtung der Liebe und des Glaubens durch den Dämon der Unterdrückung (Napoleon). Aber noch während seines Schlafes hat die Tugend sich still ein Reich gegründet und die Hoffnung, Glaube und Liebe befreit, und „von Osten rollt Lawinen gleich herüber der Schnee und Eisball ... Vom Ocean, vom Belt her kommt uns Rettung". Das Erwachen des Epimenides, dessen Verzweiflung beim Anblick der Verwüstung die Genien mit den Worten verscheuchen:

> Komm, wir wollen dir versprechen
> Rettung aus dem tiefsten Schmerz,
> Pfeiler, Säulen kann man brechen,
> Aber nicht ein freies Herz —

leiten zu dem zweiten Teil über, zur Befreiung und zum Sieg, der mit
der jubelnden Freude des Chors und seiner Mahnung zur Einigkeit schließt:

> Nun rissen wir uns ringsherum
> Von fremden Banden los,
> Nun sind wir Teutsche wiederum,
> Nun sind wir wieder groß.
> . . . .
> Wer dann das Innere begehrt,
> Der ist schon groß und reich,
> Zusammenhaltet euren Wert,
> Und euch ist niemand gleich.

Das Festspiel erfreut sich trotz der Schönheit seiner Sprache und Ge=
danken infolge der oft unklaren Symbolik nicht des besten Rufes. Man
vergesse aber nicht bei der Beurteilung, daß der opernhafte Charakter der
Dichtung, um zu voller Wirkung zu kommen, der Beihilfe der Musik nicht
entraten kann.

Den Gedanken, von dem er nie abgewichen ist, daß es für den Dichter
und Weisen noch etwas Höheres gebe, als den Besitz irdischer Güter und
selbst als das Vaterland, hat Goethe in einem tiefsinnigen allegorischen Ge=
dicht dramatisch verkörpert, das gerade in die Jahre der tiefsten Erniedrigung
Deutschlands fällt; es ist Pandora, das Hohelied der Kunst und der Schön=
heit. Wie seinem Epimetheus, so war auch ihm die Hoffnung geschwunden
und die Sorge geblieben. Wie dieser sucht er in seinem Innern, in
dem unverlierbaren Besitz seines Geistes und seiner Seele einen Halt, der
ihm über das Elend des Lebens hinweghelfe. Er wendet sich ab von dem
öffentlichen Leben, „um," wie er an Zelter schreibt, „in seiner Klause zu
verharren und sein Innerstes zu bedenken". Einstmals war der Titane
Prometheus sein Ideal, und außer Faust hat keine Gestalt den Dichter mehr
beschäftigt als diese; auch jetzt schafft er in seiner Pandora einen Prometheus,
den Vater der Menschen, aber es ist nicht der Typus des schaffenden und
bildenden Künstlers, der die Menschen sich zum Bilde zum Leben ruft und
an der Krone seiner Schöpfung, dem Inbegriff weiblicher Schönheit, Pan=
dora, mit liebender Verehrung hängt — zum nüchternen Vertreter nützlicher,
handwerksmäßiger Thätigkeit, zum Verächter weiblicher Schönheit und der
Kunst, zum Vertreter platter Nützlichkeitspolitik ist der ideale Held herab=
gesunken. Das Geschenk der Götter, die Schönheit in Gestalt Pandoras,
hat er stumpfen Sinnes von sich gewiesen. Hirten, Krieger, Schmiede sind
seine Umgebung und des rastlosen Mannes Sinn kennzeichnen die Worte:

„Des echten Mannes wahre Feier ist die That." Auch in der Pandora, wie in manchen anderen Dichtungen Goethes, ist der Gegensatz zwischen Idealismus und Realismus durchgeführt. Carlos und Clavigo, Oranien und Egmont, Tasso und Antonio sind die typischen Vertreter dieser Richtungen. Aber wenn sonst der Dichter in beiden die in ihm selbst widerstreitende Strömungen darstellen wollte und im Tasso dem Realisten sogar das Uebergewicht gab, so hat er in der Pandora sein Fühlen und Denken nur in die Brust des Idealisten Epimetheus gelegt. Der einstige Stürmer und Dränger, der kräftig eingreifende, führende und leitende Staatsmann ist zu dem weichlich-sentimentalen Gefühlsmenschen geworden, der, abgeschlossen von der Welt und ihrem eitlen Streben und der Erinnerung an die einst erschaute Schönheit und an ein einst besessenes Glück, ein Traumleben führt. Nicht der Mann der That, Prometheus, sondern der Mann des Gedankens, der verzückte Verehrer der menschlichen Ideale, der „reine Thor" wird am Schlusse des Dramas verjüngt und im Besitze Pandorens zu den Göttern emporgehoben, und wie ein Mahnwort als der Weisheit letzten Schluß ließ Goethe am Ende des Fragments und zugleich seiner Werke Cos die Worte sprechen:

> Groß beginnt ihr Titanen; aber leiten
> Zu dem ewig Guten, ewig Schönen
> Ist der Götter Werk, die laßt gewähren!

Und so sehr weiß sich Goethe eins mit Epimetheus, daß er ihm Worte seliger Erinnerung und schmerzlicher Entsagung in den Mund legt, die nicht nur aus des Dichters, auch aus Goethes, des Menschen Herzen quollen. Eine Notiz Goethes im Tagebuch vom 27. Juli 1806 in Karlsbad (die erste Erwähnung der Pandora) deutet geheimnisvoll auf eine Verbindung unserer Dichtung mit Frau von Levetzow, der Mutter der letzten Geliebten Goethes. Aber die eigentliche Abfassung der Pandora, die 1808 in der Zeitschrift Prometheus unter dem Titel: „Pandoras Wiederkunft. Ein Festspiel" zum Teil erschien, fällt später und zwar in die Jahre 1807 und 1808. Aus Karlsbad schreibt Riemer am 1. Juli 1808 an Frommann in Jena: „Die Pandora ist bis zur Hälfte dem Prometheus zugeführt, und Sie werden sich für das schöne Kind gar besonders noch interessieren." Die letzten Worte weisen auf Minna Herzlieb, und Goethes eigener Bericht aus den Annalen 1807: „Pandora sowohl als die Wahlverwandtschaften drücken das schmerzliche Gefühl der Entbehrung aus", sowie seine Worte an Knebel vom 4. Mai 1808 über Pandora: „Es ist ein herzliebes Kind" drücken dieser Vermutung das Siegel der Gewißheit auf. Das Glück der Liebe und den Ueberschwang der Empfindung im Anblick der schönen Geliebten hatten die Sonette in begeistert idealisierenden

Worten geschildert, die Klagen der Entsagung, die Erinnerung an das ge=
nossene Glück und die Lobpreisung des bleibenden inneren Gewinnes durch=
ziehen das symbolische Festspiel Pandora.

> Wer von der Schönheit zu scheiden verdammt ist,
> Fliehe mit abgewendetem Blick:
> Wie er, sie schauend, im Tiefsten entflammt ist,
> Zieht sie, ach, reißt sie ihn ewig zurück.
> . . . .
> Der Seligkeit Fülle, die hab' ich empfunden,
> Die Schönheit besaß ich, sie hat mich gebunden,
> Im Frühlingsgefolge trat herrlich sie an.
> . . . .
> Sie steiget hernieder in tausend Gebilden, ...
> Und einzig veredelt die Form den Gehalt,
> Verleiht ihm, verleiht sich die höchste Gewalt,
> Mir erschien sie in Jugend, in Frauengestalt.

Das holde Kind, „die liebe Tochter", wie Goethe sie nennt, Pandora,
„die Allbegabte, die symbolische Verkörperung der Schönheit und aller mensch=
lichen Ideale," kann nicht erworben werden, sie wird dem geschenkt, in dessen
Seele, ihm selbst unbewußt, ihr Bild schlummert, dem edlen, für die geistigen
Güter der Erde begeisterten Menschen. Aber auch Epimetheus darf sie nicht
ewig besitzen, wie ja selbst den bevorzugten Sterblichen nur in weihevollen
Stunden, nur in einzelnen von der Gottheit geschenkten Augenblicken der
Begeisterung das volle Gefühl, das wahre Empfinden der Schönheit aufgeht.
Aber wer sie einmal erschaut hat, kann sie nie, auch wenn sie ihm ent=
schwindet, verlieren.

> Auf ewig schuf da holde Liebesfülle mir
> Zur süßen Lebensfabel jenen Augenblick —

ruft Epimetheus in verzückter Begeisterung aus. Durch alle seine Klagen
um ihren Verlust klingt das Goethische Wort: „Ich besaß es doch einmal,
was so köstlich ist!", und wie einen Triumph stellt er dem Spott des Pro=
metheus das Wort entgegen:

> Und sie gehört auf ewig mir, die Herrliche!

Während ihrer Verbindung mit Epimetheus hat ihm Pandora zwei
Mädchen geboren, Elvore, die Hoffnung, und Epimeleia, die Sorge. Elvore
ist mit der Mutter zum Olymp zurückgekehrt. Sie erscheint dem Vater, um
ihm die Wiederkunft Pandorens zu versprechen, aber nur als Traumgestalt,
denn wie die Hoffnung, sobald sie sich verwirklicht, verschwindet, so erscheint

sie bald fliehend, bald schmeichelnd, nie greifbar und doch liebevoll tröstend, nicht wirklich und doch als wirklich geahnt, empfunden und gefühlt. Die andere Tochter der Pandora, Epimeleia, ist ohne Wissen des Prometheus von Epimetheus auferzogen worden. Sie stellt symbolisch die Sehnsucht des Epimetheus und so des Menschen überhaupt nach den Idealen, die liebebedürftige, niemals befriedigte, immer nach Höherem strebende menschliche Seele dar:

> Einig, unverrückt, zusammenwandernd
> Leuchten ewig sie herab, die Sterne;
> Mondlicht überglänzet alle Höhen,
> Und im Laube rauschet Windesfächeln,
> Und im Fächeln atmet Philomele,
> Atmet froh mit ihr der junge Busen,
> Aufgeweckt vom holden Frühlingstraume.
> Ach, warum, ihr Götter, ist unendlich
> Alles, alles, endlich unser Glück nur!

Geliebt wird Epimeleia von Phileros, dem „Liebeeifrigen", dem Sohn des Prometheus, der des Vaters rüstiges, zur That schnell entschlossenes Wesen und zugleich des Oheims schönheitstrunkenen Sinn und seine Liebessehnsucht geerbt hat. Phileros verfolgt die fälschlich für untreu gehaltene Geliebte, sie flieht zum Vater, wird von Phileros verwundet, aber noch zur rechten Zeit von Prometheus gerettet. Von seinem Vater verwiesen stürzt sich Phileros reuevoll in die Fluten, und Epimeleia sucht, weil sie den Tod des Geliebten verschuldet hat, den Tod in den Flammen. Beide werden jedoch von den Göttern gerettet. Prometheus muß die höhere Weisheit der Götter, ohne deren Walten sein Sohn dem Tode anheimgefallen wäre, anerkennen. In der Verbindung der beiden Kinder wird die Besiegung der in den Brüdern bestehenden Gegensätze angedeutet. Eos verkündet das Glück der Menschheit, das auf dieser Vereinigung sich aufbauen wird:

> So, vereint in Liebe, doppelt herrlich,
> Nehmen sie die Welt auf; gleich vom Himmel
> Senket Wort und That sich segnend nieder,
> Gabe senkt sich, ungeahnet vormals.

Damit schließt das Bruchstück. Das Schema der Fortsetzung läßt vielen Vermutungen Raum, jedenfalls sollte Pandora erscheinen und nach segensreichem Wirken und nach Oeffnung der Kypsele, deren schönste Gaben Wissenschaft und Kunst sind, mit dem verjüngten Epimetheus in ihre ewige Heimat zurückkehren. So lehrt das Festspiel dasselbe wie der Faust. Der den Idealen nachstrebenden Seele wird die Gottheit die Vereinigung mit sich nicht versagen: Auch hier bildet das ewig Weibliche die Brücke zum besseren Jenseits. Es ist dasselbe, was alle Religionen der leidenden Menschheit verkünden. „Wer immer strebend sich bemüht, den können wir erlösen."

Dem Gedankeninhalt nach schließt sich das Fragment an die symbolischen Dichtungen Goethes an, die uns aus der letzten Zeit der Verbindung mit Schiller bekannt sind. Pandora bezeichnet einen Schritt weiter in dieser Richtung. Der Dichter empfand den ungeheuren Nachteil, in dem er sich gegen die antike Dichtung durch den Mangel einer im Volksbewußtsein haftenden Mythologie befand, einer Mythologie, die vor allen ästhetischen Theorien und Systemen die im Volke unbewußt lebende ästhetische Weltanschauung verkörperte. Gerade in unseren Tagen hat man die Forderung aufgestellt, daß die moderne Kunst aus dem Gesamtgefühl der eigenen Zeit neue Mythen und neue mythologische Gestalten schaffen solle, und die bildende Kunst ist mit der Erfüllung dieser Forderung vorangegangen. Goethe folgte dem gleichen Bedürfnis, indem er den Versuch machte, die mythologischen Gestalten der Antike neu zu beleben. Sein Versuch mißlang, weil er den naiven Glauben an die Wahrheit dieser Gestalten nicht erzwingen, weil er vergangene Zustände nicht wieder herstellen konnte. Darin liegt der Grund für den geringen Beifall, den Goethes große Schöpfung Pandora bei seinem Volke gefunden hat.

Auch dem Rhythmus und der äußeren Form nach bezeichnet die Dichtung etwas ganz Neues. Im Dialog herrscht der jambische Trimeter, hin und wieder unterbrochen von dem jambischen oder trochäischen Fünffüßler. Die lyrischen Teile des Dramas weisen eine große Verschiedenheit des Versmaßes, teils gereimte Strophen, teils anapästische oder daktylische Rhythmen auf, es ist der Versuch eines charakteristischen Rhythmus, d. h. der Kunst, einer jeden Person den ihren Empfindungen und ihrer Lage, ihrem Wesen, Charakter und Geschlecht entsprechenden individuellen Rhythmus zu geben. Der Sprache und Sprachform nach wird Pandora immer ein Meisterwerk deutscher Dichtung bleiben.

Mit der Pandoradichtung im nahen Zusammenhange steht Goethes Roman: Die Wahlverwandtschaften, innerlich durch Beziehungen zu Minna Herzlieb und das gemeinsame Thema der Entsagung, äußerlich durch die fast gleichzeitige Entstehung. Ursprünglich war der Roman als Novelle oder, wie Goethe sagt, „als die Darstellung einer sich ereigneten unerhörten Begebenheit" gedacht, so daß also der Tod Ottiliens und Eduards der Ausgangspunkt für den Dichter war; er war ursprünglich für die im Mai 1807 begonnene Fortsetzung der „Lehrjahre" bestimmt, und noch im April 1808 wurde er als kleine Erzählung bezeichnet; die eigentliche Entstehung des Ro=

mans fällt in die Karlsbader Zeit des Jahres 1808 und in den Frühling und Sommer des nächsten Jahres, in dessen Verlauf noch die Drucklegung beendet wurde.

Ueber die Meisterschaft der künstlerischen Darstellung des Romans sind alle Kritiker einig. Die Klarheit der Exposition, die sichere Führung der Handlung bis zum Höhepunkt im ersten Teil, der Katastrophe im zweiten auch äußerlich ganz gleich gestalteten Teil, die klassische Schönheit der Sprache, die Gegenständlichkeit der Darstellung, die plastische, ergreifende Gemälde vor uns zaubert, und alle die Vorzüge der Goethischen Kunst wird ein empfängliches Gemüt immer wieder bewundern und anstaunen.

Anders steht es mit der sogenannten Tendenz des Romans. Mißgünstige sowohl als wohlwollende Urteile über den Roman pflegen von seiner Moralität oder Unmoralität auszugehen. Schon Goethe selbst hat gegen den Vorwurf der Unmoralität mit den Worten Front gemacht: „Solche Urteile thun mir leid, es ist doch mein bestes Buch. . . . Das Gesetz in dem Buche ist wahr, das Buch ist nicht unmoralisch, man muß es nur vom größeren Gesichtspunkte betrachten." Das Gesetz, um wieder des Autors eigene Worte zu gebrauchen, ist dasselbe, das Christus gegeben hat: „Wer ein Weib ansiehet ihrer zu begehren, hat schon die Ehe gebrochen mit ihr." Da das Nackte und Natürliche nie lüstern dargestellt wird, da Ottilie und Eduard ihre Gedankensünde mit dem Tode büßen, so muß auch der Tadel des strengsten Moralisten verstummen.

Aber der eigentliche Grund für die falsche Auffassung des Romans liegt auch weniger in dem Roman selber, als in der Meinung, die das Publikum von dem Autor hatte und zum Teil noch hat. Aus der Thatsache, daß Goethe viele Jahre seine Ehe des kirchlichen Segens entbehren ließ, schloß man auf läßliche Anschauung von der Heiligkeit der Ehe und glaubte in den Gestalten des Romans, die sich dieser frivolen Meinung schuldig machen, die Vertreter des Dichters selber zu sehen, ohne daran zu denken, daß doch der Schluß die Unauflöslichkeit der Ehe predigt. So viel jedoch wird richtig sein, daß die schiefe Stellung, in der Goethe durch seine Gewissensehe einem großen Teil seiner Nation gegenüber sich befand, den Grund zur Wahl gerade des Themas von der Ehe gegeben hat. Die Frage, die in dem Romane behandelt wird, hat den Dichter von den Jünglingsjahren an immer wieder beschäftigt, und der Versuch ihrer Lösung hat oft tief in sein Leben eingegriffen. Aus Wetzlar war er geflohen, um bräutliches Glück nicht zu stören, zehn Jahre hatte er in Weimar den schweren Kampf der Liebe gegen das Gesetz und die Sitte mit vielen Opfern gekämpft; sein

Werther und die Stella und Clavigo und die vielen an Frau von Stein gerichteten Gedichte begleiten und lindern seine Leiden. Er hatte der Welt bewiesen, was er denen, die ihn kannten, nicht erst zu beweisen brauchte, daß für ihn die Ehe heilig und unverletzlich war. Nun hatte er selbst diesem Gesetze anscheinend Hohn gesprochen, indem er es verschmähte, seiner Ehe die gesetzliche Form zu geben. Darum erschien es fast notwendig, daß er, der erste Dichter und der Führer der Nation, seine wahre Meinung offenbarte. Was die Ehe zu einem sittlichen Bunde macht, so lehren die Wahlverwandtschaften, ist nicht der kirchliche Segen, sondern die Liebe der beiden Gatten. Wo sie fehlt, ist auch der kirchlich eingesegnete Bund unsittlich. Wer sich ohne die Weihe des Gesetzes oder der Kirche verbindet, handelt gegen die Sitte und gegen das Herkommen, wer sich ohne Liebe verbindet, gegen die Natur, gegen Gott. Wo die beiden Gesetze in Widerstreit treten, wo die Erkenntnis zu spät eintritt, daß der Bund ohne Liebe geknüpft sei, da tritt jenes tragische Geschick ein, dessen Inhalt der Roman ist. So sehr bewegten den Dichter diese Gedanken, daß es nur noch eines äußeren Anlasses bedurfte, um sie in einer großen Dichtung zu verkörpern. Es war dies, wie wir schon wissen, seine Liebe zu Minchen Herzlieb, auf die er selbst in den Annalen hindeutet: „Niemand verkennt an diesem Roman eine tief leidenschaftliche Wunde, die im Heilen sich zu schließen scheut, ein Herz, das zu genesen fürchtet." So konnte er denn diese Dichtung das einzige Produkt nennen, bei dem er sich bewußt gewesen war, nach einer durchgreifenden Idee gearbeitet zu haben, so konnte er mit dichterischer Uebertreibung „in ihr jede Zeile als erlebt" bezeichnen, „wenn auch nicht so, wie sie erlebt worden."

Den Inhalt des Romans haben wir schon angedeutet. Eduard und Charlotte glauben, sich aus Neigung geheiratet zu haben; in der Ehe kommen sie zu der Erkenntnis ihres verhängnisvollen Irrtums. Charlotte kann die Neigung zu einem andern Manne, dem Hauptmann, nur durch große sittliche Energie unterdrücken, Eduard unterliegt einer geradezu vernichtend auftretenden Leidenschaft für ein unschuldvolles Mädchen, Ottilie, die den Mangel an sittlicher Kraft, ihre Neigung zu Eduard zu ersticken, mit dem Tode büßt, in den Eduard ihr folgt. Die Tragik besteht in der unheimlichen, magisch geheimnisvollen Gewalt der gegenseitigen Anziehungskraft der Liebenden, die der Dichter, um damit zugleich dem Roman den Namen zu geben, mit einem bekannten chemischen Vorgang vergleicht: darum ist der Roman von vielen als Schicksalsdichtung aufgefaßt worden, und der Dichter hat manches gethan, was diese Anschauung bestätigt. Außer der dämonischen

Kraft, die gerade Ottilie in dem Augenblicke, da sie entsagt hat, in die Arme dessen führt, dem sie entfliehen will, waltet fast unentrinnbar durch das ganze Werk eine Ironie des Schicksals, die wie in Sophokles' vollendetstem Drama gerade das zum Unheil wendet, worin der Verstand der Menschen Rettung und Hoffnung sah. So wird der nächtliche Besuch Eduards zu furchtbarem Verbrechen, so führt das süßeste Unterpfand der Liebe, das Kind, die Katastrophe herbei, und Mittlers gute Absichten beschleunigen den Tod Ottiliens. Mystische Empfindungen, rätselhafte Aeußerungen über den Zusammenhang der sichtbaren und unsichtbaren Welt, das somnambule Wesen Ottiliens, ihre geheimnisvolle Beziehung zur Natur, dazu die unheimliche Gewalt einer unsichtbaren Kraft, die selbst einen so auf sich selbst gestellten Charakter wie Charlotte verzweifelnd ausrufen läßt: „Es sind gewisse Dinge, die sich das Schicksal hartnäckig vornimmt. Vergebens, daß Vernunft und Tugend, Pflicht und alles Heilige sich ihm in den Weg stellen ... es greift zuletzt durch, wir mögen uns gebärden wie wir wollen," alles das breitet über den Roman jene schwüle Atmosphäre, die dem Schicksalsdrama der Alten eignet. Aber ebenso oft hat man den Roman den Charakterdichtungen zugerechnet, denn wenn etwas groß und bedeutend an ihm ist, so ist es eben dies, daß der Charakter der Menschen sich selbst das Schicksal bereitet.

Der Streit erscheint uns müßig. Jede wahre Dichtung muß Charakter= dichtung sein, eine Dichtung, in der die Gestalten ohne freien Willen und ohne Verantwortung wirken, ist ein Unding. Die griechische Tragödie ist daher ebenso Charaktertragödie wie die Shakespeares; da es aber im Wesen des Tragischen liegt, daß die Wirkung um so größer ist, je geringer die tragische Schuld ist, so bedienten sich die griechischen Tragiker des Kunst= mittels der Orakel und des Schicksals, um die Täuschung zu erwecken, als wenn den Helden eine dämonische Gewalt in das Verderben treibe. Mit größter Kunst hat Goethe in seinem Roman dies Mittel der Antike verwendet, und daß der Streit, ob die Wahlverwandtschaften eine Schick= sals= oder Charakterdichtung seien, noch immer nicht geschlichtet zu sein scheint, gerade das ist der höchste Triumph des Dichters. Unter den Rezensionen seines Romans, die Goethe gelesen, hat er besonders der freudig zugestimmt, die den Beweis zu führen versuchte, „daß das Faktum aus der Natur der Charaktere hervorgehe". Wie in allen seinen Dichtungen liegt auch hier in der Gestaltung der Charaktere der Schwerpunkt der Goethischen Kunst.

Unter ihnen dreht sich das Interesse des Autors und der Leser nur um Ottilie und Eduard. Die übrigen scheinen nur da zu sein, um auf das

Geschick der Helden einzuwirken, oder ihren Charakter zu beleuchten. Die beiden in dem Ehedrama mitwirkenden Gestalten Charlotte und der Hauptmann, kraftvoll und charakterstark, thätig, klug, edel, sich selbst beherrschend, wenn auch nicht ohne Leidenschaft, tragen in sich die Gewähr für die Sittlichkeit ihrer Handlungen. Der Architekt, „so groß und vortrefflich, daß er vermöge seiner Natur in die Verwicklungen der Liebe nicht hineingeraten kann", ist der vollendete Gegensatz zu Eduard. Klug und taktvoll, besonnen und jeden Augenblick jeder Lage gewachsen, hebt ebenso wie der verständige, wohlmeinende Gehilfe durch seine, im Herzen still getragene Liebe und Verehrung die Gestalt Ottiliens, und Lucianens zuchtloses, gefallsüchtiges, lärmendes Wesen, die, jeder höheren Regung bar, in ihren guten und schlechten Eigenschaften allein von der Laune regiert wird, ist vollends nur dazu geschaffen, um Ottiliens hohe Weiblichkeit und ihren Seelenadel um so heller erstrahlen zu lassen. Der biedere, aber plumpe Mittler, diese originelle Figur, ein Teil von jener Kraft, die stets das Gute will und stets das Böse schafft, der Graf und die Gräfin und die Reihe der Gestalten niederer Ordnung, die der breite Boden des Romans verlangt, wirken bewußt oder unbewußt in ihren Handlungen und Reden zu der Erreichung des Zieles, der Erfüllung des tragischen Geschicks der Helden.

Von diesem mit höchster Kunst aufgebauten Hintergrunde hebt sich die holde Lichtgestalt Ottiliens ab. Weniger durch die Schilderung ihres äußeren und inneren Wesens als durch ihre zauberhafte Wirkung auf ihre Umgebung dargestellt, gräbt sich diese, Adel und Anmut verkörpernde Gestalt tief und unvergeßlich in die Seele des Lesers. Daß dieser Engel auf Erden auch nur in Gedanken sündigen könne, ja daß er so und nicht anders handeln müsse, wie Ottilie handelt, das uns wahrscheinlich und notwendig erscheinen zu lassen hat der Dichter seine ganze Kraft aufgeboten. Ein schönes und wahres Wort des Grafen Reinhard an Goethe über Ottilie sei hier wiederholt: „Dieses liebliche Wesen steht unter einer Art von Naturnotwendigkeit, die von ihr auf alle ihre Umgebungen ausgeht, durch Anziehen und Zurückstoßen. Sie existiert so zu sagen in einem beständigen Zustand der Magnetisation. Weder in ihrem Wirken noch in ihrem Leiden ist volles, helles Bewußtsein; sie handelt und empfindet, sie lebt und stirbt so und nicht anders, weil sie nicht anders kann.". Aber ihre geheimnisvollen Beziehungen zur Natur, die der Dichter so oft hervorhebt, sollen keineswegs die Verantwortlichkeit für ihre Handlungen aufheben; sie sollen nur erklären, nicht entschuldigen. Ihr Schicksal ist ihr Charakter, und ihres Charakters innerster Kern ist die hingebende Liebe, die unwandelbare Treue. Daß diese Liebe dem zu teil wird, dem sie nicht zu teil werden sollte, ist ihr tragisches Geschick. Die Natur tritt in den grausamen Widerspruch zu den Satzungen der Menschen. Der Gewalt der Natur blindlings folgend, glaubt sie eine Zeit lang, wenn auch nur still hoffend, das Gesetz der Menschen übertreten zu dürfen. Das ist ihre tief in ihrem Charakter begründete Schuld. Ein furchtbares Ereignis, der Tod des Kindes, an dem sie sich schuldig fühlt, bringt sie zum Bewußtsein ihrer Schuld: „Ich bin aus meiner Bahn geschritten," so lautet ihr Geständnis, „ich habe meine Gesetze gebrochen, ich habe sogar das Gefühl derselben verloren.... Eduards werde ich nie! Auf eine schreckliche Weise hat Gott mir die Augen geöffnet, in welchem Verbrechen ich befangen bin. Ich will es büßen." Aber es ist kein Zufall, daß die Scheidende Eduard entgegentritt. Wie sie sich selbst nicht, so kann sie ihrer Liebe nicht entfliehen. Hier ist nur eine Lösung möglich, der Tod.

Es ist dasselbe wie des „Magnetes Geheimnis", was sie an Eduard kettet. Er ist der vollkommenste Gegensatz zu ihrer Natur. Nie daran gewöhnt, sich etwas zu versagen, trotzig und launenhaft wie ein Kind, geschäftigem Müßiggang hingegeben, Dilettant in vielen Dingen, ohne etwas ganz zu verstehen, immer nur das glaubend, was ihm schmeichelt, ist er kein schlechter Mensch, aber eine jener haltlosen, unmännlichen Gestalten, wie Clavigo, Weißlingen oder Fernando in Goethes Jugenddichtungen, nur daß bei ihm die Schwäche zu weibischem Eigensinn ausartet. In dem Augenblick, da er sich eben der Liebe zu Ottilien klar geworden ist, knüpft er, einer plötzlich erwachten Begier nachgebend, seinen Ehebund von neuem und begeht eine Handlung, die der Dichter selbst als Verbrechen bezeichnet. Ein Spott des Hauptmanns über sein Flötenspiel macht ihn, wie er meint, aller Verpflichtungen einer vieljährigen Freundschaft ledig. Auf das Recht der Natur pochend, ohne die Gesetze der Sitte anzuerkennen, ist er in seiner Leidenschaft rücksichtslos bis zur gefühllosen Härte. Teilnahmlos steht er dem Tode seines Kindes gegenüber und sieht in ihm eine „Fügung, wodurch jedes Hindernis an seinem Glück auf einmal beseitigt wäre"; ja er schreckt nicht davor zurück, die Neigung des Hauptmanns für Charlotte zu unterstützen und zu fördern. Nur eins ist wahr, bleibend, fast groß an diesem haltlosen Menschen: seine Liebe zu Ottilie. An ihr hebt sich der launenhafte Schwächling empor zu einem großen Entschluß, dem Leben zu entsagen und der Geliebten in den Tod zu folgen. „So ruhen die Liebenden neben einander. Friede schwebt über ihrer Stätte, heitere verwandte Engelsbilder schauen vom Gewölbe auf sie herab, und welch ein freundlicher Augenblick wird es sein, wenn sie dereinst wieder zusammen erwachen!"

Neben der dichterischen Thätigkeit, der wir auch eine Reihe Balladen, wie Johanna Sebus, den Totentanz, den getreuen Eckart und Gesellschaftslieder wie Ergo bibamus, Rechenschaft, Offne Tafel verdanken, füllten eifrige wissenschaftliche und biographische Studien diese an Arbeit reichen Jahre aus. 1810 erschien die Farbenlehre. Die Vollendung dieses großen Werkes, und noch mehr die übelwollende Aufnahme desselben, führte einen Stillstand der Goethischen naturwissenschaftlichen Studien für einige Zeit mit sich und ließ der Ausführung des großen Planes Raum, der ihn nun mehrere Jahre fast ganz in Anspruch nehmen sollte, der Abfassung der Selbstbiographie: „Aus meinem Leben". Der Plan wurde ihm nahe gelegt durch ein anderes biographisches Werk, das weniger innerem Drange, als einem äußeren Ereignisse sein Dasein verdankte, durch die Biographie Philipp Hackerts. Am 5. Juni 1807 erhielt Goethe die Nachricht von dem in Florenz Ende April erfolgten Tode des alten, uns aus Goethes italienischer Reise wohlbekannten Freundes, und zugleich wurde ihm die Selbstbiographie Hackerts übersendet, deren Herausgabe Goethe nach dem Wunsche des Verfassers übernehmen sollte. Die Hochachtung, die Goethe diesem Künstler immer gezollt hatte, und die Dankbarkeit, die er ihm seit den römischen und neapolitanischen Tagen entgegenbrachte, veranlaßten ihn, sofort ans Werk zu gehen. Der Einspruch der Erben Hackerts verschob aber die Ausführung bis zum November 1810. „Es war," so äußerte er sich selbst über die Arbeit, die im Mai 1811 vollendet war, „eine schwierige Aufgabe; denn die mir überlieferten Papiere waren weder ganz als Stoff noch ganz als Bearbeitung anzusehen. Das Gegebene war nicht ganz aufzulösen und, wie es lag, nicht völlig zu gebrauchen." Der eigentlichen Selbstbiographie Hackerts wurde das von Goethe aus dem Englischen übersetzte „Tagebuch einer Reise nach Sizilien von Henry Knight", die Knight mit Hackert und Charles Gore 1777 unternommen hatte, eingefügt, und eine Reihe Nachträge, darunter eine Charakteristik Charles Gore's, der seit 1787 mit seinen Töchtern in Weimar lebte und mit Goethe befreundet war, eine „ausführliche Beschreibung der zehn Gemälde, die zwei Treffen bei Tschesme darstellend", nach einem französischen Manuskript Hackerts beigegeben; es folgt eine ausführliche kunstgeschichtliche Darstellung, betitelt: Hackerts Kunstcharakter und Würdigung seiner Werke, von Herrn Hofrat Meyer, ein Brief Hackerts an Goethe vom 4. März 1806 und ein Verzeichnis seines künstlerischen Nachlasses.

Die Manuskripte Hackerts sind nicht mehr vorhanden, daher läßt sich die Frage, wie weit die Arbeit Goethes selbständig ist, nicht entscheiden. Nach seinen eigenen Worten sah er seine Aufgabe darin, einen möglichst lesbaren Text herzustellen, ohne dem Original seine Eigenart zu rauben. Seine aus dieser Zeit bezeugten eingehenden Studien über die in Betracht kommenden künstlerischen, kulturgeschichtlichen und geographischen Fragen beweisen, wie ernst er die Aufgabe nahm. Daß er sich in der Bedeutung Hackerts und seiner Biographie, die er der Cellinischen gleichstellen wollte, geirrt hat, ist seiner persönlichen Vorliebe für den Autor zu gute zu rechnen. Eben um des Autors, weniger um seinetwillen bekümmerte ihn die laue Aufnahme des Werkes. Es klingt das unter anderem in der Antwort nach, die Goethe ein Jahrzehnt später dem Freunde Zelter auf dessen freudige Zustimmung hin schrieb: „Du hast dem Büchlein Sorgfalt und Sinn abgefühlt, die ich ihm gewidmet und verliehen habe; es ist in dem lieben Deutschland verschollen und mit vielem anderen Guten und Nützlichen von den Sandwehen des Tages zugedeckt, wird aber immer doch wieder einmal wie der Bernstein ausgeschwemmt oder gegraben."

Wir werden dem Werke immer eine gewisse Dankbarkeit entgegenbringen, weil es dem Autor Anstoß gegeben hat, zu den großen selbstbiographischen Arbeiten, die in jener Zeit im Anschluß an die Hackertbiographie unternommen wurden. „Ich hatte," schreibt Goethe in den Annalen, „Ursache mich zu fragen, warum ich dasjenige, was ich für einen andern thue, nicht für mich selbst zu leisten unternehme. Ich wandte mich noch vor Vollendung jenes Bandes an meine eigene früheste Lebensgeschichte." Der Entschluß zur Abfassung von „Dichtung und Wahrheit" wurde am 28. August 1808 gefaßt, wenn seine Ausführung auch vorläufig noch durch die Wahlverwandtschaften und die Farbenlehre zurückgedrängt wurde. Der Tod der Mutter, durch den die beste Quelle für Goethes Jugendgeschichte versiegte, sprach deutlich die Mahnung aus, den Plan nicht weiter aufzuschieben. Die Arbeiten an Winckelmanns, Cellinis und Hackerts Biographie hatten Goethe von dem Vorzug der biographischen vor der geschichtlichen Darstellung überzeugt. „Man wird nicht müde," so lesen wir in einem Schriftstück des Nachlasses, „Biographien zu lesen, so wenig als Reisebeschreibungen: denn man lebt mit Lebendigen. Die Geschichte, selbst die beste, hat immer etwas Leichenhaftes, den Geruch der Totengruft." Unterm 11. Oktober 1809 finden wir im Tagebuch den Eintrag: „Schema einer Biographie." Die Arbeit daran setzte sich fort bis Ende Mai 1810; es ist das Schema, das, in der Weimarer Ausgabe zuerst veröffentlicht, es sehr wahrscheinlich gemacht hat, daß Goethes Plan ursprünglich dahin ging, sein ganzes Leben bis zum Jahre 1809 zu schildern. Den Verlust seiner Mutter empfand er bei der Abfassung der Jugendzeit besonders schmerzlich. „Durch die hohe Kraft ihrer Erinnerungsgabe," schreibt er in den Annalen,

„wäre ich völlig in die Jahre der Kindheit versetzt worden." Im Oktober 1810 [wandte er sich deswegen an Bettina: „Meine gute Mutter ist abgeschieden und so manche andere, die mir das Vergangene wieder hervorrufen könnten, das ich meistens vergessen habe. Nun hast Du eine schöne Zeit mit der teuern Mutter gelebt, hast ihre Märchen und Anekdoten wiederholt

Goethe von Kügelgen 1810.

vernommen und trägst und hegst alles im frischen, belebenden Gedächtnis. Setze Dich also nur gleich hin und schreibe nieder, was sich auf mich und die Meinigen bezieht, und Du wirst mich dadurch sehr erfreuen und verbinden." Bettina sandte ihm „die wundersamen Auszüge aus einer Hauschronik", die Goethe zum Teil verwandt hat und die „als Aristeia der Mutter" im 18. Buche, wo der Name der Mutter, Aja, erklärt wird, eingeschaltet werden sollten. Auch Tante Melber, besonders aber Friedrich Heinrich Schlosser, der Brudersohn von Goethes Schwager, unterstützten ihn mit wichtigen Mitteilungen aus Frankfurt.

Die eigentliche Ausführung begann im Februar 1811, Michaelis desselben Jahres war der erste Teil im Druck vollendet; er erschien in demselben Jahre unter dem Titel: „Aus meinem Leben, Dichtung und Wahrheit". Der Titel war von Riemer ersonnen, nur daß dieser die Umstellung Wahrheit und Dichtung vorgeschlagen hatte, was Goethe aus euphonischen Gründen, „weil in dieser Verbindung zwei gleiche Buchstaben sich stoßen", ablehnte, wenn er auch später in den Annalen die Form Wahrheit und Dichtung wiederholt gebraucht hat. Der zweite Teil, aus dem Goethe den Schluß seines Straßburger Aufenthaltes schon Ende April 1811 seiner Frau hatte vorlesen können, sollte ursprünglich mit seiner Abreise nach Weimar schließen. Mehrfache Wandlungen des Plans werden durch die erhaltenen Fragmente deutlich. Der litterargeschichtliche Abschnitt sollte zuerst bis auf das 17. Jahrhundert zurückgehen, das 10. Buch mit dem Märchen Melusine, das im Sommer 1807 entworfen worden war, schließen. Die eigentliche Ausarbeitung des zweiten Teils begann im September 1811. Ein Jahr später lag er gedruckt vor. Bald darauf entschloß sich der Dichter, noch zwei Teile erscheinen zu lassen. Der dritte wurde sofort begonnen und im Juni 1813 vollendet, er erschien 1814. Eine Vorrede, die aber später unterdrückt wurde, sollte die Mitteilung bringen, daß die Fortsetzung vorläufig nicht erscheinen würde. Hierzu bestimmten den Autor persönliche Gründe. Sein Zartgefühl gestattete ihm nicht, seine Beziehungen zu noch lebenden Personen darzustellen. Aehnliche Gründe ließen ihn von einer Darstellung seines späteren Lebens in einer Selbstbiographie Abstand nehmen, zumal ihm diese Epoche für die Darstellung nicht so wichtig erschien, als die der Entwickelung. Einigen Ersatz dafür geben die späteren biographischen Arbeiten, wie die Italienische Reise, die Schweizerreise von 1797, die Campagne in Frankreich und die Belagerung von Mainz, und die Tages- und Jahreshefte, nur daß die klaffende Lücke der ersten und der letzten zehn Jahre in Weimar unausgefüllt geblieben ist. Denn der Plan, die Ereignisse von 1775 bis September 1786 in einem fünften Teil darzustellen, ist überhaupt nicht ausgeführt worden. Den vierten Teil, an dem bis 1817 und in den Jahren 1821 und 1825 gearbeitet wurde, vollendete der Dichter im Oktober 1831; veröffentlicht wurde er erst nach Goethes Tode im Jahre 1833.

Durch den Zusatz Dichtung und Wahrheit zu dem eigentlichen Titel hat Goethe selbst zugegeben, daß neben dem Streben nach Wahrheit noch eine andere Tendenz vorhanden war. Daß aber von dem Dichter absichtlich nichts Unwahres in dieser Biographie ausgesprochen ist, das haben die Zeile für Zeile nachprüfenden Kommentare auch für den erwiesen, dem Goethes Versprechen, „gegen sich und andere aufrichtig zu sein und sich der Wahrheit möglichst zu nähern, insoweit die Erinnerung nur immer dazu behilflich sein wollte", nicht genügt. Was es nun eigentlich mit der zweiten Tendenz auf sich habe, darüber hat sich Goethe einmal Eckermann gegenüber deutlich ausgesprochen. „Ich dächte, es steckten in dem Werke einige Symbole des Menschenlebens. Ich nannte das Buch Wahrheit und Dichtung, weil es sich durch höhere Tendenzen aus der Region einer niederen Realität erhebt... Ein Faktum unsers Lebens gilt nicht, insofern es wahr ist, sondern insofern es etwas zu bedeuten hatte." Mit andern Worten, das Buch sollte nicht nur eine geschichtliche Darstellung, es sollte zugleich ein Kunstwerk sein und als solches die hohe Forderung erfüllen, die Goethe und Schiller in die Formel gefaßt hatten: „Das echte Kunstwerk sei wahr, aber nicht wirklich."

Durch die Erfüllung dreier Forderungen erhebt sich „Dichtung und Wahrheit" über geschichtliche oder biographische Schriften. Das ist einmal die Verbindung der äußeren Ereignisse und Fakta durch die Darstellung ihres ursächlichen Zusammenhanges, ferner die Erhebung des Individuellen zum Typischen und endlich die Anwendung besonderer künstlerischer Mittel. Alle drei Forderungen wird auch der Geschichtschreiber wohl an sich stellen, aber sie nur insoweit erfüllen, als sich das mit seiner höchsten und wichtigsten Tendenz, der Wahrheit vereinigen läßt, während der Dichter diese Tendenz den Forderungen der Kunst unterwerfen muß. Daß nun freilich im letzten Grunde die Dichtung doch wahrer ist als die Geschichte, das ist eben das große ewige Geheimnis der Kunst. Seine besonderen Absichten hat Goethe in einer erst kürzlich bekannt gewordenen Vorrede zum dritten Teil ausgesprochen. Er nennt dort das Werk eine „Ausgeburt, mehr der Notwendigkeit als der Wahl". Bei einem Dichter, dessen Leben und Dichten fast zusammen fiel, mußte die Schilderung dieses Lebens der unerläßliche und beste Kommentar seiner Schriften sein, und notwendig war dieses Werk auch für ihn insofern, weil er nur durch die geschichtliche Betrachtung seiner selbst einen klaren Einblick in seine eigene Entwicklung gewinnen konnte. „Ehe ich," so fährt er an der soeben citierten Stelle fort, „diese nunmehr vorliegenden drei Bände zu schreiben anfing, dachte ich sie nach jenen Gesetzen zu bilden, wovon uns die Metamorphose der Pflanzen belehrt. In dem ersten sollte das Kind nach allen Seiten zarte Wurzeln treiben und nur wenig Keimblätter entwickeln. Im zweiten der Knabe mit lebhafterem

Grün sträußenweis mannigfaltiger gebildete Zweige treiben, und dieser belebte Stengel sollte nun im dritten Beete ähren- und rispenweis zur Blüte hineilen und den hoffnungsvollen Jüngling darstellen."

Die Darstellung der Entwicklung war also die eigentliche Tendenz des Werkes, der stetige Fortschritt und die Ausbildung des Menschen und des Dichters. Und das wurde erfüllt durch den Nachweis des ursächlichen Zusammenhanges aller der einzelnen zahllosen Wirkungen, von den ersten geistigen Regungen des Kindes bis zur Reife des Mannes. Was im Leben anscheinend auseinanderfiel, mußte hier verbunden werden, was im Leben zufällig und unorganisch vereinigt erschien, getrennt und in die rechte Beleuchtung gerückt werden; die Keime, die unentwickelt geblieben waren, alle die Blütenträume, die nicht reiften, mußten übergangen, und auf die äußerliche Treue im einzelnen und kleinen verzichtet werden, wo sie den großen Zusammenhang mehr zu verdunkeln als aufzuhellen schienen, bis denn endlich die kausale Verbindung gefunden war, die Stetigkeit der Entwickelung, die dem im Leben stehenden Menschen, „dem trüben Gast auf der dunkeln Erde", verborgen bleibt, und die sich nur dem Seher und Dichter offenbart. Und das zweite, was der Selbstbiographie Goethes unvergänglichen Wert verleiht, ist die Erhebung des Individuellen zum Typischen. „Das scheint," sagt er in dem Vorwort, „die Hauptaufgabe der Biographie zu sein, den Menschen in seinen Zeitverhältnissen darzustellen und zu zeigen, inwiefern ihm das Ganze widerstrebt, inwiefern es ihn begünstigt, wie er sich eine Welt- und Menschenansicht daraus gebildet, und wie er sie, wenn er Künstler, Dichter, Schriftsteller ist, wieder nach außen abgespiegelt." Darauf näher einzugehen, können wir uns ersparen. Denn daß Goethe nicht von dem eitlen Wahn geleitet wurde, sich selbst ein Denkmal zu setzen, sondern, indem er die Wirkungen seines Jahrhunderts auf sich und seine Wirkung auf das Jahrhundert darstellte, eine Schilderung seiner Zeit auf der breitesten Unterlage in ihren Bestrebungen und Zielen, ihren Erfolgen und Täuschungen geben wollte, wem brauchten wir das erst auseinanderzusetzen? Aber ein anderes, das aufs innigste hiermit zusammenhängt, darf nicht unerwähnt bleiben. Ein Symbol für Tausende hoffte er in seiner Gestalt geschaffen zu haben, und darin liegt der eigentliche Grund des Reizes, den das Buch, trotzdem seine Zeit und seine Menschen längst von der Erde verschwunden sind, auf jedes empfängliche Gemüt ausübt. Mit der Bescheidenheit, die dem wahrhaft großen Mann allein eigen ist, schildert Goethe das Individuelle, nur insofern es allgemein menschlich ist; läßt er seine Thaten und Werke nicht als die Erzeugnisse eines einzig großen Dichters, sondern als die fast notwendigen

Produkte seiner Entwickelung erscheinen; bethört er den Leser mit ein=
schmeichelnd liebenswürdiger Kunst, zu glauben, als wäre er selbst der Held
dieses großen und reichen, einzig dastehenden Lebens; und so ergreift er uns
bei seinem Lieben und Leiden in tiefster Seele, daß wir mit ihm jauchzen und
weinen, jubeln und trauern, als könnte unsere Seele je gleichen Glückes und
gleicher Schmerzen teilhaftig werden.

Wie der Dichter das erreicht hat, können wir nur ahnend bewundern
und nachfühlen, aber nicht erweisen. Es ist wenig oder nichts gesagt, wenn
man auf die technischen und künstlerischen Mittel hinweist, die Goethe in
seiner Biographie angewandt hat. Die Schilderung der Charaktere durch
Kontrastfiguren, die Erklärung des Inneren durch die Darstellung des
Aeußeren, die Schilderung der Schönheit durch ihre Wirkung oder die an=
mutige Bewegung, die Darstellung des Werdenden, nicht des Gewordenen,
der Entwickelung, nicht des Resultates, die Beleuchtung weit auseinander
liegender Gebiete durch geistreiche Zusammenfassung, die Andeutung wich=
tiger Beziehungen, die den Leser in fortwährender Spannung erhält, der
Anschein völliger Kunstlosigkeit, wo doch die höchste Kunst waltet, die klassische
Sprache, ein bis ins kleinste ausgearbeiteter Stil, der in der Verbindung
der Gedanken seine größten Triumphe feiert, die hoch über dem Stoff
stehende Objektivität, die sich in dem ironischen Lächeln des Biographen über
sich selbst verrät, alles das sind Mittel der Kunst, die, so lange es große
Dichter giebt, die äußere und innere Form großer Dichtungen gestaltet
haben. Es bleibt ein unerklärtes Etwas, die Seele des Werkes, es ist der
Genius des Dichters.

II.
Neues Leben, neue Dichtung.

Wer eine Selbstbiographie schreibt und veröffentlicht, deutet damit an, daß er sein Wirken in der Hauptsache für abgeschlossen hält; nicht so Goethe. „Dichtung und Wahrheit" und mit ihnen die Ausgabe seiner Werke, die Vollendung des Faust, bezeichnen zwar auch einen Abschluß, aber nicht einen Uebergang zur Ruhe, sondern zu einer neuen Wandlung des Dichters. Es ist der Vorzug mancher gottbegnadeter Naturen, sich Geist und Körper ungeschwächt bis in die spätesten Jahre zu bewahren, und staunend sah die Welt in unseren Tagen den großen Kaiser und seinen Schlachtenlenker im höchsten Greisenalter mit jugendhafter Frische unvergleichliche Thaten vollführen. Auch Goethen hatte die gütige Natur dies höchste Glück des Alters verliehen. Die Freunde der Jugend- und der Mannesjahre wurden rings um ihn von dem unerbittlichen Tode abgerufen oder verfielen greisenhafter Schwäche. „Ueber Gräber vorwärts" eilte er verjüngt mit neuer Kraft anderen und neuen Zielen auf bisher unbetretenen Pfaden entgegen. Es ist eine wunderbare Erscheinung in Goethes Leben: der 65 jährige Dichter und Mensch wird noch einmal jung, und die Worte des Epimenides: „Und wir sind alle neu geboren" galten ebenso von dem Dichter, wie von dem deutschen Volke.

Es ist darum auch kein Zufall, daß Goethe in den Jahren 1814 und 1815, da diese Wandlung sich vollzieht, nicht nach Böhmen, sondern nach langer Abwesenheit von Frankfurt, einer fast plötzlich erwachten Sehnsucht folgend, in die Vaterstadt an den Rhein und Main zurückkehrt. Man hat ganz vortrefflich diese Reise mit der italienischen verglichen. Auch sie bezeichnet eine Flucht aus unerträglichen Verhältnissen, einen Bruch mit der Vergangenheit. Vor der schrecklichen Gegenwart war der Dichter in die Einsamkeit geflüchtet. Nun war der Feind geschlagen, aber die Not war nicht beseitigt, die furchtbaren Wunden des Krieges nicht geheilt. Unfroh und düster erschienen ihm die Menschen. In sein Herz war nach langer Entbehrung die Freude und der Friede, das Glück und das Verlangen nach Genuß und einem sorglosen Leben wieder zurückgekehrt. Darum sehnte er sich hinaus aus der drückenden Enge des Amts und des Hofes, zu glücklichen, heiteren und genußliebenden Menschen, zum Urquell seiner Poesie, wo ein heiterer Himmel, fröhlichere Menschen, ein gestaltungsreicheres Land, der wahre Genuß des Lebens, wo der Wein und die Liebe jene erhöhte Stimmung erzeugen, deren auch der größte Dichter nicht entbehren kann. Es war, als wenn ein Hauch des mütterlichen Wesens ihm hier entgegenwehte. Die Heiterkeit und Frohnatur, die ihm in Weimar fast abhanden gekommen war, und nicht weniger die Gottergebenheit und Frömmigkeit, beides ein Erbteil der Mutter, sind das Hauptthema des Divan.

> Nord und West und Süd zersplittern,
> Throne bersten, Reiche zittern.
> Flüchte du, im reinen Osten
> Patriarchenluft zu kosten.
> Unter Lieben, Trinken, Singen
> Soll dich Chisers Quell verjüngen.

Die Dichtung Goethes, wie sie uns in Pandora und Epimenides zuletzt entgegen trat, hat etwas Greisenhaftes. Ihre geheimnisvolle Symbolik ist dem deutschen Volke immer fremd geblieben; der nachahmende Verehrer antiker Dichtung mußte auf den Beifall seines Volkes verzichten und mit der eigenen Ueberzeugung von der Richtigkeit seines Weges sich begnügen. Doch auch diese Ueberzeugung war nicht über allen Zweifel erhaben, wie das Distichon beweist:

> Wir sind vielleicht zu antik gewesen,
> Nun wollen wir es moderner lesen.

Nun hatte ihn „Dichtung und Wahrheit" seine eigene Entwickelung vor Augen geführt. Die seit langem verstummten Lieder, die aus seiner Brust entquollen, ihm die Begeisterung und Liebe seines Volkes eingetragen hatten, sie tönten wieder leise flehend an sein Ohr, und die Erkenntnis mußte sich Bahn brechen, daß er zu anderem berufen sei, als zu dem vergeblichen Versuche, tote Schemen von neuem zu beleben. Wenn er auf den Rheinreisen der altdeutschen Kunst und der Bestrebung Boisserées sein eifrigstes Interesse zuwendet, wenn er den Arbeiten Grimms gerade jetzt Förderung und Teilnahme zeigt und die Märchen mit großer Freude begrüßt, wenn er, wie einst in Straßburg, in die Volkspoesie, wie die der Serben und Orientalen sich vertieft und von der allegorisch-symbolischen Dichtung zu natürlicher Liebeslyrik und von der kunstreichen, stilvollen Sprache zum einfachen Ausdruck der Empfindung, vom antiken Versmaß zum Reime zurückkehrt, so sind das alles nicht zufällige Neigungen und Abneigungen, es sind vielmehr Glieder eines Ringes, zu dem sich Goethes damalige Bestrebungen zusammenschließen: Abwendung von dem antiken Stoff und dem antiken Kunststil, von der einseitigen Verehrung der Griechen und Rückkehr zur Natur und auf den nationalen Boden und Zurückgreifen zu den Idealen der Jugend. Und so müssen wir auch bis in die früheste Jugend und zu dem Einfluß der Mutter zurückgehen, wollen wir die Entstehung des Divan in seinen ersten Anfängen verfolgen. Die Frau mit dem „alttestamentlichen Glauben", der die Bibel eine stete Begleiterin und Freundin in Leid und Freud war, hat in Wolfgang zuerst das Interesse für den Orient erweckt. Wir erinnern uns seiner jugendlichen Versuche, Stoffe des alten Testaments zu bearbeiten, seines Bestrebens Hebräisch und etwas Arabisch zu lernen, seiner Uebersetzung des Hohenliebs (1775) und der Absicht, den Mahomet zu dramatisieren. Die erste wissenschaftliche Anregung zu diesen Studien erhielt Goethe durch Herders Schrift: Vom Geiste der hebräischen Poesie (1782). Eine Abhandlung „Moses" aus dem Jahre 1797 und der Abriß der biblischen Anfänge im ersten Teil aus „Dichtung und Wahrheit" beweisen den Zusammenhang dieser Studien. Einen Einblick in die persische Poesie, um die es sich ja im Divan hauptsächlich handelt, hatte Goethe schon in den siebziger Jahren durch das Buch von Jones „über asiatische Poesie" gewonnen, aber von einer wirklichen wissenschaftlichen, tiefer eindringenden Beschäftigung konnte erst seit dem Erscheinen der Uebersetzung des Divan (d. h. Gedichtsammlung) von Mohamed Schemseddin Hafis durch den Orientalisten von Hammer (1813) die Rede sein. Den Gang dieser Studien können wir nach Goethes Angaben in den Noten zum Divan genau verfolgen. Eine Reihe von Gelehrten, wie der Prälat Heinrich Friedrich von Diez in Berlin, die Professoren Eichhorn, Kosegarten und Lorsbach in Jena, der schon genannte Orientalist von Hammer unterstützten ihn in seinen Studien, sandten ihm ihre Arbeiten und gaben ihm bereitwillig Aufklärung. Von den Reiseberichten aus dem Orient studierte er besonders Pietro della Valles 1650 erschienenes Werk; „er ist derjenige Reisende," so berichtet er selbst, „durch den mir die Eigentümlichkeiten des Orients am ehesten und klarsten aufgegangen." Das orientalische Interesse nahm ihn in den Jahren 1814 und 1815 ganz gefangen. Vergeblich versucht er sich mit seiner sizilianischen Reise zu beschäftigen. „Hafis und das Buch Kabus, die Moallakats und Hammers Fundgruben ließen alles andere zurücktreten, und sogar zu einer orientalischen Oper wäre es gekommen, wenn ich einen Musiker zur Seite und ein großes Publikum vor mir gehabt hätte." Die später dem Divan beigefügten Noten sind der beste Beweis für den Ernst und Eifer dieses Studiums, durch das sich Goethe der gesamten persischen und arabischen Litteratur bemächtigte.

Daß ein solches, den ganzen Menschen ergreifendes Interesse auch für den Dichter nicht verloren sein konnte, ist uns bei Goethe fast selbstverständlich, und wirklich erweisen die Tagebücher die innigsten Beziehungen zwischen den orientalischen Studien und dem allmählichen Entstehen des westöstlichen Divans. Das erste Divanlied „Erschaffen und Beleben" ist am 21. Juni 1814 in dem kleinen Bade Berka entstanden. Der Ertrag der nächsten Wochen wurde bei weitem übertroffen durch die dichterische Fruchtbarkeit während des Wiesbadener und Frankfurter Aufenthaltes (Ende Juli bis Ende Oktober): Ende August sind die „Gedichte an Hafis" bereits auf 30 angewachsen. Ein viertägiger Aufenthalt bei Rat Schlosser, die prächtige Umgebung Wiesbadens und der Umgang mit Zelter, Oberbergrat Cramer und anderen Freunden, die Nähe des Rheins, lustige und erhebende Fahrten den Rhein entlang nach Bingen zum Rochusfeste, das Goethe zu einer meisterhaften Schilderung veranlaßte, acht sehr glückliche Tage im Beginn des Septembers in der Franz Brentanoschen Villa in Winkel am Rhein, denen er ebenfalls in einer Schrift: „Im Rheingau Herbsttage" dankbar ein Denkmal gesetzt hat, mehrwöchiger, freundschaftlicher und heiterer Verkehr mit den alten Freunden in Frankfurt und auf der Gerbermühle bei der Familie Willemer, dazwischen ein Abstecher nach Heidelberg zum Besuch der Brüder Boisserée und der älteren früheren Jenaischen Freunde Voß und Paulus, das alles wirkte verjüngend und belebend auf den Menschen und Dichter. Und wie eine erfolgreiche Kur ihre wahre Wirkung oft erst Monate später zeigt, so brachte auch die am Rhein neu erwachte Schöpfungskraft Goethes ihre reichsten Früchte erst nach der Rückkehr im Dezember und im darauffolgenden Februar. Vor dem Beginn der zweiten Rheinreise (Ende Mai 1815) kann er freudig Freund Zelter melden, daß das erste Hundert Gedichte fast vollendet sei. Aber das, was dem Divan den eigentlichen Wert verliehen hat, die Lieder der Liebe waren noch ungeschrieben. Ahnungsvoll und freudig eilte er am 24. Mai der Vaterstadt zu. Hier sollte Hatem seine Suleika finden. Nach

einer dichterisch ertragreichen Fahrt und nach zweimonatlicher Kur in Wies=
baden die von einer im kunstgeschichtlichen Interesse unternommenen Reise
mit dem Staatsminister von Stein nach Köln und zurück über Bonn und
Koblenz unterbrochen wurde, verließ er mit Freund Sulpiz Boisserée am
11. August Wiesbaden und langte tags darauf in der Gerbermühle zu
längerem Besuch bei Willemer an, der jener lieblich und idyllisch gelegenen
Stätte den Stempel der Unsterblichkeit aufdrücken sollte.

Es waren ungetrübte und beglückende Tage, die Goethe hier verlebte.
Willemer, ein litterarisch thätiger und kunstverständiger Mann, schon seit
langer Zeit mit Goethe befreundet, früher in nahem Verkehr mit Goethes
Mutter, sah verehrungsvoll zu dem großen Dichter empor und wußte mit
seiner Familie die große Ehre, die ihm durch den Besuch Goethes widerfuhr,
wohl zu schätzen. „Ich habe in ihm ein liebenswürdiges, jedem Eindruck
offenes Gemüt gefunden, einen Mann, den man kindlich lieben muß, dem
man sich ganz vertrauen möchte.... Er ist ein glücklich von der Natur mit
Gaben überschüttetes Wesen, das sie schön von sich strahlt und nicht stolz
darauf ist, das Gefäß für solchen Inhalt zu sein. So gab er sich heute,
so will ich ihn mir denken, mögen andere sagen, was sie wollen." So hatte
Rosette Städel, Mariannens Stieftochter, bei Goethes erstem Besuch (1814)
geurteilt. Damals hatte er mit den Neuvermählten auf dem kleinen Turm
am Hühnerweg dem Abbrennen des Freudenfeuers zur Erinnerung an die
Leipziger Schlacht zugesehen und eine Inschrift auf einen Fensterpfosten ein=
getragen.

Jetzt war er als Gast in der Gerbermühle auf mehrere Wochen er=
schienen (21. August bis 8. September). Wie ein Fürst wird er hier ge=
ehrt. Alte und neue Freunde finden sich ein, um ihre Verehrung zu be=
zeugen, die Herzogin von Cumberland, die Schwester der Königin Luise und
ihr Gemahl machen dem Dichter „einen unerwartet beglückenden Nachtbesuch";
auf einer Spazierfahrt wird er von Rahel Varnhagen erkannt, die dem
Wagen unter dem lauten Rufe „Da ist Goethe" voraneilt. Der Glanzpunkt
des Aufenthaltes war die Feier seines 66. Geburtstages, bei der Gastgeber
und Freunde dem großen Dichter pietätvolle Huldigungen darbrachten. Zu
diesen äußeren Ehrenbezeugungen und der liebenswürdigen und ehrfurchts=
vollen Gesinnungen des Wirtes und seiner Familie kam noch die Lieblichkeit
der Landschaft, um das Glück, das Goethe hier genoß, vollkommen zu machen.
Es war fast dieselbe Umgebung, in der einst die Liebe zu Lili erwacht war,
derselbe Strom, dieselbe Aussicht auf die Berge, derselbe landschaftliche Reiz,
der sein empfängliches Herz schon in frühester Jugend entzückt hatte, er übte

auch auf den Greis seine belebende, schöpferische Kraft aus, der, ewig jung
wie die Gestalten Homers, sich den Sinn und das Herz des Jünglings und

Das Willemertürmchen.

die Kraft der Liebe bewahrt hatte. Freilich nicht die Glut der Leidenschaft,
die dem Greise übel ansteht, aber eine herzliche, verehrungsvolle Neigung,

die die dichterische Phantasie zur Liebe steigerte, fesselte ihn an die schöne, damals in der Blüte des Lebens und der Schönheit stehende Gattin seines Wirtes.

> Die Flut der Leidenschaft, sie stürmt vergebens
> Ans unbezwungene feste Land:
> Sie wirft poetische Perlen an den Strand,
> Und das ist schon Gewinn des Lebens.

Marianne von Willemer geb. Jung war die Tochter eines Instrumentenmachers aus Linz, wo sie am 20. November 1784 geboren war. Als vierzehnjähriges Mädchen war sie mit der Truppe des Balletmeisters Traub nach Frankfurt gekommen. Ihre Schönheit, Anmut und Liebenswürdigkeit erregten die Aufmerksamkeit des reichen Frankfurter Bankiers Joh. Jakob Willemer, er nahm sie in ihrem sechzehnten Lebensjahre zu sich, um sie mit seinen Töchtern erziehen zu lassen und für ihre musikalische Ausbildung zu sorgen. Im September 1814 bot ihr der seit 1796 zum zweiten Male verwitwete, damals 54jährige Pflegevater unter Zustimmung seiner Kinder seine Hand. „Die schöne Müllerin", wie sie nach der Gerbermühle, der Sommerwohnung Willemers, genannt wurde, war eine kleine, anmutige Brünette, mit prächtigen Augen und voller Gestalt; ungezwungen und natürlich, energisch und resolut, weshalb ihr Goethe den Scherznamen „der kleine Blücher" gab, für die Kunst begeistert und selbst Dichterin, Sängerin und Künstlerin, tiefen und empfänglichen Gemütes und Geistes, besaß sie alles, was einen Dichter zur leidenschaftlichen Liebe entflammen konnte, aber sie besaß auch einen edlen und geraden Sinn, dankbare Verehrung für ihren Gatten und herzliche Liebe zu ihren Stiefkindern. Daß das Geständnis der Neigung Goethes sie glücklich machte und ihrem Leben neuen Wert gab, wer will ihr das verargen? Aus der Erwiderung der Neigung hat sie nie ein Hehl gemacht; aber ihr edler Charakter und der weibliche Takt haben sie nie die Grenze des Erlaubten überschreiten lassen. Als Goethe in einem seiner Briefe ein „Du" wagte, ist sie schweigend darüber hinweggegangen. Aber in der Sprache der Dichtung, in dem heiteren Spiel der Poesie konnten und durften sie beide ihrer Neigung verklärten und erhöhten Ausdruck geben; auch Marianne konnte es, denn auch ihr hatte ein Gott gegeben zu sagen, was sie leide, und unter den von Goethe verherrlichten Frauen nimmt sie eine Sonderstellung ein; zum ersten Male in seinem Leben antwortet dem Dichter eine gottbegnadete Dichterin:

> Selbstgefühltes Lied entquillet,
> Selbstgedichtetes dem Mund.

Das erste Lied sendet Goethe seiner Suleika aus Frankfurt am 12. September 1815, als er auf einige Tage in die Stadt gezogen und in Wille=

Marianne Willemer.

mers Hause, dem „roten Männchen", wohnte: Welch eine Ueberraschung mag ihm Mariannens Antwort, das schöne Gedicht, bereitet haben: „Hochbeglückt in deiner Liebe" mit dem prächtigen Schluß:

Gerbermühle bei Frankfurt am Main.

> Scherze nicht! Nichts von Verarmen!
> Macht uns nicht die Liebe reich?
> Halt ich dich in meinen Armen,
> Jedem Glück ist meines gleich.

Am 15. September 1815 kam Goethe mit Boisserée wieder auf einige Tage in die Gerbermühle. Marianne sang ihm mit höchstem Kunstsinn einige Lieder vor: „Gott und die Bajadere hört ich vortragen, so schön und innig als nur denkbar." Goethe recitierte eine Reihe seiner Liebesgedichte, während Marianne still zuhörte, „den Kopf mit einer gelben, turbanartig gelegten Schärpe umwunden". Damals entstand: Suleikas Traum und Hatems Deutung. Am 19. September reiste Goethe mit Boisserée nach Heidelberg; unterdeß dichtete Suleika das als Gedicht Goethes bald berühmt gewordene Sehnsuchtslied: Was bedeutet die Bewegung?

> Und mich soll sein leises Flüstern
> Von dem Freunde lieblich grüßen;
> Eh noch diese Hügel düstern,
> Sitz ich still zu seinen Füßen.

Wie diese Verse andeuten, sollte die Trennung nur kurz sein; schon am 24. September folgte Willemer dem Freunde nach Heidelberg. Die beiden gemeinsam in Heidelberg verlebten Tage sind der Höhepunkt der Liebe und der Dichtung. Die Freude des Wiedersehens und der Austausch gegenseitiger liebevoller Gesinnung, die wunderbare Umgebung, die Schönheit und Klarheit der Herbsttage, alles traf zusammen, um Goethe Töne tiefster Empfindung und höchster Seligkeit zu entlocken und Mariannen zu dichterischen Ergüssen zu begeistern, die ihr selbst ein Rätsel waren. „Zugleich demütig und stolz," so schilderte sie später ihren Zustand, „beschämt und entzückt, schien mir alles wie ein beseligender Traum, in dem man sein Bild verschönert, ja veredelt wiedererkennt und sich alles gern gefallen läßt, was man in diesem erhöhten Zustande Liebens- und Lobenswertes spricht und thut; ja sogar die unverkennbare Mitwirkung eines mächtigen höheren Wesens, insofern sie uns Vorzüge beilegt, die wir vielleicht gar nicht zu besitzen glaubten, ist in seiner Ursache so beglückend, daß man nichts thun kann, als es für eine Gabe des Himmels anzunehmen, wenn das Leben solche Silberblicke hat."

Auf einem Spaziergang, den er mit Mariannen, Willemer und dessen Tochter durch die Kastanienallee am 24. September nach dem Schlosse machte, entstand das Lied „An vollen Büschelzweigen" mit dem Schluß:

> So fallen meine Lieder
> Gehäuft in deinen Schoß —

und an demselben Tage das unerreicht schöne „Wiederfinden", das in mystisch-orientalischer Art die Schöpfung der Welt und die Liebe verbindet. Auf die Klage des Greises über den Verlust der Jugend antwortet Suleika:

> Nimmer will ich dich verlieren!
> Liebe giebt der Liebe Kraft.
> Magst du meine Jugend zieren
> Mit gewalt'ger Leidenschaft!
>
> Ach, wie schmeichelt's meinem Triebe,
> Wenn man meinen Dichter preist!
> Denn das Leben ist die Liebe,
> Und des Lebens Leben Geist.

Die Vollmondsnacht, die diesem Tage folgte, blieb beiden unvergeßlich; einen Monat später dichtete Goethe ihr zum Gedenken das Lied: „Herrin, sag, was soll das Flüstern?" Man verabredete eine Geheimschrift in Chiffern, der das Lied „Laßt's euch, o Diplomaten" gewidmet ist. Am 26. September kehrten Willemers nach Frankfurt zurück; es sollte ein Abschied für immer sein. Noch an demselben Tage dichtete Marianne, von der Erinnerung an das genossene Glück überwältigt, das Lied, das, bis der wahre Autor bekannt wurde, als eine der Perlen der Lyrik Goethes galt:

> Ach, um deine feuchten Schwingen,
> West, wie sehr ich dich beneide!
> . . . .
> Sag ihm aber, sag's bescheiden,
> Seine Liebe sei mein Leben!
> Freudiges Gefühl von beiden
> Wird mir seine Nähe geben.

Das Lied hat in Schuberts und Mendelssohns Komposition seinen Siegeslauf durch die Welt genommen. „Wie oft," schreibt Goethe an Marianne im Mai 1824, „habe ich nicht das Lied singen hören, wie oft dessen Lob vernommen und in der Stille mir lächelnd angeeignet, was denn auch wohl im schönsten Sinne mein eigen genannt werden durfte." Marianne hat den wahren Ursprung nie verraten. Gewiß gehört dichterisches Genie dazu, das Lied zu dichten und in Goethes Lyrik sich so einzuleben, daß keine Kritik an der Goethischen Autorschaft gezweifelt hat, aber noch mehr zu bewundern ist der starke Geist und die großartige Bescheidenheit der edlen Frau, die ein solches selbst auferlegtes Geheimnis mit ins Grab nahm.

Auch diese Liebe Goethes ist ein Zeichen seiner Verjüngung, und die ihr entsprossenen Lieder, das Buch Suleika, sind der schönste und glänzendste

Beleg für die Rückkehr Goethes zu der Dichtung seiner Jugend, zu dem einfachen und natürlichen Ausdruck der Empfindung, der Abwendung von der Kunstpoesie, von der Symbolik und Allegorie zur Volks- und national-deutschen Dichtung. Und gewiß hat diese Liebe und das Buch Suleika dazu beigetragen, daß Goethe den ursprünglichen Gedanken, den persischen Divan zu übersetzen und zu dichten, „um sich mit der orientalischen Litteratur inniger bekannt zu machen", fallen ließ und einen deutschen Divan dichtete. In Goethes Dichtung ist der orientalische Name und sind die orientalischen Beziehungen nur ein durchsichtiger Schleier, dessen er sich bediente, um seiner „abgespielten Leier" neue Töne zu entlocken. Der westöstliche Divan ist eine deutsche Dichtung; was mit deutschen Sitten und Anschauungen sich nicht verträgt, wie das Haremsleben und die fatalistische Weltanschauung und der Fanatismus, das hat der Dichter entfernt. Die Lebensfreudigkeit und die heitere, optimistische Auffassung, die den Divan durchzieht, ist nicht mohamedanisch, sondern echt deutsch und Goethisch. Der Dichter findet Raum für die gewaltige Gestalt Napoleons und Ereignisse seiner Gegenwart, für Hutten und die verehrte Kaiserin Ludovica, er verteidigt seine politische Anschauung und läßt im Paradiese die Huri dem Deutschen zu liebe in Knittelversen sprechen, er preist als seine eigene Lebensweisheit die schaffensfreudige Thatkraft, „schwerer Dienste tägliche Bewahrung", und läßt die Quintessenz des menschlichen Daseins Suleika in den Worten aussprechen:

> Volk und Knecht und Ueberwinder,
> Sie gestehn zu jeder Zeit:
> Höchstes Glück der Erdenkinder
> Sei nur die Persönlichkeit.

Im März 1816 brachte das „Morgenblatt" die ersten Proben aus dem Divan. Der Druck und die Bearbeitung der Noten und Abhandlungen verzögerten die Ausgabe bis zum Herbst 1819. Acht Jahre später bemerkt Goethe: „die Lieder des Divan haben gar kein Verhältnis zu mir. Sowohl was darin orientalisch, als was darin leidenschaftlich ist, hat aufgehört in mir fortzuleben; es ist wie eine abgestreifte Schlangenhaut am Wege liegen geblieben." Nicht nur der Divan, auch die Epoche der Verjüngung ist nur eine Episode in Goethes Leben und Dichten. Das Alter machte seine Rechte geltend und führte wie von selbst den Greis in die altgewohnten Gleise zurück.

Höchst merkwürdig, wie sich gerade in dieser Zeit ein bestimmter Stil der dichterischen Sprache Goethes ausbildet. Daß der junge Goethe und der Dichter auf seiner Höhe einem jeden Werke einen besonderen Stil gegeben hatte, haben wir öfters an ihm gepriesen. Man denke nur an die fast zu gleicher Zeit entstandenen Werke Götz und Werther oder an den Tasso und die Römischen Elegieen. Die Dichtungen des Alters dagegen, vom Divan an, zeigen einen einheitlichen Stil. Aus der Vorliebe für die antike Dichtung hat er die Neigung zum Typischen und Symbolischen und zum plastischen Ausdruck; der in Goethe selbst liegende Zug zur Knappheit und Kürze der Sprache entwickelt sich immer mehr und steigert sich nicht selten bis zur Unklarheit oder Schwerverständlichkeit. Die eigene sprachschöpferische Thätigkeit des Dichters hat auch in dieser Epoche die deutsche Sprache bereichert, aber gewisse Einflüsse des zunehmenden Alters lassen sich unschwer erkennen, eine der Jugend unbekannte Vorliebe für das Ungewöhnliche, Dunkle oder von dem einfachen Ausdruck Abweichende und ein Ueberwiegen des Lehrhaften.

Nichts spricht dafür, daß Goethe die antiken Dichtungen und die antike Kunst jetzt geringer achtete als früher. Selbst im Jahre 1815 las er neben Hafis täglich eine Perikope Homer. Nur von der Einseitigkeit seiner Anschauung hatte er sich befreit. Friedlich gehen nun einige Jahre Studien der Antike und Interesse für altdeutsche Kunst und Dichtung und für die orientalische Poesie und Kultur nebenher. Es ist bezeichnend, daß die für das Jahr 1816 mit Meyer geplante Reise nach dem Rhein, wo Goethe sich in den beiden vorhergehenden Jahren Erquickung und Verjüngung der Kräfte geholt hatte und wo seine Begriffe von der älteren deutschen Baukunst immer mehr gereinigt und erweitert worden waren, schnell aufgegeben wurde, weil durch einen Zufall der Wagen der Reisenden in Münchenholzen in Thüringen verunglückte. In dem Badeorte Tennstedt (in dem jetzigen Regierungsbezirk Erfurt gelegen), wo Goethe darauf an Stelle von Wiesbaden im August und Anfang September 1816 die Kur gebrauchte, wurde zwar die schöne Beschreibung des Nochusfestes entworfen, aber daneben auch Humboldts Uebersetzung des Aeschyleischen Agamemnon, „den ich von jeher abgöttisch verehrt hatte," studiert und mit Meyer und Fr. August Wolf wurden bedeutende Unterhaltungen über die Antike gepflogen. Im Jahre 1816 erscheint Goethes Schrift über die Bestrebungen für die altdeutsche Kunst unter dem Titel: Kunst und Altertum in den Rhein- und Maingegenden, gleichsam „als Dank des Reisenden für so vieles empfangene Gute", aber in demselben Jahre werden dem Tagebuche aus der „italienischen Reise," in dem die Gotik doch gewiß schlecht genug wegkommt, so kräftige Ausfälle beigefügt, wie wir sie jetzt in dem Briefe aus Venedig vom 8. Oktober lesen, denen noch andere folgen zu lassen er nur durch Boisserées Bitten abhalten wurde, und schon im zweiten Jahrgang der Zeitschrift für Kunst und Altertum (1817) beginnt der Kampf gegen die „altertümelnde, deutsch-fromme Sekte der

Nazarener". Die Bearbeitung der „italienischen Reise" entfachte die alte Leidenschaft für die antike Kunst und die Erwerbung der Elgin=Marbles (1816) für das britische Museum und die aus Paris nach Weimar gesandten Zeichnungen des Parthenons und seiner Giebelbilder steigerten zeitweilig diese Kunstleidenschaft zu fieberhafter Aufregung. Aber auch den deutschen Baudenkmälern, besonders dem Werke Boisserées über den Kölner Dom wandte Goethe noch 1822 das lebhafteste Interesse zu, und in das Jahr 1820 fällt eine Erweiterung des Divans: drei prächtige, von echt deutschem Geist durchwehte Lieder des Paradieses.

Erst allmählich nimmt die antike Welt den Dichter wieder ganz gefangen. Neben aristophanischen Studien, die durch Reisigs „Bemerkungen über den Aristophan" veranlaßt waren, trat seit dem Besuche Wolfs in Jena (Oktober 1820) das wissenschaftliche Interesse für die Homerfrage wieder hervor. Der Abdruck seiner „Ilias im Auszuge" aus dem Jahre 1798 in Kunst und Altertum (1822), der dazu beitragen sollte, „das Werk als ein Ganzes, wie es auch zu uns gekommen, dankbar anzuerkennen", war eine Folge dieser Studien. Ein an und für sich unbedeutendes Buch Schubarts „Ideen über Homer und sein Zeitalter" gab Goethe die Veranlassung, nach langem Schwanken als seine endgültige Meinung die Unhaltbarkeit der Wolfschen Hypothese auszusprechen; von nun an wollte er sich Homer nun wieder „als eine herrliche Einheit und die unter seinem Namen überlieferten Gedichte als einem einzigen höheren Dichtersinne entquollene Gottesgeschöpfe vorzustellen".

Die in diesen Jahren erschienenen größeren prosaischen Werke Goethes sind von diesen Neigungen und Abneigungen wenig beeinflußt. Bei den Wanderjahren verbot sich das durch den Stoff; bei der italienischen Reise und Campagne in Frankreich war Goethe mehr Redakteur als Autor. Darum beweist auch die in der „italienischen Reise" hervortretende Verachtung der Gotik nicht viel. Denn Goethe will ja in diesem Werke nicht seinen Standpunkt vom Jahre 1816, sondern den des lernenden, sich in der Kunstanschauung und Kenntnis entwickelnden Mannes darstellen. Schon der Titel, unter dem der erste Band erschien: Aus meinem Leben. Von Goethe. Zweiter Abteilung erster Teil. Auch ich in Arkadien. Stuttgart und Tübingen, in der Cotta'schen Buchhandlung, 1816, und die Ueberschrift des Abdruckes der ersten Probe im Morgenblatt: I. Verona. Als Probe aus Wahrheit und Dichtung II. beweist klar, daß Goethe in der „italienischen Reise" nicht einen Führer durch Italien, sondern ein biographisches Werk, die Fortsetzung von Dichtung und Wahrheit, geben wollte, nur daß die ersten zehn Jahre in Weimar übersprungen und die Vollendung der letzten Frankfurter Zeit verschoben wurden.

Dieselben Grundsätze wie bei Dichtung und Wahrheit leiteten Goethe auch hier. Die Entwickelung des Knaben und Jünglings sollte dort dargestellt werden, in der italienischen Reise die Wiedergeburt des Künstlers und Dichters. Einer der Freunde Goethes, dem die künstlerische Tendenz der italienischen Reise durchaus nicht behagen mochte, Boisserée, hat das treffend ausgesprochen in dem Urteil über den ersten Band: „Es ist wie ein Feldzug um die Eroberung aller Herrlichkeiten des schönen Landes, ein wahres Sturmlaufen auf das Echte und Rechte in den Dingen. . . . Für mich hat die italienische Reise noch den ganz besonderen unschätzbaren Wert, daß ich auch in dieser verjüngten Gestalt Ihre ganze Persönlichkeit wiedererkenne", worauf Goethe antwortete: „Ihr freudiges Aufnehmen der „italienischen Reise" that mir sehr wohl. . . . Einem Verfasser müßte schaudern, wenn er bedächte, wie viele Leser nichts zum Buche hinzubringen, weder Kenntnis noch Empfänglichkeit. . . . Den Sturmschritt haben Sie ganz richtig empfunden. . . . Auch die Ungerechtigkeiten beurteilen Sie einsichtig und gerecht. Dergleichen Herbes, Unreifes paßt wohl zu dem Drange des Beginnens; alles dies wird, noch ehe der Reisende über die Alpen zurückkehrt, süßer und genießbarer." Diese Entwickelung Goethes in Italien, wie sie die „italienische Reise" darstellt, hier zu schildern, dessen sind wir überhoben; das ist schon in dem Goethes Aufenthalt in Italien gewidmeten Kapitel geschehen; aber einiger Kunstmittel, deren Goethe sich bediente, um aus Briefen und Tagebüchern ein Kunstwerk zu gestalten, wollen wir kurz gedenken. Um dem Ganzen inneren Zusammenhang, künstlerische Verknüpfung und Abrundung und der nicht selten trockenen, belehrenden Aufzählung und Tagebuchform eine gefällige, anregende und schöne Gestalt zu geben, wird gestrichen und hinzugefügt, auseinandergerissen und verbunden, das Wirkliche nicht selten der „Dichtung" geopfert und werden Andeutungen im Tagebuch zu kleinen Erzählungen in novellistischer Form ausgenutzt. Zu diesen gehört das Abenteuer von Malcesine, die Erzählung von den Pilgern auf der Fahrt nach Venedig, das religiöse Gespräch mit dem Hauptmann zwischen Perugia und Foligno; ein ganzer Brief mit prachtvoller Darstellung des Festes Allerheiligen und der vom Papste abgehaltenen Messe wird aus ein paar Worten des Tagebuches gebildet, zugleich um dem Freunde Meyer ein Denkmal zu setzen und schon jetzt auf die Stellung hinzuweisen, die er in Wirklichkeit erst viel später eingenommen hat.

Wie „Dichtung und Wahrheit" seinen Hauptreiz durch die Erhebung des Individuellen zum Typischen erhält, so ist Goethe auch in der „italienischen Reise" eifrigst bemüht, sich selbst objektiv und geschichtlich zu betrachten. Seine Quelle waren die Tagebücher und Briefe an Frau von Stein. „Wozu sähe ich das alles, wenn ich Dir's nicht mitteilen könnte," hatte er an sie geschrieben, und so waren jene Tagebücher und Briefe entstanden. Jetzt bildeten sie für ihn das Rohmaterial, das er ohne ein sentimentales Gefühl benutzte. „Mit einer Objektivierung des Vergangenen, die beim ersten Anblick etwas erschreckendes hat," so berichtet der erste Herausgeber, „hat er diese Blätter auseinandergerissen und manchmal in Streifen zerschnitten, über der Zeile mit Stift oder Feder Aenderungen eingetragen, fast alle Seiten diagonal durchstrichen und, mit diesem Zeichen der Erledigung oder Ausscheidung nicht zufrieden, sehr oft Zeile für Zeile ausgemerzt." Aber was ihm in Dichtung und Wahrheit so meisterhaft gelungen, ist in der „italienischen Reise" nicht erreicht worden. Die redaktionelle Thätigkeit sagte offenbar Goethe nicht zu. Eine große Zahl von Wiederholungen, Flüchtigkeiten, falschen Zeitangaben, Widersprüchen ist stehen geblieben, die unausgeglichene Gestalt, die bald die Briefform festhält, bald Berichte und Korrespondenzen einfügt und den Fluß der Darstellung durch Aufsätze über fremde, von dem Thema weitab liegende Dinge unterbricht, beeinträchtigt den Genuß und erschwert das Verständnis. Die Arbeit Goethes an der Redaktion begann Ende 1813. „Er selbst verfertigte," wie uns der erste Herausgeber der Tagebücher und Briefe schildert, „knappe Auszüge in Stichworten, Meyer, als Chef des Goethischen Kunstdepartements, brachte in chronologischer Folge und größtenteils lehrhaft nüchtern allerhand Monita und Data zu Papier, Riemer wirkte als Mitredakteur." Im Beginn des Jahres 1815 wurde der erste römische Aufenthalt bearbeitet; dann verschob das alles zurückdrängende Interesse an der orientalischen Dichtung die weitere Arbeit. November 1816 erschien der erste Band. Der zweite, der Neapel und Sicilien umfaßte, folgte im Jahre darauf. Leider verbrannte Goethe bald darauf die Briefe aus Neapel und Sicilien. Ein Schlußband: Zweiter römischer Aufenthalt vom Juni 1787 bis 1788 kam erst Ende des Jahres 1829 heraus. Er hat am meisten durch unglückliche Redaktion und störende Zusammenstellung disparater und mit dem Thema wenig zusammenhängender Dinge gelitten. Aber dieser Mangel wird tausendfach ersetzt durch die Bedeutung des Inhalts und den inneren Wert des Dargestellten. Der „zweite Aufenthalt in Rom" ist der Höhepunkt der Entwickelung des Dichters. Was er hier für sich gewonnen hat, ist ein dauernder, unangetasteter Besitz geblieben. Und gleich als überkäme ihn ein Hauch der alten Jugendkraft und Jugendliebe, weiß er noch am Ende seines Lebens der Darstellung die reizende Liebes=

novelle, die anmutige Geschichte von der schönen Mailänderin, einzuflechten. Echt künstlerisch läßt der Autor gerade in dem Augenblicke des größten Glückes die Stimme der Sehnsucht nach der Heimat erst leise, dann immer lauter erklingen. Es giebt doch noch etwas, was mehr wert ist als alle Herrlichkeiten Italiens und alle Kunst. Das ist die Berufsarbeit und der Kreis der Freunde.

So verläßt denn der Leser das große Werk trotz des wehmütigen Schlusses, trotz des ergreifenden Abschieds von Rom, mit dem schönen erhebenden Gefühl, daß der Dichter, neu belebt und neu geboren, im Besitz eines kostbaren Schatzes zu dem ihm von Gott vorgeschriebenen Wirkungskreise zurückkehrt, um neue unverwelkliche Lorbeeren zu pflücken.

Ebenso wie die „italienische Reise", hat auch das andere größere Werk Goethes aus dieser Zeit, „die Campagne in Frankreich", unter falscher Auffassung zu leiden gehabt. Auch hier wies der ursprüngliche Titel, unter dem das Werk erschien, auf die eigentlichen Absichten des Dichters hin: Aus meinem Leben. Von Goethe. Zweiter Abteilung fünfter Teil. Auch ich in der Campagne. Stuttgart und Tübingen, in der Cottaschen Buchhandlung, 1822. Der jetzige Titel erschien erst in der Ausgabe letzter Hand. Der noch fehlende dritte und vierte Teil der zweiten Abteilung der Selbstbiographie waren für den dritten Teil der italienischen Reise und die Jahre 1788 bis 1792 bestimmt. Die Campagne in Frankreich will also nicht eine Geschichte des Feldzuges sein, sondern die Darstellung der Erlebnisse Goethes während dieser Zeit und des Eindrucks und Einflusses dieses verfehlten politischen Unternehmens auf den nach dem Wunsche des Herzogs daran beteiligten Privatmann Goethe. Daß in dieser Schilderung das Element der Dichtung und das künstlerische Motiv mehr zurücktritt, liegt in der Natur des politischen Unternehmens, und die Glaubwürdigkeit Goethes ist auch für ungläubige Gemüter durch den Vergleich mit geschichtlichen Quellen erwiesen worden. Aber dennoch fand der Dichter Gelegenheit genug, die ungeschwächte Kraft und Schönheit seiner Kunst zu erweisen. Wie Goethe die Einnahme von Verdun mit ihren heiteren Intermezzi, wie er die Verzweiflung der ihrer Herden beraubten und mit Geldanweisungen auf Ludwig XVI. abgefundenen Franzosen schildert, wie er unter dem Donner der Kanonen und dem Einschlagen der Geschosse dem Fürsten Reuß seine Farbenlehre auseinandersetzt, wie er bei der Kanonade von Valmy das Kanonenfieber kennen lernen will, wie er das entsetzliche Elend des Rückzuges mit ergreifenden Farben darstellt und uns doch wieder durch anmutige Scenen französischer Häuslichkeit erheitert und erquickt, das sind alles kleine

Kabinettstücke seiner Kunst, die sich getrost den Werken seiner besten Zeit an die Seite stellen können.

Freilich hat eine zu geringe Sorgfalt der Redaktion und die wahrscheinlich vom Verleger geforderte größere Ausdehnung der Schrift der künstlerischen Gestaltung sehr geschadet und dazu geführt, daß eine Reihe Personen und Ereignisse in der „Campagne in Frankreich" zu finden sind, die nur wenig mit dem Feldzuge zu thun haben. Dahin gehört der durch eine „Zwischenrede" leise angefügte Besuch bei Jakobi in Pempelfort und der Gräfin Gallitzin in Münster und der Aufenthalt bei Plessing in Duisburg. Läßt sich das noch wenigstens für die erste Ausgabe, die sich noch nicht „Campagne in Frankreich" nannte, rechtfertigen, so wird doch für die ausführlichen Darlegungen über Goethes Wertherzeit, die Reise in den Harz und das Gedicht „Harzreise im Winter", für die Erörterungen über seine Theaterdirektion, seine Revolutionsdramen, für die katalogartige Aufzählung der bedeutendsten Steine der Gallitzinschen Sammlung u. a., die innere Berechtigung sich kaum erweisen lassen.

Noch mehr vermißt man eine straffe Redaktion in der an die Campagne sich unmittelbar anschließenden Belagerung von Mainz 1793, in der die Tagebuchnotizen meist unvermittelt stehen geblieben sind. Hier wird so wenig der Versuch gemacht, die Lücken auszufüllen, daß ein Abschnitt eigens als solche betitelt wird. Erst in der zweiten Hälfte gewinnt die Darstellung wieder eine behagliche Fülle und eine künstlerische Form.

Wenn wir uns jetzt zu Goethes äußerem Leben in der Zeit nach den Jahren der Fremdherrschaft wenden, so haben wir zuerst der angenehmen häuslichen Verhältnisse die ihm Christianens Treue und Sorgfalt schuf, zu gedenken. Obgleich eine volle Anerkennung Christianens in den vornehmen Kreisen nicht zu erreichen war, so waltete sie doch in ihrem Hause und bei allen Besuchen als Hausfrau und Gattin Goethes. Seine entschiedene Absicht, ihr dieses Recht zu wahren, gab Goethe öfters nachdrücklich kund. So mußte Bettina, die als eben angetraute Frau Achim von Arnims 1811 in Weimar war und Christiane ungebührlich behandelte, erfahren, daß Goethe hierin keinen Spaß verstand. Zum Erstaunen von ganz Weimar wurde Bettinens Freundschaft der Gattin zu Liebe preisgegeben. Nicht einmal eine Unterredung konnte die Verkünderin seines Ruhmes von ihrem angebeteten

Ideal erreichen. Auch nahm Goethe Christianen mehrmals zum Aerger der Weimarer Damen mit sich auf seine Badereisen, um auch nicht den geringsten Zweifel über ihre Stellung aufkommen zu lassen. Dafür dankte sie ihm durch treue Sorgfalt, wirtschaftliche Tüchtigkeit und erfreute ihn durch ihren stets gleich bleibenden Humor und ihre herzerquickende Heiterkeit, in der ihre Gesellschafterin, eine hübsche Waise, Karoline Ulrich, mit ihr wetteiferte. Auch die Ernennung Augusts zum Assessor im Jahre 1812 und sein Eintritt in den Weimarschen Dienst trug dazu bei, die Stimmung im Goethehause behaglich und freundlich zu gestalten, wenn auch das Mißverhältnis zwischen Vater und Sohn sich schon damals hin und wieder geltend machte.

Einen Einblick in die Goethische Häuslichkeit (im Jahre 1810) gewährt uns das Buch der Malerin Luise Seidler. „Es ging bei dem Dichterfürsten meist ganz patriarchalisch zu, besonders wenn Goethe mit seiner Frau und Fräulein Ulrich, die Gesellschafterin der Frau vom Hause, an stillen Abenden eine Partie „Whist mit Strohmann" spielte, wobei ein Gläschen Punsch nicht fehlen durfte. Beim Mittagessen war Goethe mit Riemer, Meyer und anderen Gästen, deren Zahl jedoch niemals acht überstieg, sehr heiter. Man speiste in einem kleinen Zimmer, dessen Wände mit Handzeichnungen berühmter alter Meister geschmückt waren; das Mahl war stets von gediegener Einfachheit, das Getränk trefflicher Burgunder. Beim Dessert entfernten sich die Damen des Hauses, „die lustigen Weiber von Weimar," wie Goethe sie scherzend nannte, um spazieren zu fahren. Auch August, sein schöner, nun erwachsener Sohn, wiewohl bei Tisch am Gespräch teilnehmend, zog sich still zurück und ging anderen Geschäften nach. Die Herren (denn nur sehr selten wurden Damen zu Mittag geladen) blieben dann sitzen. Auch ich hatte ein für allemal die Erlaubnis zum Dableiben. Sobald wir allein waren, nahm Goethe jederzeit irgend einen bestimmten Gegenstand vor, an welchem er seine scharfsinnigen Bemerkungen reihte; z. B. einen bronzenen Moses von Michelangelo in kleinen Dimensionen; die Werke des Canova; Abbildungen der im Besitze des Herrn von Quandt befindlichen Kunstwerke; die Zeichnungen zum „Faust" von Cornelius und anderes. Unter diesen interessanten Gesprächen kam unmerklich der Abend herbei, der neue Genüsse brachte, da man gewöhnlich in das Theater fuhr. Riemer und Meyer pflegten Goethe zu begleiten; bisweilen schlossen sich auch die Damen an. Der Dichter hatte damals eine geschlossene Parterreloge, unterhalb der herrschaftlichen. In den Zwischenakten wurde kalte Küche präsentiert; auch der Burgunder fehlte nicht. Goethes Kritik der Aufführungen war bis auf

An Frauenhagen

Gelangte mir Dein herrlich Heft! (*)
Es schien zu sagen:
Ermanne dich zu fröhlichem Geschäft!
Die Welt in allem Sonnenglanz und Glück
Nach erwägen, herrlichem Begehen;
Das empfehlest du ja sonst zur Sachen.
Erhalte so, durch mich, Dein schöner bedrängt
                                    Gemüth!

W. d. 12 Jun.
1816. (*) Sur le toit

die geringsten Kleinigkeiten eingehend. War er mit einer Darstellung zufrieden, so ertönte sein Beifall durch dreimaliges lautes Händeklatschen, deutlich vernehmbar für Zuschauer und Schauspieler."

Ein jäher Riß zerstörte diese heitere, friedliche Häuslichkeit am 6. Juni 1816. Ende Mai dieses Jahres wurde die erst 52jährige Hausfrau von einer tötlichen Krankheit befallen. Was uns ihr Bruder Vulpius, Riemer und Frau Schopenhauer über die letzten fünf Tage Christianens mitteilen, erhöht unser Mitleid für die Unglückliche. Die Schmerzen, die mit den Blutkrämpfen verbunden waren, erreichten einen solchen Grad, daß die Kranke sich die Zunge durchbiß. Goethe selbst wurde am 4. Juni krank und konnte der Gattin nicht beistehen. „Mein Sohn," so lesen wir im Tagebuch vom 5. Juni, „Helfer, Ratgeber, ja einziger, haltbarer Punkt in dieser Verwirrung." Den Tag darauf: „Nahes Ende meiner Frau. Letzter fürchterlicher Kampf ihrer Natur. Sie verschied gegen Mittag. Leere und Totenstille in und außer mir." Wie es seine Art war, zog er sich in Zeiten großen Leides zurück, um den Schmerz allein zu bewältigen. Selbst an den Freund Zelter schreibt er am Begräbnistage (8. Juni) nur die wenigen Worte: „Wenn ich Dir, derber, geprüfter Erdensohn, vermelde, daß meine liebe, kleine Frau uns in diesen Tagen verlassen, so weißt Du, was es heißen will." „Ob er gleich," schreibt Riemer, „gefaßt erscheint und von allem anderen spricht, so überfällt ihn doch mitten unter anderen der Schmerz, dessen Thränen er umsonst zurückzudrängen strebt." In diesen Tagen sandte ihm Alexander von Humboldt seine Schrift: „Ueber Verteilung der Pflanzengestalten auf dem Erdboden". Goethe übermittelte ihm am 12. Juni den Dank mit dem Gedicht, dessen Facsimile wir anbei bringen. Der Gattin selbst stiftete er ein Denkmal in dem Gedicht:

> Du versuchst, o Sonne, vergebens,
> Durch die düstern Wolken zu scheinen!
> Der ganze Gewinn meines Lebens
> Ist, ihren Verlust zu beweinen.

Ersatz für die gestörte Häuslichkeit schien sich schon im nächsten Jahre durch Augusts Verheiratung mit Ottilie von Pogwisch, der Tochter einer verwitweten Majorin und Hofdame der Großherzogin, zu bieten. Beide liebten sich schon längere Zeit; aber erst nach dem Tode Christianens gab die Großmutter Ottiliens, die Oberhofmeisterin der Erbgroßherzogin, Gräfin Henckel von Donnersmarck, ihre Einwilligung. Goethe war mit dieser Heirat einverstanden, weil ihm das liebenswürdige, geistreiche Wesen Ottiliens sympathisch war und weil er von einer Heirat und dem Einfluß Ottiliens viel

Gutes für seinen sich durch sinnliche Genüsse zerrüttenden Sohn hoffte. Veranlagung, Erziehung und Schicksal schienen sich vereinigt zu haben, um diesen einzigen Sohn Goethes unglücklich zu machen, der als Kind und Jüngling zu den besten Hoffnungen berechtigt hatte. Bei seiner großen Sinnlichkeit besaß er nicht die Energie, sich zu beherrschen. Was der Vater durch Strenge erreichte, verdarb die Mutter durch Nachgiebigkeit. Der Vater und die Welt verlangte von dem Sohne Goethes Außerordentliches; aber seine Begabung reichte nur zu Durchschnittsleistungen. Seine praktische Natur be-

August von Goethe.

fähigte ihn wohl, die Verwaltung des Hauswesens und des Vermögens zu führen und sein Amt als Kammerrat schlecht und recht zu verwalten, aber vergebens wartete man auf den höheren Flug, den man als selbstverständlich bei ihm voraussetzte. Was er in seiner Stellung erreichte, ward dem Einfluß des Vaters zugeschrieben, aber was er im Vergleich zu seinem Vater nicht leistete, das ward ihm zum Verbrechen angerechnet. Vor den Blicken der Welt und den still redenden Mienen des enttäuschten Vaters floh der arme Mensch in die Einsamkeit oder gab sich mit seinem Freunde Ernst von Schiller heimlich Ausschweifungen hin, um seinen Gram zu übertauben. Der Vater sah diesem Treiben eine Zeitlang zu in der Hoffnung, daß der Most doch noch einen guten Wein geben werde. Zuletzt kam es zu heftigen Auseinandersetzungen, bei denen August vergeblich verlangte, Weimar verlassen zu dürfen. In diese Zeit fällt die erwachende Neigung Augusts und Ottiliens von Pogwisch, an die sich Goethe wie an die letzte Hoffnung klammerte. Im Juni 1817 fand die Hochzeit statt, das junge Paar bezog die Mansardenzimmer des Hauses, das sog. Schiffchen. Goethe gewann an der edlen und geistreichen, wenn auch excentrischen Ottilie eine ihn anbetende, hilfreiche und liebe Tochter; aber den sinnlichen Gatten konnten ihre geringen äußeren Reize nicht lange fesseln, und sie selbst war bald enttäuscht, als sie in ihm, dem Sohne des vergötterten Dichters, einen gewöhnlichen Menschen fand. Nach kurzem, fast überseligem Glück lebten sie bald nur nebeneinander, nicht miteinander; an dem Unglück dieser Ehe konnte auch die Geburt lieblicher

Ottilie von Goethe.

und schöner Knaben, Walter Wolfgang, geb. 9. April 1818, Wolfgang Max, geb. 18. September 1820, nichts ändern. Durch Augusts störrisches Benehmen wurde Goethe auch dem früheren Hausgenossen und Erzieher des Sohnes, dem gelehrten Philologen und Mitarbeiter Goethes, Riemer, für einige Zeit entfremdet. Wenn er auch 1822 eine Professur am Gymnasium in Weimar angenommen und 1814 durch Verheiratung mit Christianens Gesellschafterin, Karoline Ulrich, sich einen eigenen Herd gegründet hatte, so war er doch immer Goethes Berater und Amanuensis geblieben. Kleinliche

Nörgeleien, die stete Unzufriedenheit und das rechthaberische und mürrische Wesen Riemers führten bald darauf zu Verstimmungen und ein Zerwürnis

Goethe. Kreidezeichnung von Jagemann, 1817.

mit August (1816) den Bruch herbei, so daß der Bibliothekssekretär Kräuter die Arbeiten Riemers, soweit er das konnte, versehen mußte. Aber schon 1819 finden wir das alte Verhältnis wieder hergestellt, das dann bis zu Goethes Tod nicht wieder getrübt worden ist. Goethe wollte auf die Dauer Riemers Gelehrsamkeit nicht entbehren, und Riemer wiederum konnte trotz aller mißvergnügten Aeußerungen „ohne den einzigen, um den es sich noch der Mühe verlohnt, in Weimar auszuharren", nicht leben.

Mit dem herzoglichen Hause war Goethe immer in freundschaftlichen und guten Beziehungen geblieben. Als Karl August 1815 Großherzog geworden war, und das Staatsministerium neu gestaltet wurde, erhielt Goethe den Rang des ersten Staatsministers (Ende November 1815) mit einem Gehalt von 3000 Thalern nebst Zuschuß für die Equipage. Die feierliche Wiederherstellung des Ordens vom weißen Falken zur Wachsamkeit, bei der Goethe eine geistreiche Rede hielt, und die Verkündigung der von Karl August seinem Lande gegebenen Verfassung gaben ihm bald Gelegen-

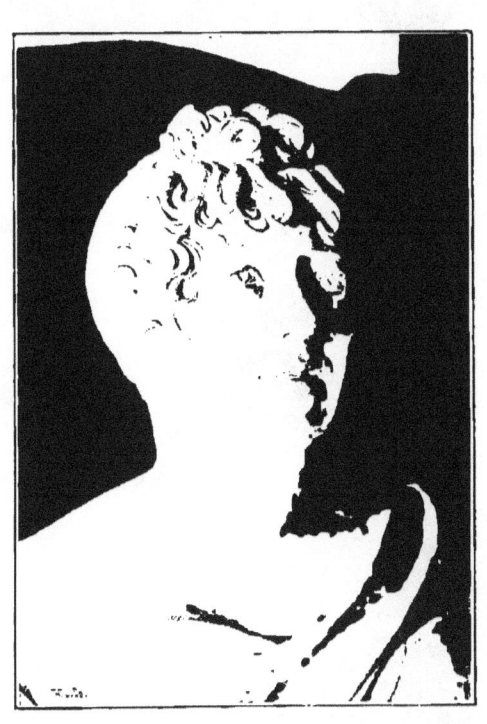

Karoline Jagemann.

heit, offiziell als erster Minister des Landes aufzutreten. Sein Wirkungskreis erstreckte sich nach wie vor auf die Anstalten für Kunst und Wissenschaft und die Universität Jena, deren naturwissenschaftliche Kabinette und Bibliothek ihn besonders beschäftigten und neben den Kunstanstalten besonders auf das Theater. Noch im Jahre 1816 sehen wir ihn eifrig an den Proben teilnehmen und eine neue Instruktion für die Regie ausarbeiten, um so jäher kam am 13. April 1817 seine Entlassung aus dieser ruhmreichen Thätigkeit durch Rescript des

Großherzogs. Damit hatten langjährige Intriguen der Schauspielerin Karoline Jagemann, die als die Geliebte des Großherzogs Frau von Heygendorf genannt wurde, ihr Ziel erreicht. Schon im Jahre 1808 hatte Goethe ihren

Goethebüste von Rauch 1820.

Kabalen und Eingriffen in seine Rechte mit der Bitte um Entlassung aus diesem Amte geantwortet, und nur das persönliche Eingreifen der Großherzogin hatte damals den Bruch verhindert. Im Februar des Jahres 1817 wiederholte sich das Schauspiel, als Kotzebues Schutzgeist wider den Willen Goethes aufgeführt wurde. Gleich als wollte man ihn durch Absetzung kränken, wurde

sein Entlassungsgesuch vorläufig nicht bewilligt, ihm vielmehr „unumschränkte
Gewalt im Kunstfache" auch fernerhin zugesichert. Aber schon am 12. April
wurde trotz des Protestes Goethes auf den Wunsch der Jagemann das Drama:

Goethebüste von Tieck 1820.

Der Hund des Aubri de Mont-Didier oder Der Wald bei Bondy, worin ein
dressierter Pudel die Hauptrolle spielte, gegeben und am Tage darauf dem
in Jena weilenden Goethe vom Großherzog die Mitteilung gemacht, daß er
aus Aeußerungen Goethes die Ueberzeugung von dem Wunsche, der Tätig-
keit für das Theater enthoben zu sein, gewonnen und den Hoftheater

danken von seinem Austritt benachrichtigt habe. Der Vorgang lehrt, daß es Karoline Jagemann nicht nur um die Herrschaft auf der Bühne, sondern um eine Verdrängung Goethes, dessen Einfluß auf Karl August ihr ein Dorn im Auge war, zu thun war. Das gelang ihr freilich nicht. Karl August bereute bald seine rohe Handlungsweise, und wenn auch Goethe dem ersten Schmerz, wie man sagt, mit den Worten Ausdruck gab: „Karl August hat mich nie verstanden" und an eine Trennung vom Herzog gedacht haben soll, verzieh er doch bald großmütig die harte Kränkung und antwortete das Jahr darauf mit dem „Maskenzuge" zu Ehren der Anwesenheit der Kaiserin=Mutter Maria Feodorowna, in dem er ein Bild der Blütezeit Weimars entwarf und damit seinem Fürsten und dessen Hause huldigte. Der ihm vom Herzog wider Erwarten übertragenen Ordnung und Vereinigung der Jenaischen Bibliotheken, die ihn oft monatelang an Jena fesselte, widmete er sich unverdrossen sieben Jahre hindurch.

In das Jahr 1820 fällt der Besuch der beiden Bildhauer Christian Friedrich Tieck und Christian Daniel Rauch, die wetteifernd zu gleicher Zeit vom 18. bis 22. August 1820 Goethes Büste nach dem Leben schufen. Im nächsten Jahr erschien der alte Freund Zelter und brachte das musikalische Wunderkind Felix Mendelssohn=Bartholdy mit sich. Der damals erst zwölfjährige Knabe war schon ein Meister des Klavierspiels und hatte auch als Komponist Treffliches geleistet. Gleich nach seiner Ankunft im Beginn des Novembers 1821 veranstaltete Goethe einen geselligen Abend, wo der kleine Virtuos seine Kunst zeigen sollte. Nach der ersten Probe geriet alles in Staunen, Goethe nahm voll Bewunderung den Kopf des Knaben zwischen die Hände, streichelte ihn und trat dann lauschend zurück, während Felix Bachsche Fugen und darauf das Menuett aus dem Don Juan spielte. „Was dieser kleine Mann," so lautete Goethes Urteil, „im Phantasieren und Primavistaspielen vermag, das grenzt ans Wunderbare... was er leistet, mag sich zum Spiel des Wunderkindes Mozart verhalten wie die ausgebildete Sprache eines Erwachsenen zu dem Lallen eines Kindes." Nicht weniger durch sein Spiel, dem Goethe häufig stundenlang lauschte, wie durch sein echt kindliches, liebenswürdiges Wesen eroberte sich „der himmlische, kostbare Knabe" die volle Liebe des von ihm vergötterten Meisters. Ein Zeichen seiner Anerkennung und Liebe sind die von uns abgedruckten Verse Goethes für Mendelssohns Stammbuch, die Adele Schopenhauer mit zwei Silhouetten begleitete. Die mit „Frack, Jaket und Kniehosen" bekleidete Figur, auf deren Nacken ein kleiner geflügelter Genius sitzt, soll die Züge Goethes tragen. Felix folgte der liebenswürdigen Einladung schon im nächsten Jahre. „Ich bin Saul," sagt Goethe damals zu ihm, „und Du bist mein David: wenn ich traurig und trübe bin, so komme Du zu mir und erheitere mich durch Dein Saitenspiel."

Stammbuchverse Goethes mit Silhouette von Adele Schopenhauer für Felix Mendelssohn-Bartholdy.

Auch insofern hatte Goethe mit der rheinischen Epoche gebrochen, daß er nach dem verunglückten Versuche von 1816 nie mehr seine Schritte nach der Vaterstadt und dem Rhein lenkte. Von 1818 bis 1823 finden wir ihn im Sommer wie in früheren Zeiten in den böhmischen Bädern. Ueber seinen Aufenthalt in den drei ersten Jahren ist nicht viel zu berichten. Alte und neue Bekanntschaften, die Kur und das mineralogische Interesse nahmen ihn wie früher völlig in Anspruch. Von großer Bedeutung aber für den Menschen und den Dichter sollte der Badeaufenthalt 1822 in Marienbad, 1823 in Marienbad und Karlsbad werden.

Goethes letzter Liebesgesang und zugleich eines seiner tiefstempfundenen Gedichte, die sogenannte „Marienbader Elegie", ist mit dem Namen Ulrike von Levetzow unauflöslich verbunden. Auch sie, die heute noch unter uns lebt, hat einen Anteil errungen an der Unsterblichkeit, die dem Namen Goethe anhaftet. Die neunzehnjährige, zu holder Schönheit und Anmut emporgeblühte Jungfrau entflammte das ewig junge Herz des zweiundsiebzigjährigen Dichters zu leidenschaftlicher Liebe, die er zwar mannhaft niederkämpfte, doch nicht, ohne die schönen Stunden leidenvollen Glückes in seiner Dichtung zu verherrlichen. Man hat wohl über die Leidenschaft des Greises gespöttelt, aber von der Selbstlosigkeit und Reinheit seiner Liebe, von dem Adel seiner Gefühle zeugen am besten die wunderbaren Verse der „Elegie":

Felix Mendelssohn-Bartholdy.

In unsers Busens Reine wogt ein Streben,
Sich einem Höhern, Reinern, Unbekannten
Aus Dankbarkeit freiwillig hinzugeben,
Enträtselnd sich den ewig Ungenannten:
Wir heißen's: fromm sein! — Solcher sel'gen Höhe
Fühl' ich mich teilhaft, wenn ich vor ihr stehe.

Vor ihrem Blick wie vor der Sonne Walten,
Vor ihrem Atem wie vor Frühlingslüften
Zerschmilzt, so längst sich eisig starr gehalten,
Der Selbstsinn tief in winterlichen Grüften;
Kein Eigennutz, kein Eigenwille dauert,
Vor ihrem Kommen sind sie weggeschauert.

Ulrike von Levetzow wurde am 4. Februar 1804 in Leipzig geboren als Tochter eines mecklenburgischen Hofmarschalls. Ihre Mutter, eine geborene von Brösigke, der Goethe schon im Jahre 1806 in Karlsbad näher getreten war, verheiratete sich nach Trennung der ersten Ehe mit dem Vetter ihres ersten Gemahls, ebenfalls einem Herrn von Levetzow, der in der Schlacht bei Belle-Alliance fiel. Die Witwe verlebte den Sommer mit ihren Töchtern oft bei ihrem Vater, der sich in Marienbad ein Haus gekauft hatte. In demselben Hause wohnte Goethe vom 12. Juni bis 24. Juli 1822 und kam dadurch mit der Familie und auch mit der achtzehnjährigen Ulrike in nahe Verbindung. Ob der tiefe und unauslöschliche Eindruck, den das an Geist und Körper vollkommene Mädchen auf das Herz des Dichters ausgeübt hat, schon aus dieser Zeit sich herschreibt, darüber fehlt es an genauerer Kunde, aber das gerade damals gedichtete Gespräch „Aeolsharfe", in dem zwei Liebende beim Abschied Trost in der Erinnerung des genossenen Glückes finden wollen, läßt sich gar nicht anders erklären.

Die letzten Worte dieses Gedichtes:

„Ja, du bist wohl an Iris zu vergleichen,
Ein liebenswürdig Wunderzeichen!
So schmiegsam herrlich, bunt in Harmonie
Und immer neu und immer gleich wie sie"

waren Goethe, wie er an Zelter schrieb, besonders ans Herz gewachsen.

Der Magnet zog ihn schon im nächsten Jahre wieder nach Marienbad. Leider nicht nur dieser Magnet, sondern auch die Notwendigkeit, Erholung und völlige Genesung zu finden nach einer sehr schweren und gefährlichen Krankheit. Am 17. Februar 1823 war Goethe von einer Entzündung des Herzbeutels befallen worden. Die Aerzte befürchteten das Schlimmste. Er selbst glaubte am 25. das Herannahen des Todeskampfes zu fühlen. „Probiert nur immer," sagte er zu den eine Zeit lang ratlosen Aerzten, „der Tod steht in allen Ecken und breitet seine Arme nach mir aus, aber laßt Euch nicht stören." Am Tage darauf trat eine Besserung ein, die auch anhielt. Im Theater feierte man seine Genesung durch die Aufführung des Tasso. Für die große Teilnahme, die die Krankheit in Deutschland und dem Auslande erregt hatte, bedankte er sich in seiner Zeitschrift: Kunst und Altertum. Am 2. Juli war er in Marienbad, am 11. Juli folgte Frau von Levetzow mit ihren Töchtern. Diesmal trafen sie dort eine hohe fürstliche Gesellschaft, darunter den Herzog Karl August, den Exkönig Ludwig Bonaparte von Holland, den Herzog von Leuchtenberg. Feste reihten sich an Feste, an denen der alternde Dichter nicht ohne Beschwerde teilnahm. Aber mehr noch als hier öffnete sich ihm Ulrikens schöne Seele auf den Spaziergängen „gegen die Mühle", nach dem „Kreuzbrunnen" und „auf den Waldsitz" und in dem täglichen Verkehr im Hause und in der Familie.

Das holde Mädchen in ihrer kindlichen Natürlichkeit und Reinheit des Herzens nahm bald sein Denken und Fühlen gefangen. Schien ihm zuerst das Verhältnis das eines Vaters, dann eines Oheims zu einer „allzusehr geliebten Nichte", so wurde es ihm bald klar, daß ihn eine leidenschaftliche Liebe erfaßt hatte, der er energisch Halt gebieten müsse. Den Schmerz der Entsagung linderte das herrliche Spiel der russischen Musikkünstlerin von Szymanowska und ihrer Schwester Casimira Wolowska, das ihn manchmal zu Thränen rührte und dem er dankbar das schöne Gedicht „Aussöhnung" gewidmet hat:

> Da schwebt hervor Musik mit Engelschwingen,
> Verflicht zu Millionen Tön' und Töne,
> Des Menschen Wesen durch und durch zu dringen,
> Zu überfüllen ihn mit ew'ger Schöne:
> Das Auge netzt sich, fühlt im höhern Sehnen
> Den Götterwert der Töne wie der Thränen.
>
> Und so das Herz erleichtert merkt behende,
> Daß es noch lebt und schlägt und möchte schlagen,
> Zum reinsten Dank der überreichten Spende
> Sich selbst erwidernd willig darzutragen.
> Da fühlte sich — o, daß es ewig bliebe! —
> Das Doppelglück der Töne wie der Liebe.

Am 18. August 1823 begaben sich die Levetzowschen Damen nach Karlsbad, der Dichter folgte ihnen am 25. August; er wohnte auch hier mit ihnen in demselben Hause. Es kamen zwölf Tage gemeinsamen Lebens, die Goethe in seiner Elegie dichterisch verherrlicht hat. Oft war er den ganzen Tag an Ulrikens Seite, meist von ihrer Schwester Amalie, deren lustige Ungeduld von Ulrikens ruhig ernstem, sicherm Benehmen abstach, oder der Stiefschwester Bertha begleitet. Spaziergänge bei dem herrlichen Wetter, Promenaden am Brunnen wechselten ab mit Fahrten in die Umgebung und seinen dramatischen Festlichkeiten. Bis tief in die Nacht saß er nicht selten mit Frau von Levetzow und Ulriken, las ihnen aus seinen Gedichten vor, erklärte ihnen den prächtigen Sternenhimmel und unterhielt sie aus dem reichen Schatz seines Geistes und Gemüts. Manchmal hörte er auch freundlich die Erzählung der Mädchen aus ihrer Kinderzeit an oder lauschte, wenn die Geliebte aus Scotts „Schwarzem Zwerg" vorlas oder lachte über die Scherze der mutwilligen Schwester. Den Geburtstag des Dichters verlebten die Damen mit ihm allein in Elbogen bei Karlsbad. Er hatte gewünscht, daß der Geburtstag als Geheimnis behandelt werden sollte; selbst die Damen

Goethe von Kiprinsky. 1823.

wagten nur in ihren Mienen ihre Gefühle für ihn auszudrücken. Damals entstand die von Karl August und Goethe selbst sehr gelobte Zeichnung Goethes von Kiprinski, die nur in einer Lithographie von Grévedon erhalten ist: „Goethe am Tisch sitzend und schreibend".

Aus den Jahren dieser Liebe stammt auch das Bild der Familie Levetzow. Es ist 1822 in Marienbad gemalt worden und zeigt die kraftvolle, schöne Gestalt der Mutter, umgeben von ihren liebreizenden Töchtern. Links steht Bertha, das Kind aus zweiter Ehe, damals etwa 15 Jahre alt, während

Ulrike von Levetzow mit Mutter und Schwestern im Jahre 1822.

das reizende Köpfchen der 1806 geborenen Amalie uns schalkhaft von der rechten Seite entgegenschaut. Ulrike steht aufrecht mit der Laute in der Hand.

Der innige Verkehr Goethes mit Ulrike erregte natürlich in Karlsbad große Aufregung. Man erzählt sogar, daß Karl August eine Heirat beider

Trennung. Marienbader Elegie. 329

betrieben habe. Es war das wohl nur ein Scherz des Herzogs, aber Goethes Kinder nahmen das Gerücht hiervon durchaus ernst auf.

Casimira Wolowska.

Am 5. September schlug die Abschiedsstunde, in Goethes Gedicht „An Werther" mit den Worten bezeichnet: „Das Scheiden endlich — Scheiden ist der Tod." Aber noch an demselben Tage „gab ihm ein Gott zu sagen, was er leide". Schon auf der ersten Station der Heimreise begann er die „Elegie", und auf der Reise wurde sie vollendet. Es ist ein herrliches Denkmal und zugleich der Dank für die seligen Stunden. Indem er tiefgerührt für immer Abschied von der Geliebten nahm, faßte er ihr innerstes Wesen in die ihr selbst in den Mund gelegten Worte zusammen:

<blockquote>
Nur wo du bist, sei alles, immer kindlich,
So bist du alles, bist unüberwindlich.
</blockquote>

Bei einem Besuch der Frau Szymanowska und ihrer Schwester Casimira Wolowska im Oktober 1823, die von Goethe freudig und dankbar aufgenommen wurden, brach die Wunde wieder auf. Thränen entströmten seinen Augen während ihres Spiels, beim Abschied konnte er sie nur sprachlos in seine Arme schließen.

Frau von Levetzow verheiratete sich 1843 in dritter Ehe mit dem Grafen Klebelsberg auf Schloß Triblitz bei Teplitz. Amalie, die 1827 den preußischen Major Leopold von Rauch geheiratet hatte, ist früh gestorben. Bertha folgte ihr als Gattin des Barons Mladota von Solopisk zu Netlück bei Teplitz im Jahre 1885. Ulrike ist unvermählt geblieben. Nach dem Tode der Mutter im Jahre 1868 wurde sie alleinige Besitzerin des Schlosses Triblitz. Sie hat ihr schönes und wohlthätiges Wirken in ihrem Kreise selbst am besten bezeichnet, indem sie auf einem Medaillon, das ihr Bild enthält, dem Goetheschen Worte „liebreizend" hinzufügte: „jetzt liebespendend".

Der Weise von Weimar.

1.

In unserer Darstellung ist bisher hinter dem Dichter Goethe der Gelehrte und Weise vielleicht allzusehr zurückgetreten. Aber die schönen Worte aus dem Erwachen des Epimenides:

> Der Jugend Nachtgefährt' ist Leidenschaft;
> Ein wildes Feuer leuchtet ihrem Pfad;
> Der Greis hingegen wacht mit hellem Sinn,
> Und sein Gemüt umschließt das Ewige, —

scheinen für uns zu sprechen, wenn wir erst in der Epoche seines hohen Alters eine zusammenhängende Schilderung der kunsttheoretischen, naturwissenschaftlichen und religiösen Anschauungen Goethes versuchen. Ist doch auch die Entwickelung Goethes erst in der Zeit, da er sein Leben beschrieb und sich selbst historisch betrachtete, in der Hauptsache abgeschlossen, so daß wir nun in der Lage sind, indem wir hin und wieder vorwärts oder rückwärts greifen, ein Bild des Gelehrten und Weisen zu entwerfen. Der weit ausgesponnene Briefwechsel, die Sprüche, die Gespräche und die großen und kleineren Arbeiten und Werke Goethes sollen unsere Führer sein. Der ausführlichen Darlegung der kunsttheoretischen Anschauungen freilich sind wir an dieser Stelle überhoben. Die Wandlung Goethes vom Realisten zum Idealisten, die in dem Bunde mit Schiller ihren Höhepunkt erreichte, ist die letzte Goethes geblieben; nur daß die Einseitigkeit dieses Standpunktes, wie die ausschließliche Verehrung der Antike, durch die immer wachsende Erkenntnis und durch die Beschäftigung mit der Litteratur aller Kulturvölker

einer gerechteren und höheren Auffassung wichen. Unter den vielen kunst=
theoretischen Aussprüchen Goethes im letzten Jahrzehnt wird sich kaum
einer finden, dessen Inhalt nicht schon in den Aufsätzen aus der Schillerzeit
ausgesprochen wäre oder dort nicht seine Begründung fände. Darum können
wir auf unsere Darstellung jener gemeinsamen Thätigkeit der beiden großen
Dichter verweisen und wollen hier nur in diesem Zusammenhange einer
Dichtung Goethes gedenken, die eigens dazu geschrieben zu sein scheint, um
die beiden Forderungen, das Wahre darzustellen, aber nicht das Wirkliche,
und das Individuelle zum Typischen zu erheben, in klassischer Weise zu er=
füllen und zu verkörpern. Es ist die im Beginn des Jahres 1827 ge=
schriebene „Novelle", deren Thema schon 1797 mit Schiller eingehend be=
sprochen worden war und deren Sprache nicht selten Schillerschen Geist
zu atmen scheint. „Zu zeigen", sagt Goethe in einer prächtigen Erläuterung
der Novelle, „wie das Unbändige, Unüberwindliche oft besser durch Liebe und
Frömmigkeit als durch Gewalt bezwungen werde, war die Aufgabe dieser
Novelle und dieses schöne Ziel, welches sich im Kinde und Löwen darstellt,
reizte mich zur Ausführung. Dies ist das Ideelle, dies die Blume. Und
das grüne Blätterwerk der durchaus realen Exposition ist nur dieserwegen
da und nur dieserwegen etwas wert. Denn was soll das Reale an sich?
Wir haben Freude daran, wenn es mit Wahrheit dargestellt ist, ja es kann
uns auch von gewissen Dingen eine deutlichere Erkenntnis geben; aber der
eigentliche Gewinn für unsere höhere Natur liegt doch allein im Idealen,
das aus dem Herzen des Dichters hervorging." Hier verrät sich, daß den
Standpunkt, die Lösung des Streites von Objekt und Subjekt durch die Ver=
bindung des Idealismus und Realismus, die der Theoretiker im Bunde mit
Schiller gefunden hatte, der Dichter Goethe bis an sein Ende als das
künstlerische Ideal festgehalten hat. „Das Höchste der dichterischen Dar=
stellung," so lesen wir in einem Spruche, „ist, wenn sie mit der Wirklichkeit
wetteifert, d. h. wenn ihre Schilderungen durch den Geist dergestalt lebendig
sind, daß sie als gegenwärtig für jedermann gelten können; auf ihrem
höchsten Gipfel scheint die Poesie ganz äußerlich . . . . Die höchste Aufgabe
einer jeden Kunst ist, durch den Schein die Täuschung einer höheren Wirk=
lichkeit zu geben. Ein falsches Bestreben aber ist, den Schein so lange zu
verwirklichen, bis endlich nur ein gemeines Wirkliche übrig bleibt."

Es ist selbstverständlich, daß Goethe hier nicht nur ein Postulat auf=
stellen, sondern zugleich auch sagen will, daß dieses Postulat in seinen Werken
erfüllt ist. Am Ende seines Lebens gesteht er, der so oft in anderen
Zweigen der Kunst und Wissenschaft seine eigentliche Bestimmung gesehen

hatte, mit feierlichen Worten: „Für das Aesthetische bin ich eigentlich geboren. — Mein eigentliches Glück war mein poetisches Sinnen und Schaffen." Mit dieser hohen Auffassung der Poesie hängt es auch zusammen, daß Goethe das Lehr- und Tendenzgedicht nicht gelten lassen will und energisch das Suchen nach einer Idee in seinen größeren Werken zurückweist. Die Poesie soll sich selbst Zweck sein und das Gedicht keine andere Tendenz haben, als die aller Poesie, die Goethe in Dichtung und Wahrheit schön mit folgenden Worten bezeichnet: „Die wahre Poesie kündigt sich dadurch an, daß sie als ein weltliches Evangelium durch innere Heiterkeit, durch äußeres Behagen uns von den irdischen Lasten zu befreien weiß, die auf uns drücken. Wie ein Luftballon hebt sie uns mit dem Ballast, der uns anhängt, in höhere Regionen und läßt die verwirrten Irrgänge der Erde in Vogelperspektive vor uns entwickelt daliegen. Die muntersten wie die ernstesten Werke haben den gleichen Zweck, durch eine glückliche, geistreiche Darstellung so Lust als Schmerz zu mäßigen." Das Erlebnis, der einzelne Fall, bildet den Inhalt seiner Poesie: „Das Benutzen der Erlebnisse ist mir immer alles gewesen; das Erfinden aus der Luft war nie meine Sache; ich habe die Welt stets für genialer gehalten, als mein Genie ... „Allgemein und poetisch wird ein spezieller Fall eben dadurch, daß der Dichter ihn behandelt." Ein jeder reale Gegenstand kann poetisch dargestellt werden. Es kommt nur darauf an, daß der Dichter es versteht, darin etwas Allgemeines darzustellen, die Welt sich anzueignen und auszusprechen oder mit andern Worten: „Lebendiges Gefühl der Zustände und Fähigkeit es auszudrücken macht den Poeten." Darum weist es auch Goethe weit von sich, den Dichtern Regeln oder Gesetze für ihre Kunst zu geben. „Das Genie," sagte er einmal, „kommt mir vor wie eine Rechenmaschine; die wird gedreht, und das Resultat ist richtig; sie weiß nicht warum oder wieso?" Auf viele Anfragen junger Dichter und ihre Bitten um Rat und Urteil erklärte er, niemandes Lehrer und Meister sein zu wollen. „Wenn ich aber aussprechen soll, was ich den Deutschen überhaupt, besonders den jungen Dichtern geworden bin, so darf ich mich wohl ihren Befreier nennen; denn sie sind an mir gewahr geworden, daß, wie der Mensch von innen heraus leben, der Künstler von innen heraus wirken müsse, indem er, geberde er sich, wie er will, immer nur sein Individuum zu Tage fördern wird." Auf das innigste verbunden mit dieser Lehre ist die Goethische Anschauung von der Poesie als Gemeingut der Menschheit und von der Einheit der Volks- und Kunstpoesie. „Eigentlich," so lesen wir in Kunst und Altertum 1826, „giebt es nur eine Dichtung: die echte, sie gehört weder dem Volke noch dem Adel, weder dem König noch dem Bauer. Wer sich als wahrer Mensch fühlt, wird sie ausüben; sie tritt unter einem einfachen, ja rohen Volke unwiderstehlich hervor, ist aber auch gebildeten, ja hochgebildeten Nationen nicht versagt." Das führt uns von selbst auf die wissenschaftliche Thätigkeit Goethes, von der sein höheres Alter völlig ausgefüllt ist: das Studium der Dichtung aller Kulturvölker und die Beförderung der Weltlitteratur. Die gegenseitige Annäherung der Nationen durch Uebersetzungen ihrer vornehmsten Dichtungen und ein friedlicher Wetteifer untereinander war Goethes Lieblingswunsch und Gedanke seit früher Zeit. Jetzt sah er zu seiner Freude, daß dieser Wunsch in Erfüllung zu gehen begann: zahlreich sind seine Aussprüche der Anerkennung für diese Bestrebungen und der Freude darüber, daß den Teutschen eine große und hohe Bedeutung zuerkannt wird. „Zu einer solchen Vermittelung und Anerkennung," lesen wir in Kunst und Altertum, „tragen die Deutschen seit langer Zeit schon bei. Wer die deutsche Sprache versteht und studiert, befindet sich auf dem Markte, wo alle Nationen ihre Waren anbieten; er spielt den Dolmetscher, indem er sich selbst bereichert ... Laßt Nationen wie Individuen sich nur einander kennen, und der gegenseitige Haß wird sich in gegenseitige Hilfleistung verwandeln, und anstatt natürlicher Feinde, wie benachbarte Länder zuweilen genannt sind, werden wir alle natürliche Freunde sein." „Nationallitteratur", so erklärte sich einmal Goethe Eckermann gegenüber, „will jetzt nicht viel sagen; die Epoche der Weltlitteratur ist an der Zeit, und jeder muß jetzt dazu wirken, diese Epoche zu beschleunigen. Aber auch bei solcher Schätzung des Ausländischen dürfen wir nicht bei etwas Besonderem haften bleiben und dieses für musterhaft ansehen wollen. Wir müssen nicht denken, das Chinesische wäre es, oder das Serbische, oder Calderon, oder die Nibelungen; sondern im Bedürfnis von etwas Musterhaftem müssen wir immer zu den alten Griechen zurückgehen, in deren Werken stets der schöne Mensch dargestellt ist." Die letzten Worte verraten uns, wo der Dichter bei aller Anerkennung moderner und alter Poesie sein Ideal gesucht und gefunden hat. Goethes Studium der griechischen Schriftsteller, die immer steigende Verehrung der Antike ist in unserer Betrachtung seines Lebens und Wirkens ausführlich dargestellt worden. Von seiner Einführung in die griechische Welt durch Oeser und Winckelmann bis zu den zahlreichen Aufsätzen über die griechische Litteratur in seinem hohen Alter ziehen sich wie eine fast ununterbrochene Kette die hingebenden verehrungsvollen Studien der griechischen Kunst und Litteratur hin. Die Antike war der unverrückte Leitstern unseres größten Dichters. Von der Schrift: Götter, Helden und Wieland aus dem Jahr 1774 bis zu den Versuchen der Wiederherstellung des Eurivideischen Phaethon aus dem Jahre 1821 und der Uebersetzung seiner Bacchantinnen, die 1827 in „Kunst und Altertum" erschien, geben eine Reihe von Uebersetzungen und Uebertragungen oder Ueberarbeitungen Zeugnis von dem unablässigen Bestreben Goethes, die Schätze des griechischen Geistes sich selbst und andern zu erschließen, oder sie durch Umdichtung dem modernen

Goethes Bildnis, von Kolbe (1822).

Geiste näher zu führen. So können wir es denn als ein durch das ganze Leben bethätigte Glaubensbekenntnis Goethes auffassen, wenn er bei Betrachtung der Zeichnungen antiker Wandgemälde (1827) in die Worte ausbrach: „Die Alten sind auf jedem Gebiete der heiligen Kunst unerreichbar! . . . ich glaube auch etwas geleistet zu haben, aber gegen einen der großen attischen Dichter, wie Aeschylos und Sophokles, bin ich doch gar nichts."

Daher wird es uns nicht wunder nehmen, wenn er das Bestreben, die Nibelungen mit der Ilias zu vergleichen, als schädlich bezeichnet und zurückweist, und trotz mehrfacher Annäherungsversuchen und zeitweiliger Anerkennung der „altdeutschen düstern Zeit" kein inneres, bleibendes Interesse entgegenbrachte, da er nur zu solchen Kunst- und Litteraturepochen sich wandte, „in denen vorzügliche Menschen vollendete Bildung erlangten, so daß ihnen selber wohl war und sie die Seligkeit ihrer Kultur wieder auf andere auszugießen imstande waren."

Und ebensowenig wie den germanistisch-mittelalterlichen konnte Goethe den meisten anderen Tendenzen der Romantiker beistimmen. Die Ursache der Goethischen Abneigung gegen eine Schule, die sich von ihm selbst ableitete, haben wir früher dargelegt. Drei Tendenzen der Romantiker waren Goethe besonders zuwider, einmal die Verquickung des Religiösen und Poetischen, wie sie die romantische Kunst und Dichtung offenbarte und deren äußeres Zeichen der Uebertritt vieler Romantiker zum Katholizismus war. „Es möchte kaum," schreibt Goethe angesichts der mystisch-frömmelnden Kunst im Jahre 1820, ein Dichter, Maler, Bildhauer übrig geblieben sein, der sich nicht religiösen Gefühlen hingäbe und analogen Gegenständen widmete"; ferner die Form und Gestalt vernichtende Phantastik, die sich immer mehr zum Kranken, Schwächlichen und Gräßlichen gesteigert hatte, ja bei manchen, wie bei E. Th. A. Hoffmann, zum Wahnsinn ausgeartet war, und endlich die Richtung des Weltschmerzlichen, die Goethe für einen Mißbrauch der Dichtung erklärte und mit dem Namen Lazarethpoesie belegte. In einem Brief an Zelter vom 28. August 1823 hat Goethe seinem Herzen über die zeitgenössische Kunst Luft gemacht. Wir führen die Stelle hier an, wenn sie ihren Ausgangspunkt auch von der bildenden, nicht von der dichtenden Kunst genommen hat: „Diesem Irrsale sehe ich seit mehr als zwanzig Jahren zu. Es ist der seichte Dilettantismus der Zeit, der in Altertümelei und Vaterländelei einen falschen Grund, in Frömmelei ein schwächendes Element sucht, eine Atmosphäre, worin sich vornehme Weiber, halbkennende Gönner und unvermögende Versuchler so gerne begegnen; wo eine hohle Phrasensprache, die man sich gebildet, so süßlich klingt, ein Maximengewand, das man sich auf den kümmerlichen Leib zugeschnitten hat, so nobel kleidet, wo man täglich von der Auszehrung genagt, an Unsicherheit kränkelt, um nur zu leben und fortzuweben, sich aufs schmählichste selbst belügen muß ... Dem redlich denkenden Einsichtigen bleibt es gräßlich, eine ganze, nicht zu verachtende Generation unwiederbringlich im Verderben zu sehen." Ueber die unredlichen Absichten der Schlegels, die ihn mit „lobesamer Kritik" und „reicher Freundesfeindschaft" ersticken und abthun wollten, über

Tiecks immer seltsamer und unverständlicher werdende romantische Poesie, über die krankhafte Phantastik Jean Pauls, für den Goethe schon früher die Bezeichnung: das personifizierte Alpdrücken der Zeit, gefunden hatte, über Tiedges frömmelnde Empfindsamkeit ist manches kräftige Wörtlein überliefert „Die Herren," so faßte er einmal sein Urteil zusammen, „schaffen und künsteln sich neue Theorien, um ihre Mittelmäßigkeit für bedeutend ausgeben zu können. Wir wollen sie gewähren lassen, unsern Weg still fortgehen und nach einigen Jahrhunderten noch von uns reden lassen." Und wie den Romantikern, so steht Goethe überhaupt in seinem hohen Alter der gesamten zeitgenössischen Litteratur kühl ablehnend gegenüber. Fouqués Undine und Tiecks Genoveba wird einmal ein lobendes Wort gegönnt, Grillparzer, Hammer, Zedlitz werden wegen ihrer lyrischen Gedichte gelegentlich anerkannt, Rückerts östliche Rosen und Platens Ghaselen rühmend hervorgehoben; Platens „unseliger polemischer Richtung" wird die Schuld beigemessen, daß der Dichter nichts Höheres leiste; Uhland vor der politischen Tendenz mit den anerkennenden Worten gewarnt: „Schwaben besitzt Männer genug, die Mitglieder der Stände sein können, aber es hat nur einen Dichter der Art wie Uhland." Aber vergeblich suchen wir nach einem inneren Interesse für die Werke Grillparzers, des großen Dichters, von dem doch das schöne Wort stammt: „Wer kein Verehrer Goethes ist, für den sollte kein Raum sein auf deutscher Erde", und nirgend stoßen wir auf die Namen so bedeutender zeitgenössischer Dichter wie Chamisso, Eichendorff oder Heine. Goethe stand im letzten Jahrzehnt der um ihn werbenden Litteratur kalt und fremd gegenüber. Daß man wohl seine Größe anerkannte, aber über seine Kunstlehre zur Tagesordnung überging, konnte und wollte er nicht verwinden.

Unter den deutschen und fremden Dichtern seiner Zeit wollte Goethe nur einen neben sich gelten lassen: Lord Byron. Anfänglich durch die Nachrichten über das exzentrische Leben und Dichten Byrons ihm abgeneigt, wurde er durch die Lektüre seiner Schriften sein glühendster Bewunderer und hat durch zahllose Aussprüche in Briefen, Rezensionen und Gesprächen, sowie durch Uebersetzungen Byron'scher Gedichte diese Verehrung und Bewunderung bezeugt. „Es ist ein großes Talent," äußerte Goethe einmal von ihm, „ein geborenes, und die eigentliche poetische Kraft ist mir bei niemand größer vorgekommen als bei ihm ... Er ist nicht antik, nicht romantisch, er ist wie der gegenwärtige Tag selbst." Der Manfred ist ihm die Quintessenz der Gesinnungen und Leidenschaften des wunderbarsten, zu eigener Qual geborenen Talents, und der Don Juan ein grenzenlos-geniales Werk,

338 Der Weise von Weimar.

menschenfeindlich bis zur herbsten Grausamkeit, menschenfreundlich in die
Tiefen süßester Neigung sich versenkend, und in dem „unbegreiflichen Gedicht:
Das jüngste Gericht" glaubte Goethe den Gipfel der schöpferischen Kraft des

Lord Byron.

Dichters zu sehen. Hocherfreut über Goethes begeisterte Teilnahme, widmete
Byron das Trauerspiel Werner „to the illustrious Goethe". Goethe sandte
ihm darauf 1823 das Gedicht: „Ein freundlich Wort kommt eines nach

dem andern" nach Livorno, das Byron bei seiner Abfahrt nach Griechenland
traf. Der plötzliche Tod Byrons am 17. April 1824 erschütterte Goethe
auf das tiefste. Dem schönen Aufsatz: Lebensverhältnis zu Byron fügte
er die Worte hinzu: „Möge die Nation begreifen, daß alle Schalen und
Schlacken der Zeit und des Individuums, durch welche sich auch der Beste
hindurch und herauszuarbeiten hat, nur augenblicklich, vergänglich und hin-
fällig gewesen, wogegen der staunungswürdige Ruhm, zu dem er sein Vaterland für jetzt und künftig erhebt, in seiner Herrlichkeit grenzenlos und in
seinen Folgen unberechenbar bleibt." Im zweiten Teil des Faust verkörperte
er in der Gestalt des Euphorion, des Sprößlings der Klassik und Romantik, die
Dichtkunst Byrons, und ein Gedicht, das er seiner Erinnerung weihte, schloß
er mit den Versen:

> Laßt ihn der Historia,
> Bändigt euer Sehnen,
> Ewig bleibt ihm Gloria,
> Bleiben uns die Thränen.

Neben Byron wurde auch den anderen zeitgenössischen und älteren
Dichtern englischer Sprache unablässige Aufmerksamkeit gewidmet. Die Verehrung für Shakespeare, „den Stern der höchsten Höhe", die sich durch
das ganze Leben Goethes zieht, findet in den Worten aus dem Jahre 1824
einen schönen Abschluß: „Es ist ein Wesen höherer Art, zu dem ich hinauf-
blicke und das ich zu verehren habe." Der sonderbaren, auf Herders falsche
Auffassung zurückgehenden Meinung, daß Shakespeare kein Theaterdichter
gewesen sei und bei seinen Dramen nie an die Bühne gedacht habe, bleibt
Goethe freilich bis an sein Ende treu. Lorenz Sterne, den großen Hu-
moristen, preist er als einen Byron congenialen Dichter, setzt ihm in einem
besonderen Aufsatze und in den Sprüchen ein schönes Denkmal und widmet
ihm und Goldsmith die dankbaren Worte: „Es wäre nicht nachzukommen,
was Goldsmith und Sterne gerade im Hauptpunkte der Entwickelung auf
mich gewirkt haben. Diese hohe wohlwollende Ironie, diese Billigkeit bei
aller Uebersicht, diese Sanftmut bei aller Widerwärtigkeit, diese Gleichheit
bei allem Wechsel, und wie alle verwandten Tugenden heißen mögen, erzogen mich aufs Löblichste, — und am Ende sind es denn doch diese Gesinnungen, die uns von allen Irrschritten des Lebens endlich wieder zurückführen." Von den Modernen wird Walter Scott als der „reichste und
gewandteste Erzähler seines Jahrhunderts", „als der Schöpfer einer ganz
neuen Kunst, die ihre eigenen Gesetze hat", und der Lyriker Burns gepriesen. Das Interesse Goethes für Walter Scott wurde durch dessen

Wert über Napoleon erregt und steigerte sich bald zu offener Bewunderung. Daneben werden die bedeutenden englischen Zeitschriften sorgfältig studiert und über sie und ihr Interesse an der deutschen Litteratur in Kunst und Altertum berichtet.

Denn auch in diesen Studien war der Gedanke: „zu der gehofften, allgemeinen Weltlitteratur" etwas beizutragen, leitend. Ein volles Verständnis seines eigenen Wesens und seiner Werke konnte Goethe freilich in England nicht erwarten. Selbst ein Mann wie Walter Scott hat sich nie zu einer wahren Anerkennung der Größe Goethes aufgeschwungen. Der einzige Engländer, der verständnisvoll und vorurteilslos den Werken Goethes gegenüberstand, war Th. Carlyle. Es war wohl natürlich, daß Goethe mit Freuden dem Manne nahetrat, der diesen von Goethe gewünschten und erhofften Austausch der deutschen und englischen Litteratur durch seine begeisterte Verkündigung der Größe Goethes und Schillers in England und durch die Uebersetzung ihrer Werke seiner Erfüllung näher führte. Es war ein Tag der Freude für ihn, als der Schotte Thomas Carlyle ihm 1824 seine Uebersetzung der Lehrjahre übersandte: besonders wohlthuend für den greisen Dichter war die enthusiastisch verehrungsvolle Beurteilung seiner Werke und der warme, dankbar ergebene Ton der Briefe dieses tüchtigen und bedeutenden Mannes. „Ihre Werke," schreibt u. a. Carlyle, „sind mir ein Spiegel gewesen; unerbeten und ungehofft hat Ihre Weisheit mir Rat gebracht, und so sind Friede und Gesundheit der Seele aus der Ferne bei mir eingekehrt.... Blicke ich auf mein vergangenes Leben zurück, so scheint es mir, als wären Sie, ein Mann von fremder Sprache, den ich nie gesehen habe und ach vielleicht nie sehen werde, mein vornehmster Wohlthäter gewesen, ja, ich kann sagen, der einzige wahre Wohlthäter, den ich je gefunden habe, insofern Weisheit das einzige wahre Gut ist, der einzige Segen, der sich nicht zum Bösen wenden kann, der Beiden Segen bringt, dem Geber und dem Empfänger." Carlyles vortreffliche, von tiefem Verständnis und edler Begeisterung getragene Aufsätze über Goethe in der vornehmsten englischen Zeitschrift, seine Uebersetzung der Lehrjahre und der Helena, seine vortreffliche Biographie Schillers, sein Aufsatz über Zacharias Werner, Novalis, Jean Paul u. a. und dazu Goethes großes Interesse an der englischen Litteratur gaben dem Briefwechsel, der auf jene Sendung folgte, den Inhalt. Der warme und unverfälschte Ausdruck des Gefühls „eines Schülers gegen seinen Meister, ja eines Sohnes gegen seinen geistigen Vater", der Carlyles Briefe durchzieht, das schöne und von Erfolg begleitete Bestreben, die englische Nation zum Verständnis der großen Dichter zu erziehen und thörichte Vorurteile zu besiegen, alles das brachte Carlyle Goethen auch menschlich und gemütlich näher, und Briefe aus Craigenputtock bei Dumfries in Schottland, wo das Ehepaar Carlyle wohnte, waren immer bei Goethe und Ottilie hochwillkommen. Geistige Gaben wanderten alljährlich zwischen Weimar und Craigenputtock, von Carlyle und seiner Gattin immer mit Jubel begrüßt, von Goethe freundlich aufgenommen; am letzten Geburtstag, den Goethe erlebte, brachte ihm Carlyle eine besondere Ueberraschung. Auf seine Veranlassung sandten fünfzehn englische Freunde, darunter Walter Scott und die Herausgeber der Foreign Review und Litterary Gazette u. a. an Goethe ein kunstvoll gearbeitetes Siegel mit der Widmung: Dem deutschen Meister, von Freunden in England, 28. August 1831 und mit einem Schreiben, in dem die Engländer „als Schüler ihrem geistigen Lehrer" den Dank abstatten, den sie, und nach ihrer Meinung auch die ganze Welt, ihm schuldeten.

Thomas Carlyle.

Wie nahe Goethe der französischen Litteratur sein Leben lang stand, hat er gern und oft bezeugt. Diese Neigung hat nur einmal, in der Straßburger Zeit, eine kurze Unterbrechung erfahren. Wenn er auch selbst am meisten dazu beigetragen hat, die deutsche Dichtung über die klassische Zeit der Franzosen auf eine höhere Stufe zu heben, so hat er doch den hohen Wert und die Bedeutung der französischen Dichtung und Kultur stets anerkannt. Rousseaus, Voltaires, Diderots und anderer großen Franzosen Einfluß auf seine Dichtungen ist von uns früher erörtert worden. Er hatte ihre Bildung und Werke in sich aufgenommen und keine Veranlassung mehr, in seinem hohen Alter sich mit ihnen eingehender zu beschäftigen, aber besonders Voltaires, des echten Vertreters der Nation, Größe und seine glänzenden Eigenschaften weiß er nicht genug auch in dieser Zeit zu preisen, wenn er ihm auch „Tiefe in der Anlage und die Vollendung in der Ausführung" abspricht; zu seinem Liebling Molière, dessen Dramen schon der Knabe in Frankfurt begierig aufnahm und von dem er alljährlich einige Stücke las, kehrte er immer wieder mit gleicher, gar oft schriftlich und mündlich bezeugter Bewunderung und Verehrung zurück. So war es denn selbstverständlich, daß auch die neuere französische Litteratur sich eingehender Kenntnisnahme Goethes erfreute. Nicht nur die Uebersetzungen und die Charakteristik seiner Werke durch Albert Stapfer, Alexandre Duval, Ampère und andere wurden von ihm in Kunst und Altertum freudig begrüßt, nicht nur besprach er bedeutende französische Erscheinungen und förderte ihre Uebersetzung, er studierte auch mit großem Eifer die französischen litterarischen Journale, wie Le Globe und La Revue Française und Guizots, Villemains und Cousins Vorlesungen über neuere französische Geschichte, Litteratur und Philosophie. Wie sehr ihn besonders an den französischen Zeitschriften die Absicht erfreute, auch den Werken anderer Nationen, vornehmlich der deutschen, gerecht zu werden und so an seinen eigenen Bestrebungen mitzuarbeiten, erkennen wir aus vielen Aeußerungen in Briefen und Gesprächen. „Ich werde nicht aufhören," schreibt er unter anderem 1826 dem Grafen Reinhard, „Gutes von diesen Blättern (Le Globe) zu sagen; sie sind das liebste, was mir jetzt zu Handen kommt, werden geheftet, rück= und vorwärts gelesen. . . ." und 1829: „Es ist wirklich wundersam, wie hoch sich der Franzose geschwungen hat, seitdem er aufhörte, beschränkt und ausschließend zu sein. Wie gut kennt er seine Deutschen, seine Engländer, besser als die Nationen sich selbst." Von den zeitgenössischen französischen Dichtern huldigte er Bérangers Liedern in unbeschränktester, in vielen Aussprüchen wiederholter Anerkennung und Bewunderung. „Welcher Witz, Geist, Ironie, Persiflage, und welche Herzlichkeit, Naivetät und Grazie werden nicht von ihm bei jedem Schritt entfaltet!" so lautet einer der vielen Aussprüche über Béranger — aber mit der herrschenden „unselig romantischen Richtung" konnte er sich trotz Anerkennung der großen Talente einzelner, wie Mérimée und Victor Hugo, nicht befreunden. Er freute sich wohl über die Huldigung der Dichter der romantischen Schule Sainte-Beuve, Ballanche, Victor Hugo, Balzac, Alfred de Vigny, Jules Janin, die ihm durch Jean Pierre David ihre Werke überreichen ließen (1830), aber seine wahre Meinung erkennen wir aus den Worten, die er über Victor Hugos Hernani und die neue Schule bald darauf aussprach: „Die Franzosen bekommen doch kein 18. Jahrhundert wieder, sie mögen machen was sie wollen. Wo haben sie etwas aufzuweisen, was mit Diderot zu vergleichen wäre?"

Derselbe Gegensatz, des Klassischen und Romantischen, beschäftigte Goethe auch bei seinen Studien der neueren italienischen Litteratur, für die sein seit frühester Kindheit nie unterbrochenes Interesse uns längst bekannt ist. Ein besonderer Aufsatz in Kunst und Altertum, betitelt: „Klassiker und Romantiker in Italien, sich heftig bekämpfend," führt uns in diesen Streit ein; er gab dem Dichter Gelegenheit, auch über die deutschen Romantiker ein Wort zu sagen, darunter das wehmütige Eingeständnis, „daß unsere romantischen Dichter und Schriftsteller die Mitwelt für sich haben". Wie sehr Goethe auch bei seiner Beschäftigung mit der italienischen Litteratur von der Absicht der Förderung der Weltlitteratur geleitet wurde, beweisen seine Aufsätze in Kunst und Altertum, Kritiken und Uebersetzungen aus bedeutenden italienischen Werken, Berichte über Recensionen italienischer Zeitungen, ein Aufsatz über die Streckfußsche Uebersetzung Dantes und sein besonderes Bestreben, die Deutschen mit seinem Liebling Manzoni bekannt zu machen. Darum war es ihm auch soviel wert, als man in Italien sein Wirken erkannte. Auf eine sehr ausführliche und sehr anerkennende Besprechung Goethes von Manzonis Graf Carmagnola (1820) und eine rühmende Erwähnung seiner heiligen Hymnen schrieb Manzoni im Januar 1821 voll dankbarer Verehrung für Goethes auch in Italien anerkannte Größe. Goethe bezeugte seine Freude durch einen zweiten Artikel und durch den Abdruck des Manzonischen Briefes und gab der bei Frommann in Jena 1827 gedruckten Ausgabe der Opere poetiche di Alessandro Manzoni eine Vorrede nebst erläuternden Aufsätzen. In den Gesprächen und Briefen preist Goethe von Manzonis Dichtungen besonders die Ode auf Napoleons Tod (1823), um derentwillen er den Verfasser für einen wahrhaft großen Dichter erklärt und sein Hauptwerk „Die Verlobten" (1827), dessen unvergänglichen Wert und hohe Bedeutung er nicht müde wird zu preisen und das zu übersetzen und „à la Cellini" zu bearbeiten ihn nur sein hohes Alter abhielt.

Von der älteren spanischen Litteratur hatte der große Dichter Calderon, wie in früheren Jahren, als dessen Dramen mit großem Erfolg auf der Weimarischen Bühne aufgeführt wurden, so auch jetzt sich Goethes bewundernden Studiums zu erfreuen. Die Lektüre des von Gries übersetzten Dramas: Die Tochter der Luft machte ihn „wahrhaft glücklich" und veranlaßte ihn 1822 zu einer ausführlichen Besprechung. Von der übrigen spanischen Litteratur beschäftigten ihn die Romanzen, die ihm in der Uebersetzung von Jariges 1822 bekannt wurden, da er in ihnen echte Lieder des Volkes, d. h. Lieder, die den „ganzen Charakter des Volkes oder doch gewisse Haupt- und Grundzüge des Charakters glücklich darstellen", erkannte. Damit berühren wir die Gattung Poesie, der Goethe seit Herders Entdeckung der Volkspoesie unablässig eifrigste Aufmerksamkeit geschenkt hat. Bald studiert er oder übersetzt selber englische, altschottische, dänische, litthauische, bald altböhmische, serbische, neugriechische und finnische Volkslieder. So enthielt Goethes Zeitschrift ausführliche Abhandlungen über die neugriechische Litteratur und Volksgesänge, eine eingehende Charakteristik der serbischen Volkslieder, deren Studium durch den Serben Wuk Stephanowitsch, Grimm und die gelehrte, mit Goethe befreundete Uebersetzerin dieser Volkslieder, Fräulein von Jakob, Goethen erschlossen wurden, ferner über die Dainos oder litthauischen Volkslieder, durch deren Sammlung im Jahre 1825 Goethe einen seiner alten Wünsche erfüllt sah und eine Reihe Recensionen über orientalische Märchen und Volksdichtung. Aber bei allem Eifer für diese Dichtungen warnt Goethe vor ihrer Ueberschätzung, die die Zeit der Romantik sich nicht selten zu schulden kommen ließ: „Sollen die Volkslieder einen integrierenden Teil der echten Litteratur ausmachen, so müssen sie mit und Maß und Ziel vorgelegt werden. ... Es kommt mir bei stiller Betrachtung sehr oft wundersam vor, daß man die Volkslieder so sehr anstaunt und sie so hoch erhebt. Es giebt nur eine Poesie, die echte, wahre, alles andere ist nur Annäherung oder Schein."

Wir bleiben im Rahmen der Goethischen Anschauung, wenn wir den letzten Worten die Fassung geben: Es giebt nur eine Kunst, die echte, wahre. Die bildende und dichtende Kunst, so sehr sie sich auch im Stoff und in der Form unterscheiden, in ihrem innersten Wesen, ihrer Grundbedingung, dem Verhältnis zur Natur und Wirklichkeit, sind sie als Aeußerungen des „Urphänomens", des Schönen, gleich. Und wie Goethe und Schiller ihre ästhetischen Grundsätze auf beiden Künsten aufbauten, so gelten sie auch für die bildende Kunst nicht weniger als für die dichtende.

Die Entwickelung der Goethischen Kunstanschauung ist eins der Haupt-

thcmata dieser Darstellung gewesen; von der mit Schiller gemeinsam er=
klommenen Höhe ist Goethe nicht herabgestiegen. Unter den zahlreichen Aus=
sprüchen in den Briefen, Gesprächen, Sprüchen und Kunstaufsätzen unserer
Epoche, die uns den unverrückten Standpunkt Goethes in der Grundfrage aller
Kunst, ihrem Verhältnis zur Natur offenbarten, mag einer aus den letzten Lebens=
jahren, den er bei Gelegenheit der Betrachtung einer Landschaft von Rubens
geäußert hat, hervorgehoben werden: „Der Künstler steht mit freiem Geiste
über der Natur und kann sie seinen höheren Zwecken gemäß traktieren...
er ist ihr Herr und Sklave zugleich. Er ist ihr Sklave, insofern er mit
irdischen Mitteln wirken muß, um verstanden zu werden, ihr Herr aber, in=
sofern er diese irdischen Mittel seinen höheren Intentionen unterwirft und
ihnen dienstbar macht... Der Künstler will zur Welt durch ein Ganzes sprechen;
dieses Ganze aber findet er nicht in der Natur, sondern es ist die Frucht
seines eigenen Geistes oder, wenn man will, des Anwehens eines befruch=
tenden göttlichen Odems."

Ebenso streng wie in der Dichtung, ja noch strenger hielt Goethe in
der bildenden Kunst an der Superiorität der Antike fest. Immer und immer
wieder betont er: „Die Klarheit der Ansicht, die Heiterkeit der Aufnahme,
die Leichtigkeit der Mitteilung, das ist es, was uns an den Griechen ent=
zückt; und wenn wir nun behaupten, dieses alles finden wir in den echt
griechischen Werken und zwar geleistet am edelsten Stoff, am würdigsten
Gehalt, mit sicherer und vollendeter Ausführung, so wird man uns verstehen,
wenn wir immer von dort ausgehen und immer dort hinweisen. Jeder sei
auf seine Art ein Grieche, aber er sei's!" Zahlreiche Rezensionen und Aufsätze
verkünden uns bis zu Goethes Todesjahr diese Begeisterung; so unter anderem
der Aufsatz über Philostrats Gemälde und „Antik und Modern" (1818),
über Myrons Kuh (1818), der mit dem Vergleich von anderen Abbildungen
des „Säuglings mit der Mutter" bei Menschen und Tieren und den Worten
schließt: „Vielleicht kommen wir auf diesem Wege am ersten zu dem hohen
philosophischen Ziel, das göttliche Belebende im Menschen mit dem thierisch
Belebten auf das Unschuldigste verbunden gewahr zu werden", die lobprei=
sende Darstellung der ausgegrabenen Schätze von Pompeji in einer Recen=
sion des 1828 erschienen Werkes des Architekten Zahn, der ihm später zwei
Zeichnungen der casa di Goethe in Neapel sandte, die öfters ausgedrückte
Bewunderung für die Elgin marbles in London, die ausführliche unter
Meyers Einfluß entstandene Schilderung des altrömischen Denkmals von
Igel und vieles andere. Auch die Hoffnung, durch diese Studien auf die
Kunst der Gegenwart, besonders die Plastik, zu wirken, gab er trotz der

vielen Mißerfolge nicht auf. Beweis dafür sind die Aufsätze: „Aufforderung an den modernen Bildhauer" und „Verein der deutschen Bildhauer", in dem er zum Studium der Ueberreste des Parthenon und des phigalischen Frieses in London auffordert und die Kosten solcher Studienreisen aus dem Städelschen Vermächtnis in Frankfurt gedeckt wissen will, ferner die Vorschläge von Sujets zur plastischen Darstellung und die Preisaufgabe für Maler, eine Darstellung des neugriechischen Gedichts Charon: ferner die Aufsätze: Zu malende Gegenstände und Beispiele symbolischer Behandlung, in denen neben den antiken Sujets auch „Christus, wie er dem sinkenden Petrus zu Hilfe tritt" und andere biblische Sujets vorgeschlagen werden. Noch einige Jahre vor seinem Tode wiederholte er sein künstlerisches Glaubensbekenntnis: „Wer aber etwas Großes machen will, muß seine Bildung so gesteigert haben, daß er gleich den Griechen imstande sei, die geringere reale Natur zu der Höhe seines Geistes heranzuheben, und dasjenige wirklich zu machen, was in natürlichen Erscheinungen, aus innerer Schwäche oder aus äußerem Hindernis, nur Intention geblieben ist."

Der Antike am nächsten steht die Zeit der Renaissance, vor allem des Meisters, in dem das Griechentum wieder geboren war, Raffael. Die allmähliche Entwickelung dieser Kunst bis zu ihrem Gipfel hat Goethe in mehreren Aufsätzen dargestellt, so in dem Aufsatz: Julius Cäsars Triumphzug, gemalt von Mantegna (1823): Der Konflikt, den der Maler nicht aufzuheben vermag, zwischen der Einwirkung der Antike und der Forderung der Gegenwart, ist typisch für eine Zeit, „wo eine sich entwickelnde höchste Kunst über ihr Wollen und Vermögen sich noch nicht deutliche Rechenschaft ablegen konnte." In höhere Regionen führt uns Lionardo, dem Goethe den schönen Aufsatz über das Abendmahl gewidmet hat (1818). Nach einer Betrachtung des Lebens des Künstlers und einer Geschichte des Bildes zeigt Goethe in geistreicher, dem Künstler nachempfindender Betrachtung, wie Lionardo durch die Wahl eines geistigen Momentes, der Erregung durch die Worte: „Einer unter euch wird mich verraten" das Ganze in eine höhere Sphäre hebt und mit welcher fast unerreichten Kunst er die Darstellung der Wirkung dieses einen Moments auf zwölf verschiedene Menschen durch Kontrast und den hier zur höchsten Vollendung gelangten Ausdruck der Seelensprache und der Charaktere durch Miene und Geberde erreicht hat. Nur den Heiland und den Judas hat Goethe nicht gerecht und nicht erschöpfend behandelt. Ihm war auch Lionardo, selbst Michelangelo nicht der Gipfel der italienischen Kunst. „Jener," so sagt er in dem Aufsatz „Antik und Modern", „hatte sich, genau besehen, wirklich müde gedacht und sich allzu sehr am Technischen

abgearbeitet; dieser, anstatt uns zu dem, was wir ihm schon verdanken, noch
Ueberschwängliches im Plastischen zu hinterlassen, quält sich die schönsten
Jahre durch in Steinbrüchen nach Marmorblöcken und -bänken, so daß zu=
letzt von allen beabsichtigten Heroen des alten und neuen Testaments der
einzige Moses fertig wird, als ein Musterbild dessen, was hätte geschehen
können und sollen. Raphael hingegen wirkt seine ganze Lebenszeit hindurch
mit immer gleicher und größerer Leichtigkeit. Gemüts= und Thatkraft stehen
bei ihm in so entschiedenem Gleichgewicht, daß man wohl behaupten darf,
kein neuerer Künstler habe so rein und klar gedacht als er und sich so klar
ausgesprochen. Hier haben wir also wieder ein Talent, das uns aus der
ersten Quelle das frischeste Wasser entgegensendet. Er präzisiert nirgends,
fühlt, denkt, handelt aber durchaus wie ein Grieche. Was unter den Mo=
dernen Shakespeare in der Dichtkunst, Mozart in der Musik, das ist Raffael
in der bildenden Kunst; er hat überall recht wie die Natur. Mit ihm zu
ringen ist so gefährlich als mit Thanuel (Gott)."

Aber diese Vorliebe für die Antike und Raffael macht ihn nicht un=
gerecht gegen andere Kunstepochen. Wie er eine Weltlitteratur schaffen wollte,
so überschaute er mit weitem Blick die Kunst aller Zeiten und Völker. Die
ersten Geister unter den Künstlern und unter ihnen wieder die Idealisten
und die Dichter und Denker nehmen sein Hauptinteresse in Anspruch. Rem=
brandt, „dem Denker", und Ruysdael, dem reinfühlenden, klardenkenden
Künstler, der sich als Dichter erweisend, eine vollkommene Symbolik erreicht
und durch die Gesundheit seines äußeren und inneren Sinnes uns zugleich
ergötzt, belehrt, erquickt und belebt, wird ein besonderer Aufsatz gewidmet,
der Idealist Claude Lorrain erhält in den Gesprächen mit Eckermann das
höchste Lob, daß von ihm das Ziel aller Kunst, die Darstellung „der höchsten
Wahrheit ohne eine Spur von Wirklichkeit", erreicht sei und die Natur sich
in ihm für ewig erkläre, und aus demselben Grunde wird Rubens ge=
priesen, der sich dadurch als groß erweise, „daß er mit freiem Geiste über
der Natur stehe und sie seinen höheren Zwecken gemäß traktiere".

Zu den altdeutschen Meistern freilich blieb Goethes Verhältnis immer
kühl. Wir finden zwar hin und wieder ein lobendes Wort für Dürer und
sogar Anerkennung, als die christlich=mythologischen Handzeichnungen Dürers
in Steindruck 1808 veröffentlicht wurden, aber recht gewürdigt hat er ihn
nie und noch kurz vor seinem Tode hat er ausgesprochen, „daß Albrecht Dürer
und die übrigen Deutschen der älteren Zeit alle mehr oder weniger für ihn
etwas Peinliches hätten, da sie bei allem Anschauen der Natur, ja Nach=
ahmung derselben ins Abenteuerliche gehen, auch manieriert werden".

Auch jene Annäherung Goethes an die Bestrebungen der Romantiker für die altdeutsche ist Kunst nicht als ein Bruch mit der bisherigen Verehrung der Antike oder als eine Wandlung seiner Kunstanschauung zu betrachten. Wir erinnern uns der erfolgreichen Bemühungen Sulpiz Boisserées aus dem Jahre 1808, Goethe für die Gotik, insbesondere des Kölner Doms, und die altdeutsche Kunst zu interessieren, seiner Kunstreisen am Rhein 1814 und 1815, seiner Studien und ihrer Verwertung in der Schrift: „Ueber Kunst und Altertum in den Rhein- und Maingegenden" (1816) und der schönen Anerkennung der Bestrebungen für die altdeutsche Kunst in Dichtung und Wahrheit. Aber wenn er neben der Antike, an deren Superiorität er nie irre geworden ist, auch anderen Kunstepochen sein Interesse zuwandte, so war damit sein Standpunkt nicht geändert. Ihm war, wie er selber einmal sagt, bei dem Studium der altdeutschen Kunst das Geschichtliche das wichtigste. Die Romantiker jubelten zu früh, den Einfluß des „Mephistopheles" (Heinrich Meyer) gebrochen und Goethe für sich gewonnen zu haben. Das sollte bald furchtbar klar werden durch den von Meyer verfaßten, mit W. K. F. unterzeichneten Aufsatz: „Neu-deutsche religiös-patriotische Kunst", der 1817 in Kunst und Altertum erschien. Irrtümlich schob Boisserée alle Schuld auf Meyer. „Sie mit Ihrem großen Sinn," schreibt er an Goethe, „empfänglich für alles Echte, in welcher Gestalt es auch erscheine, nur Sie wären imstande gewesen, die Aufgabe zu lösen und zwischen zwei Ultrapunkten die wahrhaft beseligende Mitte zu zeigen." Der Aufsatz, „unsere Bombe" nennt ihn Goethe in einem Briefe an Meyer, war im Namen Goethes geschrieben, es war die Ausführung eines schon seit 1805 geplanten Hauptschlages gegen die Nazarener und gegen die immer mehr überwuchernde katholisierende und altertümelnde Richtung der Kunst in Deutschland, die Goethe mit Schrecken beobachtete und der er vergeblich durch seine Weimarischen Kunstausstellungen entgegenzuarbeiten suchte. Die Einleitung des Aufsatzes giebt eine historische Entwickelung der neudeutschen religiös-patriotischen Kunst, zeigt ihre frühesten Anfänge in der im Gegensatz zu Winckelmann und Mengs auftauchenden Ueberschätzung der Präraffaeliten Italiens des 14. und 15. Jahrhunderts und der Unterschätzung des Klassischen, der Antike und der großen Italiener, das Hervortreten einer sentimental-religiösen Stimmung, die Schöpfung einer Aesthetik der neuen Richtung durch Wackenroders (1797) „Herzensergießung eines kunstliebenden Klosterbruders" und Tiecks „Sternbalds Wanderungen", nach denen Kritik als Gottlosigkeit, die Regeln als leere Tändelei aufgefaßt und vom Künstler als Hauptbedingungen andächtige Begeisterung und religiöse Gefühle verlangt werden, die Entstehung der katholisierenden Richtung mit ihrer Vorliebe für das katholische Mittelalter, mit der sich die Neigung zum altdeutschen und patriotische Bestrebungen natur= gemäß verbinden. Auf dieser Grundlage kommt Meyer unter Anerkennung der Verdienste der neuen Schule für die Erschließung der altdeutschen Kunst= denkmäler und des Ernstes, des Fleißes und der Ausdauer in ihren Werken zu dem Verdikt einer Kunst, der es nicht um die Kunst an sich, sondern um katholisierende und altertümelnde Tendenzen zu thun sei, einer Kunstrichtung, die die ewig und einzig wahren Vorbilder der Antike und der großen Italiener Raffael und Tizian mit Geringschätzung ansah. Wie Goethe über diese Frömmigkeit und diesen Patriotismus dachte, wissen wir aus seinem Widerspruch gegen die romantischen Dichter. Das Unwahre, Heuchlerische bekämpfte er bei beiden; und daß ihm durch diese Richtung nicht bloß die Kunst gefährdet erschien, hat er in einem Briefe an Rochlitz mit Uebersendung des Meyerschen Aufsatzes ausgesprochen: „Lassen Sie uns bedenken, daß wir dieses Jahr das Reformationsfest feiern und daß wir unsern Luther nicht höher ehren können, als wenn wir dasjenige, was wir für Recht, der Nation und dem Zeitalter ersprießlich halten, mit Ernst und Kraft, und wäre es auch mit einiger Gefahr verknüpft, öffentlich aussprechen, und wie Sie ganz richtig urgieren, öfters wiederholen."

Einen äußeren Erfolg hatte der Aufsatz nicht, außer daß er den Zorn der Romantiker gegen Meyer vermehrte. Es ist der letzte gemeinsame Versuch der Weimarer Kunstfreunde, auf die Entwickelung der Kunst einzu= wirken.

2.

Aus den Angriffen Goethes gegen die frömmelnde Richtung der Nazarener und gegen die Verquickung religiöser und künstlerischer Tendenzen haben seine Gegner den Schluß gezogen, daß nach seiner Meinung Kunst und Religion in feindlichem Gegensatze stünden. Aber schon sein allbekannter Ausspruch: „Wer Wissenschaft und Kunst besitzt, der hat auch Religion" hätte vor solchen Mißverständnissen behüten können. Vielmehr ist Goethen der religiöse Ur= sprung der Kunst unzweifelhaft, und ebenso unzweifelhaft ist es ihm, daß nur religiöse Dichter wahrhaft Bedeutendes schaffen können. Daß er sich selbst bei dieser Bemerkung nicht ausgenommen, sondern hauptsächlich im Auge gehabt hat, liegt offen zu tage. Von den drei geistigen Mächten: der Kunst, der Religion und der Naturforschung, die das Goethische Wirken und Leben umfaßten, ist der Einfluß der Religion der früheste und jeden= falls nicht der unbedeutendste.

Die verschiedenen Phasen der religiösen Entwickelung Goethes haben uns von seiner frühesten Kindheit an beschäftigt. Von seinem Mannesalter an hat er seine religiöse Anschauung nicht geändert. Die vielverbreitete gegenteilige Meinung und die vielfach herrschende Unklarheit über Goethes religiöse Anschauungen erklärt sich aus unserer Unkenntnis darüber, welche von den sehr zahlreichen Aussprüchen Goethes, besonders von seinen aus zweiter Hand überlieferten Gesprächen augenblicklicher Stimmung entsprungen sind, und welche seine wahre Meinung wiedergeben. Wir thun gut, uns an die in den verschiedenen Lebenszeiten gleichlautenden Aussprüche und Meinungen zu halten.

Ein durch das Mannes- und Greisenalter hindurchgehender Zug ist zuerst hervorzuheben: es ist die Ablehnung jedes bestimmten, wie philosophischen Systems, so auch religiösen Dogmas. Wir erinnern uns des so vielen zum Aergernis gewordenen Ausspruches vom „Märchen vom Christo" aus dem September 1788 und ähnlicher Aeußerungen. Ein Jahr vor seinem Tode hat er sich darüber zu Boisserée geäußert: „Nun erfahre ich in meinen alten Tagen von einer Sekte der Hypsistarier, welche, zwischen Heiden, Juden, Christen geklemmt, sich erklärten, das Beste, Vollkommenste, was zu ihrer Kenntnis käme, zu schätzen, zu bewundern und zu verehren und, insofern als es mit der Gottheit in nahem Verhältnis stehen müsse, anzubeten. Da ward mir auf einmal aus einem dunklen Zeitalter her ein frohes Licht; denn ich fühlte, daß ich zeitlebens getrachtet hatte, mich zum Hypsistarier zu qualifizieren." Sein Verhältnis zu Gott war so persönlich, daß er jede Vermittelung einer Kirche zwischen sich und Gott ablehnte. Darum war ihm auch der Protestantismus als die Religion, die jenen Grundsatz zuerst ausgesprochen habe, sympathisch. Oft hat er Luthers Verdienst gepriesen; zuletzt noch mit den Worten: „Wir wissen gar nicht, was wir Luthern und der Reformation im allgemeinen alles zu danken haben. Wir sind frei geworden von den Fesseln geistiger Bornirtheit, wir sind infolge unserer fortwachsenden Kultur fähig geworden, zur Quelle zurückzukehren und das Christentum in seiner Reinheit zu fassen", und das Reformationsjubiläum (1817), dem wir auch die Worte: „Ich will in Kunst und Wissenschaft Wie immer protestieren" verdanken, wollte er mit Zelter zusammen durch eine Cantate verherrlichen, deren schematische Entwürfe sich noch erhalten haben. Die Reformation war nach seiner Meinung nicht „Sache einer christlichen Genossenschaft, sondern ein Anliegen der gesamten Christenheit, eine Folge und Wirkung des Geistes, der schon in Paulus, Augustinus und Athanasius lebendig gewesen sei, des Geistes der Freiheit".

Aber trotz dieser Neigung und Anerkennung blieb er doch der protestantischen Kirche fremd, und diese Unkirchlichkeit hat durch freundliche Bemühungen der von Goethe stets bestgehaßten Orthodoxen und Frömmler im deutschen Volke die wunderbare Anschauung sich festsetzen lassen, daß Goethe nicht nur unkirchlich, sondern auch unreligiös gewesen wäre. Schon zu seinen Lebzeiten war diese Meinung verbreitet und eines Versuches, Goethe zu bekehren, müssen wir hier gedenken. Er ging von seiner unseren Lesern wohlbekannten Jugendfreundin, Gustchen von Stolberg, damals verwitweten Gräfin Bernstorff, aus, die den vom wahren Glauben, wie sie meinte, abgefallenen Freund zu Christo zurückführen wollte. Würdig und schön war Goethes Antwort (vom April 1823): „Redlich habe ich es mein Lebenlang mit mir und anderen gemeint und bei allem irdischen Treiben immer aufs Höchste geblickt; Sie und die Ihrigen haben es auch gethan. Wirken wir also immerfort, so lange es Tag für uns ist, für andere wird auch eine Sonne scheinen, Sie werden sich an ihr hervorthun und uns indessen ein helleres Licht erleuchten. Möge sich in den Armen des allliebenden Vaters alles wieder zusammenfinden."

Gegen jede Richtung, die da glaubte, die Wahrheit für sich allein zu besitzen, die allein seligmachende zu sein, verhielt er sich gleichermaßen ablehnend, gegen die Orthodoxen nicht weniger, als gegen die Aufklärer. Selbst hoffte er auf das Rechte loszugehen, behauptete aber nie, das Rechte zu wissen. Die Ungewißheit aller überirdischen Dinge und die Unmöglichkeit ihrer Erkenntnis ist eine der Grundlagen seiner religiösen Anschauung. Nur zwei Dinge stehen ihm in dieser Welt des Glaubens als Axiome, die eines Beweises gar nicht bedürfen, fest, das ist die Existenz eines Gottes und die Fortdauer in einem ewigen Leben. Doch gesteht er bescheiden, eine sichere Erkenntnis Gottes nicht zu besitzen: „Das schönste Glück des denkenden Menschen ist, das Erforschliche erforscht zu haben und das Unerforschliche ruhig zu verehren. Mögen die Menschen Gott auch ewig suchen und zu schauen hoffen, sie können Gott nur ahnen und nicht schauen, ihn nur aus seinen Manifestationen erraten." Bezeichnend dafür, wie wenig es ihm darauf ankam, das Wesen dieses höchsten Wesens für sich zu bestimmen, ist eine Stelle aus einem Briefe an Jacobi: „Ich für mich kann bei den mannigfachen Richtungen meines Wesens nicht an einer Denkweise genug haben; als Dichter und Künstler bin ich Polytheist, Pantheist hingegen als Naturforscher, und eines so entschieden als das andere. Bedarf ich eines Gottes für meine Persönlichkeit als sittlicher Mensch, so ist dafür auch schon gesorgt."

„Ich glaube an einen Gott," so lesen wir in den Sprüchen, „das ist ein schönes, liebliches Wort. Aber Gott anerkennen, wo und wie er sich offenbart, das ist die eigentliche Seligkeit auf Erden."

So weit das Ohr, so weit das Auge reicht,
Du findest nur Bekanntes, das Ihm gleicht,
Und deines Geistes höchster Feuerflug
Hat schon am Gleichnis, hat am Bild genug;
Es zieht dich an, es reißt dich heiter fort,
Und wo du wandelst, schmückt sich Weg und Ort.
Du zählst nicht mehr, berechnest keine Zeit,
Und jeder Schritt ist Unermeßlichkeit.

* * *

Was wär' ein Gott, der nur von außen stieße,
Im Kreis das All am Finger laufen ließe!
Ihm ziemt's, die Welt im Innern zu bewegen,
Natur in Sich, Sich in Natur zu hegen,
So daß, was in Ihm lebt und webt und ist,
Nie Seine Kraft, nie Seinen Geist vermißt.

Die letzte Strophe beweist uns, daß dem Dichter Gott und Natur dasselbe ist; und zugleich ist Gott der Verstand, die Vernunft selber: "Alle Geschöpfe sind davon durchdrungen, und der Mensch hat davon so viel, daß er Teile des Höchsten zu erkennen vermag." "Hinter jedem Wesen," so sprach er sich einst zum Kanzler Müller aus, "steckt die höhere Idee. Das ist mein Gott; das ist der Gott, den wir alle ewig suchen und zu erschauen hoffen, aber wir können ihn nur ahnen, nicht schauen. Gott ist allmächtig und allgegenwärtig.... Beseelte Gott den Vogel nicht mit diesem allmächtigen Trieb gegen seine Jungen und ginge das Gleiche nicht durch alles Lebendige der ganzen Natur, die Welt würde nicht bestehen können! So aber ist die göttliche Kraft überall verbreitet und die ewige Liebe überall wirksam."

Die reinste und edelste Form der Gottesverehrung und Gotteserkenntnis bietet das Christentum, nicht die Form, in der es in den verschiedenen christlichen Kirchen auftritt, gegen die Goethe ja wiederholt seine Abneigung ausgesprochen hat, sondern das Urchristentum, wie es Christus selbst gelehrt hat. Nirgends hat Goethe diesem Glauben schöneren Ausdruck gegeben, als in dem großen religiösen Gedicht aus den achtziger Jahren: „Die Geheimnisse". „Mag die geistige Kultur," so lesen wir in einem Gespräche, „nun immer fortschreiten, mögen die Naturwissenschaften in immer breiterer Ausdehnung und Tiefe wachsen und der menschliche Geist sich erweitern, wie er will, über die Hoheit und sittliche Kultur des Christentums, wie es in den Evangelien schimmert und leuchtet, wird er nicht hinauskommen!" Dieses schöne Bekenntnis legte

Goethe wenige Tage vor seinem Tode ab. Und ganz dasselbe will er mit den Worten, die er einige Zeit vorher an Kanzler Müller richtete, sagen: „Sie wissen, wie ich das Christentum achte, oder Sie wissen es vielleicht auch nicht; wer ist denn noch heutzutage ein Christ, wie Christus ihn haben wollte? Ich allein vielleicht, ob ihr mich gleich für einen Heiden haltet." Einst hatte er sich einen decidierten Nichtchristen und Heiden genannt. Der Inhalt beider Aussprüche ist derselbe.

Seiner Stellung zu Christus, dessen göttlichen Ursprung er in den Versen bezeugte:

> Gott hat den Menschen gemacht
> Nach seinem Bilde.
> Dann kam er selbst herab,
> Mensch, lieb und milde —

hat er in dem großen, schon mehrfach erwähnten religiösen Gespräch mit Eckermann am 11. März 1832 unzweideutigen Ausdruck gegeben: „Fragt man mich, ob es in meiner Natur sei, ihm anbetende Ehrfurcht zu erweisen, so sage ich: Durchaus! Ich beuge mich vor ihm, als der göttlichen Offenbarung des höchsten Prinzips der Sittlichkeit. Fragt man mich, ob es in meiner Natur sei, die Sonne zu verehren, so sage ich abermals: Durchaus! Denn sie ist gleichfalls eine Offenbarung des Höchsten, und zwar die mächtigste, die uns Erdenkindern wahrzunehmen vergönnt ist."

Tiefsinnig und ergreifend ist von Goethe der Erlösungsgedanke in der indischen Legende „Paria" (1821) dichterisch dargestellt worden. Die grauenhafte Gestalt, halb Göttin, halb Verbrecherin, stellt die Menschheit dar:

> ... Und so soll ich, die Brahmane,
> Mit dem Haupt im Himmel weilend,
> Fühlen, Paria, dieser Erde
> Niederziehende Gewalt.

In des Menschen Brust liegt die Ursache der Sünde, aber zugleich die Gewähr der endlichen Erlösung.

Ebenso wie der Gottesglaube, war der Glaube an die Unsterblichkeit für seine Existenz und sein Wirken notwendig. „Ich möchte," meinte er einmal, „mit Lorenzo von Medici sagen, daß alle diejenigen auch für dieses Leben tot sind, die kein anderes hoffen." Die Ueberzeugung einer Fortdauer entsprang ihm aus dem Begriff der Thätigkeit: „Denn wenn ich bis an mein Ende rastlos wirke, so ist die Natur verpflichtet, mir eine andere Form des Daseins anzuweisen, wenn die jetzige meinen Geist nicht ferner auszuhalten vermag."

Darum ist auch der Ausspruch nicht scherzhaft gemeint, daß er mit der ewigen Seligkeit nichts würde anzufangen wissen, wenn sie ihm nicht neue Aufgaben böte. „Wirken wir fort," schreibt er einmal an Zelter, „bis wir vor oder nach einander, vom Weltgeist berufen, in den Aether zurückkehren! Möge dann der ewig Lebendige uns neue Thätigkeiten, denen analog, in welchen wir uns schon erprobt, nicht versagen!" In dem Jenseits würde nach Goethes Meinung die geistige Verschiedenheit der Individuen fortdauern. „Wir sind nicht auf gleiche Weise unsterblich," meint er einmal, „und um sich künftig als große Entelechie zu manifestieren, muß man auch eine sein."

Es ist nur natürlich, daß Goethe in den letzten Lebensjahren sich viel mit dem Jenseits beschäftigte. Im allgemeinen aber riet er von der Beschäftigung mit diesen Fragen ab. „Ein tüchtiger Mensch," meinte er einmal, „läßt die künftige Welt auf sich beruhen und ist thätig und nützlich in dieser."

In zwei Forderungen gipfelt die praktische Ethik Goethes, in der der Ehrfurcht und der Thätigkeit. Ueber die erstere hat er sich besonders in den Wanderjahren ausgesprochen. Die ethnische Religion, wie er sie dort nennt, beruht auf der Ehrfurcht vor dem, was über uns ist. Es ist die Frömmigkeit gegen Gott, über die der Dichter in der Marienbader Elegie weihevoll gesprochen hat:

> In unsers Busens Reine wogt ein Streben,
> Sich einem Höhern, Reinern, Unbekannten
> Aus Dankbarkeit freiwillig hinzugeben,
> Enträtselnd sich dem ewig Ungenannten;
> Wir heißens: fromm sein! —

Die zweite Stufe der Religion, die philosophische, gründet sich auf die „Ehrfurcht vor dem, was neben uns ist", vor dem Göttlichen im Menschen, allem Trefflichen, Erhabenen, dem sittlich Großen, es ist die Begeisterung für das Ideale, für Kunst und Wissenschaft; die dritte Stufe ist das „Letzte", wozu die Menschheit gelangen konnte, die Ehrfurcht vor dem, was unter uns ist, die das Christentum lehrt; sie fordert von uns, „Niedrigkeit und Armut, Spott und Verachtung, Schmach und Elend als göttlich anzuerkennen, ja Sünde selbst und Verbrechen nicht als Hindernis, sondern als Förderniss der Heiligen zu verehren und lieb zu gewinnen". „Aus diesen drei Ehrfurchten entspringt die oberste Ehrfurcht, die vor sich selbst, und jene entwickeln sich abermals aus dieser, so daß der Mensch zum Höchsten gelangt, was er zu erreichen fähig ist, daß er sich selbst für das Beste halten darf, was Gott und Natur hervorgebracht haben, ja, daß er auf dieser Höhe verweilen kann, ohne durch Dünkel und Selbstheit wieder ins Gemeine gezogen zu werden." Der Mensch, der zu dieser religiös-ethischen Anschauung erzogen ist, wird die ihm von Gott verliehenen Gaben als etwas Heiliges ansehen, er wird es für seine höchste Pflicht ansehen, mit diesem Pfunde zu wuchern „und seine Dankbarkeit durch Thätigkeit auszudrücken".

Thätigkeit, unablässige Thätigkeit ist das Zauberwort, das Goethe als Heilmittel aller seelischen Leiden und als die Grundlage alles menschlichen Glückes durch Wort und That empfiehlt: „Wie kann man sich selbst kennen lernen? Durch Betrachten niemals, wohl aber durch Handeln. Versuche deine Pflicht zu thun, und du weißt gleich, was an dir ist. — Was aber ist deine Pflicht? Die Forderung des Tages." „Wenn ich für mich selbst," schreibt er an Rauch, „um gegen das, was man Tücke des Schicksals zu nennen berechtigt ist, im Gleichgewicht zu bleiben, kein anderes Mittel zu finden wußte, so wird es gewiß jedem heilsam werden, der, von der Natur zu edler, freischaffender Thätigkeit bestimmt, das widerwärtige Gefühl unvorgesehener Hemmung durch eine frisch sich erprobende Kraft zu beseitigen und, sofern es dem Menschen gegeben ist, sich wiederherzustellen trachtet. . . . Das Sicherste bleibt immer, daß wir alles, was in und an uns ist, in That zu verwandeln suchen."

Das Christentum der werkthätigen Liebe war Goethes wahre Religion. „Von der Gewalt, die alle Wesen bindet, befreit der Mensch sich, der sich überwindet", so hatten die „Geheimnisse" gelehrt; „Edel sei der Mensch, hilfreich und gut" die Ode „Das Göttliche"; „Das Gute thue aus des Guten Liebe" die Sprüche. In der sittlichen Befreiung liegt die Aufgabe des Menschen für sich, in der werkthätigen Liebe seine Aufgabe gegenüber seinen Mitmenschen. Wie sich hier Jugendzeit und Greisenalter in derselben Anschauung vereinigen, beweisen die beiden fast gleichlautenden Aussprüche vom Februar 1786 (an Herder) und vom 1. Januar 1828 (an Carlyle): „. . . indem ich das Testament Johannis als das meinige schließlich ausspreche und als den Inhalt aller Weisheit einschärfe: Kindlein, liebt euch untereinander."

3.

Wie Goethes Kunst, so hing auch seine Naturbetrachtung mit seiner Religion zusammen. „Gott in der Natur zu sehen, machte die Grundlage seiner Existenz aus," Gott in der Natur zu erkennen seine wahre Religion, und „das Erforschliche erforscht zu haben, erschien ihm das schönste Glück des denkenden Menschen". Wir erinnern uns dessen wohl, daß Goethes große Untersuchungen und Entdeckungen auf dem Gebiete der Tier- und Pflanzenmorphologie von religiös-philosophischen Ideen, von Herder und Spinoza angeregt worden waren. Sie liegen weit zurück von unserer Epoche, aber die große Masse der naturwissenschaftlichen Schriften, die jene Ideen und Entdeckungen weiter ausführten, ist erst von 1817 an in der Goethischen Zeitschrift „Zur Morphologie" erschienen. Zu ihrem Verständnis ist eine kurze Darlegung der Naturanschauung und der Naturforschung Goethes unerläßlich. Da dem Verfasser dieses Buches selbst diese Wissenschaft fern liegt, muß er sich auf Gewährsmänner stützen, als deren vorzüglichster hier Rud. Steiner, der Herausgeber der naturwissenschaftlichen Schriften Goethes, dankbar genannt werde.

Alle naturwissenschaftlichen Arbeiten Goethes werden von der einen Tendenz geleitet, die organischen Wesen auf eine Urform zurückzuführen. Noch 1790 hatte Kant jeden Versuch, die organischen Wesen auf Ursachen zurückzuleiten, die innerhalb der Sinnenwelt liegen, für ein Abenteuer der Vernunft erklärt; man glaubte, daß jede der unendlichen Pflanzen und Tiere in der Form, wie sie uns erscheinen, bei der Schöpfung geschaffen sei. Linnés Hauptthat bestand darin, die Verschiedenheit der einzelnen Pflanzen festzustellen und sie danach zu klassifizieren.

Goethe ging von der entgegengesetzten Anschauung aus, die er zuerst mit Herder und Spinoza mehr fühlte, als beweisen konnte. Wir wissen, daß seine große Entdeckung des os intermaxillare die Einheit des menschlichen und tierischen Körperbaues bewies; der Nachweis der Identität aller Pflanzenteile und ihrer Entwickelung aus einem gelang ihm in Padua und Süditalien, der der Identität aller Tierkörperteile (Wirbeltiere) in Venedig. Nachdem er so die Scheidewände zwischen den einzelnen Arten und Gattungen niedergerissen hatte, führte er alle Erscheinungen auf eine Einheit, das Urtier und die Urpflanze, zurück. Daraus ergab sich die ursprüngliche Einheit aller organischen Wesen und ihre Entwickelung aus dem Typus, deren höchste Spitze der Mensch ist.

Man kann diese Thätigkeit nicht besser charakterisieren, als Schiller das in seinem berühmten Briefe an Goethe vom 23. August 1794 gethan hat: „Sie nehmen die ganze Natur zusammen, um über das Einzelne Licht zu bekommen, in der Allheit ihrer Erscheinungsarten suchen Sie den Erklärungsgrund für das Individuum auf. Von der einfachen Organisation steigen Sie Schritt vor Schritt zu den mehr verwickelten hinauf, um endlich die verwickeltste von allen, den Menschen, genetisch aus den Materialien des ganzen Naturgebäudes zu erbauen. Dadurch, daß Sie ihn der Natur gleichsam nacherschaffen, suchen Sie in seine verborgene Technik einzudringen. Eine große und wahrhaft heldenmäßige Idee, die zur Genüge zeigt, wie sehr Ihr Geist das reiche Ganze seiner Vorstellungen in einer schönen Einheit zusammenhält."

Man hat deshalb Goethe einen Vorläufer Darwin's genannt, insofern mit Recht, als Goethe die Einheit aller organischen Wesen und die Entwickelung aus einer gemeinsamen Urform schon richtig erkannt hat; aber während Darwin die Entwickelung der Lebewesen ohne Einwirkung der Urform, allein durch äußere Umstände, die Anpassung und den Kampf ums Dasein geschehen läßt, dreht sich Goethes gesamte Forschung um diese Urgestalt, und die Entwickelung geschieht nur durch die Ausbildung der in der Urform schon vorhandenen Keime. Denn Goethe versteht unter dem Urtier nicht wie Darwin eine Urzelle, sondern die Idee des Tieres, den Typus. Es ist die ideale Pflanzen= oder Tiergestalt, die in Wirklichkeit nicht existiert, weil keine individuelle Form typisch ist, die man sich aber konstruieren kann: „denn sie ist das in allen Pflanzen oder Tieren enthaltene Wesentliche derselben". In diesem Typus sind alle späteren Erscheinungen schon enthalten, er hat die Fähigkeit sie aus sich zu entwickeln; es ist also die innere Form, wie es Goethe nannte, die innere Schöpfungskraft, was diesen Typus, diese Entelechie oder Monade, von der Urzelle Darwins hauptsächlich unterscheidet. Dieser Typus tritt nicht in die Erscheinung; das Individuum, das kein Einzelnes ist, sondern eine Mehrheit, besitzt außer dem Typus eine Menge nicht wesentlicher, im Typus nicht vorhandener Dinge. Diese verändern sich durch das Gesetz der äußeren Umstände, durch „Temperatur des Landes, Menge des Sonnenlichtes, Beschaffenheit der Luft", und außerdem je nachdem die eine oder andere Partie des Typus entwickelt wird, so daß also zwei Gesetze bei der Entwickelung des Individuums und bei der Entstehung der organischen Wesen wirken, einmal das Gesetz der inneren Natur oder des Typus und das Gesetz der äußeren Umstände. Auch die Fortpflanzung ist nur ein spezieller Fall der Entwickelungsfähigkeit: „An allen Körpern, die wir lebendig nennen, bemerken wir die Kraft, ihres gleichen hervorzubringen" ... wenn wir diese Kraft geteilt wahrnehmen, so bezeichnen wir sie mit dem Namen der beiden Geschlechter." Aber „die Fortpflanzung durch Samen und die Fortsetzung von Glied zu Glied bei ebenderselben Pflanze sind nur zwei verschiedene Arten derselben Thätigkeit". Diese neue Wissenschaft, die Betrachtung des organischen Ganzen und der Gesetze, durch die sich aus ihm die Lebewesen entwickeln, nannte Goethe Morphologie. Ihr sind die bedeutendsten und wertvollsten seiner naturwissenschaftlichen Schriften gewidmet. Alle andern Teile der Naturwissenschaften sind die Dienerinnen dieser einen, der höchsten. Sie suchen das Besondere durch die Erfahrung und Anschauung zu erkennen, die Naturgeschichte, die Naturlehre, die Anatomie, die Chemie und Physiologie; Goethe beschäftigte sich mit ihnen allen in angestrengter Thätigkeit und Forschung, aber er betrachtete sie nur als Mittel zu dem einen großen Zweck, alle ihre Ergebnisse durch die Kraft des Geistes zu verknüpfen, um den Urtypus und die Entwickelung aller Lebewesen bis zu ihrem Gipfel in der Einheit zu erkennen. Er charakterisiert seine Thätigkeit dementsprechend mit den Worten: „Mein Bestreben war, mich in Kenntnis der äußeren Umstände zu setzen und dann nach den inneren Bedingungen zu fragen, die als Gestaltungsprinzip unter dem Einfluß derselben auftreten."

Dasselbe Prinzip und dieselbe Tendenz zeigt sich in Goethes geologischen Studien, die ihren Ausgang von seiner amtlichen Thätigkeit für das Ilmenauer Bergwerk nahmen (1776). Auch hier handelt es sich um die Entwickelung, die Bildungsgeschichte des Erdkörpers, den Nachweis der Stellung, die jedes einzelne Gestein in dieser Entwickelungsgeschichte einnimmt. Es war ihm wie in der Pflanzenwelt so auch in der Steinwelt unwichtig, wodurch sich die Steine unterscheiden, es handelte sich vielmehr darum, das Gesetz, das Prinzip zu finden, das je nach den äußeren Umständen die verschiedenen Steinarten hervorbringt. Und dies Prinzip ist dasselbe, das die organischen Wesen und ihre verschiedenen Abarten entstehen läßt. Dies nachzuweisen ist die Absicht seiner zahlreichen geologischen Arbeiten, die mehrfach an die böhmischen Gebirge anknüpfen. Aeußere Förderung fanden diese Arbeiten und Studien durch die wiederholten Reisen nach Eger und Karlsbad, innere besonders durch den Briefwechsel mit dem Grafen Kaspar Sternberg. Als eifriger Gegner des Vulkanismus neigte Goethe dem Neptunismus Gottlob Werners zu, der annimmt, daß die Erde schichtenweise in mehreren hintereinanderfolgenden Perioden in bestimmter Reihenfolge aus dem Wasser abgesetzt sei, und alle Veränderungen im Mineralreich auf das Wasser zurückführt.

Goethes große Errungenschaften fanden bei den Naturforschern wenig Anklang, man ignorierte ihn. Um so mehr war er erfreut, als bei dem Streit zwischen Cuvier und St. Hilaire in der französischen Akademie 1830 St. Hilaire, der die Goethische Anschauung vertrat, ausdrücklich sich auf ihn berief. „Dieses Ereignis," so rief er aus, wie Eckermann erzählt, „ist für mich von ganz unglaublichem Wert, und ich jubie mit Recht über den endlich erlebten allgemeinen Sieg einer Sache, der ich mein Leben gewidmet habe und die ganz vorzüglich auch die meinige ist."

Seine Methode bezeichnete Goethe mit dem Ausdruck: rationeller Empirismus; die Empirie stellt die Thatsachen fest, der Verstand, die Idee weist ihre Einheit und Zusammengehörigkeit nach; Begriffe ohne An=

schauungen sind leer, aber sie sind notwendig, um den Wert der einzelnen Anschauungen für das Ganze einer Weltanschauung zu bestimmen. „Anschauende Kenntnis" zu gewinnen, war wie in der Kunst, so auch in der Natur das Ziel. Wir berühren damit eine wichtige Eigenart des Goethischen Denkens und Forschens überhaupt, die zuerst von einem befreundeten Naturforscher ihm zugeschriebene **Gegenständlichkeit des Denkens**. Goethes Denken sonderte sich nicht von den Gegenständen, die er betrachtete, „die Elemente der Gegenstände", die Anschauungen gingen in jenes ein und wurden von ihm auf das innigste durchdrungen. Sein Anschauen war ein Denken, sein Denken ein Anschauen. Goethe selbst war sich dessen bewußt und erklärte auch seine Dichtung als gegenständlich. „Mir drückten sich," sagte er, „gewisse große Motive, Legenden, uraltgeschichtlich Ueberliefertes so tief in den Sinn, daß ich sie vierzig bis fünfzig Jahre lebendig und wirksam im Innern erhielt; mir schien der schönste Besitz, solch werte Bilder oft in der Einbildungskraft erneut zu sehen, da sie sich dann zwar immer umgestalteten, doch ohne sich zu verändern einer entschiedenen Darstellung entgegenreisten."

„Ich finde mein Heil," schrieb er einmal an Schiller, „nur in der **Anschauung**, die in der Mitte steht zwischen Naturforschung und Naturphilosophie." Darum weigerte er sich entschieden über das Sinnlich-Wahrnehmbare hinauszugehen, und beruhigte sich bei dem Urphänomen, weil er, wie er meinte, damit an den Grenzen der Menschheit angelangt war. „Der Dichter," wie Helmholtz sagt, „hielt eine weitere Analyse für ein Verbrechen an der Natur; er lehnte sogar Experimente mit Mikroskopen als eine Kompetenzüberschreitung des Gesichtssinnes ab. Er bedachte nicht, daß wir nicht die Kräfte selbst, sondern nur ihre Wirkung sehen, und deshalb zur Erklärung der Kräfte das Gebiet der Sinnlichkeit verlassen und zu unwahrnehmbaren, nur durch Begriffe bestimmten Dingen übergehen müssen." Und so faßt derselbe Forscher in seinem Vortrage: Goethes Vorahnungen kommender naturwissenschaftlicher Ideen sein Urteil über Goethe den Naturforscher in die Worte zusammen: „Wo es sich um Aufgaben handelt, die durch die in Anschauungsbildern sich ergehenden dichterischen Divinationen gelöst werden können, hat sich der Dichter der höchsten Leistungen fähig gezeigt, wo nur die bewußt durchgeführte, induktive Methode hätte helfen können, ist er gescheitert. Aber wiederum, wo es sich um die höchsten Fragen über das Verhältnis der Vernunft zur Wirklichkeit handelt, schützt ihn sein gesundes Festhalten an der Wirklichkeit vor Irrgängen und leitet ihn sicher zu Einsichten, die bis an die Grenzen menschlicher Vernunft reichen."

Der Tadel, der hierin enthalten ist, bezieht sich hauptsächlich auf eine andere

Arbeit Goethes, die Farbenlehre. Dieses große Werk Goethes hat von allen seinen naturwissenschaftlichen Schriften den größten und lautesten Widerspruch gefunden. Ganz abgesehen von der Richtigkeit oder Unrichtigkeit der Goethischen Behauptung ist ihre fast einhellige Ablehnung durch die modernen Physiker deshalb bedauerlich, weil durch sie ein Goethisches Werk von hohem künstlerischen Werte und gewaltigem Inhalte dem deutschen Volke so sehr entfremdet worden ist, daß es selbst von den eifrigsten Verehrern Goethes kaum gelesen wird und als fast verschollen gelten kann. Und doch war es kein Parergon der Mußestunden des Dichters, über das man, wie es meist geschieht, mit bedauerndem Achselzucken hinweggehen darf, sondern ein Lebenswerk, eine gewaltige, staunenswerte, durch mehrere Jahrzehnte angestrengter Thätigkeit sich hinziehende Arbeit des Künstlers und Forschers. Wir erinnern nur neben vielen anderen an den Ausspruch Goethes vom Februar 1819, den uns Eckermann aufbewahrt hat: „Auf alles, was ich als Poet geleistet habe, bilde ich mir gar nichts ein. . . . Daß ich aber in meinem Jahrhundert in der schwierigen Wissenschaft der Farben der einzige bin, der das Rechte weiß, darauf thue ich mir etwas zu gute, und ich habe daher ein Bewußtsein der Superiorität über viele"; und wir gedenken des Goethe sonst ganz fremden, leidenschaftlich aggressiven Tons in dem polemischen Teil, der nur bei der Verteidigung einer fast persönlichen, einer Herzenssache erklärlich ist. Goethes Studium der Farben nahm seinen Ausgang nicht von der Naturforschung, sondern von der Kunst. Der vergebliche Versuch, mit Hilfe der Newtonschen Theorie das Gesetz der Kunstharmonie der Farben zu entdecken, eingehende Studien über das Wesen der Farben in Italien führten zum ersten Widerspruch gegen Newton. Die uns schon bekannten Beiträge zur Optik aus den Jahren 1791 und 1792 waren das wissenschaftliche Debut Goethes auf diesem Gebiete. Es bedurfte noch achtzehnjähriger unablässiger, mühevoller Arbeit, bis das große Werk „Zur Farbenlehre" (1810) erschien. Der Gegensatz zwischen Newton und Goethe läßt sich wohl kurz folgendermaßen andeuten: Nach Newton ist das weiße Licht aus drei oder sieben Farben zusammengesetzt. Es sind Rot, Orange, Gelb, Grün, Blau, Dunkelblau und Violett. Durch prismatische Zerlegung des Lichts in Lichtstrahlen von verschiedener Brechbarkeit lassen sich diese Farben darstellen, und aus diesen einzelnen Strahlen läßt sich das weiße Licht dadurch zusammensetzen, daß man sie in eine Sammellinse vereinigt. Dem gegenüber behauptet Goethe: Das Licht ist das einfachste, unzerlegteste, homogenste Wesen, das wir kennen. Es ist nicht zusammengesetzt. Die Farben sind eine Modifikation des Lichts und diese Modifikation tritt ein durch die Finsternis, das

Nichtlicht. Durch Licht und Finsternis entstehen zwei Grundfarben: Blau und Gelb, alle anderen Farben sind unrein oder aus diesen entwickelt.

Die moderne Naturwissenschaft hat Newton Recht gegeben und sich gegen Goethe entschieden. „Goethe," sagt Helmholtz, „scheiterte hauptsächlich deshalb, weil er mit den verhältnismäßig unvollkommenen Apparaten, die er in Händen hatte, die entscheidenden Thatsachen nicht hat beobachten können. Er hat niemals vollständig gereinigtes, einfaches, farbiges Licht vor Augen gehabt und wollte deshalb nicht an dessen Existenz glauben.... Goethe setzt nirgends auseinander, wie denn nun blaues und gelbes Licht nach seiner Vorstellung voneinander unterschieden sein sollen. Ihm genügt die Angabe, daß beide etwas Schattiges bei ihrem Durchgang durch die Körper erhalten hätten, aber er hält sich offenbar nicht für verpflichtet, anzugeben, wodurch das Schattige im Blau sich von dem im Gelb und beide von dem in der Mischung beider, die er als Grün betrachtet, unterscheide.... Nicht die Finsternis, sondern die Anzahl der Lichtschwingungen zu gleicher Zeit bestimmt die Farbe, sowie die Anzahl der Tonschwingungen in gleicher Zeit die Tonhöhe bestimmt." Dem gegenüber behauptet Rud. Steiner, daß die moderne Naturwissenschaft nur durch einen falschen Standpunkt der Betrachtung zu der Verurteilung der Goethischen Farbenlehre gekommen sei. „Es ist," sagt er, „vollständig unrichtig, wenn man glaubt, Goethe habe mit dem Licht das konkrete Sonnenlicht, das gewöhnlich weißes Licht genannt wird, gemeint.... Das Licht, wie es Goethe auffaßt und wie er es der Finsternis als seinem Gegenteil gegenüberstellt, ist eine rein geistige Entität, einfach das allen Farbenempfindungen Gemeinsame.... Licht und Finsternis sind bei Goethe nicht reale Wesenheiten, sondern bloße Prinzipien, geistige Entitäten.... Das Licht und die Finsternis im Goethischen Sinne kennt die moderne Physik nicht.... Goethe beginnt da, wo die Physik aufhört."

Ueber diese Frage zu entscheiden, wollen wir den Naturforschern überlassen, wir begnügen uns mit einer Darlegung des Weges, den die Goethische Forschung nimmt und folgen dabei in der Hauptsache wieder der Führung Rud. Steiners: Das Auge ist nach Goethe die Ursache der Erscheinung des Lichts; ohne das Auge des Menschen würde das Licht wohl dem Wesen nach da sein, aber nicht der Erscheinung nach. Darum stellt Goethe die physiologische Farbenlehre an die Spitze. Sie handelt von dem Verhältnis von Licht und Finsternis zum Auge, der schwarzen und weißen Bilder zum Auge, von den grauen Flächen und Bildern, und will das Auge unter allen möglichen Bedingungen betrachten, um seine Fähigkeiten zu erkennen.

Der zweite Teil, die physische Farbenlehre, sucht gerade die Bedingungen kennen zu lernen, die vom Auge unabhängig sind und zur Entstehung der Farben beitragen. „Physische Farben," sagt er, „nennen wir diejenigen, zu deren Hervorbringung gewisse materielle Mittel nötig sind. Es sind Farben, die durch das Prisma oder die Linse entstehen." Das Hauptkapitel, die chemische Farbenlehre, beschäftigt sich mit der farbigen Körperwelt, der Erregung der Steigerung, der Mischung der Farben, den Farben der Mineralien, Pflanzen, Tiere und Menschen. Ein Schlußkapitel betrachtet die Wirkung der Farbe auf die Seele. Auf diesen Aufbau des Systems folgt der Angriff gegen Newton, der polemische Teil, betitelt: Enthüllung der Theorie Newtons, den wegzulassen Goethe Eckermann bei der Redaktion der Ausgabe letzter Hand mit den Worten freiließ: „Im Grunde ist alles polemische Wirken gegen meine Natur, und ich habe daran wenig Freude." Um so bedeutender und auch für die Gegner Goethes höchst wertvoll, ja eine wissenschaftliche Arbeit ersten Ranges ist der groß angelegte historische Teil der Farbenlehre, der unter dem bescheidenen Titel: „Materialien zur Geschichte der Farbenlehre" erschien. „Grundzüge zu einer allgemeinen Geschichte der Wissenschaft und des menschlichen Denkens" nannte Schiller mit Recht den Entwurf, den ihm Goethe schon im Januar 1798 zugesandt hatte. Großartiger ist nie eine Geschichte einer Wissenschaft geplant und ausgeführt worden:

Indem Goethe die Wissenschaft jedes Volkes aus seinem Charakter und seiner individuellen Begabung zu erklären suchte, wuchs sein Werk zu einer umfassenden Charakteristik aller Kulturvölker und ihrer bedeutendsten geistigen Repräsentanten; indem er die Einflüsse der Umgebung und der Zeit auf Völker und Individuen bloßlegte, ward es zu einer Entwickelungsgeschichte der Menschheit. Seine Absicht, die er am Schlusse der Einleitung in den Worten ausspricht, den ungeheuren Stoff, „die Farbenlehre, die sich überall gleichsam nur durchschmiegt, von den übrigen Wissenschaften einigermaßen zu isolieren und sie dennoch wieder zusammenzuhalten", hat er in unübertrefflicher Weise durchgeführt.

Von der Geschichte der Urzeit führen uns glänzende Charakteristiken der Griechen und Römer, der Bibel und antiken Litteratur über die mit großartigen allgemeinen Ausblicken ausgefüllte „Lücke" der Wissenschaft zur Geschichte der Naturwissenschaft vom 16. bis 18. Jahrhundert bis zur „Konfession des Verfassers", der nach ausführlicher, aber bescheidener Darstellung seiner Bestrebungen mit einem wehmütigen Rückblick auf die Mitarbeit des „unersetzlichen Schiller" und mit dem Dank für die Förderung und Teilnahme der Herzogin Luise schließt, „der nicht genug zu verehrenden Fürstin", der die Farbenlehre gewidmet war.

Sonnenuntergang.

1.

Mit furchtbarer Deutlichkeit hatte die schwere Krankheit im Februar 1823 den Vierundsiebzigjährigen an seine Sterblichkeit erinnert. Diese Krankheit und ein im Dezember desselben Jahres auftretendes Brustfieber nahm ihm die bisher bewahrte fast jugendliche Frische. Jetzt muß er auf Reisen und Ausflüge verzichten; ganz gegen seine Gewohnheit verschließt er sich tagelang in sein Arbeitszimmer und hütet sich ängstlich vor jedem Luftzug. Von nun an steht der Greis Goethe vor uns. Er selbst nannte die Jahre, die ihm das Schicksal noch schenkte, die testamentarischen. In ihnen sollten seine Werke, sein Testament für das deutsche Volk, vollendet und in einer würdigen, von ihm selbst überwachten Ausgabe ausgegeben und zugleich ihr materieller Ertrag für seine Erben gesichert werden. Aber noch einen höheren und schöneren Gewinn brachte ihm das letzte Jahrzehnt des Lebens in dem Sinne seiner Verse: „Ein herzlich Anerkennen ist des Alters zweite Jugend". Die Anerkennung, Verehrung und Liebe der Besten seines Volkes fällt als die reife Frucht eines unvergleichlichen Lebens dem Greis in den Schoß. Was will der Widerspruch mancher Gelehrten, der Mangel an Popularität in den breiten Massen der Ungebildeten, Spott und Hohn einiger Neider und Nörgler sagen gegen die fast erdrückenden Beweise der Verehrung und Bewunderung, gegen die Huldigungen gerade der gebildeten und höchststehenden Deutschen und Außerdeutschen und ihre Wallfahrten nach dem weltverlorenen Weimar, denen sich in unserer Geschichte nur die Fahrten zu dem großen Manne von Friedrichsruh an die

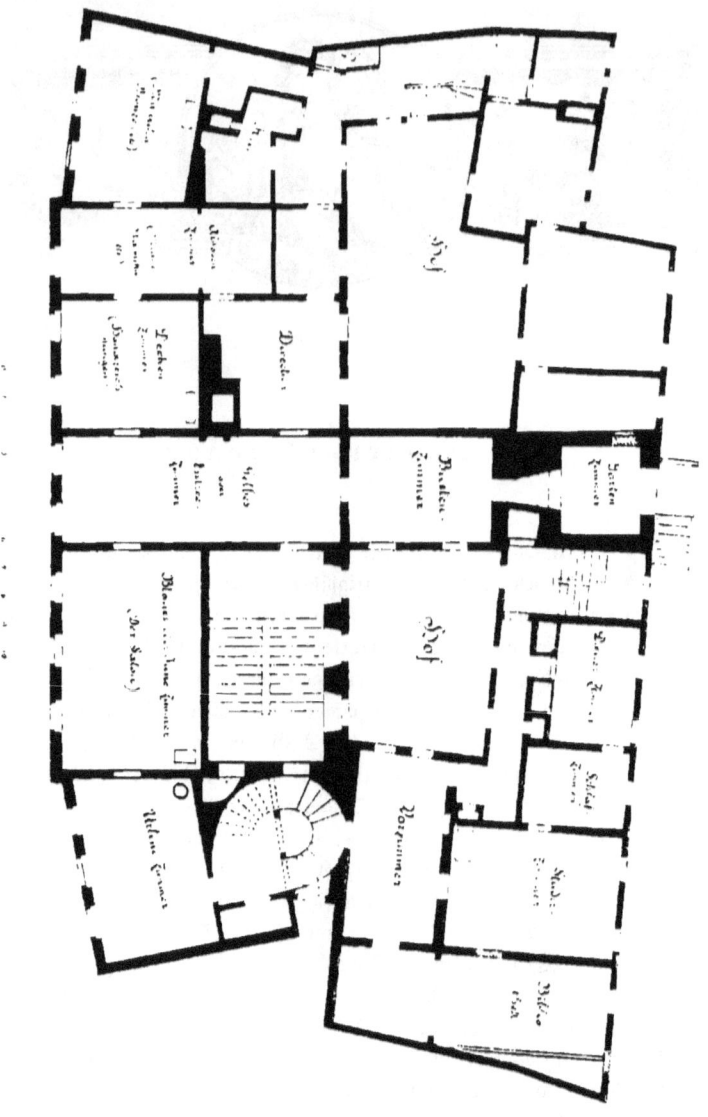

Seite stellen lassen. „Es war," wie ein Augenzeuge erzählt, „ein ewiges Kommen und Gehen im Goethischen Hause. Oft mußte er den Befehl geben, keinen Fremden mehr vorzulassen, und der Fall ist vorgekommen, daß Amerikaner ihn nicht anders sehen konnten, als wenn er im langen Rock oder grauen Mantel zur Spazierfahrt vor der Hausthür in den Fensterwagen stieg."

In dem Gefühl seiner Würde als der erste und größte Mann seiner

Das gelbe Zimmer im Goethehause zu Weimar.

Zeit und wie ein Fürst empfing Goethe seine Verehrer und nahm ihre Huldigung entgegen. Das Imponierende seiner Erscheinung wurde noch durch den vornehmen künstlerischen, weihevollen Eindruck seiner Audienzzimmer erhöht. Schon die breite, in drei Absätzen emporführende Freitreppe, die fast das ganze Parterre einnimmt und die hier aufgestellten Abgüsse der Antike lassen uns glauben, in den Palast eines vornehmen Italieners oder in die Wohnung eines großen Künstlers zu treten. Die Niedrigkeit der oberen Räume schwächt zwar diesen Eindruck bedeutend ab, aber die Zeitgenossen Goethes empfanden

diesen Mangel viel weniger als wir und die vornehme, echt künstlerische Aus=
stattung der Zimmer läßt auch uns bald darüber hinwegsehen. Dank der
Munificenz der Frau Großherzogin Sophie und der Sorgfalt des Direktors
des Goethemuseums sieht der heutige Besucher die Zimmer in derselben Ge=
stalt, wie der Besucher Goethes. Wie der Grundriß zeigt, ist das „gelbe

Das blaue Zimmer im Goethehause zu Weimar.

Zimmer", in dem Goethe zu speisen pflegte, das erste für den Eintretenden.
Ein Abguß des Zeus von Otricoli, des Antinouskopfes und der Pallas Albani
fällt uns zuerst ins Auge. Von den Wänden grüßt das unvollendete Bild
Goethes von Angelika und das von Kraus (1775), Christiane mit dem
kleinen August, von Meyer, August und Ottilie und die drei Enkel, Marianne
Willemer und ihr Gatte. Linker Hand liegt das eigentliche Gesellschafts=
oder das blaue Zimmer, auch Junozimmer, nach seinem größten Schatze ge=

nannt, dem Abguß der kolossalen Juno Ludovisi, den Staatsrat Schultz Goethen 1823 schenkte. Neben der Meyerschen Kopie der von Goethe besonders geschätzten Aldobrandinischen Hochzeit hängt an der Wand Stielers wundervolles Goetheporträt vom Jahre 1829 oder vielmehr die Türcksche Kopie des in München befindlichen Originals. Daneben fesseln unsere Aufmerksamkeit zwei prächtige Kreidezeichnungen von Bury: Goethe und Christiane,

Das Arbeitszimmer Goethes.

die unsern Lesern bekannt sind, und das berühmte Begassche Porträt Zelters (von 1827).

Das Urbinozimmer, das seinen Namen nach dem lebensgroßen Bilde des Herzogs von Urbino hat, enthält die eigentliche Gemäldesammlung, das sog. Deckenzimmer die Sammlung von Handzeichnungen und u. a. einen Abguß der Medusa Rondanini, ein Geschenk des Königs von Bayern; auch die anderen Zimmer bergen große Kunstsammlungen, das Büstenzimmer eine Sammlung von Büsten großer Männer und Frauen der Gegenwart und der vergangenen Jahrhunderte.

Ganz im Gegensatz zu diesen künstlerisch ausgestatteten vornehmen Gesellschaftsräumen sind die hinteren Zimmer, die eigentlichen Wohnzimmer Goethes, überaus bescheiden eingerichtet. Das zweifenstrige, nach dem Garten zu gelegene Arbeitszimmer, das sehr klein und an allen Seiten mit Bücherbrettern und Kasten umstellt ist, enthält einen Tisch und ein paar hölzerne Stühle mit harter Lehne. An diesem Tisch saß der Sekretär, während Goethe den Tisch umwandelnd diktierte. „Alle Arten von Bequemlichkeit,"

Goethes Schlaf- und Sterbezimmer.

so sprach sich einmal Goethe aus, „sind eigentlich ganz gegen meine Natur. Sie sehen in meinem Zimmer kein Sofa; ich sitze immer in meinem alten hölzernen Stuhl und habe erst seit einigen Wochen eine Art von Lehne für den Kopf anbringen lassen. Eine Umgebung von bequemen, geschmackvollen Möbeln hebt mein Denken auf und versetzt mich in einen behaglichen, passiven Zustand." Einen noch einfacheren, ja fast ärmlichen Eindruck macht die angrenzende Schlafkammer. Ein Bett, ein Lehnstuhl, in dem Goethe entschlafen ist, und ein Nachttischchen ist das gesamte Mobiliar. Nicht ohne Rührung wird der Besucher dieses Heiligtum des Hauses verlassen.

Der gewaltige Eindruck, den Goethes Gestalt bei den Besuchern hinterließ, ist in zahlreichen Berichten geschildert worden. Wir wählen den des polnischen Dichters Odyniec, der mit seinem Landsmann Adam Mickiewicz am 18. August 1829 bei Goethe Audienz hatte: „Wir warteten, halblaut sprechend, beinahe eine Viertelstunde. Adam fragte, ob mir das Herz poche. In der That war das eine Erwartung, wie die einer übernatürlichen Erscheinung. Er selber erinnerte daran, wie er vordem die Frau Szymanowska darum beneidet hatte, daß sie Goethe gesehen und mit ihm gesprochen. Da hörten wir oben Schritte. Adam citierte mit Nachdruck den Vers aus Zgierskis »Kißka«: Man hört ein Gehen und ein hohes Schreiten — und kaum, daß wir dieses im Augenblicke passendsten Citates uns erkühnten, öffnete sich die Thüre und hereintrat — Jupiter! Mir wurde heiß. Und ohne Uebertreibung: es ist etwas Jupiterhaftes in ihm. Der Wuchs hoch, die Gestalt kolossal, das Antlitz würdig, imponierend und die Stirne — gerade dort ist die Jupiterhaftigkeit. Ohne Diadem strahlt sie von Majestät. Das Haar, noch wenig weiß, ist nur über der Stirn etwas grauer. Die Augenbrauen klar, lebhaft, zeichnen sich noch durch eine Eigentümlichkeit aus, nämlich durch eine lichtgraue, wie emaillierte Linie, welche die Iris beider Augen am äußeren Rande rings umfaßt. Adam verglich sie mit dem Saturnusringe; wir sahen bisher bei niemand etwas ähnliches. Er trug einen dunkelbraunen, von oben bis herab zugeknöpften Ueberrock; auf dem Halse ein weißes Tuch, das durch eine goldene Nadel kreuzweise zusammengehalten wurde, keinen Kragen. Wie ein Sonnenstrahl aus Gewölke verklärte ein wunderbar liebliches, wohlwollendes Lächeln die Strenge dieser Physiognomie, als er schon beim Eintritt uns mit Verbeugung und Händedruck begrüßte."

Seitdem wir die höchst verdienstliche Sammlung „Goethes Gespräche" besitzen, können wir uns eine Vorstellung von der gewaltigen Wirkung machen, die Goethe außer durch seine Werke und seine fast ins Unendliche fortgesponnene Korrespondenz durch das gesprochene Wort auf seine Zeitgenossen ausgeübt hat. Die hauptsächlichsten der Besucher in dem letzten Jahrzehnt, deren Aufzeichnungen wir jene Gespräche verdanken, mögen an uns vorüberziehen.

Außer dem Besuch des alten Freundes Zelter, der Goethe fast alljährlich besuchte, Wilhelm von Humboldts und der Marienbader Freundinnen Szymanowska und Wolowska ist im Jahre 1823 besonders zu erwähnen die Anwesenheit des Staatsrats Christoph Ludwig Friedrich Schulz aus Berlin und des französischen Diplomaten Grafen Karl Friedrich Reinhard. Beide Männer, die Anfang Oktober 1823 in Weimar weilten, waren alte, wegen gemeinsamer wissenschaftlicher Interessen besonders wertgeschätzte Freunde, mit denen Goethe ausführlich und eingehend bis an seinen Tod in regem Ver-

C. F. Zelter.

kehr gestanden hat. Staatsrat Schultz, ein hochstehender preußischer Be= amter, ein feinsinniger Musiker, tüchtiger Philolog und Kenner der Natur= wissenschaften, war durch Zelter mit Goethe 1814 in Berührung gekommen;

die persönliche Bekanntschaft machten sie bei dem ersten Besuche Schultzens im August 1817 in Jena. Was Goethe an diesen Mann fesselte, war weniger die oben geschilderte geistige Vielseitigkeit, als die gemeinsame politische Anschauung, die Schultz durch Verfolgung der „Demagogen" rücksichtslos bethätigte, und ganz besonders sein großes Interesse für Goethes Farbenlehre und kunsttheoretische Arbeiten. Schultz arbeitete selbst auf diesem Gebiete.

W. von Humboldt.

Sein Aufsatz „Ueber physiologische Gesichts- und Farbenerscheinungen", den er Goethe zusandte, wurde von diesem mit folgenden Worten begrüßt: „Es ist das erste Mal, daß mir widerfährt zu sehen, daß ein so vorzüglicher Geist meine Grundlagen gelten läßt, sie erweitert, darauf in die Höhe baut, gar manches berichtigt, suppliert und neue Aussichten eröffnet...." Von hier an datiert eine auf gegenseitige Anerkennung sich gründende Freundschaft, die gefördert wurde durch gemeinsame Beziehungen zu Zelter, Rauch, Schinkel, durch öftere Besuche in Weimar, durch Schultzens Wirken für Goethe und durch seine Vorlesungen in Berlin über Goethes Propyläen, durch des Staatsrats optische und kunstgeschichtliche Aufsätze, die fast alle an Goethe sich anschließen und in seinem Geiste gehalten sind.

Gerade die Farbenlehre und die anderen naturwissenschaftlichen Schriften Goethes waren es, die ihn mit dem Grafen Reinhard verbanden. Da=

Staatsrat Friedrich Schultz.

neben hatte auch das wunderbare Schicksal dieses Württembergers, der es vom Erzieher in einem Kaufmannshause in Bordeaux bis zum Grafen, fran= zösischen Minister und Gesandten gebracht hatte, Goethes Interesse für ihn erweckt. Beide Männer fanden, als sie sich 1807 in Karlsbad kennen lernten, großes Gefallen aneinander, das bei Goethe noch vermehrt wurde durch Reinhards Versuch, seiner Farbenlehre, die er zum Teil ins Französische übersetzt hat, in Frankreich Anerkennung zu verschaffen. Gemeinsame Inter=

essen für die Naturwissenschaften, Reinhards Urteile über Goethes dichterische Werke, politische Mitteilungen des Diplomaten, bilden den Hauptinhalt der bis zum 8. Februar 1832 fortgeführten, durch öftere Besuche Reinhards belebten Korrespondenz.

Der dritte wissenschaftliche Freund Goethes, Graf Kaspar von Sternberg, besuchte ihn ein Jahr später (1824). Goethe hatte ihn im Juli 1822 in Marienbad kennen gelernt, wo sie 14 Tage miteinander verkehrten; bald darauf trafen sie in Eger zugleich mit den Naturforschern Berzelius und Pohl und Goethes Freund Grüner zusammen. Sternberg, ein „vollendeter deutscher Edelmann", wie Goethe ihn einmal nennt, der seinen Stolz daransetzte, „die Vorzüge, welche die Natur ihm gab, durch seine Opfer für das Gemeinwohl zu verdienen", schloß sich bald Goethe aufs engste an. Goethes Vorliebe für Sternbergs Vaterland Böhmen, für dessen geistige Hebung Sternberg unabläſſig thätig war, gemeinsame geologische Forschungen in der Nähe von Eger, besonders am Kammerbühl, dessen Erforschung Sternberg nach Goethes Tod als seine von ihm hinterlaſſene Erbschaft bezeichnete, die großen naturwissenschaftlichen Arbeiten beider Männer, von denen Sternbergs Flora subterranea großen Ruhm erlangt hat, alles das trug dazu bei, daß der vom wissenschaftlichen Gebiet ausgegangene Verkehr immer persönlicher und inniger sich gestaltete und bis zu Goethes Tode fortgeführt wurde. Bei seinen öfter wiederholten Besuchen in Weimar wurde der Graf immer mit Freude und aufrichtiger Dankbarkeit empfangen, auch durch Gedichte ausgezeichnet, die sich froh der den Dichter beglückenden Freundschaft rühmten.

Noch inniger war der Verkehr mit dem anderen Böhmen, der durch persönliche Liebenswürdigkeit und seine mineralogischen, von Goethe geförderten Neigungen des Dichters Freundschaft gewann: Polizeirat Joseph Sebastian Grüner in Eger. Bei Goethes Badeaufenthalt war Grüner sein beständiger Begleiter. Daraus erklärt sich Goethes Ausspruch, daß er seit dreißig Jahren mit niemandem auf so vertrautem Fuße gestanden hätte als mit Grüner; auch ruhte Goethe nicht, bis Grüner zu Karl Augusts Jubiläum 1825 nach Weimar kam und 14 Tage als sein Gast dort verweilte.

Ende des Jahres 1826 erschien auch der größte deutsche Naturforscher in Weimar, Alexander von Humboldt. Mit Bewunderung war Goethe den großen Thaten dieses Mannes, den er im Jahre 1795 kennen gelernt hatte, gefolgt. Mit großer Freude hatte er schon damals bei ihm Anerkennung seiner Naturforschung und ihrer Ergebnisse gefunden. In einer Recension seiner Schrift: „Ideen zur Physiognomik der Gewächse" gab er seiner Bewunderung für den großen Naturforscher Ausdruck. Nun erschien der Gefeierte selbst. „Was ist das für ein Mann!" so berichtet Goethe über den Besuch; „ich kenne ihn so lange, und doch bin ich von neuem über ihn in Erstaunen. Man kann sagen, er hat an Kenntnissen und lebendigem Wissen nicht seinesgleichen.... Er gleicht einem Brunnen mit vielen Röhren, wo man überall nur Gefäße unterzuhalten braucht und wo es uns immer erquicklich und unerschöpflich entgegenströmt. Er wird einige Tage hier bleiben, und ich fühle schon, es wird mir sein, als hätte ich Jahre verlebt."

Von litterarischen Größen finden wir zugleich mit der uns schon bekannten anmutigen und gelehrten Uebersetzerin serbischer Dichtung Therese von Jakob und ihrem Vater, dem Hallischen Professor, im September 1826 Franz Grillparzer in Goethes Haus. Schon aus dem ungeheuren Unterschied zwischen der Ahnfrau und der Sappho läßt sich auf eine inzwischen geschehene Wandlung des großen Dichters schließen. Daß er diese Wandlung Goethes Einfluß zuschrieb, verrät uns das Wort, das er dem Bericht über das Goethische Lob der Sappho hinzufügte: „Freilich lobte er damit sich selbst, denn ich hatte so ziemlich mit seinem Kalbe gepflügt." Und dieser Wunsch und Trieb, Goethe nachzuahmen, erklärt sich nicht bloß aus der Thatsache, daß Grillparzer bei einer zweiten Lektüre (1810) der Werke Goethes voller Begeisterung ihn sich zu seinem Ideal erkor, sondern auch aus der Aehnlichkeit des dichterischen Charakters beider Dichter. Beide weichen der Darstellung großer Ideen geflissentlich aus und sind allem Gewaltthätigen, unorganisch sich Entfaltenden abgeneigt; beide neigen mehr dahin, das innere Leben, die Empfindung, als die That darzustellen; beide verstehen besser, die Tiefe des weiblichen Gemüts als die Größe kühner Helden darzustellen. Das Gefühl dieser inneren Verwandtschaft trieb Grillparzer zu der großen Reise nach Weimar. Der erste Empfang behagte ihm freilich gar nicht. „Ich fand," so erzählte er selbst, „im Salon eine ziemlich große Gesellschaft, die des noch nicht sichtbar gewordenen Herrn Geheimrats wartete.... Endlich öffnete sich eine Seitenthür und — er selbst trat ein. Schwarz ge-

Franz Grillparzer.

kleidet, den Ordensstern auf der Brust, gerader, beinahe steifer Haltung, trat er unter uns, wie ein Audienz gebender Monarch. Er sprach mit diesem und jenem ein paar Worte und kam endlich auch zu mir, der ich an der entgegengesetzten Seite des Zimmers stand.... Er entfernte sich von mir, sprach mit anderen, kam wieder zu mir zurück, redete, ich weiß nicht mehr von was, entfernte sich endlich, und wir waren entlassen.... Wenn er mir Grobheiten gesagt und mich zur Thüre hinausgeworfen hätte, wäre es mir fast lieber gewesen. Ich bereute fast, nach Weimar gegangen zu sein." Aber schon am andern Tage, an dem er zu Mittag eingeladen war, änderte sich sein Urteil: „Als ich im Zimmer vorschritt, kam mir Goethe entgegen und war so liebenswürdig und warm, als er neulich steif und kalt gewesen war. Das Innerste meines Wesens begann sich zu bewegen. Als es aber zu Tisch ging und der Mann, der mir die Verkörperung der deutschen Poesie, der mir in der Entfernung und dem unermeßlichen Abstande beinahe zu einer mythischen Person geworden war, meine Hand ergriff, um mich ins Speisezimmer zu führen, da kam einmal wieder der Knabe zum Vorschein, und ich brach in Thränen aus. Goethe gab sich alle Mühe, um meine Albernheit zu maskieren." Am nächsten Tage empfing ihn Goethe in seinem Hausgarten: „Sein Anblick in dieser natürlichen Stellung, mit einem langen Hausrock bekleidet, ein kleines Schirmkäppchen auf den weißen Haaren, hatte etwas unendlich Rührendes. Er sah halb wie ein König aus und halb wie ein Vater. Wir sprachen im Auf- und Niedergehen."

Wie wir von Kanzler Müller wissen, hat Grillparzer Goethen ungemein gefallen. Er hoffte sogar, mit ihm einen Abend allein sein zu können; aber Grillparzer ließ den Wink, den Kanzler Müller ihm gab, unbeachtet. Er hatte wohl das richtige Gefühl, daß Goethes Interesse an ihm nur persönlicher Natur war. „Er ist mir," sagt Grillparzer in seiner Selbstbiographie, „auch in der Folge nicht gerecht geworden, insofern ich mich nämlich denn doch, trotz allem Abstande, für den Besten halte, der nach ihm und Schiller gekommen ist. Daß das alles meine Liebe und Ehrfurcht für ihn nicht vermindert hat, brauche ich wohl nicht zu sagen." Grillparzer wurde vom Maler Schmeller für die Porträtsammlung gemalt, die von Goethe, „um seinem Bedürfnis zu genügen, solche Personen, deren Verdienste ihm bekannt geworden, auch im Bilde näher kennen zu lernen," angelegt wurde. Dieser Sammlung entstammen eine Reihe der Bilder, die wir aufgenommen haben. Der Hofmaler Johann Joseph Schmeller hat auch Goethe selbst öfters gemalt und gezeichnet. Wir bringen von ihm das große Oelgemälde „Goethe in der Laube" 1826/27 und eine Zeichnung vom Jahre 1825 oder 1829.

Goethe (1826/27) von Schmeller.

Litterarische Größen in Weimar. 367

Im Jahre 1827 finden wir von litterarischen Größen bei Goethe W. Schlegel, die Franzosen Ampère und Stapfer, den Dichter Holtei, den russischen Dichter

Goethe von Schmeller 1825 oder 1829.

Schukowski, den Dichter und Uebersetzer Ariosts, Tassos und Dantes, Streckfuß, den Orientalisten Stickel aus Jena, den einzigen, der heute noch von diesem Besuche erzählen kann, den Philosophen Hegel und viele andere. Besonders erfreut war Goethe über den Besuch der Franzosen Ampère, der als Professor für neuere Litteratur und Mitarbeiter des Globe in Paris lebte, und Stapfer, des Uebersetzers und Herausgebers seiner Werke. Von wenigen Ausländern

Büste von David d'Angers 1829.

glaubte sich Goethe so verstanden wie von Ampère. Wir erinnern uns, daß er Ampères Kritik über ihn in „Kunst und Altertum" zum Teil übersetzt und gar oft das kluge und feinsinnige Urteil Ampères sowie Stapfers Ueber-

ſetzungskunſt hervorgehoben hat. Seiner Freude über den Beſuch der beiden
Franzoſen gab er durch ein großes Feſteſſen Ausdruck. Schien doch durch
dieſe beiden Männer die Anbahnung einer Weltlitteratur ihrer Verwirk=
lichung näher geführt zu werden. Von Ampères Beſuch und der An=

P. E. David d'Angers.

knüpfung „eines hübſchen Verhältniſſes" verſprach ſich Goethe für die An=
erkennung und Verbreitung der deutſchen Litteratur in Frankreich „die ſchönſten
Folgen".

Von franzöſiſchen Künſtlern fand ſich der berühmte Bildhauer David
d'Angers 1829 in Weimar ein, um die Büſte Goethes daſelbſt zu model=
lieren. Das in koloſſalen Dimenſionen ausgeführte Werk wurde erſt zwei

Chr. Daniel Rauch. Zeichnung von Schmeller.

Jahre später fertig und am 28. August 1831 mit Gesang und Reden feierlichst enthüllt. Für die richtige Beurteilung dieser Büste sei daran erinnert,

Goethe von Rauch.

daß der Künstler sich ihre Aufstellung in einer Höhe von 40 Fuß gedacht hatte. An Besuchen deutscher Künstler hat es Goethe nie gefehlt. Von Rauchs,

Tiecks und Schinkels Anwesenheit im Weimar im Jahre 1820, den „damaligen lebhaften, ja leidenschaftlichen Kunstunterhaltungen" zwischen Goethe und den gleichen Kunstanschauungen huldigenden Künstlern und der gleichzeitigen Modellierung einer Goethebüste durch Rauch und Tieck haben wir früher berichtet. Im Juni 1824 erschienen Rauch abermals in gleicher Absicht. Rauch hatte von einem am 28. August 1819 zusammengetretenen Komitee zur Errichtung eines Goethedenkmals in Frankfurt a. M. den Auftrag zur Ausführung des Denkmals erhalten. Während sechs Tagen beglückenden Beisammenseins mit Goethe vollendete der Künstler eine aus zwei schon in Berlin angefertigten Skizzen in sitzender Stellung zusammengesetzte dritte, die Goethes und Meyers Wunsch ganz entsprach. Wenn auch die Skizze nicht zur Ausführung kam, so blieben doch dem Künstler die Weimarer Tage unvergeßlich. Der innere Grund der Freundschaft beider Männer, die Goethe sein lebelang bethätigt hat, war das strenge Festhalten Rauchs an der Antike als dem unübertroffenen Muster und an den idealen Forderungen der Plastik.

Einen anderen Plan für dieses Goethedenkmal hatte die begeisterte und trotz der Ablehnung Goethe treu gebliebene Verehrerin Bettina entworfen. Nach ihrer Idee, die später ausgeführt wurde, sollte der Dichter auf reichem Throne sitzend dargestellt werden, neben ihm eine in den Saiten ihrer Leier spielende Psyche. Bettina überbrachte die Zeichnung selbst dem verehrten Dichter. „Feierlich die Hände mir auf den Kopf legend sprach er: Wenn die Kraft meines Segens etwas vermag, so sei sie dieser Liebe zum Dank auf Dich übertragen. — Es war das einzige Mal, wo er mich segnete anno 24 am 5. September," so schildert Bettina selbst diesen Besuch in der phantasiereichen Sprache ihres Briefwechsels Goethes mit einem Kinde.

Zu ähnlichem Zwecke wie Rauch erschien im Juli 1826 der Maler L. Sebbers aus Braunschweig, um Goethe auf Porzellan zu malen. Damals entstand das bekannte Bild auf der Porzellantasse. Außerdem schuf derselbe Maler eine Kreidezeichnung von Goethe Anfang September 1826, die wegen ihrer getreuen Ähnlichkeit viel gerühmt wurde.

Eines freundlichen Empfanges hatte sich auch der talentvolle Schüler von Cornelius, Ernst Förster, der im November 1825 nach Weimar kam, zu erfreuen. Nicht ohne Sorge überschritt er die Schwelle, da ihm Goethes Abneigung gegen die neudeutsche Richtung und das kühle Urteil über den Faust von Cornelius wohlbekannt war. Wie wurde er überrascht, als Goethe ihm mit offenen Armen entgegenkam, ihn zu einem größeren Diner einlud, bei dem er auf Cornelius' Wohl ein Glas Champagner mit den Worten:

„es ist ernstlich gemeint" leerte und gegenüber Meyers feindlichen Bemer=
kungen den liebenswürdigen Wirt spielte.

Unter den vielen Jüngern der Kunst, die sich Goethes Protektion erfreuten,

Goethe, Porträt von Sebbers.

nimmt Friedrich Preller eine der ersten Stellungen ein. Neben Koch der
hauptsächliche Schöpfer der heroisch=historischen Landschaft, hat er Goethes Kunst=
anschauungen sein lebelang vertreten und Goethes Hoffnungen glänzend erfüllt.
Im Jahre 1816 auf den jungen armen Künstler aufmerksam geworden, hat Goethe
ihm die Wege zu seiner Künstlerlaufbahn geebnet, indem er ihm das Studium

der Kunst in Dresden, in den Niederlanden und in Italien ermöglichte. So finden wir denn seinen Schützling wiederholt bei ihm; „nie verließ ich Goethe," so erzählt dieser einmal, „ohne eine Anregung oder eine gute Lehre mit auf den Weg zu nehmen." Neben der Natur wies er ihn besonders auf Poussin und Claude Lorrain hin. Es war ein Beweis der nahen Beziehungen Goethes und Prellers, daß er allein nach dem Tode des Dichters von der Familie die Erlaubnis erhielt, ihn auf dem Totenbette zu zeichnen.

Nicht bloß die geistigen Größen Deutschlands und des Auslandes erschienen in Weimar, um ihr Oberhaupt zu begrüßen, auch gekrönte Häupter fanden sich bei ihm ein, um den bewunderten Mann zu sehen und ihm zu danken. Außer den Besuchen der Verwandten des Weimarischen Fürstenhauses sind hier die der preußischen Prinzen, der späteren Könige Friedrich Wilhelms IV. und Wilhelms I. (1827), des Königs von Württemberg (1831) und vor allem des Königs Ludwig von Bayern zu erwähnen. Der kunstsinnige König, der schon wiederholt z. B. durch Uebersendung eines Abgusses der Medusa Rondanini Goethe seine Verehrung gezollt hatte, erschien zu Goethes Geburtstag 1827 selbst in Weimar, um ihm zu gratulieren und ihm eigenhändig das Großkreuz des Verdienstordens der bayerischen Krone zu überreichen. Auf dies schöne Zeichen seiner Gnade, das zu schildern der tief Gerührte selbst Zelter gegenüber nicht vermochte, ließ der König noch viele Beweise seiner Anerkennung und Bewunderung folgen: Geschenke und mehrere gütige und liebenswürdige Briefe aus Rom, in denen er sich als „Ihr bewundernder Ludwig" bezeichnete. „Da sehen Sie," sagte der über diese Briefe hocherfreute Dichter zu Eckermann, „einen Monarchen, der neben der königlichen Majestät sich seine angeborene schöne Menschennatur gerettet hat." Im Juni 1828 sandte der König den Hofmaler Stieler, der Goethes Porträt malen sollte. Es entstand das berühmte Hüftbild in Lebensgröße, jetzt in der Pinakothek in München. Goethes Gespräche mit dem Könige erstreckten sich unter anderem auch auf Schiller. Der König sprach den Wunsch aus, daß Schillers körperliche Ueberreste in einer Gruft, die in der Nähe der Fürstengruft erbaut werden sollte, beigesetzt würden. Schon hatte er mit Coudray ein „Zwillingsmonument" ersonnen, als der Großherzog erklärte, daß beide Dichter an seiner Seite in der Fürstengruft ruhen sollten. Um dem Könige in würdiger Weise seinen Dank abzustatten, widmete er ihm unterm 28. Oktober 1827 seine Ausgabe des Briefwechsels mit Schiller.

Den alten Freund Fr. A. Wolf sah Goethe zum letzten Male im Jahre 1824, Zelter und Rochlitz 1831. Bei Wolfs Besuch kam es zu den alten Witz- und

Wortgefechten. „Ich kann mit Wolf nicht anders auskommen," sagte Goethe, „als daß ich immer als Mephistopheles gegen ihn agiere. Auch geht er sonst mit seinen inneren Schätzen nicht hervor." Beide ahnten nicht, daß sie sich nicht wiedersehen sollten. Am 8. August starb Wolf in Marseille.

Goethe, Porträt von Stieler.

Der Leipziger Musiktheoretiker und Schriftsteller Joh. Friedrich Rochlitz gehörte zu den alten und vertrauten Freunden und wurde immer seit Beginn der Beziehungen (1800) auf das freudigste begrüßt. Für die regen Beziehungen beider Männer spricht allein die Thatsache, daß wir 70 Briefe Goethes an Rochlitz besitzen. Wie Zelter in Berlin, so war der in allen Künsten wohlbewanderte Rochlitz der Vertreter Goethes in Leipzig, sein eifrigster Jünger und Berichterstatter. Besonders wertvoll wurde seine Freundschaft während des Gastspiels der Weimarer Schauspieler in Leipzig. Auch schätzte Goethe Rochlitzens ästhetisches Urteil und seine „rein=sinnige und lebhaft ergreifende Beobachtungsgabe" sehr hoch und hörte gern und aufmerksam auf seine Meinung. Als Zeugnis dessen mag Goethes Antwort auf Rochlitzens Urteil über Goethes Maskenzug von 1818 hier folgen: „Es ist der Mühe wert gelebt zu haben, wenn man sich von solchen Geistern und Gemütern begleitet sieht und sah; es ist eine Lust zu sterben, wenn man solche Freunde und Liebhaber hinterläßt, die unser Andenken frisch erhalten, ausbilden und fortpflanzen. Nehmen Sie meinen herzlichsten Dank für Ihren herrlichen Brief, dessen ich mich als des schönsten Zeugnisses zu rühmen habe."

Joh. Friedrich Rochlitz.

Die Besuche der Dichter Polens Mickiewicz, Odyniec, Kozmian hatten wir schon erwähnt, der zahllosen Engländer, deren sich Ottilie besonders annahm, und anderer Ausländer zu gedenken, darauf müssen wir verzichten. Den Wert aller dieser Besuche hat er einmal dem Polen Kozmian gegenüber launig in folgender Weise bezeichnet: „Ihre Gesellschaft vertritt gewissermaßen die Annehmlichkeit des Reisens, die ich mir in meinem Alter nicht erlauben darf. Ich unterrede mich mit Ihnen, und so reise ich auch, ohne den Platz zu verlassen. Heute zum Beispiel wandr' ich in Polen."

Zu dieser huldigenden und begeisterten Anerkennung der Gebildeten Deutschlands und des Auslandes kam die Goethe in gleicher Weise beglückende Verehrung seiner Umgebung und die Anerkennung seines Fürsten. Karl

August wußte recht wohl, daß Goethe in ihrem Verhältnis der Gebende war; aber auch Goethe war dankbar für die hohe, von lästigen Amtsgeschäften fast ganz befreite Stellung, die sein Fürst ihm gab, wenn auch der seit 1816 3000 Thaler betragende Gehalt des ersten Ministers durchaus nicht genügte, um den vornehmen, breiten und gastfreien Haushalt zu bestreiten. Weil beide sich in Anerkennung und Dank entgegenkamen, deshalb war das Verhältnis Goethes und Karl Augusts unerschütterlich fest und in der Hauptsache in dem letzten Jahrzehnt ungetrübt. Das offenbarte sich so recht bei den Jubiläen, die beide im Jahre 1825 feierten. Am 3. September, dem Tage des Regierungsantrittes des Großherzogs, war Goethe der erste, der das römische Haus betrat, um seinem Fürsten mit bewegtem Herzen Glück zu wünschen. „Nach stummer Umarmung trat Karl August Hand in Hand mit Goethe an ein Fenster, seine Stimme hauchte leis einen Klang aus Tiefurts Frühlingstagen, aus der ersten Blüte ihrer Gemeinschaft: „Nur Freundesliеb' und Luft und Licht, Verzage nicht, wenn das nur blieb." An dem Jubiläum Goethes, das Karl August auf den 7. November 1825 festsetzte, da an diesem Tage sich 50 Jahre seit der Ankunft Goethes in Weimar vollendeten, ließ Karl August einen Erlaß an den Geheimrat und Staatsminister von Goethe an die Straßenmauern anschlagen, in dem er seinen Dank aussprach für „die Treue, Neigung und Beständigkeit seines Jugendfreundes"; „seinem umsichtigem Rat", so hieß es in dem Erlaß, „seiner lebendigen Teilnahme und stets wohlgefälligen Dienstleistungen verdanke ich den glücklichen Erfolg der wichtigsten Unternehmungen und ihn für immer gewonnen zu haben, achte ich als eine der höchsten Zierden meiner Regierung". Als ein sichtbares Zeichen seiner Dankbarkeit ließ der Großherzog eine „Denkmünze mit den verbundenen Bildnissen des Großherzogs und der Großherzogin und dem Bildnis Goethes mit Kranz geschmückt" schlagen. Die Unterschrift lautete: Karl August und Luise Goethen zum 7. November 1825. Von nah und fern eilte man herbei, um Goethe zu feiern. Der Gesang einer von Riemer gedichteten Cantate weckte den Jubilar. Früh erschienen alle höheren Staatsbeamten und die Professoren der Universität Jena, deren philosophische und medizinische Fakultät Goethe das Doktordiplom überreichten. Die Stadt Weimar verlieh den männlichen Nachkommen des Dichters das Bürgerrecht für ewige Zeiten. Um 10 Uhr erschien der ganze Hof, Karl August an der Spitze. Das Festmahl, an dem 200 Personen teilnahmen, konnte Goethe mit Rücksicht auf seine Gesundheit nicht besuchen; er ließ sich durch seinen Sohn vertreten und von ihm einen Toast auf den „Urfreund Knebel" ausbringen, der einst Goethe mit Karl August bekannt

K. L. von Knebel, Zeichnung von Schmeller.

Die Tornburg.

gemacht hatte. Am Abend wurde Iphigenie im Theater gespielt. Als Goethe in der herzoglichen Loge erschien, erhoben sich alle Zuschauer, was ihn fast zu Thränen rührte. Nach dem Theater bewirtete Goethe in seinem Hause eine zahlreiche und glänzende Gesellschaft.

„Bis zum letzten Hauche beisammen", hatten Karl August und Goethe bei des Großherzogs Jubiläum sich gelobt; sie ahnten nicht, daß gerade für den jüngeren unter ihnen der Tod diesen Augenblick bald herbeiführen würde. Am 14. Juni 1828 starb Karl August auf der Heimreise von Berlin im Schloß Grabitz bei Torgau. Die Tiefe des Schmerzes seines ältesten Dieners und Freundes läßt sich daraus ermessen, daß er erst nach zehn Tagen fähig war, der Witwe ein Trostschreiben zu senden. Ebenso war es ihm unmöglich, den Trauerfeierlichkeiten beizuwohnen, er flüchtete sich an den Busen der Natur, nach dem lieblichen Dornburg. Auf der Fahrt dorthin besuchte er den Mann, der am meisten mit ihm trauerte, Knebel in Jena. Seit Anfang des Jahrhunderts weilte der alte Freund hier, wissenschaftlicher Arbeit und einem beschaulichen Leben hingegeben, immer in treuem Verkehr mit Goethe und von diesem in seiner Lebensarbeit, der Uebersetzung des Lukrez, gefördert. In Dornburg wohnte Goethe in einem bescheidenen Zimmer des kleinen Schlosses linker Hand und lehnte es ab, die Zimmer des Herzogs nach dessen Wunsch in Anspruch zu nehmen. Hier besuchten ihn Freunde, Kinder und Enkel häufig, und immer pries er vor seinen Besuchern die herrliche Lage des Schlosses und seinen Zustand; so günstig wirkte dieser Landaufenthalt, den er bis zum September ausdehnte, daß die fast schon versiegte lyrische Ader von neuem schlug. Am 25. August dichtete er das schöne Lied an den aufgehenden Vollmond: „Willst du mich sogleich verlassen" und gedachte der längstvergangenen Zeit, wo Marianne Willemer und er sich gelobt hatten, bei jedem Vollmonde einander zu gedenken. Bald konnte Marianne an dem ihr übersandten Gedicht erkennen, daß der greise Goethe auch jetzt noch an seinem Worte festhielt.

Immer einsamer wurde es um Goethe. 1826 starb Schillers Gattin, das Jahr darauf Frau von Stein; im Februar 1830 folgte die Großherzogin Luise ihrem Gatten. Aber die neue Generation hielt die Verehrung Goethes als ein heiliges Vermächtnis hoch. Der Großherzog Karl Friedrich und Maria Paulowna, seine kunstsinnige Gemahlin, wetteiferten darin, Goethes letzte Lebensjahre durch Beweise der Huld und Verehrung zu verschönen. Maria Paulowna schaute zu Goethe empor wie eine Tochter zu einem geliebten und bewunderten Vater. Wenn immer sie eines Rats bedurfte, wandte sie sich an ihn. Seine Werke waren der Leitstern ihres Lebens; nach seinen Grundsätzen leitete sie die Erziehung ihrer Kinder.

Karl Friedrich, Großherzog von Weimar.

Kanzler Fr. Th. von Müller.

Auch von den zunächststehenden Freunden hatte der Tod viele dahingerafft. Von den alten Intimen hat nur Heinrich Meyer Goethe überlebt. „Die beiden Alten," so erzählt der letzte Sekretär Goethes, Schuchardt, „hatten sich zuletzt so ineinander verschmolzen, daß einer ohne den andern nicht mehr leben konnte. Oft saßen sie stundenlang nebeneinander, ohne ein Wort zu sprechen, schon von ihrem Beisammensein befriedigt. Bei Goethes Tode sagte seine Schwiegertochter vorher, daß es nun auch mit Meyern nicht mehr lange dauern werde, und er starb auch in demselben Jahre."

Die anderen engeren Freunde gehörten alle einer jüngeren Generation an oder waren erst spät in Goethes Kreis getreten. Der Kanzler von Müller hatte erst 1812 Beziehungen zu Goethe angeknüpft, der Oberbaudirektor Coudray war erst 1815 nach Weimar gekommen, Soret 1822 als Erzieher des Erbprinzen, des jetzigen Großherzogs, Hummel 1820 als Kapellmeister nach Weimar berufen und endlich Eckermann erst 1823 von Goethe aufgenommen worden. Der Kanzler von Müller

Joh. Peter Eckermann.

und Goethes „Schüler und Mitarbeiter", wie er sich selbst nannte, Johann Peter Eckermann, sind allen Goethefreunden durch ihre Unterhaltungen und Gespräche mit Goethe bekannt geworden. Müllers „Unterhaltungen" sind, gleich nachdem sie gehalten waren, von ihm aufgezeichnet und zwar ohne die Absicht einer Veröffentlichung. Bei dem oft bezeugten bewundernswerten Gedächtnis Müllers haben sie den Vorzug unverfälschter Treue. Eckermanns Gespräche sind später aus Notizen ausgearbeitet, um gedruckt zu werden, sie sind stilisiert, zugestutzt, zum Teil von Goethe durchgesehen worden. Ein anderer Unterschied aber greift viel tiefer. Kanzler Müller war als der erste Jurist des Landes und gewiegter Diplomat Goethes Amtsgenosse und ihm in manchem ebenbürtig. Eine vornehme Natur, ein hoher, über dem Stoff stehender Geist, begabt mit der Kunst, das Individuelle und Persönliche der Sprechenden und die Stimmung und Laune der Hauptsprecher wiederzugeben, schreibt er für sich auf, was er Gutes von dem verehrten Dichter gehört und was er selbst geantwortet hatte, nicht ohne durch versteckte und feine Ironie die Selbständigkeit seines Urteils den aufmerksamen Leser fühlen zu lassen. Eckermann dagegen, aus niederem Stande und dürftigen Verhältnissen von Goethe emporgehoben und zum Helfer und Mitarbeiter bei der Ausgabe seiner Werke bestimmt, ist immer eine unselbständige, subalterne Natur geblieben. Er hat offenbar das Bestreben, in den Gesprächen auch selbständige Meinungen vorzubringen. Aber diese zum Ueberfluß vorgetragenen Meinungen sind meist nur Variationen der Goethischen. Für Goethe war ein solcher, sich ihm ganz hingebender und für ihn allein wirkender Mann, den der Zufall in sein Haus geführt hatte, notwendig. An die Stelle der Dichtung trat im Greisenalter die Reflexion, die Betrachtung des Vergangenen, die Belehrung, an Stelle des Dranges in Poesie oder Prosa zu beichten, die Freude am Gespräch. „In dem Gespräch," lesen wir in den Wanderjahren, „geht vorüber, was kein Buch enthält und doch wieder das Beste, was Bücher jemals enthalten haben." Eckermann war das Sprachrohr, durch das Goethe der Nachwelt seine Gedanken mit-

J. N. Hummel.

teilte. Seiner treuen Hingebung, seiner reinen Aufnahme verdanken wir die Erhaltung des köstlichen Schatzes.

Ein selbständigerer und in seiner Wissenschaft, der griechischen Lexikographie, als Autorität geltender Mann, aber von Charakter weniger sympathisch,

Fr. W. Riemer.

war der uns schon bekannte Philolog Fr. W. Riemer, der ebenfalls fast sein ganzes Leben Goethe gewidmet hat und schon bei den Ausgaben von 1806 und 1815 beteiligt war. Riemers launenhafter und reizbarer Charakter, sein Zerwürfnis mit August hatten, wie wir wissen, das Verhältnis öfters gestört. Aber im letzten Jahrzehnt ist keine Trübung wieder eingetreten. Riemer wußte wohl, was er an Goethe hatte, und Goethe konnte den unglaublich belesenen, klassischen Philologen für die Ausgabe seiner Werke nicht entbehren. Der dritte Gelehrte, der sich an der Ausgabe letzter Hand beteiligte, war der Professor der klassischen Philologie in Jena, K. Wilhelm Göttling.

Für das nähere Verhältnis zu Soret waren weniger die Dichtungen als die naturwissenschaftlichen Arbeiten Goethes der Anlaß. Der aus Genf nach Weimar berufene Erzieher des jetzigen Großherzogs, Friedrich Jakob Soret, hatte schon in dieser Stellung oft Verkehr mit Goethe. Seinen per-

Friedrich Jakob Soret.

sönlichen liebenswürdigen Eigenschaften verdankte er regelmäßig sich wiederholende Einladungen. Aber die eigentliche Ursache intimeren Umgangs waren Sorets ganz bedeutende Kenntnisse in der Kryftallographie und Botanik und die vollkommene Beherrschung des Französischen. Diese Vorzüge Sorets veranlaßten Goethe, ihm die Uebersetzung seiner Metamorphose der Pflanzen ins Französische zu übertragen, einer Arbeit, deren er immer mit Anerkennung und Dankbarkeit gedacht hat.

* * *

> Alles geben die Götter, die unendlichen,
> Ihren Lieblingen ganz;
> Alle Freuden, die unendlichen,
> Alle Schmerzen, die unendlichen, ganz.

Es schien, als wenn diese Worte des jungen „Götterlieblings" sich an dem Greise Goethe erfüllen sollten. Die Unsterblichen hatten das Füllhorn des Glücks über ihn ausgegossen. Was nur immer ein edler und großer Mann für seinen Lebensabend sich wünschen kann, Ruhmesfülle, die Erinnerung an ein unvergleichlich schönes und reiches Leben, begeisterte Anerkennung der Besten seiner Zeit, Liebe und Freundschaft seines Fürsten, verständnißvolle, sich hingebend widmende Freunde, ungeschwächte Klarheit und Kraft des Geistes, einen günstigen Gesundheitszustand, das alles besaß der Greis Goethe.

Aber des Menschen erstes und letztes Glück hatte ihm das Schicksal versagt. Wir erinnern uns des ergreifenden Zuges aus Goethes Leben, als er im Vortrage der Vossischen Luise bei der Stelle der Trauung mit thränenerstickter Stimme ausrief: „Eine heilige Stelle" und das Buch weiter gab, ein ähnlich wehmütiges Gefühl mag ihn ergriffen haben, als bei der Festaufführung der Iphigenie die Verse an sein Ohr klangen:

> ... Der ist am glücklichsten, er sei
> Ein König oder ein Geringer, dem
> In seinem Hause Wohl bereitet ist.

Zwar besaß er Sohn, Schwiegertochter und schöne, sich prächtig entwickelnde Enkel, zwar hat er Fremden gegenüber seines Sohnes Tüchtigkeit in dem Amte eines Kammerrats und als Beihelfer des Vaters in der Oberaufsicht gerühmt und ebenso Ottilie als eine „einsichtsvolle, in Sprachen geübte, im Umgange in den höheren Zirkeln gewandte, unterrichtete Hausfrau" oft gelobt und von seiner großen Liebe zu seinen Enkeln, besonders dem zweiten, viele Beweise gegeben. Aber wer intimer in dem Goethischen Hause verkehrte, der kannte das Elend der Ehe Augusts und Ottiliens, der wußte, daß der Sohn August der Pfahl in Goethes Fleische war, eine Wunde, die sich nicht schloß. Ganz energie- und haltlos verfiel August immer mehr den Leidenschaften der Trunksucht und der Sinnlichkeit. Die heutigen Aerzte würden ihn vielleicht unter die erblich Belasteten zählen. Sein Großvater mütterlicherseits war im Säuferwahnsinn gestorben; auch ergab sich bei der Sektion der Leiche Augusts, daß seine Leber dreimal zu groß und das Gehirn mißgebildet war. Aus seinen Handlungen und aus seinem Auftreten im letzten Jahrzehnt des Lebens spricht deutlich der

Wahnsinn. Bald eifrig in seinem Amte, fleißig und voll guter Vorsätze, bald wildesten Ausschweifungen und Orgien ergeben, bald seinen Vater vergötternd, dann wieder tiefherabgedrückt und bis zur Verzweiflung entmutigt durch die Größe seines Namens, bald ohne Interesse und Neigung für seine Gattin, bald bis zur Raserei eifersüchtig, so taumelt er haltlos hin und her, bis zuletzt ein Gedanke ihn erfaßte: fort nach Rom, um dort zu sterben. Ottilien trifft eine Schuld an dem Elend und dem frühen Tode ihres Gatten nicht. Das wahre Unglück bestand darin, daß man diese Menschen miteinander verbunden hatte. An sich von edler Gesinnung, besaß Ottilie ebensowenig Charakter und Energie wie ihr Gatte, nur daß dieser Mangel sich nicht so verderblich äußerte. Alles was sie that, entsprang aus der Laune; Grundsätze waren ihr zu philiströs, und nichts war ihr mehr verhaßt als das Philiströse. Das Exzentrische, das Geniale war ihr eigentliches Lebenselement. „Starke Liebe, starker Haß, ernster Kampf und keine Berechnung, das ist es, was ich liebe", so charakterisiert sie sich selbst. Den „verrückten Engel" nannten sie die Freundinnen, „die Frau aus dem andern Stern" eine befreundete Schriftstellerin. Immer voller Leidenschaft und wechselnd mit dem Objekt der Leidenschaft, immer begeistert und entflammt, immer auf der Höhe der Gefühle, paßte sie mehr zu den Thellas und Johannas, wie Goethe einmal sagte, als zu einer Hausfrau und Mutter. Schließlich wurde die Entfremdung der Gatten so arg und das Leben im Hause so unerträglich, daß Goethe auf eine Zeitlang das Haus am Frauenplan verließ und sein Gartenhaus bezog, dann wieder sich monatelang in sein Arbeitszimmer verschloß. Endlich gab Goethe die Erlaubnis zur Reise Augusts nach Italien, trotz der sehr geschwächten Gesundheit. Beim Abschied soll August plötzlich weinend dem Vater zu Füßen gefallen und Goethe, überwältigt von bösen Ahnungen, auf seinem Lehnstuhle zusammengebrochen sein. Am 22. April 1830 begann die Reise Augusts und Eckermanns, aber der Begleiter hielt es nur bis zum 25. Juli in Augusts Umgang und täglichem Verkehr aus. Gleich an dem Tage der Trennung brach August bei Genua ein Schlüsselbein; nach der Heilung eilte er nach Neapel. In seiner Gegenwart wurde in Pompeji die casa del Fauno, damals Goethe zu Ehren casa di Goethe genannt, ausgegraben, in der man das Mosaik, die Alexanderschlacht, das Goethe noch wiederholt beschäftigen sollte, gefunden hat. Die fieberhafte Aufregung Augusts steigerte sich bei den großen Eindrücken, die auf ihn einstürmten, immer mehr. Mitte Oktober war er in Rom. Hier erfaßte ihn ein Scharlachfieber, und am 27. Oktober 1830 machte ein Schlagfluß seinem Leben ein Ende. Jeder deutsche Besucher Roms kennt Augusts schöne Grabstätte mit dem Denkmal Thorwaldsens auf dem protestantischen Friedhofe, wohin die deutschen Freunde den Leichnam des Unglücklichen „Cestius Mal vorbei" am 29. Oktober begleiteten. Erst nach 14 Tagen kam die Nachricht nach Weimar. Als der Kanzler Müller sie dem Vater

Wolfgang von Goethe.

mitteilte, benahm sich Goethe, wie es dem Weisen zukam: Non ignoravi me mortalem genuisse lautete sein Wort. Auch den rückkehrenden Eckermann empfing er fest und aufrecht. Nur durfte man von August nicht sprechen. Aber diese Ruhe und Ergebung war nur künstlich. Noch in demselben Monat erlitt er einen Blutsturz, bei dem man mehrere Tage lang das Schlimmste befürchtete. Ottilien soll Goethe mit den Worten von der schrecklichen Kunde benachrichtigt haben: „August kommt nicht wieder, desto fester müssen wir beide aneinander halten." Und Ottilie hat sich treu und mit Hingebung die letzten Lebensjahre Goethen gewidmet. Sah sie doch in ihm ihr Ideal, zu dem sie begeistert aufschaute, und war glücklich in dem Lebenszweck,

Walther von Goethe.

„seine alten Tage verschönen zu können". Sie übersetzte den Tasso ins Englische, las mit Goethe zusammen den Plutarch oder hörte begeistert zu, wenn er die neugeschaffenen Scenen aus dem Faust vorlas und suchte sein Interesse für ihre und ihrer Freunde kleine Zeitschrift „Das Chaos" zu gewinnen.

Es war die Hoffnung der letzten Lebensjahre Goethes, daß in den prächtig sich entwickelnden Enkeln ihm eine starke und kräftige Nachkommen=

schaft erblühen werde. Auch diese Hoffnung war vergeblich. Mit den Enkeln starb das Geschlecht Goethe aus. Alma ist schon im 16. Lebensjahre 1844

Alma von Goethe.

in Wien gestorben; die beiden letzten männlichen Nachkommen Goethes führten nach manchen Enttäuschungen, der Welt entfremdet und menschenscheu geworden, in Weimar als Kammerherren ein einsames Leben. Ihre letzten

Lebensjahre verbrachten sie ganz zurückgezogen in Leipzig, wo der jüngere, Maximilian Wolfgang, im Jahre 1883, der ältere, Walther Wolfgang, im Jahre 1885 gestorben ist.

Ihr tragisches Geschick hat Paul Heyse in dem Gedicht „Das Goethehaus in Weimar" besungen:

> Die Enkel, die nach kurzer Jugendfrist
> Die Schwere jenes Worts zu lernen hatten:
> Weh dir, daß du ein Enkel bist!
> Und ihre Zeit hindämmerten im Schatten
> Des Glanzgestirns, an einem Namen krank.
> Doch hielten sie den Schild der Ehre blank,
> Bewährend, in ihr Dunkel eingeschlossen,
> Den Adel des Geschlechts, dem sie entsprossen.

2.

Von diesem düstern Geschick der letzten seines Geschlechts fiel noch kein Schatten auf das Lebensende Goethes; nach dem Tode Augusts waren die Enkel seine Freude, sein Trost und Stolz. Für ihre Zukunft zu sorgen, und damit zugleich die endgültige Ausgabe seiner Werke zu vollenden, war die Hauptthätigkeit der letzten Lebensjahre. Zwei große Werke warteten noch der Vollendung: Wilhelm Meister und Faust.

Wir erinnern uns des großen Einflusses Schillers auf Wilhelm Meisters Lehrjahre; durch ihn ist Goethe auch der Gedanke gekommen, den Roman fortzusetzen. Schiller vermißte in Wilhelm Meister, dem Roman eines ganz spekulativen Zeitalters, eine Darstellung der philosophischen Anschauung Wilhelms; bei der Erziehung eines Menschen wie Wilhelm Meister müsse man auf „Bedürfnisse stoßen, denen die Philosophie nur begegnen könne". Er gab sich freilich selbst sofort die richtige Antwort, daß dieser anscheinende Mangel sich aus der rein ästhetischen Richtung des Romans erkläre, aber dann „treffe den Dichter der andere Vorwurf, daß der Held die ästhetische Freiheit noch nicht besitze, die ihn vollkommen sicher stelle, gewisser Hilfsmittel (der Spekulation) nie zu bedürfen". Goethe geht, wie natürlich, auf die erste Forderung gar nicht ein, erkennt den zweiten Vorwurf als berechtigt an und zieht aus ihm den Entschluß, den Roman fortzusetzen: „es müssen Verzahnungen," schreibt er an Schiller, „stehen bleiben, die so gut wie der Plan selbst, auf eine weitere Fortsetzung deuten; hierüber wünsche ich mich recht mit Ihnen auszusprechen". Diese Verzahnungen sind der im achten Buche der Lehrjahre ausgesprochene Plan eines über die ganze Welt

Entstehung der Wanderjahre. 403

sich verbreitenden Bundes und der einer großen Wanderung Wilhelms mit seinem Sohne Felix. An eine Ausführung der Fortsetzung wurde jedoch vorläufig nicht gedacht. Eine Reihe damals gedichteter oder geplanter Märchen und Erzählungen, von denen einige später in die Wanderjahre aufgenommen wurden, wie die neue Melusine, der Mann von funfzig Jahren

Goetheporträt auf Schloß Artlitten.

und die pilgernde Thörin, waren ursprünglich für eine Fortsetzung der Unterhaltungen deutscher Ausgewanderter bestimmt. Erst am 17. Mai 1807, dem ersten Pfingsttage, lesen wir in dem Tagebuch aus Jena: „Morgens um $1 \frac{1}{2} 7$ Uhr angefangen von Wilhelm Meisters Wanderjahren das erste Kapitel, die Flucht aus Aegypten, zu diktieren," an den nächsten drei Tagen entstehen die folgenden drei Kapitel, am 21. und 22. Mai die neue Melusine. Goethe hatte also den Entschluß gefaßt, die ursprünglich in anderer Absicht geplanten oder gedichteten Erzählungen in den Roman einzuflechten, und sie durch Wilhelms Wanderung miteinander zu verbinden. Eine dieser Geschichten entwickelte sich unter des Dichters Hand zu einem selbständigen großen Roman, den Wahlverwandtschaften, nach dessen Vollendung Goethe erst wieder an die Fortsetzung der Wanderjahre denken konnte. Nur die pilgernde Thörin und St. Joseph wurden in dem Cottaschen Taschenbuch für Damen 1808 und 1809 veröffentlicht. Die letztere Novelle erschien unter dem Titel: Wilhelm Meisters Wanderjahre. Erstes Buch. Erst 1815 wurde in demselben Taschenbuch die Geschichte vom nußbraunen Mädchen abgedruckt, „teils", wie Goethe in der „Auskunft über die Wanderjahre" sagte, „um die Lust zur Arbeit bei mir selbst wieder anzuregen, teils bei dem Publikum das Werkchen in Erinnerung zu bringen"; es folgte in den nächsten Jahren an derselben Stelle die neue Melusine und der Mann von funfzig Jahren; sie erschienen für sich ohne Zusammenhang mit den Wanderjahren.

An die Verschmelzung aller dieser Teile zu einem Ganzen ging der Dichter 1820. Ein Jahr darauf erschienen „Die Wanderjahre" in ihrer ersten Ausgabe, oder ihrem ersten Teil in einem Bande, der bis zum 10. Kapitel des jetzigen dritten Buches reichte. Mit der Redaktion des Ganzen war ein großer Teil der Leser und auch Goethe selbst nicht zufrieden. Bei der 1826 geplanten Ausgabe letzter Hand von 40 Bänden bestimmte er zwei Bände und bald darauf noch einen dritten für die Wanderjahre und sprach die Absicht aus, „das Werklein von Grund aus aufzulösen, sodaß nun in einem ganz andern dasselbe erscheinen wird".

Die Arbeit wurde durch die Fortsetzung des Faust und durch den Tod des Großherzogs unterbrochen, aber im Januar 1829 war Goethe so eifrig bei der Arbeit, daß er über vier Wochen kaum aus der Stube kam. Er seufzte über „diesen Alp", die Schwierigkeit des Unternehmens: „ich mußte mein Bestes dazu thun, was ich vielleicht besser hätte anwenden können". Zuletzt ereignete sich auch noch ein Mißgeschick. Der Dichter hatte sich im Umfange des Romans verrechnet, er mußte Füllmaterial herbeibringen und übergab Eckermann Manuskript für fünf Druckbogen: „Betrachtungen im Sinne der Wanderer, Kunst, Ethisches, Natur", denen das Gedicht „Vermächtnis" folgt, und eine Sammlung Sprüche „Aus Makariens Archiv" mit dem Gedicht auf Schillers Schädel. In dieser Gestalt erschienen die Wanderjahre 1829.

Kein anderes Werk Goethes hat eine ähnliche Entstehungsgeschichte wie dieses; ja, sie steht in scharfem Gegensatze zu allen anderen großen Dichtungen,

man möchte sie fast ungoethisch nennen. Eine Beichte hat er seine Werke genannt und auf seine Gedichte das Wort verwendet: „Nicht hab ich sie, sie haben mich gedichtet": aber die einzelnen heterogenen Teile der Wander=
jahre verdanken ihre Vereinigung äußeren, zufälligen Ursachen. Sie könnten zum größten Teil in irgend einem anderen Roman= oder Novellencyklus stehen, so wenig ist die Person des Helden der innere Mittelpunkt. Schon daraus folgt, daß der Kritiker vom ästhetischen Standpunkt aus das Werk als verfehlt bezeichnen muß und auch die Schönheit und Anmut oder Lieb=
lichkeit einzelner Perlen der Erzählungskunst, wie der Novelle von der neuen Melusine oder von St. Joseph dem Zweiten kann an diesem Urteil nichts ändern.

Es ist ein trauriges Geschäft, das im einzelnen zu beweisen und dem Dichter Vorwürfe zu machen, wo man nur die Natur anklagen müßte. Wir wollen deshalb uns nicht lange aufhalten bei den jedem Leser ins Auge springenden Fehlern der Komposition, den häufigen Wiederholungen und der breiten Darstellung, den Widersprüchen und der oft ganz äußerlichen Moti=
vierung, dem plötzlichen Fallenlassen der Motive und der sich fast unübersehbar steigernden Häufung der Personen und Namen, von denen der Dichter sogar selbst einmal einen vergißt; nur einen Punkt wollen wir hervorheben, um doch unsere Behauptung nicht unbewiesen dastehen zu lassen. Eine beher=
zigenswerte Forderung hat unser Dichter einmal in den Worten ausgesprochen: „Bilde, Künstler, rede nicht"; es gilt dieses Wort nicht weniger für den Lyriker, wie für den Novellisten und Romanschriftsteller, und niemand hat es mehr beherzigt, als der, der es ausgesprochen hat. Aber gleich als hätte er die Schwäche der Komposition gefühlt, drängt sich der Autor der Wanderjahre überall mit erläuternden oder erklärenden, entschuldigenden oder verteidigenden Bemerkungen dem Leser auf. Wie im dritten Kapitel des zweiten Buches die Novelle: Der Mann von fünfzig Jahren eingeleitet wird, das mag hier zugleich als Probe des Stils zitiert werden: „Der Angewöhnung des werten Publikums zu schmeicheln, welches seit geraumer Zeit Gefallen findet, sich stückweise unterhalten zu lassen, gedachten wir erst nachstehende Erzählung in mehreren Abteilungen vorzulegen: der innere Zusammenhang jedoch, nach Gesinnungen, Empfindungen und Ereignissen betrachtet, veranlaßte einen fort=
laufenden Vortrag. Möge derselbe seinen Zweck erreichen und zugleich am Ende deutlich werden, wie die Personen dieser abgesondert scheinenden Begeben=
heit mit denjenigen, die wir schon kennen und lieben, aufs Innigste zusammen=
geflochten werden." Die Einführung einer anderen Novelle an der Stelle, wo sie steht (im 8. Kapitel des 3. Buches), wird sogar mit den Worten begründet:

„weil unsere Angelegenheiten immer ernster werden, und wir für dergleichen Unregelmäßigkeiten fernerhin keine Stelle finden möchten". Eine Szene wagt der Dichter nicht zu schildern, „aus Furcht hier möchte uns die jugendliche Glut ermangeln", an anderer Stelle entschuldigt sich der Autor, „daß er von nun an nicht mehr darstellend, sondern erzählend verfahren müsse", oder „daß er dem Leser zumuten müsse, aus ergreifenden inneren Zuständen in das Aeußere überzugehen", wieder an einer andern erklärt der Dichter eine Pause in dem Selbstgespräch des Eduard, „indem er stumm und heftig in dem Zimmer auf- und abzugehen fortfährt", zu einer näheren Nachricht über die Verhältnisse des Helden benutzen zu wollen, und an Stelle des 8. Kapitels des 2. Buches finden wir folgende höchst verwunderliche Zwischenrede: „Hier aber finden wir uns in dem Falle, dem Leser eine Pause, und zwar von einigen Jahren anzukündigen, weshalb wir gern, wäre es mit der typographischen Einrichtung zu verknüpfen gewesen, an dieser Stelle einen Band abgeschlossen hätten." Selbst von dem Notbehelf, die Mängel der Komposition dem Stoffe aufzubürden und als Redakteur anvertrauter Papiere nicht als Autor aufzutreten, macht der Dichter ausgiebigen Gebrauch. Bald wird etwas eingeschaltet, weil es in den Papieren sich vorgefunden hätte, bald beklagt der Redakteur die Mangelhaftigkeit des Berichts, bald wird die Schuld einer Berichterstatterin in die Schuhe geschoben, „die nicht mehr wie sonst die Pflicht des Aufmerkens und Aufzeichnens erfüllte", weil sie grade verliebt war, und einmal bemerkt „der Redakteur dieser Bogen" sogar, daß er nur mit Unwillen diese wunderliche Stelle durchgehen lassen könne.

Die beiden heterogenen Elemente, die der Dichter vergeblich zu einer Einheit zu verbinden gesucht hat, sind das novellistische Beiwerk und die Darstellung des Themas, das der Titel des Romans andeutet. Dem ursprünglichen Titel: Wilhelm Meisters Wanderjahre, der einer Erklärung nicht bedarf, fügte Goethe den neuen hinzu: Die Entsagenden. Wir erinnern uns des Schillerschen Vorwurfes, der Goethe zur Fortsetzung der Lehrjahre anregte, daß der rein ästhetisch gebildete Charakter Wilhelms nicht fest genug erscheine, um auch dort die Gewähr des Sieges zu geben, „wo das Sinnliche und das Moralische im Menschen feindlich entgegenstreben". Entweder müsse der Dichter, so meinte wohl Schiller, seinem Helden die Philosophie oder die Erfahrung zur Führerin geben. Daß Goethe den letzteren Weg wählte, ist uns schon bekannt. Wilhelm lernt in seinen Wanderjahren die Pflicht der Entsagung von der Leidenschaft und von den Lieblingsneigungen, die Pflicht der Unterordnung des eigenen Willens unter den der Gemeinschaft, des Staates. Durch das Leben wird er zur Selbstüberwindung erzogen, zu dem, was die Griechen σωφρο-

αὑτόν, nannten, es ist eben das Thema, das sich durch die Werke des Mannes und des Greises Goethe wie ein Leitmotiv hindurchzieht:

>Von der Gewalt, die alle Wesen bindet,
>Befreit der Mensch sich, der sich überwindet.

Und das Wundermittel, das zu dieser Höhe der Anschauung führt, ist auch hier die Thätigkeit, das Aufgehen in einem bestimmten, auserwählten Beruf. Der Dilettant, der Dichter, Künstler, Schauspieler, Aesthetiker und Interpret Wilhelm wird am Schlusse seiner Erziehung — Wundarzt. „Denken und Thun und Thun und Denken, das ist die Summe aller Weisheit. Beides muß wie Aus= und Einatmen sich im Leben ewig fort hin und wieder bewegen; wie Frage und Antwort sollte eins ohne das andere nicht stattfinden. Wer sich zum Gesetz macht, was einem jeden Neugeborenen der Genius des Menschenverstandes heimlich ins Ohr flüstert, das Thun am Denken, das Denken am Thun zu prüfen, der kann nicht irren; und irrt er, so wird er sich bald auf den rechten Weg zurückfinden."

>Und dein Streben, sei's in Liebe,
>Und dein Leben sei die That.

In drei Teilen werden uns die Wanderungen Wilhelms vorgeführt. Im ersten Teile wird er zu Männern geführt, die das von ihm gesuchte Ideal mehr oder weniger verwirklichen: der Zimmermann Joseph, der Bergmann Montan oder Jarno, der Gutsherr, Oheim genannt. Dem einfach tüchtigen, in seinem Handwerk glücklichen und doch poesievollen und sinnigen Zimmermann hat die Natur das geschenkt, was das höchste Ziel der Bildung ist, die Vereinigung des Realismus und des Idealismus. Er ist das von Natur, was Wilhelm werden will. Wilhelm kann ihn bewundern und glücklich preisen, aber er kann nichts von ihm lernen. Viel einflußreicher und wichtiger für ihn ist die zweite Gestalt, die dem Wandernden begegnet: Jarno, uns wohlbekannt aus den Lehrjahren, jetzt Montan genannt, er ist auch ein Handwerker wie Joseph, aber nicht durch das Geschick an diese Stelle gesetzt, sondern aus freier Wahl, durch Entsagung, nach Aufgebung eines sorglosen, unthätigen Lebens und eines reichen Verkehrs Bergmann und Einsiedler geworden. Ihn ließ der Dichter seine eigentliche Meinung und zugleich das Ziel, das Wilhelm zu erreichen hat, aussprechen: „Vielseitigkeit bereitet eigentlich nur das Element vor, worin der Einseitige wirken kann, dem eben jetzt genug Raum gegeben ist. Ja, es ist jetzt die Zeit der Einseitigkeiten; wohl dem, der es begreift, für sich und andere in diesem Sinne wirkt! . . . Von unten hinauf zu dienen, ist überall nötig.

„Sich auf ein Handwerk zu beschränken, ist das beste. Für den geringsten Kopf wird es immer ein Handwerk, für den bessern eine Kunst, und der beste, wenn er eins thut, thut er alles, oder, um weniger paradox zu sein, in dem einen, was er recht thut, sieht er das Gleichnis von allem, was recht gethan wird. Um einen Gegenstand ganz zu besitzen, zu beherrschen, muß man ihn um seiner selbst willen studieren. Was der Mensch leisten soll, muß sich als ein zweites Selbst von ihm ablösen; und wie könnte das möglich sein, wäre sein erstes Selbst nicht ganz davon durchdrungen!"

Wenn Montan in etwas eigennütziger Art der Einsamkeit und sich selbst lebt, tritt uns in dem „Oheim" der weitblickende, für ein ganzes Gemeinwesen sorgende Gutsherr entgegen. Vom Nützlichen durchs Wahre zum Schönen, lautet einer seiner Grundsätze; es ist der umgekehrte Weg, den Wilhelm mühsam gegangen war. Der Wirkungskreis eines durchaus praktischen, nüchternen, in Amerika ausgebildeten, für sich und zugleich für seine Untergebenen sorgenden Mannes tritt uns hier entgegen: „Was soll es heißen, Besitz und Gut an die Armen zu geben! Löblicher ist es, sich für sie als Verwalter zu betragen. Das Kapital soll niemand angreifen; die Interessen werden ohnehin im Weltlaufe schon jedermann angehören." So erklärt er eine seiner Inschriften: Besitz und Gemeingut.

Bisher hatte es sich immer um Wilhelm und seine Erziehung gehandelt, hier wird die Erweiterung des Themas angebahnt: die Schöpfung eines Idealstaates und die Erziehung der Menschen zu Bürgern dieses Staates.

Bald darauf treten wir mit Wilhelm in das Bereich Makariens, eines wunderbaren, mit überirdischer Eigenschaft ausgestatteten, an die schöne Seele der Bekenntnisse erinnernden Wesens, das das Lebensideal im höchsten Maße verkörpert: die selbstaufopfernde, entsagungsreiche Liebe.

Der zweite Teil handelt von der Erziehung der Jugend, äußerlich ist er mit dem Ganzen verbunden durch die Notwendigkeit Wilhelms, für seines Sohnes Felix Erziehung zu sorgen, innerlich durch die sich aufdrängende Frage, wie die Knaben zu jenem Ideal erzogen werden sollen.

Der dritte Hauptteil schildert die Erziehung der Erwachsenen, das heißt die geplante Erneuerung der menschlichen Gesellschaft. Erziehung ist also der Angelpunkt, um den sich der Inhalt der Wanderjahre dreht. Daß Goethe sich viel mit pädagogischen Fragen beschäftigt hat, ist für ihn als Kind des 18. Jahrhunderts selbstverständlich. Und auch in seinen Werken finden wir an den pädagogischen Szenen des Götz bis zur pädagogischen Provinz der Wanderjahre Fragen der Erziehung gar oft behandelt und erörtert. Dichtung und Wahrheit hat Goethes eigene Erziehung zum Thema, die des

Wilhelm Meister schildert der nach ihm genannte Roman. Die Wahlverwandtschaften und die Sprüche enthalten köstliche Perlen pädagogischer Weisheit. Auch als praktischer Pädagog und als Erzieher hat sich Goethe von den ersten Weimarer Jahren an, ja schon von dem Versuche des Studenten, seine Schwester zu bilden, bis in sein hohes Greisenalter gern und oft bethätigt. Fritz von Stein, in manchen Zügen das Modell für den Felix des Romans, war sein Zögling und Schüler. Bei der Erziehung der Kinder und Enkel Karl Augusts war Goethe der pädagogische Beirat. Die Söhne seiner Freunde, wie Jacobi und Knebel, hatten in ihm einen stets zu Rat und That bereiten Helfer. Die Schauspieler Wolff und Grüner bildeten sich unter seiner Leitung zu hervorragenden Künstlern. Ueber die Erziehung des Sohnes wachte er mit großem Eifer, und die Ausbildung und Entwickelung der Enkel war eine Hauptsorge und Freude seines hohen Alters. Wenn die Erziehung in Goethes Denken und Handeln einen so breiten Raum einnahm, so war es natürlich, daß er die Gelegenheit, die sich in den Wanderjahren von selbst bot, benutzte, um, wenn auch nicht ein vollständiges, praktisch verwertbares System, wie das ja nie seine Art war, der Pädagogik zu geben, so doch seine Meinung über die wichtigsten Fragen der Erziehung im Zusammenhange der Mit- und Nachwelt zu überliefern. Daß es sich nicht um eine nationale deutsche Erziehung, sondern um eine allgemein menschliche handelt, braucht wohl nicht erst hervorgehoben zu werden. Kosmopolitische Humanität ist der Grundcharakter der Erziehung; zu verhüten, daß die Landsleute unter den Zöglingen sich vereinigen und von der übrigen Nation abgesonderte Parteien bilden, war eine Hauptaufgabe der Erzieher.

Man vergesse bei der Beurteilung der Kapitel über die pädagogische Provinz in den Wanderjahren nicht, daß wir uns in der Welt eines Romanes befinden, und daß Goethe selbst das Ganze als eine Utopie bezeichnet hat. Daraus erklärt sich manches Verwunderliche und Sonderbare in den Einrichtungen dieser Schule der Zukunft. Aber der Grundgedanke oder das Ziel der Erziehung ist klar und deutlich ausgesprochen. Es sind die beiden Forderungen, die wir als den Hauptinhalt der Goethischen Ethik kennen gelernt haben, die Ehrfurcht und die Thätigkeit. „Eins bringt niemand mit auf die Welt," so lesen wir in den Wanderjahren, „und doch ist es das, worauf alles ankommt, damit der Mensch nach allen Seiten zu ein Mensch sei. Könnt Ihr es selbst finden, so sprecht es aus! Die Knaben, nach einem anständigen Zaudern, riefen: „Ehrfurcht!" ... Ungern entschließt sich der Mensch zur Ehrfurcht oder vielmehr entschließt sich nie dazu; es ist ein höherer Sinn, der seiner Natur gegeben werden muß, und der sich nur bei besonders Begünstigten aus sich selbst entwickelt, die man auch deswegen von jeher für Heilige, für Götter gehalten. Hier liegt die Würde, hier das Geschäft aller echten Religionen, deren es auch nur drei giebt, nach den Objekten, gegen welche sie ihre Andacht wenden." Wir erinnern uns der dreistufenmäßig nacheinander dem Zögling zu offenbarenden Religion der ethnischen, der Lehre von der Ehrfurcht vor dem, was über uns ist, der philosophischen, vor dem, was neben uns ist, und der des Christentums, die die Ehrfurcht vor dem, was unter uns ist, lehrt, bei der der Mensch sich zur Erkenntnis der obersten Ehrfurcht, der vor sich selbst, erhebt. Aufs innigste mit dieser Erziehung war, wie wir wissen, die Forderung unabläfsiger Thätigkeit verbunden, in der Goethe das Heilmittel für alle seelischen Leiden und die Grundlage des menschlichen Glückes sah. Deshalb wird den Schülern der pädagogischen Provinz nichts so eindringlich eingeschärft, als die Wichtigkeit und Achtung vor der Zeit, „der höchsten Gabe Gottes und der Natur und der aufmerksamen Begleiterin des Daseins". Die Aufgabe der Lehrer besteht in der Erkenntnis der individuellen Anlagen jedes einzelnen Zöglings und seiner individuellen Erziehung und in der Ausbildung zu einer einzelnen, bestimmten praktischen Thätigkeit. Gemeinsam ist nur der Unterricht in den elementaren Dingen, der Notenschrift, Buchstabenschrift und der Rechenkunst. Im übrigen geschieht der Unterricht in getrennten Abteilungen und zwar nicht in Wissenschaften, sondern in irgend einem Handwerk oder einer Kunst, wobei die mit jeder Thätigkeit verbundene Pflege der Musik das Handwerksmäßige in eine höhere Sphäre hebt. Unter den Künsten ist die Baukunst die wichtigste, aber auch die Dichtung wird gepflegt, nur die dramatische Dichtung ist ausgeschlossen. Der Unterricht darf nur rein praktischen Zwecken dienen. So wird der Sprachunterricht in der Weise getrieben, daß monatweise eine Sprache gesprochen wird.

Ob die einzelnen Bestimmungen und Einrichtungen praktisch durchführbar sind oder nicht, darauf kam es Goethe weniger an; er hat auf eine hierin nicht zustimmende Kritik eines praktischen Pädagogen die Worte geschrieben: il y a une fibre adorative dans le coeur humain, um zu zeigen, worauf es ihm ankam, die Erziehung zur Ehrfurcht und zu dem Bewußtsein der eigenen Würde. Nehmen wir dazu die Ausbildung der individuellen Fähigkeit jedes einzelnen bis zur Meisterschaft auf einem Gebiete, so haben wir das Ziel der Goethischen Pädagogik.

Auf dieser Erziehung wollte Goethe die Neuordnung des Staates aufbauen und durch sie die Rettung der Gesellschaft erzielen. Die Fragen, die Goethe in den Wanderjahren stellt, um sie zu beantworten, sind heute die wichtigsten, ja die eigentlichen Lebensfragen geworden. Bis in die untersten

Schichten des Volkes wird in der Gegenwart das täglich erörtert, was Goethe, auch hier Dichter und Seher, seiner Zeit vorausschreitender Prophet, zuerst ausgesprochen und zu lösen versucht hat. Von der Not und dem Elende der Zustände in der nachnapoleonischen Zeit tief berührt und von der Ueberzeugung durchdrungen, daß nur durch eine Neuschöpfung der Gesellschaft eine Besserung zu erreichen sei, zog er im dritten Buche der Wanderjahre die Grundlinien dieses neuen idealen Staates.

Die beiden Fragen, die Goethe scharfsichtig herausgefunden und beantwortet hat und die auch heute noch in dem heftig wogenden Kampf die Parteien bewegen, sind einmal die nach dem Werte der Arbeit und ferner die nach der Berechtigung des Eigentums.

In seinem Staate wird überhaupt nur der als Genosse geduldet, der in einem Fache vollkommen ist. Alle müssen ein Handwerk oder eine Kunst gelernt haben. Der Wert der Arbeit ist gleich, und da die Arbeit den Wert des Menschen bestimmt, so sind auch alle Arbeitenden gleich; alle Standesunterschiede sind aufgehoben. Der wissenschaftlichen Thätigkeit als einer nicht unmittelbar produktiven wird überhaupt nicht gedacht.

Auf die zweite wichtige Frage, der nach der Berechtigung des Eigentums, war Goethe schon in den Lehrjahren zu sprechen gekommen. Lothario erklärt sich, wie wir uns erinnern, nicht für berechtigt, seine wachsenden Einkünfte allein zu genießen. Wer für und mit ihm arbeite, habe einen Anteil an dem, was uns erweiterte Kenntnisse, die uns eine vorrückende Zeit darbietet, verschaffen. Goethe ist aber weit entfernt, der sozialdemokratischen Anschauung: Eigentum ist Diebstahl zu huldigen, er sieht vielmehr in dem Grundbesitz das erste und beste, was dem Menschen werden könne, und in der Schöpfung des Eigentumsbegriffs eine der größten Kulturerrungenschaften. Den Unbemittelten soll unbebautes Land des alten Erdteils gegeben werden, oder sie sollen es sich im neuen Weltteile suchen. „Jeder suche den Besitz, der ihm von der Natur, von dem Schicksal gegönnt war, zu erhalten, zu steigern, er greife mit aller seiner Fertigkeit, so weit umher, als er zu reichen fähig ist." Aber er betrachte sich nicht als Besitzer, sondern als Verwalter des Kapitals für die anderen: „immer denke er dabei, wie er andere daran will teilnehmen lassen, denn nur insofern werden die Vermögenden geschützt, als andere durch sie genießen". In diesem Sinne soll aller Besitz nicht nur Eigentum, sondern „Eigentum und Gemeingut" sein.

Zur Ausführung dieser Grundsätze ist eine starke und unbeschränkt herrschende Regierung notwendig. Die Tendenz des aufgeklärten Despotismus: Alles für das Volk, aber nichts durch das Volk, scheint auch die des Goethischen Idealstaates zu sein. Die Obrigkeit besteht aus einem Kollegium, das von Ort zu Ort zieht, „um Gleichheit in den Hauptsachen zu erhalten und in läßlichen Dingen einem jedem seinen Willen zu gestatten". Diese läßlichen Dinge sind aber sehr eng beschränkt. Nicht nur die Art der Thätigkeit wird jedem zugewiesen, auch die Gründung der Familie und die Wahl der Gattin wird von der Obrigkeit für jeden einzelnen bestimmt und ein öffentlicher religiöser, auf dem Christentum beruhender Kultus festgesetzt, dem sich niemand entziehen darf. Diesen strengen, das äußere Leben regelnden Bestimmungen steht die völlige Freiheit des Innenlebens und des Denkens gegenüber. Merkwürdig, wie sich hier der Greis Goethe mit dem Straßburger Doktoranden begegnet. Wir erinnern uns seiner von der Straßburger Fakultät zurückgewiesenen Doktordissertation: De legislatoribus, in der dem Gesetzgeber das Recht zugewiesen wurde, einen öffentlichen Kultus festzusetzen, vorausgesetzt, daß durch ihn die persönliche Ueberzeugung des einzelnen nicht berührt würde.

Der Obrigkeit zur Seite steht eine starke Polizei, die das Recht hat, zu ermahnen und zu beseitigen. Unter dem letzteren ist die Ausschließung aus der Gemeinschaft zu verstehen. Das gemeinsame Wirken der Obrigkeit, der Polizei, einiger erwählter Geschworenen und der Hausväter macht eine besondere Justiz überflüssig.

Ein Teil der Genossen, darunter Wilhelm, Lothario, Therese, Natalie, der Abbé ziehen in den neuen Weltteil, um dort einen Staat nach denselben Grundsätzen zu bilden. Ein allgemeiner Weltbund ist das letzte Ziel der Bestrebungen. Darum braucht der Idealstaat auch nicht ein stehendes Heer. Für den Notfall ist dadurch gesorgt, daß jeder einzelne militärisch erzogen worden ist.

Ueber die Ausführbarkeit der Goethischen sozialen Träume zu urteilen, ist nicht unsere Sache, anstatt dessen möge sein eigenes Urteil darüber hier eine Stelle finden: „Die Schwierigkeit besteht darin, daß die Menschen wohl über die Zwecke einig werden, viel seltener aber über die Mittel, dahin zu gelangen. Denn das wahre Große hebt uns über uns selbst hinaus und leuchtet uns vor wie ein Stern; die Wahl der Mittel aber ruft uns in uns selbst zurück, und da wird der Einzelne, wie er war, und fühlt sich ebenso isoliert, als hätte er vorher nicht ins Ganze gestimmt. Hier also haben wir zu wiederholen: Das Jahrhundert muß uns zu Hilfe kommen, die Zeit an die Stelle der Vernunft treten und in einem erweiterten Herzen der höhere Vorteil den niederen verdrängen."

*   *

*

Nicht nur die Gleichzeitigkeit ihrer Vollendung, auch ein inneres Band schlingt sich um die Wanderjahre und den zweiten Teil des Faust. Wie Wilhelm Meister in den Wanderjahren, tritt Faust im zweiten Teile des Dramas aus dem Kleinleben der bürgerlichen Gesellschaft in die große Welt, aus einem dem Inneren zugewandten, grübelnden oder leidenschaftlichen Gefühls= leben in den Bereich der großen, mannhaften Thätigkeit. Der Dichter selbst hat diesen zwischen beiden Teilen des Faust waltenden Gegensatz mit den Worten bezeichnet: Lebensgenuß der Person von außen gesehen in der Dumpfheit Leidenschaft, erster Teil — Thatengenuß nach außen und Genuß mit Bewußtsein Schönheit, zweiter Teil. Beide, Wilhelm und Faust, wer= den von falschem Freiheitsdrang geheilt und zu wahrer Freiheit, die in der freiwilligen Unterordnung unter das zum Heile des Ganzen gegebene Gesetz besteht, erzogen, in beiden Werken bringt der Dichter sein Staatsideal, das der absoluten aufgeklärten Monarchie, zum kräftigen Ausdruck.

Daß dem Dichter der Plan der ganzen Faustdichtung in den Haupt= zügen schon von Anfang an klar vor Augen stand, hat er, wie wir schon wissen, noch kurz vor seinem Tode in einem Briefe an Humboldt ausgesprochen. Dafür spricht unter anderem auch die aus dem Jahre 1824 bezeugte Ab= sicht Goethes, in das 18. Buch von Dichtung und Wahrheit, das das Jahr 1775 behandelt, eine Skizze der Urgestalt des Faust nebst einer Inhalts= angabe des zweiten Teils einzufügen. Aber irgend eine Spur einer ernsteren dichterischen Beschäftigung mit dem Inhalt des jetzigen zweiten Teils ist vor den neunziger Jahren nicht nachweisbar. Auch bei dieser großen Dichtung war Schiller Anreger, Förderer und Beleber. In dem Briefe Schillers an Goethe vom 13. September 1800 wird zum ersten Male vom zweiten Teil des Faust gesprochen. Auf dieselbe Zeit als Beginn der Bearbeitung weisen die Goethischen Tagebücher mit der lakonischen, vom 12. bis 25. September 1800 sich wiederholenden Notiz: Helena. Der jetzige dritte Akt ist also, abgesehen von der Scene: Mephisto und der Baccalaureus, der älteste Bestandteil der Dichtung. „Meine Helena ist wirklich aufgetreten," schreibt Goethe am 12. September an Schiller. „Nun zieht mich aber das Schöne in der Lage meiner Helene so sehr an, daß es mich betrübt, wenn ich es zunächst in eine Fratze verwandeln soll.... Wirklich fühle ich nicht geringe Lust, eine ernsthafte Tragödie auf das Angefangene zu gründen." Helena sollte ursprünglich als Zwischenspielerin, als phantasmagorisches Blend= werk auftreten. Unter den Händen des von der Antike begeisterten Dichters wurde der damals gedichtete erste Monolog, aus dem, wie Schiller entzückt schreibt, „der edle, hohe Geist der alten Tragödie weht," eine Einleitung zu einer großen tragischen Dichtung. Mit dem Scharfsinn des congenialen Dichters fühlte Schiller heraus, daß mit der Vollendung der Helenadichtung auch der Schlüssel zu dem übrigen Teil des Ganzen gefunden sein wird. Daß Helena der Gipfel des Dramas werden müsse, darin sind beide Freunde bald darauf einig. Zu gleicher Zeit entstand, wahrscheinlich „auf des Freundes Betrieb", der Entwurf des Abschlusses des ganzen Dramas und der Plan zu dem Idyll: Philemon und Baucis.

Nur noch im November des Jahres 1800 erfahren wir von der „Erfindung einiger guter Motive zur Helena", dann ruht die Dichtung bis zum Jahre 1825. Das Geständnis, das Goethe 1830 Eckermann gemacht hat: „Sie können es sich zurechnen, wenn ich den zweiten Teil des Faust zustande bringe", zeigt klar, wessen Bitten, Drängen und Mahnen wir es zu verdanken haben, daß der 75jährige Dichter noch eine so gewaltige Arbeit übernahm. Die damaligen Freiheitskämpfe der Griechen und Lord Byrons Teilnahme daran gaben den äußeren Anlaß, die Arbeit bei der Helenadichtung einzusetzen. Ostern 1827 erschien diese unter dem Titel: „Helena, klassisch-romantische Phantasmagorie. Ein Zwischenspiel zu Faust." Von nun an zieht sich die Thätigkeit am Faust, als Hauptgeschäft oder Hauptzweck im Tagebuch bezeichnet, fast ununterbrochen durch die letzten Jahre des Dichters.

Freilich war es ein anderes Schaffen als in der Zeit, da der Dichter die Poesie kommandierte. Der Urfaust war ein Werk des Herzens, der Empfindung, im wahren Sinne eine Schöpfung. „Am zweiten Teil meines Faust," so klagt der Dichter, „kann ich nur an den frühen Stunden des Tages arbeiten.... Und was ist es, was ich ausführe! Im allerglücklichsten Falle eine geschriebene Seite...." Am 4. Januar 1831 erhält Zelter die Nachricht, daß die ersten beiden Akte fertig sind. Besonders erfreut ist Goethe, daß die Helenadichtung nun doch, wie Schiller und er es 1800 geplant hatten, nicht als Zwischenspiel erscheint, sondern integrierender Teil des Dramas werden kann. Der fünfte Akt, so schließt diese Mitteilung, steht auch schon auf dem Papier. Der fehlende Anfang wurde im Mai gefunden, und noch vor dem 82. Geburtstage Goethes war die Dichtung vollendet. Am 22. Juli 1831 lesen wir im Tagebuch: Das Hauptgeschäft zustande gebracht. Letztes Mundum. „Mein ferneres Leben," so äußerte sich Goethe, als im August der ganze zweite Teil geheftet vor ihm lag, „kann ich nunmehr als reines Geschenk ansehen." Das letzte Lebensziel Goethes war erreicht.

Keine deutsche Dichtung steht so in dem Rufe der Schwerverständlichkeit, ja fast der Unverständlichkeit, wie der zweite Teil des Faust. Unverständige Interpreten, die, anstatt sich an das Wort des Dichters zu halten, jeder Gestalt und jedem Ereignis eine symbolische Deutung zu geben suchen, haben dazu beigetragen, daß dieses Urteil eine scheinbar unerschütterliche Kraft erhalten hat. Die vielen Beziehungen auf die antike Welt freilich, die der in dieser Welt lebende Dichter hineingetragen hat, setzen eine gewisse Kenntnis der griechischen Kultur voraus. Aber abgesehen von der für viele Leser notwendigen Erklärung einer Menge Einzelheiten und der uns schon bekannten echt künstlerischen Art Goethes, dem selbstthätigen Denken des Lesers etwas übrig zu lassen, liegt ein klarer, leicht und deutlich erkennbarer Plan und eine einheitliche Handlung für den vor Augen, der ohne Voreingenommenheit und Vorurteil der Darstellung des Dichters folgt. Ein solcher Plan muß ja auch vorhanden sein, wenn anders die größte Dichtung unseres größten Dichters unter die Werke der Kunst gerechnet werden soll. Mit diesem allein und seinen einzelnen Entwickelungsphasen können wir uns hier beschäftigen. Für die Erklärung des Einzelnen und die ästhetische Würdigung des Werkes müssen wir unsere Leser auf die vorhandenen vortrefflichen Kommentare verweisen, deren diese Seite der größten Schöpfung Goethes ebenso bedarf, wie die göttliche Komödie oder Wolframs Parzival.

Faust ist am Schlusse des ersten Teils scheinbar dem Teufel verfallen. Von vornherein war aber die Rettung Fausts geplant, damit war die innere Notwendigkeit einer Fortsetzung gegeben. Auch hatte Mephisto sein Versprechen: „Wir sehn die kleine, dann die große Welt" noch nicht erfüllt, und ebendahin geht der Plan Goethes: in der großen Welt soll Faust sich selbst und den rechten Weg wiederfinden. So sind es denn Ariel und ein Kreis guter, von Gott gesandter Engel, die zu Beginn des ersten Aktes dem schlummernden Faust „des Herzens grimmen Strauß besänftigen und des Vorwurfs glühend bittre Pfeile entfernen":

    Dann badet ihn im Tau aus Lethe Flut!
    . . . .
    Vollbringt der Elfen schönste Pflicht,
    Gebt ihn zurück dem heil'gen Licht!

Eine List Mephistos, der als Narr auftritt, führt beide, Faust und Mephisto, an den Hof des Kaisers. Durch das „Flammengaukelspiel, den Mummenschanz und den Geldzauber" erringen sie sich die höchste Gunst des Kaisers. In seiner Bereitwilligkeit, ihm zu dienen und im Vertrauen auf die Macht Mephistos verspricht Faust Paris und Helena aus der Unterwelt heraufzuholen. Zum ersten Mal muß Mephisto eingestehen, daß die Erfüllung des Wunsches über seine Kräfte gehe, doch will er Faust den Weg zeigen, den er selbst nicht zu betreten wagt.

> Mephistopheles:
> Ungern entdeck' ich höheres Geheimnis.
> Göttinnen thronen hehr in Einsamkeit,
> Um sie kein Ort, noch wen'ger eine Zeit;
> Von ihnen sprechen ist Verlegenheit.
> Die Mütter sind es!
>
> Faust (aufgeschreckt):
> Mütter!
>
> Mephistoles:
> Schaudert's dich?
>
> Faust:
> Die Mütter! Mütter! — 's klingt so wunderlich!
> Wohin der Weg?
>
> Mephistopheles:
> Kein Weg! Ins Unbetretene,
> Nicht zu Betretende; ein Weg ans Unerbetene
> Nicht zu Erbittende. Bist du bereit?
> Nicht Schlösser sind, nicht Riegel wegzuschieben,
> Von Einsamkeiten wirst umhergetrieben,
> Hast du Begriff von Oed' und Einsamkeit?

Bei den Müttern befinden sich die Urbilder der Individuen, die Ideen, deren Abbild jedes einzelne Individuum ist.

Mit der Weigerung Mephistos, der eigentlich jetzt schon durch das Eingeständnis seiner Ohnmacht seine Wette verloren hat, tritt ein völliger Umschwung seines Verhältnisses zu Faust ein; von nun an rückt er in die Rolle des geleiteten und gehorchenden Dieners. Die erste Stufe zur Wandlung Fausts und zur Erreichung seines Zieles beginnt. Er ist bereit, die große That, vor der Mephisto schaudert, zu vollführen:

> Ich rühme dich, eh' du dich von mir trennst,
> . . . .
> Der erste, der sich jener That erdreistet,
> Sie ist gethan, und du hast sie geleistet.

Diese Worte Mephistos und seine zweifelnde Frage nach dem Verschwinden Fausts:

> Neugierig bin ich, ob er wiederkommt —

sind bezeichnend für die Wandlung ihres Verhältnisses.

Das große Wagnis gelingt. Paris und Helena erscheinen. Aber nicht bloß dies hat Faust vollbracht. Er hat das Ideal seiner Sehnsucht gefunden. Die höchste Schönheit hat er gesehen; in ihrem Besitz erhofft er jetzt das Ziel, die bisher vergebens gesuchte Befriedigung. Das ins Grenzenlose gesteigerte Gefühl der eigenen Kraft verleitet ihn, das Unmögliche zu wollen.

Aus dem zweiten Teil des Faust (I. Akt).

Er greift nach dem körper- und wesenlosen Idol. Eine Explosion reißt ihn zu Boden: „die Geister gehen in Dunst auf".

Trotz dieses Mißerfolges ist die Möglichkeit der von Faust ersehnten Verbindung mit Helena nach der Anschauung der griechischen Sage wohl vorhanden, zwar nicht eine Verbindung mit der Idee, aber wohl mit dem in der Unterwelt befindlichen Schattenbild der Helena. Die Alten erzählten von einem Wiedererscheinen der Helena auf Erden; auch Alkestis war einst von Herakles aus der Schattenwelt heraufgeholt worden, und die Klagen des Orpheus um die Eurydike hatten das Herz der strengen Persephone gerührt. Zur Belebung dieses Schattenbildes und zu seiner Verkörperlichung bedurfte es aber einer Art Wiedergeburt, einer künstlichen Erzeugung der dem Schattenbilde fehlenden Lebensenergie. Diese künstlich erzeugte Lebensenergie ist der Homunculus. Der ohnmächtige, in tiefen Schlaf versunkene Faust wird von Mephisto in sein Studierzimmer gebracht; er sieht im Traum die Erzeugung der Helena und erwacht mit den Worten: Wo ist sie? Es erhellt daraus, wie die im Beginn des zweiten Aktes in Fausts Studierzimmer uns vorgeführte Zeugung des Homunculus durch Wagner und Mephisto auf das innerste mit Fausts Sehnsucht zusammenhängt. Unter der Führung des Homunculus begeben sich Faust und Mephisto zur klassischen Walpurgisnacht nach Griechenland. Faust erfährt hier den Weg zur Unterwelt, wo er Helena von Persephone losbitten will, was freilich der Dichter nur andeutet. Ursprünglich war aber eine Rede Fausts geplant, wie wir aus den durch Eckermann erhaltenen Worten erfahren: „Und dann bedenken Sie nur, was alles in jener tollen Nacht zur Sprache kommt! Fausts Rede an die Proserpina, um diese zu bewegen, daß sie die Helena herausgiebt; was muß das nicht für eine Rede sein, da die Proserpina selbst zu Thränen davon gerührt wird! Dieses alles ist nicht leicht zu machen und hängt sehr viel vom Glück ab, ja fast ganz von der Stimmung und Kraft des Augenblicks." Mephisto findet sein höchstersehntes Ziel, indem er sich in das häßlichste aller Geschöpfe, eine der Phorkyaden, verwandelt, des Homunculus Streben nach „Entstehung" erfüllt sich, indem er das ihn umgebende Glas an dem Throne der höchsten Schönheit, der Galathea, zerschellen läßt und sich in das vom heiligen Feuer umzogene Meer ergießt. Daß mit diesem Ergießen der Lebensenergie in die Grundelemente, das Wasser und Feuer, ein Akt der Zeugung vor sich geht, deuten die Verse an: „So herrsche denn Eros, der alles begonnen!" Unter der sich hier vollziehenden Entstehung des Homunculus kann nur die Entstehung einer körperlichen Gestalt gemeint sein, die Verbindung der genannten Elemente mit dem von Faust aus der Unterwelt heraufgeholten Schattenbilde Helenas. Unter den vielen Erklärungen des Homunculus scheint diese die natürlichste, nur muß erwähnt werden, daß der Dichter die Brücke von Homunculus zu Helena zu schlagen dem Leser überlassen hat. Eine Notiz aus Goethes Tagebuch vom 24. Januar 1832 giebt uns eine Erklärung dafür. „Neue Aufregung zu Faust," heißt es hier, „in Rücksicht größerer Ausführung der Hauptmotive, die ich, um fertig zu werden, allzu lakonisch behandelt hatte."

So kann denn das Helenadrama, der Gipfel des zweiten Teils, beginnen. Wie Faust, einer Laune des vergnügungssüchtigen Kaisers folgend, sich ein neues hoheitsvolles Ideal aus dem Reiche der Schatten holte, so schuf der von der Schönheit der Antike im Innersten ergriffene Dichter, der selbst die Verbindung des griechischen und deutschen Geistes in sich am vollkommensten verkörperte, aus einem grobsinnlichen Zuge der alten Volkssage ein in Form und Inhalt vollendetes, schönheitdurchglühtes Drama, den farbigen Abglanz antiken Lebens.

Für den Gang der Handlung ist die Frage allein wesentlich: Wird Faust mit der Erreichung dieses neuen Ideals die ersehnte Befriedigung finden? Die äußere Verbindung der beiden Akte vermittelt Phorkyas—Mephisto, dem geringen Anteil nach, den er an der That Fausts hat, den ganzen Akt hindurch Diener oder vielmehr Dienerin. Er veranlaßt Helena und ihr Gefolge durch die Mitteilung der von Menelaus beabsichtigten Rache zur Flucht in die benachbarte Burg des germanischen Eroberers, Faust, wo Helena wie eine Königin aufgenommen wird. Die Frucht des in Arkadien sich vollziehenden Ehebundes Fausts und Helenas ist Euphorion, nach der Sage der beflügelte Sohn des Achilleus und der Helena, der von Zeus wegen verschmähter Liebe auf der Insel Melos vom Blitz getroffen worden war. Ursprünglich war Euphorion gedacht als der Sohn der Schönheit und der Kraft, als Verkörperung der Poesie und zugleich der Vereinigung der beiden Seelen in des Menschen Brust, der ideellen und der sinnlichen. Später brachte Goethe den himmelansteigenden, nach kurzem Dasein sich selbst zerstörenden Jüngling mit der Gestalt des von ihm bewunderten, durch eigene Schuld zerrütteten und früh zu Grunde gegangenen Dichters Byron in Verbindung, eine Beziehung, die mit dem Drama an und für sich nichts zu thun hat. Der frühe Tod Euphorions und die Rückkehr Helenas in die Unterwelt bedeuten nichts anderes, als was sie ohne Erklärung jedem Leser sagen. Die Schönheit und die Poesie haben sich als falsches Ideal Fausts erwiesen, und wenn Helenas Gewand zurückbleibt, dessen Bedeutung Mephisto mit den Worten erklärt:

> Es trägt dich über alles Gemeine rasch
> Am Aether hin, so lange du dauern kannst —

so hören wir dieselbe Idee wie in Wilhelm Meister ausgesprochen. Beide Helden treten von einem „unbestimmten, leeren Ideal in ein bestimmtes thätiges Leben, aber ohne die idealisierende Kraft dabei einzubüßen", sie haben durch die Berührung mit diesem Ideal die Kraft für ein höheres Dasein erhalten:

> Der Seligkeit Fülle, die hab' ich empfunden!
> Die Schönheit besaß ich, sie hat mich gebunden;
> Im Frühlingsgefolge trat herrlich sie an.
> Sie erkannt' ich, sie ergriff ich, da war es gethan!
> Wie Nebel zerstiebte trübsinniger Wahn,
> Sie zog mich zur Erd' ab, zum Himmel hinan.

Dieser Faust ist vor Mephistos Lockungen für immer gesichert.

Auf Helenas Gewand wird Faust beim Beginn des vierten Aktes aus Griechenland nach der Heimat getragen. Nachdem das Idol antiker Schönheit verflogen ist, steigt die Erinnerung an Gretchen wieder in ihm auf:

> Täuscht mich ein entzückend Bild,
> Als jugenderstes, längstentbehrtes, höchstes Gut?
> Des tiefsten Herzens frühste Schätze quellen auf;
> Aurorens Liebe, leichten Schwungs, bezeichnet's mir,
> Den schnellempfundnen, ersten, kaum verstandnen Blick,
> Der, festgehalten, überglänzte jeden Schatz.

Mephisto ist mit seinem Witz zu Ende. Für seine Vorschläge neuer sinnlicher Vergnügungen hat Faust nur Worte der Verachtung:

> Herrschaft gewinn ich, Eigentum,
> Die That ist alles, nichts der Ruhm.
> . . . .
> Genießen macht gemein.

Er scheint auf demselben Standpunkt angelangt zu sein, auf dem er einst, von unklarem Drange getrieben, ausgerufen hatte: Im Anfang war die That! aber nach welcher Wandlung und welch ein anderer!

> Mein Auge war aufs hohe Meer gezogen;
> Es schwoll empor, sich in sich selbst zu türmen,
> Dann ließ es nach und schüttelte die Wogen,
> Des flachen Ufers Breite zu bestürmen.
> Und das verdroß mich —
> . .

> Da faßt' ich schnell im Geiste Plan auf Plan:
> Erlange dir das köstliche Genießen,
> Das herr'sche Meer vom Ufer auszuschließen,
> Der feuchten Breite Grenzen zu verengen
> Und weit hinein sie in sich selbst zu drängen!
> Von Schritt zu Schritt wußt' ich mir's zu erörtern.
> Das ist mein Wunsch; den wage zu befördern!

Wider seinen Willen muß Mephisto diesen Plan Fausts ausführen helfen. Seine Absicht, Fausts edleres Selbst in der gemeinen Sinnlichkeit zu ersticken, ist völlig gescheitert. So klammert er sich an die einzige Hoffnung, als Diener Fausts und in Ausführung seiner Befehle Faust in Schuld und Verbrechen zu stürzen. Durch Betrug und Gaukelspiel wird der Gegner des Kaisers geschlagen und Faust zum Dank dafür mit dem Lande, das er dem Meere abgewinnen will, belehnt. Auch dies Motiv, die Belehnung, hat hier der Dichter nur angedeutet, nicht ausgeführt.

Im letzten Akte finden wir Faust als greisen Herrscher eines großen dem Meere abgetrotzten Gebietes. Aber auch der Besitz macht ihn nicht glücklich. Mit dem Wachsen des Eigentums wachsen die Wünsche und die Ungeduld, sie zu erfüllen. Jetzt ergreift ihn bittere Reue, sich an den Teufel und die Geister geschmiedet zu haben, und er verwünscht und weist den durch Mephistos Unthaten gewonnenen neuen Besitz von sich; nun geht ihm der hohe Wert der idealen Güter des Lebens auf, die er einst verflucht hatte, jetzt fühlt er, was es heißt, ein Mensch zu sein:

> Könnt' ich Magie von meinem Pfad entfernen,
> Die Zaubersprüche ganz und gar verlernen,
> Stünd' ich, Natur, vor dir, ein Mann allein,
> Da wär's der Mühe wert, ein Mensch zu sein.

Es erscheinen vier graue Weiber: der Mangel, die Schuld, die Sorge und die Not. Nur die Sorge dringt in das Haus des Reichen:

> Würde mich kein Ohr vernehmen,
> Müßt es doch im Herzen dröhnen.

Zwar die Sorge um das Jenseits weist Faust weit von sich:

> Nach drüben ist die Aussicht uns verrannt.
> Thor, wer dorthin die Augen blinzelnd richtet,
> Sich über Wolken seinesgleichen dichtet!
> Er stehe fest und sehe hier sich um!
> Dem Tüchtigen ist diese Welt nicht stumm.
> Was braucht er in die Ewigkeit zu schweifen!
> Was er erkennt, läßt sich ergreifen.

> Er wandle so den Erdentag entlang.
> . . . .
> Im Weiterschreiten find' er Qual und Glück,
> Er, unbefriedigt, jeden Augenblick!

Aber der unheimliche Gast hat ihm die Sorge gelassen um die Vollendung seiner Werke vor seinem Tode. Ein Sumpf soll ausgetrocknet und hier ein Raum für viele Millionen, „nicht sicher zwar, doch thätig frei zu wohnen", geschaffen werden. Die Blendung der körperlichen Augen hat ihm „helles, inneres Licht" verliehen. In der Stunde des Todes erkennt Faust, was das Glück des Menschen ist. Nicht das Wissen, nicht der Genuß, nicht der Besitz, nicht die Freiheit, sondern der Kampf um den Besitz, das Streben nach dem Glück, die innere Befriedigung, die die Arbeit selbst bietet, die That, das ist das Glück des Menschen.

> Das ist der Weisheit letzter Schluß:
> Nur der verdient sich Freiheit wie das Leben,
> Der täglich sie erobern muß.
> Und so verbringt, umrungen von Gefahr,
> Hier Kindheit, Mann und Greis sein tüchtig Jahr.
> Solch ein Gewimmel möcht' ich sehn,
> Auf freiem Grund mit freiem Volke stehn.
> Zum Augenblicke dürft' ich sagen:
> „Verweile doch! du bist so schön!
> Es kann die Spur von meinen Erdetagen
> Nicht in Aeonen untergehn!"
> Im Vorgefühl von solchem hohen Glück
> Genieß' ich jetzt den höchsten Augenblick.

Dem Wortlaute nach scheint Faust die Wette verloren zu haben. Aber, wenn der Vertrag dahin ging, daß Faust durch Mephisto die ersehnte Befriedigung finden solle, so hat Faust die Wette gewonnen, denn was Faust hier als das höchste Glück preist, hat er allein durch sich selbst im Widerspruch mit dem Wirken Mephistos gewonnen. Zur Erreichung dieses Glückes braucht Faust, braucht der Mensch nicht des Teufels. Ein Zweifel über die Auffassung hat nur deshalb entstehen können, weil Faust die Worte, an die sich der Verlust seiner Wette knüpfen sollte, wenn auch in hypothetischer Form, kurz vor seinem Tode ausspricht. Das hat der Dichter gethan, weil Mephisto allerdings die Meinung, den Sieg errungen zu haben, festhalten sollte.

Doch mag nun Mephisto die Wette gewonnen oder verloren haben, die Entscheidung darüber, ob Faust selig werden soll oder der Hölle verfallen ist, liegt, sobald Faust tot ist, bei einer höheren Instanz. Gott hat allein darüber zu bestimmen. Ob Mephisto den Vertrag gewonnen hat oder nicht,

darum handelt es sich für Goethe garnicht, sondern darum, ob es Mephisto
gelungen ist, Fausts edleres und besseres Selbst in dem Schlamme der Sinn=
lichkeit zu zerstören:

>Wer immer strebend sich bemüht,
>Den können wir erlösen.

Dadurch, daß Gott die Engel sendet, um Faust zu holen, hat er das
ihm allein zustehende Urteil gesprochen, daß Faust in den Himmel aufgenom=
men werden soll. Das Prinzip Mephisto hat gerade dadurch, daß es unter=
liegt, seinen Zweck erreicht. Dem Individuum Mephisto geht es wie dem
geprellten Teufel der Volkssage. Es ist eine feine Ironie in dem nur aus
dramatischen Gründen dargestellten, von vornherein entschiedenen Kampfe
zwischen Teufel und Engel, daß Mephisto durch eben das unterliegt, wodurch
Faust verführt und zu Grunde gerichtet werden sollte.

Der Schluß führt uns in die himmlischen Höhen, in die die Seele
Fausts nach ihrer Läuterung erhoben werden soll. Es ist ein schöner und
ergreifender Gedanke, daß Gretchen als eine der Büßerinnen ihr Gebet an
die Jungfrau wendet:

>Neige, neige,
>Du Ohnegleiche,
>Du Strahlenreiche,
>Dein Antlitz gnädig meinem Glück!
>Der früh Geliebte,
>Nicht mehr Getrübte,
>Er kommt zurück.

Wenn die Mater gloriosa antwortet:

>Komm! hebe dich zu höhern Sphären!
>Wenn er dich ahnet, folgt er nach —

so ist damit der Inhalt der ganzen Tragödie ausgesprochen. Das in Fausts
Innern unauslöschlich eingegrabene Bild Gretchens hat trotz aller Verführung
und Verlockung sein besseres Selbst gerettet. So fassen denn die Schluß=
verse die beiden fast durch das ganze Leben des Dichters getrennten Teile
der Dichtung zu einem unteilbaren Ganzen zusammen:

>Das Ewig=Weibliche
>Zieht uns hinan.

* *

Es ziehen die Wolken, es schwinden die Sterne!
Dahinter, dahinter! von ferne, von ferne,
Da kommt er, der Bruder, da kommt er — der Tod.

Seinen letzten Geburtstag verlebte Goethe in Ilmenau. Am 26. August 1831 war er dort mit seinen beiden Enkeln im Gasthof zum Löwen eingetroffen. Es war ihm ein Herzensbedürfnis, diese liebliche Gegend, die mit seinem Leben, seiner dichterischen und staatsmännischen Thätigkeit in innigster Beziehung stand, nach dreißigjähriger Abwesenheit wieder einmal — vielleicht zum letzten Male — zu sehen. Am frühen Morgen des nächsten Tages fuhr er mit dem Berginspektor Mahn über Gabelbach auf den Gickelhahn. Als er sich an der kostbaren Aussicht auf dem Rondel erquickte, trat ihm die Jugendzeit vor das geistige Auge und tief ergriffen gedachte er des einstigen Beherrschers dieses Landes und an die Freundschaft zu ihm, die gerade in Ilmenau die festesten Wurzeln gefaßt hatte. „Dann schritt er," wie sein Begleiter erzählt, „rüstig durch die auf der Kuppe des Berges ziemlich hochstehenden Heidelbeersträucher hindurch bis zu dem wohlbekannten zweistöckigen Jagdhause, welches aus Zimmerholz und Bretterbeschlag besteht. Eine steile Treppe führt in den oberen Teil desselben; ich erbot mich ihn zu führen, er aber lehnte es mit jugendlicher Munterkeit ab." Was er suchte, war das am 6. September 1780 von ihm auf die südliche Innenwand des Jagdhäuschens geschriebene Gedicht: Ueber allen Wipfeln ist Ruh. „Er überlas die wenigen Verse, und Thränen flossen über seine Wangen. Ganz langsam zog er sein schneeweißes Taschentuch aus seinem dunkelbraunen Tuchrock, trocknete sich die Thränen und sprach in sanftem, wehmütigem Ton: „Ja, warte nur, balde ruhest du auch!"

Aber so stark fühlte er in sich noch das Leben pulsieren, daß er die Ahnung seines nahen Endes bald wieder von sich wies. Schon an dem nächsten Tage, dem von den Ilmenauer Freunden feierlich begangenen Geburtstage, sprach er die bestimmte Hoffnung aus, sein nächstes Geburtsfest ebenfalls in ihrem Kreise verleben zu können. Gleich seinem Faust widmete er seine Tage vom frühesten Morgen einer fast fieberhaften Thätigkeit, besprach mit seinen Freunden die großen Lieblingsthemata seines Lebens, wie die Schicksalsidee der Griechen, den Wert und die Bedeutung der Bibel, tiefgreifende religiöse, künstlerische und naturwissenschaftliche Fragen, verhieß dem Philologen Göttling eine abermalige Revision seiner Herstellung des Euripideischen Phaëthon und traf Anstalten, den für das Jahr 1834 vorausgesagten großen Kometen „wohl vorbereitet und würdig zu empfangen". Auch sein körperliches Befinden war so vortrefflich, daß er eine heftige Erkältung, die er sich am 15. März 1832 zuzog, wenig ernst nahm und schon vier Tage darnach der bestimmten Hoffnung lebte, am nächsten Morgen „sein Tagewerk" wieder aufnehmen zu können. Um so mehr war der Arzt Dr. Vogel erschreckt,

Das Haus auf dem Gickelhahn bei Ilmenau.

als er am Morgen des 20. März herbeigeholt wurde. Goethe war gegen Mitternacht aufgewacht. Der ganze Körper war von eisiger Kälte und einem reißenden Schmerz, der in den Gliedmaßen seinen Anfang nahm und in kurzer Zeit bis in die äußeren Teile der Brust stieg, ergriffen worden. „Fürchterliche Angst und Unruhe," so schildert der Arzt den „jammervollen Anblick",

„trieben den seit lange nur in gemessenster Haltung sich zu bewegen gewohnten, hochbejahrten Greis mit jagender Hast bald ins Bett, wo er durch jeden Augenblick veränderte Lage Linderung zu erlangen vergeblich suchte, bald auf den neben dem Bette stehenden Lehnstuhl. Der Schmerz, welcher sich mehr und mehr auf der Brust festsetzte, preßte dem Gefolterten bald Stöhnen, bald lautes Geschrei aus. Die Gesichtszüge waren verzerrt, das Antlitz aschgrau, die Augen tief in ihre livide Höhlen gesunken, matt, trübe; der Blick drückte die gräßlichste Todesangst aus.... Mühsam einzeln ausgestoßene Worte gaben die Besorgnis zu erkennen, es möchte wieder ein Lungenblutsturz auf dem Wege sein. Hier galt es schnelles und kräftiges Einschreiten."

Aber ärztliche Kunst konnte nicht mehr helfen; es ging unaufhaltsam zu Ende. Am Morgen des 22. März ließ Goethe sich im Lehnstuhl aufrichten und ging die wenigen Schritte in sein Arbeitszimmer, wo er Ottilie traf, die hier die ganze Nacht gewacht hatte; er machte ihr sanft und in scherzendem Tone Vorwürfe wegen ihrer allzu großen Sorge. Aber bald mußte er den Lehnstuhl wieder aufsuchen. Dennoch verließ ihn die Hoffnung noch nicht. Als ihm auf seine Frage das Datum des Tages genannt wurde, rief er aus: „Also hat der Frühling begonnen, und wir können uns um so eher erholen!" Dann fiel er in einen sanften Schlaf. In seinen Träumen beschäftigte ihn die Kunst. „Seht dort," so rief er einmal aus, „den schönen weiblichen Kopf mit schwarzen Locken in prächtigem Kolorit auf dunklem Hintergrunde", und wiederholt verlangte er nach einer Mappe mit Zeichnungen. Seine letzten Gedanken weilten bei dem größten und würdigsten seiner Freunde. „Als er ein Blatt Papier an dem Boden liegen sah, fragte er: warum man denn Schillers Briefwechsel hier liegen lasse, man möge ihn doch ja aufheben. Gleich darauf rief er dem Diener zu: „Macht doch den zweiten Fensterladen in der Stube auch auf, damit mehr Licht hereinkommt!" Dies sollen seine letzten Worte gewesen sein."

Dann versagte die Sprache. Ottilien war es unmöglich, aus den Zeichen, durch die er sich verständlich zu machen suchte, seinen Willen zu erkennen. Gegen Mittag legte er sich ohne das geringste Zeichen des Schmerzes bequem in die linke Seite des Lehnstuhls — und verschied.

„Am andern Morgen nach Goethes Tode," so berichtet Eckermann, „ergriff mich eine tiefe Sehnsucht, seine irdische Hülle noch einmal zu sehen. Sein treuer Diener Friedrich schloß mir das Zimmer auf, wo man ihn hingelegt hatte. Auf dem Rücken ausgestreckt ruhte er wie ein Schlafender; tiefer Friede und Festigkeit waltete auf den Zügen seines erhaben-edlen Gesichts. Die mächtige Stirn schien noch Gedanken zu hegen. Ich hatte das

Verlangen nach einer Locke von seinen Haaren, doch die Ehrfurcht verhinderte mich, sie ihm abzuschneiden. Der Körper lag nackend in ein weißes Betttuch gehüllt.... Friedrich schlug das Tuch auseinander, und ich erstaunte über die göttliche Pracht dieser Glieder. Die Brust überaus mächtig, breit und gewölbt; Arme und Schenkel voll und sanft muskulös; die Füße zierlich und von der reinsten Form, und nirgends am ganzen Körper eine Spur von Fettigkeit oder Abmagerung und Verfall. Ein vollkommener Mensch lag in großer Schönheit vor mir, und das Entzücken, das ich darüber em=

Die Fürstengruft in Weimar.

pfand, ließ mich auf einen Augenblick vergessen, daß der unsterbliche Geist eine solche Hülle verlassen. Ich legte meine Hand auf sein Herz — es war überall eine tiefe Stille — und ich wendete mich abwärts, um meinen ver= haltenen Thränen freien Lauf zu lassen."

Am 26. März 1832 wurde, was sterblich an Goethe war, in der Fürsten= gruft neben dem Sarge Schillers unter unermeßlichem Trauergefolge beigesetzt.

„Wie gern ist man still, wenn man so einen zur Ruhe gebracht sieht."

Nachwort.

> Den physiognomischen und kraniologischen Lehren Lavaters und Galls nicht abgeneigt, fühle ich das lebhafteste Bedürfnis, solche Personen, deren Verdienste mir auf irgend eine Weise bekannt geworden, auch individuell im Bilde näher kennen zu lernen und die Gestalt mit dem Werke, mit der That vergleichen zu können. (Goethe an David d'Angers, 8. März 1830.)

Ich ergreife an dieser Stelle das Wort, um den gütigen Förderern dieses Werkes meinen tiefstgefühlten Dank auszusprechen. An erster Stelle sei der teure Name genannt, dessen Träger ich den Dank nur in die Ewigkeit nachrufen kann, Friedrich Zarncke. Die mir von diesem meinem gütigen Gönner und später von den Erben der großen Zarnckeschen Goethesammlung freundlichst gewährte Erlaubnis der Benutzung der Sammlung hat mir es überhaupt erst möglich gemacht, neben der seit vielen Jahren geplanten Goethebiographie auch einen Goethebilderatlas zu veröffentlichen. Bei diesem schwebte mir als Ideal die Erfüllung der Forderungen vor, die Fr. Zarncke im XI. Bande der Abhandlungen der philologisch-historischen Klasse der Sächsischen Gesellschaft der Wissenschaften an ein derartiges Werk gestellt hatte. Beide Werke wurden nach dem Verlangen des Verlegers in eins, die vorliegende illustrierte Goethebiographie, vereinigt, wodurch freilich manche Aenderungen des Planes notwendig wurden.

Ferner habe ich meinen Dank auszusprechen für gütige Darleihung von Bildern oder Faksimiles Herrn Rudolf Brockhaus und Herrn Prof. Dr. R. Wülker in Leipzig, dem leider inzwischen verstorbenen Herrn Oberhofmeister Freiherrn von Donop in Weimar und dem Direktor des Goethe-

museums, Herrn Geh. Hofrat Dr. C. Ruland, der mir die gnädigste
Erlaubnis Sr. Königlichen Hoheit des Großherzogs von Sachsen zur Ver=
öffentlichung mehrerer Bilder erwirkte, dem Freien Hochstift in Frank=
furt a. M., Herrn Prof. Dr. Veit Valentin, Herrn Stadtrat Beck in
Frankfurt a. M., ferner dem Leiter der Universitätsbibliothek in Leipzig
Herrn Prof. Dr. von Gebhard und Herrn Dr. Otto Günther in Leipzig,
Herrn Dr. med. Sonnenkalb in Leipzig und dem Begründer des Goethe=
museums in Sesenheim Herrn Dr. G. A. Müller in Straßburg i. E.,
sowie Herrn Aug. Brion in Straßburg und Herrn Bildhauer Rumpf in
Frankfurt a. M. Meinen beiden Freunden Herrn Prof. Dr. Richard Friedrich
in Bautzen und Herrn Dr. Robert Weber in Leipzig sei auch an dieser
Stelle für freundliche Hilfe der innigste Dank ausgesprochen.

Leipzig, Ende Oktober 1895.

Dr. Karl Heinemann.

Anmerkungen.

Zum Text.

Die gesamte von mir benutzte Goethelitteratur hier anzuführen erscheint deshalb unnötig, weil wir in der zweiten Auflage von Goedekes Grundriß ein vorzügliches, leicht zugängliches Quellenbuch besitzen. Ich beschränke mich daher darauf, soweit die Quellen nicht schon im Texte genannt sind, die Schriften zu nennen, aus denen ich citiert habe, oder deren Gedanken ich gefolgt bin.

Selbstverständlich sind die wissenschaftlichen Goetheausgaben, die Gespräche, Briefe, die Jahrbücher benutzt, und die großen Litteraturgeschichten und die Goethebiographien zu Rate gezogen worden.

Band I.

S. 1 f. Victor Hehn, Gedanken über Goethe.
S. 5 f. Düntzer, Goethes Stammbäume.
S. 73 f. Wustmann, Leipzig durch drei Jahrhunderte; Vogel, Das Leipziger Museum; Biedermann, Goethe in Leipzig; Dürr, Adam Oeser.
S. 133 u. 222. Minor u. Sauer, Goethestudien; Haym, Herder.
S. 165 f. Lucius, Friederike v. Sesenheim; Düntzer, Friederike v. Sesenheim.
S. 136 u. 174. Froitzheim, Zu Straßburgs Sturm= u. Drangperiode, Goethe u. L. Wagner; Lenz u. Goethe.
S. 177. Kriegk, Goethe als Rechtsanwalt.
S. 181 u. 203. Neudruck der Frankfurter gelehrten Anzeigen, Einleitung von Scherer.
S. 185 f. Herbst, Goethe in Wetzlar; Kestner, Goethe und Werther.
S. 222. Minor u. Sauer, Goethestudien.
S. 236 f. Erich Schmidt, Richardson, Rousseau und Goethe.
S. 232. Jahrbuch XIV, S. 161.
S. 234. Appell, Werther und seine Zeit.
S. 254. Erich Schmidt, Clavigo, Vom Fels z. Meer 1893/94, Heft 4.
S. 261. Burdach, Die Sprache des jungen Goethe.

S. 273 f. von der Hellen, Goethes Anteil an Lavaters physiognomischen Fragmenten.
S. 281, 314 u. 365. Bornhak, Anna Amalia.
S. 284. Pirazzi, Aus Ossenbachs Vergangenheit; Dürckheim, Lillis Bild.
S. 295 f. Herzfelder, Goethe in der Schweiz.
S. 303 f. Goethes Faust in ursprünglicher Gestalt, herausg. v. Erich Schmidt, 3. Aufl.; Baumgart, Goethes Faust; Valentin, Goethes Faustdichtung; Collin, Untersuchung über Faust in seiner ältesten Gestalt. 1892.
S. 324. Jahrbuch 1888, S. 14.
S. 324 f. Düntzer, Goethe u. Karl August; Düntzer, Goethes Eintritt in Weimar.
S. 330 f. Schöll, Goethe in Hauptzügen seines Lebens.
S. 333. Reineck, drei Pflegstätten der Gartenbaukunst.
S. 337. Lorenz, Goethes politische Lehrjahre.
S. 348 f. u. 396 f. Briefe Goethes an Frau v. Stein, herausg. v. Schöll u. Fielitz.
S. 352. Jahrbuch 1888, S. 244 f.
S. 374. Suphan, Friedrich des II. Schrift über die deutsche Litteratur.
S. 376 f. Wahle, das Weimarer Hoftheater unter Goethes Leitung.
S. 379. Kräger, Millers Siegwart.
S. 384 f. Das Tiefurter Journal.
S. 391 f. Suphan, Goethe u. Herder, Pr. Jahrb. 43, und D. Rundschau, Juli 1888; Haym, Herder; Kühnemann, Herder.
S. 399 f. Steiner, Einleitungen zur Ausgabe von Goethes naturw. Schriften (Nationallitteratur).
S. 407. Cohn, Goethe als Botaniker, D. Rundschau 1881.
S. 414 f. Briefe und Tagebücher Goethes aus Italien, herausg. v. Erich Schmidt; und Ital. Reise herausg. v. Düntzer.
S. 424. Von Alten, Aus Tischbeins Leben und Briefwechsel.
S. 426. Nord u. Süd, April 1895.
S. 898. Kl. Schriften von H. Meyer, herausg. v. Weizsäcker.
S. 433. Harnack, Pr. Jahrb. April 1895.
S. 455. Schneegans, Sicilien.
S. 464 f. O. Harnack, Zur Nachgeschichte der italienischen Reise; A. Stern in den Grenzboten 1890.
S. 470. A. Heusler, Goethe und die italienische Kunst.

Band II.

S. 16 f. Minor in den Grenzboten 42, 2.
S. 25 f. Kuno Fischer, Goethes Tasso; Fr. Kern, Goethes Tasso u. K. Fischer.
S. 41 u. 58 f. Harnack, Zur Nachgeschichte der ital. Reise.
S. 62. Zarncke, Jahrb. XI,68; Grünhagen in der Schlesischen Zeitung, 14. u. 15. April 1892.
S. 66. Cohn, Deutsche Rundschau 1881, S. 44 f.
S. 67. Steiner in der Einleitung zu Goethes naturw. Schriften Bd. 3 (Nationallitteratur) u. G. Jahrb. XII.
S. 83. V. Hehn im G. Jahrb. VI.
S. 91 f. Minor, Pr. Jahrb. 1894.

S. 109 f. Harnack, die klassische Aesthetik der Deutschen, und Berger, die Entwickelung von Schillers Aesthetik.
S. 121 f. Xenien 1796, herausg. v. Erich Schmidt u. B. Suphan.
S. 130. Stahr, Weimar u. Jena: Litzmann, Schiller in Jena.
S. 142 f. Haym, Die romantische Schule.
S. 148 f. Haym, Herder, u. Kühnemann, Pr. Jahrb. August 1894.
S. 162. Schreyer, Fortleben homerischer Gestalten in Goethes Dichtung.
S. 167. L. Jmmisch in den Blättern f. litt. Unterh. 1892 Nr. 39.
S. 173 f. Valentin, Goethes Faustdichtung: Baumgart, Goethes Faust.
S. 186 u. 320 f. Wahle, das Weimarer Theater unter Goethes Leitung.
S. 190. M. Koch in den Studien zur Litteraturgesch. 1893.
S. 200. Baumgart, Goethes Weissagungen des Bakis.
S. 208 f. H. Meyers kleine Schriften, herausg. v. Weizsäcker.
S. 216. Jahrb. XV, 100.
S. 225 ff. Herzfelder, Goethe in der Schweiz.
S. 229 f. Jahrb. VI, 69 f.
S. 240 f. Suphan in der D. Rundschau 1894 S. 210 f.
S. 243. Jahrb. XV, 82.
S. 244 unten. Nationalzeitung vom 13. Dez. 1894.
S. 245. Keil, Vor 100 Jahren; Goethe in Weimar u. Jena 1806.
S. 247 f. Dünzer, Abhandl. zu Goethes Leben, I, 125 f.
S. 250. Jahrb. VI, 116.
S. 251. Falk, S. 119.
S. 256 f. Gaedertz, Goethes Minchen.
S. 259. Jahrb. III, 191 f.
S. 261. Jahrb. XV, 28: Lorenz, Goethes polit. Lehrjahre S. 132.
S. 266. Steig, Goethe u. d. Gebr. Grimm.
S. 269 f. Guglia, Kaiserin Maria Ludovica.
S. 271. Jahrb. XV, 111.
S. 272. Kögel, Goethe u. Beethoven, 1894; Spitta, D. Rundschau 15, 376.
S. 276. Uhde, Luise Seidler, S. 105.
S. 280. Heitmüller, Aus d. Goethehause, S. 123.
S. 283. Kralik, Aesthetik; Pr. Jahrb. 1893, 119.
S. 297. Burdach, Jahrb. XI, 14 f.
S. 300 f. Creizenach, Goethe u. Marianne Willmer.
S. 309. Bernays, Goethe und Fr. A. Wolf.
S. 315. Jahrb. XV, 323: Heitmüller, S. 230.
S. 317 f. u. 398 f. Kretschmann, Aus Goethes Freundeskreise.
S. 321. Karl Mendelssohn, Felix Mendelssohn und Goethe, 1871.
S. 331 f. Harnack, Goethe in d. Epoche d. Vollendung.
S. 339. Bernays, Zur neueren Litteratur.
S. 350 f. Th. Vogel, Selbstzeugnisse Goethes über seine Stellung z. Religion: Filtsch, Goethes religiöse Entwicklung.
S. 353. Baumgart, Goethes indische Legenden.

S. 356 f. Steiner in der Ausg. d. Nationallitteratur u. Jahrb. XII, 196 f.; Kalischer, Einleitung zu d. Hempelschen Ausg.
S. 385 f. Goethes Briefwechsel mit Rochlitz, herausg. v. J. W. v. Biedermann.
S. 407 f. Langguth, Goethes Pädagogik und Goethe als Pädagog.
S. 410 f. Harnack, Goethe in der Epoche der Vollendung, und Gerlach, Goethe als Socialpolitiker.
S. 416 f. Valentin, Goethes Faustdichtung, 1894.
S. 424 f. Carl Vogel, Die letzte Krankheit Goethes 1833. — Die zuletzt (S. 426) citierten Worte schrieb Goethe aus Rom am 18. Jan. 1787 an Frau von Stein auf die Nachrichten vom Tode und vom Nachlaß Friedrichs des Großen.

Zu den Bildern.

Man vergleiche das jedem Bande beigegebene Verzeichnis der Abbildungen, wo häufig die Quelle und die Urheber der Bilder schon angegeben worden sind. Ueber die Goethebilder vergleiche man das bekannte Zarnckesche Buch: Kurzgefaßtes Verzeichnis der Originalaufnahmen von Goethes Bildnis 1888. Wo nichts anderes angegeben ist, entstammt die Vorlage der Zarnckeschen Sammlung oder der des verstorbenen Freiherrn von Donop in Weimar, und bei den Frankfurter Bildern der des Herrn Prof. Wüller in Leipzig.

Band I.

Das Bild vom Pfarreisen (S. 30) ist entnommen der Festschrift zur Feier des 100jährigen Bestehens der Jägerschen Buchhandlung 1862. Das Original des Selbstbildnisses von Seekatz (S. 56) befindet sich in der Darmstädter Galerie, das von J. Ch. Fiedler (S. 57) im Besitze des Herrn Bildhauer Rumpf in Frankfurt a. M. (cf. über Fiedler Gespr. V, 293), der Brief Thoranes (S. 61) befindet sich im Hochstift zu Frankfurt a. M., ebendort auch die Taufanzeige Goethes und das Puppenhaus; das Original des Graffschen Gemäldes von Böhme (zu S. 88) auf der Leipziger Universitätsbibliothek, die Schönkopfische Tafelrunde (S. 91) im Goethemuseum in Weimar, die Silhouette von Frl. Obermann (S. 99) entstammt der Brandtschen Sammlung von Schattenrissen, 2. Sammlung, 2. Heft, 1785; die anderen Leipziger Silhouetten (S. 99) dem A. Werlschen Werke Leipzig zu Goethes Studentenzeit, Caroline Schulze (S. 117) den Biedermannschen Goetheforschungen Bd. II, die Originalradierung Goethes (zu S. 112) der Zeitschrift f. bildende Kunst N. F. IV, S. 97, Frl. v. Klettenbergs Bild (S. 127) befindet sich im Hochstift zu Frankfurt a. M. Das Pfarrhaus in Sesenheim entstammt dem Buche von Lucius, Friederike v. Sesenheim. Ueber das Friederikenbildnis s. Falck, Friederike v. S., S. XIII. Ueber die Echtheit des Bildnisses des Pfarrers Brion (zu S. 169), das sich im Besitze des Herrn A. Brion in Straßburg befindet, cf. G. A. Müller in der Antiquitäten-Zeitschrift VI. Jahrg. Nr. 6. Die Silhouette von Lenz entstammt dem Buche Weinholds: Lenzens dramatischer Nachlaß. Die Silhouette von Goethe nebst Autograph (S. 210) ist dem Buche von Herbst, Goethe in Wetzlar, entnommen; das Bild des Ehepaars Kestner dem Jahrbuch X; Rousseau's Bild (S. 235) ist von Girard gemalt. Die Silhouetten Goethes und Klopstocks, ebenso Brutus, sind aus: von der Hellen, Goethes Anteil an Lavaters Physiognomik. Ludwig Passavant, aus der Physiognomik. Das Panorama vom Gotthard (S. 296), und Barbara Schulthes (S. 297) aus dem Goethe-Jahrbuch. Anna Amalia, aus dem Buche von Bornhak: Anna Amalia. Die Silhouette von Fritsch (S. 330), die Bilder von Frau von Stein und ihren Schwestern (S. 349), das Posthaus auf dem Brenner (S. 412) befinden sich im Goethemuseum in Weimar. Die Karte von Italien geht auf die historische Karte in Brockhaus' Konversationslexikon zurück, das Bild von Tischbein (S. 425) auf ein Selbstbildnis des Künstlers von 1773, das von Trippel (S. 427) auf ein Gemälde von Clemens 1775, das von Joh. Heinr. Lips (S. 429) auf ein Bild von Joh. Jakob Lips, das von Angelica (S. 430) auf ein Gemälde von Reynolds, die Ebene von Pästum (440) auf das Bild Calame's im Städtischen Museum zu Leipzig, das Hackerts (S. 442) auf ein Bild von Augusto Nicodemo, das von Kniep auf ein Selbstporträt (Museum zu Hildesheim). Angelicas Zeichnung zu Iphigenie (S. 431) und das Motiv der Villa Borghese sind dem Jahrbuch entnommen, die Zeichnung des Kapitols den „Schätzen des Nationalmuseums in Weimar" (hrsg. v. Held), das angebliche Bildnis der schönen Mailänderin dem Buche von Keil, Ein Goethekranz, s. daselbst S. 190.

Band II.

Das Titelbild ist nach Zarnckes Angabe auf Schloß Arklitten bei Gerdauen befindlich und in Zarnckes Verzeichnis von 1888 noch nicht berücksichtigt. Das Aquarell von Schütz, Herders Vorlesung (S. 42), befindet sich in Tiefurt und ist von K. Schwier in Weimar photographisch aufgenommen. Burys Zeichnung Christianes (S. 46) befindet sich im Goethe-Nationalmuseum in Weimar, ebenso das Aquarell (S. 86) und die Silhouette des Prinzen Konstantin (S. 87). Goethes Zeichnung der Christiane (S. 49) ist dem Goethejahrbuch Band 15 entnommen; die Silhouette von Karl August zu Pferde (S. 63) entstammt der Schrift von Bojanowski, K. A. als Regimentschef. Dem Portrait Herders (S. 148) liegt ein Stich von Pfeiffer nach einem Gemälde von Tischbein zu Grunde. Es ist, wie das von F. v. Schlegel (S. 143), Fr. A. Wolf (S. 153) und J. H. Voß (S. 155) nach älteren Stichen gefertigt. Christiane Neumann (S. 168) ist nach einem Wegerschen Stiche in Holz geschnitten. Jfflands Portrait (S. 186) ist nach einem Gemälde von Schröder von Bolt gestochen; P. A. Wolff nach einer Zeichnung von Buchhorn, gestochen von Ferd. Berger. Die Scene aus Paläophron und Neoterpe (S. 195) rührt aus der Zeitung für die eleg. Welt (1801) her. Heinrich Meyers Bildnis hat ein Stecher, der ebenfalls H. Meyer heißt, 1852 für das Neujahrsblatt der Künstlergesellschaft zu Zürich nach einem Bilde von Ludwig Vogel gestochen. Der Freiherr v. Cotta (S. 212) ist nach einem Gemälde von Leybold wiedergegeben. Cellinis Bildnis ist von G. Vasari gemalt, von R. Morghen gestochen. Diderot's Profil (S. 215) geht auf ein Gemälde von Greuze zurück, das Dupin fils gestochen hat. Winckelmann (S. 219) entstammt der französischen Ausgabe von Lavaters Physiognomik. Kotzebue (S. 230) ist nach Tischbeins Gemälde von J. C. Bause gestochen. Maria Paulowna (S. 232) ist nach einem Gemälde von H. Benner abgebildet, Frau von Stael (S. 234) nach einem Bilde von F. Gérard, das E. Scriven gestochen hat. Goethes Beileidsschreiben (S. 238) befindet sich im Besitz des Herrn Dr. med. Sonnenkalb. Das Original des Bildes, Johanna und Adele Schopenhauer darstellend, (S. 248) befindet sich im Goethemuseum in Weimar, ebenso die von Schmeller gezeichneten Bildnisse von Fr. Frommann (S. 255), Sulpiz Boisserée (S. 268), David d'Angers (S. 379), Kanzler v. Müller (S. 392), Eckermann (S. 393), Hummel (S. 394), Riemer (S. 395), die Enkel (S. 399 u. 400). Wilhelmine Herzlieb (S. 234) ist entnommen dem Buch von Gaedertz, Goethes Minchen; Clemens Brentano und Arnim (S. 264 f.) dem Buch von Steig: A. v. Arnim u. Cl. Brentano; die Zeichnung Goethes, Kapelle in Karlsbad (S. 270) und die Zeichnung von Schillers Gartenhaus in Jena, dem Werke: 22 Handzeichnungen von Goethe 1810, herausg. v. E. Ruland 1888. Das Bild Wielands (S. 274) ist nach dem Oelgemälde Anton Graffs im Besitz des Freiherrn Sahrer von Sahr auf Dahlen photographirt; Marianne von Willemer (S. 303), August und Ottilie von Goethe (S. 316 u. 317), Rauch (S. 380), Knebel (S. 388), Alma v. Goethe (S. 401), Zelter (S. 000) aus dem Werke: Die Schätze des Goethenationalmuseums, herausg. v. Ruland und L. Held; Felix Mendelssohn (S. 324) ist entnommen dem Buche von C. Mendelssohn, Goethe und Felix Mendelssohn 1871; das Bild der Familie Levetzow ist zuerst von mir veröffentlicht worden in der Gartenlaube Februar 1893. Das Bild des Staatsrats Schultz (S. 372) ist zuerst veröffentlicht worden in dem Briefwechsel zwischen Goethe und Staatsrat Schultz, herausg. v. H. Düntzer 1853; das von Rochlitz in dem Briefwechsel zwischen Goethe und Rochlitz, herausg. von W. v. Biedermann; Grillparzer (S. 374) entstammt der Zeitschrift f. bildende Kunst N. F. II S. 8.

Schattenriß Goethes
im Besitz von Professor Dr. C. von Lützow in Wien.

Register.

Die fetten Ziffern bezeichnen die Hauptstellen. Ein Stern bedeutet eine Abbildung.
A = Abhandlung oder Aufsatz. D = Drama. G = Gedicht.

Abendmahl A. II 346.
Achilleis II 161 ff.
Adler, der und die Taube G. I 206. 259.
Aeolsharfe G. II 325.
Aeschylus I 40.
Aja, s. Goethes Mutter.
Albrecht I 63.
Aldobrandini, Fürst I 460.
Alexander von Rußland II 261.
Alexis und Dora II 158/59.
Allesina-Schweitzer I 214. 216.
Aeltere Gemälde. Neuere Restaurationen in Venedig, betrachtet 1790 A. II 59.
Althan, Graf und Gräfin II 269.
Amine I 66.
Amor G. I 381.
Amor als Landschaftsmaler G. I 466.
Ampère II 23. 28. 342. 378.
Amyntas G. II 168.
An Belinde G. I 284.
An das Schicksal G. I 351.
An den Mond G. I 132.
An die Unschuld G. I 132.

André, Johann I 284.
Anekdote zu den Freuden des jungen Werthers I 265.
d'Angers, David II 379*.
Ankunft des Herrn G. I 423.
Anna Amalia, Herzogin I 20. 281. 313*. 314. 318. 356. 361. 363. 378. 383. 384*. 386. 469. II 40. 41. 58. 59. 87. 251.
Annette (Liederbuch) I 115.
Antik und Modern II 345.
An vollen Büschelzweigen G. II 305.
An Werther G. II 329.
Appel, Johann Nikolaus I 11.
Arendt, Runen-Antiquar II 265.
Ariost II 109.
Aristoteles II 108. 109.
von Arnim, Achim II 265*.
von Arnim, Bettina, geb. Brentano I 17. 21. 23. 40. 43. II 252* ff. 294. 382.
Arnold I 128.

Auf der Welle winken G. II 295.
Aufforderung an den modernen Bildhauer II 346.
Aufgeregten, die D. II 73.
Aufsatz über das Abendmahl II 346.
Aufzug des Friedens G. II 227.
Augereau, Marschall II 245.
August, Prinz von Gotha I 388. 389*.
August III. von Sachsen I 106. 111.
Augustenburg, Herzog von II 111.
Aus einer Reise in die Schweiz II 224 ff.
Aus Goethes Brieftasche I 244.
Aus jenen Ländern echten Sonnenscheins G. II 270.
Aussöhnung G. II 326.

Bahrdt, Dr. I 263. 264*.
Balladen G. I 279.
Ballanche II 343.
Balsamo, Josef, gen. Cagliostro I 469. II 70. 73.

28*

Balzac II 343.
Barbua, Karoline II 249. 250*.
Basch, Gen.-Sup. I 328.
Basedow, Johann Bernhard I 275. 276* ff. 280.
Bassompierre, Marie I 70.
Battu I 334.
Batsch 1 398. II 87. 231.
Baudissin, Gräfin II 149.
de Beaumarchais, P. A. Caron I 118. 225. 256*.
Becher, Der, G. I 386.
Beethoven, Ludwig van, II 271 ff.
Behrisch, Ernst Wolfgang I 86. 94. 96. 100 ff. 110. 115 ff. 118. 121.
Beireis II 244.
Beispiele symbolischer Behandlung A. II 346.
Beiträge zur Optik II 66. 68.
Bekenntnisse einer schönen Seele I 126.
Belagerung von Mainz, die II 292. 313.
Belsazar D. 1 61. 65. 118.
Béranger II 342.
Berendis II 220.
Bergmann, Gustav I 90.
Bergschloß G. II 257.
Bernard, Johann Nicolaus I 284.
Bernstorff, Gräfin, s. Stolberg, Auguste.
Bertuch, Joh. Justus I 321. 378.
Besuch, Der G. II 48. 54.
Bethmann, Elise I 23. 46.
Bethmann II 224.
Bildung der Tiere A. II 65.
Biographie Philipp Hackerts II 264. 289.
di Biscari, Prinz I 451.

Bismarck I 3.
Blümlein Wunderschön II 164. 227.
Bode I 406.
Bodmer I 152. 260. 294.
Böhme, Jakob II 145.
Böhme, Hofrat Joh. Gottlob I 86. 89*. 102.
— Frau Hofrat I 86. 101. 113.
Boie, Heinrich Christian I 186. 259. 280. II 51.
Boisserée, Sulpiz II 14. 256. 267. 268*. 298. 299. 305. 310. 348. 350.
Boisserée, Melchior II 267.
Bononi I 421.
Born I 186.
Böttiger II 211.
Bragation, Fürstin II 253.
Branconi, Frau von 1 366. 405. II 51.
Brandes I 118.
Braut von Korinth, Die G. II 164. 166. 167.
Breitinger I 260. 294.
Breitkopf, Bernhard Christoph I 85. 96. 132.
— Bernhard Theodor I 132.
— Johann Gottlob Immanuel I 86. 96. 97. 98*.
— Constanze I 94. 96. 97. 119.
Brentano, Maximiliane, geb. La Roche I 198. 207. 213 ff. 232.
Brentano, Peter I 214.
Brentano, Bettina, siehe: Arnim, Bettina von.
Brentano, Clemens II 264*. 265.
Brevillier, Fräulein I 70. 89.
Briefe aus der Schweiz, Zweite Abteilung I 365.

Briefe über die ästhetische Erziehung des Menschen I 113. 118.
Brion, Friederike I 52 164 ff. 168* ff. bis 173.
von Broglie, Herzog I 55. 58. 62.
Brückner, Schauspieler I 117.
Brühl, Graf und Gräfin 1 407.
Brusaforci I 472. 473.
Buff, Amtmann I 188. 192.
Buff, Charlotte I 188. 189* ff. 208 9. 210. 232. 233*. ff. 242. — s. auch Kestner.
Buff, Hans I 192.
Buff, Lenchen I 192.
Bünau, Graf I 107.
Bürger I 234. 243. II 106.
Der Bürgergeneral D I 73.
Burns II 339.
Bury, Fritz I 426. 460. II 60. 227. 259.
Byron, Lord II 19. 337. 338*.

Cagliostro, s.: Balsamo, Josef.
Calderon II 344.
Campagne in Frankreich II 76. 292. 312.
Caniz I 51.
Caracci I 423. 472. 474.
Carlyle, Thomas II 340. 341*.
Caroto I 473.
Casanova II 61. 65.
Cäsar, s. Julius C.
Catull I 129. II 55.
Cellini, Benvenuto II 210*.
Chamisso II 337.
Charade G. II 257.
Chaussée, La I 58.
Christ, Joh. Friedr. I 103*.

Cimarosa I 468.
Claudine von Villa Bella
 D. I 286. 466. 468. II 38.
Clavigo D. I 173. 180. 227.
 233. 252 ff. 369. II 3.
 10. 285.
Clodius I 113. 114*. 116.
 360.
Comenius I 51.
Corneille I 58. 61. 113. 118.
Corneillau, Graf II 269.
Cornelia Goethe, f. Schlosser.
Cotta II 111. 171. 211.
 212*. 225. 239. 244.
Coudray II 393.
Cousin II 342.
Creuz I 51.
Cronegk I 118.
Cumberland, Herzogin von
 II 300.
Custine II 81. 84.
Cuvier II 358.
Czartoryski, Fürst I 407.
Czartoryski, Fürstin Lubo-
 mirska I 407.

von Dachröden, Karoline
 II 111.
von Dalberg, Freiherr I
 332. 404. 405*. II 41.
Dancro, Giovanni I 455.
d'Angers, f. Angers.
Dannecker I 426. 435. II 225.
Daru II 261.
Darwin II 68.
Dauer im Wechsel G. II 229.
David, Jean Pierre II 343.
Deinet (Verleger) I 181.
Delph, Dorothea I 286. 302.
 II 86. 225. 260.
Dessau, Fürstin von I 22.
Dester, Commerzienr. I 277.
Destouches I 58. 118.
Deutsche Baukunst A. I 219.

Dichtung und Wahrheit I
 17. 44. 46. 52. 63. 64.
 66. 90. 93. 94. 100. 101.
 110. 116. 124. 131. 136.
 141. 162. 164. 169/70.
 173. 179. 277. 285. 305.
 338. 392. II 172. 290 ff.
 310. 333.
Diderot, Denis I 58. 244.
 II 206, 7. 214. 215*. 342.
Diderots Versuch über die
 Malerei v. Goethe, II 214.
Diene I 58.
Dietrich, Student I 407.
von Diez, Heinrich Friedrich
 II 298.
Diezmann I 317.
Diktys von Kreta II 162.
Divan, der II 271. 297 ff.
 307. 309.
Döll I 426.
Doering I 91.
Domenichino I 423. 472.
 473. 474.
Donatello I 473.
Dumouriez II 77.
Dürer, Albrecht I 410. II
 347.
Duval, Alexandre II 342.

Eckardt Dr. I 331. 332.
Eckart, der getreue II 166.
 289.
Eckermann, Joh. Peter I
 100. 181. 261. 305 314.
 II 74. 104. 293. 334.
 353. 393*. 417. 425.
Edel sei der Mensch G. I 386.
Egmont D. I 229. 302. 362.
 374. 407. 435. 457. 462.
 II 1. 14 ff. 186.
von Egloffstein, Hofmarschall
 II 229.
von Egloffstein, Frau Hofmarschall II 229.

von Egloffstein, Gräfin Hen-
 riette II 229.
Ehrmann I 136.
Eichendorff II 337.
Eichhorn II 95. 298.
Eichstädt II 232.
Ein freundlich Wort kommt
 eines nach dem andern
 G. II 338.
von Einsiedel, Hildebrand
 I 320*. 321. 377. II 41.
 229.
Ein Veilchen auf der Wiese
 stand G. I 286.
Elegie G. II 330.
Elegien, römische, siehe Rö-
 mische E.
Elpenor D. I 372. 407. II
 14. 40.
Elysium G. I 184.
Engelbach I 136. 140. 141.
Ephemeriden, Tageb. Goethes
 I 129. 132. 151.
Epilog zu Schillers Glocke
 G. II 240.
Epimenides, des, Erwachen.
 Festspiel. II 277 ff.
Epoche des Advent von
 1807 G. II 257.
Ergo bibamus, G. II 289.
Erlkönig, der G. I 383. II
 165.
Ernesti, Prof. I 91*. 103.
 106*.
Erste Walpurgisnacht G. II
 167. 227.
Erwin u. Elmire. D. I 275.
 286. 468. II 38.
von Este, Ferdinand, Erz-
 herzog I 111. II 268.
Es war ein Buhle frech genug
 G. I 286.
Es war ein König in Thule
 G. I 279.

Euch bedaur' ich, unglück-
  selge Sterne G. I 386.
Eunicke, Schauspielerin I
  22. 23.
Euphrosyne G. II 168.
Euripides II 118.
Ewald (Prediger) I 283.
Ewige Jude G. I 111. 263.
von Eybenberg, Marianne,
  geb. Meyer II 222. 259.

Fahlmer, Georg Christoph
  I 209.
Fahlmer, Johanna I 207.
  209 ff. 258. 277. 359.
Fall II 247.
Farinati I 472.
Fäsch I 80.
Farbenlehre II 68. 86. 264.
  289. 360 ff.
Faust I 22. 40. 103. 129.
  151. 154. 163. 206. 239.
  250. 201. 302 ff. 363.
  381. 390. 407. 435. 468.
  II 1. 38. 40. 167. 169 ff.
  235. 244. Zweiter Teil:
  403 ff. 413 ff.
Felsweihegesang an Psyche
  G. I 184.
Ferdinand, Herzog v. Braun-
  schweig I 62.
Fern von gebildeten Men-
  schen G. II 63.
Fernau II 247.
Fichte II 144. 203/4. 231.
Fiedler, Joh. Christian I 56.
  57*.
Der Fischer G. II 165.
Die Fischerin G. I 381.
Flachsland, Karoline, siehe
  Herder.
Fleischbein II 224.
Fleischer, Buchhdlr. I 82.
Forchenbrunn, Herward von
  I 129.

Forster, Naturforscher I 405.
Förster, Ernst II 382.
Fouqué II 337.
Franceschini I 473.
Francia, Francesco di I
  422.
Franke, Dr. I 86.
Friedrich d. Große I 22.
  49. 54. 55. 116. 218.
  316. 337. 361. 374.
Friedrich Wilhelm II. I 51.
  76.
Friedrich Wilhelm IV. II
  384.
Friesen, Freiherr von I 90.
  91*.
von Fritsch I 329. 330*.
Frommann, Fr. II 253.
  254*.
Frühlingsoratel G. II 229.
Fürstbischof von Lübeck I 146.
Fuentes II 224.
Füßli I 426.

Gall I 455. II 243.
Gallizin, Fürstin Adelheid
  Amalie II 82.
Ganymed G. II 2.
Garve II 62.
Geburt Wolfgangs I 1. 8.
Die Geheimnisse G. I 395, 96.
Geistesgruß G I 277.
Gellert I 51. 78. 103* ff.
  110. 111*. 113. 119.
Generalbeichte G. II 229.
Georg von Mecklenburg, s.
  Mecklenburg.
Gerock, Charlotte I 70.
Gerock, Katharine I 70.
  207,8.
Gerock, Antoinette I 207/8.
Gerstenberg I 225.
Gesang der Geister über den
  Wassern G. I 366.

Geschichte meines botanischen
  Studiums I 416.
Die Geschwister D. I 350.
  354 ff.
Geßner I 152. 294.
Getreue Eckart, der G. II
  166 289.
Geyser, W., geb. Leser I 95*.
von Giovane, Herzogin I
  456.
Gioeni, Ritter I 451.
Giotto I 473.
Girolamo dai Libri I 472.
Gleim I 116. 152. 161.
  II 126. 244.
Glück der Liebe G. I 132.
von Göchhausen, Louise I
  302. 321. 378. II 229.
Goldoni I 118.
Goldsmith II 339.
Gore II 86. 87.
von Görtz, Graf I 316*.
  320. 326.
Göschen, Georg Joachim I
  407. II 58. 206.
Goethe, Cornelia, f. Schlosser.
Goethe, Cornelia, verw.
  Schelhorn, geb. Walter
  I 6. 44.
Goethe, Friedrich Georg
  (Großvater I 4. 5. 6.
Goethe, Hans (Urgroßvater)
  I 4.
Goethe, Hermann Jakob
  (Großoheim) I 6.
Goethe, Joh. Michael I 6.
Goethe, Johann Caspar
  (Vater) I 6 ff. 15 ff. 16*.
  102. 123 ff. 176 ff. 185.
  207. 268. 269*. 300.
  364. 404.
von Goethe, Alma (Enkelin)
  II 401*.
von Goethe, August I 82.
  223. II 243. 245/46.

260. 275. 314 ff. 316*.
397—399.
Goethe, Christiane, geb. Vul
pius I 479. II 246. 247.
252. 260. 313 ff.
— s. auch: Vulpius, Chri=
stiane.
Goethe, Katharina Elisabeth,
geb. Textor (Mutter) I 11.
18* ff. 34. 40 ff. 89. 123 ff.
142. 177. 198. 215. 218.
244/45.259.270/71. 282.
298. 300. 326. 361. 364.
386. 404. 409. II 74.
85. 87. 131. 157. 223
—225. 251 ff. 253. 260.
von Goethe, Ottilie, geb.
von Pogwisch II 315 ff.
317*. 397—400. 425.
von Goethe, Walter Wolf=
gang (Enkel) II 317.
400*. 402.
von Goethe, Maximilian
Wolfgang (Enkel) II 317.
399*. 402.
Goethe u. Schiller II 194*.
Gott, der und die Bajadere
II 164. 166 67.
Gotter, Pauline I 186. 221.
259. II 257.
Götter, Helden u Wieland
G. I 248. 267.
Gottfried von Berlichingen
D. I 220/21.
Gottfrieds historische Chronik
I 51.
Gottfried v. Straßburg II
109.
Göttinger Hainbund I 259.
Das Göttliche G. II 355.
Göttling, K. Wilhelm II 396.
Gottsched I 78. 80. 85. 88.
89. 149. 152. 260. II 83.
Göze (Hauptpastor) I 263.

Götz von Berlichingen D.
I 22. 40. 141. 151. 154.
163.173.179. 206. 216 ff.
221 ff. 225. 243. 250.
257. 322. II. 2. 16. 40.
192. 235. 308.
von Goué, Siegfried I 186.
Gretchen (Frankfurt) I 52.
67 ff. 92.
Gries II 257.
Grillparzer, Franz II 337.
374* ff.
Grimm, Wilhelm II 266.
298. 344.
von Grotthuß, Sara, Ba=
ronin, geb. Meyer II 222.
Der Großkophta D II 72.
Grüner, Joseph Sebastian
II 373.
Grüner, Karl Franz II 89.
190.
Guau, Nicole le II 72.
Guercino I 421. 435. 461.
472. 474.
Guizot II 342.
Günther, Hofprediger II 246.
Günther von Schwarzburg
I 28.

von Häckel, Baron I 64.
Hackert, Jakob Philipp I
426. 441. 442*. 457.
II 289. — s. auch: Bio=
graphie H.'s.
Hafis, Mohamed Schem
seddin II 298.
Hagedorn I 51.
von Hagedorn, Galerie=
director I 112.
von Hagen, Freiherr I 91*.
Hagen, der tolle II 244.
Hahn I 259.
Das Haidenröslein G. I
161. 171.
Haimonskinder, die vier I 51.

Haller I 51.
Halsbandgeschichte des Kar=
dinals Rohan I 469.
Hamann I 144. 146. 148.
155*. 161. 182. 260.
391. II 50.
Hamlet I 406.
von Hammer (Orientalist)
II 298. 337.
Harzreise im Winter G. I
359.
von Häsel I 38.
Heine II 37. 337.
Heinrich, Prinz v. Preußen
I 361.
Heinse I 117. 202. 213.
243. 250. 277. II 81.125.
Heinrich XIV. von Reuß,
s. Reuß.
Helmholtz II 68.
Hemsterhuis II 82.
Henckel von Donnersmarck,
Gräfin II 315.
Hendel, Kuchenbäcker I 116.
Herbstgefühl G. I 287.
Herder, Joh. Gottfried I 4.
131. 134. 144. 145* ff.
151 ff. 158 ff. 178 ff.
181 ff. 196. 200 ff. 219 ff.
259 60. 263. 305. 328 ff.
343. 390 ff. 396 ff. 400.
401. 406. 460. 469. 471.
II 14. 23. 26. 40. 41.
50. 59. 70. 81. 84. 87.
91. 126. 128. 144. 146
—148*. 158. 165. 228.
233.
Herder, Karoline, geb.
Flachsland I 147. 182.
183*. 184. 201. 391.
396. 406. II 34. 146. 47.
Herdt I 232.
Herrin sag', was soll das
Flüstern? G. II 306.

Hermann, Christian Gottfried I 90. 91*. 92*.
Hermann, Dr. I 97. 114.
Hermann, Landgraf I 313.
Hermann u. Dorothea G. I 20. 22. 27. 164. II 120. 150 ff.
Hermes II 125.
Herz, Henriette II 275.
Herz, mein Herz, was soll das geben? G. I 284.
Herzlieb, Minna (Wilhelmine, Minchen) II 254*ff. 280. 285.
Hesse, Geh. R. I 182.
Hessen-Kassel, Erbprinzessin II 259.
von Heygendorf, Frau, f. Jagemann, Karoline.
Hilaire, St. II 358.
Himburg, Buchhdlr. I 392.
Hirt, Aloys I 56. 426. II 216. 244.
Hochzeitlied, das, G II 166.
von Hoefler, Johannes I 232.
Hoffmann, E. Th. A. II 336.
Hohelied (übers.) G I 302.
von Hohenheim, Franziska II 51.
Hohenstaufen I 28.
Hölty I 259.
Homer I 49. 51. 156 ff. 178. 222. 241. 446. II 12. 118. 153. 162.
Höpfer I 245.
Höpfner I 181.
Hoppe I 140.
Die Horen (Zeitschrift) II 111. 121. 212.
Horn, Joh. Adam I 70. 87. 89. 93. 94. 96. 119. 122. 207. II 224.
Huber II 203.
Hufeland II 231.
Hugo, Victor II 342.

von Humboldt, Alexander II 315. 373.
von Humboldt, Wilhelm I 111. 117. 122. 169. 189. 203. II 371*.
Hummel, J. N. II 393. 394*.
Hüsgen I 64.
Hüsgen, Sohn I 70.
Hutten I 228.
Hyginus II 162.

Jagd, die, G. II 118. 120.
Jagemann, Karoline II 319 ff. 320*.
Jägers Abendlied G. I 354.
Jahreszeiten G. II 48.
Jahrmarktsfest zu Plundersweilern G. I 362.
von Jakob, Fräulein II 344.
Jakobi, Fritz I 197. 202. 209. 211. 213. 258. 277. 278*. 290. 363. 400, 1. II 39. 65. 80. 87. 243.
Jakobi, Helene Elisabeth (Betty) geb. von Clermont I 211. 212*ff. 248. 277. 401. II 81.
Jakobi, Joh. Georg I 197. 209. 213. 278. 279*.
Jakobi, Lolo I 211.
Janin, Jules II 343.
Ich ging im Walde so für mich hin G. II 45.
Ideen zur Physiognomik der Gewächse A. II 373.
Jean Paul I 142. II 337.
Jenkins, Thomas I 460. 464.
Jerusalem, Karl Wilhelm I 186. 231.
Jery und Bätely D. I 368. II 38.
Iffland, August Wilhelm I 181. 186*. 369. II 277.

Ihr verblühet, süße Rosen G. I 286.
Ilmenau G. I 324. 325. 352.
von Imhof, Baronin Luise, geb. von Schardt I 349*. 350 ff.
von Imhof, Amalie II 229.
Im Rheingau, Herbsttage A. II 299.
Johanna Sebus G. II 289.
Joseph und seine Brüder G. I 65.
Joseph II 69. 186. 338.
St. Joseph der Zweite G. II 259.
Iphigenie D. I 15. 180. 334. 352. 362 ff. 369. 393. 413. 425. 428. 435. II 3 ff. 40.
Iphigenie auf Delphos I 422.
II 2. 12.
Isenburg v. Buri I 69.
Italienische Reise II 12. 13. 15. 25. 292. 309.
Julius Cäsar I 151. 250. 304.
Julius Cäsars Triumphzug, gemalt von Mantegna A. II 316.
Jung Stilling, Heinrich I 111. 151. 152*. 290* ff. II 126.
Junker, Maler I 56.
Juvenal I 129.

Kaaz II 259.
Kaiserin Abschied, der G II 269.
Kaiserin Platz, der G. II 269.
Kaiserin Becher, der G. II 269.
Kaiserin Ankunft, der G. II 269.

von Kalb, Frau I 329. 330.
331. 336. 352. II 91.
Kalidasa II 171.
Kalkreuth (General) II 85.
Kanne, I 122/23.
Kanne, Frau Käthchen, s.
Schönkopf.
Kant I 4. 144. 146. II
107. 112/13. 147.
Karl der Große I 28.
Karl der Kahle I 28.
Karl IV. I 31.
Karl VII. (Deutscher Kaiser)
I 8. 13.
Karl, Herzog v. Braun=
schweig I 314.
Karl August, Herzog I 46.
78. 123. 280. 293. 300.
313 ff. 315*. 318 ff. 322 ff.
328/29. 336 ff. 343. 363.
378. 387. 406. 407. 436.
456. 478. II 1. 19. 25.
26. 28. 40. 60. 62. 63*.
74. 85. 87. 90. 182. 193.
222. 228. 244. 250 51.
253. 269.
— Großherzog II 319. 320.
325. 328. 387. 390.
Karl Friedrich, Großherzog
II 390. 391*.
Karl Theodor, Kurfürst v.
d. Pfalz I 175.
Karoline Louise, Prinzessin
II 233.
Karoline, Prinzessin II 244.
Karschin I 152.
Kauffmann, Angelika, ver=
ehel. Zucchi I 427. 430*.
458. 459. 464. 466. 469
475.
Kaufmann, Christoph I
249*. 328.
Kayser, Philipp Christoph
I 245. 246*. 368. 468.
II 14. 41. 272.

Kehr I 70.
Keller, Gottfried II 159. 182.
Kellner II 224.
Der Kenner G. I 259.
Kenner u. Künstler G. I 205.
259.
Kenner und Enthusiast G.
I 205.
Kestner, Joh. Christian I
192 ff. 194*. 201. 206.
208 9. 232. 233*. 268.
330.
von Kielmansegg, Freiherr
I 186.
Kirms II 184.
Kieser, (Prof.) II 276.
Klassiker und Romantiker
in Italien, sich heftig be=
kämpfend A. II 313.
v. Kleist, Ewald I 116.
v. Kleist, Heinrich I 3.
von Klettenberg, Susanne
Katharine I 54. 65. 126.
127*. 143. 270. 272. 282.
II 133.
Klinger, Maximilian I 23.
243 ff. 244 ff. 245*. 250.
280. 327. II 207.
von Klinkowström, Reise=
marschall I 321.
Klopstock I 4. 44. 65. 66.
78. 114. 161. 217. 241.
259 ff. 262*. 273*. 280.
287. 291. 326 27. II 70.
83. 90. 126.
von Knebel, K. L. I 280 ff.
287. 300. 336. 349. 369.
378. 391. 405. II 40.
60. 65. 70. 84. 92. 227.
254. 280. 388*. 390.
Knebel, Schwester II 244.
Kniep, Christoph Heinrich
I 438. 442. 443*. 446 ff.
456. 457.
Koburg, Herzog von II 253.

Koch, Prof. I 140.
Koch'sche Truppe I 88. 117.
216.
König, Hofkassierer I 352.
König von Thule G. II 165.
Konrad I 31.
Konstantin, Herzog I 313.
320. 363. 378. 406.
Körner, Christian Gottfried
II 44. 61*. 65. 89. 92. 93.
95. 97. 102. 105. 111.
117. 122. 130. 151. 152.
198. 204. 275.
Körner, Theodor I 99 II 275.
Kosegarten (Prof.) II 298.
Kotzebue, Amalie I 354.
v. Kotzebue, August I 354.
II 229. 230*. 231.
Kosmian II 386.
Kraft (Schützling Goethes)
I 359.
Kranz, Kammermusikus I
20. 379. 435.
Kraus, Maler I 321. 405.
II 85. 87.
Kräuter (Bibliotheksekretär)
II 318.
Krebel I 90. 91*. 144.
Krespel, Katharina u. Fran=
ziska I 70. 207.
— Bruder derselben I 70.
326.
Kreuchauff, J. Wilhelm I 82.
Krüger I 94.
Kunst und Altertum, Zeit=
schrift II 325.
Kunst und Altertum in den
Rhein= u. Maingegenden
A. II 308.
Des Künstlers Apotheose
D. I 468.
Des Künstlers Erdenwallen
D. I 205.
Künstlers Morgenlied G.
I 205.

Künstlers, des Vergötterung
D. I 205.
Labores juveniles I 52.
de Lamotte, Gräfin II 72.
Lange, Ratsherr I 86. 360.
Langer, Ernst Theodor I
101. 217.
Lannes, Marschall II 245.
La Roche, s. Roche.
von Laßberg, Frl. I 360.
Laßt's euch, o Diplomaten
G. II 306.
Laune des Verliebten D.
I 118. 150.
Lauth. Schwestern I 140.
Lavater, Johann Kaspar
I 207. 243. 270. 271* ff.
280. 294. 300. 367. 368.
391. II 125.
Lebensverhältnis zu Byron,
A. II 339.
Lehre, die, der farbigen
Schatten A. II 86.
Leisewitz I 243. 250.
Lemierre I 58. 60.
von Lengefeld, Karoline
II 93. 95.
von Lengefeld, Charlotte,
s. Schiller, Charlotte, geb.
v. Lengefeld.
Lenz, Jakob Michael Rein=
hold I 173*. 243 44.
245 ff. 247* ff. 250. 293.
327. 365.
Lerse I 141. 151. 162.
II 227.
Lessing I 1. 19. 94. 110.
116. 118 ff. 130* ff. 146.
148 ff. 152. 221. 226.
228. 303 ff. 396. 400.
471. II 4. 5—10. 118.
128. 181.
Leuchsenring I 182. 197.
200. 201.

von Leuchtenberg, Herzog
II 325.
Leuthier I 91*.
von Levetzow, Mutter, geb.
von Brösigke II 280. 325.
328*. 330.
von Levetzow, Amalie II
328*. 330.
von Levetzow, Bertha II
328*. 330.
von Levetzow, Ulrike II
324 ff. 328*. 330.
Levin, Rahel II 275.
Libri, Girolamo dai, siehe
Girolamo.
Lichnowski, Fürst II 269.
Lichtenberg II 87.
Liebhold I 177.
Liechtenstein, Fürst II 269.
Lied an den Mond I 360.
Lieder von der schönen
Müllerin II 164.
Ligne, Fürst von II 253.
Lila 356 II 38.
Lili, s. Schönemann.
Limprecht I 84. 102. 143.
von Linden, Baron I 359.
Lindenau, Graf I 100. 101.
Lindheimer, Cornelius I 11.
Lionardo I 462. 470.
von Lippe, Graf Wilhelm
I 147.
Lips, Joh. Heinrich I 427.
429*.
Litteratur A. I 374. 391.
Living I 437.
Loder I 390. II 231.
von Loen I 64.
Lorsbach (Prof.) II 298.
Lothar (Karolinger) I 28.
Lubomirska, s. Czartoryski.
Luden (Prof.) II 276.
Ludwig, Christian Gottlieb,
Prof. I 88. 103. 104*.
Ludwig der Deutsche I 28.

Ludwig der Fromme I 28.
Ludwig von Bayern II 384.
Ludwig, König von Holland
II 268. 271. 325.
Ludwig XV. von Frankreich
II 203.
Luise, Herzogin, geb. Prin=
zessin v. Hessen I 317 ff.
319* ff. 326. 346. 406.
II 245. 362. 390.
Luise, Königin I 20.
Luise Dorothea, Herzogin
von Gotha I 388.
Luther I 228. 313.
Lutz, Anna Elisabeth I 5. 6.

Mahn II 423.
Mahomet I 206. 250. 304.
305. II 192.
Mahomets Gesang I 206.
259.
Majer, Friedrich II 265.
Mantegna I 472. 474. II
346.
Manjo II 26. 125.
Manzonis II 343.
Maret, Minister II 261.
Maria Feodorowna II 320.
Maria Ludovica, Kaiserin
II 268 ff.
Maria Paulowna, Erbprin=
zessin II 232*. 390.
Marienbader Elegie II 324.
Marivaux I 58.
Marschall, Graf I 91*.
Maskenzüge I 381.
Maskenzug vom 30. Jan.
1810. II 266.
Mecklenburg, Georg von, I
20. 22.
Du Meix I 179. 214.
Meixner, Charitas I 70*.
89. 126.
Melber, Johanna Marie,
geb. Textor I 48. II 224.

Mendelssohn Bartholdy,
    Felix II 320. 324*.
Mendelsohn, Moses I 231.
    265.
Mengs I 426. 472. 475.
Mercier I 253.
Merck, Joh. Heinrich I 158.
    179. 180* ff. 196. 200.
    214. 215. 220. 221. 253.
    258. 280. 288. 326. 329.
    334. II 43.
Mérimée II 342.
Merkel, Garlieb II 231.
Metamorphose der Pflanzen
    II 49. 65. 66. 227.
Metamorphose der Pflanzen
    G. II 66.
Metz, Dr. I. 129.
Meyer, Marianne f.: von
    Eybenberg, Frau.
Meyer, Nicolaus II 247.
Meyer, Sara f.: v. Grotthus.
Meyer, Heinrich I 43. 60.
    74. 82. 87. 112. 116.
    117. 128. 150. 151. 157.
    165. 187. 208* ff. 213.
    218. 223. 225. 229. 231.
    237. 429. 433. 457. 467.
    II 273. 308. 314. 348.
    393.
Meyer von Lindau I 141.
Michelangelo I 435. 461.
    462. 472. 474.
Mich ergreift, ich weiß nicht
    wie G. II 229.
Mickiewicz, Adam II 369.
Mieding (Tischler) I 377.
Miedings Tod G. I 386.
Mignon G. I 415.
Miller I 243. 251. 259.
Mitschuldigen, die D. I 118.
    119. 150.
Molière I 58. 61. 118. II
    342.

Möller (Pseudonym f. Goethe
    auf d. ital. Reise) I 410.
Monolog des Liebhabers G.
    I 205.
Montaigne I 154.
Moors, Max u. Ludwig I
    47. 52. 70. 87. 89. 93.
    177.
Morgenklage G. II 48. 54.
Moritz, Kanzleidirektor I
    62. 69.
Moritz, Karl Philipp I 430 ff.
    432*. 457. II 94.
Morphologie, zur A. I 405.
Morus, Prof. I 103. 113.
Möser, Justus I 280. 281*.
    313. 338.
von Moser, Karl I 65.
Moses, Abhdlg. II 298.
Mozart II 272
Der Mühlbach G. II 225.
Müller, Maler I 22. 243.
    250.
von Müller, Fr. Th. II
    352 ff. 392*. 393.
von Müller, Johannes I
    338. II 233. 261.
Münch, Anna Sibylla I 253.
    282.
Münch, Susanna Magda
    lene I 207.
Muratori II.
Musäus I 378.
Musenalmanach II 124.

Naive und sentimentalische
    Dichtung II 115.
Napoleon I. I 234. II 19.
    243. 245. 250. 261 ff.
Nausikaa D. II 2. 13.
Natur A. II 103.
Natürliche Tochter D. II 192.
    200. 202. 233.
Neue Melusine I 52. II 259.

Neumann, Christiane, geb.
    Becker II 168*.
Newton II 59.
Ney, Marschall II 245.
Nicolai, Christoph Friedrich
    I 265. 266*. II 125.
Nothnagel, Andreas Ben-
    jamin I 56. 204*. 205.
    II, 224.
Novalis-Hardenberg II 142.
    144. 146.
Novelle II 160. 332.
Nur wer die Sehnsucht kennt
    G. I 406.

Obermann, Frl. I 94. 97.
    99*.
Odea, Michele I 455.
Oden I 115. 352.
O'Donell, Gräfin II 270.
Odyniec II 369.
Odysseus auf Phäa II 13.
Oeser, Prof. A. F. I 82. 86.
    91*. 96. 103. 107* ff.
    112. 121. 129 ff. 351. 381.
— Friederike I 95*. 96.
    109. 116. 121. 126. 131.
    133. 351. 470. 471. 475.
    476.
— W., s. Genfer.
Offne Tafel, Lied II 289.
Olderogge, Gebrüder I 90.
Oltenschlager I 61.
— Sohn I 70.
Orth, Dr. I 64.
d'Orville, Johann Georg I
    113.
d'Orville, Rahel I 287.
Ossian I 154. 241.
Ouvrages poétiques de
    Goethe II 271.
Ovid I 51. 129. 470.

Paläophron und Neoterpe
    D. II 192. 193. 195.

Palladio I 415. 418. 461. 472. 473.
Pallagonia, Prinz I 447.
Pandora G. II 206. 257. 259. 279 ff.
von Pappenheim I 54.
Paracelsus, Theophrastus I 129.
Paria, Legende II 353.
Paris, Der neue I 52.
Passavant, Jakob Ludwig I 207. 294*.
Paulus II 231.
Pausias, Der neue G. II 48. 168.
Peglow I 141.
Permoser, Balthasar I 74.
Perugino, Peter I 422.
Pestalozzi I 298.
Peter im Baumgarten (SchützlingGoethes) I 359.
Peterson I 182.
Petrarca II 255.
Pfeifergericht I 32. 34*.
Pfeil I 90. 91*. 114.
Pilgers Morgenlied G. I 184.
Pindar I 196.
Pistorius I 218.
Plato I 178. II 109.
Platen II 337.
Plessing aus Wernigerode I 359.
von Ploto I 86.
Plunderweilern, Das Neueste von I 383.
Plutarch I 437.
Poetische Gedanken über die Höllenfahrt Jesu Christi G. I 65.
von Pogwisch, Ottilie, siehe Goethe, Ottilie von.
Preller, Friedrich II 383.
Prolog zu den neuesten Offenbarungen Gottes I 263.

Prometheus G. I 250. 304. 306. 400. 401. II 2.
Properz I 129. II 54.
Propyläen I 211.
Pygmalion I 475.

Quandt I 88.

Racine I 58. 60. 61.
von Racknitz I 65.
Raffael I 422. 423. 435. 461. 462. 472. II 346.
Rameaus Neffe I 206 7.
Ramler I 116.
Rapp, Heinrich I 225.
Rauch, Christian Daniel II 320. 380*. bis 382.
Rechenschaft, Lied II 289.
von der Recke, Frau II 259.
von Reden II 62.
Rehberg I 460.
Reich, Erasmus I 96. 109. 132.
Reichardt, J. F. II 65. 71. 127*. 231. 272.
Reichel I 86. 102.
Reichert, Hofgärtner I 333.
Reiffenstein (Reiffstein), Joh. Friedrich I 427. 428*. 458. 464.
von Reineck I 64.
Reinecke Fuchs II 83.
von Reinhard, Graf Karl Friedrich II 253. 271. 287. 342. 369. 372.
Reinhard, Hofprediger II 253.
Reise nach Italien I 51. 408. 410 ff. 437 ff.
Reise der Söhne Megaprazons II 74.
Reisig II 309.
Reliquie, die G. I 132.
Rembrandt II 347.
René, Louis, Prinz v. Rohan II 72.

Reni, Guido I 423. 472. 473. 474.
von Reutern I 90.
Reuß, Prinz von, Heinrich XIV. II 80.
Richardson I 238.
Richters Kunstsammlung I 82. 110.
Ridel II 92.
Riedel, Galerieinspektor I 112.
Riedesel I 477.
Riemer, Friedr. Wilhelm II 3. 45. 162. 171. 231. 245. 247. 257. 259. 313. 314. 317 ff. 395*.
Riese, Joh. Jak. I 70. 88. 89. 207. II 224.
Riggi, Maddalena I 464. 465*. 466.
Ritter Kurts Brautfahrt G. II 166.
La Roche, Maximiliane, s. Brentano.
La Roche, von Geh. R. I 197.
La Roche, von Frau Sophie geb. Guttermann I 184. 196. 199*. 205. 207. 209. 213 ff. 263. 269. 282. II 224. 227.
Rochlitz, Joh. Friedrich II 385. 386*.
Rochusfest in Bingen I 27. II 308.
Röderer I 162.
Rohan, de Prinz I 58.
Romeo und Julie, Bearbeitung II 192.
Römische Elegien II 47. 54 ff. 308.
Römische Karneval, das II 73.
De Rosne (Derones) I 60 ff.
Rost, Ch. Heinrich I 82.

Rousseau, J. J. I 58. 144.
148. 182. 230. **284**.
235* ff. 322. II 5. 69.
207. 342.
Roussillon, Henriette von,
(Urania) I 182. 184. 201.
Rubens I 410.
Rückert II 337.
Rudolf von Habsburg I 31.
Runkel, Lisette I 70. 89.
Ruysdael II 347.

Sachs, Hans I 354.
Sainte-Beuve II 343.
St. Hilaire, f. Hilaire.
von Salis, Karl Ulysses I 280.
Salzmann, Dr. Joh. Daniel 140 ff. 151. 157. 171.
174. 177/78. 220. 247. 293.
Der Sammler und die Seinigen II 216.
Satyros D. I 202.
Saul I 133.
v. Schardt, Charlotte, f.
v. Stein.
v. Schardt, Concordia Elisabeth, geb. Irving of Drom I 348. 396.
v. Schardt, Joh. Christian I 348.
Der Schatzgräber G. II 164.
Scheffauer I 426. II 225.
Schelhorn, Johannes I 6.
Schelling II 144. 228. 231.
Schenk, Peter I 82.
Scherz, List und Rache D. I 369. II 38.
Schiller, Friedrich von I 4. 99. 243. 349. II 3. 6.
17 ff. 50. 55. 70. **89 ff**.
98*. 110*. 137. 139 —240. 273. 277. 356. 402. 413. 425.

Schiller, Charlotte, geb. v. Lengefeld I 93. 95. 96*. 111. 129. II 390.
Schillers Totenfeier II 239.
Schinkel II 382.
Schlag (Kürschner) I 138.
von Schlegel, A. W. II 117. 118. 142. 144. 196. 231.
Schlegel, Elias I 23. 80. 81.
von Schlegel, Fr. II 118. 126. 142. 143*. 144. 196.
Schlegel, Joh. Heinr. II 10.
Schlosser, Georg I 89. 181. **207**. 208*. 209. 359.
II 86.
Schlosser, Cornelia, geb. Goethe I 22. 40. 48. 61.
69. 70. 71. 80. 88. 89.
90. 113. 118. 119. 122.
123 ff. **125***. 177. 184.
207. 209. 213. 220. 289.
294. 357.
Schlosser, Hieronymus Peter I 177.
Schlosser, Frau, geb. Jacobi II 81.
Schlosser, Fritz II 260.
Schlosser, Henriette II 261.
Schmehling, Gertrud, verehl. Mara I 97.
Schmeller, Joh. Joseph II 375.
Schmidt, Erich I 302.
Schmidt, Georg I 65.
Schmidt, Nikolas I 70.
Schmoll I 277.
Schöll I 164.
Schönborn, Friedrich Ernst I 259. 261.
Schönemann, Lili I **283*** ff. bis 289. 295. 365. II 19.
Schönemann, Frau, geb. d'Orville I 282. 284.
Schönkopf (Vater) I 86. 90. 91*. 97. 114.

Schönkopf, Mutter I 91*.
— Gottlob I 92.
— Peter I 92.
Schönkopf, Käthchen (Anna Katharine) I 89. 90 ff.
93*. 102. 116. 119. 121.
122. 129. 351.
Schopenhauer, Adele II 248*. 249. 315. 322 23.
Schopenhauer, Arthur II 249*.
Schopenhauer, Johanna I. 247 ff. 248*.
Schöpflin, Professor I 139.
Schröter, Corona I 97. 351. 356. 362. 376*. 378.
Schubart I 138.
Schubert (Komponist) II 272. 273.
Schuchardt II 393.
von Schuckmann, Freiherr II 62.
Schuler II 224.
Schultheß, Barbara I 289. 295. 297*. 368. II 23 bis 25. 211. 225.
Schulz, Christoph Ludwig Friedrich II 369.
Schulze, Karoline I 117*.
Schütz, Maler I 56. 426. 460. 467. II 218.
Schütze II 247.
Schwarzkopf II 224.
Schweizer I 69.
Scell, Hofgärtner I 333.
Scott, Walter II 339.
von Seckendorf, Karl Siegmund I 320. 326.
Sebbers, L. II 382.
Seebeck II 254.
Seekatz, Johann Konrad I 56. 58*. 72.
Sehnsucht G. II 229.
Seidler, Luise II 257. 259.
260*. 314.

Seraffi II 24. 26.
Servière I 214.
Seylerische Truppe I 376.
Shakespeare I 129. 132. 150 ff. 158. 181. 219. 225. II 15. 145. 339.
Shakespeare als Theaterdichter A. II 197.
Shakespeare und kein Ende A. II 197.
Silbermann I 175.
Solms, Fürstin II 253.
Sömmering, Naturforscher I 405. II 87. 224.
Sonette II 253.
Sophokles I 150. II 11. 12. 118.
Soret, Friedrich Jakob II 393. 396*.
von Soubise, Prinz I 54.
Spinoza I 279. 400 ff. II 66.
Sposa rapita, La I 97.
Sprache, Die G. I 259.
Sprickmann II 82.
Städel, Rosette II 300.
Stadion, Graf I 197.
von Staël, Frau I 318. II 201. 233 ff. 284*.
Stapfer, Albert II 342. 378.
Starck, Johann Jakob I 49. 209.
von Stein, Charlotte Albertine Ernestine, geb. von Schardt I 82. 277. 321. 325. 340. 344. 346. 348 ff. 349*. 360 ff. 372. 391 ff. 403. 406. 436. 478. II 13. 22—24. 53. 93. 228. 244. 285. 390.
von Stein, Fritz I 373. 403*. 404.
von Stein, Josias Friedrich, Freiherr I 348. II 300.
von Steinbach, Erwin I 161.
Steiner, Rudolph II 356.

Stella I 257 58. II 3. 285.
Sternberg, Graf Kaspar II 358. 373*.
Sterne, Lorenz II 339.
Stiftungslied G. II 229.
Stilling, Jung, s. Jung.
Stöber, August I 166.
Stock, Kupferstecher I 86. 98. 110. II 224.
Stock, Johanna Dorothea I 99*.
Stock, Anna Maria Jakobine I 99*.
Stöckum, Frl. I 70.
von Stolberg, Grafen I 259. 287. II 126.
von Stolberg, Friedrich Leopold, Graf I 291. 293* ff.
von Stolberg, Christian I 291. 292* ff.
v. Stolberg, Gräfin Auguste (Gustchen) I 284. 285. 286. 288. II 351.
Strada, Famiano II 15.
Straube, Frau I 84.
Strobel I 91*.
Sulzer (Prof.) I 298.
Suphan II 239.
Swedenborg I 129.
Swift I 257.
von Szymanowska II 326. 330.

Tacitus I 129.
Tagebuch der schlesischen Reise II 63.
Tages- und Jahreshefte II 292.
Taine, Hippolyte II 71.
Talleyrand II 261.
Talma, François Joseph II 262. 262*.
Tancred D. II 192.
Tasso D. I 352. 362. 363. 369 ff. 407. 435. 439. 444.

479 480. II 1. 14. 23 ff. 40. 50. 109. 270. 308.
Tauler I 128.
Textor, Urahne Georg Weber I 8.
Textor, Johann Wolfgang (Ururgroßvater) I 10*.
Textor, Christoph Heinrich (Urgroßvater) I 10. 11.
Textor, Maria Katharina geb. Appel I 11.
Textor, Anna Margaretha, geb. Lindheimer I 11. 14*. 46.
Textor, Anna Maria, Nichte der Frau Rat I 46.
Textor, Joh. Nicolaus (Großoheim) I 54.
Textor, Anna Christiana I 89.
Textor, Johann Wolfgang, (Großvater) I 11. 12* ff. 32. 46. 176.
Textor (Oheim) I 113.
Textor, Joh. Jost I 176.
Thomas a Kempis I 128.
Thorane, Comte I 55. 56. 58. 62.
Thouret II 225.
Thorwaldsen II 399.
Thümmel I 132. II 125.
Tibull II 55.
Tieck, Christian Friedrich II 142. 144. 320. 337. 348.
Tiedge II 259. 337.
Tiefurter Journal I 384.
Tintoretto I 420. 474.
Tischbein, Wilhelm I 424. 425*. 437. 457. 460. 474.
Titus II 65.
Tizian I 474. II 349.
Der Totentanz, Ballade II 289.
Trapp I 70. 143.
Trauerloge G. II 233.

Trautmann I 56.
Trobra, von I 331.
Trippel, Alexander I 426. 427*. 460.
Triumph der Empfindsamkeit oder die geflickte Braut D. 378/79.
Troost, Engelbert I 141.
Turchi, genannt Orbetto I 472. 473.
von Türckheim, Lili, siehe Schönemann.
Ueber das deutsche Theater A. I 192.
Ueber Laokoon A. II 213.
Ueber die Natur A. I 386.
Ueber Philostrats Gemälde A. II 345.
Ueber Wahrheit und Wahrscheinlichkeit der Kunstwerke II 215.
von Uffenbach I 64.
Ulrich, Karoline II 260. 314. 317.
Ulysses auf Phäa I 423. 444.
Ungetreue Knabe, Der G. II 165.
Unglücklichen Hausgenossen, Die D. I 369.
Unzelmann, Friederike I 23. II 187. 229.
Urfaust I 302 ff.

Valentinus, Basilius I 129.
Valle, Pietro della II 298.
Varnhagen II 50.
Varnhagen, Rahel II 300.
Veit, Dorothea II 275.
Venetianische Epigramme I 480. II 48. 53. 58 ff.
Verein der deutschen Bildhauer A. II 346.
Veronese, Paolo I 420. 474.
Verschaffelt, Max von I 427. 460.
de Vigny, Alfred II 343.
Viktor, General II 245.
Villemain II 342.
Vitruv I 433. 473.
Vogel, Arzt II 424.
Vögel, Die, D. I 381.
Voigt, Christian Gottlob von I 332. 333*. 406.
Vollmann I 472.
Voltaire I 118. 129. II 207. 262. 342.
Volpato, Kupferstecher I 460. 466.
Von deutscher Baukunst A. II 267.
Voß, Johann Heinrich I 259. II 83. 154. 155*. 231. 247.
Voß, Heinrich der Jüngere I 51. 231. 235. 236*. 49*. 53. 54. 74. 82. 87. 223. 228. 237. 245. siehe: Fortsetzung unter Goethe, Christiane, geb. Vulpius.
Vulpius, Ernestine II 45.
Vulpius, Johann Friedrich II 45.
— Christian August II 45. 315.

Wachstum G. II 257.
Wackenroder II 348.
Wagner, Heinrich Leopold I 243. 244*. 250. 280.
Wahlverwandtschaften, Die I 227. II 51. 254. 257. 259. 264. 283 ff.
Waldberg I 141.
Waldeck, Fürst von I 460.
Walpurgisnacht, Die erste II 167. 227.
Walther v. d. Vogelweide I 313.
Wandelnde Glocke, Die G. II 166.
Wanderer, Der G. I 184. 259. 471.
Wanderers Sturmlied G. I 184.
Was wir bringen G. II 231.
Weber, Maler, Pseudonym Goethes I 332. 359.
Wedel, Moritz von I 321.
Weissagungen des Bakis G. II 200.
Weiße, Ch. F. I 78. 118. 181.
Welcher Unsterblichen soll der Preis sein? G. I 386.
Welfen I 313.
Welling I 129.
Wendt I 181.
Wendler, Buchhdlr. I 110.
Werner, Zacharias II 254. 256*. 257. 259.
Werther, Gräfin I 346.
Werthers Leiden I 22. 40. 94. 206. 209. 216. 227. 230 ff. 243. 250. 257. 261. 322. 345. 393 ff. II 2. 38. 261. 285. 308.
Wette, Die D. II 270.
Wettiner I 313.
Weyland I 136. 141. 164 ff.
Wiederfinden G. II 306.
Wie herrlich leuchtet mir die Natur G. I 171.
Wieland I 4. 20. 22. 112. 117. 122. 132. 150. 179. 197. 198. 200. 213. 244. 245. 259. 263. 265 ff. 300. 321. 327. 351. 361. 385. 392. II 3. 11. 40. 70. 84. 91. 128. 262. 275.
Wilhelm Meister I 22. 45. 346. 352. 362. 375. 406. II 87. 131 ff. 145. 402 ff.

von Willemer, Familie II
  299 ff. 306.
von Willemer, Marianne,
  geb. Jung II 302. 303* ff.
Willemer, Joh. Jakob II
  224. 302.
Willkommen und Abschied
  G. I 171.
Winckelmann, Joh. Joachim
  103. 106 ff. 112. 131.
  426 ff. 433. 471. II 117.
  219* ff.
Winckelmann und sein Jahrhundert II 218. 220.
Winkler, Prof. I 102.
Winkler, Kunstsammler I
  82. 110.
Wirkung in die Ferne G.
  II 166.
von Witzleben, Oberhof-
  marschall I 321.
Wolf, Friedrich August II
  83. 84. 153*. 220. 231.
  293 f. 308 f. 385.

Wolff, Pius Alexander II
  190.
Wolfram von Eschenbach
  I 313. II 109.
von Wolfskeel, Henriette
  II 87. 229.
Wolowska, Casimira II 326.
  329*. 330.
von Wolzogen, Freiherr II
  206. 229.
von Wolzogen, Karoline, geb.
  v. Lengefeld II 229. 238.
Wuk, Stephanowitsch II 344.
von Wurmser I 54.
Wustmann I 78. 82.

Xenien G. II 121. 246.

Zachariä I 114.
Zahn (Architekt) II 345.
Zauberlehrling G. II 164.
Zedlitz II 337.
Zehmisch I 80.

Zelter, Karl Friedrich II
  204. 233. 239. 255.
  272 73. 299. 315. 336.
  369. 370*.
v. Zettwitz, d. ält. I 91*.
v. Zettwitz, d. jüng. I 91*.
von Ziegesar, Silvie I 257.
von Ziegler, Luise (Lila)
  I 182. 184.
v. Zimmermann, Katharina
  I 298.
von Zimmermann, Johann
  Georg (Arzt) I 234. 298.
  299*. 322. 349.
Zinzendorf, Graf I 143.
Zu malende Gegenstände A.
  II 346.
Zucchi, Maler I 458.
— Angelica, s. Kauffmann.
Zumsteeg II 225.
Zur Morphologie, Zeitschrift
  II 356 ff.

www.ingramcontent.com/pod-product-compliance
Lightning Source LLC
Chambersburg PA
CBHW022110300426
44117CB00007B/663